U0115203

▲丁亞傑（1960-2011）

經學研究叢書・戰後臺灣經學叢刊

經典詮釋與生命會通

丁亞傑　著
林淑貞　編

戰後臺灣經學叢刊編輯委員會

（依姓名筆劃排序）

本書受中國國家社科基金重大項目「臺灣經學文獻整理與研究
（1945-2015）」（16ZDA181）資助。

總序

　　近年來學界對臺灣經學的發展，大致將其區分為明鄭與清代統治、日本統治以及二次戰後迄今等三個時期，但這三個時期的經學，卻並非以一種前後有機關聯的方式來銜接，而是因為歷經政權的轉移，導致語言、學術與文化遭到整體的置換，從而使得做為學術與文化重要組成內容的儒家經學，在這三個時期的發展過程中，呈現出「傳承的斷裂」現象。似乎這三個時段的經學，皆各自在其歷史演進的時空環境下獨立發展，並無線性傳承延續的關係。或許在實務的操作上，學者可以根據自己的研究興趣與目的，專注於某一區段的研究。然而無論在學理或實際的層面上，這三個時段的經學不可能沒有絲毫的延續與繼承關係。即使在日本統治時期，臺灣本地的知識分子有機會受到日本的學術訓練，運用新的學理與治學方法研究經典，但臺灣根深柢固的漢文學傳統，仍然普行於一般社會中，而儒家經典的傳授也仍然得以延續下來。國民政府接收臺灣後，重新恢復漢文。雖然日人統治時期研究經典的方法中斷，但日本對現代中國學術的影響，早已是人盡皆知的事實。即使是渡海來臺的老輩學者，如徐復觀、王夢鷗等人，皆有留日的背景，他們的論著中常可見到徵引日人著作處，或利用日人的翻譯來了解西方學術。渡海來臺的學者如此，臺籍學人，如吳守禮、黃得時等人，更是如此。由此角度來回顧這三個時段的經學發展，似乎反而顯現了「斷裂的傳承」這樣一種奇特的關聯性。

　　有趣的是，從臺灣一地的立場來看待戰後臺灣經學的發展，雖似
與之前的時段表現出「斷裂的傳承」現象，但從中國經學整體發展的
視野來看，卻可說是一脈相承。幾乎毫不誇張地可用傳統道統論式的
說法，從文武周孔以來，綿延不絕的傳承下來，中間完全沒有中斷。
反觀海峽的另一端，在新中國成立之後的數十年間，經學卻因政治的
干預而從學術和教育的場域中完全消聲匿跡，對此時的中國大陸來
說，經學真正是面臨「傳承的斷絕」（還不只是斷裂而已！）危機，
形勢之嚴峻，李鴻章在面對列強侵凌中國時，對大清王朝提出之「數
千年來未有之變局」的警語，庶幾足以當之。戰後的臺灣經學就一方
面在中國經學既有「道統」的延續下，另一方面又承受著臺灣本地學
術「斷裂的傳承」的雙重格局下，以一種昂揚開闊，但又受自身所處
現實環境制約的特殊情境下，繼續「文武周孔」下去，取得豐碩的成
果，終於蔚為林慶彰先生所形容的「經學王國」。

　　但這個局面隨著中國大陸改革開放以來，逐漸改變。二〇〇五年
十一月五日至六日由彭林教授在北京清華大學歷史系召開的「首屆中
國經學學術研討會」或許是個轉捩點，意味著經學重新在中國大陸受
到學界的關注與重視，此後各式各樣與經學有關的學術會議與活動，
以野火燎原之勢，迅速在各地展開。與此同時，臺灣、港澳、星馬、
日韓與歐美各地的學術社群，在經學研究方面的交流與合作，亦日益
密切，這個情況在數十年前幾乎是不可想像的。時至今日，當各地經
學研究皆呈蓬勃踴躍發展的態勢時，再回首戰後臺灣經學的發展，究
竟要怎麼看待它的表現？又如何評判它的成就？這對身處於其中的吾
人而言，的確是個有趣又為難的問題。但有一點可以確認的是，與其
說當時的臺灣是所謂的「經學王國」，毋寧說是「經學綠洲」，或根本
是建立在沙漠綠洲上的王國。環顧當年的情境，經學的處境，不正猶
如身處在荒蕪乾旱的沙漠，此時的臺灣不就是荒漠中僅存的水源綠

洲？經學之不絕如縷於斯時，真可說是叨天之幸！

正因為戰後臺灣經學所具有的殊特性格，以及在當代經學復興潮流中所扮演的雁首地位和發揮的燈塔效應，使得學界越發關注其內涵與發展。中研院中國文哲研究所在林慶彰、蔣秋華二位教授的策畫下，於二〇一五年至二〇一七年推動「戰後臺灣的經學研究」計畫，三年內總共召開了六次學術會議，發表了百餘篇論文。福建師範大學經學研究所亦在校方領導與郜積意所長的擘畫下，大力推動戰後臺灣經學的相關研究。一時之間，戰後臺灣經學的研究，蔚為風潮。萬卷樓圖書公司梁錦興總經理和張晏瑞副總經理常年關心中文學術的發展，對經學研究的脈動，尤其敏銳。深感於戰後臺灣經學研究的重要性，有意促成海峽兩岸學界的合作，慨然提供出版的園地。於是便在林慶彰教授、郜積意所長、簡逸光教授和本人歷經年餘的商議奔走下，共同策畫出這套叢刊，期使戰後臺灣經學的研究成果，能因匯集在這套叢刊中，得以讓更多人知曉與利用。

這套叢刊主要收錄以下三類著作：戰後臺灣經學家或經學研究者之手稿、未刊稿、遺稿，以及某些具代表性但已絕版之論著或未正式出版之專著。二、當代學者關於戰後臺灣經學研究之專門著作；三、相關會議論文集或集結成書之專題論文集。當然，這套叢刊仍難以充分呈現戰後臺灣經學的含蘊，但畢竟提供了一個展示平臺，得以讓世人略窺經學在戰後數十年間的臺灣土壤中，所形成的豐富多樣的風貌。若能因此引起學者的興趣和世人的重視，而對其有積極的反應與作為，將更為吾人所樂見。

車行健謹識於政大道南橋畔
西元二〇一八年七月十六日

序一

　　二〇一一年九月九日下午三點〇一分，亞傑學弟在山東尼山因心肌梗塞過世。想起以前跟我一起學經學的李光筠和張廣慶兩學弟，早在數年前先後過世，現在上天又從大家手中奪走了亞傑學弟，古人說「天道無親，常與善人」，從這三位學弟的遭遇似乎並非如此。

　　一九九一年二月到一九九二年七月，我在中央大學中國文學系碩士班講授「中國經學史專題研究」，選修和旁聽的學生有十餘人，亞傑也選修了這門課，我講授這門課規定比較嚴格，上課期間每位學生必須作四篇報告，加上期末報告總共五篇，每篇至少要A4紙八頁，每頁底下還須加上附註，文末也必須有參考文獻，報告的題目由我指定，以避免同學抄襲前人的論文。亞傑此時正好在寫碩士論文——《康有為經學述評》，由李威熊教授指導。他雖然忙著撰寫學位論文，但還是每節必到，報告也如期完成，而且寫得井井有條。我們都知道，經學史上有所謂的今古文之爭，要批判對方，首先要能知己知彼，亞傑研究的康有為是屬於今文家，當然也要通古文經，再加上一學期作五篇報告的磨練，因此亞傑成了全能的經學研究者。

　　一九九二年六月，亞傑從中央大學中國文學研究所碩士班畢業，應聘為元培醫事技術專科學校專任講師。一九九五年九月，考上東吳大學中國文學系博士班。有一次張曉生學弟到我家來，談話間提及中央大學有幾位優秀的經學研究者，其中有一位丁亞傑，考進東吳大學的博士班，我說他很用功，程度很好，你們可以多多交流切磋。二〇〇一年一月，亞傑從東吳大學中國文學系博士班畢業，博士論文——

《清末民初公羊學研究——皮錫瑞、廖平、康有為》，仍由李威熊教授指導。由於碩博士論文皆研究晚清經學，經十年的磨練，亞傑也在晚清經學研究領域逐漸嶄露頭角。

亞傑初任職的元培醫事技術專科學校，主要在培養醫事專門人才，國文科並不受重視，亞傑到任後，協助創刊《元培學報》。從一九九二年到二〇〇四年，在元培任職的十餘年間，編輯出版《元培學報》十一期，幾乎每期都有他的論文，所撰論文，如以內容來說，包括周易、詩經、春秋三傳，都有論文發表，如以歷代經學人物的研究來說，董仲舒、王充、方苞、李兆洛、姚瑩、蘇輿、廖平、康有為、皮錫瑞、王國維、顧頡剛等人也都做過深入的研究，可見亞傑是以晚清為中心，逐漸擴及整個經學的研究。

二〇〇四年八月，亞傑應母校中央大學之聘，擔任中國文學系的助理教授，除了教學之外，也積極參與學校的行政事務。由於亞傑教學認真負責，曾於二〇〇八年五月，榮獲中央大學九十七學年度教學傑出獎。二〇〇九年九月榮獲中央大學優良導師獎，這可以看出亞傑在教學方面所投注的心力，獲得了學校的肯定。至於學術研究方面，有三件事可以看出亞傑對學術的執著：

其一，從二〇〇二年起，亞傑一直擔任教育部顧問室人文社會科學史料典籍研讀會主持人，研讀的主題是「朱子語類三年研讀計畫」（2002年1月至2004年12月），邀請國內外對朱子學有興趣的學者參與研讀。二〇〇五年，又擔任教育部顧問室典籍研讀會「四庫全書總目提要研讀計畫」的共同主持人，將《四庫全書總目》從集部到經部分年閱讀。這前後七年間的研讀會，皆由亞傑來規劃，如果沒有很高的學術熱忱，將難以為繼。

其二，二〇〇二年起亞傑向國家科學發展委員會申請為期三年的專題研究計畫，主題是「方苞經學研究計畫」，分別研究方苞的詩經

學、春秋學和三禮學，研究成果《生活世界與經典解釋：方苞經學研究》已由臺灣學生書局出版。二〇〇八年起，亞傑又向國科會申請「六經皆文：清末民初桐城派研究——以吳汝綸、吳闓生、姚永樸、姚永概、馬其昶為範圍」，三年的研究計畫。桐城派的經學素來不受重視，亞傑這個計畫等於闡揚前人之幽光，也開啟了桐城派研究的風氣。

其三，中研院中國文哲研究所經學文獻研究室，自一九九九年起開始執行各種研究計畫，包括「乾嘉經學研究計畫」、「晚清經學研究計畫」、「民國以來經學研究計畫」，這麼多龐大的經學研究計畫，亞傑不但參加而且發表論文。亞傑總計發表近十篇的論文，其學術熱忱由此可見。

亞傑的著作除了碩士論文《康有為經學述評》和博士論文《清末民初公羊學研究：皮錫瑞、廖平、康有為》之外，已出版的專著，另有《晚清經學史論集》、《生活世界與經典解釋：方苞經學研究》。單篇論文尚未結集成書，學術界皆覺得以亞傑經學的造詣，不出版可說是經學界的一大損失。亞傑夫人林淑貞教授也有相同的看法。由於淑貞是最了解亞傑的人，這本論文集也由淑貞負責編輯。全書收論文二十二篇，或已在期刊、學報發表，或為學術研討會的論文。關涉的主題，在經書方面，有《周易》、《詩經》、《春秋》等經。在經學史方面，集中在明清和民國時期經學人物的探討。從這些論文可以看出亞傑研究領域之廣，及其創見之所在。

亞傑的經學論文不只這二十幾篇而已，較完整的目錄，可參考淑貞所編的〈丁亞傑著作目錄〉（《國文天地》第27卷6期，2011年11月）。想進一步了解亞傑一生的學術成就，請詳讀刊於《國文天地》中的〈丁亞傑教授紀念專輯〉（同上）。最近我去了一趟曲阜，到孔廟拜見孔老夫子，從雕像、雕身的毀損情況，可看出文革時期受到迫害

的情景，來孔廟參觀的大都是俗人，老夫子是看不上眼的。但亞傑不僅溫柔敦厚，且勤奮好學，最能發揚孔夫子之學問，已被納為第七十三位弟子。

二〇一四年十一月五日林慶彰誌於
中研院中國文哲研究所五〇一研究室

序二

　　經學是中國文化的核心，其盛衰標誌著歷史文化的起伏。漢武帝獨尊儒術、罷黜百家，正式建立了經學的權威地位。但正如林慶彰教授所說的：由於偽作、闕佚、作者問題、記事不實、學術思想變遷等內因（《中國經學研究的新視野》，萬卷樓圖書公司，二〇一二年十二月，頁47），以及政治隆污、時局變遷、民生甘苦等外緣，不斷地考驗著經學的權威。尤其近代世變劇烈，民心徬徨，經學更是遭遇強烈的批判、質疑與污衊，有的要把經書丟到廁所，有的宣布經學業已山窮水盡。但臺灣，在中國文化復興的旗幟下，經學始終保存一線生機；而大陸歷經波折，也幡然改圖，重新肯定經學的價值。所以這些年，在新方法、新材料、新觀念的指引下，海峽兩岸，甚至東亞漢文化圈的日本、韓國，經學研究又蓬蓬勃勃復興起來，繼漢、唐、宋、清之後，呈現另一個經學研究的黃金時代，這是多麼振奮人心的事。而丁亞傑教授就是在為數眾多的經學研究者之中，執志甚堅，用力甚勤，有著優良表現的一位。

　　初識亞傑，應該是二〇〇〇年十一月在東吳大學，他提出博士論文《清末民初公羊學研究——皮錫瑞、廖平、康有為》口試時。在李威熊、林慶彰教授的教導下，他將清末民初《公羊》學三大家熔於一大爐，詳細地分析其《公羊》理論，比較其異同，探索其影響，具有獨到的見解，能補此一研究範圍的不足，所以獲得在場委員的一致讚賞。

　　厥後，他繼續在元培醫專任教，我仍執教於中正大學。由於工作

環境的不同，除了偶然在學術研討會之類的場合外，就很少有相見的機會。印象較深的只有幾件小事：

二○○一年八月我全家前往張家界參加第五屆《詩經》學國際學術研討會，他也偕同夫人林淑貞教授前往發表論文。會後，一大群人在林慶彰教授帶領下，暢遊九寨溝、北京。由於淑貞是我教過的學生，伉儷都執禮甚恭，沿途照拂，度過了一個快樂的長假。

二○○二年八月我提前退休，應聘到玄奘大學任教。有一年擔任大考中心閱卷分組召集人，我邀請他前來閱卷。他打等第時非常用心，唯恐稍一疏忽，就會影響學生的前程。

後來他應聘到母校中央大學任教，有一次他打電話過來，說他擔任經學概論課程，是採用拙著《經學入門》當課本，但適逢出版社臺灣書店結束營業，買不到那麼多書，問我近期內有沒有再版的計畫。我說暫時不會再版，如果有需要，不妨讓學生影印備用。《呂氏春秋‧言公篇》不是主張言論屬於公眾嗎？而且出版社既然關門，暫時也就沒有版權之類的問題。

除此之外，就是看到他常在期刊、研討會發表論文。二○○八年八月還由文津出版社印行《晚清經學論集》，全書五章竟然全已再三修改，才正式定稿，其治學之嚴謹，由此可見一斑。早在二○○二年三月萬卷樓印行他的博士論文，當然也是精益求精才呈現出來的。

我所以如此不辭覼縷敘述這些瑣事，只是在印證亞傑對於研究之亹勉，對於修身之講求。自古以來，經世致用、內外兼修一直是經學研究者乃至知識分子努力追求的傳統。

像亞傑這樣優秀的經學人才，而且正值「韋編三絕今知命，黃絹初裁好著書」（章太炎先生賀黃季剛先生五十初度聯）的盛年，假以時日，成就應當不可限量。孰料二○一一年九月九日，他以中央大學中文系副主任身分率隊前往山東大學進行學術交流時，竟不幸猝然辭

世，噩耗傳來，知者無不震悼。淑貞百身莫贖之慟，修賢無父何怙之悲，更是可想而知。

近年淑貞勉抑哀思，力求昇華，除了用心栽培愛子外，也擔任中興大學中文系主任的職務，繼續積極從事春風化雨的工作，讓我們看到弱女子堅強、可貴的一面。最近，她將亞傑遺稿二十二篇裒集為四輯，曰：經史辯證、曰：儒家經典與研究方法、曰：六經皆文、曰：生命型態與存在感受，準備梓行於世，這真是紀念亞傑的最好方式，也是宏揚亞傑學術最理想的途徑。淑貞問序於余，我與亞傑同樣研究經學，取徑雖不甚相近，無法充分闡明其學術成就，但於情於理，卻是義不容辭，所以在此略作導引。

亞傑在《晚清經學論集・序》曾說：「晚清是一令人著迷的時代，內憂外患紛至沓來，學術思想屢綻異彩。最特殊之處，是中國文化史中的經學，於焉復興，諸如今文經學、諸子學、佛學、宋詩、駢文等，無不成就斐然，其中居於關鍵地位者，非經學莫屬。以經典為核心的討論研治，除承襲乾嘉專門漢學的成果外，並影響及於史學、思想與文學。」這番話不僅開宗明義，指出他過去學術研究的重點，也預告了其日後學術發展的方向。從一九九二年碩士論文《康有為經學述評》（中央大學）、二〇〇〇年博士論文《清末民初公羊學研究──皮錫瑞、廖平、康有為》乃至二〇〇八年《晚清經學論集》，可見「春秋公羊學」以及「中國近代經學史」一向是亞傑學術研究的兩大主軸。這兩個主軸其實是一體兩面，因為前者是後者的核心，後者是前者的主要範圍。到了這本新著，第一輯中的「春秋學」正是延續「春秋公羊學」的主軸，但往上逆推到朱子及《四庫全書總目》的《春秋》觀，往下溯游到張爾田的《公羊》學思想；甚至顧頡剛《春秋》學也與此直接相關，對於顧頡剛更是著墨特深，因為其疑古思想正是從今文經學蛻變而出的。至於附錄〈近五十年臺灣地區《春秋》研究

概況〉（原載二○○三年五月林慶彰教授主編《五十年來的經學研究》，臺灣學生書局出版）更可看出他對《春秋》經傳研究情況的嫻熟與了解的深刻。第二、四輯則是「中國近代經學史」主軸的擴大，不僅劉錦藻、姚瑩與康有為同樣成為他的研究對象，《易》學、古史學也都納入其研究範圍。至於第三輯「六經皆文」包含《詩經》學與《孟子》學兩大重點，多從姚永樸、姚永概、吳闓生等近代學者出發，進行論述，這不正是前述《論集・序》所預告的晚清經學的影響嗎？

　　總之，亞傑的經學研究是以一個同心圓不斷在擴充與深化；我們一般人常有貴古而賤今、知古而不知今的毛病。他對近代經學研究的努力，可以拓寬我們的視野，啟發我們的省思，就這個角度而言，這本書應該有一讀再讀的價值。

莊雅州序於臺北
二○一四年十一月

序三　秋末懷人

　　關於丁亞傑，我寫過他很多次，卻均不能終篇。這次希望能寫完。

　　我淡江大學中文系畢業後，入師大國研所讀碩士。讀畢，系主任王甦老師便命我回母校擔任讀書指導與論孟兩門課。這種課，其實最難教，大巧若樸，內中門庭深廣，得千手千眼觀音才能應付。可是我那時急須覓一工作餬口，且蒙老師垂愛，豈敢推辭？只好硬著頭皮去了。甫執教又無經驗，常因而發窘，在課堂上氣悶劇咳。

　　幸而我那時才二十出頭，與學生幾乎一般大，故他們並不疏遠我，頗以為可親，相處竟甚怡洽。當然，我所講的那些東西，他們是聽不懂的。乾澀困人，且屢遭我譏嘲，更不免深受挫傷，故於治學一道，多是望望然而去。

　　亞傑就是我教書的可憐的第一屆學生。他不是精敏外露型的人，但對我所說，頗有循之深思的習慣，喜來問難，輒多啟予。在他那一班上，甚為特殊。

　　爾後數十年，師弟酬答，大抵仍如初時。我久經世故，憂患彌增，性情早已變而又變，而他渾樸未漓，我也很奇怪他何以竟能與我相處如故。可是正因為如此，我乃格外珍惜這一段情分。

　　說這幾句話，其實大有感慨。一個人的品質，即表現在他與人交往間。我周遭，欺師賣友者多矣。老學生而來放冷箭、打悶棍者何可勝數；即或不爾，出了校門，遂同陌路，也是今之常態。如亞傑之誠肫敦厚者，能有幾人？

　　而他身上又帶著我許多少年時的記憶。淡水月色、瀛苑書聲，矜狂的生命、恢盪的理想，總在與他相處時，自然流漾於腦海。所以由他身上，彷彿也可看到一部分當年我的影子。

　　像那時我常夜宿他們齋舍。一次他送我去夜間部上課，那是我第一次在夜間教書。入教室，就在黑板上抄了李商隱一首詩說：「上帝鈞天會眾靈，昔人因夢入青冥，伶倫吹裂孤生竹，卻為知音不得聽」，然後才開講，期待學生能知音。這個班，最傑出的女學生，就是後來亞傑的妻子林淑貞。每次他們來看我時，我都會想起這些時光的碎片，既溫慰，又感傷歲華如駛、前塵如夢。

　　但亞傑與淑貞畢竟不同，他未感染我才性詩情那一部分，除了個性端方之外，與我教他們時偏重講經學之微言大義有關。

　　受我荼毒，他亦頗以經義為說，特別是由晚清入手，自公羊學上溯聖人心志。所作如《清末民初公羊學研究──皮錫瑞、廖平、康有為》、《康有為經學述評》及一大堆相關論文，均屬此等。後來他又由此上推下闡，對清代方苞以降的桐城一派，民國時期的張爾田、姚永樸、姚永概、顧頡剛等之經學也鑽研不遺餘力。於經學，可謂升堂入室矣！

　　近世說經，大陸久廢，臺灣的主流則是乾嘉樸學的餘脈，師大政大、章黃學派，也就是我師長那一輩，大抵屬此。林慶彰先生後來主持的許多經學研究項目，乃以經學史和文獻為主。我重在創通大義，而著作卻少，也未培養團隊，僅是孤芳自賞而已。亞傑可說是循我之跡而更進者，重視方法論、強調意識內容，而文獻考掘則比我有耐心得多，故較我細緻。

　　後期的情況，略有變化。可能是與淑貞長期共學切磋，他的研究開始漸漸往文學靠。由早期偏重《春秋》而漸及於《詩經》，然後又接上「文學講經」這一系的經學路數。

此間，可能也跟我有些關係。

當時他還在元培學院執教，組織了一個講會，除同仁們彼此研析講論之外，也邀蔡英俊等人去講，討論學術史上一些關鍵問題。某次拉我去談，要我介紹詩學上的抒情與敘事之爭。我則於此二者外，另述了一個詩文博物的脈絡。諸君皆以為善，認為可資深入，建議我寫點東西。我則耄矣，自然只能期待他們。彼此推托，事遂不了了之。多年以後，心中仍覺遺憾。亞傑過世後，我曾在筆記《逍遙游錄》中記載這個遺憾，說：

> 漁洋《分甘余話》卷十引鄭簡庵《新城舊事序》云：「郭璞註《爾雅》、陸佃作《埤雅》，釋魚釋鳥，讀之令人作濠濮間想，覺鳥獸禽魚自來親人也」。詩家比興，多就草本鳥獸蟲魚發之，故不唯覺其可親，抑將略識其名物。郭陸而外，陸璣《毛詩草木鳥獸蟲魚疏》最稱名作，焦循有陸疏《疏》、毛晉有《廣要》、清趙佑有《校正》、丁晏又有《校正》，羅振玉則有新《校正》，已成專門之學矣。其他撰作，不可勝數，邵晉涵《爾雅正義》蟲、魚、鳥、獸，畜五篇，固是大宗。陳大章《詩經名物集覽》、日人江村如圭《詩經名物辨解》、淵在寬《陸疏圖解》亦自不俗。餘則如李漁《閑情偶記》卷五記種植七十則；道光間顧祿《駢香儷絕》，雜採典故，就花木一類，列為五十偶；同時錢步曾《百廿蟲吟》九十七首及諸人和作，專詠昆蟲，壁虎、灰蚱蜢、蟑螂；全祖望《句余土音》卷五全詠本地物產六十九首等，俱堪採挹。孔延之《會稽糝英集》、王十朋《會稽三賦》各註本、《南方草木狀》、《嶺表錄異》、《北戶錄》，西湖花隱翁（陳淏子）《秘傳花鏡》卷三花木類考、卷四藤蔓類考、卷五花草考、卷六禽獸鱗蟲考等等，亦皆

可觀。謝肇淛《五雜俎》頗載海濱異物，郝懿行《記海錯》，郭柏蒼《海錯百一錄》與之雁行；謝墉《食味雜詠》若可附麗，有阮文序。至若乾隆間李元《蠕範》，沿績《禽經》，其物理物化物生物匹十六章，備及幽隱；而陳坤《嶺南雜事詩鈔》詠物七十首；黃本驥《湖南方物誌》卷三引《瀟湘聽雨錄》論海芋之類，可謂沈沈夥頤，讀書時隨處留意句稽，便可得意外之喜，非若動植物學者於此做科研也。昔牟廷相《蜂衙小記跋》有云：「昔人云《爾雅》註蟲魚，定非磊落人。余謂磊落人定不能註蟲魚耳。浩浩落落，不辨馬牛，哪有此靜中妙悟耶？」夫詩家詁釋名物，自有超以象外者，故仍當就詩求之，牟即有《詩意》一卷。余嘗讀《文選》，〈江賦〉註引《臨海水土異物誌》稱：「土肉正黑，如小兒臂大，長五寸，中有腹，無口目，有三十足，炙食」，謂海參也；又〈蜀都賦〉註：「蒟蒻，其根肥白，以灰汁煮則凝成，以苦酒腌食之，蜀人珍焉」，知李善亦頗留心此等事。舊時曾舉此為丁亞傑林淑貞邵曼珣諸學棣道之，諸君以為有趣，頗欲於此覃思，究明詩文傳統中博物一類。俄而亞傑猝死於濟南，事隨水逝矣。

亞傑在赴山東學術交流途中，忽然溘逝。他兄弟打電話來北京告知我這個噩耗並籌思遺體保存及殯葬事，我心愴憾，悲莫能名。開弔時也不能返臺，故向淑貞要了亞傑的全部著作檔，藉著讀他文章來平復心情，遙思其人。

讀了他晚近各文，才知道他其實已動手做了許多我們當年談說想做而未做的工作。如上面所舉這個例子，他即迅速地由《詩經》之博物、草木鳥獸蟲魚，而關聯到經義，寫了《詩經的自然意象與女性詮釋自然的意義》、《詩經比興的運用》等文。後來我講六經皆文，他也

迅即找到方苞以及此後的桐城文家如何以文學說經之事例，贍有考述。皆實有所見、勤敏可敬之作也！

　　循茲以往，他是不難合經學與文學於一手，在學界大放異彩的，不料竟然走得這麼早、這麼突然，令我等不知該說什麼好。向秀〈思舊賦〉所云山陽之笛、黃罏之痛，約略似之。回想他們全家隨我去白鹿洞鵝湖書院等處遊歷之類情景，真難以為懷。

　　幸而文章不朽，足徵其人。對這個經義蕩然的社會來說，此等文字之有益於世道，亦是無疑的。

　　　　　　　　　　甲午霜降，龔鵬程寫於杭州復性書院

目次

總序⋯⋯⋯⋯⋯⋯⋯⋯⋯⋯⋯⋯⋯⋯⋯⋯⋯⋯⋯ 車行健　1

序一⋯⋯⋯⋯⋯⋯⋯⋯⋯⋯⋯⋯⋯⋯⋯⋯⋯⋯⋯ 林慶彰　5

序二⋯⋯⋯⋯⋯⋯⋯⋯⋯⋯⋯⋯⋯⋯⋯⋯⋯⋯⋯ 莊雅州　9

序三　秋末懷人⋯⋯⋯⋯⋯⋯⋯⋯⋯⋯⋯⋯⋯ 龔鵬程　13

目次⋯⋯⋯⋯⋯⋯⋯⋯⋯⋯⋯⋯⋯⋯⋯⋯⋯⋯⋯⋯⋯⋯⋯⋯⋯ 1

表次目錄⋯⋯⋯⋯⋯⋯⋯⋯⋯⋯⋯⋯⋯⋯⋯⋯⋯⋯⋯⋯⋯⋯⋯ 5

輯一　經史辯證

《春秋》寓於史：《四庫全書總目》的《春秋》學觀⋯⋯⋯⋯⋯⋯ 3

先王之史與孔子之經：張爾田《遯堪文集》
的《公羊》學思想⋯⋯⋯⋯⋯⋯⋯⋯⋯⋯⋯⋯⋯⋯⋯⋯⋯⋯ 37

存在感受與歷史解釋：論顧頡剛〈古史辨自序〉⋯⋯⋯⋯⋯ 55

顧頡剛的疑古思想：漢儒、孔子與經典⋯⋯⋯⋯⋯⋯⋯⋯ 83

從經學到史學：顧頡剛《春秋》學初探⋯⋯⋯⋯⋯⋯⋯⋯ 119

顧頡剛《易》學思想⋯⋯⋯⋯⋯⋯⋯⋯⋯⋯⋯⋯⋯⋯⋯⋯ 145

輯二　儒家經典與研究方法

《周禮》食官考⋯⋯⋯⋯⋯⋯⋯⋯⋯⋯⋯⋯⋯⋯⋯⋯⋯⋯⋯ 167

儒家經世致用理念的困境：以《四庫全書總目子部》為例 ⋯⋯⋯ 193

《四庫全書總目集部》清代編例 ⋯⋯⋯⋯⋯⋯⋯⋯⋯⋯⋯ 205

從《清朝續文獻通考‧經籍考》論晚清經學史研究方法 ⋯⋯⋯ 221

《左傳》的研究方法 ⋯⋯⋯⋯⋯⋯⋯⋯⋯⋯⋯⋯⋯⋯⋯ 235

輯三　六經皆文

美刺與正變：詩經比興的應用 ⋯⋯⋯⋯⋯⋯⋯⋯⋯⋯⋯⋯ 245

《詩經》的自然意象與女性詮釋 ⋯⋯⋯⋯⋯⋯⋯⋯⋯⋯⋯ 263

晚明文學《孟子》學 ⋯⋯⋯⋯⋯⋯⋯⋯⋯⋯⋯⋯⋯⋯⋯ 279

以文辭之義通聖人之心：吳汝綸、吳闓生父子
《尚書》學略論 ⋯⋯⋯⋯⋯⋯⋯⋯⋯⋯⋯⋯⋯⋯⋯⋯ 303

文：姚永樸經史之學的意涵 ⋯⋯⋯⋯⋯⋯⋯⋯⋯⋯⋯⋯ 333

清末民初桐城派《孟子》文法論：以姚永概
《孟子講義》、吳闓生《孟子文法讀本》為核心 ⋯⋯⋯⋯⋯ 355

輯四　生命型態與存在感受

袁中道的情欲世界 ⋯⋯⋯⋯⋯⋯⋯⋯⋯⋯⋯⋯⋯⋯⋯⋯ 399

孫奇逢的生命風格 ⋯⋯⋯⋯⋯⋯⋯⋯⋯⋯⋯⋯⋯⋯⋯⋯ 419

天遊：康有為的生命型態 ⋯⋯⋯⋯⋯⋯⋯⋯⋯⋯⋯⋯⋯ 433

康有為在日本的思考：物質與文化的救國論 ⋯⋯⋯⋯⋯⋯⋯ 449

從桐城到臺灣：姚瑩與臺灣的淵源 ⋯⋯⋯⋯⋯⋯⋯⋯⋯⋯ 499

附錄一

近五十年（1949-1999）臺灣地區《春秋》經傳研究概況⋯⋯⋯⋯ 531

《左傳》夢的故事⋯⋯⋯⋯⋯⋯⋯⋯⋯⋯⋯⋯⋯⋯⋯⋯⋯ 567

附錄二

臺灣地區近二十年研究顧頡剛資料索引⋯⋯⋯⋯⋯⋯⋯⋯⋯ 581

丁亞傑著作一覽表⋯⋯⋯⋯⋯⋯⋯⋯⋯⋯⋯⋯⋯⋯⋯⋯⋯ 587

丁亞傑出版書目⋯⋯⋯⋯⋯⋯⋯⋯⋯⋯⋯⋯⋯⋯⋯⋯⋯⋯ 599

丁亞傑指導碩士論文一覽表⋯⋯⋯⋯⋯⋯⋯⋯⋯⋯⋯⋯⋯ 605

參考文獻⋯⋯⋯⋯⋯⋯⋯⋯⋯⋯⋯⋯⋯⋯⋯⋯⋯⋯⋯⋯ 607

後記一⋯⋯⋯⋯⋯⋯⋯⋯⋯⋯⋯⋯⋯⋯⋯⋯ 孫致文 627

後記二　有情人間⋯⋯⋯⋯⋯⋯⋯⋯⋯⋯⋯⋯ 林淑貞 629

表次目錄

輯一

1-1 〈顧頡剛古史辨自序一覽表〉 ⋯⋯⋯⋯⋯⋯⋯⋯⋯60

1-2 〈顧頡剛古史研究學程一覽表〉 ⋯⋯⋯⋯⋯⋯⋯62

1-3 〈文本與故事版本異同表〉 ⋯⋯⋯⋯⋯⋯⋯⋯⋯72

1-4 〈古史辨主要內容表〉 ⋯⋯⋯⋯⋯⋯⋯⋯⋯⋯90

1-8 〈《尚書・洪範》五行說表〉 ⋯⋯⋯⋯⋯⋯⋯⋯95

1-9 〈《尚書大傳》五行說表〉 ⋯⋯⋯⋯⋯⋯⋯⋯⋯95

輯二

2-1 〈《周禮・天官》食官表〉 ⋯⋯⋯⋯⋯⋯⋯⋯⋯170

2-2 〈《周禮・地官》食官表〉 ⋯⋯⋯⋯⋯⋯⋯⋯⋯175

2-3 〈《周禮・春官》食官表〉 ⋯⋯⋯⋯⋯⋯⋯⋯⋯181

2-4 〈《周禮・夏官》食官表〉 ⋯⋯⋯⋯⋯⋯⋯⋯⋯182

2-5 〈《周禮・秋官》食官表〉 ⋯⋯⋯⋯⋯⋯⋯⋯⋯183

2-6 〈《周禮・冬官考工記》食官表〉 ⋯⋯⋯⋯⋯⋯185

2-7 〈七分類法表〉 ⋯⋯⋯⋯⋯⋯⋯⋯⋯⋯⋯⋯195

2-8 〈四分類法表〉 ⋯⋯⋯⋯⋯⋯⋯⋯⋯⋯⋯⋯197

2-9 〈漢志、隋志、四庫全書總目諸子類比較表〉 ⋯⋯⋯200

輯三

3-1 〈秦風美刺一覽表〉……………………………………259

3-2 〈詩序與女性意象一覽表〉…………………………266

輯四

4-1 〈康有為大事年表〉……………………………………474

4-2 《春秋》經傳專題研究統計表〉…………………………562

4-3 《春秋》經傳學史朝代研究統計表〉……………………563

4-4 《春秋》經傳學史專家研究統計表〉……………………564

4-5 《左傳》述夢總表〉……………………………………569

輯一　經史辯證

《春秋》寓於史：《四庫全書總目》
的《春秋》學觀

摘要

　　考究典故，以發明經義；經義重古義，輕時義；以文解經，亦能發明經義，卻非詁經正途。這略是四庫館臣對經學的基本立場。經典既為學者共遵共奉，所以標的不是爭議所在，如何看待經典，才是對諍的核心，亦即經典的研究方法，可以見出雙方的差異。館臣以「《春秋》寓於史」為其《春秋》學的基本觀念。須明瞭整個史事，才能理解褒貶所在，否則就是憑空而談。所以館臣於《春秋》三傳推崇《左傳》，且連及於杜預《集解》、孔穎達《疏》。不顧及記事，而侈言大義，是所謂無本之談；僅止於記事，不論及垂法，是不通《春秋》大義。《春秋》有事、有文，作者之志，則在禮之中，從事與文探求禮，才能獲得大義。然而「《春秋》寓於史」，卻輕忽「其文則史」的意義，在《春秋》事、文與義中，獨缺對文與史關係的探討。

關鍵詞：四庫全書總目　春秋經傳　敘事　義例

一 緒論

　　四庫館臣嘗云：「經稟聖裁，垂型萬世，刪定之旨，如日中天，無所容其贊述，所論次者，詁經之說而已。」[1]此說其實有三個層次：作者、述者與詁經，而詁經為末。《禮記・樂記》云：「作者之謂聖，述者之謂明。」原意是通曉禮樂的本末才能稱為作，訓說禮樂的義理則是述。[2]創作本身就是極其困難之事：「明於天地，然後能興禮樂。」[3]樂能調融天地的和氣，禮能規範天地的秩序。納人、物於禮樂系統中，使之各有其位置，又能相互和合。在自然之中，觀看人物的價值，此即是明於天地。所以經典成為後人崇仰的對象，具有神聖的地位。孔子大聖，也謙稱自己僅是：「述而不作。」[4]後學何能比肩孔子而為述者？而述說經典義理的述者，雖不能如同作者明於天地，但要能述說天地的義理，自身須有一定的理解及詮釋能力，要多聞多見，才能掌握古聖先王的義理，也因而具有近似神聖的地位。是以學者只能詁經，不能贊述，更不能自居作者。這是一個根本的信念，幾貫穿全部《四庫全書總目》對歷代經學論著的評論。

　　至於詁經之法，館臣認為漢代以後經學，學凡六變，並各有其得

1　〔清〕永瑢等著：〈經部總敘〉，《四庫全書總目》（臺北市：藝文印書館影印同治七年廣東刻本，1989年1月），卷1，頁1。《四庫全書總目》的版本，有殿本、浙本、庫本之異，可參考楊晉龍：〈「四庫學」研究的反思〉，《中國文哲研究集刊》第4期（1994年3月），頁349-394，司馬朝軍：《四庫全書總目研究》（北京市：社會科學文獻出版社，2004年12月），頁123-142。楊晉龍認為廣東本是翻刻浙本而來。

2　詳細說解，可參考〔清〕孫希旦著，沈嘯寰、王星賢點校：《禮記集解》（北京市：中華書局，1989年），卷37，頁989-990。

3　《禮記・樂記》，〔唐〕孔穎達著，龔抗雲整理：《禮記正義》（北京市：北京大學出版社，2000年12月），頁1270。

4　詳細說解，可參考〔清〕劉寶楠著，高流水點校：《論語正義》（北京市：中華書局，1990年3月），頁251-252。

失。[5] 如論晚明經學云：「主持太過，勢有所偏，材辨聰明，激而橫決，自明正德、嘉靖以後，其學各抒心得，及其弊也肆。如王守仁之末派，皆以狂禪解經之類。」[6] 正德是明武宗的年號（1506-1521），嘉靖是明世宗的年號（1522-1566），陽明（1472-1529）之學，就於其時大盛。其中可供探究之處甚多，「各抒心得，及其弊也肆」，看起來是各有利弊，其實利即是弊，弊也就是利。學者既止於詁經，各抒心得究竟是訓釋經義確有所得，抑或以己意釋經，也有所得？[7] 論陳啟源（？-1689）《毛詩稽古編》云：「蓋明代說經，喜騁虛辨。國朝諸家，始變為徵實之學，以挽頹波。古義彬彬，於斯為盛，此編尤其最著也。」[8] 顯然是以訓釋經義為主，而其方法是：「考究典故，以發明經義。」[9] 經典義理存在於典制訓詁之中，借由典制訓詁的研究，以發明義理，而義理可信。此一學風即館臣所謂徵實之學。[10]

5　四庫館臣的經學觀，周積明分為漢學、宋學、樸學三派，雖云漢宋兼採、泯滅門戶，但常流露重漢輕宋的傾向。見《文化視野下的四庫全書總目》（北京市：中國青年出版社，2001年10月），頁115-149。黃愛平則以為館臣尊崇漢學、批評宋學，但能以較寬容的態度看待此一問題，指出漢宋之爭一是思想方法差異，一是門戶意氣之爭。見〈四庫全書總目的經學觀與清中葉的學術思想走向〉，《中國文化研究》1999年春之卷，頁85-91。張傳峰則歸納館臣對漢、宋學的批評重點。見《四庫全書總目學術思想研究》（上海市：學林出版社，2007年6月），頁317-339。綜合評述此一主題研究成果，見陳曉華：《四庫總目學史研究》（北京市：商務印書館，2008年12月），頁408-417。

6　〔清〕永瑢等著：〈經部總敘〉，《四庫全書總目》，卷1，頁1。

7　如張舜徽就說：「此明代經說定一尊之後，才智之士，摧破藩籬，自造新說，以至放肆之弊也。」見《四庫提要敘講疏》（臺北市：臺灣學生書局，2002年3月），頁5。自造新說即各抒心得，但其結果是放肆。

8　〔清〕永瑢等著：《四庫全書總目‧經部‧詩類二》，卷16，頁26。

9　〔清〕永瑢等著：《四庫全書總目‧經部‧四書類二‧論語類考》，卷36，頁17。

10　四庫開館，雖以漢學為主，但也有宋學家，陳曉華表列漢學以外的學者，甚為清晰。見《四庫全書與十八世紀的中國知識分子》（北京市：社會科學文獻出版社，2009年11月），頁356-369。

　　館臣又對科舉之學，有所貶抑：「科舉之學，流為剽竊，已非一朝一夕之故。」[11]但宋、元科舉制度猶勝明代：「考《元史・選舉志》載，《書》用蔡《傳》及注疏。當時經義猶不盡廢舊說，故應試者得兼用之。此元代經學所以終勝明代也。」[12]明代科舉，《四書》主朱子《四書集注》，《易》主程《傳》、朱子《本義》，《書》主蔡《傳》及古注疏，《春秋》主三《傳》及胡安國、張洽（1161-1237）《傳》，《禮》主古注疏，永樂間頒《四書五經大全》，後《春秋》不用張洽《傳》，《禮記》用陳澔（1260-1341）《集說》。[13]館臣指責明代科舉以宋人經說為主，不能上溯漢、唐古義。並引李維楨（1547-？）語：「『《書》有古文、今文，今之解《書》者又有古義、時義，《書傳會選》以下數十家，是為古義，而經生科舉之文不盡用。《書經大全》以下主蔡氏而為之說者，坊肆所盛行，亦數十家，是為時義。』其言足括明一代之經術。」[14]經義分「古義」、「時義」，解經應以明古義為尚；明代經學與科舉密邇相關，所重者在時義，此「科舉經學」與館臣學術異轍，自為館臣所輕。

　　「時義」則以「時文」表出，時文則是崇尚新奇，厭薄矩矱，出入經史百氏，其時朝廷雖屢申詭異險僻之禁，但積重難返，仍難禁制。主政者雖極力變易文體，但趨尚如此，也就是價值或審美判斷如

---

11 〔清〕永瑢等著：《四庫全書總目・經部・書類二・書義斷法》，卷12，頁9。

12 〔清〕永瑢等著：《四庫全書總目・經部・書類二・書義矜式》，卷12，頁44。元代科舉，《詩》用朱子（1130-1200），《書》用蔡沈，《易》用程頤、朱氏，並兼用各注疏；《春秋》用三《傳》及胡安國《傳》，《禮記》用古注疏。仍以宋代經學為主，但兼用古注疏。見〔明〕宋濂著：《元史・選舉志一・科目》（北京市：中華書局，1976年4月），卷81，頁2018-2019。

13 〔清〕張廷玉等著：《明史・選舉志二》（北京市：中華書局，1974年4月），卷70，頁1694。

14 〔清〕永瑢等著：《四庫全書總目・經部・書類二・尚書日記》，卷12，頁17。《尚書日記》為〔明〕王樵所著，李維楨為之作序，館臣所引即是書序文。

此，官方何能禁止。最後居然是：「論者以明舉業文字比唐人之詩，
國初比初唐，成（化）、弘（治）、正（德）、嘉（靖）比盛唐，隆
（慶）、萬（曆）比中唐，（天）啟、（崇）禎比晚唐云。」[15]舉業文字
不但不如後世所鄙夷，反而是明代最為特殊的文體，且可上比唐詩，
也有初中盛晚之別。這豈有朝野之異，全體文士大概都陷入此一文字
之美的追求。館臣卻認為：「論文之作，不可附麗於經部。」[16]研究
《尚書》的作品，書末會附《作義要訣》，就不會如館臣所說，等同
詩文評。而是討論經義如何表出之法，也就是時文的寫作技巧。事實
上館臣也知之甚詳，在論《書義矜式》時即云：「此書乃科舉程文，
當歸集部。然雖非詁經之書，實亦發明經義，入之別集為不類，故仍
入經部附錄中。」[17]文章雖可發明經義，卻仍非詁經之書，故不為館
臣所許，只能入經部附錄，但究其實際，仍與經義相關，否則會列入
其餘部類。

　　考究典故，以發明經義；經義重古義，輕時義；以文解經，亦能
發明經義，卻非詁經正途。這略是館臣對經學的基本立場。經典既為
學者共遵共奉，所以標的不是爭議所在，如何看待經典，才是對諍的
核心，亦即經典的研究方法，可以見出雙方的差異。此一差異，形成
學術特徵，可以根據此特徵認知、分別與判斷學術脈絡的發展，同時
也改變、擴大或限縮經典研究的方向。本文即以此為論述核心，行文
以各書〈提要〉為主，如非必要，避免引用原書，因〈提要〉為館臣
對各書的評論，可見出館臣的學術立場。原書則是作者的學術成果，
與館臣無涉。又引原書為例，也是作為論述的參照系統，而非以此證
明館臣學術內容。

---

15 〔清〕張廷玉等著：《明史・選舉志一》，卷69，頁1689。

16 〔清〕永瑢等著：《四庫全書總目・經部・書類二・書義斷法》，卷12，頁9。

17 〔清〕永瑢等著：《四庫全書總目・經部・書類二・書義矜式》，卷12，頁44。

二 《春秋》寓於「史」：記事

　　孟子嘗論《春秋》云：「其事則齊桓、晉文，其文則史。孔子曰：『其義則丘竊取之矣。』」[18]據此，《春秋》包含了三個部分：事、文與義。事是其時歷史事件，文是歷史事件的載體，義是歷史事件的意義。《公羊傳・昭公十二年》：「《春秋》之信史也，其序則齊桓、晉文，其會則主會者為之也，其詞則丘有罪焉耳！」[19]則顯現與孟子不同的面向，較著重作者（孔子）在敘事時，如何安排諸侯之間的位置，其中的褒貶之詞，則是孔子自任。這樣的敘事，《公羊》家認為是信史。兩者最大的差異，並不在義──因為都承認《春秋》有義，而是在事與義的關係。孟子似是認為事是客觀存在，義是對事的褒貶。《公羊》則認為事是作者的主觀安排，義在敘述之中。如此就形成兩種歷史觀念：事是義的基礎，事件不明，褒貶無由而知。義在事之中，從事即可見出義，事只要符合其義，事件就屬真實。[20]前者事義分離，義須符合事；後者事義合一，事須符合義。

　　四庫館臣云：

> 史之為道，撰述欲其簡，考證則欲其詳。莫簡於《春秋》，莫詳於《左傳》。《魯史》所錄，具載一事之始末，聖人觀其始末，得其是非，而後能定以一字之褒貶，此作史之資考證也。

---

18 《孟子・離婁下》，〔清〕焦循著，沈文倬點校：《孟子正義》（北京市：中華書局，1987年10月），卷16，頁574。

19 〔唐〕徐彥著，浦衛忠整理：《公羊義疏》（北京市：北京大學出版社，2000年），卷22，頁568。

20 所以徐復觀有如下激進的言語：「……發憤之作，故多出之以比興，以濟立言之道之窮；這在史公，則是所謂『微言』。微言與比興相通，但求情理上所應有，不必拘於事實之所本無。」見〈論史記〉，《兩漢思想史》（臺北市：臺灣學生書局，1979年），卷3，頁367。

丘明錄以為傳，後人觀其始末，得其是非，而後能知一字之所
以褒貶，此讀史之資考證也。苟無事蹟，雖聖人不能作《春
秋》。苟不知其事蹟，雖以聖人讀《春秋》，不知所以褒貶。儒
者好為大言，動曰舍傳以求經，此其說必不通。其或通者，則
必私求者諸傳，詐稱舍傳云爾。[21]

分別從作者與讀者的立場，說明事件的重要：作者必須了解事件，才
能或褒或貶；讀者也須了解事件，才能掌握作者之意。《春秋》經
傳，雖列於經部，但在論史部時，卻首以《春秋》、《左傳》。通曉事
件的方法，厥在考證。文字訓詁、典章制度、人物生平、事件發展、
時間、空間等，均在考證範圍內。館臣比較偏向以史學的角度，理解
《春秋》學。

館臣云：

聖人覺世牖民，大抵因事以寓教：《詩》寓於風謠，《禮》寓於
節文，《尚書》、《春秋》寓於史，而《易》則寓於卜筮。[22]

又云：

諸經之作，皆以明理，非虛懸而無薄。故《易》之理麗於象
數，《書》之理麗於政事，《詩》之理麗於美刺，《春秋》之理
麗於褒貶，《禮》之理麗於節文，皆不可以空言說，而《禮》
為尤甚。[23]

---

21 〔清〕永瑢等著：〈史部總敘〉，《四庫全書總目・史部・正史類一》，卷45，頁1。
22 〔清〕永瑢等著：〈易類敘〉，《四庫全書總目・經部・易類一》，卷1，頁3。
23 〔清〕永瑢等著：《四庫全書總目・經部・禮類三・禮記大全》，卷21，頁10。

承認《春秋》有作者（聖人）特殊的用意，是作者借著史事，以寄託其感情或理想。所以經典與史書不同，是經典其後有作者的義理，而讀者的責任是體會作者的義理。就《春秋》而言，義理就是作者的褒貶。因此作者不理解史事，就無法發揮《春秋》設教的功能；但讀者僅止於理解史事，也無法進入史事之後的意義世界。《春秋》寓於史，但《春秋》不等於史。洞穿史事，以掌握作者記事的用意，這或是研究《春秋》的方法。而其基礎，仍在史事的理解。所以《春秋》寓於史，館臣所重者，在「史」而不在「寓」。觀乎下文，更可以明瞭館臣的看法：

> 三代以上無鄙棄一切，空談理氣之學問也。……《春秋》之教，存天理，明王政，其道亦至大，而謂《春秋》非史則不可。[24]

《春秋》所以能夠如此，就是作者在載事中隱含了義理，這一事理的結構，經由讀者解析，因而能體會其中至道，完成《春秋》之教。至此，《春秋》又非歷史，只是記載前言往行，而是有其現實的意涵。以史事為前提，理解天理、王政，如果不由此途，就是空談理氣。致使其方法論從之前形上的關懷，轉變為人事的探討。[25]更進一步，不再重視形上的部分，其價值判斷顯而易見。[26]

---

24 〔清〕永瑢等著：《四庫全書總目・經部・易類存目三・先天易貫》，卷9，頁36。

25 清初至中葉此一學術轉變，可參考錢穆：《中國近三百年學術史》（臺北市：臺灣商務印書館，1996年7月），頁21-22。

26 善乎張舜徽之言，其論《詩經》云：「名物視他尤繁，不考求其真，則無明比興之旨。」這與四庫館臣之言，途轍相同。但又云：「清儒惟考證名物之情狀，審別文字之異同，足以跨越前人，至於引申大義，闡明《詩》意，不逮宋賢遠甚。」這與館臣異曲。此即館臣重人事，輕意義的限制所在。引文均見《四庫提要敍講疏》，頁25、26。

原因在於館臣對經典性質的認定：

> 蓋《易》、《書》文皆最古，非通其訓詁則不明，《詩》、《禮》
> 語皆徵實，非明其名物亦不解，《論語》、《孟子》詞旨顯明，
> 惟闡其義理而止，所謂言各有當也。[27]

《易》、《書》因文字艱深，須明其訓詁；《詩》、《禮》有典章制度，
須明其名物；惟《論語》、《孟子》詞旨清晰，可逕明其義理。由此推
論，《春秋》記事，自是須明其事件。如此論述，其實是有前後次
序，前者為後者的基礎或前提，不明白前者，後者即無法明白。用館
臣的語言，就是諸經的訓詁名物不明，義理無由而明，《論語》、《孟
子》為例外。

以《禮》學為例，館臣論三《禮》云：「蓋得其節文，乃可推制
作之精意。」[28]預設禮制如有疑義，必須詳加考定，才能推知禮意。
就其極致，在禮制未明之前，無法得知禮意。問題在於禮制要明到何
種程度，才能討論禮意？[29]禮制未明之前的禮意論述，是否可信？[30]
明其禮制之後，是否能進而推究禮意，抑或僅止於節文？考證禮制是
一事，推求禮意是另一事，前者不必然能導致後者。長於考證，不意
謂精擅義理，反之亦然。館臣續云：「本漢唐之注疏，而佐以宋儒之

---

27 〔清〕永瑢等著：《四庫全書總目・經部・四書類一・孟子正義》，卷35，頁2。

28 〔清〕永瑢等著：〈禮類敘〉，《四庫全書總目・經部・禮類一》，卷19，頁1。

29 〔清〕方東樹就指出古代車制、賦役、宮室、衣服、弁冕等，言人人殊，互相駁
斥，難有定見，「此等明之固佳，即未能明，亦無關於身心性命，國計民生。」見
《漢學商兌》（臺北市：廣文書局影印浙江書局刊本，1977年），卷下，頁34。即使
人各異說，並不妨礙各人對制作精意的推求。

30 張舜徽就說：「漢儒說禮，考禮之制；宋儒說禮，明禮之義；各有攸長，自可兼
采。」見《四庫提要敘講疏》，頁33。考禮與說禮是兩事，如謂說禮必立基於考
禮，就無所謂自可兼採的問題。

義理，亦無可疑也。」[31]「本」與「佐」自有主從之別，但無異也承認兩者性質之異。既是性質有異，前者決定後者這一認知，顯然還有待進一步討論。

　　回到前述《春秋》教，也可知掌握載事，未必能明作者寄寓的大道。仍賴讀者對所處時代的體會與理解，更重要的是又能平行類比於讀者所處的時代，《春秋》才有教的功能，而這才是最困難的一點。館臣評〔宋〕蕭楚（？-？）《春秋辨疑》云：

> 書之大旨，主於以統制歸天王，而深戒威福之移於下。雖多為權姦柄國而發，而持論正大，實有合尼山筆削之義。與胡安國之牽合時事、動乖經義者有殊；與孫復之名為尊王，而務為深文巧詆者，用心亦別。[32]

孫復（西元992-1057）、胡安國、蕭楚，其實都是以自身存在感受解釋《春秋》，但館臣抑揚不一。館臣其實頗了解胡安國等「借《春秋》以寓時事」的作法，《春秋》可以「寓義於事」，但如是「寓義於時事」，就常被指責為牽合、比附。評孫復《春秋尊王發微》云：「過於深求而反失《春秋》之本旨者，實自復始。」[33]評胡安國《春秋傳》云：「顧其書作於南渡之後，故感激時事，往往借《春秋》以寓意，不必一一悉合於經旨。」[34]經典的本旨與讀者的解釋，出現差距，館臣之評，即是欲弭平此一差距。其中關鍵，就在經典與經解兩者融合的程度、範圍，能否為學者所接受。究竟是一己之見還是符合

---

31 〔清〕永瑢等著：〈禮類敘〉，《四庫全書總目·經部·禮類一》，卷19，頁1。
32 〔清〕永瑢等著：《四庫全書總目·經部·春秋類一·春秋辨疑》，卷26，頁33。
33 〔清〕永瑢等著：《四庫全書總目·經部·春秋類一》，卷26，頁22。
34 〔清〕永瑢等著：《四庫全書總目·經部·春秋類二》，卷27，頁12。

經旨，就須從治經方法判斷。

即使如此，問題仍未結束，不論是《春秋》之大道，三《禮》之精意，都是讀者解讀而來，其方法即為館臣所認可，而這些解讀的內容，能否宣稱就是作者之意，還是有爭議。亦即《春秋》經傳，不會只有一種解讀的結果；各種解讀的結果，是處於彼此互補、競爭甚至否定的狀況。所以館臣云：

> 說經家之有門戶，自《春秋》三傳始。……其瑕瑜互見者，則別白而存之。游談臆說，以私意亂聖經者，則僅存其目。[35]

顯然有一清楚的判斷，以為著錄或存目的基礎。作者既「因事寓教」，爭論的焦點一在事，二在教。前者指《春秋》經傳的史事，後者指作者藉事所指涉的義理。首要之務，還是在史事：

> 夫剔除事跡，何由知其是非？無案而斷，是《春秋》為射覆矣。[36]

又云：

> 然讀經讀傳者往往因官名、地名、人名之舛異，於當日之事跡不能融會貫通，因於聖人之褒貶不能推求詳盡。[37]

史事除了敘事外，官制、地理、人物等也含括在內。須明瞭整個史

---

35 〔清〕永瑢等著：〈春秋類敘〉，《四庫全書總目‧經部‧春秋類一》，卷26，頁1。

36 〔清〕永瑢等著：〈春秋類敘〉，《四庫全書總目‧經部‧春秋類一》，卷26，頁1。

37 〔清〕永瑢等著：《四庫全書總目‧經部‧春秋類四‧春秋識小錄》，卷29，頁30。

事，才能理解褒貶所在，否則就是憑空而談，兩者仍是依循前述有因果的邏輯關係。所以館臣於《春秋》三傳推崇《左傳》，且連及於杜預（西元222-284年）《集解》、孔穎達《疏》：

> 然有注、疏而後《左氏》之義明，《左氏》之義明，而後二百四十二年內善惡之跡一一有徵。後儒妄作聰明，以私臆談褒貶者，猶得據傳文以知其謬。則漢晉以來藉《左氏》以知經義，宋元以後更藉《左氏》以杜臆說矣。傳與注、疏，均謂有大功於《春秋》可也。[38]

《春秋》經義必借《左傳》而知，宋元以後的《春秋》經說，也可借《左傳》以正是非。其《春秋》學觀，是以《左傳》為核心而展開。而左丘明雖「受經於孔子」，但其作傳之由，「劉知幾『躬為國史』之言，最為確論。」[39]最終是以史官的身分呈現。此時經義與史義就出現微妙的關係。

館臣云：

> 然《左氏》事實有本，而論斷多疏，《公羊》、《穀梁》每多曲說，而《公羊》尤甚。[40]

事實與論斷之間，又不必然是前者可以導向後者，又引〔宋〕王晳（？-？）《春秋皇綱論・傳釋異同》：「左氏善覽舊史，兼該眾說，

---

38 〔清〕永瑢等著：《四庫全書總目・經部・春秋類一・春秋左傳正義》，卷26，頁4。
39 〔清〕永瑢等著：《四庫全書總目・經部・春秋類一・春秋左傳正義》，卷26，頁2，3。案：原文為「丘明既躬為太史……。」見〔唐〕劉知幾著，〔清〕浦起龍釋：〈申左〉，《史通通釋》（臺北市：里仁書局，1980年），卷14，頁418。
40 〔清〕永瑢等著：《四庫全書總目・經部・春秋類一・春秋集傳辨疑》，卷26，頁18。

得《春秋》之事蹟甚備，然於經外自成一書，故有貪惑異說，採掇過
當。至於聖人微旨，頗亦疏略，而大抵有本末，蓋出一人之所撰述
也。《公》、《穀》之學，本於議論，擇取諸儒之說，繫於經文，故雖
不能詳其事蹟，而於聖人微旨多所究尋。然失於曲辨贅義，鄙淺叢
雜，蓋出於眾儒之所講說也。」[41]《左傳》於聖人旨意，多所疏略，
《公》、《穀》雖究心作者之意，但失於迂曲。館臣與王晰之說，聲口
一致。劉敞（1019-1068）好改經字，而館臣卻說：「然論其大致，則
得經意者為多。」[42]改易經文，也不一定會失去經義。以事實為是非
的依憑，是重要的論據，卻非惟一的論據。與前述的立場，顯然不
一。詳究其實，或是有激而然，館臣云：

> 蓋左氏身為魯史，言必有據，非《公羊》、《穀梁》傳聞疑似者
> 比，自宋人喜以空言說《春秋》，遂併其事實而疑之，幾於束
> 諸高閣。[43]

就記事而言，《左傳》較《公羊》、《穀梁》有據，應根據記事推導大
義，但宋儒直接倡言大義外，並懷疑記事之真偽，前者猶或為館臣容
忍，後者在沒有具體證據下，極難為館臣接受。並指責孫復：

> 宋自孫復以後，人人以臆見說《春秋》，惡舊說之害己也，則
> 舉三傳義例而廢之。又惡《左氏》所載證據分明，不能縱橫顛

---

41 〔清〕永瑢等著：《四庫全書總目·經部·春秋類一·春秋皇綱論》，卷26，頁23-
　　24。並見〔宋〕王晰：《春秋皇綱論》，《影印文淵閣四庫全書》「經部」第147冊
　　（臺北市：臺灣商務印書館，1983年），卷5，頁10。

42 〔清〕永瑢等著：《四庫全書總目·經部·春秋類一·春秋傳》，卷26，頁27。

43 〔清〕永瑢等著：《四庫全書總目·經部·春秋類二·春秋分紀》，卷27，頁36。

倒、惟所欲言也，則併舉《左傳》事蹟而廢之。[44]

這是從懷疑事實到廢除事實，顯然更為激進。所以孫復所開啟的「廢事言義」學風，遭致館臣嚴厲批評。廢事言義，也就是「舍傳言經」：「然則舍傳言經，談何容易。啖助、趙匡攻駁三傳，已開異說之萌，至孫復而全棄舊文，遂貽《春秋》家無窮之弊。」[45]無異於自我作古，完全揚棄了《春秋》學解經的傳統，這可以是新的經解，但是否合於古義的經解，就值得討論。館臣的批評，有其道理。然而館臣雖堅持以事為先，卻不完全認為義必然從事導出。館臣云：

> 其說以《左氏》為主，《左氏》之說不可通，乃取《公》、
> 《穀》、啖（助）、趙（匡）諸家以足之。蓋以《左氏》有國史
> 之可據，而《公》、《穀》以下則皆意測者也。[46]

雖是論蘇轍（1039-1112）《春秋集解》，但實亦館臣自道。「《左氏》之說不可通」，「說」是指義理，而非記事。記事詳備，並不保證義理可通，這就是事與義分離的情況。於是《春秋》三傳成為互補的狀態，雖仍以《左傳》為主，而已兼採《公羊》、《穀梁》。又云：

> （葉）夢得以孫復《春秋尊王發微》主於廢傳以從經，蘇轍
> 《春秋集解》主於從《左氏》而廢《公羊》、《穀梁》，皆不免
> 有弊，故其書參考三傳以求經。不得於事，則考於義，不得於

---

44 〔清〕永瑢等著：《四庫全書總目‧經部‧春秋類二‧春秋分紀》，卷27，頁23。
45 〔清〕永瑢等著：《四庫全書總目‧經部‧春秋類二‧春秋經筌》，卷27，頁32-33。
46 〔清〕永瑢等著：《四庫全書總目‧經部‧春秋類一‧春秋集解》，卷26，頁31。

> 義，則考於事，更相發明，頗為精核。[47]

不是事可導出義，而是義事互相參證，才能獲知確義。但如廢事言義，缺乏參證對象，所得之義，自易引人疑竇，館臣所重者應在此；除《左傳》外，兼取《公羊》、《穀梁》，其故也在此。更云：

> 考三傳之中，事蹟莫備於《左氏》，義理莫精於《穀梁》，惟《公羊》雜出眾師，時多偏駁。何休《解詁》牽合讖緯，穿鑿尤多。[48]

也可見出事件與義理之間，不必然是邏輯關係。事件是事件，義理自義理，可以同時並存。館臣所否定的是廢事言義，捨傳言經。

經由上述分析，館臣的《春秋》學，其實有兩種思考路向：一是事件是義理的基礎，不明事件，義理也無能而明。一是事件與義理可以平行發展，且相互參證，此時事件就不必是義理得以成立的基礎。兩種觀念，適相枘鑿。比較持平的說法是在沒有廢事言義的前提下，館臣並不堅持事件明而後義理明的立場。[49]

三　《春秋》「寓」於史：義例

四庫館臣雖反覆申言左氏為國史，其說有據，記事詳備，為解

47　〔清〕永瑢等著：《四庫全書總目·經部·春秋類二·春秋傳》，卷27，頁7。

48　〔清〕永瑢等著：《四庫全書總目·經部·春秋類二·春秋或問》，卷27，頁33-34。

49　楊晉龍指出，館臣的見解是在獲得最終的答案的過程中，次序上考證較居於優先的地位，考證和義理之間並不具有因果關係。見〈從四庫全書總目對明代經學的評價析論其評價內涵的意義〉，《中國文哲研究集刊》第16期（2000年3月），頁523-586。

《春秋》的基礎。但是《春秋》仍不同於史著：

> 故其言閎肆縱橫，純為史論之體，蓋說經家之別成一格者也。[50]

「史論」是「說經家」的別格，而不等於經說。以是書為例：「嗚呼！征伐自諸侯出，其昉於春秋之何時乎？……征伐自諸侯出蓋始於齊小白圖伯之年也，然則昉於小白圖伯之何年耶？曰：莊十四年單伯會伐宋之役也。會伐非王室之事也。伐者主之，會者從之也。……單伯會伐則伐之者齊，而從之者周矣。經書會伐，志征伐自諸侯出。」[51]陳則通討論征伐自諸侯出，始於何時。指出在齊桓公之前，諸侯雖互相征伐，但都不能稱為諸侯專征。齊桓公圖霸之時，才開啟征伐自諸侯的歷史新變。並從書法為證，「伐」與「會伐」不同，前者是主，後者是從。館臣評論該書：「大抵參校其事之始終，而考究其成敗得失之由。」[52]如果純是史論，就不會置於經部。將諸侯專征之始，歸於齊桓公，其實是有褒有貶，而貶大於褒。齊桓公尊王而實未尊王，諸侯只知有齊桓公，而不知有周天子。[53]書法較曲折的表達了這一判斷。讀者從書寫方式，追論作者之意，這是不同於史論之處。[54]

館臣又云：

50 〔清〕永瑢等著：《四庫全書總目‧經部‧春秋類三‧春秋提綱》，卷28，頁1。

51 〔元〕陳則通：《春秋提綱》，《影印文淵閣四庫全書》「經部」第159冊（臺北市：臺灣商務印書館，1983年），卷1，頁1-3。

52 〔清〕永瑢等著：《四庫全書總目‧經部‧春秋類三‧春秋提綱》，卷28，頁1。

53 所以以「尊王攘夷」為《春秋》大義，頗可討論，春秋霸主事業，是稱霸而非尊王；是與夷狄競爭，而非攘夷。尊王攘夷是據其時事跡擬構的理想。司馬遷就以「貶天子、退諸侯、討大夫」為《春秋》大義，而此當然也是擬構。

54 〔清〕紀昀：「聖人之志藉經以存，儒者之學研經為本。」見〈詩序補義序〉，孫致中校點：《紀曉嵐文集》（石家莊市：河北教育出版社，1991年7月），卷8，頁156。即可見出經學、史學之異。

考左氏為《春秋》作傳，非為策書作傳，其所云某故不書者，不得經意或有之，必以為別發史例，似非事實。[55]

左氏為國史，但《左傳》之作，卻並非國史，目的在解《春秋》，其書法（義例）也是為《春秋》而發，不是史書的義例。經例與史例的區別，大抵前者主價值層面，後者重技術層面。所以經例會探究作者所寄託的意涵，史例則討論史書的結構，包括門類多少、時代斷限、史著體裁、人物類歸、文字收錄等。[56]義例之學，就是在經典內部歸納書寫條例，以為解經方法。[57]敘事，有一定的格式；相同之事，就應有相同的書寫方式。比即是比照其前的例子，依前例敘事。相同之事，有相同的書寫方式，目的在建立一規範系統；相同之事，而有不同的書寫方式，就有微言大義在其中。又云：

（家鉉翁）其說以《春秋》主乎垂法，不主乎記事，其或詳或

---

55 〔清〕永瑢等著：《四庫全書總目・經部・春秋類二・春秋後傳》，卷27，頁15-16。

56 這是據館臣的看法而得出的結論，可參見〔清〕永瑢等著：《四庫全書總目・史部》相關〈提要〉：《讀史記十表》，卷45，頁17；《宋書》，卷45，頁40；《陳書》，卷45，頁45；《通鑑紀事本末》，卷49，頁2；《元史紀事本末》，卷49，頁10；《繹史》，卷49，頁32；《南廱志》，卷80，頁12等。

57 漆永祥指出，古書通例歸納從形式上可以分為專書通例與群書通例；從內容上可分為標舉大義例、行文修辭例和發疑正誤例，頗足參考。見〈論中國傳統經學研究方法——古書通例歸納法〉，蔣秋華編：《乾嘉學者的治經方法》（臺北市：中央研究院中國文哲研究所，2004年），頁71-108。但似應補上寫作編輯例，方能賅括古書編寫時的情況。鄭吉雄分析乾嘉學者治經方法九例，至為詳晰，第一條即以本經自證，並云以經釋經的觀念，是向經部文獻之內發明義例義理。見〈乾嘉學者治經方法與體系舉例試釋〉，前揭書，頁109-139。程克雅更將例的意涵分為例證、舉例之意的example、instance，先例、例外的precedent、exception，範例、規律之意的regulation、rule。中國的文例，也涉及這三種不同的性質。見〈乾嘉禮學學者解經方法「文例」之建立與應用〉，前揭書，頁461-507。三氏所稱之標舉大義、以經證經、規律，可指涉《春秋》經傳義例之學。

略、或書或不書，大率皆抑揚予奪之所繫，要當探得聖人心法所寓，然後參稽眾說，而求其是。[58]

「垂法」與「記事」正是經與史的區別，垂法為聖人所寓，記事則不必有此義。要理解作者的垂法，就須借由義例而得。義例又在記事中見體會深掘，所以記事也不可或缺。記事——義例——垂法，形成解《春秋》的結構。不顧及記事，而侈言大義，是所謂無本之談；僅止於記事，不論及垂法，是不通《春秋》大義，館臣均不予認可。並引趙汸（1319-1369）語：「『學者必知策書之例，然後筆削之義可求。筆削之義既明，則凡以虛辭說經者，皆不攻而自破。』可謂得說經之要領矣。」[59]《左傳》非為策書而作，而必知策書之例者，在於：「策書有體，夫子所據以加筆削……。」[60]根據策書之例，再加以修正，成為《春秋》之例。義例本於史例，但又不即是史例。可謂是前有所本，又加以己心。

所以館臣對杜預《春秋釋例》頗為稱美：

> 考預書雖有曲從左氏之失，而用心周密，後人無以復加，其例亦皆參考經文，得其體要、非《公》、《穀》二家穿鑿月日者比。……《春秋》以《左傳》為根本，《左傳》以杜《解》為門徑，《集解》又以是書為羽翼。緣是以求筆削之旨，亦可云

58 〔清〕永瑢等著：《四庫全書總目‧經部‧春秋類二‧春秋詳說》，卷27，頁35。

59 〔清〕永瑢等著：《四庫全書總目‧經部‧春秋類三‧春秋集傳》，卷28，頁13。原文為：「故學者必知策書之例，然後筆削之義可求，筆削之義既明，則凡以虛辭說經者，其刻深辯急之說，皆不攻而自破，……。」館臣引文與原書微異。見〔元〕趙汸：《春秋集傳‧原序》，《影印文淵閣四庫全書》「經部」第164冊（臺北市：臺灣商務印書館，1983年），頁9。

60 〔元〕趙汸：《春秋集傳‧原序》，《影印文淵閣四庫全書》「經部」第164冊，頁4。

考古之津梁，窮經之淵藪矣。[61]

但是也要注意到《春秋》的「根本」——《左傳》，「門徑」——杜預《集解》，「羽翼」——杜預《釋例》的區別。館臣《春秋》學以《左傳》學為主，《左傳》學又以杜預學為要。在論《公羊》、《穀梁》時，並未有如此清楚的系統。

館臣確信《春秋》有義例，對完全不信義例者，也不以為然。如湛若水（1466-1560）不信義例：「不知義例非聖人立也。」[62]館臣或云：「《春秋》治亂世之書，謂聖人必無特筆於其間，亦不免矯枉過正。」[63]或云：「夫《春秋》之作，既稱筆削，則必非全錄舊文，漫無褒貶。」[64]均指出《春秋》不同於史書之處。《春秋》的功能是治亂，雖承魯史，必非全錄史文，否則與魯史無異，何必作《春秋》？定有聖人作意於其中，有賴讀者發明。

《春秋》義例之學，三傳皆有，館臣云：

> 《春秋》三傳，《左氏》采諸國史，《公》、《穀》授自經師，草野之傳聞，自不及簡策之紀載，其義易明。[65]

又云：

> 左氏身為國史，記錄最真，《公羊》、《穀梁》去聖人未遠，見聞

---

61 〔清〕永瑢等著：《四庫全書總目·經部·春秋類一·春秋釋例》，卷26，頁13，14。

62 〔明〕湛若水：《春秋正傳·自序》，《影印文淵閣四庫全書》「經部」第167冊（臺北市：臺灣商務印書館，1983年），頁3。

63 〔清〕永瑢等著：《四庫全書總目·經部·春秋類三·春秋正傳》，卷28，頁25。

64 〔清〕永瑢等著：《四庫全書總目·經部·春秋類三·春秋臆》，卷28，頁31。

65 〔清〕永瑢等著：《四庫全書總目·經部·春秋類三·春秋經傳辨疑》，卷28，頁24。

較近，……至於褒貶之義例，則左氏所見原疏，《公》、《穀》
兩家書，由口授經師附益，不免私增，誠不及後來之精密。[66]

又云：

三傳之中，《左氏》親觀國史，事蹟為真，而褒貶則多參俗
議。《公羊》、《穀梁》二家得自傳聞，記載頗謬，而義例則多
有師承。[67]

又云：

考《左傳》雖晚出，而其文實竹帛相傳，《公》、《穀》雖先立
於學官，而其初皆經師口授，或記憶之失真，或方音之遞轉，
勢所必然，不足為怪。[68]

首先比較三傳的優劣，指出《左傳》與國史有關，《公羊》、《穀梁》
雖有師承，因身在草野，可信度不及《左傳》。再據此以推論，《左
傳》根據歷史文獻，所以記載較真，《公羊》、《穀梁》只是得諸傳
聞。又從三傳流傳分析，《左傳》向來是文字相傳，《公羊》、《穀梁》
僅是經師口授，而口授或因記憶、或因方音，正確性不如《左傳》。
這是三傳記事得失的論證。由記事而來的義例，館臣則承認《左傳》
較《公羊》、《穀梁》疏略。《公羊》、《穀梁》較密的原因，是後師增
益或多有師承，是以加詳。言外之意，還是指《公羊》、《穀梁》義例

---

66 〔清〕永瑢等著：《四庫全書總目・經部・春秋類三・春秋三傳辨疑》，卷28，頁8。
67 〔清〕永瑢等著：《四庫全書總目・經部・春秋類四・春秋事緯》，卷29，頁13。
68 〔清〕永瑢等著：《四庫全書總目・經部・春秋類四・春秋簡書刊誤》，卷29，頁15。

不可盡信。在館臣看來，左、公、穀三家均受經於孔子，就此而言，三家之間，並無軒輊，也非左氏特色。左氏不同於《公》、《穀》二家者，就在躬為國史，親覽策書，非二家所能及。一是文獻記錄，一是口授傳聞，也就是文字與語言的區別，輕重之間，自有重文字而輕口說的文化立場。也因為躬為國史，而有在朝與在野之別，呈現重朝而輕野的政治立場。合而言之，官方的文獻，是可以採信的重要依據。重《左傳》而輕《公羊》、《穀梁》，連及於義例，大要在此。

　　《春秋》之義，不止從義例呈現，朱子就以「直書其事」說明《春秋》義所從來。館臣云：

> 朱子之論《春秋》亦曰：「聖人作《春秋》，不過直書其事，而善惡自見。」又曰：「《春秋》傳例多不可信，聖人紀事安有許多義例。」[69]

但這是評論奉乾隆敕撰的《御纂春秋直解》，書名「直解」，就可知其學術立場。在皇帝的威權下，館臣引朱子而稱美此書，頗可理解。對於以直書解《春秋》，館臣有特殊的見解，一是駁斥深文周內的著作，主要目標是指向胡安國的《春秋傳》及其一系的作品：「『若夫更革當代之王制，竊用天子之賞罰，決非孔子意也。夫孔子修《春秋》，方將以律當時之僭，其可自為僭哉！』其立義明白正大，深得聖人之意。蓋迴非安國所及也。」[70]一是稱道簡直平正的著作：「是書大意，本朱子『據事直書』之旨，不為隱深阻晦之說，惟就經文前後參觀，以求其義，不可知者則闕之。」[71]一破一立，試圖建構《春

69　〔清〕永瑢等著：《四庫全書總目・經部・春秋類四・御纂春秋直解》，卷29，頁4。

70　〔清〕永瑢等著：《四庫全書總目・經部・春秋類二・春秋通說》，卷27，頁30。

71　〔清〕永瑢等著：《四庫全書總目・經部・春秋類四・春秋宗朱辨義》，卷29，頁23。

秋》學解經方法。

館臣從經史之別，認為《春秋》有其義例，對全不信義例者，反而不予贊同。至於又稱道直書其事的方法，並不是不信義例，而是義例解經，如果過於穿鑿，直書其事正能補救其弊。

四　記事與義例的會通：禮制

四庫館臣以記事為解《春秋》的根本，記事自包括典制名物，不明白典制名物，而侈言褒貶大義，向為館臣所譏。義例更有作者褒貶於其中，其根據往往也與禮制有關。館臣云：

> 蓋（劉）敞邃於禮。故是書進退諸說，往往依經立義，不似（孫）復之意為斷制，此亦說貴徵實之一驗也。[72]

劉敞（1019-1068）《春秋權衡》主駁《左傳》與杜預《集解》，且議論頗多。是書開宗明義即云：「然丘明所以作傳者，乃若自用其意說經，汎以舊章常例通之於史策，可以見成敗耳。」[73]不認為左丘明受經作傳，只是以己意說經，觀察霸業的成敗，偏向歷史層面。其實與館臣《春秋》學立場迥異，館臣卻稱劉敞能依經立義，其判準就是禮制。間接的指出《左傳》與杜預《集解》在禮制方面的不足，以期記事與禮制能精準的結合。劉敞能準禮制為斷，說經有據，即使立場與館臣不同，仍為館臣認可。至〔清〕惠士奇（1671-1741）《半農春秋說》：「是書以禮為綱，而緯以《春秋》之事，比類相從，約取《三

---

72 〔清〕永瑢等著：《四庫全書總目・經部・春秋類一・春秋權衡》，卷26，頁26。

73 〔宋〕劉敞：《春秋權衡》，《影印文淵閣四庫全書》「經部」第147冊（臺北市：臺灣商務印書館，1983年），卷1，頁1。

傳》附於下，亦間以《史記》諸書佐之。大抵事實多據《左氏》，而論斷多采《公》、《穀》。」[74]這是記事不能離開禮制的例證。

　　館臣更認為：

> 蓋《禮》與《春秋》本相表裡。（張）大亨是編，以杜預《釋例》與經蹐駁，兼不能賅盡，陸淳所集啖、趙《春秋纂例》亦支離失真，因取《春秋》事蹟分吉、凶、軍、賓、嘉五禮，依類別記，各為總論。義例賅貫，而無諸家拘例之失。[75]

指出《禮》與《春秋》不可分離，張大亨（？-？）則以為不僅杜預的《集解》未能完全掌握禮制，其《釋例》也未能臻此。並云：「蓋周禮盡在魯矣，聖人以為法。凡欲求經之軌範，非五禮何以質其從違？」[76]聖人據周禮以作《春秋》，讀者應以禮解《春秋》，以逆探聖人之志。張大亨即以禮為例，研究《春秋》。義例所以褒貶，但褒貶的根本如不能依禮論斷，就是自生義例，前後失據，無法自圓其說。其後明代石光霽（？-？）也依循張大亨之說作《春秋鈎元》：「以《春秋》書法分屬五禮，凡失禮者則書之以示褒貶。」[77]以禮定書法，以書法定褒貶。呈現了《禮》與《春秋》不可分離的說法。館臣承張大亨等之說，這是義例不能離開禮制的例證。

　　館臣又云：

74　〔清〕永瑢等著：《四庫全書總目‧經部‧春秋類四‧半農春秋說》，卷29，頁28。

75　〔清〕永瑢等著：《四庫全書總目‧經部‧春秋類二‧春秋五禮例宗》，卷27，頁5。

76　〔宋〕張大亨：《春秋五禮例宗‧原序》，《影印文淵閣四庫全書》「經部」第148冊（臺北市：臺灣商務印書館，1983年），頁1。

77　〔清〕永瑢等著：《四庫全書總目‧經部‧春秋類三‧春秋鈎元》，卷28，頁21。

蓋（毛）奇齡長於辨禮，《春秋》據禮立制，而是書據禮以斷
《春秋》，宜其秩然有紀也。[78]

毛奇齡（1623-1716）與張大亨同，並更具體指出：「魯史記事全以周
禮為表志，而策書相傳謂之禮經。……以禮為志，而其事其文以次比
屬，而其義即行乎禮與事與文之中……。」[79]《春秋》有事、有文，
作者之志，則在禮之中，從事件與記事之文探求禮，才能獲得作者之
志。此即記事、義例與禮制的會通。在記事中討論禮制，並以為義例
的根據，大義即從此間顯現。毛奇齡另一為館臣稱道的作品《春秋毛
氏傳》，其體例是：「又總該以四例：曰禮例，曰事例，曰文例，曰義
例。」[80]更是禮、事、文、義的實踐。

館臣云：

> 至於朝祭、軍旅、官制、賦役諸大典，及晉、楚興衰、列國向
> 背之事機，詮釋尤為明暢。……蓋（呂）祖謙邃於史事，知空

---

78 〔清〕永瑢等著：《四庫全書總目·經部·春秋類四·春秋屬辭比事》，卷29，頁
17。「屬辭比事」說法紛紜，張高評指出連屬前後之文辭，以比觀其相類或相反之
事，以見筆削褒貶之微言大義。見〈史記筆法與春秋書法〉，收入《春秋書法與左
傳學史》（臺北市：五南圖書出版公司，2002年1月），頁83。張素卿指出「屬辭」
是斟酌用語以命字設辭，「比事」是將事件排比編次使整合為一。藉此判斷是非，
嚴明大義。見《敘事與解釋——左傳經解研究》（臺北市：書林出版公司，1998年4
月），頁135。均甚具體明確。段熙仲之「比事」未有理論說明，但以二家之說觀
之，即可理解。至其論「屬辭」，則分為「事同辭同」、「事同辭異」、「事異辭同」、
「事異辭異」而各有其義。見《春秋公羊學講疏》（南京市：南京師範大學出版
社，2002年11月），頁59-223。屬辭異同之間，即構成例。同書，頁227-405。
79 〔清〕毛奇齡：《春秋屬辭比事》，《影印文淵閣四庫全書》「經部」第176冊（臺北
市：臺灣商務印書館，1983年），卷1，頁12。
80 〔清〕永瑢等著：《四庫全書總目·經部·春秋類四·春秋毛氏傳》，卷29，頁13。

談不可以說經，……。[81]

又云：

> 蓋《左氏》之書，詳於典制，三代之文章、禮樂，猶可以考見
> 其大凡，其遠勝《公》、《穀》，實在於此。[82]

可知館臣認為史事包含朝祭、軍旅、官制、賦役等，不只是諸侯事
蹟。而無論是身為國史，還是得諸傳聞；無論是師承有自，還是著於
竹帛；《左傳》與《公羊》、《穀梁》最終的異同，就在記載典章制度
的詳密與否，三傳的高下，也由此可為最終的判斷。

館臣云：「故說《禮》則必以鄭氏為宗，亦猶說《春秋》者必以
《左氏》為本。」[83]這不僅是形式上的類比，並具有內涵上的指涉。
「禮是鄭學」可以推出「《春秋》是《左傳》學」，「禮之於《春秋》，
猶鄭學之於《左傳》」。[84]館臣雖也強調《左傳》為《春秋》而作，有
聖人褒貶寓於其中，書法可見聖人心志等。但以《左傳》為核心的
《春秋》學，強調典制，其整體學術傾向，仍重視史的層面。

---

81 〔清〕永瑢等著：《四庫全書總目‧經部‧春秋類二‧春秋左氏傳續說》，卷27，頁
　 18。

82 〔清〕永瑢等著：《四庫全書總目‧經部‧春秋類二‧春秋左傳要義》，卷27，頁21。

83 〔清〕永瑢等著：《四庫全書總目‧經部‧禮類一‧禮說》，卷19，頁36。

84 「禮是鄭學」，見《禮記‧月令》疏，〔唐〕孔穎達著，龔抗雲整理：《禮記正義》，
　 卷14，頁515。《禮記‧雜記上》疏，〔唐〕孔穎達著，龔抗雲整理：《禮記正義》，
　 卷40，頁1354。

五 《春秋》寓於史：其「文」則史

這可從館臣下述語得知：

> 左氏親見國史，古人之始末具存，故據事而言，即其識有不逮
> 者，亦不至大有所出入。《公羊》、《穀梁》則前後經師遞相附
> 益，推尋於字句之間，故憑心而斷，各徇其意見之所偏也。然
> 則徵實跡者，其失小，騁虛論者，其失大矣。後來諸家之是
> 非，均持此斷之可也。至於《左氏》文章，號為富豔，殘膏賸
> 馥，沾溉無窮。章沖聯合其始終，徐晉卿排比其對偶，後人接
> 踵編纂日多，而概乎無預於經義，則又非所貴焉。[85]

仍就事與義之間論斷，事是「實跡」，義是「虛論」，只要是徵實跡，
其失較小；只要是騁虛論，其失較大。事即前述的敘事與典制等，這
才是《春秋》學的重點。理論上館臣重視《春秋》學的義理，實際上
強調《左傳》的史事。其次，《左傳》的文章，雖稱富豔，但無預經
義，所以不予著錄。館臣於《春秋》學既重史的層面──「《春秋》
寓於史」，卻輕忽「其文則史」的意義，在《春秋》事、文與義中，
獨缺對文與史關係的探討。

館臣又非不明此義：

> 經義文章，雖非兩事，三傳要以經義傳，不僅以文章傳也。置
> 經義而論文章，末矣；以文章之法點論而去取之，抑又末矣。
> 真德秀《文章正宗》始錄《左傳》，古無是例，源乃復沿其波

---

85 〔清〕永瑢等著：《四庫全書總目・經部・春秋類四・案語》，卷29，頁45。

乎？據其全書之例，當歸總集。以其僅成三傳，難以集名，姑仍附之春秋類焉。[86]

〔宋〕章沖（？-？）《春秋左氏傳事類始末》據館臣云：「沖但以事類裒集，遂變經義為史裁，於筆削之文，渺不相涉。舊列經部，未見其然。今與（袁）樞書同隸史類，庶稱其實焉。」[87]排輯春秋史事，分類而從，置於史部，理或云然。〔宋〕徐晉卿（？-？）《春秋經傳類對賦》館臣云：「《左傳》文繁詞縟，學者往往緯以儷語，取便記誦，見於《宋史・藝文志》者有崔昇等十餘家，今並亡佚，惟此賦尚存，凡一百五十韻，一萬五千言。屬對雖工，而無當於義理。」[88]純粹是採取《左傳》文辭以為作文之資，置於子部，亦屬正常。但真德秀（1178-1235）《文章正宗》則異於上述二書。《文章正宗》分為「辭命」，上溯《尚書》，但是：「聖人筆之為經，不當與後世文辭同錄。」取《左傳》、《國語》為首；「議論」追本六經、《語》、《孟》，但：「然聖賢大訓，不當與後之作者同錄。」也以《左傳》、《國語》為首；「敘事」，淵源《尚書》、《春秋》，也以《左傳》為首；「詩賦」，根本《詩經》、《楚辭》。[89]「經」為聖人所作，不敢選錄品評，所選者以「傳」為主。《左傳》所載，成為辭命、議論、敘事之典

---

86 〔清〕永瑢等著：《四庫全書總目・經部・春秋類存目二・或庵評春秋三傳》，卷31，頁23。

87 〔清〕永瑢等著：《四庫全書總目・史部・紀事本末類・春秋左氏傳事類始末》，卷49，頁3-4。吳哲夫不同意館臣意見，以為該書符合《春秋》類「便尋檢」的原則，應予著錄在《春秋》類中。見〈四庫全書經部春秋類圖書著錄之評議〉，《故宮學術季刊》第9卷第3期（1992年春），頁1-18。

88 〔清〕永瑢等著：《四庫全書總目・子部・類書類存目一・春秋經傳類對賦》，卷137，頁6。

89 〔宋〕真德秀：《文章正宗・綱目》，《影印文淵閣四庫全書》「集部」第1355冊（臺北市：臺灣商務印書館，1983年），頁1-5。

範，文學追本經學，經學成為文學之原，經典有多元的面向，應可以正面肯定，館臣的判斷，未免失之偏頗。

館臣既云經義與文章既非兩事，兩者關係如何，自可研究，何以置而不議？經義必須以文章表出，否則讀者難知經義。文章是傳達經義，抑或文章即經義；一是工具論，一是本質論；前者論析經義文寫作技巧，後者更是經義與文章合一。三傳又為何不能以文章傳？經典的地位，除義理為為世所崇，文章也為後世取法，不會改變經典意涵，只會提高經典價值。[90]

至於被稱為時文或經義文的科舉文體，館臣更是輕視有加，此類著作，大都不入《四庫全書總目》「著錄」，而入「存目」。存目的標準是：「其有言非立訓，義或違經，則附載其名，兼匡厥謬。」[91]言非立訓，是為詁經以外的目的而作，射利邀名。義或違經，不能匡正前人解經之誤，沿訛踵謬。這些入存目的《春秋》學著作，非彼即此，或兼而有之。館臣主要針對為舉業而設的《春秋》學著作而發，又集矢於胡安國《春秋傳》系列作品：

> 明初定科舉之制，大略承元舊式，宗法程、朱，而程子《春秋傳》僅成二卷，闕略太甚，朱子亦無成書。以安國之學出程氏，張洽之學出朱氏，故《春秋》定用二家。蓋重其淵源，不必定以其書也。後洽《傳》漸不行用，遂獨用安國書，漸乃棄

---

90 龔鵬程指出以文學看經典，發掘經典的文學性，一轉為經典本身即具有高度的文學性。後世所有文學之美，均根源於經典。文學性成為經典自身的屬性。見〈經學如何變成文學？〉，《六經皆文──經學史／文學史》（臺北市：臺灣學生書局，2008年12月），頁1-25。

91 〔清〕永瑢等著：《四庫全書總目‧凡例》，頁2。《四庫全書總目‧凡例》至為重要，惟討論者較少。李致忠有〈四庫全書總目‧凡例箋注〉，《文獻季刊》2002年1月第1期，頁97-109，可供參考。

經不讀，惟以安國之《傳》為主。當時所謂經義者，實安國之《傳》義而已。故有明一代，《春秋》之學為最弊。馮夢龍《春秋大全‧凡例》有曰：「諸儒議論，儘有勝胡氏者。然業已尊胡，自難並收以亂耳目。」則風尚可知矣。[92]

敘述明代科舉《春秋》學定本，本意是尊程、朱，最後是獨用胡安國；本意是尊經，最後是棄傳。《春秋》經義，成為胡安國傳義。不能上溯古義，且以時義代古義，此所以館臣痛斥：「有明一代，《春秋》之學為最弊。」但這是明代云然，胡安國《春秋傳》仍有其特色：

顧其書作於南渡之後，故感激時事，往往借《春秋》以寓意，不必一一悉合於經旨。《朱子語錄》曰：「胡氏《春秋傳》有牽強處，然議論有開合精神。」亦千古之定評也。[93]

館臣要求治經能「依經立義」，胡安國經學在館臣看來則是「借《春秋》以寓意」，一是求經典的本旨，一是借經典以發揮，差距當然頗大。但胡安國《春秋傳》有立意不可磨滅者，所以其學還是有其地位。〔元〕汪克寬（1301-1369）《春秋胡傳附錄纂疏》，館臣雖也指出是書：「蓋兼為科舉而設。……然能於胡傳之說，一一考其援引所自出，如注有疏，於一家之學亦可云詳盡矣。」[94]以胡安國《春秋傳》

---

92 〔清〕永瑢等著：《四庫全書總目‧春秋類二‧春秋傳》，卷27，頁12。館臣嘗稱讚〔元〕李廉：「閉戶著書，故得潛心古義，不同於科舉之學也。」〔清〕永瑢等著：《四庫全書總目‧春秋類三‧春秋諸傳會通》，卷28，頁11。科舉與古義對比，不能上溯《春秋》古義，即是俗學。

93 〔清〕永瑢等著：《四庫全書總目‧春秋類二‧春秋傳》，卷27，頁12。

94 〔清〕永瑢等著：《四庫全書總目‧春秋類三‧春秋胡傳附錄纂疏》，卷28，頁18-19。

比擬為一家之學，在貶抑之中，又有稱許。

但對胡廣（1369-1418）的《春秋大全》態度全然不同：

> 其書所采諸說，惟憑胡氏定去取，而不復考論是非。有明二百
> 餘年雖以經文命題，實以傳文立義。至於元代合題之制，尚考
> 經文之異同。明代則割傳中一字一句牽連比附，亦謂之合題，
> 使《春秋》大義日就榛蕪，皆廣等導其波也。[95]

館臣對胡安國《春秋傳》的批評，一在經義失當，一在影響科舉。胡
安國《春秋傳》之失，在借經寓意。惟胡安國《春秋傳》並不是為科
舉而作，只是科舉選擇胡安國《春秋傳》為程式。後學以胡安國為準
的，致使古義消亡，此其一弊；割裂傳文，以就科舉考試題目，此其
二弊。兩弊皆非胡安國所能咎其任。

館臣並舉〔清〕金甌（?-?）《春秋正業經傳刪本》為例：

> 是書專為舉業而設，以胡《傳》為主，凡經文之不可命題者，
> 皆刪去之，極為誕妄。又上格標單題、合題等目，每題綴一破
> 題，而詳論作文之法，與經義如風馬牛之不相及。其目本不足
> 存，然自有制藝以來，坊本五經講章如此者，不一而足。時文
> 家利於剽竊，較先儒傳注轉易於風行。苟置不之論不議，勢且
> 蔓延不止，貽患於學術者彌深。故存而闢之，俾知凡類於此
> 者，皆在所當斥焉。[96]

---

95 〔清〕永瑢等著：《四庫全書總目‧春秋類三‧春秋大全》，卷28，頁22。
96 〔清〕永瑢等著：《四庫全書總目‧春秋類存目二‧春秋正業經傳刪本》，卷31，
   頁5。

一是刪削經文以就命題，二是討論時文作法，全為舉業而編定。類似
作品，風行一時，且輾轉剽竊。館臣以是書為例，就是要指出此類作
品，毫無價值，列入存目，以為負面代表。相同狀況還有〔清〕田嘉
穀（？-？）《春秋說》：

> 蓋其書專為舉業而設，至於遺調鍊詞，皆入凡例，與說經之體
> 遠矣。[97]

館臣的批評，除了「經義」外，日益集中在「經義文」，經義文不僅
不能探究經典本義，根本不能列入說經的著作。館臣更云：「庶不以
科舉俗學，蝕聖經之本旨云爾。」[98]完全否定了科舉類著作的價值。

四庫全書總目的《春秋》學，雖以《左傳》為主，但討論《左
傳》文章的作品，因無預經義，館臣卻不予著錄。推尊《左傳》文章
為辭命、議論、敘事典範的作品，館臣也認為是末事。至於科舉文
體，目的是名利，囿限於胡安國《春秋傳》，館臣更批評有加。

六　結論

四庫館臣以「《春秋》寓於史」為其《春秋》學的基本觀念。

在此觀念下，首重「史」。須明瞭整個史事，才能理解褒貶所
在，否則就是憑空而談。所以館臣於《春秋》三傳推崇《左傳》，且
連及於杜預《集解》、孔穎達《疏》。所以孫復所開啟的「廢事言義」
學風，遭致館臣嚴厲批評。廢事言義，也就是「舍傳言經」，無異於

---

97 〔清〕永瑢等著：《四庫全書總目・春秋類存目二・春秋說》，卷31，頁27。
98 〔清〕永瑢等著：《四庫全書總目・春秋類存目二・案語》，卷31，頁50。

自我作古,完全揚棄了《春秋》學解經的傳統,這可以是新的經解,但是否合於古義的經解,就值得討論。

其次是「寓」。左氏為國史,但《左傳》之作,卻並非國史,目的在解《春秋》,其義例也是為《春秋》而發,不是史書的義例。義例之學,就是在經典內部歸納書寫條例,以為解經方法。要理解作者的垂法,就須借由義例而得。義例又在記事中見體會深掘,所以記事也不可或缺。不顧及記事,而侈言大義,是所謂無本之談;僅止於記事,不論及垂法,是不通《春秋》大義。

第三是禮制。記事包括典制名物,不明白典制名物,而侈言褒貶大義,向為館臣所譏。義例更有作者褒貶於其中,其根據往往也與禮制有關。《春秋》有事、有文,作者之志,則在禮之中,從事與文探求禮,才能獲得大義。此即記事、義例與禮制的會通。在記事中討論禮制,並以為義例的根據,大義即從此間顯現。

第四是「《春秋》寓於史」,卻輕忽其「文」則史的意義,在《春秋》事、文與義中,獨缺對文與史關係的探討。經義必須以文章表出,否則讀者難知經義。文章是傳達經義,抑或文章即經義;一是工具論,一是本質論;前者論析經義文寫作技巧,後者更是經義與文章合一。三傳又為何不能以文章傳?經典的地位,除義理為為世所崇,文章也為後世取法,不會改變經典意涵,只會提高經典價值。至於經義文,除以之為名利之基外,割裂經文,一尊胡《傳》,傷害經旨,更為館臣所輕。

館臣《春秋》學觀,又以《左傳》為核心,即有可再反省的觀念。

《左傳》學者以為事是義的基礎,事件不明,褒貶無由而知。《公羊》學則以為義在事之中,從事即可見出義,事只要符合其義,事件就屬真實。前者事義分離,義須符合事;後者事義合一,事須符合義。這是兩種不同思路,館臣並未對《公羊》這個系統深入討論。

　　館臣從經史之別，認為《春秋》有其義例，對全不信義例者，反而不予贊同。但朱子以來直書其事的方法，影響《左傳》學甚大，館臣也未見討論。

　　館臣認為史事包含朝祭、軍旅、官制、賦役等，不只是諸侯事蹟。《左傳》與《公羊》、《穀梁》最終的異同，就在於記載典章制度的詳密與否，三傳的高下，也由此可為最終的判斷。但是這些三代典制，與經典義理連結程度，館臣並未詳細的討論。無由說明《公羊》、《穀梁》典制不如《左傳》，而義理卻未必不如《左傳》的原因。

先王之史與孔子之經：張爾田《遯堪文集》的《公羊》學思想

摘要

　　民國初年被視為保守派的知識分子，原先就不甚贊成革命，對革命之後的現象，感受尤其深刻，於是從文化傳統，反省此一問題。張爾田就是回到中國傳統的孔子與六經，以面對時代問題，並將孔子宗教化，成為教主。張爾田指出堯舜禹湯之政，留存於六藝，孔子撥亂反正，則以《春秋》為新經。進一步言之，六藝是舊經，周公等僅是據其文字所呈顯的意義治國理政，深層的含義，是孔子口耳相傳，不見於文字。禮可以義起，六經也可以義起，以儒者所處時代，根據經義，發明大義，如是就不會發生偏離經義的問題，經義自也萬古常新。

關鍵詞：張爾田　公羊學　孔教

一　緒論

　　張爾田（1874-1945）曾於民國肇建之後質問：「自共和建設以迄於今，人民所享之幸福安在？不過倍其損害而已。」[1]旨哉斯言，相同的問題，在晚清被視為改革派，入民國之後康有為（1858-1927）也曾提出，卻被視為保守派。革命者（或改革者）總是擅長描繪革命之後的前景，用以激起革命的力量，建立革命的正當性。然而推翻當下所有，卻未必能保證美好的未來，這個道理，革命者深陷其所擘畫的遠景，對此問題視而不見，察而不覺。回顧民國初年歷史，有此疑問者，又何止兩家。被視為保守派的知識分子，原先就不甚贊成革命，對革命之後的現象，感受尤其深刻，於是從文化傳統，反省此一問題。

　　張爾田正是此一進路，民國元年（1912）初刻，民國十五年（1926）定稿的名著《史微》就是論析經子源流之作，但目的又不是學術史或文獻學的研究，別有深意，錢基博（1887-1957）所說甚確：「紹述《文史》，匡謬拾遺，不為墨守。然章氏《文史》，以《周官》為門戶，媲於古文。張氏此書，以《公羊春秋》為根極，所主今學，而張氏調停其說，頗多新義。」[2]張爾田確是以《公羊》學為基始，在康有為之後，繼續發揚《公羊》學。張爾田去世後，由其弟子王鍾翰（1913-2007）、張芝聯（1918-2008）於民國三十七（1848）年編輯出版的《遯堪文集》，有更多的《公羊》思想，但較諸《史微》，研究者更少，[3]本文即以是書為範圍，討論張爾田《公羊》學的起因、內容

1　張爾田：〈與人書〉，《遯堪文集》（民國三十七年排印本），卷1，頁22。

2　錢基博：〈近代提要鈎玄之作者〉，曹毓英選編：《錢基博學術論著選》（武昌市：華中師範大學出版社，1997年12月），頁156。

3　研究張爾田生平者有張克蘭：〈張爾田學術、師友敘論〉，《江漢大學學報（人文社

與限制等。或能略補長期以來對民國初年保守派研究的不足。

二　文化傳統喪失的憂慮

　　張爾田對清末民初西方各種主義傳入中國，抱持質疑的態度，嘗云：

> 今之標榜種種主義者，聽其言非不娓娓也，覈其實大都有感於時與境之不得不然，至詰以最終所抱之鵠何若，殆無一人能答吾此問者，更何論乎研討，此吾所大惑不解者也。[4]

指出各種主義有其特殊的時空背景，並欲解決其時所面臨的各種問題。這已經注意到主義或思想傳播、接受等外在環境的影響。而其所重者，並不是討論此一外在環境本身，以之說明各種主義的合理性。而更重視宣揚各種主義最後所要達到的目的，究竟是什麼。其後就自答這一問題：

> 雖然，我輩中國人也，國學真精神、真面貌，我輩自當發揮之，以貢餉於世界，而不可以遠西思想先入之說進，有先入之

會科學版）》第21卷第6期（2002年12月）。論張爾田經史之學者有張笑川：〈經史與政教──從史微看張爾田對中國古代學術思想的解讀〉，《史林》（2006年6月）、張笑川：〈傳承與演變──史微與文史通義之比較研究〉，《蘇州科技學院學報（社會科學版）》第24卷第4期（2007年11月）、蔡長林：〈「六藝由史而經」──張爾田先生對經史關係之論述及其學術歸趨〉，《書目季刊》第41卷第3期（2007年12月）、陳秋龍：《張爾田的經史思想與文化關懷》（臺北市：臺灣師範大學歷史系碩士論文，2011年6月）。

4　張爾田：〈與人論學術書〉，《遯堪文集》，卷1，頁29。

見，則吾之國學非吾之學矣。[5]

張爾田並未拒斥西學，而是指出在西潮襲捲之下，中國如何定位。中國之「人」與中國之「學」不可也不能更不應分割，這才是張爾田的基本問題，目標指向中國人所以為中國人的存在依據。在這一前提下，張爾田所提出的「國學」，才會特別重視「真精神」。以此精神作為中國人所以為中國人的根據。這是民族主義與文化傳統的結合，而與胡適（1891-1962）倡導的「國故學」有所差異，國故學是將中國傳統視為客觀的知識或學術，重新衡定其價值，目的不像張爾田所說，作為國人的精神祈嚮，此其一。雖然胡適也說整理國故的目的是建立「新文明」，但卻是折衷新舊，貫通中西的文明，也與張爾田不雜遠西之說的國學有異，此其二。[6]

　　就第一點而論，張爾田頗質疑胡適所稱科學方法——漢學考據為方法論的標準：

休寧、高郵所用以考覈經史之術，其有合乎科學方法與否，吾所不敢知，即謂其全合乎科學方法，以吾國學術之殊方，有斷斷非僅恃科學方法所能解決者。[7]

張爾田並未具體分析如下問題：中國學術特殊處何在、科學與科

5　張爾田：〈與人論學術書〉，《遯堪文集》，卷1，頁30。

6　羅志田：《國家與學術：清季民初關於國學的思想論爭》（北京市：生活・讀書・新知三聯書店，2003年1月），頁243-245。胡適的國故學潛藏西學，另見陳平原：《中國現代學術的建立——以章太炎、胡適之為中心》（北京市：北京大學出版社，1998年2月），頁266；桑兵：《晚清民國的國學研究》（上海市：上海古籍出版社，2001年10月），頁11。

7　張爾田：〈與人論學術書〉，《遯堪文集》，卷1，頁30。

學方法的定義、運用科學方法治中國學術的得失等。於此僅是回到民族主義，說出不能以西學看待中學，但未能說明原因，可稱為民族文化主義。就此而言，自不足以服胡適等人。[8]張爾田續云：

> 考據之所貴，在能定古書之音訓及其名物度數之沿革；而詁其正義，探賾索隱，固匪所長。[9]

胡適確實推崇乾嘉專門漢學，認為漢學考據是科學方法，[10]所以張爾田才將科學方法與漢學考據等同視之，再與探究典籍的意義之學對立，較量兩者得失，以為前者只有文獻學的價值，後者才能獲得典籍的大義。乾嘉專門漢學家治學的「成就」或如張爾田所說，但治學的「目的」是否如此，仍值得討論。張爾田仍本此說，指出：

> 為休寧、高郵之學者，以墨守為宗，再傳而後疲精許、鄭，至甘以大義微言拱而讓之。[11]

---

8 〔美〕郭穎頤指出胡適認為科學完全是觀察方法和實驗方法、懷疑態度和批判性的領域。見氏著，雷頤譯：《中國現代思想中的唯科學主義（1900-1950）》（*Scientism In Chinese Thought,*1900-1950）（南京市：江蘇人民出版社，1991年7月），頁67。

9 張爾田：〈與人論學術書〉，《遯堪文集》，卷1，頁30。

10 胡適認為清儒考據暗合科學方法，見陳平原：《中國現代學術的建立——以章太炎、胡適之為中心》，頁244-245的分析。甚至有不少學者認為胡適根本未跳脫出考證學，見桑兵：《晚清民國的學人與學術》（北京市：中華書局，2008年3月），頁260的引述與評論。徐雁平則指出二十世紀前三十年中國文史之學的主流是從乾嘉樸學變化而來的新考證學，胡適在1917年歸國後，必須投身於這一學術主流，才有立足之地。見《胡適與整理國故考論——以中國文學史研究為中心》（合肥市：安徽教育出版社，2003年6月），頁58。

11 張爾田：〈章氏遺書序〉，《遯堪文集》，卷2，頁11。

治學應以微言大義為宗，不應囿限於名物度數之學，至於這兩者之間
的關係，張爾田云：

> 為先生之學，而不以休寧、高郵精密徵實之術佐之，憑臆膚
> 受，其病且與便詞巧說者相去不能以寸；為休寧、高郵之學
> 者，苟無先生，則經義大原，學之恆幹，必至盡亡。[12]

前已言之，張爾田混治學成就與目的不分，以成就代目的，戴震
（1724-1777）之學固不如張爾田所說，即使是王念孫（1744-
1832）、王引之（1769-1834）之學，也未必如後世所知僅是文字訓
詁，不論及義理。[13]儘管如此，張爾田的論說清楚的顯現治學應結合
兩者——精密徵實與學術探源。至於兩者之間的理論關係，則仍乏析
論；而學術探源的工作，更為張爾田重視。

就第二點而論，張爾田云：

> 今之治國故者，其人中國人也，其心則皆外國心也。……是故
> 治學莫要於治心，治心之要無他，一言以蔽之曰玄圃，務使吾
> 心依乎思位，而不為風會所左右，此又在乎學者平時之自反，
> 無待余言者也。[14]

---

12 張爾田：〈章氏遺書序〉，《遯堪文集》，卷2，頁12。
13 鄭吉雄即指出，王念孫《讀書雜誌》，引述諸子書中具有義理的概念，或疏通諸子書
　　中的思想，從而影響晚清諸子學的復興。詳見《戴東原經典詮釋的思想史線索》（臺
　　北市：臺灣大學出版中心，2008年9月），頁425-444的分析。岑溢成也指出王引之論
　　「孝」，有兩種層面，正面的說「教為善德之統稱」，沒有政治含意；負面的說「孝非
　　指事君事親言之」，就顯然有政治含意。鬆脫孝為事君事親的狹隘的德行，不能說缺
　　乏政治思想。見〈王引之與漢學〉，《鵝湖學誌》第45期（2010年12月），頁47。
14 張爾田：〈論偽書示從游子〉，《遯堪文集》，卷2，頁9。

完全要回到中國文化本位，思考中國文化的問題。雖然仍未提出具體方法論，但在分析中國社會結構時，指出國家教化人民的方式在於禮，有祭祀之禮、婚姻之禮、相見禮、喪禮等，以禮教為國家之所以為國家的關鍵。[15]

結合上述兩者，張爾田反對「現代化」：

> 古人重視者，今人或不重視；古人不重視者，今人或且重視，皆此現代化之從中作梗也。[16]

古今異勢，所重視者不同，不足為異，如果要求歸本並發皇古人所重視者，用之於當代，才能不雜西方的學說，而有中國之真精神，這才可能有問題。推本張爾田之意，或不如是：

> 現代化者，演變中一過程耳，是否可以為量，評論古人是否可以現代化為量，疑問甚多。[17]

張爾田反對的是以現代化為衡量中國傳統的準的。並舉出戴震為例說明古今異勢，而對戴震的學術的評價不同：

> 一百餘年前之戴東原，試取《漢學師承記》與近人所作傳記比較參觀，時代宗旨已大不同，一則推其稽古，一則表其革新，一人所業，後先異尚，九原不作，誰證明者，然豈可謂一百餘年前之戴東原非戴東原耶？[18]

---

15 張爾田：〈說群〉，《遯堪文集》，卷1，頁1。
16 張爾田：〈論偽書示從游子〉，《遯堪文集》，卷2，頁9。
17 張爾田：〈論偽書示從游子〉，《遯堪文集》，卷2，頁9。
18 張爾田：〈論偽書示從游子〉，《遯堪文集》，卷2，頁6。

這是指梁啟超（1873-1929）與胡適以「新哲學」衡論戴震，而與江藩（1761-1831）重視戴震的語文考據不同。[19]張爾田已觀察到同一學派或學者，在不同時代，會有不同的學術論斷與評價，是以用後世之見認為學術真相如此，頗可質疑。擴大言之，張爾田認為對整個中國傳統，大抵也適用這一看法。

民國初年被視為新派的學者，是在其所處時代特殊氛圍，看待中國古代傳統，由於他們的新方法、新觀點對古典提出迥異以往的見解，遂形成一時風潮，影響學界甚鉅，而為新學的代表。張爾田雖指出今古異尚，不能以今視古，但未能更進一步分析此一現象背後的原因，除民國初年外，歷代是否也有類似的狀況？如何才能融合古代典籍，不致失真？並以此建立其自身的方法論。所以即便舉戴震學術評價演變之例極佳，卻沒有完成自己心目中的「戴震學」，也只能讓梁啟超、胡適獨擅勝場。

其次，民國初年被視為保守的學者，其實在晚清也經歷類同的過程，也以其新見解引領風潮，最著者莫過於康有為。張爾田就是沿著康有為的思路修正、發展。因此，胡適固然未免於以今視古，而有西方的影子，康有為的《公羊》學，也有以今視古的現象。兩者之間，又要以何種標準判斷是非。

三 《公羊》思想的導出

張爾田是回到中國傳統的孔子與六經，以面對時代問題。認為孔子之教與西方不同：

---

19 詳可見丘為君：《戴震學的形成》（臺北市：聯經出版公司，2004年7月）。丘為君從章太炎、梁啟超、胡適三人說明戴震學的演變。章太炎以「明故訓」、「甄度制」、使三禮辨制」、「群經文曲大通」論戴震，梁啟超以「科學精神」論戴震的治學方法，胡適以「新哲學」論戴震的思想。

> 超肉體言之者，神道教也；麗肉體言之者，人道教也。神道
> 教，遠西各大教祖所標幟，人道教則我孔子之所特倡也。[20]

用神道與人道區別西方之教與孔子之教，從而獲得中國文化的特色。
其中的問題是「西方」何所指？如以「東方」對比，東方文化也非指
中國，還有其他文化傳統，西方亦然，存在不同文化傳統，將之單一
化處理，是有很大的問題。孔子在漢代，也有神秘化的傾向，又何能
說孔子之教是人道教？要考慮的正是張爾田所指出時代流變的問題。
而為了能與西方抗衡，張爾田進一步將孔子宗教化：

> 爾田之聞也，立國之本基乎法律與與道德。法律所不治，道德
> 能治之，故道德之領域較法律為尤廣，其鞏固國礎也較法律為
> 尤要。……夫人之嗜道德也有二大原焉，一曰信仰，一曰敬
> 畏。……道德者視宗教以為之標準者也，宗教不一，以宜乎國
> 情為斷。……然則居今日而言道德者，而欲強固其信仰與敬
> 畏，舍我孔教，誠莫屬矣。[21]

根據張爾田的論說，道德較法律為要，宗教又可鞏固道德，法律——
道德——宗教，層層上遞，孔子就在最高一端。宗教既以道德為內
容，也就不違背張爾田所說孔子是以人道為極。這個層級自是張爾田
建構而來，但視孔學為宗教，孔子為教主，實承自康有為，在其時有
極大的爭議。[22]

---

20 張爾田：〈釋鬼神〉，《遯堪文集》，卷1，頁3。

21 張爾田：〈論偽書示從游子〉，《遯堪文集》，卷2，頁6。

22 有關孔教是否宗教，詳可見韓華：《民初孔教會與國教運動研究》（北京市：北京圖
   書館出版社，2007年12月），頁222-237；所涉及的道德與宗教問題，則可見張衛
   波：《民國初期尊孔思潮研究》（北京市：人民出版社，2006年6月），頁136-171。

張爾田則堅持孔子為教主，並為此說強力辯護：首先是引證載籍，有「儒教」、「孔教」之詞；第二，太學是布教之地，博士是弼教之人；第三，《論語》有類《聖經》；第四，孔子不廢堯舜禹湯文武周公之教，類似景教不廢摩西、大衛、所羅門之書；第五，孔子有讖諱，有類景教預言；第六，孔子後學七十子傳述微言大義，有類景教使徒保羅傳述耶穌之教。[23]綜合析論，張爾田所舉之證，究竟是教育、學說抑或宗教，俱有疑義。孔教之教，指教化的成分較大，漢代太學是官方教育機構，博士以通經為主，堯舜禹湯等指的是文化傳承，讖緯已有儒者不信，微言大義的具體內容更有爭議，張爾田卻說：「孔教之為宗教，南山可移，此案殆不可復易矣。」[24]

張爾田更申說孔子與儒家不同，儒家出於司徒之官，以教化為主，孔子則不然：「小康乃我孔子教義之始基，而大同則我孔子教義之鵠也。」[25]這就回答了前述張爾田的提問：各種主義最後的鵠的何在？無異指出西方各種主義，只能解決一時的問題，而不能處理永久的問題。至於孔子出於儒家，又與儒家不同，也讓後世（主要是指今文學派）解釋孔學，無所謂偏離問題，如此就能跳脫今古文的爭議。

至於君權、民權的國家體制，張爾田云：

> 儒家崇君權，孔子亦崇君權也，據亂則然，昇平則然，太平則不然。[26]

一則可區別儒家與孔子的不同，事實上張爾田正是如此辯護；二則可

23 詳見張爾田：〈與人書二〉，《遯堪文集》，卷1，頁24-26。
24 張爾田：〈與人書二〉，《遯堪文集》，卷1，頁24。
25 張爾田：〈政教終始篇〉，《遯堪文集》，卷1，頁8、9-10。
26 張爾田：〈政教終始篇〉，《遯堪文集》，卷1，頁10。

說明崇孔教與尊民權並不衝突，也中止反對派學者對儒學、孔教的負面批評。

這些論述是有一定的效果，言辭也甚辯，可是這些論述僅是點的呈現，較缺乏理論系統說明，此一資源，張爾田以《公羊》學當之。張爾田首先指出堯舜禹湯之政，是小康世所必需，孔子則以大同為歸墟；次則堯舜禹湯之政，留存於六藝，孔子撥亂反正，則以《春秋》為新經：

> 《春秋》既為我孔子進大同之新經，則堯舜禹湯文武周公之政典，為我孔子治小康之舊經明矣。[27]

在這一系統下，消解經學問題的爭論，如今古文的對立、經典真偽的辯論等，經典從康有為那裡，再度獲得新的價值。既是如此，何以中國未能臻至大同？張爾田的回答是：

> 君權日以增，教權日以絀。[28]

教權為君權所抑，中國才淪落至此，復興之道，就在重振教權，孔教說的意義在此，張爾田堅持孔子為教主的意義也在此。〈政教終始篇〉篇名的含義，即政為始，教為終，政為堯舜禹湯，教為孔子。然而據此理論推衍，以孔為教，意謂以教領政，此時的教，不也有成為政的可能？於是教變為新的政，反過來壓抑原來的教，如是循環不已，教權如何可能？小康、大同的時代界限如何劃分，又如何從小康

---

27 張爾田：〈政教終始篇〉，《遯堪文集》，卷1，頁10。
28 張爾田：〈政教終始篇〉，《遯堪文集》，卷1，頁11。

進至大同，在康有為那裡就難以處理。張爾田在〈政教終始篇〉文末自記，也僅能說：

> 大同之化，乃先聖教義，惟教澤廣被，人民道德增高，庶幾或可企及，非一種政策也。以〈禮運〉命篇，具有深意。自康氏輩易言之，張皇太過，遂為世人所詬病。[29]

康有為談政策，也論孔教，還是以失敗告終，僅論孔教，寄望人民道德增高，以及於大同之世，其失顯然。孔教既非政策，就回到學術的討論。

教權日絀的原因，自不止君權日增：

> 嗚呼！文治不衰，無以有辭章；經教不廢，無以有考據。考據興而後知六藝之道凌夷至次今日者，非無故也。[30]

研治經典的三種進路：義理、辭章與考據，張爾田三分廢其二，與同時學者胡適推崇考據不同，也與民初桐城派好尚辭章互異，兩者都認為非考據或辭章，無以獲得經義。[31]張爾田的主要目標則是考據之學。至於義理之學，則是經學的微言大義，非一般所稱思想。並且認為清代盛行的考據，只在考證宮室、衣服、器械，土地、人名、星

---

29 張爾田：〈政教終始篇〉，《遯堪文集》，卷1，頁11。

30 張爾田：〈塾議一〉，《遯堪文集》，卷1，頁11。

31 清末民初桐城派以辭章治經，可見丁亞傑：〈清末民初桐城派《孟子》文法論——以姚永概《孟子講義》、吳闓生《孟子文法讀本》為核心〉，《當代儒學研究》第9期（2010年12月），頁33-75。張爾田是民初重要史學家、詞家，見吳浩：《晚清民初詞人張爾田研究》（南京市：南京師範大學碩士論文，2010年）。吳浩甚至有專章分析張爾田的史志文章。

歷，這些無助於經義的掌握，是不當的方法：

> 即使考據而當，吾不知於六藝微言大義何補也？[32]

平心而論，宮室、衣服等考證，豈會無益於經義的理解？重點在於張爾田的經義專指微言大義：「六經無不有口說，《春秋》文成數萬，其旨數千，文唯大義，旨即微言也。」[33]漢學家或古文家不明此義：

> 夫許、鄭皆古文家也，我孔子制法後王之口說，固非所聞。[34]

「口說」即口耳相傳，不著於竹帛之說，由《公羊》先師代代相傳而來，目的是為垂法後世，以為治國之典則。這一說法，也是康有為在晚清大加宣揚。若與前述六藝／《春秋》、周公／孔子對照，則須進一步申說：六藝是舊經，周公等僅是據其文字所呈顯的意義治國理政，深層的含義，是孔子口耳相傳，不見於文字。用張爾田的語言是，親親、尊尊、長長、男女有別，是不可與民變革，這些基本原則不能改變；但是改正朔、易服色、殊徽號、異器械、別衣服，可與民變革，即政治制度可以改變：

> 孔子因其不可與民變革者而修之，簡六藝以瞻養之，《詩》、

---

32 張爾田：〈塾議一〉，《遯堪文集》，卷1，頁12。

33 張爾田：〈塾議一〉，《遯堪文集》，卷1，頁13。今文學家所指稱的微言大義，參考〔清〕皮錫瑞（1850-1908）所說：「所謂大義者，誅討亂賊以戒後世是也。所謂微言者，改立法制以致太平也。」見〈論春秋大義在誅討亂賊微言在改立法制孟子之言與公羊合朱子之注深得孟子之旨〉，《春秋通論》，《經學通論》（臺北市：臺灣商務印書館，1989年10月），卷4，頁1。大義可指《春秋》作者對歷史人物事件的價值判斷，微言則指《春秋》作者借歷史人物事件寄託的政治理想。

34 張爾田：〈塾議一〉，《遯堪文集》，卷1，頁12。

《書》序其志，《禮》、《樂》純其養，《易》、《春秋》明其知，以為如是，則二帝三王之道，可以弗畔已。至於立乎人之本朝，典章法度異制，風俗異宜，六藝固不足以盡之也，要在好學深思，心知其意者，通變宜民，以無失乎六藝之大義而已。[35]

由是古文家的六藝是保存傳統，今文家的六藝則是改制立法，兩不衝突，相需以成。康有為以古文經典為偽，在晚清學界引發極大波瀾，張爾田則不魯莽若是，這是其超越康有為之處。然而問題並未結束，《公羊》先師口說經義，歷經二千年，後人又如何得知？

張爾田云：

禮雖先王未之有，可以義起也。[36]

指出後世儒者，可以因禮義而立新制，非但是《禮》如此，六藝皆可如此，甚且必須如此。這樣才能顯出經典的價值。因為在張爾田看來，如果六藝僅是國史，孔子無須刪贊、筆削、口授，孔子也只是一史官。孔子是以六藝訓法後王，孔子所以為萬世師表，就在此點。張爾田已暗中轉換孔子的定位：孔子是帝王之師，孔教是帝王行政的根據。

張爾田具體說明六藝的性質：

惟其為史，故重在事；惟其為經，故重在義。重在事，是之謂政；重在義。是之謂教。政之所披者當時，教則所披者千百世焉。[37]

---

35 張爾田：〈塾議二〉，《遯堪文集》，卷1，頁14。
36 張爾田：〈塾議二〉，《遯堪文集》，卷1，頁14。
37 張爾田：〈塾議二〉，《遯堪文集》，卷1，頁14。

六藝，可以是史，以載事為主，為當時政治的記錄，顧及古文家的立場。六藝，可以是經，以大義為主，是孔子的政治理想，顧及今文家的立場。但其中的價值判斷異常清晰。六藝終究是以經為要，而不是以史為尚。六藝從真偽之爭，轉為性質之異。張爾田更云：

> 世之辟儒，但知六藝為先王之史，而不知六藝為孔氏之經，考
> 其事而不求其義，……。[38]

雖然承認六藝為史的性質，但不應以史自限，更重要的是經的性質。走出章學誠六經皆史的模式，降低康有為六經皆偽的爭議，六經在理論上有清楚的定位。六藝是經是教，其義有待後人掘發：

> 是故教也者，不必明堂辟雍而後為禮，簫韶象舞而後為樂。在
> 發明大義而已。大義苟明，則雖有暴君逆子悍夫悍婦，皆可洗
> 心易慮，潛移默化而不自知，而天下固已太平矣。[39]

禮可以義起，六經也可以義起，以儒者所處時代，根據經義，發明大義，如是就不會發生偏離經義的問題，經義自也萬古常新。康有為在之前就曾說過儒者有「推補」之權，張爾田「義起」之說，與之何其神似。不論是經義的推補還是義起，方法應有限制，意義應有範圍，而非任意為之，但康有為、張爾田都沒有說明。至於張爾田所說的第二點，大義明則天下平，更有推論過當之嫌，兩者之間，至少還缺乏一段過程，否則依據《公羊》學，只要發明大義如可，何必創立新

---

38 張爾田：〈塾議二〉，《遯堪文集》，卷1，頁14。
39 張爾田：〈塾議二〉，《遯堪文集》，卷1，頁14。

制。根據張爾田的分析，經典可以永存，經義可以常新，文化傳統也就不致摻雜西方之異質。

四　結論

張爾田《公羊》思想大要如下：

張爾田並未拒斥西學，而是指出在西潮襲捲之下，中國如何定位。中國之「人」與中國之「學」不可也不能更不應分割，這才是張爾田的基本問題，而與胡適倡導的「國故學」的科學方法、通貫中西有所差異。

張爾田將科學方法與漢學考據等同視之，再與探究典籍的意義之學對立，較量兩者得失，以為前者只有文獻學的價值，後者才能獲得典籍的大義。並要求回到中國文化本位，思考中國文化的問題。

張爾田是回到中國傳統的孔子與六經，以面對時代問題，並將孔子宗教化，認為法律－道德－宗教，層層上遞，孔子就在最高一端，成為教主。

張爾田更申說孔子與儒家不同，儒家出於司徒之官，以教化為主，孔子則不然，以大同為鵠的。孔子出於儒家，又與儒家不同，孔子新的地位遂可確定。

張爾田認為教權為君權所抑，中國才淪落至此，復興之道，就在重振教權，孔教說的意義在此，張爾田堅持孔子為教主的意義也在此。

張爾田指出堯舜禹湯之政，留存於六藝，孔子撥亂反正，則以《春秋》為新經。進一步言之，六藝是舊經，周公等僅是據其文字所呈顯的意義治國理政，深層的含義，是孔子口耳相傳，不見於文字。

六藝，可以是史，以載事為主，為當時政治的記錄，顧及古文家的立場。六藝，可以是經，以大義為主，是孔子的政治理想，顧及今

文家的立場。但其中的價值判斷異常清晰。六藝終究是以經為要，而不是以史為尚。

禮可以義起，六經也可以義起，以儒者所處時代，根據經義，發明大義，如是就不會發生偏離經義的問題，經義自也萬古常新。

至於張爾田之說，還有待討論者如下：

張爾田並未具體分析如下問題：中國學術特殊處何在、科學與科學方法的定義、運用科學方法治中國學術的得失等。

民國初年被視為保守的學者，也曾以其新見解引領風潮，最著者莫過於康有為。胡適固然未免於以今視古，而有西方的影子，康有為的《公羊》學，也有以今視古的現象。兩者之間，又要以何種標準判斷是非。

孔教之教，指教化的成分較大，漢代太學是官方教育機構，博士以通經為主，堯舜禹湯等指的是文化傳承，讖緯已有儒者不信，微言大義的具體內容更有爭議，張爾田仍堅持孔子是教主。

孔教之教，指教化的成分較大，漢代太學是官方教育機構，博士以通經為主，堯舜禹湯等指的是文化傳承，讖緯已有儒者不信，微言大義的具體內容更有爭議，

論是經義的推補還是義起，方法應有限制，意義應有範圍，而非任意為之，但康有為、張爾田都沒有說明。至於大義明則天下平，更有推論過當之嫌，兩者之間，否則依據《公羊》學，只要發明大義如可，何必創立新制。

存在感受與歷史解釋：
論顧頡剛〈古史辨自序〉

摘要

　　顧頡剛提出「層累地造成中國古史」而名揚中國近代史學界，從其〈古史辨自序〉可以得知這一理論形成的根源，源自於顧頡剛幼年時聆聽家人講故事，因而領悟到故事會變遷；及就讀北京大學預科時經常在校外聽戲，也領悟到戲劇也會變遷；逮閱讀胡適〈水滸傳考證〉，終於將故事、戲劇與小說結合，探索三者敘事部分的規律與變化，並以之研究中國上古史。這一過程，與顧頡剛日常生活密邇相關，也基於同一原因，顧頡剛重解孔子、質疑經典、批判漢儒，目的在於重新解釋中國傳統文化，導出未來發展的方向。

關鍵詞：古史辨　顧頡剛　自我陳述　故事

一 緒論

　　考察中國的自傳性寫作,有「自序」、「自傳」、「自定年譜」等諸種,如果暫時不討論其中的體式之異、內容之別,略可以「自我書寫」或「自我陳述」統稱這一類作品。[1]早在唐代,劉知幾(唐高宗龍朔元年-唐玄宗開元九年,西元661-721年)對此類作品,即有自覺性的反省:

> 蓋作者自序,其流出於中古乎?案屈原《離騷經》,其首章上陳士族,下列祖考,先述厥生,次顯名字。自敘發跡,實基於此。降及司馬相如,始以自敘為傳。然其所敘者,但記自少及長,立身行事而已。逮於祖先所出,則蔑爾無聞。至馬遷,又徵三閭之故事,放文園之近作,模楷二家,勒成一卷。於是揚雄遵其舊轍,班固酌其餘波,自敘之篇,實煩於代。雖屬辭有異,而茲體無易。[2]

《離騷》確是自我書寫,但屈原(周顯王二十六年?-周赧王三十八

1　郭登峰(?-?)將中國傳統自述區分為單篇獨立的自序、附於著作的自序、自傳、自作墓誌銘、書牘體的自序、辭賦體與詩歌體的自敘、哀祭體雜記體及附於圖畫中的自敘、自狀自訟與自贊,並選文示例,極為詳盡,頗便取用,見《歷代自敘傳文鈔》(臺北市:文星書店,1965年1月)。自傳與回憶錄、小說、詩及其他形式個人文學的區別,可參見〔法〕菲力浦·勒熱訥(Philippe Lejeune)撰,楊國政譯:《自傳契約》(北京市:生活·讀書·新知三聯書店,2001年10月),第1章〈定義〉,頁1-28。陳平原即以「自我陳述」統稱自序、自傳、自定年譜等自述性作品,見《中國現代學術之建立——以章太炎、胡適之為中心》(北京市:北京大學出版社,1998年2月),第9章〈現代中國學者的自我陳述〉,頁404-456。

2　〔唐〕劉知幾:《史通·序傳》,浦起龍(清康熙十八年-?,1679-?):《史通通釋》本(臺北市:里仁書局,1980年9月),頁256-257。

年？，西元前343？-前277？年）、敘述者與作品中的主角是否同一，
尚有爭議；司馬相如（漢文帝初元元年-漢景帝元狩六年，西元前
179-前117年）〈自敘〉今已不存；不論是作者抑或體式，無可爭論者
正是司馬遷（漢景帝中元五年-漢昭帝始元元年，西元前145-前86年）
〈太史公自序〉。但〈太史公自序〉並非全為自述，相反的，介紹
《史記》全書內容才是主要部分。

依據劉知幾的認知，序傳之體的體例是上陳士族、下列祖考、先
述厥生、次顯名字。亦即先人遺緒與平生志業，兩不可缺。所以才
說屬辭有異，茲體無易，形成一標準格式。至於實際的操作標準，其
一是：

> 夫自敘而言家世，固當以揚名顯親為主，苟無其人，闕之可
> 也。[3]

其二是：

> 然自敘之為義也，苟能隱己之短，稱其所長，斯言不謬，即為
> 實錄。[4]

可見誇飾先人功業乃至扭曲作者行為表現，應是自敘的通病，因此缺
而不錄或是避己之短，成為寫作的規範。然而缺而不錄，猶可稱實
錄，避己之短，則是選擇性的書寫，豈可稱為實錄？這就觸及自我書
寫作品的真實性問題。自序原本附於書後，陳述身世生平之外，重在

3　〔唐〕劉知幾：《史通‧序傳》，浦起龍：《史通通釋》本，頁257。
4　〔唐〕劉知幾：《史通‧序傳》，浦起龍：《史通通釋》本，頁257。

介紹書籍撰作動機、全書結構、體例、內容大要；自傳則單獨成篇，
敘述生平行事、學術思想；自定年譜則將生平行事、學術思想等按年
月排定。此時，個人對生命的感受、對世界的感受，居於關鍵地位。
以「我」為敘述核心，觀照世界——無論是外在世界抑或內在世界，
從而建構一個有關我的故事。於是回憶、選擇、刪汰、陳述形成自我
書寫的建構過程。而意義則是這一過程中隱而不顯的決定力量。亦即
何者須寫，何者不須寫，須寫的部分又應如何寫等，為作者所認知的
意義所決定，讀者僅能根據作者設定的意義閱讀。是以問題在意義，
而不在真實。只要呈顯作者所欲表達的意義，是否能反映作者全部真
實的人生，或許不是這麼重要。

　　無論何種形式或內容的自我書寫，均存在一共同的特徵：回顧以
往，或者說是回顧自我的歷史。此時「敘述我」與「真實我」分離，
前者觀照後者，形成以我觀我的特殊景象。就在此時，意義才開始
展開：

> 意義並非出現在我們意識流內之某種經驗的根本性質，而是行
> 動者以當前的一種反省態度，注視著過去經驗並加以詮釋的結
> 果。換言之，只要我們生活在行為中，並指向這些行為的對象，
> 這些行為就不具任何意義。而只有當我們視它們為已完全被劃
> 定範圍的過去經驗時，也就是只有在回顧時，它們才會變成有
> 意義。唯有那些能夠超越實在性並被回憶的經驗，以及那些能
> 夠被探究其構成過程的經驗，才是具有主觀意義的經驗。[5]

5　〔德〕舒茲（Alfred Schutz, 1899-1959）撰，盧嵐蘭譯：《舒茲論文集第一冊》
　　（Collected Papers Vol.1:The Problem of Social Reality）（臺北市：桂冠圖書公司，
　　2002年6月），第9章〈多重現實〉，頁235-281，引文見頁238。

回顧並反省過去的經驗，才能理解我是誰，我在做什麼，我這麼做有
什麼價值等一連串的問題。就此而論，敘述或書寫，正是人文學科價
值所在，生命的意義，就在敘寫中實踐。就讀者而言，閱讀他人的敘
寫，則是意義開啟的第一步。[6]至於其方法是：

> 個體作為歷史的存在而體驗到歷史實在，個體的自我意識和自
> 己心靈過程的體驗以及他個人的生命感形成他理解歷史和社會
> 的根本性前提。[7]

顧頡剛（1893-1980）曾撰寫〈古史辨自序〉，性質類似中國傳統自敘
傳，即自我書寫，本文寫作目的就在分析顧頡剛的生命感及其如何理
解所從出的歷史與社會。

二　顧頡剛〈古史辨自序〉的構成

　　顧頡剛這一篇自序寫於一九二六年，嚴格而言，是「古史辨第一
冊自序」，《古史辨》總計出七冊，顧頡剛本人主編其中第一、二、
三、五冊，羅根澤（1900-1960）主編第四、六冊，呂思勉（1884-

6　敘事學試圖回答為什麼人類需要故事：是因為我們需要故事以檢驗不同的自我和學
　會在現實世界中找到我們的位置，並且在那個位置上演好我們的角色。人類講故事
　的能力是男人和女人在其周圍共同建立一個有意義、有秩序的世界的一個方面，我
　們用小說研究，創造出人類生活的意義。見〔英〕Frank Lentricchia &〔英〕Thomas
　McLaughlin編，張京媛等譯：《文學批評術語》（*Critical Terms for Literary Study*）
　（香港：牛津大學出版社，1994年7月），〈敘事〉，頁87-107，引文見頁91。自我書
　寫或許不是敘事虛構作品，但兩相對照，即可理解閱讀他人生平經驗的重要性。

7　見韓震、孟鳴岐撰：《歷史、理解、意義——歷史詮釋學》（上海市：上海譯文出版
　社，2002年3月），第1章〈歷史詮釋的歷史〉，頁1-40，引文係〔德〕狄爾泰
　（Wilhelm Dilthey, 1833-1911）語，見頁11。

1957)、童書業（1908-1968）主編第七冊。每一冊均有序，但以第一冊的序篇幅最長，且是顧頡剛生平自述，其餘均屬純粹書序性質。表列如下：

1-1 〈顧頡剛古史辨自序一覽表〉

冊別	編成年代	主要內容	主編者	序文
一	民國十五年	辨偽基本理論	顧頡剛	顧頡剛自序
二	民國十九年	討論孔子地位與秦漢思想	顧頡剛	顧頡剛自序
三	民國二十年	易、詩專題研究	顧頡剛	顧頡剛自序
四	民國二十二年	諸子叢考	羅根澤	顧頡剛自序 羅根澤自序
五	民國二十三年	漢代經學思想與陰陽五行流衍	顧頡剛	劉節（1901-1977）序 顧頡剛自序
六	民國二十五年	諸子續考	羅根澤	馮友蘭（1895-1992）序 張西堂（1901-1960）序 羅根澤自序
七	民國三十年	古代神話與傳說	童書業 呂思勉	楊寬序 呂思勉自序 童書業自序

直至一九七九年顧頡剛對這篇序仍難以忘懷：

> 我寫了一篇六萬字的〈自序〉，說明瞭我研究古史的方法和我所以有這些見解的原因。這篇序實足寫了兩個月，是我一生中寫得最長最暢的文章之一。海闊天空地把我心中要說的話都說

出了。寫完之後，使我自覺很痛快。[8]

《古史辨》第一冊甫出版，一年內即再版二十次，竟然使得以顧頡剛
為首組織而成的「樸社」（即「景山書社」）經濟基礎得以奠定，堪稱
中國出版史異數。然而如果不是於一九二三年顧頡剛發表〈與錢玄同
先生論古史書〉提出「層累地造成中國古史」說轟動一時，有多少讀
者會關注到其所寫接近自傳的自序？[9]陳平原即曾深刻的指出：「表面
上，自述生平，是人人俱有的權力；三教九流，男女老少，均可寫作
並出版自傳。可實際上，自傳是一種最不平等的文體。傳主、譜主的
功名業績，對自傳、自定年譜的價值認定及傳播範圍，均起決定性作
用。」[10]顧頡剛所以感暢快，讀者所以感興趣者，大概都集中在研究
古史的方法及有此見解的原因。

如果與西方自述相比，中國自述缺乏生命的內在反省，陳平原即
云：「現代中國學者的自述，其基本立場並非向上帝懺悔，也不是與
朋友對話，更不是自己同自己的內心對話，而是對後代說話。」[11]日
本學者川合康三也指出：「中國的自傳中，一般缺少懺悔、告白那樣

8　顧頡剛：〈我是怎樣編寫古史辨的〉，楊揚、陳引馳、傅傑編選：《大師自述》（香
　　港：三聯書店，2000年7月），頁96-122，引文見頁115。

9　〈與錢玄同先生論古史書〉原刊載於一九二三年五月六日《讀書雜誌》第九期，後
　　收錄於《古史辨》（臺北市：明倫出版社，1970年1月重印），第1冊，頁59-66。據顧
　　頡剛敘述，胡適（1891-1962）在北京辦《努力》，每週出一張，《讀書雜誌》每月出
　　一張，附於《努力》發行。《努力》論政，《讀書雜誌》論學，見顧頡剛：〈我是怎
　　樣編寫古史辨的〉，《大師自述》，頁111。

10　陳平原：《中國現代學術之建立——以章太炎、胡適之為中心》第9章〈現代中國學
　　者的自我陳述〉，頁407。

11　陳平原：《中國現代學術之建立——以章太炎、胡適之為中心》第9章〈現代中國學
　　者的自我陳述〉，頁434。

自我批判的性質。」[12]並將中國傳統自傳頗具創意的類分為「與眾不同的我——書籍序言中的自傳」、「希望那樣的我——五柳先生型自傳」、「死者眼中的我——自撰墓誌銘」，顧頡剛〈自序〉約略可以第一種當之。

在撰寫〈自序〉之前，顧頡剛曾有〈我的研究古史的計畫〉，分為六個學程，表列如下：

1-2 〈顧頡剛古史研究學程一覽表〉

學程	起迄年代	研讀範圍	備考
第一學程	民國十四年至十九年	讀魏晉以前史書	
第二學程	民國二十年至二十二年	作春秋戰國秦漢經籍考	
第三學程	民國二十三年	依據考定的經籍的時代和地域抽出古史料排比起來，以見一時代或一地域對古代的觀念，並說明其承前啟後的關係	
第四學程	民國二十四年至二十六年	研究古器物學	
第五學程	民國二十七年至二十九年	研究民俗學	
第六學程	民國三十年至三十四年	把以前十六年中所得的古史材料重新整理，著成專書	

此文寫於民國十三年八月二十六日，已預定此後二十年的研究計畫。無論今日，即使是當時；也無論他人，即使是本人，也都懷疑此計畫的可行性。顧頡剛近乎天真的說：

---

12 〔日〕川合康三撰，蔡毅譯：《中國的自傳文學》（北京市：中央編譯出版社，1999年4月），第1章〈自傳在中國〉，頁1-13，引文見頁3。

　　若以為天地之間不妨有此一人，或進而說這是應當做的，那
　　末，請大家給我一點幫助。幫助的方法有二種：積極的是供給
　　我一個適於研究的境地，消極的是無論什麼事情都不要責望我
　　做。我並不是不識抬舉，專想規避社會上的責任，實在我只有
　　這一點精力，我願意做的這件事情，已經夠消耗我全部的精力
　　了。[13]

這種天真是建立在對自己學術研究價值的絕對自信，認為層累的造成
中國古史，可以改變對中國歷史的解釋，這已經隱含了從解釋世界躍
至改變世界的過程，即中國傳統文化價值體系的巨大變動，所以才要
求別人「幫助」他。事實上層累的造成中國古史，只是理論的提煉，
初步的構思已於一九二一年提出：

　　戰國的孔子，便可根據了《易傳》、《禮記》等去做；漢代的孔
　　子，便可根據了《公羊傳》、《春秋繁露》、《史記》、緯書等去
　　做。至於孔子的本身，拆開了各代的裝點，看還有什麼。如果
　　沒有什麼，就不必同他本身做史。[14]

顧頡剛認為後人對孔子的認知，只是各代的裝點，這與層累的造成中
國古史，實有異曲同工之妙，我們可以將之更換為「層累的造成孔
子」說。既然孔子是後人形塑而成，孔子本人在如此推導下，「沒有
什麼」自是必然的結論。這就引出了顧頡剛理論的危險性：一切歷史
既是後代所建構造成，推溯到歷史本源，除了空虛渾沌之外，不存在
任何其他事物，從而喪失歷史的價值。整個文化傳統，最終被徹底顛

13　顧頡剛：〈我的研究古史的計畫〉，《古史辨》第1冊，頁211-217，引文見頁217。

14　顧頡剛：〈論偽史及辨偽叢刊書〉，《古史辨》第1冊，頁20-22，引文見頁22。

覆。顧頡剛說法在當時固然有錢玄同（1887-1939）、胡適等極力表
彰，但也遭致劉掞藜（？-？）、柳詒徵（1880-1956）等人猛烈攻
擊，可以從這個角度觀察。[15]

至一九二六年，顧頡剛實踐他所說的目標，發表〈春秋時的孔子
和漢代的孔子〉，結論是：

> 春秋時的孔子是君子，戰國的孔子是聖人，西漢時的孔子是教
> 主，東漢後的孔子又成了聖人，到了現在又快要成為君子了。
> 孔子成為君子，並不是薄待他，這是他的真相，這是他自己願
> 意做的。[16]

依據顧頡剛的理論，君子與聖人、教主，都可說是後人所造成——君
子說當然也可說是顧頡剛所造成，判定何者是真相，還可繼續論辯。
至於孔子願意做君子，更是想當然耳的推論。所以傅斯年（1896-
1950）指出孔子：「大約只是半個君子，而半個另是別的。」[17]更重要
的是無論是君子、教主抑或聖人，是歷代詮釋的結果，我們自能爭論
孔子其人的定位，但是否定全部傳統詮釋，無異於否定文化傳承。如
與「系譜學」比較，系譜學作者一反傳統歷史自故紙堆中尋找「本
源」、「起點」的作法，恰相反的，他把本源設在「現在」，倒果為
因，然後再行重建其過去。更進一步說，「現在」是一個不斷遞變的
單位，也必定含有不同的意義因素，策動我們自歷史中發掘種種被遺

---

15 劉掞藜、柳詒徵的文章，俱收入《古史辨》第1冊。

16 顧頡剛：〈春秋時的孔子和漢代的孔子〉，《古史辨》第2冊，頁130-139，引文見頁
139。

17 傅斯年：〈評春秋時的孔子和漢代的孔子〉，《古史辨》第2冊，頁139-141，引文見頁
140。

忘的譜系來。[18]準此而論，顧頡剛頗有解構的味道。

這一具有實踐性的學術旨趣，在〈自序〉中隨處可見。[19]

三　日常生活與學問生活

顧頡剛曾說：

> 我讀別人做的書籍時，最喜歡看他們帶有傳記性的序跋，因為
> 看了可以了解這一部書和這一種主張的由來，從此可以判定它
> 們在歷史上占有的地位。[20]

劉知幾《史通・序傳》僅規範個人傳記體例；顧頡剛所說，其實是立
基於傳統而有所開展，在研究文本之前，先行閱讀作者生平傳記，藉
以理解整部作品價值定位。[21]不僅是看別人作品，顧頡剛對自己學術
主張的由來，也有很清楚的自覺：

---

18 王德威：〈「考掘學」與「宗譜學」〉，〔法〕米歇・傅柯（Michel Foucault, 1926-
　1984）撰，王德威譯：《知識的考掘》（臺北市：麥田出版社，2001年1月），「導讀
　二」，頁39-66，引述見頁57。

19 〔德〕哈伯瑪斯（J. Habermas）分析三種知識取向：經驗性──分析性科學的探究
　蘊涵一種技術性的認知興趣，歷史──詮釋性科學的探究蘊涵實踐性的認知興趣，
　批判取向的科學蘊涵解放性的認知興趣，見〈知識與人類興趣〉（Knowledge and
　Human Interests），黃瑞祺：《批判理論與現代社會》（臺北市：巨流圖書公司，1986
　年11月增訂一版），頁136-138，引文見頁137。顧頡剛近於歷史──詮釋性路向。

20 顧頡剛：〈自序〉，《古史辨》第1冊，頁4。

21 如與西方二十世紀初葉興起的「新批評」派互勘，更可見出兩者差異，新批評派重
　視文本研究，作者只是隱藏於文本之後，可參考趙毅衡編選：《新批評文集》（天津
　市：百花文藝出版社，2001年9月），「引言」，頁1-132。

老實說，我所以有這種主張之故，原是由於我的時勢，我的個
性，我的境遇的湊合而來。[22]

整篇〈自序〉，就在分析自己個性才能、個人求學歷程、清代學術特
色，目標均是回答其何以提出中國的古史觀這一答案。這一「問題」
與「答案」的模式，並非去理解他人的心中的問題與敘寫的答案，而
是自己回答本身所提出的問題，是以〈自序〉的問題，就在答案之
中，我們須從中逆探其問題意識。[23]

（一）日常生活──學問的形成

顧頡剛八歲時，其父命讀《左傳》，極感興味，讀了一半，祖父
卻認為《詩經》、《禮記》生字多，應趁幼時記憶，以免日後記不清，
所以命其讀此二書。教讀的老先生又是其祖父的朋友，對其特別嚴
厲，《詩經》背誦不出，「戒尺便在我的頭上亂打」。顧頡剛於讀完
《詩經》後，終於要求續讀《左傳》，先生命其講解「華督殺孔父」
後，大為讚賞：「這個小孩記性雖不好，悟性卻好。」但顧頡剛卻認
為：「我雖承蒙他獎讚，但已做了他的教育法的犧牲了。」[24]從此之
後，顧頡剛對教師充滿極度的不信任：

我覺得這些教員對於所教的功課並沒有心得，他們只會隨順了
教科書的字句而敷衍。教科書的字句我既已看得懂，又何勞他

---

22 顧頡剛：〈自序〉，《古史辨》第1冊，頁4。

23 另參考〔英〕柯靈烏（R. G. Collingwood, 1889-1943）撰，陳明福譯：《柯靈烏自
傳》（臺北市：故鄉出版社，1985年3月），第5章〈問題與答案〉，頁43-55。〈太史公
自序〉自傳部約五分之一，〈古史辨自序〉計103頁，介紹《古史辨》內容僅有4
頁，其餘全屬自傳，兩者差距甚大，也可見出顧頡剛寫作〈自序〉的用意。

24 顧頡剛：〈自序〉，《古史辨》第1冊，頁7、8。

們費力解釋。況且教科書上錯誤的地方，他們也不能加以修正。[25]

私塾及中小學的正規教育是負面影響，其學問的基礎，來自家庭的教養：

> 我的祖父一生喜歡金石和小學，終日的工作只是鉤模古銘，椎拓古器，或替人家書寫篆隸的屏聯。我父和我叔則喜治文學和史學。……我自己最感興味的是文學，其次是經學（直到後來纔知道我所愛好的經學也即是史學）。[26]

更多的是來自其本人的自學與天分，約在十四、十五歲讀高等小學時；

> 曾經生了兩個月的病，病中以石印本《二十二子》和《漢魏叢書》自遣，使我對於古書得到一個浮淺的印象。[27]

至十六、十七歲進中學堂，託人到上海購置《國粹學報》：

> 翻讀之下，頗驚駭劉申叔、章太炎諸先生的博洽，但是他們的專門色彩太濃重了，有許多地方是看不懂的。……它給與我一個清楚的提示，就是過去的中國學問界裡是有這許多紛歧的派別的。[28]

---

25 顧頡剛：〈自序〉，《古史辨》第1冊，頁12-13。又類似的指責見同書頁11、73、85、92。

26 顧頡剛：〈自序〉，《古史辨》第1冊，頁15。

27 顧頡剛：〈自序〉，《古史辨》第1冊，頁13。

28 顧頡剛：〈自序〉，《古史辨》第1冊，頁13。

同時喜愛購買書籍，經常到蘇州觀前街與書店掌櫃往來，討教版本知識，並進而研究目錄學：

> 《四庫總目》、《彙刻書目》、《書目答問》一類書，那時都翻得熟極了。[29]

無論是《二十二子》、《漢魏叢書》、《四庫全書總目》、《書目答問》，抑或章太炎（1869-1936）、劉師培（1884-1919）的著作，即使時至今日，大學中文系學生是否能翻讀，也大有疑問。顧頡剛以中學生之資，即接觸這些書籍，除了天分，實在很難有其他解釋。

（二）故事──從日常生活中獲得的研究方法

然而顧頡剛引以自傲的研究方法──故事，卻不是僅靠天分就可得到，在幼時即常聽祖父母、家中老僕人講故事，祖父並為其講解蘇州市街的匾額、牌樓的歷史，從而得知：

> 凡是眼前所見的東西都是慢慢累積起來的，不是在古代已盡有，也不是到了現在剛有。這是使我畢生受用的。[30]

這自是顧頡剛事後的回憶，這一回憶即前述在行為導向對象本身之時，並不具有意義；而是行為結束之後，反省此一行為，意義才能產生。其次是閱讀《左傳》的經驗：

> 我讀著非常感受興趣，髣髴已置身於春秋時的社會中了。從此

---

29 顧頡剛：〈自序〉，《古史辨》第1冊，頁15。
30 顧頡剛：〈自序〉，《古史辨》第1冊，頁6。

　　　　魯隱公和鄭莊公一班人的影子常在我腦海裡活躍。

故事與歷史，構成顧頡剛初步的知識，而這兩者其實是一體的兩面，就其功能而論，故事的世界在開啟意義，生命的意義無窮無盡，所以我們需要無窮的故事；歷史的世界何嘗不然，我們不斷的詮釋歷史，正因我們要不斷的追求意義。如此才能貞定我們在世的價值。如果文化是對人類生命過程提供解釋系統，協助人們應付生命的困境的努力，我們可以再追問文化具體存在的樣貌，其中的一種答案是文化就存在於各種敘事類型──當然含括故事與歷史。[31]顧頡剛青少年時讀《詩經》所以感到痛苦，除了教師個人風格外，缺少歷史趣味也是主要原因。讀《周易》亦然。至於《尚書》，文句雖古奧，但勉強能讀懂：

　　　　對春秋以前的社會狀況得到了一點粗疏的認識，非常高興。[32]

由此可以略窺顧頡剛讀書方向及對經典的態度。

　　一九一三年二十一歲，考入北京大學預科，在北京的環境中，成為戲迷，上午上課，下午根本不請假，固定去看戲。顧頡剛也自承荒唐，然而：

31　〔美〕丹尼爾・貝爾（Daniel Bell）撰，趙一凡等譯：《資本主義的文化矛盾》（*The Cultural Contradictions of Capitalism*）（臺北市：桂冠圖書公司，1991年4月），參考「一九七八年再版前言」，頁1-24，引述見頁5。〔英〕史蒂文・科恩（Steven Cohan）、〔英〕琳達・夏爾斯（Linda M. Shires）撰：《講故事──對敘事虛構作品的理論分析》（*Telling Stories A Theoretical Analysis of Narrative Fiction*）（臺北市：駱駝出版社，1997年9月），參考第一章〈語言理論〉，頁1-22，引述見頁1。並參考注六所引文。
32　顧頡剛：〈自序〉，《古史辨》第1冊，頁6，14。

> 萬想不到我竟會在這荒唐的生活中得到一注學問上的收穫（這
> 注收穫直到了近數年方因辨論古史而明白承受）。[33]

這是因為：

> 故事是會變遷的。[34]

而且漸漸領會到：

> 我看了兩年多的戲，惟一的成績便是認識了這些故事的性質和
> 格局，知道雖是無稽之談，原也有它無稽的法則。[35]

故事會變遷並有其法則，已初步建構了認知方法，只是此時限於欣賞
戲曲，還未意識到可以用來研究古史。

　　一九一五年讀康有為（1858-1927）《孔子改制考》，認為康有為
所指上古事茫昧無稽，極為愜心饜理，所列諸子託古改制事實，是一
部戰國學術史。[36]康有為志不在證明古史茫昧無稽，而是說明古史為
孔子所託，孔子所以託古，意在改制立法。所以康有為的基本理論結
構是「創教──改制──託古」，創教是建立宗旨，改制是最高目
的，託古是方法取徑。與顧頡剛欲考定古史真偽，相差何止千里。康
有為推尊孔子為制法之王，是以孔子為斷限，其前為草昧未開時期，
屬於自然時間；其後才是文化開創時期，屬於人文時間。這又與顧頡

---

33 顧頡剛：〈自序〉，《古史辨》第1冊，頁19。

33 顧頡剛：〈自序〉，《古史辨》第1冊，頁19。
34 顧頡剛：〈自序〉，《古史辨》第1冊，頁22。
35 顧頡剛：〈自序〉，《古史辨》第1冊，頁22。
36 顧頡剛：〈自序〉，《古史辨》第1冊，頁26。

剛矢志追尋孔子真相，大相逕庭。[37]此時故事的變遷與法則，與康有為託古改制說，顧頡剛尚未結合，處於各自發展階段。

　　一九一七年，胡適回國，在北京大學開設中國哲學史，拋開唐虞夏商，逕從周宣王講起，給予顧頡剛極大的衝擊，與《孔子改制考》配合，加強了上古史「靠不住」的觀念，但還未想到如何可以推翻靠不住的上古史。[38]亦即有目標、有對象，卻缺少方法理論，以架構整體研究。一九一八年因元配生病，導致神經衰弱，休學返鄉，未久元配去世，顧頡剛以搜集歌謠自遣：

> 很奇怪的，搜集的結果使我知道歌謠也和小說戲劇中的故事一樣，會得隨時隨地變化。同是一首歌，兩個人唱著便有不同。就是一個人唱的歌，也許有把一首分成大同小異的兩首的。有的歌，因為形式的改變，以至連意義也隨著改變了。[39]

至此故事才有完整的內涵：戲劇、小說、歌謠中的敘事成分；同時也發現三者敘事部分有共同規律：隨時空變化。一九二〇年胡適〈水滸傳考證〉附於上海亞東出版社標點本《水滸傳》前出版，顧頡剛讀後終於尋得研究古史的方法：

> 同時又想起本年春間，適之先生在《建設》上發表的辨論井田的文字，方法正和《水滸》的考證一樣，可見研究古史也儘可

---

37 見康有為：《孔子改制考》（北京市：中華書局，1988年3月）。又康有為何以力陳孔子託古改制，參考丁亞傑：《清末民初公羊學研究──皮錫瑞、廖平、康有為》（臺北市：萬卷樓圖書公司，2002年3月），第五章〈聖人崇拜〉，頁221-271，託古改制見頁261-267。

38 顧頡剛：〈自序〉，《古史辨》第1冊，頁36。

39 顧頡剛：〈自序〉，《古史辨》第1冊，頁37。

以應用研究故事的方法。[40]

胡適〈水滸傳考證〉要點如下:《水滸傳》是南宋到明朝中葉,四百年「梁山泊故事」的結晶。南宋水滸故事發生的原因是朝廷偏安,政治腐敗,所以想望英雄、崇拜草澤。元朝水滸故事發達的原因是希望草澤英雄推翻異族政府。明代有三個版本:明初借其發揮宿怨,故寫宋江平定四寇後反被政府陷害;明朝中葉作者借其發揮宿怨,成為反抗政府的書;明末流賊倡亂,所以金聖歎(明萬曆三十六年-順治十八年,1608-1661)評本深惡宋江。清代則有續傳的作品:雁宕山樵(?~?)身歷明亡之痛,故其《水滸後傳》,極力描寫南渡前後奸臣誤國的罪狀;俞萬春(乾隆五十九年-道光二十九年,1794-1849)則身處於嘉慶、道光遍地匪亂之時,故其《蕩寇志》──《結水滸傳》,欲區分盜賊忠義之辨。[41]以簡易表格圖示如下:

1-3 〈文本與故事版本異同表〉

原始文本(南宋)	不斷改變的文本(元、明、清)
梁山泊故事	水滸傳各種故事及版本

不斷改變的文本包含修飾、刪除、增加、改編、接續等,這其中的關鍵是「讀者」──此處不指單純的閱讀人,而是指讀後修潤、增刪、編續的「作者」。〈水滸傳考證〉所以能影響一時,就在於突破了文本是固定不變的預設。

如與二十世紀中後期興起的接受美學比較:「文學的歷史是一種

---

40 顧頡剛:〈自序〉,《古史辨》第1冊,頁40。

41 胡適:〈水滸傳考證〉,《胡適文存》(臺北市:遠流出版公司,1988年9月),第1集,第3卷,頁61-109。

美學接受與生產的過程，這個過程要通過接受的讀者、反思的批評家和再創作的作家將作品現實化才能進行。」[42]作品現實化之後，才能再閱讀或再創作，這與讀者所處歷史及文化背景相關，由於處在不同的情境，所以對作品的解釋與評價也會不同。胡適於〈水滸傳考證〉結論也指出：「這種種不同的時代發生不同的文學見解，也發生種種不同的文學作物。」[43]以故事的方法研究古史，兩相對勘：故事有一基本文本，一如古史有一基本傳說；故事經後人增刪改編，一如古史傳說經後人增刪改編；故事經後人改編，是因時代不同，一如古史經後人改編，是因時代需求。胡適的〈水滸傳考證〉幾乎與顧頡剛故事理論全面接筍。

顧頡剛接著用「角色」具體操作此一研究方法：

> 我們只要用了角色的眼光去看古史中的人物，便可以明白堯舜們和桀紂們所以成了兩極端的品性，做出兩極端的行為的緣故，也就可以領會他們所受的頌譽和詆毀的積累的層次。[44]

「歷史人物」在讀者閱讀的過程中，自會加入讀者的評價，而有若干的失真之處，然而真實性大於虛構性；但「戲劇角色」純粹由編者創

---

42 見張汝倫：《意義的探究──當代西方釋義學》（臺北市：谷風出版社，1988年5月），第7章〈釋義學和文學〉，頁196-229，引文係〔德〕姚斯（H. R. Jauss）語，見頁214。

43 胡適：〈水滸傳考證〉，《胡適文存》，第1集，第3卷，頁108。但是胡適的方法卻未必是從西方借用而來，於一九二一年所作〈紅樓夢考證〉一文中，曾指責研究者走錯道路，不搜集作者、時代、版本等材料，卻收羅零碎史事附會，是為附會，而非考證，見《胡適文存》，第1集，第3卷，頁141-188，引述見頁141。與二十世紀以來重視文本的方向不類，但考證的結論卻有神合之處。

44 顧頡剛：〈自序〉，《古史辨》第1冊，頁41。

造，再由演員演出，虛構性大於真實性。角色置於故事前後脈絡中，
會有不同的功能。將歷史人物視為角色，人物的歷史真實逐漸消失，
代之而起的是廣義的讀者所賦與的文化功能。角色是在演出，所以如
此演出，是讀者所塑造。堯舜既是角色，即為讀者所塑造，愈後代的
讀者塑造得愈是完備，終於從堯舜地位的研究建立了「古史是層累地
造成的，發生的次序和排列的系統恰是一個反背。」的古史研究規
律。[45]並確定了：

> 用故事的眼光解釋古史構成的原因。[46]

堯舜既是故事所構成，故事又是讀者不斷建構而成，根據顧頡剛的理
論，是依照讀者的需求建構而成，這一故事本身當然不具神聖性，於
是堯舜傳統的神聖性格開始瓦解。何止是堯舜的傳統，影響會及於整
個傳統。此一理論的其前提是：

> 我的惟一的宗旨，是要依據了各時代的時勢來解釋各時代的傳
> 說中的古史。[47]

「傳說中的古史」與「古史」有很大的差別，已預設古史不可相信，
而是傳說造成，此即顧頡剛對待古史的基本態度，疑古之疑，就在此
處顯現。這與胡適所說不同時代有不同文學見解，若合符節。顧頡剛
本欲借著考定古史還原歷史真相，但其考定古史的方法理論卻來自文

---

45 顧頡剛：〈自序〉，《古史辨》第1冊，頁52。
46 顧頡剛：〈自序〉，《古史辨》第1冊，頁61。
47 顧頡剛：〈自序〉，《古史辨》第1冊，頁61。

學想像。歷史真實與文學想像，在此結合，[48]並且很具體的指出這是讀者所造成：

> 研究孟姜女故事的結果，使我親切知道一件故事雖是微小，但一樣隨順了文化中心而遷流，承受了各地的時勢和風俗而改變，憑藉了民眾的情感和想像而發展。[49]

讀者又因其所處時間、空間，所接受風俗，而發展相同故事的不同情節。顧頡剛所創立的故事研究法，有相當完整的一套理論。敘事變化、敘事演變的規律，角色塑造、角色形成的原因，讀者詮釋、讀者詮釋的背景，一一論及。無怪顧頡剛會很自信的說：「我固然說不上有什麼學問，但我敢說我有了新方法了。」[50]

　　這一新方法，破除了傳統的價值體系：故事是文化符號系統，有被結構的意義框架（能指），也有社會功能框架（所指）。[51]就故事本

---

48 新歷史主義就強調文學想像對歷史敘述的影響，見〔美〕羅伊・克拉瑪（Lloyd S. kramer）撰：〈文學、批評與歷史想像：懷特與拉卡頗的文學挑戰〉，〔美〕林・亨特（Lynn Hunt）編，江政寬譯：《新文化史》（*The New Cultural History*）（臺北市：麥田出版社，2002年4月），頁147-185。

49 顧頡剛：〈自序〉，《古史辨》第1冊，頁68。又此說成為日後「神話分化說」的張本。楊寬分中國古代文化為東西二系，東為殷、東夷、淮夷、徐戎、楚、鄭、秦、趙等，西系為周、羌、戎、蜀等，各民族都有其神話傳說，民族相混，神話也漸相雜，中國古史傳說即在商周之世，東西二系神話的分化與融合而成。見《中國上古史導論》，《古史辨》第7冊，頁65-421，有關神話分化的理論建構見65-119。託古改制、層累造成與神話分化，應是清末民初由傳統而來的方法意識。

50 顧頡剛：〈自序〉，《古史辨》第1冊，頁78。

51 〔英〕史蒂文・科恩（Steven Cohan）、〔英〕琳達・夏爾斯（Linda M. Shires）撰，張方譯：《講故事——對敘事虛構作品的理論分析》（*Telling Stories A Theoretical Analysis of Narrative Fiction*），第3章〈敘事的結構：故事〉，頁55-90，引述見頁86。

身而論，被結構的意義框架本就是虛擬而成，並不威脅讀者對其意義的接受而產生的社會功能。但古史被視為故事，古史故事的結構又被發現是虛擬而成，此時就已威脅到了古史為信史的地位。能指已被指出不可信，所指何能產生功能？顧頡剛承認故事的發展結構及其功能，但以此分析古史，則是以逆向操作的方式，拆解了古史。

顧頡剛對孔子的研究，前已論及，再以一九二八年十月二日所撰寫〈春秋研究課旨趣書〉為例說明。顧頡剛將之分為「春秋本經」、「春秋三傳」、「經的春秋」、「史的春秋」四項子題授課，其中「經的春秋」目標是：「把從前人用了聖人制作的眼光解釋《春秋》的話，依著時代去排列次序，看出在各個的時代之下，孔子作《春秋》的心理和書法的規則是怎樣的不同，怎樣的變遷。」[52]這是以故事研究經典的標準例證，在此方法下，經典──《春秋》已失去了神聖性格，此種神聖性格表現在作者的神聖及內容的神聖。孔子作《春秋》既是後人裝點，作者與內容的神聖性就同時消失。至於《春秋》學，則是各時代學者解釋累積而成，有其心理背景與變遷規則。至於其餘三項，導出兩種研究方向：一是文獻學，研究經典作者、成書、流傳；一是史學：研究經典所記載的歷史事件，重在考定事件真偽，探討事件發展。經學家所重視的歷史事件象徵的意義刻意被忽略，甚至被否定。不必顧頡剛的極力宣揚，經由此方法理論與邏輯的推導，經學必然會變為史學，成為史學研究的對象，而非學者的信仰對象與行為的依據。

一直到主編《古史辨》第三冊時，顧頡剛對《周易》、《詩經》才有研究論文發表，而且依然採取故事角度分析。《周易》是占卜之書，卦爻辭是歷史故事；《詩經》是民間歌謠，意義簡單；及至《春

---

52 顧潮：《顧頡剛年譜》（北京市：中國社會科學出版社，1993年3月），頁161。

秋》，則是史官所作，目的在記事，並無微言大義。[53]經典的神聖性完全消失。

（三）告求——治學的困境

顧頡剛的古史研究方法——故事，固然來自日常生活，或者說日常生活給予其意想不到的影響，然而對日常生活，也有不斷的抱怨，甚或認為日常生活已影響其學術研究。顧頡剛歸納生活上的痛苦有四項：

> 我生平最可悲的事情是時間浪費和社會上對於我的不了解的責望。
> 我的第二項痛苦是常識的不足和方法的不熟練。
> 我的第三件痛苦是生計的艱窘。
> 我的第四件痛苦是生活的枯燥。[54]

其實最大的問題就是生計的困窘，其次才是學術訓練的不足，而後者可以憑顧頡剛個人的努力而達至所設定的目標，這可從〈我的研究古史的計畫〉見出。問題是達成此一目標的社會背景從何而來。一九二一年於北京大學哲學系畢業，任北大圖書館編目，並兼國學研究所助教，又兼大學預科國文講師。其結果卻是：「在學問興趣極濃厚的時候，我怎能再為他人分去時間。勉強上了幾堂課，改了幾本卷子，頭便像刀劈了一樣的痛，我耐不住了，只得辭職。」專力於助教工作。

---

53 參考丁亞傑下列諸文：〈顧頡剛詩經研究方法論〉，《元培學報》第4期，頁117-131，1997年12月；〈顧頡剛經學研究——易學〉，《孔孟學報》第73期，頁33-50，1997年3月；〈顧頡剛春秋學初探〉，《中央大學人文學報》第23期，頁69-96，2001年6月。
54 顧頡剛：〈自序〉，《古史辨》第1冊，頁85、91、96、97。

一九二二年因祖母病重，返回蘇州，由胡適介紹至商務印書館編《中學本國史教科書》，預支酬金，以為生計。但於一九二三年顧頡剛又辭職：「我不是教育家，便不應該編教科書，館中未嘗許我作專門的研究，又如何教我作無本的著述。」於是又回北大國研所任職。[55]如若不是顧頡剛的才學為人激賞，這如同兒戲般的工作態度，大概很難令人容忍。

日常生活對顧頡剛而言，可說是一刀的兩面，一方面啟發學術研究，一方面限制學術研究。而其給予的回報，其一是工作態度的任性，其一卻是學術研究的專注。顧頡剛或許沒有想到，抱怨最多的日常生活，卻是學術動力的來源。

四　求真與致用

既然專注學術研究，顧頡剛很清楚的區分求真與致用的異同：

> 所以在應用上雖是該作有用與無用的區別，但在學問上則只當問真不真，不當問用不用。學問固然可以應用，但應用只是學問的自然的結果，而不是著手做學問時的目的。[56]

一九一五年於北京大學預科中，因病休學返家，整理清代學者著述為《清代著述考》，對清代學者有很深的體會：

> 我愛好他們治學方法的精密，愛好他們的搜尋證據的勤苦，愛

---

55 顧頡剛：〈自序〉，《古史辨》第1冊，頁50、55。
56 顧頡剛：〈自序〉，《古史辨》第1冊，頁25。

　　好他們的實事求是而不想致用的精神。[57]

　　且指出清代學風最大的特色就在脫離應用的束縛，這一講法當然有問題，清代學者仍未忘記「通經致用」此一觀念，無論經今古文學皆然。[58]顧頡剛是以其對清代學者的體會，斷定清代學風，而這一體會，其實是源自其對學術研究的專注而來。日常生活對學術生活的干擾，致使其歆羨清代學者，以為清代學者實事求是，不求致用。事實上，通經致用何止是清代學者為然，中國傳統學者大約皆如此。學術研究的目的不限於解決學術問題，更重要的是在解決現實人生問題。

　　顧頡剛於北大預科畢業後，選擇哲學系就讀，目的就是想解決宇宙人生問題，但最後發現：「最高的原理，原是藏在上帝的櫃子裡，永不會公布給人瞧的。」所以放棄此一路向。這可說明顧頡剛甚至是古史辨派對形上學的態度，未必是沒有能力，而是缺乏興趣，至於缺乏興趣的原因，與實證態度有關：「幻想的與造物者游，還不及科學家的憑了實證，以窮年累月之力知道些慥的真事物。」[59]清代乾嘉樸學就不以形上探究為目標，顧頡剛名其讀書團體為「樸社」，目標即在上接清代學風，命名與自我期望，由此可清楚見出。

　　至其本人雖認同求真的精神，不以致用為目標，但傳統士大夫的經世性格，仍然給予其深刻的影響。這一影響則從個人延伸至國家：

---

57 顧頡剛：〈自序〉，《古史辨》第1冊，頁29。

58 顧頡剛：〈自序〉，《古史辨》第1冊，頁77。清代學者經世致用理想，可參見漆永祥：《乾嘉考據學研究》（北京市：中國社會科出版社，1999年12月），第8章〈乾嘉考據學思想〉，頁210-245，相關部分見頁241-245。

59 顧頡剛：〈自序〉，《古史辨》第1冊，頁33-35。顧頡剛曾反駁理學思想：既說性善情惡，又說性未發情已發，於是善只在未發，一旦發出，即成為惡，如此天下並無見諸行事的善。駁斥清晰明快，並非沒有能力從事形上思辨。

> 我的心中一向有一個歷史問題，渴想借此得一解決，即把這個
> 問題作為編纂通史的骨幹。這個問題即是：中國民族是否確衰
> 老，抑尚在少壯？[60]

這顯然是實用的問題，顧頡剛也清楚自知，所以又說：

> 我在研究別的問題時，都不願與實用發生關係；惟有這一個問
> 題，卻希望供給政治家，教育家，社會改造家的參攷，而獲得
> 一點效果。[61]

然而這兩者真能涇渭分明？論學時的自覺，並不能保證治學時的自
覺。針對前述問題的答案，顧頡剛的回答是：

> 戰國時，我國的文化固然為了許多民族的新結合而非常壯健，
> 但到了漢代以後，便因君主的專制和儒教的壟斷，把它弄得死
> 氣沈沈了。[62]

一般的情況是：「如果現況從某種意義來看，是令人不滿意的，那麼
過去就提供了能夠重構現在的模式，使其能令人滿意。過去的日子被
界定為往日的美好時光，社會應該像過去那樣。」[63]顧頡剛卻是反向
思考，現狀令人不滿意，都是過去所造成。強烈的民族主義，導致否

---

60 顧頡剛：〈自序〉，《古史辨》第1冊，頁89。
61 顧頡剛：〈自序〉，《古史辨》第1冊，頁90。
62 顧頡剛：〈自序〉，《古史辨》第1冊，頁89。
63 〔英〕艾瑞克・霍布斯邦（Eric J. Hobsbawn）撰，黃煜文譯：《論歷史》（On History）（臺北市：麥田出版社，2002年8月），第3章〈關於當代社會，歷史能告訴我們什麼？〉，頁58-76，引文見頁60。

定傳統文化：

> （漢族）的文化雖是衰老，但託了專制時代「禮不下庶人」的
> 福，教育沒有普及，這衰老的文化並沒有和民眾發生多大的關
> 係。[64]

從時代而論，是否定漢代以降的文化，這可以說明顧頡剛為何專力於
上古史；從學派而論，是否定儒家學術，這可以說明顧頡剛何以指出
儒家經典並無神聖性；從階層而論，是否定貴族階層，這可以說明顧
頡剛何以探索民間故事、信仰與歌謠。存在感受與歷史解釋於此已滾
合為一。

五　結論

從「故事」對顧頡剛的啟發及後續的發展，約略可知這一方法的
獲得，是由其傳記情境所決定，顧頡剛將故事置於其所界定的文化脈
絡中，並以此組織知識系統，某些要素被納入，另一些要素則被排
除。[65]所以整個傳統為顧頡剛重新構組，而呈現新貌。能衝擊其時的
學術界，且不斷開拓新的議題，正是這個原因。傳統之所以能強加於
人，是因為大多數人缺乏想像力，對一個具有獨創性想像力的人，感
受到現行傳統深刻的缺陷，並力圖彌補那種缺陷，即會造成傳統重大
的變化。[66]或者說是因視角的轉變，而看到了傳統另一面向。故事人

---

64 顧頡剛：〈自序〉，《古史辨》第1冊，頁90

65 舒茲（Alfred Schutz）撰，盧嵐蘭譯：《舒茲論文集第一冊》（*Collected Papers Vol.1:The Problem of Social Reality*），第1章〈人類行動的常識詮釋與科學詮釋〉，頁25-70，參考頁30-31及該書「導論」頁3-4。

66 〔美〕愛德華・希爾斯（Edward Shils）撰，傅鏗、呂樂譯：《論傳統》（*Tradition*）

人會聽，甚至大多數人也會講，但以之結合古史考證，並創發層累造成說，就不是大多數人所能為之。以此而論，顧頡剛與其說是考證之功，不如說是發揮想像力到極致，再配合深湛考證功力，從而形成其所諦造之中國古史的世界。

（臺北市：桂冠圖書公司，1992年5月），第5章〈傳統為什麼會變遷：內部因素〉，頁263-295，引述見頁281、282。

顧頡剛的疑古思想：
漢儒、孔子與經典

摘要

　　漢代經學，雖重「陰陽五行」及「讖緯」，但是思想本身一如具體生命，自會成長、變化，五德終始的歷史演變，可以視作思想歷程，陰陽、五行、五德逐步結合，是將宇宙、歷史、人事凝固於一大系統內，從此宇宙的構成可以得知，歷史的發展可以推測，人事的行為可以規範。空間、時間、人，不再是了無相關的個別存在，人確實與宇宙融合。

　　由於問題意識、史料擷取、詮釋進路等，我們所讀的歷史，並不是真實的歷史事件，而是史家所重建的歷史，具體而言，是史家筆下的歷史，是歷史著作的歷史。由此而來的歷史，僅有部分的真實，而非全部的真實。顧頡剛等即在追求一完全真實的孔子，卻又否定歷代學者也在追求真實的孔子，且一如顧頡剛等以為本身所詮解即是孔子真貌。

　　顧頡剛等不承認經學思想在歷史中發展、形成、轉變的過程，堅持要回復本義。他們由懷疑傳統價值，而懷疑經典；由懷疑經典，而欲還原經典真相；此時經典地位不再，經典所含藏的價值也不再，成

為客觀研究的對象。傳統經學的意義，已不復存在。輕忽了經典給予我們心靈的提升。

關鍵詞：顧頡剛　古史辨　陰陽五行　讖緯　聖人　故事　史料

一　緒論

　　晚清以降所累聚對中國文化的質疑批判，從意識形態落實到學術研究之中。其中《古史辨》的核心人物顧頡剛（1893-1980）即清楚的指出，疑古運動的目標是「明白文化中心的真相」，方法則是「考證」。

　　顧頡剛自覺的有意研究古史是受康有為（1858-1927）等晚清經今文學者啟發。不同者在於經今文學者止於西漢經說，崇拜今文經典，奉孔子為教主；顧頡剛則不然，其擺脫家派束縛，直指核心，欲還孔子與經典真面目。這不止是顧頡剛如此，《古史辨》諸君子大都如此。因此質疑傳統、疑古辨偽、批判漢朝，構成古史辨運動的基本風貌。

　　疑古辨偽是古史辨派學術的思想核心，為建立其理論架構，無可避免的塑造其辨偽傳承系譜，遠溯東漢王充、唐代劉知幾、清朝章學誠及崔述，而真相又是如何？他們彼此之間果真一脈相承，抑或是大同小異，或者有根本的歧異，這也有待理解。

　　雖然古史辨派一再強調以科學方法研究歷史，然而訂疑文獻、考辨史料，豈能全是科學且客觀的工作？研究者的生命問題——文化傳統有何意義，往往帶動研究對象的文獻解釋。因此考辨史料的背後，均應存在研究者的文化意識與時代關懷。辨偽是為了還原歷史真相，有其歷史考據的價值，但是「偽之所從來」卻成了理解其時文化意識的重要資料，也有其可貴的價值，絕非一個「偽」字所能抹煞。所以本文除了追本溯源，梳理古史辨偽傳承系譜外，也擬從顧頡剛所欲摧破的漢儒經說入手，理解其文化意涵。

二　疑古思想的歷史系譜

疑古辨偽是古史辨派的學術核心，一如晚清經今文學者的塑造孔子傳承系譜，古史辨諸人，也塑造了辨偽傳承系譜。顧頡剛、錢玄同（1887-1939）共同推許者有四人：王充（西元27-91年）、劉知幾（西元661-721年）、章學誠（1738-1801）、崔述（1740-1816）。[1]而略考王充等人的論著，又不如古史辨諸家所說，其著述目的在訂疑文獻。

王充甚信符驗：「凡人稟貴命於天，必有吉驗見於地。見於地，故有天命也。驗見非一，或以人物，或以禎祥，或以光氣。」於是歷敘黃帝至漢武帝之各種吉兆，並說：「創業龍興，由微賤起於顛沛，若高祖、光武者，曷嘗無天人神怪光顯之驗乎？」[2]王充不僅未破除所謂虛妄，反而擴大此一虛妄，從古代君王及於漢代諸帝。由於王充頌美漢朝，所以比較武王與高祖，認為武王之符瑞，不如高祖之多，然而：「高祖伐秦，還破項羽，戰場流血，暴屍萬數。」而武王克殷，卻是：「兵不血刃。」這顯然是誇張。[3]原來王充寫作〈語增〉，主要目的並非考定史實，指出前人虛構的成分；而是古今相較，高祖德過武王，猶不如是，何況不如高祖者，結論是古代史事，有後人溢美失實處。就溢美失實觀之，與文獻考辨類同，古史辨諸家即從此處稱揚，但若納入王充整體思想，則知殊非定論。王充又云：「夫賷光

1　又顧頡剛曾擬《辨偽叢刊》目錄，上起韓非，下迄章太炎（1869-1936），見〈答編錄辨偽叢刊書〉，《古史辨》第1冊（臺北市：明倫出版社，1970年1月），頁33-34，本文作於民國十年（1921），八十年後，楊緒敏作《中國辨偽學史》（天津市：天津人民出版社，1999年3月），結構大致承顧頡剛所撰目錄而來，古史辨派所創造的新論題及影響，由是可見。

2　《論衡·吉驗》，黃暉：《論衡校釋》本（北京市：中華書局，梁運華點校，1996年11月3刷），卷2，頁84，98。

3　《論衡·語增》，《論衡校釋》，卷7，頁343。

上書於漢，漢為今世，增益功美，猶過其實，況上古帝王久遠，賢人從後褒述，失實離本，獨已多矣。」[4]綜觀其意，是古代豈可盡信？可信者惟漢代，漢雖可信，猶過其實，何況古代，益增古不可信之念。更云：「論者皆云：『孔門之徒，七十子之才，勝今之儒。』此妄言也。使當今有孔子之師，則斯世學者，皆顏、閔之徒也。使無孔子，則七十子之徒，今之儒生也。」[5]本篇名為〈問孔〉，實則指責孔門弟子，才蹇學隘，不能掌握孔子學問。如孔子生於今世，漢儒之成就，必超越孔門弟子。上述諸例，均非考定古史，而是頌美漢代。王充思想的特徵，不是疾虛妄，而是貴今賤古。[6]

　　劉知幾以為中國史學傳統，雖有記言記事之別，但重言輕事，致史書載事多誤。轉變之道，惟有從記言走向載事。浦起龍（1679-？）所釋甚精：「疑古之疑，疑皆在事，故以言詳事略領局也。」[7]敘事之法是：「書事之法，其理宜明。」「蓋君子以博聞多事為工，良史以實錄直書為貴。」史著重實錄直書，所以對《公》、《穀》褒貶，深不以為然。批評《公羊》：「國家事無大小，苟涉嫌疑，動稱恥諱，厚誣來世，奚獨多乎？」[8]弒君、淫奔，劉知幾以為事醜而諱可也，除

4　《論衡‧藝增》，《論衡校釋》，卷8，頁393。

5　《論衡‧問孔》，《論衡校釋》，卷9，頁396。

6　以王充為疾虛妄，始於章太炎民國三年（1914）所撰之《檢論‧學變》，卷3，頁21，《章氏叢書》（臺北市：世界書局，1982年4月再版），冊上，頁548。其後黃侃（1886-1935）承之，見劉盼遂：《論衡集解》附錄引，黃暉：《論衡校釋》附，第4冊，頁1354。至胡適（1891-1962）則稱其具有科學態度，見初稿於民國二十一年（1932）《中國中古思想小史》，第六講，〈王充〉，《中國中古思想史長編》附，《胡適作品集（21）》（臺北市：遠流出版公司，1994年1月5刷），頁31-34。而繙讀原典，殊不如是。

7　《史通‧疑古》，浦起龍：《史通通釋》本（臺北市：里仁書局點校本，1980年9月），卷13，頁379。

8　《史通‧惑經》，《史通通釋》，卷14，頁405、409。

此之外,動輒稱諱,顯與實錄史學衝突。最特殊者,是劉知幾以為這一隱諱傳統,源自周禮:「尋斯義之作也,蓋是周禮之故事,魯國之遺文,夫子因而修之,亦存舊制而已。至於實錄,付之丘明,用使善惡畢彰,真偽盡露。」[9]孔子之《春秋》,只是保存舊制,正統史著,不得不待之於《左傳》。完全從敘事史學衡量《春秋》、《左傳》,經學概念中經傳之區分,不是劉知幾史學的重心。疑古、惑經,既從史學敘事評論,則與古史辨派異趣,引為同調,差謬千里。

至於章學誠所云「六經皆史」似與古史辨派相同,但緊接其後是:「六經皆先王之政典也。」[10]治曆授時與刑教政令,構成經典的整體意義。「愚之所見,以為盈天地間,凡涉著作之林,皆是史學。六經特聖人取此六種之史以垂訓耳。」[11]史學(六經)─聖人─垂訓,是章學誠的史學思想,由此一結構,可以發現聖人居於垂訓關鍵。古史辨派亟欲打破聖人觀念,又以為經典並無微言大義,俱與章學誠不合。經典有政教含義,不僅僅是歷史文獻,此一含義須透過聖人宣說,世人方得明白。聖/俗對比甚為明顯。「三代之衰,治教既分,夫子生於東周,有德無位,懼先聖王法積道備,至於成周,無以續且繼者而至於淪失也。於是取周公之典章,所以體天人之撰而存治化之跡者,獨與其徒,相與申而明之。此六經之所以雖失官守,而猶賴有師教也。」[12]章學誠欲回復治教合一之政治結構,六經即先王政典,就透露此一思想傾向。而治教分離,是歷史偶然,莫可究詰。孔子從治轉為教,是不得已之事。以六經治國,以師教解六經,與其說近於

9 《史通‧申左》,《史通通釋》,卷14,頁421。

10 《文史通義‧易教上》,葉瑛:《文史通義校注》本(臺北市:仰哲出版社,未標出版年月),頁1。

11 〈報孫淵如書〉,《章學誠遺書》(北京市:文物出版社,1985年8月),卷9,頁86。

12 《文史通義‧經解》,《文史通義校注》,頁93。

經古文學，毋寧說近於經今文學，且較今文學者更激進。六經皆史，也不是古史辨派所謂史料意義；以六經為政教規範，正是古史辨派最反對的觀點。

　　為古史辨派正確理解者，只有崔述。崔述崇經抑傳：「是以唐、虞、三代之事，見於經者，皆醇粹無可疑。」[13]至於記載兩歧，缺漏致疑，率皆傳記之誤：「余少年讀書，見古帝王聖賢之事，往往有可疑者，初未嘗分別觀之也。壯歲以後，抄錄其事，記其所本，則向所疑者，皆出於傳記，而經文皆可信，然後知六經之精粹也。」[14]所以胡適批評：「他太信經，仍不徹底。」[15]崔述考信古史，確是以經典為考證起點，但不如古史辨派，懷疑一切經典，這一點是古史辨諸家的共識。

　　綜合上述，這一辨偽系譜，真實內容，與古史辨派頗有距離。

三　陰陽五行與讖緯：批判漢儒思想

　　民國十二年（1933）顧頡剛發表著名的「層累地造成的中國古史說」：「時代愈後，傳說的古史期愈長，……時代愈後，傳說的中心人物愈放大。」[16]顧頡剛所稱古史，近於文化史，亦即政治、經濟、軍事事件的敘述而外，更重視學術思想的分析。從《古史辨》七冊主要內容，或可見出這一特徵：

13　《考信錄・提要・釋例》，卷上，頁7-8，《崔東壁遺書》本（臺北市：世界書局，1960年）。

14　《考信錄・提要・總目》，卷下，頁4。

15　〈告得東壁遺書書〉，《古史辨》第1冊，頁19。

16　〈與錢玄同先生論古史書〉，《古史辨》第1冊，頁90。

1-4 〈古史辨主要內容表〉

冊別	編成年代	主要內容	主編者
一	民國十五年	辨偽基本理論	顧頡剛
二	民國十九年	討論孔子地位與秦漢思想	顧頡剛
三	民國二十年	易、詩專題研究	顧頡剛
四	民國二十二年	諸子叢考	羅根澤（1900-1960）
五	民國二十三年	漢代經學思想與陰陽五行流衍	顧頡剛
六	民國二十五年	諸子續考	羅根澤
七	民國三十年	古代神話與傳說	呂思勉（1884-1957） 童書業（1908-1968）

經學、子學與古史傳說，是《古史辨》主要內容。顧頡剛等人一直要回復古史真相，或者說是先秦思想文化真相。於是以為有一凝固、可憑直觀即可理解的文化現象，卻忽略文化現象很難客觀存在，讓觀覽者一望即知，甚而可以自明。文化，需要解釋、學習，才能理解。而解釋者解釋之時，就不可避免的摻入一己之見。隨著時空流變，解釋輾轉傳衍，與原貌就距離愈大。這代表著文化思想在改變、形塑、重建、定形。顧頡剛並非不了解此一問題，曾作〈春秋時的孔子和漢代的孔子〉，比較孔子在歷史的演變。但卻堅持漢人對孔子的描述——特別是讖緯的描述——是「鬧得不成樣子」，令人「笑歪了嘴」，並譏諷「孔教是一個沒有完工的宗教」。[17] 根本不承認漢人對孔子的詮釋。

　　錢玄同曾對辨偽所涉及的價值觀念有所分析：「殊不知考辨真偽，目的本在於得到某人思想或某事始末之真相，與善惡是非全無關

---

17 《古史辨》第2冊，頁137，138。顧頡剛指出今文家神化孔子，古文家將經書看作歷史，神化的孔教於是覆滅，見〈春秋時的孔子和漢代的孔子〉，《古史辨》第2冊，頁139。可是顧頡剛等又堅持古文經是劉歆偽造，如何可以引古文家說作為證據？

係。即以孔二先生而論：假使〈禮運〉是偽書，《春秋繁露》非孔學之真，則大同之義、三世之說，縱極精美，卻不可認為真孔學；假使《墨子‧非儒》篇、《莊子‧盜跖》篇等，不但非偽書，而且所說是實錄，則我們雖甚愛孔二先生，也不能替他遮掩剝人家衣裳的拆梢行徑和向土匪磕頭禮拜的醜態。」[18]但是顧頡剛、錢玄同等人，始終認為漢儒經說是遮蔽孔子真相的煙霧塵霾，從未正視漢代學術。[19]顧頡剛云：「漢人最無歷史常識，最敢以己意改變歷史，而其受後世信仰乃獨深，凡今所傳之古史，無不雜有漢人成分者。廓而清之，固非一日事矣。」[20]錢玄同則云：「二千年底學者，對於『六經』的研究，以漢儒最糟。……我們現在應該更進一步，將這團最厚最黑的雲霧盡力撥除。」[21]綜而言之，漢代經學之糟，一在陰陽五行，二在讖緯，這兩者當然是「迷信」。如是態度與評論，其實根本悖離錢玄同所說的探求真相，無與於是非善惡，對漢儒之善惡是非，反而極為強烈。

（一）陰陽五行的文化意義

顧頡剛對陰陽五行的解釋，著重在政治：「他們對於未來的憧憬，是借了過去的事實來表示的，所以他們的古史就是他們對於政治

---

18 〈論近人辨偽見解書〉，《古史辨》第1冊，頁24。

19 顧頡剛指責漢代道家，使後人沒有熱心只會隨順，沒有競爭只會停頓，封建思想經由漢儒傳下，形成無數家族，使人民上而忘記國家，下而忘記自己，見《漢代學術史略》（臺北市：天出版社，1985年6月），第8章〈黃老之言〉，頁44；第9章〈尊儒學而黜百家〉，頁51-52。胡適曾云中國學術僅有清代樸學具有科學方法，樸學分為四個部分：文字學、訓詁學、校勘學、考訂學，又稱為漢學、鄭學，見〈清代學者的治學方法〉，《問題與主義》，《胡適文存》，第1集，第2卷，《胡適作品集（4）》（臺北市：遠流出版公司，1986年2月），頁163-164，對漢代學術的稱許，僅在具科學方法上，而且依附於清代學術。由上可知古史辨派對漢代學術的鄙視。

20 〈毛詩序之背景與旨趣〉，《古史辨》第3冊，頁403。

21 〈答顧頡剛先生書〉，《古史辨》第1冊，頁80。

的具體主張,所謂『祖述堯舜,憲章文武』,乃是水中的倒影。」這些倒影,出於杜撰:「戰國秦漢四百餘年,為了階級的破壞、種族的混合、地域的擴張、大一統制度的規畫、陰陽五行原理的信仰,以及對於這大時代的擾亂的厭倦,立了許多應時的學說,就生出了許多為證實這些學說而杜造的史事。」[22]以五德終始為例,顧頡剛詳細考證,五德說有三種變化:

1-5 〈鄒衍原始五德說〉

土	木	金	火	水
黃帝	夏	殷	周	秦
漢				

表格出處:(〈五德終始說下的政治和歷史〉,《古史辨》第5冊,頁450)

1-6 〈劉向改良五德終始說〉

木	火	土	金	水
伏羲	神農	黃帝	顓頊	帝嚳
堯	舜	夏	商	周
秦	漢			

表格出處:(〈五德終始說下的政治和歷史〉,《古史辨》第5冊,頁564)

---

22 〈戰國秦漢間人的造偽與辨偽〉,《古史辨》第7冊,頁25,39。

1-7〈劉歆《世經》五德終始說〉

木	火	土	金	水
太皞伏羲氏	炎帝神農氏	黃帝軒轅氏	少皞金天氏	顓頊高陽氏
帝嚳高辛氏	帝堯陶唐氏	帝舜有虞氏	伯禹夏后氏	商
周	漢	新		

表格出處：（〈五德終始說下的政治和歷史〉，《古史辨》第5冊，頁583）

顧頡剛指出鄒衍的目的在：「警誡有國者的淫侈及其對於天子之位的希冀，但反使一般方士可以利用了他的學說以為阿諛苟合的資料。」[23] 劉向即據鄒衍之說改作，以支持漢室；劉歆則作《世經》，另定新系統，以支持王莽。為了協助新朝，劉歆不但重定五德傳承，並且偽造古文諸經，竄亂相關典籍，作為文獻證據。這顯然是繼承康有為的觀點。

　　陰陽五行，或不見容於今日，而實有一特殊文化傾向。這一文化趨向，在五行說有強烈顯現：《尚書大傳・洪範五行傳》：「爰用五事，建用王極。長事，一曰：貌。貌之不恭，是為不肅，厥咎狂，厥罰常雨，厥極惡，時則有服妖，時則有龜孽，時則有雞禍，時則有下體生於上之痾，時則有青眚青祥，維金沴木。」[24]其餘四事，亦有類似解釋。將人的行為與自然現象連結，自然已非客觀存在，而是經過人的解釋，亦即是人文化的自然。不可否認，這一理論，如過分推論，即成孔子所說怪力亂神，西漢經今文學家，確也有此發展，《尚書大傳・周傳・洪範》：「水火者，百姓之所飲食也；金木者，百姓之

23　〈五德終始說下的政治和歷史〉，《古史辨》第5冊，頁418。
24　清・皮錫瑞（1850-1908）：《尚書大傳疏證》本，《續修四庫全書》經部第51冊（上海市：上海古籍出版社影印光緒22年師伏堂刊本），卷4，頁6。

所興作也；土者，萬物之所資生也。是為人用。」[25]五行不過是人類生存的根據，並不像後世所說的神妙莫測。五行思想，從《國語》、《左傳》、《尚書・洪範》、《尚書大傳》到《漢書・五行志》，存在兩種不同傾向：一是以五行為五種具體的物質，為生活所必需；二是將之擴大並抽象，論宇宙的構造。其中分野則在《尚書大傳》。《國語・鄭語》：「故先王以土與金、木、水、火雜，以成百物。」[26]依據文意，五者是構成萬物的基本物質，且與五味、四支、六律、七體、八索、九紀、十數並列。就成百物而言，五行的地位似高於其他七者，但原文並未明言。《左傳・襄公二十七年（西元前546年）》：「天生五材，民並用之。」杜預《注》：「金、木、水、火、土也。」[27]《左傳・昭公十一年（西元前531年）》：「譬之如天，其有五材而將用之。」[28]杜《注》如前。較特殊者是《左傳・昭公二十五年（西元前517年）》將五行與六氣、五味、五色、五聲並列，[29]而六氣是其中核心，發展倫理系統，開創宇宙萬物。在《國語》、《左傳》的記載中，五行只是構成萬物的基本物質，由上天所給予、運用，並不是組成宇宙的根本原理，反而是氣居於宇宙論的核心。其次是春秋時代已漸漸探討宇宙的形成，並追問與人事的關係。此是漢儒思想的遠源。

　　《尚書・洪範》五行說，一則與五事、八政、五紀等平行；一則五事與庶徵有感應關係。後者實啟《尚書大傳》聯合五行與五事之緒。將五事與庶徵、休徵、咎徵表列如下：

25　《尚書大傳疏證》，卷4，頁2。

26　〔吳〕韋昭（西元204-273年）：《國語注》（臺北市：九思出版社點校本，1978年11月），卷16，頁515。此是史伯答鄭桓公之語，據韋昭注，此事發生於周幽王8年（前774年）。

27　《左傳正義》（臺北市：藝文印書館影印嘉慶20年南昌府學十三經注疏本，1985年12月），卷38，頁14。

28　《左傳正義》，卷45，頁18。

29　《左傳正義》，卷51，頁9。

1-8 〈《尚書・洪範》五行說表〉

五事	庶徵	休徵	咎　徵
貌恭肅	雨	時雨若	恆雨若
言從乂	暘	時暘若	恆暘若
視明哲	燠	時燠若	恆燠若
聽聰謀	寒	時寒若	恆寒若
思睿聖	風	時風若	恆風若

就〈洪範〉原文分析：五事與五行並未相連；五事與庶徵也缺乏理論關聯；休咎只是自然現象，與漢儒所稱災異不完全相同。《尚書大傳・洪範五行傳》則發展此一理論：

1-9 〈《尚書大傳》五行說表〉

五行	五事	徵驗	災異	五色	五行相克
木	貌	雨	服妖、龜孽、雞禍	青	金沴木
金	言	暘	詩妖、介蟲、犬禍	白	木沴金
火	視	燠	草妖、裸蟲、羊禍	赤	水沴火
水	聽	寒	鼓妖、魚孽、豕禍	黑	火沴水
土	思	風	脂夜之妖、華孽、牛禍	黃	木金水火沴土

五行與五事相配合；從休咎變化成災異；配上五色；並有五行相剋；對人事與宇宙的關聯，已有初步的構想。與春秋戰國時代相較，五行

已不是構成萬物的基本物質,實隱含宇宙構成的原理,並對人事有一規範。此一理論至此只存在一問題:人事與天道之間,如何繫連?亦即此二者屬不同質性,何能感應?這一理論缺口不能處理,整個天人感應理論並不能發揮作用。伏生並未完成此一理論,有待董仲舒(西元前176~前104年)開展。《春秋繁露・人副天數》:「天氣上,地氣下,人氣在其間。」[30]天地人之間,所以有感應,正因均由氣組成,氣是宇宙最高的元素,氣又分為陰陽,陰陽二氣的組合,具體構成萬物,所以〈陰陽義〉云:「天地之常,一陰一陽。」[31]而〈同類相動〉則清楚的表明:「氣同則會,聲比則應。」[32]豈不說明瞭人與天地之能感應,正因氣同。且在各篇將少陽、太陽、少陰、太陰配合木、火、金、水及東、南、西、北。原本《尚書大傳・洪範五行傳》的缺口,借著氣,將五行、五事、徵驗、災異等,作一連結。感應理論,到此時才大體完成,而五行也與先前大異:由五種基本物質,成為「氣—陰陽—四時—五行」宇宙論的一環結。《漢書・五行志》也據此系統發揮:木、火、土、金、水,配合東、南、中、西、北,並以之論民眾生計、行政措施、生活規範、戰爭守備、祭祀儀節。《白虎通義・五行》就將行解為:「言行者,欲言為天行氣之義也。」[33]借著五行理論,漢儒建構對宇宙(或天道)的認知,並發展天人感應學說,又貫徹到政治、禮儀、倫理等人事規範。人與宇宙,不再是互不相關,而是人能覺知宇宙的存在,又能理解人在宇宙中的意義。

---

30 〔清〕蘇輿(1873-1914):《春秋繁露義證》(北京市:中華書局,鍾哲點校,1992年12月),卷13,頁354。

31 《春秋繁露義證》,卷12,頁341。

32 《春秋繁露義證》,卷13,頁358。

33 〔清〕陳立(1809-1869):《白虎通義疏證》(北京市:中華書局,吳則虞點校,1994年8月),卷4,頁166。

（二）讖緯說的政教功能

顧頡剛對讖緯的態度，一如陰陽五行，指出讖緯的功能是：「其一，把西漢二百年中的數術思想作一次總整理，使得它系統化。其二，是發揮王莽、劉歆們所倡導的新古史和新祀典的學說，使得它益有證據。其三，是把所有的學問，都歸納到六經的旗幟之下，使得孔子真成個教主，六經真成個天書，借此維持皇帝的位子。」[34]顧頡剛深受康有為影響，始終以維持君權看待六經。

然而陰陽五行所指涉的思想，在讖緯中更為突顯。以《春秋》諸緯書為例，內容有二：一是聖王崇拜，一是天人相感。

聖王崇拜以三種方式表出：感生、異貌、受命。[35]感生不是經由男女交合而生，而是感異物而生，形式均是母感異物─受孕─生子。而這些異物，大都具有神聖性質，如顓帝感瑤光而生、堯感赤龍而生、湯感白氣而生、皋陶感白虎而生、后稷感大跡而生、孔子感黑帝而生。或是星辰、或是圖騰、或是天帝。借著這些聖物說明聖王不同於凡人所在。出生既已不同凡俗，相貌也與世人大異。如伏羲大目、黃帝龍顏、顓帝戴干、堯眉八采、舜目重瞳、禹耳三漏、湯臂三肘、文王四乳、武王駢齒、皋陶鳥喙，至於孔子異相尤夥。感生、異貌，自有其存在目的，這就是受命說。黃帝時有龍圖、堯時赤龍負圖、舜時黃龍負圖、文王則有鳳凰銜書、孔子則是獲麟。這些祥瑞指出：「聖人不空生，必有所制，以顯天心，且為木鐸，制天下法。」[36]聖人制法著作，是傳述天心，非個人所為。感生、異貌、受命就在證明

---

34 《漢代學術史略》，第20章，〈讖緯的內容〉，頁133。

35 參考冷德熙：《超越神話──緯書政治神話研究》，第2章〈聖王神話的結構分析〉，頁97-116。

36 《春秋演孔圖》，安居香山、中村璋八編：《緯書集成》（石家莊市：河北人民出版社，1994年12月），冊中，頁580。

這一神聖性質。整個人間秩序承宇宙秩序而來，或者說聖王制作的人間秩序就是宇宙秩序。圖書是受命說最常見的祥瑞，其性質是：「河圖，帝王之階圖，載江河、山川、州界之分野，後堯壇於河，作《據河紀》，逮虞舜、夏、商，咸亦受焉。」[37]並無不可解之處。而改正朔、易服色也可說明宇宙秩序與人間秩序的關係：「王者受命，昭然明於天地之理，故必移君處、更稱號、改正朔、易服色，以明天命。聖人之賢，質文再而復，窮明相承，周則復始，正朔改則天命顯。」[38]正因人天相承，是以人間政權的遞嬗，才能是天命的轉移。而天命移轉，則以一套儀式象徵。

至若天人相感，也不僅限於災異說，更擴大到以星象說明四時變化、動植物生成、地理區畫、氣候流動、歷史演變、人事災祥、教化施行。而其理論基礎建立在物類相感，物類相感，又立基於氣化宇宙論：「人之七孔，內法五藏，外方五行，庶類氣契度也。宋均《注》：『萬類與人皆同，一轍內外，若契合者也。』」[39]氣，構成天地萬物，萬物外在的形相雖異，但構成萬物的本質則同。陰陽五行說是人突破宇宙的缺口，得以與宇宙合流；讖緯則擴大此一缺口，得以與宇宙交感：「人合天氣五行陰陽，極陰反陽，極陽生陰，故應人行以災不祥，在所以感之，萌應轉旋，從逆殊心也。」[40]

聖王是天人相接的關鍵。人既是氣化而來，聖王與凡人的區別是：「正氣為帝，間氣為臣，宮商為姓，秀氣為人。」[41]氣之高下，而有帝、臣、人的分別，聖王顯然得氣之正。「天人同度，正法相受，

---

37 《春秋命曆序》，《緯書集成》，冊中，頁886。

38 《春秋元命苞》，《緯書集成》，冊中，頁616。

39 《春秋元命苞》，《緯書集成》，冊中，頁625。

40 《春秋感精符》，《緯書集成》，冊中，頁744。

41 《春秋演孔圖》，《緯書集成》，冊中，頁573。

天文垂象，人行其事，謂之教。教之言效也，上為下效，道之始
也。」[42]能行其教，非聖人莫屬。由此開展教化理論：「孔子作《春
秋》，陳天之際，紀異考符。」[43]均可說明「天—聖人—凡俗」的教化
結構。從這一角度觀察，漢人對孔子的神化、《春秋》的崇拜，其實
都可以理解。神化與崇拜並非非理性行為，正好相反，充滿理性述
說：「六經所以明君父之尊，天地之開闢，皆有教也。」「《易》之為
言，易也，變易其道也。」「《尚書》者，二帝之跡，三王之義，所推
期運，明受命之際。」「《詩》者，天文之精，星辰之度，在事為詩，
未發為謀，恬澹為心，思慮為志，故詩之為言志也。」「《禮》得則天
下咸得厥宜，陰陽滋液，萬物調，四時和，動靜常，不可須臾惰
也。」[44]或說明經典性質、或說明經典內容、或說明經典功用；若干
分析，承續至清朝。聖人即憑藉經典，教化引領世人：「孔子明天
文，占妖祥，若告非其人，則雖言之不著。」[45]面對浩瀚的宇宙、生
命的境遇，漢儒即試圖揭示經典的神聖意涵。

　　經典，至少在《左傳》的記載中，就已不是各自獨立互不關聯的
個體。《左傳・僖公二十七年》：「《詩》、《書》，義之府也；《禮》、
《樂》，德之則也。」[46]經典是作為一整體而存在。《莊子・天下》：
「《詩》以道志，《書》以道事，《禮》以道行，《樂》以道和，《易》
以道陰陽，《春秋》以道名分。」視為「天地之純，古人之大體」，及
至「道術將為天下裂」，方才散為百家之學。[47]其後《荀子・儒效》亦

42　《春秋元命苞》，《緯書集成》，冊中，頁620。

43　《春秋握誠圖》，《緯書集成》，冊中，頁826。

44　《春秋說題辭》，《緯書集成》，冊中，頁856-857。

45　《春秋握誠圖》，《緯書集成》，冊中，頁826。

46　《左傳正義》，卷16，頁11。

47　〔清〕郭慶藩（1845-1891）：《莊子集釋》（臺北市：河洛圖書出版社，1974年3
　　月），卷10，頁1067、1069。

有類似記載，並視之為「天下之道畢是矣」。[48]《春秋繁露‧玉杯》、《史記‧太史公自序》等均承襲此一傳統，對五經採取一整體認知，將之視為掌握人事的知識體系，而非如近代分為不同的學科。[49]下明人事，上推天道，正是漢初經學的特色，漢人就是以經典理解我人所存在的世界。經典成為向外探索世界，向內反省人生的根據，漢人言必稱五經，其故似可從此處察知。

深信聖人才能窮究天地奧秘，以為六經涵蓋宇宙知識，始於漢初，不始於讖緯。讖緯只是加強此一傾向。

四 聖人與祥瑞：探求孔子真貌

古史辨派正是要打破孔子的文化地位。羅根澤云：「南海康長素先生所著《孔子改制考》，謂諸子皆託古改制，而孔子實首開其端。世人或謂康先生所以為此說者，非僅為考辨歷史而作也，蓋亦用為變法根據，用以摧毀古文家說。斯或然也。然讕贋荒謬之偽史，由此而失其憑依；周秦諸子著書之方與立言之意，亦由此而大明於世。開古史學與諸子學之新紀元，示治古史學與諸子學以新途徑。其考辨歷史之功，固不因其用為變法依據與用以摧毀古文家說而少損其價值

---

48 《荀子新注》（臺北市：里仁書局，1983年11月），頁121-122。

49 徐復觀（1903-1982）即引《左傳‧僖公二十七年》，指出早在春秋時代，《詩》、《書》、《禮》、《樂》即已成為一組名稱，並與現實生活連結，發揮教戒作用，成為貴族基本教材，見〈先漢經學的形成〉，《中國經學史的基礎》（臺北市：臺灣學生書局，1982年5月），頁3-4。考察先秦文獻，稍晚於《左傳‧僖公二十七年》（西元前633年）的記載是《國語‧楚語上》，楚莊王問申叔時傅太子箴之道，申叔時以《春秋》、《詩》、《禮》、《樂》與先王世繫、先王時令、治國善語、前世成敗之書並列，見《國語》卷17，頁528，楚莊王在位23年（西元前612-前591年），所以經典未必全如錢玄同所說，僅是史料。

也。」[50]顧頡剛、錢玄同基本上都承認這一講法，不因政治原因而忽視康有為在經學之貢獻。朱一新（1846-1894）早已指出疑經必將疑聖，劉師培（1884-1919）、章太炎已視孔子為百家之一，儒學為九流之一。三家尊聖之意雖同，但思想史演變，孔子難再獨尊。羅根澤既以康有為的著作開古史學與諸子學新方法，儒學與孔子已喪失傳統特殊地位。周予同（1898-1981）說得更清楚：「在康（有為）的本意，是說明孔子創教，以尊崇孔子；但結果，孔子的六經與莊生的寓言相等，孔子的手段並不比諸子高明，於是孔子的地位與經典的尊嚴發生搖動，而儒家不過周秦諸子中的一派的思想自然會順勢而起。」明確道出古史辨派質疑孔子的思想淵源。[51]

顧頡剛提出打倒四種偶像說：帝系是種族的偶像，王制是政治的偶像，道統是倫理的偶像，經學是學術的偶像。[52]孔子自是道統說的核心，打倒偶像，意謂還孔子真面目。這一真貌，羅根澤已指出方向，顧頡剛則指出具體研究步驟：「若是我將能殼作孔子的史，我決計拿時代來同他分析開來，凡那一時代裝點上去，便喚作那一時代的孔子。例如戰國的孔子，便可根據了《易傳》、《禮記》等去做，漢代的孔子便可根據《公羊傳》、《春秋繁露》、《史記》、緯書等去做。至於孔子的本身，拆開了各時代的裝點，看還有什麼。如果沒有什麼，就不必同他本身作史。」[53]顧頡剛將各時代對孔子或孔學的解釋，都

---

50 〈晚周諸子反古考〉，《古史辨・六》，頁1。

51 〈經今古文學〉，《古史辨》第2冊，頁318。王汎森分析研究者直接求求聖人或聖經，會對學術帶來重大衝擊，因為研究者相信聖人或聖經，不是後人所理解的樣子，勢必重新解釋，而與傳統學術見解不同，背後的精神是深信聖人，但懷疑後繼者，亦即因信古（聖人）而疑古（後繼者），見《古史辨運動的興起——一個思想史的分析》（臺北市：允晨文化公司，1987年4月），第2章，〈清季今文學家的歷史解釋〉，頁64-74。

52 《古史辨・四・序》，頁5-12。

53 〈論偽史及辨偽叢刊書〉，《古史辨》第1冊，頁22。

視為「裝點」，顯然已有貶義；又以為將這些裝點拆除，即可還孔子原貌，但其實已預設「沒有什麼」。這並不令人意外，因為顧頡剛的目的就是要打倒偶像。

顧頡剛始終忽視去除歷史「蔽障」，不等於能見到歷史「真相」。錢玄同說：「咱們欲知孔學真相，僅可於《論語》、《孟子》、《荀子》、《史記》諸書求之而已。」日後又有所變：「現在我覺得求真孔學，只可專據《論語》。至於《孟子》、《荀子》、《史記》中所述，乃是孟軻、荀況、司馬遷之學而已，不得遽目為孔學。」[54]根據這一前提，也可導出：古史辨派之孔學、顧頡剛之孔學、錢玄同之孔學。如何判別真孔學，可能永無遠法做到。追源溯本，探尋孔學真貌，其始甚早，《荀子·非十二子》、《韓非·顯學》已開其端，不始於古史辨派，論其結果，仍是言人人殊。孟子、荀子、司馬遷之說不為錢玄同接受，後人豈必接受錢玄同之說。

此一問題，即於顧頡剛所作〈春秋時的孔子和漢代的孔子〉呈現。顧頡剛指出：「孔子那裡止兩個，各時代有各時代的孔子，即在一個時代也有種種不同的孔子呢。」顧頡剛以《詩經·大雅》〈抑〉、〈桑柔〉為例，分析《詩經》時代的聖哲只是：「本能的敏捷，不是德行的美滿。」接著指出《論語》的中心問題是造成君子。但《論語》中的聖人是：「理想中的最高人格，不是普通人能夠達到的。」孔子：「因他一生不曾得大志，他收的門弟子很多，他的思想有人替他宣傳，所以他人格格外偉大。」孔子的真貌是：「我們讀《論語》，便可知他修養的意味極重，政治的意味少。不像孟子，他終日汲汲要行王政，要救民於水火之中。」但到戰國時代，後人根據孟子，誇大其詞：「哀公十四年西狩獲麟，就是孔子受天命，他受了命，自號素

---

54 〈論今古文經學及辨偽叢書書〉，《古史辨》第1冊，頁31。

王，於是作《春秋》變周制，自稱新王。」《左傳》、《國語》更形容孔子前知、博物。至漢代讖緯，孔子更成教主。顧頡剛最後的結論是：「春秋時的孔子是君子，戰國時的孔子是聖人，西漢時的孔子是教主，東漢時的孔子又成了聖人，到現在又快要成君子。」[55]

對顧頡剛的結論，傅斯年（1896-1950）不完全贊成：「孔子不見得是這麼純粹的一個君子，只半個君子，而半個另是別的。」又以為：「『他修養的意味極重，政治的意味很少。』恐怕不盡然。《論語》上先有這麼些政治的話。」[56]張蔭麟也認為：「實則就《論語》考之，孔子救世之熱情，初未嘗減於孟子。」[57]從顧頡剛所提的問題，在《古史辨》至少有下述三種發展方向：

馮友蘭（1895-1992）以為孔子並未制作或刪正六經，但孔子是教育家，講學的目的在於養成人，養成為國家服務的人，並不在於養成某一家的學者。孔子是中國史上第一個使學術平民化且以教育為職業的人，行為與希臘「智者」相仿。[58]與此相近，周予同贊同經今文學者見解，以孔子為哲學家。[59]這是略歸顧頡剛「君子」說而又有變化，以學術為目標的孔子形貌。

梅思平則以為孔子確有政治思想與政治活動。梅思平分春秋時代為三期：第一期自隱公元年至僖公二十八年（西元前722-前632年），第二期自僖公二十九年至襄公二十七年（西元前631-前546年），第三期自襄公二十八年至哀公十四年（西元前545-前481年）。第一期較弱的國家如魯、衛、鄭、宋，雖在春秋以前即併吞若干小國而頗有力

---

55 《古史辨》第2冊，頁130-139。

56 〈評春秋時的孔子和漢代的孔子〉，《古史辨》第2冊，頁139-140。

57 〈評顧頡剛春秋時的孔子和漢代的孔子〉，《古史辨》第2冊，頁142。

58 〈孔子在中國歷史中的地位〉，《古史辨》第2冊，頁195-210。

59 〈經今古文學〉，《古史辨》第2冊，頁309。

量，但進入春秋後，因受封建制度拘束，國力停滯。齊、秦、楚則受封建制度束縛較少，所以國力強盛。第二期是晉、楚爭戰，秦、齊中立，戰爭原因是經濟侵略。第三期各國為求生存，紛紛從封建制度走向中央集權。孔子生於第三期，其時「政治軀殼」是封建制度，「政治實際」是軍國主義。孔子卻欲恢復周制，就是以「制度的形式」恢復「制度的實際」，這是「反革命」、「開倒車」的政治思想。[60]這是學術地位崇高但政治思想落後的孔子形貌。

傅斯年並未說明「另半個孔子」為何。《論語‧子罕》:「子曰:『鳳鳥不至，河不出圖，吾已矣夫。』」鳳鳥、河圖，就是漢人所稱受命的祥瑞，孔安國注:「聖人受命，則鳳鳥至，河出圖。」至於所代表的意義，董仲舒以為是孔子不得受命，班固以為是不逢明君。[61]但一九六一年顧頡剛對此的解釋是:「此群眾對於『有大德者必受命』之信念過切，以孔子有王者之德而無其位，尊之曰『素王』，而假為〈鳳鳥〉一章作孔子之自歎。」[62]暗示《論語》此章是後人摻入，且有可能是偽作。一九七二年又說:「何孔子與鳳有如此親密之關係也？蓋魯本少皞之虛，其地為鳥夷之中心，既獲人望而不得志於世，己亦以鳳自居，猶當地圖騰之遺留也。」[63]一改摻入偽作說，而以圖騰說解之。後者自較偽作說合理。但僅能說明鳳鳥的性質，卻不能說明河圖的性質，更不能解釋孔子為何借此以抒發感歎。〈季氏〉:「孔子曰:『君子有三畏:畏天命、畏大人、畏聖人之言。』」[64]大人

60 〈春秋時代的政治和孔子的政治思想〉，《古史辨》第2冊，頁161-194。

61 〔清〕劉寶楠（1791-1855）:《論語正義》（北京市:中華書局，高流水點校，1990年3月，卷10，頁333-334。

62 《湯山小記（二一）‧受命之符與孔子自嘆》，顧洪編:《顧頡剛讀書筆記》（臺北市:聯經出版公司，1990年1月），第7卷下，頁5721。

63 《耄學叢記（二）‧孔丘與鳳鳥》，《顧頡剛讀書筆記》，第10卷，頁7857。

64 《論語正義》，卷19，頁661。

與聖人之言是具體對象，天命也應如此，而不是形上根源。既是具體
對象，孔子承認確實存在一意志之天。〈述而〉：「子曰：『天生德於
予，桓魋其如予何？』」[65]孔子認為自己即承受這一天命，所以如此自
信。由此觀察，以符瑞為受命象徵，可能源流甚早，漢儒深信孔子受
命制作，並非全然無稽。馮友蘭就認為：「至其對宇宙，他大概完全
接受傳統的見解。」又說孔子頗似蘇格拉底：「蘇格拉底自以為負有
神聖的使命，以覺醒其國人為己任。孔子亦然，所以有『天生德於
予』『天之未喪斯文，匡人其如予何？』之言。」[66]從傅斯年的隱約其
詞到馮友蘭的明示其義，這是傳統——尤其是漢儒的孔子形貌。

　　時代相同、學派相同、立場相同，結論卻如此不同。傅斯年所說
甚有啟發性：「我們只能以《論語》為題，以《論語》之孔子為題，
不能但以孔子為題。……今以《論語》為單位，尚可抽出一部分的孔
子來，其全部分的孔子不可恢復了。」[67]

　　顧頡剛接著詢問：「秦漢以下直至清末，適用孔子一派的倫理學
說，何以春秋時的道德觀念會維持得這樣久？」[68]相同問題，顧頡剛
曾於民國十五年（1926）十一月十二、十八兩日連續請教程憬、傅斯
年。而兩人的答案均相同。程憬的回答是：「秦漢以下直到清末，這
二千年的社會是一個基礎在同一個的經濟構造上建立而成的社會。」
「儒家的思想主張之能受秦漢以後的權力者的歡迎，能夠維持這麼久
遠，其理由便是因為他們的學說非常吻合這二千年的社會權力派的需
求耳。」[69]傅斯年則說：「從漢武帝到清亡，儒家無形的變動甚多，但

65　《論語正義》，卷8，頁273。

66　〈孔子在中國歷史中之地位〉，《古史辨》第2冊，頁201、210。

67　〈評春秋時的孔子和漢代的孔子〉，《古史辨》第2冊，頁141。

68　〈問孔子學說何以適應於秦漢以來的社會書〉，《古史辨》第2冊，頁144、150。

69　〈答書〉，《古史辨》第2冊，頁147、148。

社會的變化不曾變到使他四方都倒之勢。他之能維持二千年，不見得是他有力量維持二千年，恐怕是由於別家沒有力量舉出一個 Alternative（別家沒有這個機會）。」[70]程憬、傅斯年都預設沒有變化的社會，必有一種與之相應的思想。中國社會二千年沒有變化，儒家才能維持如此久遠。此一前提即使成立，也要追問：何以是儒家而不是道家、墨家、法家等？如果直接回答儒家適應這一社會結構，會陷入循環論證。所以傅斯年才會指出別家沒有這個機會。但是別家為何沒有這個機會？從這個問題可以導出另一種思考模式，除了從社會結構觀察外，也可從價值的選擇分析。其次，傅斯年指出儒家無形的變動甚多，這豈不說明社會結構已然有變動，否則相應的思想不可能變動甚多。如是，基本前提難以成立。第三，程憬、傅斯年雖指出中國社會結構從秦至清，均無變動，但並未有具體分析，亦即這是一想當然耳的答案。[71]第四，梅思平云孔子的政治思想是回復周制（西周封建），但至東周各國紛紛走向軍國主義，所以孔子的政治思想落後。既是如此，孔子思想更不可能適應秦漢以下的社會。凡此種種，均可說明古史辨派對孔子定位、儒學流變的問題莫衷一是；合觀各家立論，則彼此矛盾；思想與社會的關係，也尚待深入研究。但有一共同傾向：以

---

70 〈答書（一）〉，《古史辨》第2冊，頁152-153。

71 民國十七年（1928）社會史論戰，就在討論中國社會分期，但多據馬克斯主義為說，以殷商為奴隸社會、西周為封建社會，西周封建社會崩潰後，直至清末鴉片戰爭前，中國社會皆無變化，詳見鄭學稼：《社會史論戰簡史》（臺北市：黎明文化公司，1978年11月），卷上。日本學者對中國歷史分期則有諸說：或以為中國古代結束於西周末，春秋戰國至清代為中世社會；或以為結束於漢末，魏晉至唐代中葉為中世，宋代以後為近世；或以為結束於唐末五代，宋代以後為中世；或以為結束於明末清初。爭論的焦點尤其集中在唐宋之際的變革，唐末五代是古代社會的結束或中世社會的結束，宋代是中世社會的開始或近世社會的開始。立論雖異，但均承認唐宋之際中國社會有極大變遷，詳細介紹見高明士：《戰後日本的中國史研究》（臺北市：明文書局，1986年6月增定3版）。古史辨派之說，顯然難以成立。

為歷代儒家喜與政治權力結合，儒家思想也能配合歷代帝王。隱藏的價值判斷是貶抑孔子、貶抑儒學。

五　故事與史料：回復經典真義

顧頡剛從小喜看戲，民國二年（1913）入北京大學預科，沉溺在欣賞戲曲之中，但卻在無形中：「得到一注學問上的收穫——這注收穫直到了近數年辯論古史而明白承受。」亦即：「故事會變遷。」[72]最早接觸的經典是《左傳》，曾形容讀《左傳》的興味：「我讀著非常感受興趣，彷彿已置身於春秋的社會之中了。從此魯隱公和鄭莊公一班人的影子長在我的腦海裡活躍。」[73]我們可以體會，《左傳》在其心中，似是有趣的歷史故事，與三傳的解經傳統，全未接筍。故事，正是顧頡剛看待經典的主要線索。顧頡剛明言：「我的推翻古史，固是受了《孔子改制考》明白指出上古茫昧無稽的啟發，到這時更傾心於長素先生的卓識，但我對於今文家的態度，總不能佩服。」[74]康有為、顧頡剛之異，正在於康有為不失經生立場，藉經學發揮自身思想；顧頡剛則已逸出經學傳統，視經學為史料：「蓋戰國秦漢之世，化古史料為經典，今日使命則復化經典為古史料耳。」[75]史料所以能成為經典，在於不斷的賦史事以各種意義，俾為我們的生命規範。顧頡剛並未分析古代史料何以能化為經典，而是直接將之回復原貌：「竊意董仲舒時代之治經，為開創經學，我輩生於今日，其任務則為結束經學。」[76]

72　《古史辨・一・序》，頁19、22。

73　《古史辨・一・序》，頁7。

74　《古史辨・一・序》，頁43。

75　《滬樓日劄・經學之任務》，《顧頡剛讀書筆記》，第4卷，頁2411。

76　《法華讀書記・經學史》，《顧頡剛讀書筆記》，第5卷上，頁2788。

這一從經學到史學的過程，正可反映近代思想史的變動。

由於經學的正式成立，是從漢代開始，欲化經典為史料，甚而結束經學，對漢儒自會抱持負面評價：「現在所見到的古書，沒有一部不是經由漢人所整理；現在所知道的古事，沒有一件不是經由漢人所編排。」但經由漢人整理編排之後，情況竟是：「經學裡不知包含多少違背人性和事實的說話。」[77]顧頡剛立志專門研究戰國秦漢思想史與學術史，目的是：「要在這一時期的人們的思想和學術中，尋出他們的上古史觀念及其所造作的歷史來。」剝除漢人所造的古史，才能建立真正的古史，經學歷二千年所建立的價值體系，才能擊潰：「用文籍考定學的工具衝進聖道王功的秘密窟裡去。」[78]錢玄同亦云：「不把經中有許多偽史這個意思說明，則周代——及其以前——底的歷史永遠是講不好的。」[79]經學及其意義，幾難以立足於古史辨派。

所以如此，不完全是因為考辨古史，而嚴格檢查經典，在真偽的標準下，致使經典喪失傳統神聖地位；更在於古史辨諸人對傳統的激烈批判。顧頡剛說：「『六經皆周公之舊典』一句話，已經給『今文家』推翻；『六經皆孔子之作品』一個觀念，現在也可以駁倒了。」[80]這還只是討論經典作者，用字雖嫌激烈，但態度尚稱持平。錢玄同則不然：「我以為『經』之辨偽與『子』有同等重要——或且過之。因為『子』為前人所不看重，故治『子』者尚多懷疑之態度，而『經』則自來為學者所尊崇，無論講什麼，總要徵引他、信仰他，故『偽經

---

77 《古史辨·四·序》，頁10、21。

78 《古史辨·二·序》，頁6。美籍學者施耐德（Laurence A. Schneider）指出顧頡剛希望以其識矯正被扭曲的中國歷史，並糾正不當的思想方法，見《顧頡剛與中國新史學》（臺北市：華世出版社，梅寅生譯，1984年1月），〈導言〉，頁3。可以很清楚的理解，被扭曲的中國歷史、不當的思想方法，均與經典有關。

79 〈論詩說及群經辨偽書〉，《古史辨》第1冊，頁52。

80 〈論孔子刪述六經說及戰國著作偽書書〉，《古史辨》第1冊，頁42。

辨證集說』之編纂尤不容緩也。」[81]背後的意識，何止於考定古史，而是要破解歷來儒者對經典的信仰，所以懷疑經典，不僅破壞經典所記載的歷史，更破壞歷代儒者借由解經所建立的價值系統。錢玄同直接說明：「我以為推倒『群經』比疑辨『諸子』尤為重要。」推倒群經之後，再推倒孔教：「我以為不把『六經』與『孔丘』分家，則孔教總不容易打倒的。」[82]從疑古辨偽漸漸走向推倒傳統。

　　本來疑古辨偽，是為尋求歷史真相，並不預設打倒傳統；但在研究過程中，不能贊同漢儒經典崇拜、解經方法，遂致對根據漢儒治經規模所形成的經學傳統亦大表反對，終至形成反傳統思潮。然而反傳統若只是推倒一切，並不能構成古史辨派所指稱的回復真相，所以更重要的是重建傳統，形成一新的解釋系統——一如晚清經今文學者——經典方能呈顯其原貌。以《古史辨》所論及的三部經典為例：

　　顧頡剛用「故事」分析《周易》，故事的性質是：故事會變遷；正因如此，所以很難知道故事的真面目；研究古史，可以用故事的方法。[83]顧頡剛對此點，也有清楚的說明：「我自己就性之所近，願意著力的工作，是用了『故事』的眼光，去解釋『古史』構成的原因。」而故事的重點，正在他的流變，所以顧頡剛又說：「我對古史的主要觀點，不在牠的真相，而在牠的變化。」[84]但這與其力求古史真相，豈不矛盾？顧頡剛的研究過程是將各種故事，分期探討，知道故事在各期的變化，也就易於理解故事的真相。就此一方法而言，涉及故事分期的理論，如何判斷故事時間發生的早晚，顧頡剛並未分析；其次，由於故事縱向流變、橫向發展，錯綜複雜，所以最多只能推論到

81　〈論編纂經部辨偽文字書〉，《古史辨》第1冊，頁41。

82　〈論詩說及群經辨偽書〉，《古史辨》第1冊，頁52。

83　《古史辨‧一‧序》，頁22、37、40。

84　〈答李玄伯先生〉，《古史辨》第1冊，頁272-274。

近於故事原貌，而未能等同於真相；既是扣緊故事變化研究，以求近
於真相，於是僅能就故事本身的發展探索，兼以排斥形上學，於是對
故事的涵意，不願觸碰，最後停留在故事的字義，對較深刻的解釋，
一概斥之為附會。所以顧頡剛對經書的理解是：「實在說來，幾部真
的經書，都是國君及卿大夫們日常應用的東西，意義簡單，有何神
秘？」[85]「他們總想聖人之經不會這般淺，所以只記得了聖人，而忘
卻了人生。」[86]之所以如此，正是顧頡剛對故事的態度。從日常生活
解經，經典是生活經驗的反映，而非義理的沈潛，缺少對世界的理
解，亦即缺少世界觀，對宇宙的根源、人生的意義，均乏探索。經典
對生命的幫助，至此可說微乎其微。在這一情境下，漢代以降的注
解，全然被輕視，可以說是必然的事。

　　以故事的眼光，看待《周易》經傳，許多難以索解的卦爻辭，在
此線索下，均被顧頡剛一一析明。然而在此前提下，經典的教化意義
不再，只剩下歷史故事：

　　　〈大壯・六五・爻辭〉：「喪羊於易，無悔。」〈旅・上九・爻
辭〉：「鳥焚其巢，旅人先笑後號咷，喪牛於易。」顧頡剛引王國維
〈殷卜辭所見先王先公考〉，在《山海經・大荒東經》有類似文句：
「王亥託於有易，河伯僕牛。有易殺王亥，取僕牛。」郭璞《山海經
注》引真本《竹書紀年》、《楚辭・天問》均有類似記載（文繁不
引）。因而斷定《周易》所記是殷先祖王亥的故事：有易乃地名，旅
人即託於有易的王亥，初到有易，過著安樂的日子（先笑），先喪
羊，無大損失（喪羊於易，無悔），後喪牛才碰到危險（喪牛於易，
凶），最後是家破人亡（鳥焚其巢）。又據王國維考證，王亥曾作服
牛，但在〈繫辭傳〉此事歸於黃帝、堯、舜，所以顧頡剛說：「卦、

---

85 《古史辨・四・序》，頁10。
86 《景西雜記（四）・詩學家之成見》，《顧頡剛讀書筆記》，第1卷，頁363。

爻辭與《易傳》完全是兩件東西，它們的時代不同，所以它們的思想
和故事也都不同，與其貌合神離的拉攏在一塊，還不如讓它們分了家
的好。」[87]王國維的作品本不在研究《周易》，但顧頡剛卻很巧妙的將
二者連結在一起，解釋了上引二條爻辭的故事，眼光之獨到，確實令
人佩服。

〈泰・六五・爻辭〉：「帝乙歸妹，以祉，元吉。」〈歸妹・六
五・爻辭〉：「帝乙歸妹，其君之袂，不如其娣之袂良，月幾望，
吉。」顧頡剛引《詩・大雅・大明》以為帝乙歸妹即文王親迎，至於
殷商為何嫁女與文王？顧頡剛解釋說：「自太王以來，商日受周的壓
迫，不得不用和親之策，以為緩和之計，像漢之與匈奴一般。」至於
〈歸妹・六五・爻辭〉之意，可能是「文王對所娶的嫡夫人不及其媵
為滿意。」[88]簡單的文辭，背後卻有豐富的故事，顧頡剛釋此條，是
以深刻的歷史知識為背景，方得有此結論。

〈晉・卦辭〉：「康侯用錫馬蕃庶，畫日三接。」顧頡剛引金文及
《尚書・康誥》以證康侯即衛康叔，康叔受封為康侯，是周代第一個
封國，就卦辭看，「當是封國之時，王有錫馬，康侯善於畜牧，用以
蕃庶。」而畫日三接，「因文義實不易解，不敢妄為之說。」[89]此條引
金文及《尚書》以證明康侯的身分。

從上述三例，可略窺顧頡剛解《周易》的大概：引經證經、引史
證經、引古文字以證經。其次將卦爻辭相同的文字，合併在一起以見
其事件的本源。而其最大的成就，在以故事解釋《周易》，以故事的
背景考定《周易》經傳的著成時代。這確是以往《易》學研究所缺
乏的。

---

87 〈周易卦爻辭中的故事〉，《古史辨》第3冊，頁5-9。
88 〈周易卦爻辭中的故事〉，《古史辨》第3冊，頁12-14。
89 〈周易卦爻辭中的故事〉，《古史辨》第3冊，頁17-19。

　　顧頡剛的結論是：「《易經》著作時代在西周，那時沒有儒家，沒有他們道統的故事，所以它的作者只把商代和商周之際的故事，敘述在各卦爻中。《易傳》的著作時代，至早不得過戰國，遲則在西漢中葉。」[90]這引發了二個附帶的觀念：一是古代聖王是子虛烏有，從而儒家所說的理想盛世也不在；二是《周易》經傳只剩下故事，不要說是義理，即連占卜之情，也很難得知。[91]

　　至於顧頡剛解釋《詩經》，從消極層面言，是將：「戰國以來對《詩經》的亂說都肅清了。」[92]亦即無論漢儒、宋儒、清儒，均在摧毀之列。此與前述痛斥漢儒，顯然更進一步，從批判漢儒，已擴展至批判歷代儒者——古代知識階層核心。因為在其眼中，是儒者創建了中國傳統，尤其是漢代以降的傳統，而這正是中國衰落的原因。欲使中國由弱轉強，就要追尋未被儒者「扭曲」的傳統，這當然涉及許多問題，就《詩經》而言，顧頡剛是以「歌謠」回復其「真相」：「《詩經》若不經漢人附會，則周代之歌謠也。」[93]惟有藉著此一觀念，才能掌握《詩經》。此即顧頡剛《詩經》學的積極目的。

　　然而「歌謠」的確切含義究竟為何？顧頡剛很簡捷的指出歌謠即能唱的詩：「古代智識階級做的是詩，非智識階級做的也是詩；非智識階級做的詩可以唱，智識階級做的詩也可以唱。」《詩經》即能唱的詩，以顧頡剛的語言形容：「三百多篇的《詩經》，就是入樂的詩的一部總集。」[94]以〈國風〉而言：「〈國風〉所以先〈邶〉、〈鄘〉、〈衛〉，次之以〈檜〉、〈鄭〉者，即以鄭、衛之樂在各國中最發達之

90　〈周易卦爻辭中的故事〉，《古史辨》第3冊，頁25。

91　黃凡撰《周易——商周之交史實錄》（汕頭市：汕頭大學出版社，1995年12月），其實即擴大此一研究方法。

92　〈詩經在春秋戰國間的地位〉，《古史辨》第3冊，頁310。

93　《景西雜記（五）‧詩經賴漢人傳會而傳》，《顧頡剛讀書筆記》，第1卷，頁374。

94　〈詩經在春秋戰國間的地位〉，《古史辨》第3冊，頁312。

故，正如今日編集各地樂曲，必以北京、上海列首耳。」[95]至於〈雅〉與〈頌〉：「詩之長短由於音樂。音樂簡單緩慢，則其篇幅短，其句字少；音樂複雜繁促，則其篇幅長，句字多。《詩經》中〈頌〉最短，〈頌〉之聲最緩也；〈雅〉最長，〈雅〉之聲較繁矣。」[96]顧頡剛的分析，引發若干問題：（一）《詩經》有沒有非智識階級的詩？（二）智識階級與非智識階級的詩如何區分？（三）歌謠與非歌謠如何區分？（四）如何理解這些詩篇？

顧頡剛將歌謠分為「徒歌」、「樂歌」二大類：徒歌只是單純口唱，沒有樂器伴奏；樂歌則有樂譜，且有樂器伴奏。徒歌占《詩經》的一半，「給人隨口唱出來的，樂工聽到了，替牠們各各製了譜，使得變成『樂歌』，可以複奏，才會傳到各處，成為風行一時的詩歌。」[97]如此看來，徒歌、樂歌之分，一在音樂形式，二在來源。徒歌源自民間，樂歌則經由樂工譜曲；源自民間，應是非智識階級，樂工自是智識階級。此是徒歌、樂歌的第一項論點。

詩的來源有兩種，一是平民，一是貴族。「平民唱出來只是要發洩自己的感情，不管牠的用處；貴族作出來，是為了各方面的應用。」平民唱出來者是民謠，「民謠的作者隨著心中要說的話說出，並不希望他的作品入樂；樂工替牠譜了樂，原意也只希望貴族聽了，得到一點民眾的味，並沒有專門的應用，但貴族聽得長久了，自然也會把牠使用了。」[98]這裡很確定的指出徒歌來自平民，樂工譜曲之後入樂，但貴族所作之詩，有無入樂，並未交代，只知道貴族「應用」平民之歌謠，此是徒歌、樂歌第二項論點。

---

95 《滬樓日劄・國風次序》，《顧頡剛讀書筆記》，第4卷，頁2406。
96 《淞上讀書記（四）・頌、雅、騷與音樂》，《顧頡剛讀書筆記》，第2卷，頁676。
97 〈詩經在春秋戰國間的地位〉，《古史辨》第3冊，頁314。
98 〈詩經在春秋戰國間的地位〉，《古史辨》第3冊，頁320-321。

　　顧頡剛又指出：「〈國風〉中固然有不少的歌謠，但非歌謠的部分
也實在不少。」「〈大雅〉和〈頌〉可以說沒有歌謠」，「〈小雅〉的樂
聲，可以奏非歌謠，也可以奏歌謠。」[99]至於歌謠與非歌謠的區別，
在於這一首詩是否止於「應用」，凡是應用的詩，都不能列入歌謠。
依顧頡剛分類，詩的應用有四大方向：典禮（祭祀、宴會）、諷諫、
賦詩（交換情意）、言語（引用）[100]。至於歌謠本身，凡是《詩經》
裡的歌謠，都是已經成為樂章的歌謠，不是歌謠本相，歌謠的本相即
徒歌。[101]《詩經》中的歌謠都是樂歌。此是徒歌、樂歌的第三項論點。

　　綜合上述，歸納顧頡剛的論點：歌謠可分為徒歌與樂歌，徒歌的
作者是平民，並不入樂，形式是直接敘述，內容是抒發感情。樂歌的
作者是樂工加工，或貴族製作，可入樂，形式是迴環複沓，內容也是
抒發感情。[102]

　　顧頡剛又說：「我們讀《詩經》時，並不希望自己在這部古書上
增進道德，而只是想在這部古書裡增進自己的歷史智識。」[103]雖然指
出歷史智識有周代的文學史、風俗制度史、道德觀念史等，似乎涵蓋
面甚廣，但仍侷限於「周代」，亦即研讀《詩經》最主要的目的，是
了解周代文化與歷史，這一進路，仍是歷史，而非文學，遑論經學。

　　所以顧頡剛治《詩經》（或其他經典），立場其實非常明確一貫。
固然開創了經學研究的新路向，也不免有所限制：文學的涵泳、生命
的感悟、價值的體會、意義的追尋，胥不在研讀《詩經》範圍之內，

99　〈從詩經中整理出歌謠的意見〉，《古史辨》第3冊，頁589-590。

100　〈詩經在春秋戰國間的地位〉，《古史辨》第3冊，頁322-336。

101　〈從詩經中整理出歌謠的意見〉，《古史辨》第3冊，頁591。

102　一如《辨偽叢刊》目錄，以故事分析《周易》對後來學術影響，以歌謠為《詩
　　經》性質，也影響高亨（1900-1984）《詩經今注》、屈萬里先生（1907-1979）《詩
　　經釋義》對《詩經》的看法。就此而言，顧頡剛開創學術典範。

103　〈重刻詩疑序〉，《古史辨》第3冊，頁411。

有的只是客觀歷史知識。其實這與考證學並無二致，視經典為客觀存在的文獻，輕忽了經典給予我們心靈的提升。這與錢玄同所說：「《詩經》只是一部最古的『總集』，與《文選》、《花間集》、《太平樂府》等書，性質全同，與什麼聖經是風馬牛不相及的（「聖經」這樣的東西，壓根兒就是沒有的）。」[104]也若合符節。

錢玄同又討論《春秋》的性質：「認它是孔二先生的大著，其中蘊藏著許多『微言大義』及『非常異義可怪之論』，當依《公羊傳》及《春秋繁露》去解釋它。這樣，它絕對不是歷史。認它是歷史，那麼，便是一部魯國底『斷爛朝報』，不但無所謂『微言大義』等等，並且是沒有組織，沒有體例，不成東西的史料而已。……我近年來是主張後一說的。但又以為如其相信『孔子作《春秋》』之說，則惟有依前一說那樣講還有些意思。」[105]此處錢玄同有一特殊傾向，即《春秋》若有大義，必依《公羊》、《春秋繁露》解釋。從此可推知，《春秋》未必全然無義；以《公羊》解《春秋》，才能見出《春秋》義理；追求經典義理，也可以是治經方向。經典所形成的傳統，仍在無形之中影響後代學術觀點，但錢玄同並未從此一方向發展，以其時學風而言，這是可以料知的。顧頡剛對此有回覆，主要論點是《春秋》所以成為孔子所作的原因：「孟子等遂在《春秋》內求王道，公羊氏等遂在《春秋》內求微言大義。經他們的附會和深文周納，而《春秋》遂真成了一部素王手筆的經典。」[106]顧頡剛確實道出《春秋》學或《公羊》學形成的過程，是在歷史中逐漸形成，因而很難指實真實的作者、原本的意義、學術的傳承，僅能從後世較完整的作品，發掘並體會微言大義。

---

104 〈論詩經真相書〉，《古史辨》第1冊，頁46。
105 〈論春秋性質書〉，《古史辨》第1冊，頁275-276。
106 〈答書〉，《古史辨》第1冊，頁278。

對於經典性質，顧頡剛最後的結論是：《詩》是一部最古的總集。《書》似乎是「三代」時候底「文件類編」或「檔案匯存」，應該認它為歷史。《儀禮》是戰國時代胡亂鈔成的偽書，《周禮》是劉（歆）造的，兩《戴記》中，十分之九都是漢儒所作的。《易》，原始的《易》卦，是生殖器崇拜時代底東西，孔丘以後的儒者借它來發揮他們底哲理。《春秋》是「斷爛朝報」、「流水賬簿」，孟子為要借著孔丘，硬說它有「義」，硬說它是「天子之事」，一變而為《公羊傳》，再變而為董仲舒之《春秋繁露》，三變而為何休之《公羊解詁》；穀梁氏文理不通；《左傳》是戰國時代一個文學家編寫的一部「國別史」，即是《國語》，劉歆將它改編，算做《春秋》底傳。[107]傳統經學的意義，至此已完全消失。

六　結論

古史辨派一方面高喊以科學方法整理國故，另一方面卻激情的要打倒傳統。觀念本身固然枘鑿，所得到的結論，也可推想而知。而顧頡剛也始終忽視去除歷史「蔽障」，不等於能見到歷史「真相」，不同時代的解釋，意謂不同思想。漢人解釋孔子、宋人解釋孔子、清人解釋孔子，自是不盡相同。這不是用誤謬、離本可以概括，要探討的是為何有此解釋？文獻是否完備？論證是否周延？有無其他解釋？不同解釋代表何種意義等。否定後代所發展的解釋，亦即否定後代的文化創造。

漢代經學，雖重「陰陽五行」及「讖緯」，但是思想本身一如具體生命，自會成長、變化，五德終始的歷史演變，可以視作思想歷

---

107 錢玄同：〈答顧頡剛先生書〉，《古史辨》第1冊，頁76-78。

程，陰陽、五行、五德逐步結合，是將宇宙、歷史、人事凝固於一大系統內，從此宇宙的構成可以得知，歷史的發展可以推測，人事的行為可以規範。空間、時間、人，不再是了無相關的個別存在，人確實與宇宙融合。[108]這些是漢人思想，或可逕稱之為漢人想像，的確無法以實證方法證明，但漢人欲探究宇宙奧秘的企圖，卻可為我們想見。我們可以不接受漢儒的宇宙觀，卻不能以一句迷信推倒一切。[109]

至於下明人事，上推天道，正是漢初經學的特色，漢人就是以經典理解我人所存在的世界。經典成為向外探索世界，向內反省人生的根據，漢人言必稱五經，必須從此處察知。

由於問題意識、史料擷取、詮釋進路等，我們所讀的歷史，並不是真實的歷史事件，而是史家所重建的歷史，具體而言，是史家筆下的歷史，是歷史著作的歷史。由此而來的歷史，僅有部分的真實，而非全部的真實。顧頡剛等即在追求一完全真實的孔子，卻又否定歷代學者也在追求真實的孔子，且一如顧頡剛等以為本身所詮解即是孔子真貌。

顧頡剛等不承認經學思想在歷史中發展、形成、轉變的過程，堅持要回復本義。他們由懷疑傳統價值，而懷疑經典；由懷疑經典，而

---

108 其後楊寬撰〈中國上古史導論〉，就以神話解釋古史，指出古史傳說出於神話的演變分化，各民族皆有其神話，民族相混，神話亦漸雜，中國古史傳說的醞釀與寫定，在商周之世，蓋無非東西二系神話之分化與融合而成，神話起於宗教，宗教又為社會環境產物，見《古史辨》第7冊，頁69、97、106、120，視野已較顧頡剛寬廣。從康有為「託古改制說」、顧頡剛「層累造成說」至楊寬「神話分化說」，均見出晚清到民初方法意識的勃興，且從原始文獻分析得之，非如後世借西方現成文化思想理論，分析中國古典文獻。

109 英國學者魯惟一（Michael Loewe）從具體生命觀點指出：如果確定宇宙中某些長久的特徵，並且能說明自己在這些特徵的位置，那麼對人的短暫性，就不致茫然若失，見〈宗教和知識文化的發展〉，〔英〕崔瑞德（Denis Twitchett）、魯惟一編：《劍橋中國秦漢史》（北京市：中國社會科學出版社，1992年2月），頁700。

欲還原經典真相；此時經典地位不再，經典所含藏的價值也不再，只成為客觀研究的對象。經典或是文學作品，或是文獻檔案，或是古代風俗，或是古史編年，或是諸侯國史，主要內容與性質就是歷史。傳統經學意義，已不復存在。輕忽了經典給予我們心靈的提升。

從經學到史學：
顧頡剛《春秋》學初探

摘要

　　本文探討顧頡剛《春秋》學論述，嘗試藉用艾布拉姆斯《鏡與燈》作品、藝術家、世界、欣賞者等視域進行《春秋》作者、作品、讀者三向度之釐析，進而闡述顧頡剛《春秋》學的文化意識與經學思想。一、從「作者」視角探討聖人與史官之關連，說明神聖作者消失的歷程；二、從「作品」視角探討文本示現的記事與微言大意之間的關連性，以說明宏深意義的式微；三、從「讀者」視角探討經典與史料之變異，指出規範後世的經典性已然不存；四、經學的異化現象與顧頡剛逸出經學傳統，將經學視為史料來解經的歧出。顧氏原是為了疑古辨偽，尋求歷史真相，然而在研究過程不贊同漢儒經典崇拜、解經方法，終致形成反傳統思想。顧氏將經典視為客觀存在的文獻而忽視了經典給予的心靈滋潤與提昇，此中，無論是將經典視為文學、或文獻、或古代風俗、或古史編年、或諸侯國史，皆已轉移經典成歷史或史料，則傳統經學的經典意義已蕩然無存了。

關鍵詞：顧頡剛　春秋學　經學　史學

一 緒論

晚清經今文學發展至民國，呈現與原意完全相反的景象。以康有為（咸豐八年-民國十六年，1858-1927）經學思想為例，本意在尊孔尊經，但早在光緒十七年（1891），朱一新（道光二十六年-光緒二十年，1846-1894）對康有為所作《新學偽經考》即有如是疑懼：「竊恐詆詰古人之不已，進而疑經；疑經之不已，進而疑聖；至於疑聖，則其效可睹矣。」（〈朱侍御答康有為第三書〉，蘇輿編：《翼教叢編》，卷1，頁8）朱一新的觀察的確敏銳，往後經學思想的發展，是依循此一路向。章太炎（同治八年-民國二十五年，1869-1936）於光緒二十五年（1899）也指出廖平（咸豐二年-民國二十一年，1852-1932）極為推崇孔子：「而不知踵其說者，並可曰孔子之事亦後人所造也。」這一「後人」，章太炎更具體指明是：「安知孔子之言與事，非孟、荀、漢儒所造耶？」（〈今古文辨義〉，湯志鈞編：《章太炎政論選集》，頁114、115）《古史辨》懷疑孔子思想、性格，即與此一思路相類。劉師培（光緒十年-民國八年，1884-1919）則從廣大的視野分析疑經與疑史的關聯：「六經之所記者事也，舍事則無以為經；然記事之最詳者，莫若古文之經，如《周官經》、《左氏傳》是也。」經典的內容是記事，懷疑經典結果是：「至近人創偽經之說，扶今文而抑古文，於漢代古文之經，均視為劉歆之偽作，而後人人有疑經之心，於典章人物之確然可據者，亦視為郢書燕說。吾恐此說一昌，則古文之經將廢，且非惟古文之經將廢已也，凡三代典章人物載於古文經者，亦將因此而失傳。非惟經學之厄，亦且中國史學之一大厄矣。」（〈漢代古文學辨誣〉，《左盦外集》，卷4，頁1；《劉申叔先生遺書》，第3冊，頁1613）由疑經而疑史，劉師培道出了朱一新未說出的「其效可睹」的憂慮。朱一新、章太炎、劉師培不約而同體會到懷疑經典所引

致的不可測知的後果。

　　經典既不可信，由經典記載的史事，據這些史事所構成的歷史，由此歷史形構的傳統，自是根基動搖。晚清至民國經學思想的發展，即從懷疑經典開始，進而質疑孔子思想，再否定經典所載古史系統。由疑經而疑孔，由疑孔而疑古，汗漫無極。經典與古史所載的事件與意義，幾近瓦解，遂致傳統面臨崩潰的危機。這一危機的始點，即始於對經典認知的不同，或者說經典觀的轉變，開啟了傳統巨變的序幕。在諸經典中，不論經今古文家都認為與孔子最密切的經典，莫過於《春秋》及由《春秋》而衍生的三傳。本文即從顧頡剛（1893〔光緒十九年〕-1980）《春秋》學觀察此一思想的具體演變。

　　研究《古史辨》或顧頡剛學者，均已注意此一現象，如〔美〕施耐德（L. A. Schneider）：《顧頡剛與中國新史學》，第六章，〈從校勘至社會批評〉，頁二一一至二四二，相關論述見頁二二四；劉起釪：《顧頡剛先生學述》，四，〈來到五四新文化運動的中心〉，頁三十八至八十四，相關論述見頁四十六至四十八；王汎森：《古史辨運動的興起──一個思想史的分析》，第四章，〈顧頡剛與古史辨運動〉，頁二〇九至二九一，相關論述見頁二〇九至二一八；彭明輝：《疑古思想與現代中國史學的發展》，第一章，〈儒學體系的疑古思想〉，頁十五至五十一，相論述見頁三十二至四十三；陳志明：《顧頡剛的疑古史學──及其在中國現代思想史上的意義》，第三章，〈今文古文與尊孔詆孔的影響〉，頁四十三至七十三，相關論述見頁六十四至六十七。但諸家論述側重思想史與史學史的演變，較少觸及經典本身的問題，本文即試圖研究此一不足。

　　顧頡剛有關《春秋》學的著作，一是《古史辨》第一冊綜論經典性質的作品；二是長期記載的札記，經顧潮編成《顧頡剛讀書筆記》，有關《春秋》的筆記；三是顧頡剛講述、劉起釪筆記《春秋三

傳及國語之綜合研究》。本文即以上述文獻為主，輔以《古史辨》第五冊討論《春秋》的作品，作為研究範圍。

〔美〕艾布拉姆斯（M. H. Abrams）以作品、藝術家、世界、欣賞者繪製三角形，說明其間複雜關係，世界即是作品所呈現客觀狀態，由人物與行動、思想與情感、物質與事件所構成。（《鏡與燈——浪漫主義文論及批評傳統》，第1章，〈導論：批評理論的總趨向〉，頁5）劉若愚稍加改變，以宇宙、作家、作品、讀者構成循環往復的圓形，作家對宇宙有所感受，展示在作品，傳達予讀者。（《中國文學理論》，第1章，〈導論〉，頁13-14）本文即從作者、作品、讀者三個角度，分析顧頡剛對《春秋》經傳的看法，及由此而來對經學與經學史的綜合見解。

二　聖人與史官——神聖作者的消失

根據孟子所說，《春秋》作者是孔子：「世衰道微，邪說暴行有作，臣弒其君者有之，子弒其父者有之。孔子懼，作《春秋》。《春秋》天子之事也。是故孔子曰：『知我者其惟《春秋》乎！罪我者其惟《春秋》乎！」（《孟子‧滕文公下》，焦循〔乾隆28年-嘉慶5年，1763-1820〕：《孟子正義》，卷13，頁452-456）又云：「王者之跡熄而詩亡，詩亡而後《春秋》作。晉之《乘》，楚之《檮杌》，魯之《春秋》，一也。其事則齊桓、晉文，其文則史，孔子曰：『其義則丘竊取之矣。』」（《孟子‧離婁下》，焦循：《孟子正義》，卷16，頁572-576）合而觀之，《春秋》是天子之事，這一天子之事的表現在義，義則是孟子所說：「孔子成《春秋》而亂臣賊子懼。」（《孟子‧滕文公下》，焦循：《孟子正義》，卷13，頁459-561）亦即以《春秋》褒貶其時政治人物。這一理解，至司馬遷（漢景帝中元五年-漢昭帝始元元

年，西元前145-前86年）而未變：「故吳、楚之君自稱王，而《春
秋》貶之曰：『子』。踐土之會，實召周天子，而《春秋》諱之曰：
『天王狩於河陽。』推此類以繩當世，貶損之義，後有王者舉而開
之，《春秋》之義行，則天下亂臣賊子懼。」（《史記‧孔子世家》）一
則確定《春秋》作者是孔子，一則認為孔子借《春秋》以行其褒貶。

除此之外，司馬遷還另有新解：「孔子閔王路廢而邪道興，……故
因《史記》作《春秋》，以當王法。」（《史記‧儒林傳》）趙岐（？-漢
獻帝建安六年，？-201）《孟子注》亦云：「其事，則五伯所理也。……
其文，《史記》之文也。孔子自謂竊取之，以為素王也。孔子人臣，
不受君命，私作之，故言竊，亦聖人之謙辭也。」（《孟子‧滕文公
下》，焦循：《孟子正義》，卷13，頁574）王法、素王，與褒貶大異。
褒貶僅是借著隱微的言辭，記載歷史事件，並據以呈現作者的價值判
斷。王法與素王，則隱含著《春秋》似有一完美的制度，可以指導當
時政治，以臻於太平。[1]從褒貶到素王，從大義到王法，先秦至漢代，
《春秋》的作者——孔子——地位日漸提升，其說足以為漢代法。

至於依《春秋》所形成的三傳，在古代文獻中，均與孔子有密切
關聯。《左傳》的作者，據司馬遷記載：「魯君子左丘明，懼弟子人人
異端，各安其意，失其真，故因孔子史記具論其語，成《左氏春
秋》。」（《史記‧十二諸侯年表序》）左丘明既懼弟子人人異端，各安

1　　所以蔣慶認為孟子、司馬遷均傳承《公羊》學，見《公羊學引論——儒家的政治智
　　　慧與歷史信仰》（瀋陽市：遼寧教育出版社，1995年6月），第2章，〈公羊學的創立
　　　與傳承〉，頁61-90，孟子、司馬遷分見頁74-78、81-85。但孟子是否傳《公羊》學
　　　並無確證，只能說孟子對《春秋》的見解與《公羊》學者接近。司馬遷師承董仲
　　　舒，董仲舒又為《公羊》學大師，從師承觀點而言，司馬遷的確傳承《公羊》
　　　學。但漢初《春秋》學一般均指《公羊》學，從思想觀點而言，《公羊》學既是其
　　　時主要的《春秋》學解釋系統，司馬遷解《春秋》近於甚或同於《公羊》，毋寧極
　　　為正常，不能據以論斷司馬遷就是《公羊》學者。

其意，所以《左氏春秋》之作，當然是根據孔子《春秋》本義而撰作。徐彥（？-？）說明《公羊傳》的來源：「孔子至聖，知秦無道，將必燔書，故《春秋》之說，口授子夏，度秦至漢，乃著竹帛。」（《公羊注疏序》，頁2）據此《公羊傳》根本就是直接承自孔門。而《穀梁傳》也有極為類似的傳承過程，楊士勛（？-？）云：「穀梁子名淑，字元始，魯人。一名赤，受經子夏，為經作傳，故曰《穀梁傳》。」（《穀梁注疏序》，頁1）《春秋》的作者是孔子，三傳之中，《左傳》則傳承自左丘明，雖然左丘明身分不明，但據孔子之義作《左傳》則可確定；《公羊》、《穀梁》直接傳承自孔子弟子子夏。是以《春秋》經傳，或直接來自聖人，或間接源自聖人；《春秋》經傳，自也有神聖性質。這正是顧頡剛首先所否定者。

顧頡剛再三指出《春秋》是魯史官所作，但《春秋》確有褒貶的筆法，顧頡剛對此解釋：「《春秋》不必為聖人之經，然後惡叛人。以惡叛人的心理為各國君主與貴族之所同，為之服務之史官必秉是旨以命筆也。」（《泣籲循軌室筆記（一）‧春秋惡叛人》，《顧頡剛讀書筆記》，卷2，頁748）褒貶不再是寄寓微言大義，只是史官書寫君主的價值判斷，其實就是君主的政治立場貫串於《春秋》之中。或者說《春秋》是一部政治著作，充滿君主的政治思想，而由史官寫出。根據此一講法，《春秋》的作者──史官──不過是君主的幕僚，猶如後世的記室。更嚴重的是此一史官完全喪失客觀獨立的地位，只為滿足君主權力而存在。這一講法自有其漏洞，在分析魯君見弒者四，見逐者一，《春秋》均無記載，追究其因是：「趙盾殺君之得記，趙盾之容董狐也。崔杼弒君，南史氏之不屈也。魯之史官未必有董狐、南史氏之魄力，則魯史固宜無其文。」（《纂史隨筆（一）‧魯史為尊者諱》，《筆記》，卷1，頁428）趙盾弒君、崔杼弒君既明見《春秋》，顯然晉、齊史官並不如顧頡剛所說僅是為君主服務，晉、齊如此，又何

能推論史官均如此？至於以記載闕如而指出魯國史官是為君主服務，一則並無明確文獻證據，二則忽略《魯春秋》與今傳《春秋》可能是兩種不同文本，即使《魯春秋》如此，也不能證明今傳《春秋》亦如此。三則也可反向推論《魯春秋》本有弒君、逐君的記載，但經聖人筆削致未能流傳後世。二、三兩項問題，涉及《春秋》的來源，事實上顧頡剛也認為《魯春秋》是《春秋》的基礎：「《魯春秋》如日報，《春秋經》如斷代之大事記。日報材料太多，不能不契其綱要為大事記。然去取之間，其標準有不能使人滿意者，或所定之標準本不嚴格者，此則時代、學力限之，不當盡以讀者之理想責之也。」（《虬江市隱札記（三）‧春秋經對於魯春秋之去取標準》，《筆記》，卷4，頁2615）從《魯春秋》到今傳《春秋》，顯然經過筆削，這一筆削者可能是孔子，也可能不是，都是合理的推測，但顧頡剛根本不考慮前者，反而加強論證作者不是孔子，《春秋》的作者仍是史官。且這些史官見識低陋，或誤刪魯史，如周莊王、僖王之死，不見於《春秋》經傳，其因是：「此蓋筆削魯史之時有所誤刪，否則魯已無視周王，故雖赴告而不錄耳。」（《景西雜記（二）‧筆削魯史之誤刪》，《筆記》，卷1，頁294-295）或昧於局勢：「晉文納王為春秋時一大事，亦晉文所以成霸之因由，而《春秋經》乃無之，足證當時晉與魯尚未通問，魯史官對於當時天下大勢亦殊不了了也。」（《虬江市隱札記（三）‧春秋不書晉文納王》，《筆記》，卷4，頁2601）或畏於權勢：「《左傳》文十八年，襄仲殺叔仲惠伯，此魯國一大事，而經不書。……魯史何以多懦，不但不敢書纂弒，且不敢書殺大夫？」（《壬寅夏日雜鈔（二）‧魯史官不敢書叔仲惠伯死》，《筆記》，卷8，頁6049）從歷史書寫觀點分析上述諸例，俱有可論。史家不可能盡知所有歷史事件；即使知道所有事件，也不可能全部書寫於史著之中；史家確有可能為權勢所逼迫，在記載或解釋歷史時，有一定程度曲解；

但也可能是時代或文化視野侷限,記載及解釋歷史,與後世距離較大。其次,這一史官究竟是記載《魯史》史官,抑或改編《魯史》為《春秋》的史官?如果《魯史》原本如此,據《魯史》成書的《春秋》自也如此,無庸深怪,惟有《魯史》本不如此,編《春秋》史官竟不如原本,才足深責。第三,顧頡剛雖反對聖人制作,但仍以聖人制作這一觀點評論《春秋》,《春秋》既是聖人所作,為何出現如許缺失?隱藏於其後的信念,還是經典崇拜。不能接受聖人雖制作經典,並不意味經典完美無缺。

然而即使《春秋》是史官所作,仍可發現其中隱含若干特殊價值判斷,顧頡剛曾舉出若干例證,歸納這些例證,大略有兩類:一是史實的增刪:「魯史官作《春秋》,已主觀矣。儒者修之,主觀又濃了不少。及《公羊傳》作則更濃矣。《春秋》一書在此三重主觀思想塗飾之下,又不知添出了多少新事實。莊公時特注意文姜之行動,成公時特注意伯姬之行動,皆其主觀處矣。」(《法華讀書記(三)·春秋經三重主觀塗飾》,《筆記》,卷5上,頁2824)顧頡剛於此處僅指出「塗飾事實」;另一類是意義的增刪:「《春秋》上只有『楚子□卒』而無『葬楚□王』,何也?意者儒家因其稱王,嫌於民無二主,故刪去之與?」(《蘄閒室雜記(三)·「楚子」與「楚王」》,《筆記》,卷2,頁1016)或是:「《禮記·坊記》云:『《春秋》不稱楚、越王之喪。』讀此,使我深疑《春秋》中楚、吳、越王之葬係在《春秋》變為儒家經典時所刪削者。」(《郊居雜記(一)·春秋無楚、越王葬》,卷3,頁1302-1303)稱楚子不稱楚王、不書楚、越王喪,這已不是歷史事件的記載,而是對歷史事件的價值判斷。《春秋》學傳統,大致均從名稱、書與不書等去探討微言大義。亦即《春秋》除了事實問題,還有價值問題。這一價值的點出者,顧頡剛認為是儒家。儒者未必是孔子,但也與史官有異。《春秋》這一雙重性質,其實正是《春秋》學

日後發展的方向。但是顧頡剛儘管看到問題，卻迴避了問題：「隱、桓、莊三世距春秋末已甚遠，魯史簡冊不容不斷爛，一也。以魯《春秋》為《春秋經》者，恣意刪削，前後不相照顧，體例不純，誤刪處不可索解，誤存處形同贅旒，二也。自有《春秋經》以至漢代，傳寫本互異，三傳說又不同，三也。」（《景西雜記（二）・春秋為「斷爛朝報」已成定讞》，《筆記》，卷1，頁296）《春秋》既是斷爛朝報，或可有事實的增刪，但絕不能有意義的增刪。且與其前的看法，大異其趣。以顧頡剛之博雅，跡近矛盾的見解，幾乎不可能存在。出現這一情況，只能從其文化意識探尋。

而《左傳》的來源，顧頡剛極力說明與聖人無關。考證其成書年代，差距頗大。指出《左傳》作者只見周之衰微，未及見周之滅亡。（《浪口村隨筆（二）・《左傳作者未見周滅》，《筆記》，卷4，頁2083）這時間約在春秋末期。另一處則指明《左傳》成書在戰國中葉。（《法華讀書記（十七）・從衛遷帝丘之卜可證左氏書之時代》，《筆記》，卷5下，頁3579）是六國時人。（《纂史隨筆（一）・左傳成於戰國》，卷1，頁484）又參考啖助的說法，分析《左傳》成書歷經三個階段：「第一階段為春秋時周、晉、齊、楚諸國之史書，體例本不一致；第二階段為左氏搜羅各國史書傳其門人，本人未經動筆；第三階段為後代學者將國史書打通，編次年月，配合《春秋經》而為《春秋傳》。說為「後代學者」，見其與左丘明已距離一長時期，是亦幾幾知為漢人所作矣。」（《古柯庭瑣記（一）・啖助論左傳發展三階段》，《筆記》，卷6，頁4065）由是可知，《左傳》的作者廁身周代史官而未能，更何況是聖人。顧頡剛指出《左傳》作者是漢代人，這一作者可能就是劉歆。即使如此，《左傳》與其說有「作者」，不如說有「編者」；編者是劉歆，文獻也其來有自，並不能證明劉歆是偽撰。

《左傳》成書有春秋末期、戰國中期、西漢晚期三說，貫串近四

百年時間，姑不論諸說可否成立，可以確定的是《左傳》作者與聖人無關。[2]

在考定《公羊傳》、《穀梁傳》成書年代時，更絕口不提《公羊》、《穀梁》的傳承問題，只是說明：「《公羊傳》實成於戰國，而《公羊疏》引戴宏〈序〉，以為漢景帝時公羊壽及其弟子齊胡毋子都著於竹帛，恐是漢代古文家之矞言。《穀梁》時月日例更密於《公羊》，此即《穀》出《公》後之證。」（《漚樓日劄・公羊、穀梁傳之時代》，《筆記》，卷4，頁2414）至於《公羊》成於戰國的證據是：「《公羊》莊十年《傳》：『「三月，宋人遷宿」。遷之者何？不通也，以地遷之也。子沈子曰：「不通者，蓋因而臣之也。」』按子沈子所解之『不通』係在《傳》文中，知子沈子時已有《公羊傳》其書。」（《逍遙堂撦錄・戰國已有公羊傳》，《筆記》，卷4，頁2361）更確切的年代是：「昭十九年《公羊傳》，言及樂正子春之視疾，此說明《公羊傳》之作為曾子弟子以後之事。」（《蚪江市隱雜記（二）・公羊傳之時代》，《筆記》，卷4，頁2581）顧頡剛又說《公羊》於漢武帝時已定（《春秋三傳及國語之綜合研究》，頁28），與《左傳》成書年代相同，都出現不同的論證。《穀梁》亦然，一說三傳寫定次序是《公羊》、《穀梁》、《左傳》（《東山筆乘（二）・春秋三傳之次序》，《筆記》，卷2，頁1107-1108），一說《穀梁》於漢宣帝始出。（《春秋三傳及國語之綜合研究》，頁28）而其共同點都是既未論及《公羊》、《穀

---

2 顧頡剛對《左傳》來源，說法不一，指出《國語》出於魏，《左傳》也出於魏，傅合經文，造作偽史，見《逍遙堂撦錄・國語、左傳出於魏》，《筆記》（臺北市：聯經出版公司，1990年1月），卷4，頁2379，並明確指出《左傳》作者將《國語》湊合《春秋》，見《浪口村隨筆（二）・國語與左傳》，卷4，頁2077，又說成帝時張霸已讀《左傳》，何待哀帝、平帝時劉歆表章，見《法華讀書記（二十一）・成帝時張霸已讀左氏傳》，《筆記》卷5下，頁3790。對於劉歆偽作之說、《左傳》與《國語》分合，前後觀點不同。

梁》與史官的關係，更未道及《公羊》、《穀梁》與聖人的關係。

三　記事與微言──宏深意義的式微

　　《春秋》經傳既源自聖人，聖人不空作，必有所指。孟子已指出孔子作《春秋》的文化背景是世衰道微。司馬遷則有更詳細的分析：「夫《春秋》上明三王之道，下辨人事之紀，別嫌疑，明是非，定猶豫，善善惡惡，賢賢賤不肖，存亡國，繼絕世，補蔽起廢，王道之大者也。……《春秋》文成數萬，其指數千，萬物之聚散皆在《春秋》。」（《史記‧太史公自序》）詳究其實，司馬遷認為《春秋》就是一部討論王道的作品。

　　而與《左傳》關係密切的劉歆（？-王莽新地皇四年，？-23）研治《左傳》則是：「初，《左氏傳》多古字古言，學者傳訓詁而已。及歆治《左氏》，引傳文以解經，轉相發明，由是章句義理備焉。」[3]（《漢書‧劉歆傳》）古字古言與訓詁連稱，可以推知訓詁著重經典字詞解釋。訓詁又與章句義理對舉，則可推知章句著重篇章文句解釋，而在解釋篇章文句時，會觸及意義的追尋，此即義理。而由於義理從

3　劉逢祿據此而云《左傳》為劉歆所附益，見《左氏春秋考證》（臺北市：藝文印書館影印皇清經解春秋類匯編第2冊，1986年9月），卷1295，頁4。康有為更據此而云劉歆分《國語》而作《左傳》，仿《公羊》、《穀梁》而作義例，見《新學偽經考‧漢書藝文志辨偽第三上》（北京市：生活‧讀書‧新知三聯書店，朱維錚、廖梅編校，1988年3月），頁87。引傳解經，是指傳文已存在，但劉歆引之以解釋經典，其中問題只有《左傳》是否傳《春秋》，與附益、偽撰，相距何止千里。劉師培則指出劉歆是引傳例以通他條之經，見《春秋左氏傳古例詮微》，頁3，《劉申叔先生遺書》（臺北市：華世出版社影印民國23年寧武南氏校本，1975年4月），第1冊，頁390。章太炎亦云傳例由劉歆發揮，見《春秋左傳讀敘錄》，《章太炎全集（二）》（上海市：人民出版社，1982年7月），頁828。其實引傳釋經，未必全為條例，事件也在其中，劉師培、章太炎略有所偏。

解釋章句而來，所以章句義理連言。[4]《漢書・五行志》雖有劉歆釋《左傳》六十餘條，但偏重在個別事件，未有整體經典觀。至杜預（魏文帝黃初三年-晉武太康五年，頁222-284）則否：「其發凡以言例，皆經國之常制，周公之垂法，史書之舊章。仲尼從而脩之，以成一經之通體。」（孔穎達〔陳宣帝太建六年-唐太宗貞觀二十二年，574-648〕：《左傳正義》，卷1，頁12）在杜預認為《左傳》繼承《春秋》，都是言王道之大法。從劉歆到杜預，確定了《左傳》解《春秋》，且蘊含孔子寄寓的微言。

而《公羊》學更有所謂三世說。三世說最初僅是所見異辭、所聞異辭、所傳聞異辭，在《公羊傳》出現三次：第一次解釋何以未記載公子益師卒之日，根據傳文，是時代遠近不同，所以記載有缺。（《公羊傳解詁・隱公元年》，卷1，頁7）第二次解釋何以不諱桓公之惡，根據傳文，是時代久遠，所以可以直言桓公之惡。（《公羊傳解詁・桓公二年》，卷4，頁3）第三次解釋《春秋》始於隱公終於哀公之故，根據傳文，是以作者所處時代為斷，上推及於父祖，下及於己身。（《公羊傳解詁・哀公十四年》，卷28，頁5-6）三世——所見、所聞、所傳聞——不同，記載——異辭——有異。這是因作者受限於時空，時代有遠近，見聞有廣狹，記載的文辭不同。至讀者則不然，董仲舒（漢文帝四年-漢武帝太初元年，西元前176-前104年）本此而將

4　呂思勉指出章句最初類似後世符號，但去古漸遠，語法漸變，經義非復加符號所能理解，所以再增加說解，即後世所稱章句，見《章句論》（臺北市：臺灣商務印書館，1977年3月臺1版），引述見頁1、4。林師慶彰說明章句是順著經文各章、各句脈絡，將所援引資料納入，然後再加以引申闡述，章句是當時經師解經方式，此種詮釋方式是由創立學派經師所傳，形成典範，就是師法或家法，見〈兩漢章句之學重探〉，原載《漢代文學與思想學術研討會論文集》（臺北市：文史哲出版社，1991年），頁255-278，收入林師慶彰編：《中國經學史論文選集（上）》（臺北市：文史哲出版社，1992年10月），頁277-297，引述見頁280、288。

之分為三期：所見世辭義隱微，所聞世哀痛其禍，所傳聞世恩義漸輕，可以直書其事。(《春秋繁露義證・楚莊王》，頁9-10)這是根據作者情感的等差、所處時代的遠近，記載歷史事件；時代愈近，愈是不忍直言其事，而以委曲的方式出之；時代愈遠，較能以客觀立場記事。何休（漢順帝永建四年-漢靈帝光和五年，西元129-182年）進而將董仲舒據情感等差記事的三世說，賦予另一樣貌：所傳聞世是衰亂之世，所聞世是昇平之世，所見世是太平之世。(《公羊傳解詁・隱公元年》，卷1，頁7-8)這就不再是與情感配合的寫作方式。歷史，從情感判斷、意義分期到理想寄託，導出對歷史發展的嚮往。從《公羊傳》到何休，理論的推導愈見精彩深遠。

至於《穀梁》學雖不像《左傳》學、《公羊》學，直接提出一王之法等觀念，但從范寧（晉成帝咸康五年-晉安帝隆安五年，西元339-401年）《穀梁傳集解・序》，也略可了解《穀梁》學也極力追尋作品意義：「《春秋》之傳有三，而為經之旨一，臧否不同，褒貶殊致，蓋九流分而微言隱，異端作而大義乖。」（楊士勛：《穀梁傳注疏》，頁7）而且這一作品意義只能有一種。范寧與劉歆、董仲舒、何休，解經內容或彼此互異；但對經典的態度其實並無不同。只是范寧更強調透過《穀梁傳》以追尋《春秋》本義。

深信《春秋》有特殊意涵，且經由三傳可理解《春秋》原意，這幾乎是三傳學者同的信念。

然而《春秋》既是史官所作，上述這些微言大義，則不能存在於《春秋》之中。所以《春秋》學者所最強調的書法，在顧頡剛看來，竟然是統治者壓迫被統治者的工具：「《春秋》筆法，昔人所謂『一字之褒，榮於華袞；一字之貶，嚴於斧鉞』者，從現在看來，只是史官站在周王與魯侯之立場上，禁止被統治者之反抗，抬統治者之地位於至高，抑反抗之被統治者之地位於至下，使讀之者凜於貶褒貶，不至

於作叛逆之行為耳。」（《湯山小記（十九）·春秋筆法》，《筆記》，卷7下，頁5606-5607）這一見解，與前述史官的功能相表裡，史官既是為君主服務，由史官所編纂的史著自也為君主服務。其次，書法不同，即是前後史官之異。（《法華讀書記（二一）·春秋中不一致之書法即先後史官之異》，《筆記》，卷5下，頁3813）第三，則是史官曲說：「桓十一年，《春秋》書『宋人執鄭祭仲』。只緣稱其字而不稱其名，故生出《公羊傳》祭仲行權，君以生易死，國以存易亡之語。其實彼時鄭之國力尚盛，祭仲不與宋人盟而立突，則忽不出奔，鄭無可亂。徒以彼自己怕死，鬧出長期的變亂。說為行權，萬分不妥。即此可見《春秋經》稱名稱字原無一定，只是後之傳經者解得一定而已。」（《法華讀書記（三）·春秋稱名與字本無定，解經者曲為說》，《筆記》，卷5上，頁2819-2810）顧頡剛此一評論甚值商榷，後人評論歷史事件，或正其誤謬，或補其缺漏，或推衍其價值；不能指出某事做或不作，會發生何種結果，因為歷史是過往之事，無法重新復演，更無能驗證，否則人各異說，只是論述，並無實質意義。第四，是史料散亂：「至隱公世反能完整者，則以史官貯藏於乾燥之室，乃得免於蠹蝕。而惠公以前已散失零亂，不可復問，則編《春秋》者遂棄而弗錄耳。」（《讀左傳隨筆·春秋何以始隱公》，《筆記》，卷10，頁8105）此一講法，雖有其道理，然而也是推論多於實證。何以隱公史料能貯存於乾燥之室，惠公以前反不能貯存乾燥之室？第五，是史官好奇記異：「『西狩獲麟』、『有來朝』、『隕石於宋』同。當時史官喜紀異耳，原無大義也。」（《菡籟循軌室筆記（五）·獲麟與作春秋》，《筆記》，卷2，頁937）但是《春秋》多災異，不能盡以史官好奇記異論斷。第六，史法原本如此：顧頡剛指出西周較早記時法：「〈大盂鼎銘〉，篇首云：『唯九月，王在宗周命盂』，篇末云：『盂用對王休，用作祖南公寶鼎，惟王廿水三祀』，月書於前，年繫於後，……」

（《法華讀書記（五）・西周記時法》，《筆記》，卷5上，頁2911）較晚記時法則是：「〈曶鼎銘〉云：『惟王元年六月既望乙亥』，先年，次月，次日，與《春秋》一例矣。其第二段云：『惟王四月既生霸，辰在丁酉』，云『王四月』亦與《春秋》書法同，見得『春王正月』非孔子特定之書法。」（《法華讀書記（五）・曶鼎紀時與春秋同》，《筆記》，卷5上，頁2912）本條確有明證，足以證明《春秋》記時法淵源有自。亦即西周早期月在年先，後期年在月先，《春秋》顯承後期筆法記時。如果考量《春秋》原本即史書，記時承前代成規，本無足異；問題是在經過「改編」的《春秋》，「改編者」借記時以表達微言大義是否可能？一如《春秋》記事，「改編者」不能任意更動史實，必須借著事件表達其思想。《春秋》意義的失落，在於《春秋》為史官所作，而與孔子了不相關。但顧頡剛又說：「《春秋》本可信為魯史所作，但有了十又一月，庚子，孔子生（《穀梁》無「十又一月」四字。）一條，它信實的程度大減了，也許裡面很有許多是儒家所以求合於其所謂之「義」了。」（《東山筆乘（三）・春秋經信實程度》，《筆記》，卷2，頁1113）合而言之，原始《春秋》——改本《春秋》，是《春秋》流傳的過程。原始《春秋》可信，但改本《春秋》則不可信。原始《春秋》書法是史官所為，改本《春秋》若干大義是儒者所為。既是如此，今傳《春秋》中的書法，可能是史官所為，也可能是儒者所為，但顧頡剛卻認定是史官所為，顯然難以自圓其說，此其一；既經儒者修改，不論是否孔子本意，也不論我們是否贊成，可以確定《春秋》確實有特殊意涵，而顧頡剛卻不予討論，又回歸史官撰作這一思路，這也難以自圓其說，此其二。

至於《春秋》與《左傳》的關係也出現類似困境：「《春秋經》只論名分，不理實力。《左傳》不管名分，只論實力，故奔趨勢利，遷就成敗。此二書大異處。如《左傳》逸亡，後人只見《春秋》，則於當時

情勢全不了解矣。」(《郊居雜記(十四)・春秋經與左傳立場不同》,
《筆記》,卷3,頁1849)在另一處顧頡剛更隱約承認《春秋》與孔子
有相當關聯:「《春秋經》的立場是完全站在封建制度上面,所以看名
分極嚴,實力如何是不管的。《左傳》的立場是完全站在當時實力者
的方面,不管名分只論實力,目光勢利,一切就成敗立論。誰說孔子
與左丘明好惡相同耶!故除非別有一左丘明,《論語》「左丘明恥之」
一章必出偽造。」(《蚪江市隱雜記(三)・春秋與左傳立場不同》,
《筆記》,卷4,頁2607)[5]《春秋》既有名分,自應承認其有大義。

　　上述二則顧頡剛均未舉出例證,對《左傳》批評則不然:「《左
傳》中屢記孔子之言,即欲使後人知孔子之微言大義具在《左傳》
也。《公》、《穀》尚不如此,多記經師語,少記孔子語。」(《郊居雜
記(十四)・左傳中孔子語之作用》,《筆記》,卷3,頁1848)可是顧
頡剛又認為《左傳》中孔子語多不可信:「魯不敵齊,魯公不敵三
家,而陳恆弒君,孔子請哀公討之,此等處足見其『知其不可為而為
之』之精神。何以洩冶諫靈公君臣宣淫而被殺,《左傳》乃云:孔子
曰:『《詩》云:「民之多辟,無自立辟」其洩冶之謂乎?』(宣九年)
乃與己所行者牴牾至斯。即此一端,可見《左傳》所載孔子語不可
信。」(《浪口村隨筆(一)・左傳所載孔子語不可信》,《筆記》,卷
4,頁2047-2048)《左傳・宣公九年》記載孔子之語自是引人疑竇,
而連結這兩則筆記,也可得知顧頡剛對《左傳》究竟有無微言大義的
看法。對《春秋》究竟有無微言大義,前後不一;對《左傳》有無微
言大義,則是全盤否定。

　　顧頡剛承認《春秋》時月日例有義,但其義僅與事實有關,亦即

這是從記事思考時月日例，而非從微言思考時月日例，自與其一貫立場相同。《公羊》、《穀梁》對時月日例的說解，在顧頡剛看來只是：「寸寸而量之，幾何其不曲說也。」（《滬樓日劄・公羊、穀梁傳之時代》，《筆記》，卷4，頁2414）甚而指責《公羊》作者無聊（《虯江市隱雜記（二）・公羊說「陳公子招」之非》，《筆記》，卷4，頁2575）《穀梁》作者為極端唯心。（《法華讀書記（四）・穀梁謂莒滅繒非滅》，《筆記》，卷5上，頁2484）《公羊》、《穀梁》所稱微言大義，歷來討論者頗多，說法亦非一家，但基本上大致承認有一「義」存在，只是對此義的理解不同，與《左傳》相較，顧頡剛對《公羊》、《穀梁》的態度不僅是全盤否定，更是全盤貶抑。

四　經典與史料──規範後世的不再

先秦經典，遞衍至漢代，逐漸獲得學術主流的地位，考其背景，實有日漸深化的思想內涵。漢興，鑑於秦代享祚不永，知識分子致力反省此一歷史變局，而提出不同對策。叔孫通（？-？）制定朝儀：「采古禮與秦儀雜就之。」但此舉只能令：「諸侯王以下，莫不振恐肅敬。」所以司馬遷譏其：「希世度務。」興造禮樂，並不足以罪叔孫通，關鍵在魯儒生的批評：「今天下初定，死者未葬，傷者未起，又欲起禮樂。禮樂所由起，積德百年而後可興也。」（均見《史記・叔孫通傳》）魯生所指禮樂，非立國宏規，正如班固所說實乃：「一王之儀。」（《漢書・叔孫通傳》）由此可推論，魯生所指禮樂，也應是仿周公制禮作樂，而非一王之儀。魯生重在撫恤人民，未能就制度層次分析歷史興亡之故。

陸賈（？-？）則不然，從民眾經濟生活出發，由五穀、宮室、闢土、漸及於刑賞、禮義與教化。（《新語・道基》）賈誼也指出秦之

所以失敗，一在不施仁義，一在壅蔽傷國。（《新書·過秦論》）二氏均從人事省察，冀望漢主引前代之戒，開後世之基。此一反省，非僅僅為帝王威儀，而是建構治國理想。賈誼（漢高祖6年-漢文帝11年，前201-前169年）更說：「初，誼以為漢興二十餘年，天下和洽，而宜改正朔、易服色、法制度、定官名、興禮樂。」（《史記》及《漢書》〈賈誼傳〉）建構立國宏規，卻要改正朔、易服色，這明明是法古以更新。開啟董仲舒復古更化的先聲。[6]

董仲舒云：「為政而不行，甚者必變而更化之，乃可理也。」更化的前提是先王之道——經過重新解釋的先王之道，如此則與復古連結，而形成復古以更化的思考模式。這一「古」的概念，董仲舒追溯到《春秋》：「《春秋》大一統者，天地之常經，古今之通誼也。今師異道，人異論，百家殊方，指意不同，是以上亡以持一統，法制數變，下不知所守。臣愚以為諸不在六藝之科、孔子之術者，皆絕其道，勿使並進。然後統紀可一而法度可明，民知所從矣。」（《均見漢書·董仲舒傳》）亦即此一先王之道，存在於具體生活、歷史文化之中。是以《春秋》及所演化的三傳，對後世而言，絕非僅是歷史文獻，更在於在歷史事件中，發掘文化的意義，並以此文化意義，規範當代政治。

顧頡剛則全以史料視《春秋》，並別具慧眼鈔出隱公期內的《春秋》經文，從而得知春秋初期魯國與周邊國家邾、宋、戎、向、極、紀、莒、鄭、齊等戰爭或連合的關係。（《皋蘭讀書記·春秋初國際情

6　呂思勉就指出賈誼〈陳政事疏〉極言俗流失、政敗壞，賈山亦勸明帝立明堂、造太學，然則制度當正、教化當興，乃當時論治者之公言，非一二人之私意，見《讀史札記·漢儒盛衰上》（臺北市：木鐸出版社，1983年9月），頁650-651。錢穆也指出西漢儒生欲通經致用，將經學變成當代興王致治之學，見《兩漢經學今古文平議》（臺北市：東大圖書公司，1978年7月），頁257。

狀》,《筆記》,卷4,頁1953-1954)根據此一方式,可往下延伸至哀公,並歸納文獻,描繪春秋歷史分期。但是這一路向,與傳統《春秋》學大異其趣。這是顧頡剛以歷史方法研治《春秋》的最佳範例。

不但《春秋》如此,《左傳》亦然,顧頡剛分析《春秋》與《左傳》的關係云:「《春秋》為魯史。孔子卒後,儒家以《春秋》為經典。……《國語》與《春秋》本是各不相關的兩部史書。但經漢人看到,以為可以釋經,遂依經文分析,而為《左氏傳》。……」(《東山筆乘(三)‧假定春秋經與左氏傳的經歷》,《筆記》,卷2,頁1114-1115)此處「孔子卒後,儒家以《春秋》為經典」最可討論。一是孔子去世與儒家以《春秋》為經典,其年代或時間距離。如果年代接近,後世所稱《春秋》大義,可能直接承自孔子,如果距離較遠,也至少承自孔門。二是儒家以《春秋》為經典,豈不說明《春秋》學為經學這一傳統,淵源甚早,不全為後代儒者附益。三是《春秋》既為儒家經典,就不僅是史事的記載,而有意義在其中。其中的異同,就是經典與史料的差異。面對這一情境,我們必須承認《春秋》學應同時並存經典與史料此一雙重性質。然而以《春秋》為經典的思考路向,顧頡剛根本未予考慮。《春秋》如此,《左傳》當然更是如此,嘗提出治《左傳》步驟,徹底將經與史分離:「治《左氏》之法應分數步:第一步,去其釋《經》之語,使與《春秋》分開。第二步,試恢復其《國語》式之原來面目。第三,將其中豫言成分及閨門隱事、複沓記載刪去,俾見春秋時代之真事實。此三步完成時,一部《春秋史》乃能不為當時人之主觀所蔽,亦不為漢代經學家所蒙也。」(《郊居雜記(十四)‧治左傳之三步驟》,卷3,頁1847-1848)顧頡剛事實上在預設有一「原始」《左傳》的文本:此一原始文本結構並不釋經,而與《國語》接近;此一原始文本形式整齊,不記載豫言、閨門隱事、敘事精簡。然而問題是真有這麼一部原始文本?古代著作有不

能符合後代學術規範者，在所皆有，盡皆欲回復原始樣貌，事實上不可能，理論上也無此必要。何況這一原始文本言人人殊。這一問題又連接事件與解釋，顧頡剛認為只要去除典籍「不當記載」部分，歷史真相即可一望即知。以《春秋》三傳為例，就知道這一講法大有疑義。三傳《春秋》經文相同之處，解釋卻大異。三傳學的差異，主要在解釋，而不在經文異同。[7]至於當時人主觀之蔽、漢代經學家之蒙，更屬偏見，此處顧頡剛預設另一觀點，即有一完美無缺的歷史解釋，一旦尋找出此一解釋，歷史真相也隨之而出。而這一解釋者，就在顧頡剛所處時代。然而文獻或史料不會說話，會說話的是詮釋者。歷史向來不是客觀存在，且能自明其價值，歷史有待我們詮釋，如將歷史區分為二個層次：一是實際發生的歷史事件，一是經過史學家詮釋的歷史，我們會發現，我們所閱讀的歷史，並不是客觀事件，而是經過史家創造的歷史。如此論述，豈非在說歷史可以任意解釋，充滿

7　《春秋》經文異同涉及異文問題，參考趙坦：《春秋異文箋》，收入《皇清經解》（臺北市：藝文印書館影印皇清經解春秋類匯編第1冊，1986年9月），卷1303-1315，李富孫：《春秋公羊傳異文釋》，收入《續皇清經解》（臺北市：藝文印書館影印續皇清經解春秋類匯編第4冊，1986年9月），卷571。陳新雄全面分析《春秋》異文的原因有語言緩急之殊、同音通假、形音俱近、義近、音近相轉、字同體異、傳寫而誤、形似而誤、字形殘脫、脫文、衍文、名字相異、本名別稱、形近而誤、避諱而改、地有二名、魯人語音之殊，見《春秋異文考》（臺北市：嘉新水泥公司文化基金會研究論文第26種，1964年11月），〈春秋異文表〉，頁241-263。金德建則以今古文觀念，分析《春秋》異文，歸納所析，《左傳》之《春秋經》是古文本，《公羊》是今文本，《穀梁》是不今不古本，見《經今古文字考・二・春秋經三家異文今古文分別考》，頁26-41，主要論點見頁26、39。但根據金德建分析，今古之分也非涇渭分明，而是《左傳》古文多於今文，《公羊》今文多於古文，《穀梁》今古各半。經今古文之爭，除文字、篇卷外，經典意義解釋更是爭論重心。三傳異同問題，參考顧棟高：《春秋大事表・春秋三傳異同表》（北京市：中華書局，吳樹平、李解民點校，1993年6月），本書先列經文，次列三傳，並加考證，經文一律，但三傳解釋，軌轍互異。

主觀、不確定？不然，歷史解釋，須放置在「詮釋過程」中分析，才能理解其中微妙。有待研究的問題甚多，詮釋者為何選擇此而不選擇彼？這就涉及「問題意識」的來源，問題如果與其存在的感受無關，可能引不起詮釋者的興趣，但這並不是古為今用，而是問題必須有「意義」：能說明文化價值、能分析現狀淵源、能反省人生處境等，而這些問題，又根本離不開詮釋者所處的時代，於是在選擇的過程中，無可避免的會有強烈的主體意願。其次是架構的鋪陳、史料的擷取。歷史史料，不可能完備無缺：人為疏失、天災人禍、自然淘汰，在在使史料不完全。即使如此，詮釋者不可能也不需要全納入，而是在一詮釋系統下，選擇並解釋史料，詮釋者理解歷史事件，絕非從虛無開始，其所處文化傳統、知識水準、物質條件，構成理解的整體結構，均影響其歷史解釋。[8]顧頡剛忽略這些因素，以為身處時代是歷史最高點，可以俯瞰整個歷史，從而做出最完整的解釋。以此觀點看待三傳，三傳作者各自可聲稱所做解經語已是最佳解釋，其餘解釋均是錯誤，至少是不完整。但是顧頡剛等不滿意於三傳，不正是時移世易，思想有異以致之。且顧頡剛理論一旦成真，可尋得最後解釋，學術研究也就到此為止。看似最廣闊的學術視野，實際卻造成最狹隘的學術規模。

《左傳》還有史料的價值，至於《公羊》、《穀梁》在顧頡剛龐大的筆記中，根本不提及二書的史料價值。對《春秋》經傳的綜合判斷

8　參考許冠三：《史學與史學方法》（臺北市：萬年青書店，出版年月不詳），第2章〈歷史知識之不完性〉，頁29-47；龔師鵬程：《大俠》（臺北市：錦冠出版社，1987年10月），第3章〈歷史的詮釋〉，頁11-34，第6章〈歷史研究的方法問題〉，頁77-98；張汝倫：《意義的探究——當代西方釋義學》（臺北市：谷風出版社，1988年5月），第4章〈釋義學的本體論轉折〉，頁85-110，第5章〈哲學釋義學的興起〉，頁110-161；〔德〕歐因斯特・卡西勒（Ernst Cassirer）：《論人——人類文化哲學導論》（臺北市：文星書店，劉述先譯，1959年11月），第10章〈歷史〉，頁196-231。

更可視為最後的定論:「作《春秋》者不勝其異,傳《春秋》者遂因其
異而立說。……任情作解,使古事與古制度受其攪亂,所必當清除者
也。」(《法華讀書記(四)‧春秋傳因經文之異而立說》,《筆記》,卷
5上,頁2840)整個學術過程是經學成為史學,史學成為史料學。於是
以史料真偽判定歷史真相,以為去除偽史料,真史事即可呼之欲出。

五　文化意識與經學思想

　　探究經學何以異化至此,可從顧頡剛自述得知:「我心中一向有
一個歷史問題,竭想借此得一解決,即把這個問題作為編纂通史的骨
幹。這個問題是:中國民族是否確為衰老,抑尚在少壯?」對民族前
途的關心,構成其學術核心。這正是內向反省歷史,以外向探索世界
的情境。研究者的生命問題——文化傳統有何意義,帶動研究對象的
文獻解釋。對這一問題的答案是:「戰國時代,我國的文化固然為許
多民族的新結合,而非常健壯。但到了漢以後,便因國君專制和儒教
的壟斷,把他弄得死氣沈沈了。」(《古史辨‧一‧序》,頁89)這一
答案,形成日後研究的基本預設:中國之所以不如西方,全在於君主
專制與儒家思想。前者關乎政治體制,後者繫連文化傳統。民國的文
化思潮,所關注者不外此兩大問題。考辨史料的背後,均存在研究者
文化意識與時代關懷。[9]所以顧頡剛逸出經學傳統,視經學為史料:

9　顧頡剛對漢儒的批評是:「漢人思想骨幹,是陰陽五行。」「本質是迷信,已不足供
　　我們一擊,但這是漢人的信條,是他們思想行事的核心,我們要了解漢代的歷史
　　時,是非先明白這個方式不可的。」見一九三五年上海亞細亞書局出版《漢代學術
　　史略》(臺北市:天山出版社,1985年6月重印),頁1、5,一九五四年改名為《秦漢
　　的方士與儒生》(臺北市:里仁書局,1995年2月),雖受政治因素影響,作若干修
　　正,但基調不變。錢穆則認為漢儒:「深信陰陽之運,五德轉移,本不抱後世帝王萬
　　世一姓之見。」見《劉向歆父子年譜》,《古史辨》第5冊,頁113。相同文獻,相反
　　解釋,可說明人文學科研究者與研究對象複雜的關係,不是客觀中立可簡單處理。

「蓋戰國秦漢之世，化古史料為經典，今日使命則復化經典為古史料耳。」（《滬樓日劄・經學之任務》，《筆記》，卷4，頁2411）史料所以能成為經典，在於不斷的賦史事以各種意義，俾為我們的生命規範。顧頡剛並未分析古代史料何以能化為經典，而是直接將之回復原貌：「竊意董仲舒時代之治經，為開創經學，我輩生於今日，其任務則為結束經學。」（《法華讀書記・經學史》，《筆記》，卷5上，頁2788）這一從經學到史學的過程，正可反映近代思想史的變動。由懷疑傳統價值，而懷疑經；由懷疑經典，而欲還原經典真相；此時經典地位不再，經典所含藏的價值也不再，成為客觀研究的對象。

由於經學的正式成立，是從漢代開始，欲化經典為史料甚而結束經學，對漢儒自會抱持負面評價：「現在所見到的古書，沒有一部不是經由漢人所整理；現在所知道的古事，沒有一件不是經由漢人所編排。」但經由漢人整理編排之後，情況竟是：「經學裡不知包含多少違背人性和事實的說話。」（《古史辨・四・序》，頁21、10）顧頡剛立志專門研究戰國秦漢思想史與學術史，目的是：「要在這一時期的人們的思想和學術中，尋出他們的上古史觀念及其所造作的歷史來。」剝除漢人所造的古史，才能建立真正的古史，經學歷二千年所建立的價值體系，才能擊潰：「用文籍考定學的工具衝進聖道王功的秘密窟裡去。」（《古史辨・二・序》，頁6）[10]經學及其意義，幾難以立足於顧頡剛思想。

所以如此，不完全是因為考辨古史，因而嚴格檢查經典，在真偽

---

10 錢玄同亦云：「不把經中有許多偽史這個意思說明，則周代——及其以前——底的歷史永遠是講不好的。」見〈論詩說及群經辨偽書〉，《古史辨》第1冊（臺北市：明倫出版社，1970年1月），頁52。美籍學者施耐德（Laurence A. Schneider）指出顧頡剛希望以其學識矯正被扭曲的中國歷史，並糾正不當的思想方法，見《顧頡剛與中國新史學》（臺北市：華世出版社，梅寅生譯，1984年1月），〈導言〉，頁1-22，引述見頁3。可以很清楚的理解，被扭曲的中國歷史、不當的思想方法，均與經典有關。

的標準下，致使經典喪失傳統神聖地位；更在於對傳統的激烈批判。顧頡剛說：「『六經皆周公之舊典』一句話，已經給『今文家』推翻；『六經皆孔子之作品』一個觀念，現在也可以駁倒了。」（〈論孔子刪述六經說及戰國著作偽書書〉，《古史辨》第1冊，頁42）[11]背後的意識，何止於考定古史，而是要破解歷來儒者對經典的信仰，所以懷疑經典，不僅破壞經典所記載的歷史，更破壞歷代儒者借由解經所建立的價值系統，從疑古辨偽漸漸走向推倒傳統。

本來疑古辨偽，是為尋求歷史真相，並不預設打倒傳統；但在研究過程中，不能贊同漢儒經典崇拜、解經方法，遂致對根據漢儒治經規模所形成的經學傳統亦大表反對，終至形成反傳統思潮。然而反傳統若只是推倒一切，並不能構成古史辨派所指稱回復真相，所以更重要的是重建傳統，形成一新的解釋系統——一如晚清經今文學者——經典方能呈顯其原貌。所以顧頡剛治經，立場其實非常明確一貫。固然開創了經學研究的新路向，也不免有所限制：文學的涵泳、生命的感悟、價值的體會、意義的追尋，胥不在研讀經典範圍之內，有的只是客觀歷史知識。其實這與考證學並無二致，視經典為客觀存在的文獻，輕忽了經典給予我們心靈的提升。錢玄同曾討論《春秋》性質：「認它是孔二先生的大著，其中蘊藏著許多『微言大義』及『非常異義可怪之論』，當依《公羊傳》及《春秋繁露》去解釋它。這樣，它絕對不是歷史。認它是歷史，那麼，便是一部魯國底『斷爛朝報』，

---

11 這還只是討論經典作者，用字雖嫌激烈，但態度尚稱持平。錢玄同則不然：「我以為『經』之辨偽與『子』有同等重要——或且過之。因為『子』為前人所不看重，故治『子』者尚多懷疑之態度，而『經』則自來為學者所尊崇，無論講什麼，總要徵引他、信仰他，故『偽經辨證集說』之編纂尤不容緩也。」見〈論編纂經部辨偽文字書〉，《古史辨》第1冊，頁41。又說：「我以為推倒『群經』比疑辨『諸子』尤為重要。」推倒群經之後，再推倒孔教：「我以為不把『六經』與『孔丘』分家，則孔教總不容易打倒的。」見〈論詩說及群經辨偽書〉，《古史辨》第1冊，頁52。

不但無所謂『微言大義』等等，並且是沒有組織，沒有體例，不成東西的史料而已。……我近年來是主張後一說的。但又以為如其相信『孔子作《春秋》』之說，則惟有依前一說那樣講還有些意思。」（〈論春秋性質書〉，《古史辨》第1冊，頁275-276）此處錢玄同有一特殊傾向，即《春秋》若有大義，必依《公羊》、《春秋繁露》解釋。從此可推知，《春秋》未必全然無義；以《公羊》解《春秋》，才能見出《春秋》義理；追求經典義理，也可以是治經方向。經典所形成的傳統，仍在無形之中影響後代學術觀點，但錢玄同並未從此一方向發展，以其時學風而言，這是可以料知。顧頡剛對此有回覆，主要論點是《春秋》所以成為孔子所作的原因：「孟子等遂在《春秋》內求王道，公羊氏等遂在《春秋》內求微言大義。經他們的附會和深文周納，而《春秋》遂真成了一部素王手筆的經典。」（〈答書〉，《古史辨》第1冊，頁278）顧頡剛確實道出《春秋》學或《公羊》學形成的過程，是在歷史中逐漸形成，因而很難指實真實的作者、原本的意義、學術的傳承，僅能從後世較完整的作品，發掘並體會微言大義。但顧頡剛等不承認經學思想在歷史中發展、形成、轉變的過程，堅持要回復本義。

對於經典性質，可以以錢玄同所說為代表：《詩》是一部最古的總集。《書》似乎是「三代」時候底「文件類編」或「檔案匯存」，應該認它為歷史。《儀禮》是戰國時代胡亂鈔成的偽書，《周禮》是劉（歆）造的，《兩戴記》中，十分之九都是漢儒所作的。《易》，原始的易卦，是生殖器崇拜時代底東西，孔丘以後的儒者借它來發揮他們底哲理。《春秋》是「斷爛朝報」、「流水賬簿」，孟子為要借著孔丘，硬說它有「義」，硬說它是「天子之事」，一變而為《公羊傳》，再變而為董仲舒之《春秋繁露》，三變而為何休之《公羊解詁》；穀梁氏文理不通；《左傳》是戰國時代一個文學家編寫的一部「國別史」，即是

《國語》，劉歆將它改編，算做《春秋》底傳。（錢玄同：〈答顧頡剛先生書〉，《古史辨》第1冊，頁76-78）經典或是文學作品，或是文獻檔案，或是古代風俗，或是古史編年，或是諸侯國史，主要內容與性質就是歷史。傳統經學意義，至此已完全消失。

顧頡剛《易》學思想

摘要

　　本文旨在論述顧頡剛《易》學對中國文化史、近代思想史之影響，進而說明其《易》學解經方法及其限制。其一，將《易》學從聖人制作衍異成占卜之書，此一歷程儼然是對《周易》重新理解；其二，論述顧頡剛對《易》學的發微，是由微言大義到歷史故事，視儒家聖王思想是偽造，則卦爻辭的義理也被揚棄，此一論述將文化的內容採分離斷裂手法，將《周易》視為待定的史料；其三，揭示顧頡剛的《易》學研究影響，將《易》學從研究經典翻轉成為考證史料的過程；其四，針對顧頡剛的方法進行反省，指出層累說的造成與剝落，最後歸結顧氏將《周易》視為卜筮之書，否定其中義理結構，進而否定聖人創作，對中國文化史的影響是將經學視為史學，則經學意義不再。此一否定傳統文化的進路是與顧頡剛存在的感受及其方法論有關。

關鍵詞：顧頡剛　易學　聖人制作　占卜

　　《古史辨》的成書，始自民國九年十一月，終於民國三十年十二月，此一學術活動，其流風餘韻，至今未息，影響近代思想史甚鉅。而論其核心人物，自非顧頡剛莫屬。隨著此一世代漸行漸遠，應可對顧頡剛及古史辨派作一探討，反省其價值與意義。相關的研究，以筆者所知，有下列三種：

一、〔美〕施耐德（Laurence A. Schneider）《顧頡剛與中國新史
　　學》，臺北：華世出版社，民國七十三年。
二、王汎森《古史辨運動的興起》，臺北市：允晨文化公司，民國
　　七十六年。
三、彭明輝《疑古思想與現代中國史學的發展》，臺北市：臺灣商
　　務印書館，民國八十年。

就其內容而言，多從史學角度觀察，雖亦涉及經學，究非主流。筆者擬撰一系列顧頡剛經學思想研究，以期從經學角度去理解顧氏學術。茲先從《易》學始。

一　研究範圍與方法

　　顧頡剛治學目標，乃對「戰國、秦、漢時代學說之批判」，而對《尚書》、《詩經》、《史記》、《左傳》、《論語》、《孟子》、《墨子》用力最勤。（顧氏子顧洪語，見《顧頡剛讀書筆記·前言》，第一卷，頁四。以下簡稱《讀書筆記》）顧洪此語甚確，考顧頡剛有關《周易》論文，《古史辨》中僅收錄二篇，分別為〈周易卦爻辭中的故事〉、〈論易繫辭傳中觀象制器的故事〉，另有一篇是書信體，〈論易經的比較研究及象傳與象傳的關係書〉，餘則以札記形式散見於其《讀書筆記》中。如與其《詩》、《書》研究相較，差異甚大。唯篇數雖少，分量則重，經由顧頡剛啟發，李鏡池、余永梁、容肇祖等，均寫出頗重

要之《易》學論文，尤以李鏡池為然。考其內容，均沿襲顧頡剛方向。本文即以此為範圍，探討顧頡剛《易》學思想。

　　本文目的，不在論斷顧頡剛考證《周易》之是非，也不在立足顧頡剛之上，研究《周易》作者、時代等問題，而在試圖分析顧頡剛所以如此之故，且指出其《易》學研究，對中國文化史、近代思想史的影響，最後說明顧頡剛的方法，並指出其限制。採取這種進路，其實有一基本預設：學者因關心某些問題而研究，這些問題可能涉及內在生命，也可能關聯外在宇宙，由此而探討學術，而不像一般人所想像，為學術而研究，所以文獻的考證、選擇、解釋，不僅是客觀的呈現，實有主體的關懷問題。[1]研究者本人，自也如此：展陳論文，也可見到研究者的文化意識。

二　由聖人制作到占卜之書：《周易》的重新理解

　　《周易》的作者向來聚訟紛紜，根據孔穎達敘述，伏羲畫卦後，重卦之人，凡有四說：王弼以為伏羲重卦；鄭玄以為神農重卦；孫盛以為夏禹重卦；司馬遷以為文王重卦；孔氏則以為伏羲自畫卦、自重卦較合理。次則卦爻辭作者說亦不同：一以為卦爻辭均為文王所作，鄭玄主此說；二以為文王作卦辭，周公作爻辭，馬融、陸績主此說，孔氏本人也採此說。至於《十翼》作者，眾人咸同，均以為是孔子所作。（見孔穎達《周易正義・序》，頁417）如若分析作者性質，不論

---

[1]　史家在選題修史時，不祇照顧到現在，而且每每關注到未來，所以會滲入個人對未來的展望。而史家在選題、蒐集資料、考證文獻均受到價值判斷影響，而不僅是事實判斷。參見許冠三《史學與史學方法》（臺北市：萬年青書店，未標出版年月），頁45、51-65。但這並不意謂史學可任意或主觀，只是說明史學並不是我們所想像是完全客觀。

是伏羲、神農、夏禹、文王、周公、孔子,均是中國文化史上的聖人,開創中國文化的方向。《周易》作者比附這一作者群,就在說明文化的起源。所以,這一說法,或者不合於「歷史真實」,但就「文化真實」而言,卻頗合理。「歷史真實」指須有客觀文獻證據,證明作者屬誰與作品時代;「文化真實」則指就現有資料,去解釋文化起源與發展。

稽諸《周易》經傳本身,其實是重在後者:將人與整體宇宙關聯,說明宇宙的結構,以及人在其中的價值。前者如〈序卦〉:「有天地然後萬物生焉,盈天地之間者唯萬物,故受之以屯,屯者物之始生也。」(《周易正義》,頁187)一方面在說明六十四卦的次序,一方面就在說明世界的發生,天地(乾坤)為萬物發生的根本,萬物在此中成長(屯)。後者如〈說卦〉:「昔者聖人之作易也,將以順性命之理,是以立天之道曰陰與陽,立地之道曰柔與剛,立人之道曰仁與義。兼三材而兩之,故《易》六畫而成卦,分陰分陽,迭用柔剛,故《易》六位而成章。」(《周易正義》,頁183)人之所以為人,正在仁與義。而歷代的注解,雖有象數與義理之別,但均著重在這些層面。

以《易‧乾卦》為例,九二爻辭「見龍在田,利見大人」,王弼注云:「出潛離隱,故曰見龍,處於地上,故曰在田,德施周普,居中不偏,雖非君位,君之德也,初則不彰,三則乾乾,四則或躍,上則過亢,利見大人,唯二五焉。」(《周易正義》,頁8)前四句仍在釋象,以後則釋義理「德施周普,居中不偏」,顯然這才是王注重點所在。干寶則曰:「陽在九二,十二月之時,自臨來也,二為地上,田在地之表而有人功者也,陽氣將施,聖人將顯,此文王免於羑里之日也,故曰利見大人。」(李鼎祚《周易集解》引,頁516)干寶是以卦氣解經,再解九二之象,最後比附文王史事,與王弼是有甚大差異,但就借史顯義而言,「陽氣將施,聖人將顯」意謂世界是由聖人所開

創，至少世界命運與聖人遭遇有關。[2]

綜上所述，借著聖人對世界圖式的建立，讀者於其中發掘人存在的意義，可能是讀《易》最基本目的之一。然在顧頡剛眼中，《易》不過是卜筮之書，研究《易》的目的在「破壞其伏羲神農的聖經地位，而建設其卜筮的地位。」（《古史辨・三・序》）如此一來，上述所說的目的完全不存在，《易》從神聖墮落到凡俗。卜筮與後世所謂算命、占卜、神算等有何不同？顧頡剛正以此種態度看待《易經》。所以「這一冊書的根本意義，是打破漢人的經說」（同上），也就可以理解。

根據這一基線，顧頡剛發表許多對《易》的見解，均是圍繞卜筮此一觀點。如「《周易》之周，或作周遍解，或作周代周公解。予意周從用，從口，而用又從卜，從中，妄意其為卜告之意。」（《讀書筆記》，卷1，頁6）果如此意，「夏曰連山，殷曰歸藏」如何解釋夏、殷之義？敘述占卜的歷史云：「由結繩發展而為耆卜，猶後世蓍卜發展而為金錢卜也。」（《讀書筆記》，卷9上，頁7045）又說「《周易》是講陰陽的書。」（《讀書筆記》，卷3，頁1168）結繩、占卜、陰陽、金錢卦等，可涵蓋《易》之性質。[3]傳統經典意義，至此已不復存。且忽略了原始占卜意義及編輯者用意的不同：亦即最初是用來占卜，但

---

2 卦氣的說明，見屈萬里《先秦漢魏易例述評》（臺北市：臺灣學生書局，1985年），頁83-93。屈先生嘗評云：「卦氣之術，不過配合時日，比附人事，以便占說災異。」就此點而言，誠值批評；但借六十四卦以說明宇宙人生，也甚為清晰。朱伯崑就指出孟、京卦氣說，是建立以陰陽五行為世界間架的哲學體系，見《易學哲學史・上》（北京市：北京大學出版社，1986年），頁147。

3 顧頡剛曾說：「《周易》的關鍵全在卦辭和爻辭上。」（《古史辨》第3冊，頁4）卦爻辭即便是占卜之辭，仍有其世界的想像，參考朱伯崑《易學哲學史・上》，頁15-18。顧氏對此全不考慮。又《序卦》雖是漢代作品，但對六十四卦序的解釋，仍有一系統，在這一點上，必須考慮六十四卦本身除占卜之外的意義，不能以後世偽作一筆勾銷。

經過編輯選擇刪汰，所呈現的內含，與原始意義必有距離。而讀者與編輯者在理解《周易》又有不同。如此方構成整體《易》系統。只取其中一點，所見確有過狹之處。

以《易》為卜筮之書，不始於顧頡剛，宋代朱子就一再強此點，《朱子語類》卷六十六有「卜筮」一節，專論《易》為卜筮之書。[4]《古史辨·三》書首也引若干條《朱子語類》之說，以證明己說其來有自。顧頡剛並很自豪的說：「我們所處的時代太好，它給予我們以自由批評的勇氣，許我們比宋代學者作進一步的探索——解除了道統的束縛；也許我們比清代學者作進一步探索——解除了學派的束縛。」（《古史辨·三·序》）然而朱子僅以卜筮看待《周易》？「聖人作《易》，本為欲定天下之志，斷天下之疑而已，不是要因此而說道理也。如人占得這爻，便要人知得這爻之象是吉是凶，吉便為之，凶便不為。然如此，理卻自在其中矣。」（《朱子語類》，卷六十六）卦爻是占卜吉凶，但又要從卦爻中識得道理。亦即卦爻除占卜吉凶外，本身也有其蘊含的道理。

朱子何嘗反對義理解《易》？他所反對的只是專重義理，忽略了《易》本卜筮之書，而企圖結合這兩者解《易》。《易本義》前附占卜之法，即可從此處理解。「《易》自是別是一箇道理，不是教人底書。」（《朱子語類》，卷六十七）所謂這個道理究竟指什麼？朱子續云：「蓋《易》不比《詩》、《書》，它是說盡天下後世無窮無盡底事理，只一二字便是一箇道理。又人須是經歷天下許多事變，讀《易》

4　朱子《易》學，除《易本義》外，尚有與蔡元定合編之《易學啟蒙》，《朱子語類》卷65-77也全是論《易》之作。朱子對其《本義》甚為自負，嘗云：「看《易》，先看某《本義》了，卻看伊川解以相參考。如未看他《易》，先看某說，卻易看也，蓋未為他說所汩故也。」見《朱子語類》（臺北市：文津出版社，1986年）卷67。所謂未為他說所汩，即未為義理圍繞，而能直探《易》之本義——卜筮。

方知各有一理，精審端正。」（同上）綜合上述，可知朱子以為《易》無法教人，而是要自身體會，將外在經歷與自身生命結合，才能領會《易》理。其次，《易》包含天下道理，即是前述宇宙人生之理。

朱子這個講法，自非無的放矢。以八卦最原始的意義而言，是人面對自然景象，從而思考人與自然的關係。重卦為六十四，除自然景象外，還有社會結構，因而反省人在其中的出處進退。具體方式，是透過卜筮為之。如果沒有預設對自然、人事的解釋，卜筮有何意義？以《楚辭・卜居》為例，對是非善惡已有深刻認識，方才去占卜以定從違。決非一開始就卜卦以定吉凶。[5]對自然、人事沒有相當了解，又如何借著占卜定出處？八卦、六十四卦，即對此之基本預設。這些即是朱子所一再說的「理」。顧頡剛並不考慮這一層面，完全以「史」的觀點去分析《周易》。

三　由微言大義到歷史故事：文化的分離斷裂

正因從史的角度考慮，對於畫卦、重卦、卦辭、爻辭作者的傳統說法，表示了質疑的態度。顧頡剛並提出新的方向：「一部《周易》的關鍵全在卦辭和爻辭上，……我們必須弄清楚了它的著作時代，才可抽出它裡邊的材料（如政治，風俗，思想，言語，……）作為各種的研究。」（〈周易卦爻辭的故事〉，《古史辨・三》，頁4）此時考定卦爻辭的時代，成為首要的工作。其方法是將「卦爻辭的故事抽出來，

5　顧炎武說得好：「〈卜居〉屈原自作，設為問答，以見此心非鬼神吉凶之所得移耳。」又引《禮記・少儀》：「問卜筮曰：義與志與？義則可問，志則否。」而云：「子孝臣忠，義也；違害就利，志也。卜筮者先王所教人去利懷仁義也。」見《日知錄・卜筮》（臺北市：世界書局，1981年），卷1。可見到戰國晚期，卜筮的意義也在轉變，不是原始的占吉凶。

看這裡邊說的故事是哪幾件，從何時起，至何時止，有了這個根據，再試把它的著作時代估計一下。」（同上）此時考定卦爻辭的故事成為核心要務。

顧頡剛最大的成就，即以「故事」的眼光，看待《周易》經傳，許多難以索解的卦爻辭，在此線索下，均被顧頡剛一一析明。這也是顧頡剛研究古史的方法：「用故事的眼光解釋古史構成的原因。」（《古史辨·一·序》，頁274）在此前提下，經典的教化意義不再，只剩下歷史故事：

〈大壯·六五·爻辭〉：「喪羊於易，無悔。」〈旅·上九·爻辭〉：「鳥焚其巢，旅人先笑後號咷，喪牛於易。」顧頡剛引王國維〈殷卜辭所見先王先公考〉，在《山海經·大荒東經》有類似文句：「王亥託於有易，河伯僕牛。有易殺王亥，取僕牛。」郭璞《山海經注》引真本《竹書紀年》、《楚辭·天問》均有類似記載（文繁不引）。因而斷定《周易》所記是殷先祖王亥的故事：有易乃地名，旅人即託於有易的王亥，初到有易，過著安樂的日子（先笑），先喪羊，無大損失（喪羊於易，無悔），後喪牛才碰到危險（喪牛於易，凶），最後是家破人亡（鳥焚其巢）。又據王國維考證，王亥曾作服牛，但在〈繫辭傳〉此事歸於黃帝、堯、舜，所以顧頡剛說：「卦爻辭與易傳完全是兩件東西，它們的時代不同，所以它們的思想和故事也都不同，與其貌合神離的拉攏在一塊，還不如讓它們分了家的好。」（以上參考〈周易卦爻辭中的故事〉，《古史辨》第3冊，頁519）王國維的作品本不在研究《周易》，但顧頡剛卻很巧妙的將二者連結在一起，解釋了上引二條爻辭的故事，眼光之獨到，確實令人佩服。

〈泰·六五·爻辭〉：「帝乙歸妹，以祉，元吉。」〈歸妹·六五·爻辭〉：「帝乙歸妹，其君之袂，不如其娣之袂良，月幾望，吉。」顧頡剛引《詩·大雅·大明》以為帝乙歸妹即文王親迎，至於

殷商為何嫁女與文王？顧頡剛解釋說：「自太王以來，商日受周的壓迫，不得用和親之策，以為緩和之計，像漢之與匈奴一般。」至於〈歸妹・六五・爻辭〉之意，可能是「文王對所娶的嫡夫人不及其媵為滿意。」（同上，頁12-14）簡單的文辭，背後卻有豐富的故事，顧頡剛釋此條，是以深刻的歷史知識為背景，方得有此結論。

〈晉・卦辭〉：「康侯用錫馬蕃庶，晝日三接。」顧頡剛引金文及《尚書・康誥》以證康侯即衛康叔，康叔受封為康侯，是周代第一個封國，就卦辭看，「當是封國之時，王有錫馬，康侯善於畜牧，用以蕃庶。」而晝日三接，「因文義實不易解，不敢妄為之說。」（同上，頁17-19）此條引金文及《尚書》以證明康侯的身分。

從上述三例，可略窺顧頡剛解《周易》的大概：引經證經、引史證經、引古文字以證經。其次將卦爻辭相同的文字，合併在一起以見其事件的本源。[6]而其最大的成就，在以故事解釋《周易》，以故事的背景考定《周易》經傳的著成時代。這確是以往《易》學研究所缺乏的。

顧頡剛的結論是：「《易經》著作時代在西周，那時沒有儒家，沒有他們道統的故事，所以它的作者只把商代和商周之際的故事，敘述在各卦爻中。《易傳》的著作時代，至早不得過戰國，遲則在西漢中葉。」（同上，頁25）這引發了二個問題：一是古代聖王是子虛烏有，從而儒家所說的理想盛世也無有；二是《周易》經傳只剩下故事，不要說是義理，即連占卜之情，也很難得知。

就第一項言，顧頡剛說：「我們若肯撇去了《易傳》來看《易

---

6 顧頡剛曾指點李鏡池，《易經》標點以文法的比較最重要，將六十四條卦辭，三百八十四條爻辭，一一寫在片上，把這四百四十八張片子常常排比，把其中相同或相類的句子、成語、文字，不憚細瑣，一一鈔出比較。見〈論易經的比較研究及象傳與象傳的關係書〉，《古史辨》第3冊，頁134-136。

經》，則我們正可借作《易經》的歷史觀念來打破許多道統故事。」（同上，頁28）所以「打破道統」成為顧頡剛研究《易經》的目標之一。

顧頡剛直斥若干歷史故事，根本不存在：一是沒有堯舜禪讓的故事，二是沒有聖道的湯武革命的故事，三是沒有封禪的故事，四是沒有觀象制器的故事。在《周易》經文中均未道及，都是在《易傳》中敘述（同上，頁28-36），而《易傳》既是後起的，《易傳》中的古史顯然是後人附會，「《易》本來只是卜筮之書，經他們用了道家哲理，聖王的制作和道統的故事一一點染上去，它就成了最古的，最玄妙的，和聖道關係最密切的書了。」（同上，頁44）顧頡剛研究《易》的目的，至此其實已開始變質：不僅是考定《周易》經傳中的古史演變、成書年代，更在於對傳統文化的批判。考定《周易》和批判傳統，雖有關聯，但仍屬不同範圍，而在此處，很清楚的呈現一致性。[7]且余永梁、李鏡池、錢玄同等人均顧頡剛影響，而有此一形態。

對中國文化的質疑、批判，成為顧頡剛等人研究《周易》的主線。這可從顧頡剛對制器尚象故事的嘲諷得到證明：「如〈繫辭傳〉所言，看了『巽（木）上坎（水）下』的渙會造出木頭船，為什麼看了『乾（金）上坎（水）下』的訟想不出造鐵甲船？為什看了『離（火）上坎（水）下』的未濟造不出汽船？……」（同上，頁42）這

---

7 所以考證就表現象看，分析版本目錄、考定音韻訓詁、研究出土文物，……但我們可能忽略了考證者的文化意識，此不獨顧頡剛為然，古史辨諸先生均有此一傾向，另當草擬〈古史辨之文化意識〉以證成之。以王國維為例，其考定周代之制，以為不同於殷商者有三：立子立嫡之制，廟數之制，同姓不婚之制，「其旨在納上下於道德，而合天子、諸侯、卿、大夫、士、庶民以成一道德之團體。周公制作之本意，實在於此。」對周代文化的嚮往，情見乎辭。見〈殷周制度論〉，收入《觀堂集林》，卷10；《海寧王靜安先生遺書》（臺北市：臺灣商務印書館，1979年），第1冊，頁441-442。

種論辯已不合乎科學發展史。對於《易傳》一律稱之為偽作，其目的
證明說、維護《周易》地位（〈論易繫傳中觀象制器的故事〉，《古史
辨》第3冊，頁68-70）。全然以負面的角度，看待《易傳》相關問
題。[8]即使是胡適也不同意顧頡剛的說法。

胡適一再說明「觀象制器」之說，本來只是一種文化起源的學
說，本來不是歷史，不能解釋歷史文化，但不可以因此而指此說完全
不通（〈論觀象制器的學說書〉，《古史辨》第3冊，頁86-87）。胡適的
說法，正如筆者前述，此是「文化真實」，而非「歷史真實」。然而透
過顧頡剛的分析，偽史已成定讞，「美好的文化價值」已無人相信，
有的只是「不存在的理想」，此意謂沒有價值。文化傳傳已然斷裂。

就第二項言，顧頡剛也多次指出「《周易》為卜筮之書，沒有聖
人的大道理在裡面。」（〈論易繫辭傳中觀象制器的故事〉，《古史辨》
第3冊，頁45）沒有聖人在其中自可接受，但沒有道理在其中，很難
令人想像。今以四營之數為例，說明卜筮之法及其意義：

（一）奇數象陽，偶數象陰。

（二）七、九為奇數，春夏陽氣當令，七、九象春夏；八、六為偶
　　　數，秋冬陰氣當令八、六象秋冬。

（三）由春而夏，氣溫上升，植物滋長，故以七象春，九象夏，由
　　　七而九，數字上升；由夏而秋，氣溫下降，植物漸衰，故以
　　　八象秋，六象冬，由八而六，數字下降。

8　科學並不指個別知識或個別判斷，而是指與同一對象有關而其論證又邏輯地彼此連
　　接的知識整體，所以系統及方法是其本質。參考《西洋哲學辭典》（臺北市：國立
　　編譯館，1976年），頁324。根據此一標準，「觀象制器」最多是工具的發明，談不
　　上科學的發展。又以負面態度解釋中國文化者觸處皆是，無怪乎錢穆希望國人對歷
　　史須有敬意，見《國史大綱》（臺北市：臺灣商務印書館，1979年），頁2。

（四）由春而夏，乃由陽而陽，時序雖改，陽氣不變，七為不變之
　　　陽爻；由夏而秋，乃由陽而陰，時序既改，陽氣亦變，九為
　　　可變之陽爻。八、六亦然。

其中第一項是卜筮的規定，或者沒有道理，但第二至四項，是借著四
營之數，去了解大自然的現象，或者是說將自然現象予以文化說明。
如果沒有這些符號，我們面對自然不可能有「消長盛衰」的價值判
斷。沒有語言文字，如何能描述世界？世界不是如實存在，而是存在
於符號之中，符號即一象徵系統，正因有此系統，我們才能認識自然
現象，分析客觀規律，說明是非善惡。[9]一如數學家沒有數字，數學
即面對不存在的危機，人類沒有符號，也將面對世界消失的危機。正
因如此，動物只有世界，唯有人類才有世界觀。顧頡剛反覆說明
《易》為卜筮之書，卻未能深究即便占卜之法，亦有道理存乎其中。

　　再以實際應用為例：《左傳・閔公元年》：「初畢萬筮仕於晉，遇
屯之比。辛廖占之，曰：『吉。屯固、比入，吉孰大焉？其必蕃昌。
震為土，車從馬，足居之，兄長之，母覆之，眾歸之，六體不易，合
而能固，安而能殺，公侯之卦也。公侯之子孫，必復其始。』」以卦
名及卦象占之，所以〈說卦〉未必嚮壁虛造；辛廖斷定畢萬蕃昌，乃
有所云而然：有土地、車馬、兄長、父母、人民，這些構成畢萬所以
蕃昌之因。《國語・晉語四》：「公子親筮之曰：『尚有晉國』得貞屯、
悔豫，皆八也。筮史占之，皆曰：『不吉』……司空季子曰：『吉』」

9　四營之數的說明，參考高亨《周易古經通說》（臺北市：樂天出版社，1972年6
　　月），第7章。語言或符號的意義，參考〔德〕卡西勒（Ernst Cassirer）《論人》（臺
　　北市：文星書店，1959年），頁27-28。卡氏分析一般動物有接受系統（接受外來刺
　　激），作用系統（對此刺激作出反應），而人類還有一符號系統。借著此符號系統，
　　人類才能超越動物：不只是本能的反應，還有思考的能力。

筮史以為不吉的理由無考，但司空季子以為吉的原因可以理解：
「震，車也。坎，水也。坤，土也。屯，厚也。豫，樂也。車班外
內，順以訓之，泉原以資之，土厚而樂其實，不有晉國，何以當
之？」有車輛、土地、水源、民眾，當然是「利建侯」。與《左傳·
閔公元年》合看，可以得知春秋時代封公侯的條件。

　　吉凶的斷定與判斷吉凶的理由，是兩個不同的問題。顧頡剛即未
釐清二者，所以才會以卜筮的觀點，輕忽卦爻辭的意義。[10]以故事的
角度研究《周易》，本可在傳統象數、義理、圖書之外，另闢新途，
使《周易》的研究內容更為豐富，可是實情卻不然，反而更狹隘。
《周易》成為一堆堆的史料，無復思想的啟發。此種路向，可於《古
史辨》相關研究中見出。

　　儒家的聖王思想既是偽造，卦爻辭的義理也被揚棄，一部《周
易》所存者正是顧頡剛等人所說的史料——有待考定的史料。其影響
所及有二：一是本文所稱文化的斷裂分離，不再相信古代聖王的存在，
連帶及其理想也不承認。也不相信《周易》的義理價值。文化傳統至
此已難承接，反傳統的風潮所以興盛，其實是建立在對傳統的重新認
知。認知不同，傳統的面目即有異。一旦認知是負面的、否定的，即
會激起反對的思潮，顧頡剛的《周易》研究，即屬此形態。二是此形
態的研究，有其創造性的觀念，而此觀念，引領其餘人的研究方向。

四　從研經到考史：顧頡剛《易》學研究的影響

　　此種創造性的觀念，約略可分為觀念的承襲：《周易》作者的考
定、《周易》的性質、方法的運用：文法的比較、傳說的形成、故事

---

10 此即戴君仁指出：「卦爻辭中，也顯然的存在著不容否認的，含有義理的價值的語
　　句。」見《談易》（臺北市：臺灣開明書店，1982年），頁7。

的角度等二大方向，實際影響後繼研究者的工作。這二大方向又交叉運用在各作品中，以下即作一簡單析論。

《周易》經傳作者的考定，首先是卦爻辭的作者，余永梁比較卜辭與卦爻辭，分別從句法與成語去觀察。前者如卜辭有「貞我旅吉」，《周易》則有「旅貞吉」；後者如卜辭有「利」、「不利」，《周易》則有「利」、「無不利」、「無攸利」。余永梁共舉出二十四例，而其結論是：《周易》仿自卜辭。次則從史實去觀察，分別從風俗制度與史事分析。前者如〈屯・六四・爻辭〉：「乘馬班如，求婚媾；往吉，無不利。」至〈屯・上六・爻辭〉：「乘馬班如，泣血漣如。」而說是上古搶婚之俗，並引《詩・豳・七月》：「女心傷悲，殆及公子同歸？」為證；後者如〈泰・六五・爻辭〉帝乙歸妹的故事。（見前）最後說明卦爻辭作者及周初所作，至於作者的附會，是今文家託之於孔子，古文家託之於周公、文王。（以上見〈易卦爻辭的時代及其作者〉，《古史辨》第3冊）顧頡剛研究《周易》的方法，在余永梁作品中很清楚見到：卜辭、卦爻辭的比較，即是文法的比較，史實的角度即是故事的角度，作者的附會，即是層累說的變相。

次則是《易傳》的作者，李鏡分析孔子作《易傳》經過四個階段：一、《周易》由占筮書變為儒家經典，二、有人為《易》作《傳》，三、作《傳》者漸多，於是有孔子序《易傳》傳說的發生，四、孔子作《十翼》。《易傳》既不是孔子所作，作者也無法考知，成書年代成為唯一可考察之點。李鏡池分之為三組：〈彖傳〉與〈象傳〉，乃有系統釋經之作，年代在秦漢間，作者為齊魯的儒生；〈繫辭〉與〈文言〉，匯集前人解經的作品，並加以新材料，年代在史遷之後，昭宣之前；〈說卦〉、〈序卦〉、〈雜卦〉在昭宣之後。至其所用之方法，以第一組為例：比較〈彖傳〉與〈象傳〉以證明作者非一人，如〈同人・彖〉：「柔得位得中而應乎乾，曰同人。」〈同人・六

二・象〉：「同人於宗，吝道也。」得位得中與吝道，顯然差距甚大，所以李鏡池才譏刺的說：「自己打自己嘴巴。」（見〈易傳探源〉，《古史辨》第3冊）四階段說也是層累說的變相，〈彖〉與〈象〉的比較則是文法的比較。

而在《周易》性質的認定，各家均一致認為是卜筮之書。而在判定其為卜筮書的同時，往往有強烈的文化批判意識。李鏡池指出「卦爻辭乃卜史的卜筮記錄」，（〈周易筮辭考〉，《古史辨》第3冊，頁169）而其成為經書的歷程是：「筮書——義理解釋——經籍散亡而要求範圍擴大，《周易》成為『經書』」。（〈易傳探源〉，《古史辨》第3冊，頁102）得以成為經書之故，余永梁的分析竟是：「儒家慢慢得勢起來，社會思想已脫離神權時代，投機地去以政教解釋《易》」，而忘了卜筮的本義。（〈易卦爻辭的時代及其作者〉，《古史辨》第3冊，頁164）對《周易》的全體判斷是：「《周易》的時代，還是思想簡單，文化粗淺的時代，……談不到有哲理的玄想，還沒有功夫作系統的有組織的思考。」（〈周易筮辭考〉，《古史辨》第3冊，頁203）

《周易》誠為卜筮之書，但卜筮之書並不表示粗淺，而原始的思考也不等於簡單，只要理解神話的價值，就知道李鏡池等人的說法甚值懷疑。卜筮之書甚多，為何獨存《周易》？難道僅僅是假借「古聖人的名號」？（容肇祖〈占卜的源流〉，《古史辨》第3冊，頁252）假借古聖人的著作，自不僅《周易》，又為何泰半亡佚，或不受重視？亦即《周易》如沒有相當深度，何能保存到後代，而予人「附會」之機？後人為何不附會其他占卜之書？《古史辨》諸君子均未論及。只是反覆論道《周易》僅是占卜之書，沒什麼大道理。

不論是考定經傳作者年代，抑或認定經文性質，我們均可見到一傾向：研經成為考史，細部分析，經學成為史學，史學成為史料學，史料學成為辨偽學，研究層面，日益窄化。容肇祖曾列出〈周易演變

表〉（見《周易》演變表，參見《古史辨》，冊3，頁254），分為占術與哲學二方向，李鏡池、余永梁、容肇祖等均重在占術研究，對於哲學部分，不置一詞。這與顧頡剛方法理論有關。

五　層累的造成與層累的剝落：方法的反省與重建

在論述顧頡剛方法理論之前，我們先觀看其對時代的感受：「我的心中一向有一個歷史問題，竭想借此得一解決，即把這個問題作為編纂通史的骨幹。這個問題是：中國民族是否確為衰老，抑尚在少壯？」（《古史辨・一・序》，頁89）對民族前途的關心，構成其學術的核心，這正是顧頡剛向外探索世界的情境：文化傳統有何意義？對此問題的答案是：「戰國時代我國的文化固然為許多民族的新結合，而非常健壯，但到了漢以後便因為君主專制和儒教的壟斷，把他弄得死氣沈沈了。」（同上）這個「答案」構成日後研究的基本預設：中國之所以不如西方，全在於君主專制與儒家思想，前者關乎政治體制，後者繫連文化傳統。直到現在，這種著述仍充斥於相關著作中，形成觀看中國的理論，缺少此一理論，我們就無法理解中國何以不如西方。可是這個「答案」並不存在，因其透過中西對比，再反溯尋求答案。先有結果，再求原因，原因應有多種，但顧頡剛只重視其中一種，即是傳統的衰頹。由於問題本身即為負面，所以答案也多是負面。[11]顧頡剛的問題即是中國近代知識分子的問題，《古史辨》風行一時，正因問題意識相同之故。顧回到歷史尋求解答，與康有為回到經典尋求支持，在形式上有何不同？前者是通經致用，後者是通史致用。

---

11 要從此處理解，才可知為何《古史辨》諸君對傳統學者多出以嘲諷態度，如毛呆子、董道士、鄭學究、孔家店之類。

　　顧頡剛繼續分析：「漢民族的文化雖然衰老，但託了專制時代『禮不下庶人』的福，教育沒有普及，這衰老的文化，並沒有和民眾發生多大關係。」（同上，頁90）據此可推論：衰老的是貴族階層、是知識分子、是儒家思想，是漢代以後的發展。[12]要從這方面理解，才能掌握顧頡剛何以要研究民間歌謠，因為庶人文化剛勁；何以反對漢宋儒之說，因為儒教阻礙中國進步；何以要研究中國古史，因為戰國以前的中國非常強健。顧頡剛所提「古史層累地造成」——時代愈後，歷史愈久，正是要返回到原點——原始中國。我們分析下列圖表，即可知其究竟（見打破圍牆之次第，參見《顧頡剛讀書筆記》，卷3，頁1171）。

　　這種思考模式，隱含否定秦漢以後的歷史發展，冀從原點重新出發的欲望。但在實際上不可能，所以破除後代文化發展，成了首要工作，無怪顧頡剛會說：「我以為歷史是打倒迷信的最好工具，也是革命的必要手段。」（顧潮《顧頡剛年譜》，頁173）歷史研究在此情境下，其實已然消失。

　　回到原點的模式，詳究其實，是傳承清代學術史而來，清代學術的結構，就是層層上溯，追尋經典原義，顧頡剛則是「拿戰國之學打破西漢之學，還拿了戰國以前的材料，來打破戰國之學，攻進這兩道防線，完成清代學者所未完成之工。」（《古史辨・二・序》，頁2）然而清代學者是以信經為基礎，顧頡剛則以疑經為始點：懷疑經典的文化、歷史，而不僅是字句的訛誤、篇章的錯亂、書籍的真偽。

　　所以顧頡剛批評崔述：「相信經書即是信史，而我們現在沒有

---

12 要求教育普及乃清末民初的思潮，顧頡剛卻公然讚美教育不普及，從這裡可開出一新的說法，民智未開確是中國不如西方之因，但如已開的民智是傳統儒家學說，仍然無效，這可從傳統知識分子「迂腐」見出，所以要有新的教育系統，培養新的國民。於是可理解顧頡何以如此。

『經書即信史』的成見。」（〈與錢玄同先生論古史書〉，《古史辨》第1冊，頁59）由於顧等人是以史的視界論經，一切經典都是史料，均須經過審查，加以其中的文化價值受到懷疑，經學當然變成史學，甚或不存在。這即是顧頡剛在近代思想史所造成的最大影響：由經書所形成的文化傳統，徹底被破壞；漢以後的學術發展，也被駁斥得體無完膚。中國文化史必須改寫，敘述主體由統治階級變成民眾社會。（參考魏建功〈新史料與舊心理〉，《古史辨》第1冊，頁260）因此顧頡剛要說考據學是「反封建」（顧潮《顧頡剛年譜》，頁355）。然而史學成為工具，經學已然瓦解。

　　我們可清楚見到，存在感受如何影響知識分子，在此影響下，又對歷史作出特殊的解釋，二者相互循環，操控研究工作。一如本文開始所指出，學者有其生命的關懷，不只是客觀的考證。超越之道是我們必須自覺的了解我們的價值意識，唯有透過不斷的自我批判，才能有深刻的自覺，進而提出不同的觀點，不為時代所限。在如是進路下，我們會發現，文化開放而流動，而非封閉凝固。唯有視文化是封閉凝固，方會有打倒、革命之說。我們有權回到起始點，重新理解文化的根源，但無權利輕視原始點的文化，更無權利棄絕後代文化發展。

六　結論

　　顧頡剛的《易》學研究，其特色一是認定《周易》是卜筮之書，否定了其中的義理結構，《周易》由經典的位置，跌落至凡俗的性質；二是以故事的眼光分析《周易》經傳，否定了聖人的創作，《周易》的神聖性於焉消失。且《周易》經傳的歷史系統是後人偽作，整個文化系統開始斷裂。後繼者也據此展開研究，而均不能脫離顧頡剛

所設定的範圍。對中國文化史最大的影響是由經學所構成的傳統消失，經學成為史學，經學的意義不再。此與顧頡剛的存在感受及方法論有關：由於當代中國的衰弱，於是懷疑中國的文化傳統，欲回到原點重新理解中國文化，進而批判當代的文化創造，終而否定傳統文化。對於此一進路，我們可能須省思：卦爻辭觀看世界的方式，更須深入分析；古史系統的不可信，並不表示經學義理的不可信；原典的意義與後代的詮解，均是文化的創造。

輯二　儒家經典與研究方法

《周禮》食官考

摘要

　　《周禮》是以官制表現政治理想的典籍，在諸官員中，食官的人數眾多，本文即以「制度思考」為方法，探討《周禮》食官的類別、職掌與功能。所謂制度思考，是將概念置入一設定的架構之中，以此架構實踐此一概念，並以此架構訂定制度。試圖理解食官除供應王室飲食外，在制度下的文化意義。《周禮》以〈天官〉為食官主體，以其為核心的食官，根據飲食的「可食程度」，逐漸向外遞減，亦即是以食物─食材─食具的方向，從〈天官〉發展到〈冬官考工記〉。食官的職責是在神聖時空中掌祭祀，在世俗時空中供飲食，此時飲食穿透聖俗，為聖俗共有共享。從而形成神─飲食─人的文化結構。食官就是此一結構的關鍵。

關鍵詞：周禮　食官　制度思考　聖俗

一 緒論

　　《周禮》開宗明義即云：「惟王建國，體國經野，設官分職，以為民極。」設官分職的目的，賈公彥（？-？）云：「既體國經野，此須立官以治民，故云設官分職也。」又云：「君不獨治也，又當立臣為輔。」[1]王政的體現，就在於以職官為經，以職掌為緯，由此而延伸的理想政府的設計，目的是上以輔佐國君，下以治理百姓。是以徐復觀（1903-1982）指出此書是：「以官制表現政治理想，是在政治思想史中所發展出的一種特別形式。」並認為：「以官制表現政治理想，是戰國中期前後，才逐漸發展出來的。」[2]這種思考方式，確實較為特殊，但未必是到戰國中期以後才發展而成。孔子也對官制有濃厚興趣：「……仲尼聞之，見於郯子而學之，既而告人曰：『吾聞之，天子失官，學在四夷，猶信。』」[3]《尚書·皋陶謨》：「知人則哲，能官人。」[4]這些未必都在《周禮》成書之後。如將官制擴大範圍，或可稱為「制度思考」，龔鵬程先生云：「今人論思想史，只知抽象的概念思辨，不重架構性的制度思維。亦即不談思想的實踐性質，故於創制一事，甚少著墨。」所謂制度思惟，意指：「創制者依其架構性思維，成就典章制度，與學者哲人，依其抽象性思考，探賾鉤玄，頗為

1　《周禮·天官冢宰第一》，頁6，本文用李學勤主編：《十三經注疏整理本》（臺北市：臺灣古籍出版公司，2002年1月初版2刷）。
2　《周官成立之時代及其思想性格》（臺北市：臺灣學生書局，1980年5月），頁5。
3　《左傳·昭公十七年》，楊伯峻（1909-1992）：《春秋左傳注》（北京市：中華書局，1990年5月2版），頁1389。
4　屈萬里（1907-1979）：《尚書釋義》（臺北市：中國文化學院出版部，1980年8月），頁42-43，並認為著作年代與〈堯典〉同時或稍後；至於〈堯典〉著作年代，則為孔子歿後，孟子之前，戰國初年，儒家者流，據傳說而筆之於書，參見同書頁20-23。

不同。」[5]意謂將概念置入一設定的架構之中，以此架構實踐此一概念，並以此架構定訂制度。至於概念的具體內涵，可以指涉精神與價值，這一精神或價值，並不僅是「論述」，而是可借由架構去展現。由於架構可展現這些概念，所以架構經常以制度面目出現。而制度的涵蓋層面甚廣，在中國即以禮文當之，大則國家政治體制，小則個人生活儀節，都在其中。整體視之，就是文化形式。探究文化，勢必就此形式討論，因為人類相通的可能是精神與價值，但展現精神與價值的形式有異，因而有不同的文化系統。

如果官制確然是表現政治理想，延伸而來的制度也是創制者的架構思維，且是一種文化形式，《周禮》中的「食官」——這一與飲食相關的官員——其文化意義就頗值探討。食官數量異常龐大，分布於六官之中，涉及飲食的供給：包括來源、種類、烹調；飲食的禮儀：有祭祀之禮、賓客之禮；飲食的器具：有禮器的應用、食具的製作等。是以整體「飲食結構」，不只是食物本身，涵蓋食物、食禮、食器三層級，每一層級又可再分為次層級。更重要的是此一結構其後所隱含的意義，亦即由飲食結構推衍而出的「飲食思維」，這一思維與文化的關聯等，俱可為我們重新思索。

二　《周禮》食官的分布

《周禮》食官分布於六官之中，每官有數種不同職掌的官員，每一官員又有不同官階的屬，每一屬員人數不等。為清眉目，茲製作表格如下，並計算每官屬員人數，每官有合計人數，並加說明於每表之後。

5　《中國傳統文化十五講》（北京市：北京大學出版社，2006年9月），第12講〈周公：文化實踐的聖王〉，頁199-214，引文見頁200、201。

2-1 〈《周禮・天官》食官表〉

官屬	食官	屬員	人數	職掌
天官	膳夫	上士	2	掌王之食飲膳羞，以養王及后、世子。 152
		中士	4	
		下士	8	
		府	2	
		史	4	
		胥	12	
		徒	120	
	庖人	中士	4	掌共六畜、六獸、六禽，辨其名物。 70
		下士	8	
		府	2	
		史	4	
		賈	8	
		胥	4	
		徒	40	
	內饔	中士	4	掌王及后、世子膳羞之割亨煎和之事，辨體名肉物，辨百品味之物。 128
		下士	8	
		府	2	
		史	4	
		胥	10	
		徒	100	
	外饔	中士	4	掌外祭祀之割亨，共其脯、脩、刑、膴、陳其鼎俎，實之牲體、魚、腊。
		下士	8	
		府	2	

官屬	食官	屬員	人數	職掌
		史	4	128
		胥	10	
		徒	100	
	亨人	下士	4	掌共鼎鑊以給水火之齊。
		府	1	62
		史	2	
		胥	5	
		徒	50	
	甸師	下士	2	掌帥其屬而耕耨王藉，以時入之，以共齍盛。
		府	1	335
		史	2	
		胥	30	
		徒	300	
	獸人	中士	4	掌罟田獸，辨其名物。
		下士	8	62
		府	2	
		史	4	
		胥	4	
		徒	40	
	魚人	中士	2	掌以時魚為梁。
		下士	4	342
		府	2	
		史	4	
		胥	30	
		徒	300	

官屬	食官	屬員	人數	職掌
	鱉人	下士	2	掌取互物。 22
		府	2	
		史	2	
		徒	16	
	臘人	下士	4	掌乾肉。 28
		府	2	
		史	2	
		徒	20	
	食醫	中士	2	掌和王之六食、六飲、六膳、百羞、百醬、八珍之齊。 2
	疾醫	中士	8	掌養萬民之疾病……以五味、五穀、五藥養其病。 8
	瘍醫	下士	8	……以五氣養之，以五藥療之，以五味節之。 8
	獸醫	下士	4	掌療獸病，療獸瘍。 4
	酒正	中士	4	掌酒之政令，以式法授酒材。 110
		下士	8	
		府	2	
		史	8	
		胥	8	
		徒	80	

官屬	食官	屬員	人數	職掌
	酒人	奄	10	掌為五齊三酒，祭祀則共奉之，以役世婦。 340
		女酒	30	
		奚	300	
	漿人	奄	5	掌共王之六飲，水、漿、醴、涼、醫、酏，入於酒府。 170
		女漿	15	
		奚	150	
	凌人	下士	2	掌冰正，歲十又二月，令斬冰，三其凌。 94
		府	2	
		史	2	
		胥	8	
		徒	80	
	籩人	奄	1	掌四籩之實。 31
		女籩	10	
		奚	20	
	醢人	奄	1	掌四豆之實。 61
		女醢	20	
		奚	40	
	醯人	奄	2	掌共五齊七菹。 62
		女醯	20	
		奚	40	
	鹽人	奄	2	掌鹽之政令，以共百事之鹽。 62
		女鹽	20	
		奚	40	
	冪人	奄	1	掌共巾冪。

官屬	食官	屬員	人數	職掌
		女冪	10	31
		奚	20	
				合計2312人

　　孫詒讓（1848-1908）分其類別為：膳夫至亨人五官，並掌膳食之官；甸師至腊人五官，皆掌供野物之官；酒正以下至鹽人八官，皆掌飲食膳羞之官。[6]食醫至獸醫四官，孫詒讓同意賈公彥之言：「醫亦有和齊飲食之類，故設在飲食之間也。」[7]冪人，賈公彥云：「所以覆飲食之物，故次飲食後。」[8]大略是烹調飲食，供應食材，以食養生，並治療家畜的疾病，最後是保護飲食清潔。這一部分是《周禮》食官的主體，與飲食關係最為密切。依其順序排列如下：

　　掌膳食之官：膳夫、庖人、內饔、外饔、亨人

　　供野物之官：甸師、獸人、漁人、鼈人、腊人

　　和齊飲食之官：食醫、疾醫、瘍醫、獸醫

　　掌飲食膳羞之官：酒正、酒人、漿人、凌人、籩人、醢人、醯人、鹽人

　　覆飲食之器之官：冪人

　　飲食的內容則見〈膳夫〉：「膳夫掌王之食飲膳羞，以養王及后、世子。凡王之饋，食用六穀，膳用六牲，飲用六清，羞用百有二十品，珍用八物，醬用百有二十甕。」[9]鄭玄（西元127-200年）注云：「食，飯也。飲，酒漿也。膳，牲肉也。羞，有滋味者。凡養之具，

6　氏撰，王文錦、陳玉霞點校：《周禮正義·天官·敘官》（北京市：中華書局，1987年12月），卷1，頁25-37。

7　《周禮注疏·天官冢宰第一》，卷1，頁14。

8　《周禮注疏·天官冢宰第一》，卷1，頁17。

9　《周禮注疏·天官·膳夫》，卷4，頁94-96。

大略有四。」又云：「羞，出於牲及禽獸，以備滋味，謂之庶羞。」
據鄭注排其序列如下：

食：六穀——稌、黍、粱、麥、苽

飲：六清——水、漿、醴、涼、醫、酏

膳：六牲——馬、牛、羊、豕、犬、雞

羞：珍——淳熬、淳母、炮豚、炮牂、擣珍、漬熬、肝膋；
醬——醢、醓

又〈庖人〉：「庖人掌供六畜、六獸、六禽，辨其名物。」[10]據鄭
注肉類食物尚有：

六畜：同六牲

六獸：麋、鹿、狼、麇、野豕、兔

六禽：羔、豚、犢、麛、雉、鴈

其後的內、外饔主掌食物的烹調，亨人供應鼎鑊及掌管烹飪時水
火數量，甸師供應祭祀所需穀類，獸人供獸，漁人供魚，鱉人供蛤
類，腊人供應肉乾；食醫調和上述飲食，疾醫用五味、五穀治療疾
病，瘍醫用五味治療瘍症，獸醫治療家畜；酒正掌管釀酒的政令，酒
人負責釀酒，漿人供應前述之六飲，凌人供冰，籩人、醢人、醯人掌
供祭祀所需食物，鹽人供鹽；幂人供覆蓋食器所需的巾。

2-2 〈《周禮・地官》食官表〉

官屬	食官	屬員	人數	職掌
地官	牧人	下士	6	掌共六牲而阜蕃其物，以共祭物之牲牷。 69
		府	1	
		史	2	

---

10 《周禮注疏・天官・庖人》，卷4，頁102-103。

官屬	食官	屬員	人數	職掌
		徒	60	
	牛人	中士	2	掌養國之公牛，以待國之政令。
		下士	4	232
		府	2	
		史	4	
		胥	20	
		徒	200	
	充人	下士	2	掌繫祭祀之牲牷。
		史	2	48
		胥	4	
		徒	40	
	質人	中士	2	掌成市之貨賄、人民、牛馬、兵器、珍異。
		下士	4	34
		府	2	
		史	4	
		胥	2	
		徒	20	
	廛人	中士	2	凡珍異之有滯者，斂而入於膳府。
		下士	4	與泉府為官聯
		府	2	34
		史	4	
		胥	2	
		徒	20	
	賈師	二十肆則一人，皆二史。		……四時之珍異亦如之。
	川衡	下士	大川：12	掌巡川澤之禁令……祭祀、

官屬	食官	屬員	人數	職掌
			中川：6	賓客，共川奠。
			小川：2	與漁人、鱉人為官聯
		史	大川：4	148（大川）
			中川：2	74 （中川）
			小川：1	23 （小川）
		胥	大川：12	
			中川：6	
			小川：0	
		徒	大川：120	
			中川：60	
			小川：20	
	澤虞	中士	大澤：4	掌國澤之政令，為之厲
			中澤：0	禁……凡祭祀、賓客，共澤
			小澤：0	物之奠。
		下士	大澤：8	106（大澤）
			中澤：6	74 （中澤）
			小澤：2	23 （小澤）
		府	大澤：2	
			中澤：0	
			小澤：0	
		史	大澤：4	
			中澤：2	
			小澤：1	
		胥	大澤：8	

官屬	食官	屬員	人數	職掌
			中澤：6	
			小澤：0	
		徒	大澤：80	
			中澤：60	
			小澤：20	
	掌荼	下士	2	徵野疏材之物，以待邦事，凡畜聚之物。
		史	2	24
		徒	20	
	囿人	中士	4	掌囿游之獸禁……祭祀、喪紀、賓客，共其生獸死獸之物。
		下士	8	與獸人為官聯。
		府	2	102
		胥	8	
		徒	80	
	場人	下士	2	掌國之場圃，而樹之果蓏，珍異之物，以時斂而藏之。
		府	1	與甸師為官聯。
		史	1	24
		徒	20	
	廩人	下大夫	2	掌九穀之數，以待國之匪頒、賙賜、稍食。
		上士	4	384
		中士	8	
		下士	16	
		府	8	
		史	16	
		胥	30	
		徒	300	

官屬	食官	屬員	人數	職掌
	舍人	上士	2	掌平宮中之政，分其財守，以法掌其出入……凡祭祀，共簠簋，實之，陳之。 與典瑞、大祝、小祝為官聯 56
		中士	4	
		府	2	
		史	4	
		胥	4	
		徒	40	
	倉人	中士	4	掌粟入之藏。 與遺人為官聯。 62
		下士	8	
		府	2	
		史	4	
		胥	4	
		徒	40	
	舂人	奄	2	掌共米物。 9
		女舂抌	2	
		奚	5	
	饎人	奄	2	掌凡祭祀共盛。 50
		女饎	8	
		奚	40	
	稾人	奄	8	掌共外內朝冗食者之食。 64 合計 1446（大川、大澤） 1340（大川、大澤） 1238（大川、大澤）
		女稾	16（每奄二人）	
		奚	40（每奄五人）	

　　〈地官〉食官與〈天官〉食官最大之異在於〈天官〉食官直接製作飲食，〈地官〉則間接的提供飲食。從各官職掌分析，可略分其類別如下：

　　掌管祭品之官：牧人、牛人、充人（六畜）

　　川衡、澤虞、掌荼、場人、舍人、舂人、饎人（六畜外的祭品）

　　掌管物價之官：質人、廛人、賈師

　　掌管獸類之官：囿人

　　掌管糧政之官：廩人、倉人

　　掌管冗食之官：槁人

　　掌祭品之官，可分二類：一是牲畜，一是牲畜以外的祭品。前者是牧人、牛人與充人，其中分別，孫詒讓云：「牧人是養牲之官，牛人等是供牲之官。」[11]養與供分為二。後者是川衡至饎人諸官。川衡提供：「川中之物，可以共奠者。」[12]指魚、鱐、蜃、蛤。澤虞類似川衡，所提供之物是芹、茆、菱、芡。掌荼供野生疏材，如瓜、瓠、葵、芋，場人供果蓏，舍人供稻粱，舂人供米，饎人供飯。

　　質人、廛人、賈師除掌管市場物價外，還掌管「珍異」的價格，鄭注珍異為：「四時食物。」賈疏：「果實及諸食物，依四時成熟者也。」[13]但如此並不珍異，所以孫詒讓又引《公羊傳‧昭公三十一年》：「有珍怪之食。」何休（西元129-182年）注：「珍怪猶奇異也。」指特殊的水果。

　　囿人供生獸、死獸，獸即〈庖人〉之六獸，與〈獸人〉之異，孫詒讓云：「蓋囿人主牧養，獸人主搏取。」[14]牧人與牛人，一主養、一

11　《周禮正義‧地官‧牧人》，卷23，頁915。
12　《周禮正義‧地官‧川衡》，卷31，頁1206。
13　《周禮注疏‧地官‧質人》，卷15，頁443。
14　《周禮正義‧地官‧囿人》，卷31，頁1221。

主供；囿人與獸人，一主生，一主死，是分工細致下的官員。

稟人主管糧食規畫，倉人則主管糧食積藏，槁人主管朝中官員食物。

2-3 〈《周禮・春官》食官表〉

官屬	食官	屬員	人數	職掌
春官	鬱人	下士	2	掌裸器。 13
		府	2	
		史	1	
		徒	8	
	鬯人	下士	2	掌共秬鬯而飾之。 12
		府	1	
		史	1	
		徒	8	
	雞人	下士	1	掌共雞牲，辨其物。 6
		史	1	
		徒	4	
	司尊彝	下士	2	掌六尊、六彝之位，詔其酌，辨其用與其實。 與酒正、鬱人為官聯 30
		府	4	
		史	2	
		胥	2	
		徒	20	
				合計61

〈春官〉之食官，均是禮儀之官，這自與〈春官〉的性質有關。略可分為二類：

掌祭祀用酒之官：鬱人、鬯人、司尊彝

掌祭祀供雞之官：雞人

鬱、鬯之別，孫詒讓引孫毓（？-？）云：「鬱是草名，今之鬱金，煮以和酒者也。鬯是酒名，以黑黍秬一秠二米作之，芬香條鬯，故名曰鬯。鬯非草名，古今書傳無稱鬯者。」鬯是黑黍釀成的酒，有香味；鬱是鬱金，煮草成汁，和於鬯中，稱鬱鬯。又引黃以周（1828-1899）云：「經之單稱鬱，皆未和鬯者也；經之稱秬鬯者，亦鬯之不和鬱者也。」[15]鬱雖可單稱，輒和於鬯中，稱鬱鬯。司尊彝主掌祭祀時，酒器之別。雞人是〈春官〉食官中惟一供應食物者。

2-4 《《周禮·夏官》食官表》

官屬	食官	屬員	人數	職掌
夏官	量人	下士	2	……凡祭祀饗賓，制其從獻脯燔之數量。 15
		府	1	
		史	4	
		徒	8	
	小子	下士	2	掌祭祀、羞羊肆、羊殽、羊豆。 與羊人為官聯。 11
		史	1	
		徒	8	
	羊人	下士	2	掌羊牲。 與牛人、雞人、犬人為官聯。 13
		史	1	
		賈	2	
		徒	8	

---

15 引文俱見《周禮正義·春官·鬯人》，卷37，頁1497、1498。

官屬	食官	屬員	人數	職掌
	羅氏	下士	1	掌羅烏鳥。 9
		徒	8	
	掌畜	下士	2	掌養鳥而阜蕃擾之。 與牧人、雞人為官聯。 26
		史	2	
		胥	2	
		徒	20	
				合計74

〈夏官〉之食官，所掌之職，大都與食物直接相關，而集中在羊、鳥，略分為如下三類：

掌祭祀殺肉數量之官：量人

掌祭祀羊肉之官：小子、羊人

掌捕捉蕃息鳥類之官：羅氏、掌畜

〈量人〉掌營建國都之事，兼管祭祀殺肉的數量，〈小子〉掌祭祀時俎豆的羊肉，羊人掌祭祀時的羊牲。羅氏掌管捕捉野外禽鳥，掌畜掌管家鳥，如雁、鵝之類。

2-5 〈《周禮·秋官》食官表〉

官屬	食官	屬員	人數	職掌
秋官	犬人	下士	2	掌犬牲。凡祭祀，共犬牲，用牷物。 與槁人為官聯。 25
		府	1	
		史	2	
		賈	4	
		徒	16	
	雍氏	下士	2	掌溝瀆澮池之禁。

官屬	食官	屬員	人數	職掌
		徒	8	與山虞、澤虞為官聯。 10
	萍氏	下士	2	掌國之水禁。
		徒	8	與漁人、鱉人、川衡、澤虞為官聯。 10
	穴氏	下士	2	掌攻蟄獸，各以其物火之。
		徒	4	與獸人為官聯。
		中士	16	22
	掌客	上士	2	掌四方賓客之牢禮、餼獻、
		下士	4	飲食之等數與其政治。
		府	1	與宰夫為官聯。
		史	2	31
		胥	2	
		徒	20	
				合計98

〈秋官〉之食官已較前述諸官大量減少，其中犬人、穴氏直接與食物有關，餘則間接相關，可分三類：

掌刑禁之官：雍氏、萍氏

掌供獸之官：犬人、穴氏

掌禮儀之官：掌客

雍氏掌山澤之禁，禁止在山區興建苑囿，禁止在水中毒魚，孫詒讓云：「此謂山為禽獸自然之居，澤為魚鱉自然之居，就彼而害之，所殺尤多，故特禁之。」[16]萍氏掌水中之禁，鄭注云：「入水捕魚鱉不

---

16 《周禮正義‧秋官‧雍氏》，卷70，頁2905。

時。」賈疏同。[17]犬人供犬牲，穴氏掌捕熊、羆、豹、貉，獻其皮革並可供膳羞者。掌客根本是以賓客的五等爵位，供應其飲食，飲食的多寡，即是禮儀的表徵，或者說禮儀的具體實踐，就在於飲食。

2-6 〈《周禮‧冬官考工記》食官表〉

官屬	食官	屬員	人數	職掌
冬官	陶人			
	瓬人			
	梓人			

　　《周禮‧冬官》已亡佚，所以無〈序官〉，無從得知其屬員及人數。但有〈考工記總序〉，略能了解工匠的分類僅能從其製作物品判斷與飲食的關係。

　　攻木之工：梓人，製作飲器。

　　摶埴之工：陶人，製作甗、甑；瓬人，製作簋、簠。

三　食官與飲食

　　從上述諸表中，可以略知〈天官〉是食官的主體：食官類別、屬員及人數於六官之中最多；主要的飲食均已具備於其間；並已形成定形的飲食架構。〈地官〉食官種類及屬員人數，僅次於〈天官〉，但不直接製作飲食，重在提供飲食，管理糧政。〈地官〉所提供飲食，與〈天官〉不同者在於增加水產、山產；〈夏官〉增加鳥；〈秋官〉增加六獸以外的若干獸類；〈冬官考工記〉的食官製作食器。以〈天官〉為核心的食官，據飲食的「可食程度」，逐漸向外遞減，亦即是以食

17　《周禮注疏‧秋官‧萍氏》，卷36，頁1142。

物—食材—食具的方向，從〈天官〉發展到〈冬官考工記〉。[18]

〈天官〉既是《周禮》食官的主體，則可先觀察〈天官〉者食官的構成。王雪萍云：「從食官的職能看，分為三個層次，最頂層大宰、小宰、宰夫為高級食官，職掌飲食政令及飲食開支；中層膳夫、庖人、內外饔、酒正等為專業食官，掌管餐飲活動中各方面的具體事務；底層為為烹飪飲食方面的專業技術人員。」[19]太宰等官是綜理天官職掌，諸食官是其所屬，不能算是食官；膳夫以下，才是食官。每一食官所屬府、史、胥、徒等分別，〈宰夫〉云：「掌百官府之徵令，辨其八職，一曰正，掌官法以治要；二曰師，掌官成以治凡；三曰司，掌官法以治目；四曰旅，掌官常以治數，五曰府，掌官契以治藏；六曰史，掌官書以贊治；七曰胥，掌官敘以治敘；八曰徒，掌官令以徵令。」據鄭注，司的品秩，相當於上士、中士；旅的品秩，相當於下士。食官大都是上士以下的階級，上士、中士根據規定審核每天帳目；下士依規定考核官員，府掌管文書器物，史掌管文書起草，胥依照事務輕重指派人員處理，徒據命令以供徵召役使。[20]如果根據此說，真正處理飲食工作的人，大概僅有胥、徒兩個層級。比較合理的說法是，以相當於上士等品級的官員，擔任各種及各級食官，而其分工，皆異常精細。楊天宇分為負責烹煮或製作食物者，負責捕獲獸類或魚鱉等以供膳食者，負責進獻食物者，負責酒漿者，及其他類別。[21]

18　由於認定有異，所以食官數量也有差距，如蔡鋒以為〈天官〉食官有二十一種，計二三〇〇人，見〈周禮飲食制度述略〉，《青海師範大學學報》（社會科學版），1997年第3期；王雪萍同樣認為有二十一種，人數卻是二三〇二人，見〈周禮食官制度及其影響〉，《社會科學家》第6期（總第122期），2006年11月，均與本文不同。

19　同上註所引王雪萍文。

20　《周禮正義・天官・宰夫》，卷6，頁193-197。

21　《周禮譯注・天官冢宰第一・題解》（上海市：上海古籍出版社，2006年4月4刷），頁1。

　　至於其他五官，除王雪萍依各官職掌性質，將之拆散，分別列為加工製作飲食的官員，提供食材的官員，提供飲食服務的官員，掌管餐飲市場的官員，製造飲食器具的官員。[22]楊天宇並不以食官看待其餘五官相關官員。[23]徐啟庭將〈天官〉主管王宮飲食、服飾、居住等官員，視為宮廷事務官；〈地官〉相關官員稱為土地管理官、市管之官、糧食管理之官、掌畜牧之官；〈春官〉相關官員稱為禮儀之官，〈夏官〉相關官員稱為掌捕養訓練禽獸之官、掌禮儀之官；〈秋官〉相關官員稱為掌刑禁之官、掌捕養禽獸之官、掌禮儀之官；〈冬官〉相關官員稱為製作食具之官。[24]金春峰並未論及食官。[25]侯家駒甚至認為：「飲食、衣服、宮室、車輿，均指王室與王朝，而與廣大社會並無關係，故不擬加以介紹。」[26]

　　主要的飲食有六穀、六清、六牲、珍羞、六獸、六禽、水產、山產等，形成食、飲、膳、羞四大架構。逯耀東（1933-2006）嘗云：「小說家對小說人物的塑造，故事情節的結構和發展，可憑個人經驗與想像而虛擬或創作。不過，小說家對小說中飲食的描繪，卻和作者個人生活的時代與社會環境相應。這種作者時空交匯的生活習慣或經驗，反映在小說創作之中，為我們保存了豐富的飲食資料。」並舉例指出《金瓶梅》寫的是宋代，實際卻是明代萬曆前後城市居民飲食情況；《西遊記》寫的雖是唐代神仙宴，實際卻是明代後期人間煙火，

22　同註十九所引文。

23　同註二十一所引書各官題解。

24　《周禮漫談》（臺北市：頂淵文化公司，1997年3月），第2章〈周禮的設官分職〉，頁11-87。

25　《周官之成書及其反映的文化與時代新考》（臺北市：東大圖書公司，1993年11月）。

26　《周禮研究》（臺北市：聯經出版公司，1987年6月），第7章〈周禮中社會與教育的思想及制度〉，頁233-262，引文見頁233。

淮揚鄉野寺廟的鄉食俚味。[27]食物何者能吃,何者不能吃;何者好吃,何者不好吃;如何烹調,如何搭配;這些大概都非憑作者想像而成,而有一定的實作過程,最後才能為人類所接受。準此以觀,《周禮》所呈現的飲食,也都不是虛構而成,應是其時貴族(或王室)飲食的反映。《禮記·內則》的飲食架構,是「飯、膳、飲、酒、羞、食」,[28]就略似《周禮·天官·膳夫》的「食、飲、膳、羞」。飯相當於食,飲與酒相當於飲,羞與食相當於羞。錢玄(1910-1999)也約略根據《周禮》食、飲、膳、羞,並輔以其他典籍,介紹古代飲食為飯食、酒漿、膳牲、薦羞四類,再加上器皿,共五大類。[29]

這些食官,並兼任祭祀之工作;至於飲食本身,又不僅是鬼神所享用,而是神人共食。神聖與世俗,於此不是判然二分,食官在神聖時空中掌祭祀,在世俗時空中供飲食,而祭祀需要飲食,此時飲食穿透聖俗,為聖俗共有共享共有。從而形成神──飲食──人的文化結構,其中飲食或曰飲食的奉獻儀式,則是這整個結構的核心。依利亞德(Eliade Mircea, 1907-1986)論神聖空間,說明到廟宇所在往往是世界核心;論神聖時間,指出節慶象徵再生;更注意到飲食是一種儀

---

27 〈紅樓飲食不是夢〉,《肚大能容──中國飲食文化散記》(臺北市:東大圖書公司,2001年8月),頁155-157。

28 孫希旦(1736-1784)撰,沈嘯寰、王星賢點校:《禮記集解》(北京市:中華書局,1989年2月),卷27,頁741-745。

29 《三禮通論·名物篇·飲食》(南京市:南京師範大學出版社,1996年10月),頁119-154。又劉興均分析《周禮》飲食類名詞計八十二種,以點校本《周禮正義》為索引,並附簡釋,頗值參考,見《周禮名物詞研究》(成都市:巴蜀書社,2001年5月),第3章〈周禮名物詞的物類類別〉,頁31-90,飲食類見頁83-85。美國學者尤金·N·安德森(E. N. Anderson)介紹周朝至漢朝的食物,引用《詩經》,卻未引三禮,頓使中國飲食失去不少,見氏撰,馬孆、劉東譯:《中國的食物》(*The Food of China*)(南京市:江蘇人民出版社,2003年11月),第3章〈至關重要的一千年──周朝到漢朝〉,頁24-43。

式，食物的原料是神聖的，或是神的禮物；[30]這些均與中國神人共食的傳統不太相同。

四　飲食與禮儀

這是因為飲食男女，大概就是禮的起源，《禮記·禮運》：「夫禮之初，始諸飲食，其燔黍捭豚，汙尊而抔飲，蕡桴而土鼓，猶若可以致其敬於鬼神。及其死也，升屋而號，告曰：『皋某復。』然後飯腥而苴孰，故天望而地藏也。」[31]所謂養生送死，致敬於鬼神，飲食均居於關鍵。飲食不僅是生者維生的根本，從生者向外延伸，死者也須飲食，鬼神更好飲食，以生命的基本需求，看待世界萬物。

但是先王未有火食，只能茹毛飲血；以炮以燔，以亨以炙，這是後聖所為。飲食是人人所需，飲食之道卻是聖王所創，這一飲食之道，不止是從生食到火食，更由此逐漸形成一套飲食禮儀，所以才能象徵文化的進步。這一禮儀，最重要的表現是在祭祀，《禮記·祭統》：「凡治人之道，莫急於禮，禮有五經，莫重於祭。」並指出經由祭禮能明君臣之義、父子之倫、尊卑之等、親疏之殺、夫婦之別等。[32]所以如此，是從祭典的「儀式」而來，祭儀中祭品的豐儉，是表明受祭者的身分地位；祭祀時的次序、祭者所立的位置，則是表明與祭者的

---

30 見氏撰，楊素娥譯：《聖與俗──宗教的本質》（*THE SACRED & THE PROFANE: The Nature of Religion*）（臺北市：桂冠圖書公司，2001年1月），引述分見頁89，131，210。

31 《禮記集解》，卷21，頁586-587。另一起源說是〈內則〉：「禮始於謹夫婦。」《禮記集解》，卷28，頁759。無論禮起源於飲食抑或夫婦，禮，都不是壓抑人性，正好相反，在疏導人性的欲求問題。

32 《禮記集解》，卷47，頁1236以下。並參考林素英：《古代祭禮中之政教觀》（臺北市：文津出版社，1997年9月），第4章〈祭祀人鬼以提升親親溫情〉，頁139-275。

身分地位。人倫關係,就在這一儀式中顯現。

〈大宗伯〉擴大〈祭統〉的範圍:「掌建邦之天神、人鬼、地祇之禮,以佐王建保邦國。」天神指昊天上帝、日月星辰、司中、司命、飌師、雨師;地祇指社稷、五祀、五嶽;人鬼指先王。[33] 膳夫以降的官員,或輔佐祭儀,或供應祭品,主祭者先祭而後與群臣賓客食。縱向與天神、人鬼、地祇溝通,橫向與在世者交流,縱橫的交集處,即是飲食這一動作。因而也就破除聖俗二分的世界,聖世固以禮侍之,俗世亦以禮範之,形成一禮的世界。飲食在此是維生的具體行為,更是一符號的行為。陳剩勇云古代的禮,包括禮制與禮典兩項,所謂禮制,即王朝政教刑法、典章制度,包括賜姓、胙土、命氏的分封制度,朝覲貢巡制度,軍旅田狩制度,賦稅刑法制度,祭祀喪葬制度,學校養老制度。上述制度通常體現在朝廷和各級諸侯根據政教、外交、兵戎、農耕、狩獵、宗族、文化等方面的實際需要,而在不同場合舉行的一系列禮典上。所謂禮典,就是在貴族階層中實行的朝覲、盟會、錫命、軍旅、祭禱、藉蠟、喪葬、搜閱、射御、聘問、賓客、學校、婚冠等方面的禮儀。[34] 我們或可說:禮典藉著飲食,體現了祭祀之制度,達到了溝通鬼神人我——生命一體化的目的。

五 結論

《周禮》食官數量異常龐大,分布於六官之中,涉及飲食的供給:包括來源、種類、烹調;飲食的禮儀:有祭祀之禮、賓客之禮;飲食的器具:有禮器的應用、食具的製作等。食官掌管飲食結構,涵

---

33 《周禮正義・春官・大宗伯》,卷33,頁1296以下。

34 見〈禮的起源——兼論良渚文化與文明起源〉,《漢學研究》第17卷第1期,1999年6月,頁49-77。

蓋食物、食禮與食器。

其中又以〈天官〉為食官主體，以其為核心的食官，根據飲食的「可食程度」，逐漸向外遞減，亦即是以食物—食材—食具的方向，從〈天官〉發展到〈冬官考工記〉。

主要的飲食有六穀、六清、六牲、珍羞、六獸、六禽、水產、山產等，形成食、飲、膳、羞四大架構。

食官的職責是在神聖時空中掌祭祀，在世俗時空中供飲食，而祭祀需要飲食，此時飲食穿透聖俗，為聖俗共有共享。從而形成神—飲食—人的文化結構，其中飲食或曰飲食的祭祀儀式，則是這整個結構的核心。

周禮重祭祀，膳夫以降的官員，或輔佐祭儀，或供應祭品，主祭者先祭而後與群臣賓客食。縱向與天神、人鬼、地祇溝通，橫向與在世者交流，縱橫的交集處，即是飲食這一動作。因而也就破除聖俗二分的世界，聖世固以禮侍之，俗世亦以禮範之，形成一禮的世界。飲食在此是維生的具體行為，更是一符號的行為。

儒家經世致用理念的困境：
以《四庫全書總目子部》為例

摘要

本文嘗試從目錄學視角論述儒學如何處理人事制度與自然現象知識，以回應經世致用此一課題。論述範圍以四庫全書總目子部作為研究素材。首先，揭示目錄學有四、七分類異同，說明其中政教異途的觀點；其二，分析四庫全書總目子部結構內容，將十四家分作四類，並與漢志、隋志諸書作一異同比較，最後歸結儒者以誦法先王、聖人，此一理念是儒者知識根源與結構功能，亦即構成知識、權力與經世致用之困境，理氣心性微妙之知識系統無助於經世濟民。

關鍵詞：四庫全書　四庫提要　經世致用　目錄學

一　緒論

　　儒學基上不是在學院內的學問，正好相反，是要走出學院以外的學問。所以強調修身、齊家的最後目的是治國、平天下。但是前者如何能推衍至後者，仍須有一理論的建構。亦即欲明明德於天下，不是僅憑藉個人修養即可達到這一理想，這中間缺一段可以說服他人的推導過程。

　　每一個體完美無缺，並不保證全體完美無缺。因為個體是一回事，個體與個體之間的關係，是另一回事。需要有一制度處理個體與個體之間的關係。這就構成了整體，或者說是整體結構。在整體結構下，看待不同的個體，並處理其中的問題。

　　其次，無論是個體或所由此構成的整體，是從出於自然世界，面對自然世界，我們可以以人文心態視之，是理性的對象，也是感性的對象，是價值意識的根源，也是生命寄託的空間。可是從自然本身的角度視之，其後存在有關自然的知識。天文、地理、生物等，具有待我們勘察。我們的生存，與這些自然物，其實有密切的關聯。

　　如果以上推論不誤，經世致用就必須有一套具體實際的學問，制度的知識及自然的知識。孔子重禮，並言及鳥獸草木蟲魚之學，大概就具有這一格局。孟子言仁政、荀子言禮制，雖偏重於人事制度，也是這一發展。

　　但是為什麼後世論及儒學，總是認為儒學缺乏客觀化的發展？或云儒學面臨客觀化的困境？這是儒學本身的限制，抑或後世的演變？還是儒家思想可能的結論之一？

　　本文即想從目錄學角度，說明經世致用這一理論所蘊含的問題。試圖回答：經世致用，必須有可以處理人事制度與自然現象知識，儒學的發展，如何面對這一問題？

二 目錄學中的政教異途

歷代圖書分類法大致有七分類法及四分類法,表列如下:[1]

2-7 〈七分類法表〉

書名	緒論	類別								
劉歆七略	輯略	六藝略	諸子略	兵書略	詩賦略	數術略	方技略			
王儉七志	條例	經典志	諸子志	軍書志	文翰志	陰陽志	術藝志	圖譜志	道佛	
阮孝緒七錄		經典錄 記傳錄		子兵錄	文集錄	術技錄		佛錄	道錄	
李淑邯鄲圖書志		經史志		子志	集志	藝術志		道書志	書志	畫志

1　參考張舜徽:《中國古代史籍校讀法》(臺北市:里仁書局,2000年9月),頁70、72。

書名	緒論	類別									
鄭樵通志藝文略		經類禮類樂類小學類史類	諸子類	文類	天文類 五行類	藝術類 醫方類					類書類
鄭寅鄭氏書目		經錄史錄	子錄	文錄	藝錄	方技錄					類錄
孫星衍祠堂書目		經學小學地理史學金石	諸子小說		詞賦	天文	醫律			書畫	書類

　　劉歆《七略》中的人事制度，置於諸子略與兵書略中，自然知識，則置於數術略與方術略中。日後的七分類法，名稱或異，然大體依仿劉歆。其中所隱含價值判斷，是是六藝高於其他類別。

2-8 〈四分類法表〉

書名	緒論	類別				
荀勗 中經新簿		甲部 六藝 小學	乙部 古諸子家 近世子家 兵書法家	丙部 史記 舊事 皇覽簿 雜事	丁部 詩賦 圖讚 汲冢書	
李充 晉元帝時 書目		甲部 五經	丙部 諸子	乙部 史記	丁部 詩賦	
隋書 經籍志		經	子	史	集	道經 佛經
新唐書 藝文志		甲部 經錄	丙部 子錄	乙部 史錄	丁部 集錄	
文獻通考 經籍考		經	子	史	集	
四庫全書 總目		經	子	史	集	

荀勗《中經新簿》更突出六經的地位，將六藝類中有關史傳記載，獨立為丙部，諸子、兵書、數術、方技併為乙部。李充以後，丙、乙互調，成為經、史、子、集，是四部分類之祖。《隋書‧經籍志》云：

> 夫經籍也者，機神之妙旨，聖哲之能事，所以經天地，緯陰陽，正紀綱，弘道德，顯仁足以利物，藏用足以獨善，學之者將殖焉，不學者將落焉。大業崇之，則成欽明之德，匹夫克念，則有王公之重，其王者之所以樹風聲，流顯號，美教化，

移風俗，何莫由乎斯道？[2]

經典能經天緯地，正紀弘道，是以匹夫習經，見重王公，王者理政，必準斯道。這些殆無疑義，問題在如何克臻此一目標。亦即《隋志》所指陳者是結果，方法卻未明言。在具有公共認知價值系統之下，這一理念可被默認。即使如此，仍可見出變化之跡：

> 夫仁義禮智，所治國也，方技數術，所以治身也，諸子為經籍之鼓吹，文章乃政化之黼黻，皆為治之具也。[3]

仁義禮智是治國之本，可見於《隋志》對兵家的評論：

> 兵者，所以禁暴靜亂者也。……然動之以仁，行之以義，故能誅暴靜亂，以濟百姓。下至三季，恣情逞欲，爭伐尋常，不撫其人，設變詐而減仁義，至乃百姓離叛，以致於亂。[4]

用兵之際，或有權謀機巧，但論其根本，則在仁義禮智。略無仁義之心而用兵，只見其窮兵黷武之志，何預於誅暴靜亂。但這不表示仁義足以用兵，否則書生典兵，似有儒雅之譽，實有傾覆之危。此所以諸子、文章俱能佐治。《隋志》子部結論：

> 儒、道、小說，聖人之教也，而有所偏。兵及醫方，聖人之政也，所施各異。[5]

2　《隋書‧經籍志一》（臺北市：鼎文書局，1993年10月七版），頁903。
3　《隋書‧經籍志一》，頁905。
4　《隋書‧經籍志三》，頁1017-1018。
5　《隋書‧經籍志三》，頁1051。

聖人之學，有兩大部分：教與政。儒家、道家與小說家並列，是聖人之教。兵家與醫家，是聖人之政。「儒者，所以助人君明教化者也。聖人之教，非家至而戶說，故有儒者宣而明之。」[6]就很清楚的指出儒者的功能。從文化位階而論，儒者在王者之上，這應是應代儒者的自我期許。而從治國理政的立場而論，需要的可能就是兵家、醫家之類。顯現了儒者或儒學的限制。孔子固為聖人，但後世儒者不等於聖人。聖人是源，儒、道、小說、兵、醫等是流，無形中降低了儒者的地位。《舊唐書·經籍志》云：「儒家，以紀仁義教化。」[7]大體也都承襲了此一路向。

從文化角度言，是「六經—孔子—儒者」此一結構，儒者在宣說孔門之教，六經之義。但儒者助人君明教化，就形成「六經—孔子—儒者」與「六經—國君—儒者」並列。儒者與臣僚共事，或儒者即為臣僚。前者有教化之功，後者勢須有治事之能。前者可能形成自我與他人的衝突，後者則是自我衝突。詳究其實，就是政／教的衝突。教為政本，但政豈甘居於人末。何況行政門施政，要解決繁複萬端的疑難，無能顧及教化。強調教化者，又沒有具體的辦法解決政治經濟問題。遂相互詬厲對方，大要無非無補實際、捨本逐末之類。

三　四庫全書總目子部的結構

據《四庫全書總目·子部總序》，可將子部十四家分為四類：

> 儒、兵、法、農、醫、天文算法：治世者所有事也。

6　《隋書·經籍志三》，頁999。

7　《舊唐書·經籍志上》（臺北市：鼎文書局，1993年10月七版），頁1963。

數術、藝術：百家之可觀者也。

譜錄、雜家、類書、小說家：旁資參考者也。

釋家、道家：外學。[8]

與其前目錄學子部相較：

2-9 〈漢志、隋志、四庫全書總目諸子類比較表〉

	家派												
漢志	儒	道	陰陽	法	名	墨	縱橫	雜	農	小說			
隋志	儒	道	法	名	墨	縱橫	雜	農	小說	兵	天文	曆數	五行	醫方
四庫全書總目	儒	兵	法	農	醫	天文算法	數術	藝術	譜錄	雜家	類書	小說家	道家	佛家

四庫館臣重新調整子部分類與次序，與《隋志》相較，合名、墨、縱橫於雜家，天文、曆數併而為一，易五行為數術，新立者為藝術、譜錄、類書、釋家。[9]農、兵、天文、醫方提前，道家置後。這一次序

8　〔清〕紀昀總纂：《四庫全書總目提要‧子部總敘》（石家莊市：河北人民出版社，2000年3月），頁2331。並參考司馬朝軍：《四庫全書總研究》（北京市：社會科學文獻出版社，2004年12月），第3章〈四庫全書總目與分類學〉，頁158-159。司馬朝軍指出《四庫全書總目》編輯體例，經部是「五經中心觀」，史部是「正史中心觀」，子部是「儒家中心觀」，頗有見地，但與歷代目錄學相較，這可能不是四庫館臣獨有的立場，而是目錄學傳統。

9　參見張舜徽：《四庫提要敘講疏》（臺北市：臺灣學生書局，2002年3月），頁121。

自是有意為之，紀昀云：「余校錄《四庫全書》，子部凡分十四家。儒家第一，兵家第二，法家第三。所謂禮、樂、兵、刑，國之大柄也。農家、醫家，舊史多退之於末簡，余獨以農居四，而五為醫家。農者，民命之所關，醫雖一技，亦民命之所關，故升諸他藝術之上。」[10]禮、樂、兵、刑是國家大政所出，農、醫則繫乎人民生命，所以順序提前。儒家仍以禮樂擅場，人事制度與自然知識，則讓於兵家等。《四庫全書總目・子部總序》說明前六家排序之理由，類同紀昀所說：

> 儒家尚矣。有文事者有武備，故次之以兵家。兵，刑類也。唐虞無皋陶，則寇賊奸宄無所禁，必不能風動時雍，故次以法家。民，國之本也，穀，民之天也，故次以農家。本草經方，技術之事也，而生死繫焉。神農黃帝以聖人為天子，尚親治之，故次以醫家。重民時者先授時，授時本測候，測候本積數，故次以天文算法。[11]

儒家並無具體形容，其他諸家則不然，一一敘明所以重要之故，並指出排序的原因。兵家是保衛國家，法家是查禁奸宄，農家關乎人民生活，醫家關乎人民生命，天文算法關乎農業收成。與諸家相較，禮樂似顯得迂闊而不切實際。但四庫館臣又云：

> 夫學者研理於經，可以正天下之是非；徵事於史，可以明古今之成敗；餘皆雜學也。然儒家本六藝之支流，雖其間依草附木，不能免門戶之私，而數大儒明道立言，炳然具在，要可與經史

---

10 並參見張舜徽：《四庫提要敘講疏》，頁122。

11 《四庫全書總目提要・子部總敘》，頁2331。

旁參。其餘雖真偽相雜，醇疵互見，然凡能自名一家者，必有一節之足以自立。其有不合於聖人者，存之亦可為鑒戒。[12]

經史是根柢，餘為雜學，自應包括儒家，這顯現了尊經卻未必崇儒的觀念。但其下又一轉，指出儒家道六經，所以可與經史旁參。這最多說明儒家高於其他諸家的緣故，仍非崇儒的表現。所以最後才說其餘諸家學說，必須以聖人為準的，判別其是非。這是以聖人為判斷標準，而非以後世儒者為依據準則。〈儒家類序〉：

> 古之儒者，立身行己，誦法先王，務以通經致用而已，無敢自命聖賢者。[13]

誦法先王與通經致用，是儒者的兩個源頭：政治與教化、國君與經典、權力與知識，其末端是民眾。儒者於此一結構是中介者。在政治、國君與權力的干擾下，必須以經典為核心的知識，達成教化的目標。具體技術，已為諸家擁有，儒者所有者是禮樂，借由禮樂制度，化民成俗，這或是儒者可與諸家並行的根據。但儒學發展卻不然，四庫館臣評論宋代理學家興起前之儒者云：

> 以上諸儒，皆在濂、洛未出以前。其學在於修己治人，無所謂理氣心性之微妙也。其說不過誦法聖人，未嘗別尊一先生，號召天下也。[14]

---

12 《四庫全書總目提要‧子部總敘》，頁2331-2332。
13 《四庫全書總目提要‧子部一‧儒家類一》，頁2332。
14 《四庫全書總目提要‧子部一‧儒家類一》，頁2350。

儒者之要，在誦法先王、誦法聖人，這一理念一再複述，就可知儒者知識的根源與結構的功能。正是此點，構成儒者經世致用的困境，即知識的困境與權力的困境。理氣心性之微妙，就暗示著這一知識系統，無助於經世濟民。

《四庫全書總目集部》清代編例

摘要

　　《四庫全書總目集部》清代所收錄作者，可分為皇帝、文士、學者（理學家與經史學者）、官員四大類，分析四庫館臣對不同身分作者的評論標準。皇帝個人的文集在抒發個人才情。下詔編纂的總集，一在整齊文獻，二在作為寫作範式。評論文士，集中在才情學術。評論學者，理學家首重學派淵源，經史學者重在羽翼經傳。官員首重其節操與任內治績。不完全從作者才性論著手，而會視作者身分，有一不同標準評論。

關鍵詞：四庫全書總目　集部　清代　作者論

一　緒論

　　《四庫全書總目‧集部‧別集類》清代所收錄著作，整理分類依序如下：

（一）清初諸帝：康熙、雍正、乾隆

（二）文學家

　　　　詩：施閏章、王士禛、陳廷敬、吳雯、田雯、趙執信、查慎行、黃之俊、厲鶚

　　　　散文：吳偉業、汪琬、朱鶴齡、姜宸英、方苞

　　　　駢文：吳綺、陳維崧

（三）學者

　　　　理學家：湯斌、魏裔介、李光地、陸隴其

　　　　經史學者：朱彝尊、毛奇齡、儲大文、沈彤

（四）官員：范承謨、葉方藹、彭孫遹、於成龍、秘永仁、張英、張玉書、湯右曾、蔡世遠、藍鼎元、汪由敦

（五）其他：潘天成

　　《四庫全書總目‧集部‧總集類》清代所收錄著作，整理分類依序如下：

（一）御定諸集：康熙、雍正、乾隆

（二）歷代選集：蔡世遠《古文雅正》

（三）唐總集：王士禛《唐賢三昧集》、《唐人萬首絕句選》、徐倬《全唐詩錄》

（四）宋總集：吳之振《宋詩鈔》、陳焯《宋元詩會》、沈嘉轍等《南宋雜事詩》曹庭棟《宋百家詩選》

（五）元總集：顧嗣立《元詩選》

（六）明總集：黃宗羲《明文海》、朱彝尊《明詩綜》、王士禎
　　　　《二家詩選》

（七）地域：汪森《粵西詩載》、《粵西文載》、《粵西叢載》、胡
　　　　文學《甬上耆舊詩》、沈季友《檇李詩系》、史簡《鄱陽五
　　　　家集》

《四庫全書總目‧集部‧詩文評類》清代所收錄著作，整理分類
依序如下：

（一）通論：
　　　歷代：吳景旭《歷代詩話》
　　　宋代：厲鶚《宋詩紀事》
　　　五代：鄭方坤《五代詩話》
　　　地域：鄭方坤《全閩詩話》

（二）專論：
　　　文：黃宗羲《金石要例》
　　　詩：王士禎《漁洋詩話》、郎廷槐《師友詩傳錄》、劉大勤
　　　　　《師友詩傳續錄》、趙執信《聲調譜》、《談龍錄》

二　清初諸帝作品分析

　　清初諸帝作品收入《四庫全書‧集部‧別集》類者康熙有《聖祖
仁皇帝御製文集》一七六卷。雍正有《世宗憲皇帝御製文集》三十
卷。乾隆有《御製樂善堂文集定本》三十卷，《御製文初集》三十
卷、《二集》四十四卷（合刊本），《御製詩初集》四十八卷、《二集》
一百卷、三集一二〇卷、四集一二〇卷（合刊本）。檢查這些作品，
是諸帝的「詩文集」，皇帝依其職權所批覆的「諭旨」並不列入，此
其一。作品的編集，大都是臣子為之，並非皇帝親自編定，此其二。

而這些究竟是皇帝本人經國治民之思，抑或抒發個人才情之作？略觀其內容、察其體例，應屬後者。然而以一滿族皇帝，抒發才情，竟至出之以漢文，豈非可以證明漢文化對其時統治階層的影響。但是當時掌握政權者，仍以滿人為主，這可從康、雍、乾三朝地方督撫得見。政治主滿，文化從漢，這大概是清初的實境。而以皇帝擅以漢文寫作，則可見出漢化之速且深。

相對於清初諸帝個人文集，收入《四庫全書・集部・總集》類者有不同目的。康熙有《御選古文淵鑒》六十四卷，《御定全唐詩》九百卷，《御定全金詩》七十四卷，《御定四朝詩》三一二卷，《御定佩文齋詠物詩選》四八六卷，《御定題畫詩》一二〇卷，《御定歷代賦匯》一四〇卷、外集二十卷、逸句二卷、補逸二十二卷（合刊本），《御製唐詩》三十二卷、附錄三卷，《御定千叟宴詩》四卷。乾隆有《御選唐宋文醇》五十八卷，《御選唐宋詩醇》四十七卷，《皇清文穎》一二四卷，《欽定四書文》四十一卷，《欽定千叟宴詩》三十六卷。這些作品，大致有兩種性格：編定通代或一朝作品，編定特定文類匯編，主要目的在整齊文獻；編定詩文選本，目的則在作為寫作範式，由此而導出美學規範，甚而是思想指引。

前者如《御定全唐詩・提要》：

> 詩莫備於唐，然自北宋以來，但有選錄之總集，而無輯一代之詩共為一集者。

於是以胡震亨《唐音統簽》為稿本，益以內府藏本編成：

> 得此一編，而唐詩之源流正變，始末釐然。自有總集以來，更無如是之博且精者矣。

《歷代賦匯‧提要》：

> 二千餘年體物之作，散在藝林者，耳目所及，亦約略備焉。

整齊文獻的目的，可無疑義。

後者不止於此，如《御選唐詩‧提要》：

> 自明以來，詩派屢變，論唐詩者亦屢變，大抵各持偏見，未協中聲。

自是皇帝方能：

> 辨別瑕瑜，如居高視下，坐照纖微。

不同的詩派，會有互異的唐詩，亦即唐詩的風格，在不同詩派之間，其實是不同的認知與評價。我們所見到的唐詩，在潛移默化之中，受到時人的影響，形成一己的判準，從而斷定某某即是唐詩。已很清楚的看見詮釋的問題。而皇帝的選本，自是代表皇帝對明代以來論唐詩的批評，對唐詩的認識，或逕言之是皇帝的唐詩觀。其後的目的，不言而喻。

《欽定四書文》作為科舉考試的範本，更指出：

> 是編所錄，一一仰稟聖裁，大抵皆詞達理醇，可以傳世行遠。承學之士，於前明諸集，可以考風格之得失；於國朝之文，可以定趨向之指歸。聖人之教思無窮，非徒示以弋取科名之具也。

「詞達」，自是指文字之美；「理醇」應指內容之正。因而才能以此為
標準，作為「指歸」。

如此可引發下列諸問題：康熙《御定全唐詩》、乾隆《御選唐宋
詩醇》，與王士禎《唐賢三昧集》、《唐人萬首絕句選》、徐倬《全唐詩
錄》，有何異同？除了唐詩外，《御定四朝詩》編選宋、金、元、明
詩，與吳之振《宋詩鈔》、陳焯《宋元詩會》、曹庭棟《宋百家詩
選》、顧嗣立《元詩選》、朱彝尊《明詩綜》等，又有何異同？宋詩又
何以在清初逐漸興起？康熙《御選古文淵鑒》與蔡世遠《古文雅正》
也存在相同的問題。向來研究唐、宋詩，較注意學者所編選的本子，
但是御定本如是官方意識型態，無論是政治或美學，與學者編選本，
呈現的差異何在？如何確定「統治者意識型態」？又如何確定「民間
意識型態」？這些問題，在提要中或有回答，或無回答，均可進一步
探究。

三 文學家作品分析

《四庫全書》所收文學家作品，略有三類，與《四庫全書總目》
分類相符：一是自著詩文集（別集），二是編選歷代詩文集（總集），
三是詩文評論（詩文評）。

四庫館臣評騭文學家之作，或討論作者才氣，或分析作者學術，
或賞鑑作品風格。才、學往往兩者並論，而又歸結於學。最著者論詩
而以講學喻之，《學餘堂文集‧提要》：

> 王（士禎）所造如陸，施（閏章）所造如朱。陸天分獨高，自
> 能超悟，非拘守繩墨者所及；朱則篤實操修，由積學而漸進。
> 然陸學惟陸能為之，楊簡以下，一傳而為禪矣。朱學數傳以

後，尚有典型。則虛悟、實修之別也。

論詩之喻，有以禪學、有以書法，此則以講學，長此以往，可以尋喻者多方。同時也可得知，四庫館臣揚漢而抑宋，宋學之中，又尊朱而貶陸，其故在治學方法之異，及其所可能的流弊。再如《堯峰文鈔·提要》：

> 然（魏）禧才雜縱橫，未歸於純粹。（侯）方域體兼華藻，稍涉於浮誇。惟（汪）琬學術既深，軌轍復正，其言大抵原本六經，與二家迥別。

要能歸於純粹，避免浮誇，其道惟有沈浸六經。文章本於經術，是四庫館臣評價文學成就的標準。《愚庵小集·提要》：

> （朱）鶴齡始專注力於辭賦，自炎武勖以本原之學，始研思經義，於漢、唐注疏皆能爬梳扶摘，獨出心裁，故所作文章，亦悉能典雅醇實，不蹈剽竊模擬之習。

獨出心裁／才雜縱橫，典雅醇實／華藻浮誇，正是一對比，前者則是後者的典範。

在賞鑑作品風格時，則又溯其源而探其流。《林蕙堂集·提要》：

> 國初以四六名者，推（吳）綺及宜興陳維崧二人，均原出徐、庾。維崧泛濫於初唐四傑，以雄博見長；綺則出入於《樊南》諸集，以秀逸擅勝。

《精華錄‧提要》：

> （王）士禎談詩，大抵原出嚴羽，以神韻為宗。

《湛園集‧提要》：

> （姜宸英）其文閎肆雅健，往往有北宋人意，亦有以也。

「雄博」、「秀逸」、「神韻」、「閎肆雅健」，俱是風格術語，而指出此風格的本源，一方面固可見出作者的風格，一方面也說明所宗主前代作者的風格，由此形成一風格典範，在此一範式下的作者，均可歸於同一源流。作者論，集中在才情學術，不似前代，喜以人格較論，作品論則集中在風格辨析，此則一仍舊貫。

另一收入作品是其編選詩文總集，從時代分，唐代而外，宋、元、明可與之同列。就編者而言，已注意唐以後的文學發展，宗唐／尊宋，似已漸次形成。四庫館臣則指出宋詩盛行之故，《宋詩鈔‧提要》：

> 蓋明季詩派，最為蕪雜，其初厭太倉、歷下之剽竊，一變而趨清新。其繼又厭公安、竟陵之纖佻，一變而趨真樸。故國初諸家，頗以出入宋詩，矯鈎棘塗飾之弊。（宋）之振之選，即成於是時。

原來宋詩是反對模擬、纖佻的風格而來。但宋詩並非無弊，《唐賢三昧集‧提要》：

> 故自太倉、歷下以雄渾博麗為主，其失也膚；公安、竟陵以清
> 新幽渺為宗，其失也詭。學者兩途並窮，不得不折而入宋，其
> 弊也滯而不靈，直而好盡，語錄、史論、皆可成篇，於是
> （王）士禎等重申嚴羽之說，獨主神韻以矯之，蓋亦救弊補
> 偏，各明一義。

宋詩真樸，卻失去了詩歌的美感，所以王士禎又回到唐詩，重新尋求
並建立這一典範。

　　從地域分，鄉邦文獻的編輯，也是值得注意之事。所涉地域有廣
西、浙江鄞縣、浙江嘉興、江西鄱陽等，大致而論，保存文獻，重於
甄別作品。《全閩詩話》則是地域性的詩文評作品，與地域性文學作
品有異。地域性作品的編輯，背後其實是地方意識，而這一意識，又
發端於文獻集輯。文化自覺超過權力分配，搜羅遺佚超過相互衝突。
是以中央／地方的結構，未必是對立之局。

　　第三類是詩文評類，又可分為兩類：通論歷代或一朝之詩；專論
一己的詩學。前者除歷代外，集中在五代、宋代，後者則是王士禎與
趙執信之爭──郎廷槐、劉大勤均為王氏弟子。就文類觀察，集中在
詩學，文例僅一部。可推知中國傳統文論，以詩學居首要地位。

四　學者作品分析

（一）理學家作品分析

　　四庫館臣評論理學家作品標準，頗不同於文學家。首先在辨明學
派，《湯子遺書・提要》：

> 大抵出於刻勵實行，以講求實用，無王學者冥放蕩之弊。

一是道德踐履，一是國政治理，前者限於個人，後者則關係群體。
又云：

> 蓋其著述之富雖不及陸隴其，而有體有用，（湯）斌尤通達治
> 體云。

體用固須兼備，有用而無體，其實高於有體而無用，後者是所謂「杳
冥放蕩」，為館臣擯斥。至於「用」尤其指涉「治體」，即治國理政之
道。與湯斌並稱之陸隴其，《三魚堂文集‧提要》：

> 惟是隴其一生，非徒以講明心性為一室之叢談。其兩為縣尹，
> 一為諫官，政績亦卓卓可記。蓋體用兼優之學，……。

一再陳明體用兼備，實際上卻仍尊實用之學——治體。所以對陸隴其
弟子侯詮編次陸集，將論政之文編為「外集」，指責為「尊空言而薄
實政」，而所謂空言就是陸隴其所撰〈太極論〉等作品。價值判斷，
彰彰明甚。
　　至於文學成就，反而居於次要地位，《湯子遺書‧提要》：

> 集中詩賦雜文，亦皆彬彬典雅，無村塾鄙俚之氣。

《三魚堂文集‧提要》：

> 然陸隴其學問深醇，操履醇正，即率爾操觚之作，其不合於道
> 者固已鮮矣。

《養濟堂文集‧提要》：

> （魏裔介）詩文醇雅，亦不失為儒者之言。

對理學家的文章批評，大要在一雅字，與文學家相較，分析不同風格，建立風格典範，追溯風格本源等，歧異頗大。次則是理學家文辭，合於儒道，這是從內容肯定理學家文集。

《榕村集‧提要》更可見出館臣用心所在：

> （李）光地所長在於理學、經術，文章非所究心。然即以文章而論，亦大抵宏深肅括，不雕琢而自工。蓋有物之言，固與鏧悅悅目者異矣。數十年來，屹然為儒林巨擘，實以學問勝，不以詞華勝矣。

理學家重在學問，文章非所擅長；文章重在內容，不重形式。前者在表明，理學家文辭不如文學家，理所當然。後者在指出理學家文章，言之有物即可。物，略指學問（經學、道學）與治術。這或是風格辨析在此不受重視的原因。

（二）經史學者作品分析

四庫館臣評價學者作品，稍近於評價理學家作品，學術重於文章，只是學者學術多方，不限於性命之學，經學、史學、地理等，俱在其中。《曝書亭集‧提要》：

> 至（朱彝尊）所作古文，率皆淵雅。良由茹涵既富，故根柢盤深。

《西河文集・提要》：

> （毛）奇齡之文，縱橫博辨，傲睨一世，與其經說相表裡，不
> 古不今，自成一格，不可以繩尺求之，然議論多所發明，亦不
> 可廢。

朱彝尊文章淵雅，本於經學湛深，這自是典範；但縱橫博辨——縱橫
博辨較文辭淵雅為下——只要根據經說，也不可廢，這是對毛奇齡的
評論。

《果堂集・提要》：

> （沈彤）集雖不尚詞華，而頗足羽翼經傳。其實學有足取者，
> 與文章家又別矣。

此處更明確指出，若學有根柢，能羽翼經傳，即使文非華美，也可為
後學取資。最後並說學者之文，與文章家有別。這是承前代以降區隔
學者與文士，儒林與文苑雖在正史異途，在《四庫全書》卻可同入集
部。《存硯樓文集・提要》：

> 國朝百有餘年，惟閻若璩明於沿革，（儲）大文詳於險
> 易。……其他雜文間有隸事太繁之失，而徵引典博，終勝空
> 疏，但取其所長可矣。

更甚者，文章間有缺失，但取典博則可。基本上不討論文章的類別、
法度，及由此而來的美學典範。所側重者在文章是否本原經術，內容
是否翔實，功能是否羽翼經傳。

五 官員作品分析

　　四庫館臣對官員作品的評價，與文士、學者又異，略有三事可論。首先是作者的人品，而人品指涉節操，尤指對朝廷的忠誠，《忠貞集·提要》：

> 詩文直抒胸臆，慷慨激昂，嚼齦裂眦之狀，至今猶可以想見。文以人重，（范）承謨之謂矣。

范承謨於耿精忠之亂，抗節不屈，以身殉國，足為官員典範，所以館臣直以「文以人重」當之。而同與范承謨殉難之嵇永仁，其《抱犢山房文集·提要》：

> 今誦其（嵇永仁）詞，奕奕然猶有生氣。與（范）承謨面壁之詩，同為忠臣孝子之言，爭光日月，不但以文章論矣。

都已暗示兩人的作品，不如兩人的節操。而從兩人行為分析，所謂節操，不是隱逸山林，而是世俗價值，不是抗志獨行，而是政治忠誠。但這並非意味館臣全以此為準的：除了當代的實際考量外，前朝與當代之間，觸及隱喻關係，即會出現此種評論。館臣的價值選擇，也是重要因素，鳥獸不可與同群，本就是儒門重要信念。

　　其次，官員領政，或在地方，或在中央，或經涪升，由方至中央，治績成為重要考量，《鹿洲集·提要》：

> （藍）鼎元喜講學，尤喜講經濟，於時事最為留心。……文筆條暢，多切事理，在近人文集中猶可謂有實際者也。

《政書・提要》：

> （於）成龍以清節著名，而自起家令牧，至兩膺節鉞，安民戢
> 盜諸政績，亦皆綽有成算。其經濟頗有足傳，今觀是書，其平
> 生規畫，猶可觀其本末也。

論其文章，重在內容，此一內容，又非論心言性，宏揚儒道。或切合
事理，或經濟可傳，至於文字本身，只須條暢通達，即可視為佳作。
與文士之作，其標準相去甚遠。

　　第三，則是文章的歌頌功能，以典雅美麗的風格，詠讚朝廷，
《張文貞集・提要》：

> 大抵皆春容典雅，渢渢乎盛世之音。

《松桂堂集・提要》：

> 今觀是（彭孫遹）集，才學富贍，詞采清華，館閣諸作，尤瑰
> 偉絕特。

既是贊頌謀略宏大，成就非凡，遠邁前代，於是以華麗的文字，典雅
的風格，深切的用典，更能完成這一目的，所謂兩美相濟，相得益
彰。文字華實，文章結構，關係文學功能。此時，就涉及作者寫此類
作品的才能，《文端集・提要》：

> 臺閣、山林二體，古難兼擅，（張）英乃兼而有之。

山林，是抒發個人心志；臺閣，才是描摹政府閎美。以前者文字，豈能顯現後者規模？如同歌頌音樂，都以壯盛樂團演奏，樂風也都傾向雄偉華麗，若不如此，不能顯現「壯美」。臺閣體略如之。

就一般作品言之，官方（皇帝與館臣），並不作如此要求，《二希堂文集‧提要》：

> 今觀其文，溯源於六經，闡發周、張、程、朱之理，而運以韓、柳、歐、蘇之法度。……乾隆己卯，諭正文體，舉（蔡）世遠之文為標準。

其結構如下：以經典為源，實之以程、朱之學，潤之以韓、柳之詞。如果兩非其要，至少也要是《鐵廬集‧提要》所云：

> （潘）天成出自寒門，終身貧賤，而天性真摯，人品高潔，類古所謂獨行者。其精神堅苦，足以自傳其文。故身沒嗣絕，而人至今重之。特錄其集，俾天下曉然知國朝立教在於敦倫紀、礪名節、正人心、厚風俗。固不與操觚之士論文采之優劣，亦不與講學之儒爭議論之醇疵也。

潘天成並無任何事功可言，自幼窮困，與母相失，十五歲乞食江湖，目的就在迎養母親，爾後教學維生，終身貧困，只因節行迥異庸人，於是為館臣特別表揚。可以文采稍乏，也可以學術差遜，更可以事功略無，但是彰顯朝廷教化，激勵社會心人，則必不可缺，這或是官方對文人的最後要求。

六 結論

四庫館臣作為一特殊的讀者,除一般讀者的閱讀之外,還須負編輯之責;對作品則須撰寫提要,以指導其餘讀者。在讀者與作品之間,勢須對作者有一評價,但作者身分不一,所及之的標準就互異。分作者為皇帝、文士、學者、官員,會有不同的準的:

一、皇帝:文集在抒發個人才情。下詔編纂的總集,大致有兩種性格:整齊文獻;作為寫作範式,由此而導出美學規範,甚而是思想指引。

二、文士:評論作者,集中在才情學術,而歸本於經典;評論作品,則集中在風格辨析,而側重在典雅。

三、學者:理學家首重學派淵源,次在其學問,文章非所擅長;文章重在內容,不重形式。經史學者基本上不討論文章的類別、法度,及由此而來的美學典範。所側重者在文章是否本原經術,內容是否翔實,功能是否羽翼經傳。

四、官員:首重其節操,其實就是政治忠誠,其次是任內治績,有利民生為要。文采不是首要考量。

四庫館臣是廣義的讀者,所評選的對象是廣義的作者,其身分固不限於操觚之士,但更重要的在於不完全從作者才性論著手,而會視作者身分,有一不同標準評論。這未必是四庫館臣新開的方向,但確實是館臣重要的取向。

從《清朝續文獻通考‧經籍考》
論晚清經學史研究方法

摘要

　　本文旨在論述《清朝續文獻通考》作者劉錦藻，有意仿馬端臨《文獻通考》成《清朝續文獻通考》，作為上承《清朝文獻通考》總述清代典章制度，以為後人論治之資，全文論述理序如下：一、揭示全書體例，說明時代斷限及體例大要；二、先進行《清朝續文獻通考‧經籍考》之內容述要，再分析其文化意義；三、探論晚清經學史研究法，說明人文學科之研究不僅是知識問題，尚有實踐問題，此才是人性的體現與昇華，方法論即是價值論；最後歸結作者與讀者皆在世界中形成自己的世界觀，又以個人的世界觀來觀察現存的世界，使得世界只有一個，而世界觀卻有無數個，如此不斷反省自己的世界觀，才能擁有豐富的世界觀而不流於偏執。

關鍵詞：晚清經學　研究方法　續文獻通考

一　作者簡介

　　劉錦藻，字澂如，號橙野，浙江湖州南潯鎮人，生於清同治元年（1862），卒於民國二十三年（1934）。其父劉鏞經營蠶絲致富，江南著名藏書樓「嘉業堂」即劉氏所擁有。劉錦藻十四歲中秀才，二十六歲中舉人，三十三歲赴禮部會試中進士，先後任戶部主事、工部都水司行走。南通張謇於清末大興實業，先於光緒二十九年（1903）在上海創辦大達輪船公司，次年又聯合湯壽潛、許鼎霖、劉錦藻等江浙士紳，創辦大達輪埠公司，劉錦藻被清廷農工商部任命為總理。在家鄉倡辦義倉，賑濟貧困，設立水火賑會，撫恤因火災而無家可歸者。

　　除參與實業、建設鄉邦外，劉錦藻甚為重視學術文化，中日甲午戰爭（光緒21年，〔1895〕）後，劉錦藻見士大夫群起議論新政，西學日興，舊典日亡，於是搜羅前代典章制度，以為議政的根據；又見乾隆以後典制，文獻散失，無人整理，有意規仿馬端臨《文獻通考》，作《清朝續文獻通考》，上接《清朝文獻通考》，一以總述清代典章制度，一為後人論治之資。至光緒三十一年（1905），撰成《清朝續文獻通考》，上起乾隆五十一年（1786），下迄光緒三十年（1904），計三二〇卷。辛亥革命（1911）後，劉錦藻與其子劉承幹商議，決定續編至宣統三年（1911），至民國十年（1921），終於完成全書，增編為四百卷。該書後經上海商務印書館匯刻入《十通》，為政書殿軍之作。

　　《清朝續文獻通考》書成後二年，劉錦藻也與世長辭，可以說劉錦藻後半生是與《清朝續文獻通考》相終始，知識分子獨抱遺經，留名後世，劉錦藻是最佳典範。

二　全書體例

分從時代斷限、體例大要述評。

（一）時代斷限

根據《清朝續文獻通考‧凡例》云：

> 《皇朝通考》初與《續通考》併於一編，乾隆二十六年命自開
> 國以後自為一書，館臣依以排纂，訖乾隆五十年而止。此次續
> 纂，起五十一年迄宣統三年，凡百二十又六年。

《續通考》指《續文獻通考》，清高宗乾隆十二年（1747）敕撰，續馬端臨《文獻通考》，採宋、遼、金、元、明五朝史蹟議論，匯為一編，從宋寧宗以後至明崇禎以前（1195-1644）。體例全與馬端臨《文獻通考》相同，惟全書由二十四考增加為二十六考，從〈郊社考〉分出〈群祀考〉，〈宗廟考〉分出〈群廟考〉。《皇朝通考》指《清朝文獻通考》，亦為清高宗乾隆十二年（1747）敕撰，記清初至乾隆典制（1616-1785），體例與馬端臨《文獻通考》、《續文獻通考》相同，也多出〈群祀考〉、〈群廟考〉。劉錦藻《清朝續文獻通考》時代承接前考，從乾隆五十一年至宣統三年（1786-1911），體例也同前考，但增加〈外交考〉、〈郵傳考〉，後又增加〈實業考〉、〈憲政考〉，總計三十考，四百卷。所以可知劉錦藻是有意識的完成清朝典章制度的歷史。

（二）體例大要

卷一至十八　田賦考	卷十九至二十四　錢幣考
卷二十五至二十六　戶口考	卷二十七至二十八　職役考

卷二十九至五十五　征榷考　　　卷五十六至六十一　市糴考

卷六十二　土貢考　　　　　　　卷六十三至八十三　國用考

卷八十四至九十三　選舉考　　　卷九十四至一一四　學校考

卷一一五至一四六　職官考　　　卷一四七至一五六　郊社考

卷一五七至一五八　群祀考　　　卷一五九至一六五　宗廟考

卷一六六至一六九　群廟考　　　卷一七○至一八七　王禮考

卷一八八至二○一　樂考　　　　卷二○二至二八二　兵考

卷二四二至二五六　刑考　　　　卷二五七至二八二　經籍考

卷二八三至二八六　帝系考　　　卷二八七至二九三　封建考

卷二九四至三○三　象緯考　　　卷三○四　物異考

卷三○五至三三○　輿地考　　　卷三三一至三六四　裔考

卷三三七至三五九　外交考　　　卷三六○至三七七　郵傳考

卷三七八至三九二　實業考　　　卷三九三至四○○　憲政考

　　大致而言，卷一至卷八十三，記載國計民生，卷八十四至卷一四六記載人才培養任用，卷一四七至卷一六九記載宗廟祭祀，卷一七○至卷二○一記載禮樂制度，卷二○二至卷二五六記載國家安全、社會秩序，卷二五七至卷二八二記載典籍，卷二八三至卷二九三記載帝室傳承，卷二九四至卷三三六記載天文地理，卷三三七至卷四○○則是因應國際新局，增加事項。以今日觀察，經濟、財政、教育、考選、國防、內政、文化、法律、外交等，無不涵蓋其中。這自不是劉錦藻獨創，但由是可知，論中國缺乏客觀制度者，實缺乏對傳統政書的了解。我們今日探討「文化精神」，從制度層面逆溯其制作意義，可能是一重要路向。

三 《清朝續文獻通考‧經籍考》的文化意義

先進行內容要述，再分析其文化意義。

（一）〈經籍考〉內容述要

〈經籍考〉雖名為經籍，事實上是涵蓋四部，其分類如下：

經部：五經　論語　孟子　孝經　經解　四書　樂　儀注　小學
史部：正史　編年　記事　詔令　奏議　別史　雜史　傳記　載
　　　記史評　史鈔　政書　職官　地理　時令　譜牒　目錄
子部：儒家　法家　雜家　小說家　農家　譜錄　天文　推算
　　　五行　占筮　形法　兵家　醫家　類書　藝術　道家　釋
　　　氏　神仙
集部：楚詞　別集　詩集　歌詞　總集

其最特別之處在於將叢書收錄在子部雜家下，並對每一部叢書或說明
其源流，或評價其得失。

而在經學方面，劉錦藻云：

> 近代經學之盛，無逾聖清，自康熙乾隆兩朝，明詔迭開鴻博，
> 一時魁儒蔚起，潛心甲部者上足與漢唐媲隆，戇戇乎文治之美
> 也。（〈經籍一〉，卷157，頁10017）

是以乾嘉漢學為經學正宗，對嘉道以後大行的經今文學，是持一批判
態度。此涉及劉錦藻的經學思想。

（二）〈經籍考〉的文化意義

評凌曙《蜚雲閣叢書》案語：

> 董仲舒嘗謂為政而不治，則必改絃而更張之。於是光緒甲午戊
> 戌之間，談新法者師江都焉。曙雖尚友先賢，而後之治《公
> 羊》者託於黜周王魯之謬說，昌言變法，而一切無所顧忌，是
> 又曙所不及料也。（〈經籍十六〉，卷272，頁10164）

黜周王魯是《公羊》通義，改制變法是其目的，而文質代變不僅是政
治制度的變更，還有文化精神的選擇。贊成者固有其文化寄託，反對
者也有其文化懷抱。評孫星衍《岱南閣叢書》案語：

> 自近人《新學偽經考》行，不三十年，遂釀成黜經廢孔之大
> 變，安得以《岱南閣》一編救之。（〈經籍十四〉，卷270，頁
> 10144）

黜經廢孔，其實關乎政治變更者甚小，文化的象徵、價值的展現，才
是劉錦藻大力抨擊的根源。評《孫谿朱氏經學叢書》案語云：

> 阮氏、王氏《正、續經解》，風行海內，績學之士，得此二
> 書，已足窺漢學門徑。（〈經籍十七〉，卷273，頁10180）

以漢學為經學正宗，自是對康有為等學說批駁有加，將《新學偽經
考》置於史部目錄類，與張之洞《書目答問》、葉德輝《觀古堂藏書
目》等目錄學名著並列（見〈經籍十二〉，卷268，頁10122），且未加

隻字案語，不是有意貶抑《新學偽經考》的影響，就是不知該書性
質，以劉錦藻學養，應以前者居多。

　　制度本就有經世的內含，其背後的意義又有價值的追求，「制度
／意義」的構成，可稱為文化的展現。陸潤庠〈清朝續文獻通考序〉
就很清楚的呈現文化自覺的意義：

> 烏乎！我朝開國，隆恩逷澤，三百年間，賢聖之君六七作，王
> 制之善，備於康乾。咸同以降，崇極而圮，海禁棣通，談時務
> 者，疚心外侮，以為固守成法不足持世變，朝野奮勵，爭言新
> 政，宜若可以圖強然。自變法令下，士論紛紜，庶政愈益窳
> 敗，始恍然於祖宗成憲未可驟更，而禍患之來，遂不可遏已。
> 學士是書，為部三十，為目百三十又六，始乾隆丙午，迨宣統
> 辛亥，為卷四百，網羅考訂，一朝典章制度，燦然大備，而於
> 新舊蛻嬗之際，尤三致意，增立憲政諸門，詳具源委，蓋有深
> 痛。世之讀是書者，推闡我朝立國之本，及列聖創法之意，與
> 夫後世之因革變遷，必有憬然於治亂興衰之故，深曠太息而不
> 能自已者。撥亂世而反之正，抑將有取於茲焉。

對「爭言新政」不以為然，對「祖宗成憲」充滿自信，固可顯現其政
治立場，但推闡「我朝立國之本」、「列聖創法之意」、「後世之因革變
遷」，正是期望從制度導向文化，撥亂反正向來就不限於政治範圍，
而是及於整體文化。因此，《清朝續文獻通考》不僅是文獻的保存，
還有其文化的理想。

　　至其論鄉邦文獻，見於評盛宣懷《常州先哲遺書》案語：

> 我朝常州，為人文淵藪，專集宏富，宣懷尚未網羅美備，然於

天步艱難，人欲橫流之際，而刊播鄉邦文獻，嘉惠士林，其用心亦良可嘉尚矣。（〈經籍十七〉，卷273，頁10184）

論文學源流，則收錄王先謙〈續古文辭類纂序〉：

逮道光末造，士多高語周秦漢魏，薄清淡簡樸之文為不足為，梅郎中、曾文正之倫，迺相為修道立教，惜抱遺緒，賴以不墜，其《古文辭類纂》一書，廣收而慎取，學者至今猶遵守之。余輒師其意，推求義法淵源，采自乾隆迄咸豐間，得三十九人，論其得失，區別義類，竊附於姚氏之書，亦當世著作之林也，後有君子以覽觀焉。（〈經籍二十六〉，卷282，頁10268）

論經學流派，標舉漢學；談文學變遷，高擎桐城；輯鄉邦文獻，法式先人；這與其時代，似乎渺不相若。不然，劉錦藻在〈經籍考〉有甚多案語在抒發時代感嘆，上述對《公羊》學的指斥，即是一例；也收錄甚多西學書籍，經眼之博，令人佩服。兩種迥異的風貌，同時並存，之所以會有這種特異感，其實是長久以來，我們習於以中西衝突看待晚清思想史。對傳統的持續發展，視若無睹，這與方法有關。茲以經學史為例，反省其中問題：

四　晚清經學史研究方法探討

方法，意謂如何觀看研究對象，而方法論則是觀看此一觀看，察知其特色，反省其限制，並自覺的理解何以採行此方法而非他種方

法。[1]觀看晚清經學史及思想史的方法，大略有二：一是西力衝擊，
二是階級利益：

　　西力衝擊說以為道光二十年（1840）中英鴉片戰爭後，中國即進
入新的世代，此一世代與傳統中國最大的不同是西方文化的衝擊。同
治三年（1864），自強運動展開，至光緒二十年（1894）甲午戰敗，
三十年經營，一旦瓦解，中國非但未能自強，屈辱反而一次次加深，
此時「變局」之說甚囂塵上，如何應變，成為其時知識分子關注焦
點。西方衝擊與中國應變，也成為後來學者觀看晚清史的方法，且是
一普遍的概念。[2]這一方法是重著於中西對比，中國傳統是一靜態
體，不能也不願改變，於是在原地等待他人刺激、挑戰，帶動本身反
省、回應。西方變為衡定的標準、真理的象徵，擁抱西方者為進步，
固守傳統者為保守，進步與保守之間，又已隱含價值判斷。但歷數晚
清學者：皮錫瑞、廖平、康有為、章炳麟、劉師培、嚴復、王國維
等，無不在進步與保守間徘徊，甚而為人指責荒誕，何能如此簡單判
分其屬性。忽視傳統學者如何選擇、消融西方文化，是此一理論第一

1　康樂即以「方法」屬於「對象語言」，亦即「第一層次語言」，「方法論」為「後設
　　語言」，亦即「第二層次語言」，二者屬於不同層次知識，見〈論「方法」及「方法
　　論」〉，康樂、黃進興主編：《歷史學與社會科學》（臺北市：華世出版社，1981年12
　　月），頁23-42，引文見頁25。但康樂以為方法是演繹、歸納、比較、統計等，則較
　　狹隘。方法至少涵蓋研究程序的探討、研究的技術與步驟、理論架構與分析途徑。
　　本文所指方法，著重在理論架構與分析途徑，而將其餘方法，視之為技術。
2　這一方法，源於美國費正清（John King Fairbank），影響深遠，如郭廷以：《近代中
　　國史綱》（香港：香港中文大學，1989年3版）即曾列兩章（第2、4章）討論西力衝
　　擊；張灝更說「什麼是使中國固有文化內部本身發展演變成為一個思想變動？是西
　　方武力的擴張和文化刺激所造成的」，見〈思想的轉變和改革運動〉，《劍橋中國
　　史·晚清篇（下）》（臺北市：南天書局，1987年9月），頁301-375，引文見頁301；
　　王爾敏也認為「晚清政治思想轉變是循著西化的道路向前推進」，見〈晚清政治思
　　想及其演化的原質〉，《晚清政治思想史論》（作者自印，1969年9月），頁1-30，引文
　　見頁1。

個缺點。其次,中西比較演變為傳統、現代之爭,中國是傳統,西方為現代,從傳統轉變為現代,是理所當然的過程,於是橫向對比演為縱向進化,西方文化為一典範,堪為中國模仿學習。從而引發「現代化」問題,傳統社會必須進到現代社會,才算有價值,任何自外於此「潮流」者,均是認識不足。其濃厚的決定論性質,難為人所接受。[3]第三,中國文化在接觸西方之前,是一封閉系統,在西方挑戰下,逐漸被打破。詳究其實,西方侵略使中國參與世界、邁向現代,改變中國封建的社會形態。如此理論,有為西方侵略中國尋找合理化之嫌。

　　階級利益說視經學為封建文化的主體,經學學者為封建階級,經學研究的目的是維護本階級利益。清代中期至末期的轉變,則視為封建階級與資產級的對抗,兩者均利用經學的形式鬥爭,不同的只是經學內容。經學今古文之爭、晚清變法之爭,已轉變成階級之爭。原來中共奉馬克斯主義為經典,歷史發展從原始共產制、奴隸社會制、封建社會制、資本主義制到共產主義社會。此五階段論特色是:前一階段必然進到下一階段;下一階段必然比上一階段進步;是人類社會的共同歷程。簡言之,是決定論、進步史觀、普遍史的糅和。此說的問

3　金耀基指出傳統社會必然也必須進到現代社會,才算有價值,任何自外此一潮流者
　　不是自卑感作祟,就是優越感過高,要不就是知識認知不足,見《從傳統到現代》
　　(臺北市:時報文化出版公司,1987年),頁167-182。但是現代化至少有四種理
　　論:目的價值論,以西方文化為唯一判準;工具價值論,不完全以西方價值為唯一
　　判準,仍存在傳統社會地區,且有高度自主性;實踐理論,認為應從道德層面,探
　　究社會與人民存在價值;發展理論,認為現代化即社會的持續發展,又分為政治發
　　展優先論、經濟發展優先論、社會文化發展優先論,見陳秉璋、陳信木:《邁向現
　　代化》(臺北市:桂冠圖書公司,1988年11月),第1-6章,理論甚為複雜,何能選擇
　　「正確」方向?〔奧地利〕卡爾‧巴伯(Karl Popper, 1902-1994)說得好:「歷史定
　　論主義者本身似乎也缺乏想像力,因為他們無想像『導致變遷清況』的改變」,見
　　《歷史定論主義的窮困》(李豐斌譯,臺北市:聯經出版公司,1984年5月),頁
　　108。此一初起情況的改變,吾人是否還會大聲疾呼現代化?

題在於視歷史發展五階段論為真理，然而人類社會發展是否如此簡
單，自是啟人疑竇；秦漢至清既是封建社會，經學研究又是維護階級
利益，乾嘉、桐城、常州等學派，又代表何種階級？康有為、章炳麟
同治經學，經說絕不相同，政治立場亦復有異，也甚難區別其階級。
凡此均造成解釋的困難，正本清源之道在揚棄馬克斯主義的歷史解
釋。[4]

　　不論是西力衝擊抑或階級衝突，均是以西方的觀點觀看中國，如
能以中國本身的觀點觀看中國，自會有新的解釋系統。但這並非對西
方的存在，視而不見，中西交會，是一客觀事實，不容抹煞。以中國
觀點觀看中國，是從中國傳統內部觀察文化演變之跡，並進而分析其
原因，評估其價值，討論其影響，再與西方對中國影響作一比較，或
能擴大視界，重解歷史。[5]

　　以上的詮釋路向，自是不盡人意，甚至不為我們接受，但這正好
表明：歷史有待我們詮釋。文獻或史料不會說話，會說話的是詮釋
者。歷史向來不是客觀存在，且能自明其價值，歷史有待我們詮釋，
如將歷史區分為兩個層次：一是實際發生的歷史事件，一是經過史學

4　有關中共史學理論，詳可參考逯耀東：《中共史學的發展與演變》（臺北市：時報出
　　版公司，1979年）。此種理論的副產品是證明中共政權的必然性與合理性。朱維錚
　　編：《周予同經學史論著選集》（上海市：上海人民出版社，1983年11月）、湯志
　　鈞：《近代經學與政治》（北京市：中華書局，1989年8月）、《經學史論集》（臺北
　　市：大安出版社，1995年6月）均採此一方法。

5　晚近美國學者柯文（Paul A. Cohen）即已指出西方學者貫以三種模式研究中國近代
　　史：「衝擊──反應」，「傳統──近代」，「帝國主義」，而缺乏「中國內部取向」的
　　研究進路，見《在中國發現歷史》（林同奇譯，臺北市：稻鄉出版社，1991年8
　　月）。其實後二者即是「衝擊──反應」說的變形，所以本文著重分析此說。柯文
　　又分析西方對中國衝擊，應分為三個層面探討：最外層帶，直接對西方入侵作出反
　　應，如通商口岸、兵工廠、基督徒、總理衙門等；中間地帶，間接由西方催化，如
　　太平天國、同治中興；最內層帶，不受西方入侵影響，如晚清文化與社會側面，見
　　該書頁54-56。此所以也要考慮西方的影響。

家詮釋的歷史，我們會發現，我們所閱讀的歷史，並不是客觀事件，而是經過史家創造的歷史。如此論述，豈非在說歷史可以任意解釋，充滿主觀、不確定，這樣與我們所批評的詮釋路向有何不同？不然，歷史解釋，須放置在「詮釋過程」中分析，才能理解其中微妙。

有待研究的問題甚多，詮釋者為何選擇此而不選擇彼？這就涉及「問題意識」的來源，問題如果與其存在的感受無關，可能引不起詮釋者的興趣，但這並不是古今用，而是問題必須有「意義」：能說明文化價值、能分析現狀淵源、能反省人生處境等，而這些問題，又根本離不開詮釋者所處的時代，於是在選擇的過程中，無可避免的會有強烈的主體意願。其次是架構的鋪陳、史料的擷取。歷史史料，不可能完備無缺：人為疏失、天災人禍、自然淘汰，在在使史料不完全。即使如此，詮釋者不可能也不需要全納入，而是在一詮釋系統下，選擇並解釋史料，詮釋者理解歷史事件，絕非從虛無開始，其所處文化傳統、知識水準、物質條件，構成理解的整體結構，均影響其歷史解釋。[6] 此一詮釋系統其實是一「理論預設」，理論預設的正誤，又可以以史料檢查，能否否證預設。詮釋者與詮釋對象、預設與史料，形成一循環狀況，從而消融主客對立的困境，「存在感受／歷史解釋／實踐行動」密不可分，亦即詮釋者、詮釋情境、詮釋對象交融在一起，最後並以其所詮釋結果作為人生的價值根據。所以人文學科關心者不僅是真，還有美與善；不僅是知識問題，還有實踐問題。人文學科的真理，是人性的體現與昇華。因此方法論也是價值論。

6　參考許冠三：《史學與史學方法》（臺北市：萬年青書店，出版年月不詳），第2章〈歷史知識之不完性〉；龔師鵬程：《大俠》（臺北市：錦冠出版社，1987年10月），第3章〈歷史的詮釋〉、第6章〈歷史研究的方法問題〉；張汝倫：《意義的探究——當代西方釋義學》（臺北市：谷風出版社，1988年5月），第4章〈釋義學的本體論轉折〉、第5章〈哲學釋義學的興起〉；〔德〕恩斯特・卡西勒（Ernst Cassirer）：《論人——人類文化哲學導論》（劉述先譯，臺北市：文星書店，1959年11月），〈歷史〉。

五　結論

　　就因為方法論也是價值論，所以在閱讀他人著作之時，不僅可看到作者所敘述的「世界」，更可見到作者的「世界觀」，世界是一客體，世界觀是對此世界的解讀，此時的世界已充滿作者的價值判斷，世界與世界觀混然不分，主體與客體也交融合一。康有為解釋《公羊》固是如此，劉錦藻編輯《清朝續文獻通考》也是如此。劉錦藻雖收錄甚多西學書籍，也不排斥西方文化，但畢竟是以傳統為根基，尤以乾嘉漢學為然，所以對晚清盛極一時的《公羊》學評論甚少，偶有出現，也以負面評價居多。後代讀者又習於以中西衝突看晚清史，自會指責劉錦藻保守，且看不到《清朝續文獻通考》中傳統持續發展的一面。

　　作者與讀者，都在已成的世界中，形成自己的世界觀，又以自己的世界觀觀察現存的世界，所以世界只有一個，但世界觀卻有無數個。惟有不斷的反省本身的世界觀，才能擁有更深刻豐富的世界，而不致流於偏執。

《左傳》的研究方法

摘要

　　本文旨在揭示《左傳》之研究方法，首先說明選擇注本與工具書之重要，再說明應理解經典的時代背景，以進入理解詮釋的視域，三者揭示研究方法與方向，說明經典是解消我們困境與疑惑的真理之光，進而省察研究的價值與意義，才能上究天道，下明人事，向內反省人生，向外探索世界。

關鍵詞：經學　春秋三傳　研究方法　經典詮釋

一 緒論

　　研讀《左傳》之前，先行閱讀導讀作品，可以具備《左傳》的作者、性質、內容、流傳等基礎知識。最簡要的作品是朱自清（1898-1948）《經典常談》（臺北市：立緒文化公司重排版，2000年3月），該書合論「春秋三傳」，除了《左傳》外，約略可了解《春秋》、《公羊傳》、《穀梁傳》的概況。更深入的作品，則可閱讀莊雅州先生《經學入門》（臺北市：臺灣書店，1997年10月），作為經學研究的基礎書籍，該書設定的讀者群，自不同於一般的導讀作品，而且三傳分論，可以進一步的理解《春秋》三傳的關係。程發軔先生（1895-1975）《春秋要領》（臺北市：東大圖書公司，1989年4月），則完全針對《春秋》及三傳設定三十七個問題，作簡要且深入的解說，末附〈左傳地名圖表〉、〈春秋地名檢查表〉、〈春秋列國地圖〉，以此書作為奠基，會有很好的效果。

　　民國以降的研究成果，索引式的介紹，可參考林慶彰先生主編《經學研究論著目錄（1912-1987）》（臺北市：漢學研究中心，1989年12月），《經學研究論著目錄（1988-1992）》（臺北市：漢學研究中心，1995年6月），《經學研究論著目錄（1983-1997）》（臺北市：漢學研究中心，2002年4月），詳盡搜集了臺灣、大陸、香港、日本的研究成果。提要式的介紹，可閱讀劉正浩先生〈六十年來之左氏學〉（收入程發軔先生主編《六十年來之國學》，臺北市：正中書局，1972年5月），該文主在介紹章太炎（1869-1936）、劉師培（1884-1919）、康有為（1858-1927）、崔適（1852-1924）、熊十力（1885-1968）諸氏的《左傳》學，並依通論、注疏之學、專門之學、詞章之學介紹研究《左傳》專書。其後的研究成果，可參考丁亞傑〈春秋經傳研究〉（收入林慶彰先生主編《五十年來的經學研究（1950-2000）》，臺北

市：臺灣學生書局，2003年5月），該文綜合介紹一九五○年以後，在臺灣地區《春秋》及三傳的重要研究成果。歷代《左傳》學的研究史及《左傳》學的各項問題與理論，可參考沈玉成、劉寧《春秋左傳學史稿》（南京市：江蘇古籍出版社，1992年6月）。《左傳》與《公羊傳》、《穀梁傳》的異同等研究論題，可參考趙伯雄《春秋學史》（濟南市：山東教育出版社，2004年4月）。

　　上述諸書，可以作為我們研究《左傳》的基礎。而在實際研讀過程中，藉由歷代學者的注解、三傳的比勘、相關論著的閱讀等，各項論題其實是會漸次呈現，各家說法當然不一，研讀者正可在其中理解這些問題發生的原因，處理這些問題的理論與方法，這些問題的影響等。所以最重要的研究步驟就是閱讀原典。

二　選擇注本與工具書

　　《左傳》成書年代，目前學界大都承認成於戰國中後期，距今約二千二百餘年，其文字句法，頗為古奧，典章制度，也不易理解，所以研讀時必須依賴注解。〔晉〕杜預（西元222-284年）注、〔唐〕孔穎達（西元574-648年）疏《左傳正義》（十三經注疏本）是最正統的注解，但對一般讀者而言，仍嫌艱深。楊伯峻（1909-1992）《春秋左傳注》（北京市：中華書局，1990年5月2版），博搜從古至今學者的注解，採錄新出土考古文物，書前有〈前言〉，可作為《左傳》通論閱讀，是現代最佳的註解本，極具學術價值。沈玉成《左傳譯文》（北京市：中華書局，1981年2月），則為該書的語體本，兩書相互配合，檢索極便。可說是研讀《左傳》最佳途徑。

　　《左傳》的語譯本較早的有李宗侗先生（1894-1974）《春秋左傳今註今譯》（臺北市：臺灣商務印書館，1985年11月），體例依序為傳

文、註釋、語譯，書前附地圖十四幅。臺灣商務印書館古籍今註今譯叢書，原來就在以通行語體文譯註古典文言文，以達到古籍推廣的目的，所以該書頗方便學者。類似之作近年則有李夢生《左傳譯注》（上海市：上海古籍出版社，1998年6月），體例依序為傳文、註釋、譯文，但註釋部分更值得重視，譯者的見解，其實見於註釋。郁賢皓等撰《新譯左傳讀本》（臺北市：三民書局，2002年9月），體例依序為說明、傳文、註釋、語譯，並增國語注音符號，對於艱深字詞讀音，一讀即得。

然而文言其實不能「翻譯」為白話，因為兩者同屬漢語，並不存在可供對譯的詞語，與其說是翻譯，不如說是「以今語釋古語」，質實言之，就是訓詁。我們都知道，詩歌翻譯成白話的困境——除了美感盡失之外，多層次的意境與聯想，也在白話文的解釋下煙滅無蹤，如此，詩豈能稱為詩。詩歌如此，散文何嘗不然，所以熟悉經典語文及語境，是理解經典意義最好的方法。原文語體化，最多只能協助我們理解字面意義，卻較難協助我們理解深層含義，而後者才是經典所以成為經典的關鍵。我們更不能將這些語體化的經典，等同為經典，以為閱讀這些語體化經典，就是讀過經典。研究《左傳》等古代經典，第一關就是突破語文的障礙。建議參考四部註譯本，研讀楊伯峻《春秋左傳注》，上溯孔穎達《左傳正義》，沈浸原文，反覆閱讀，參考注解，從中發掘、理解與處理問題。

至於敘事部分，《左傳》編年記事，一事的本末，有時遷延數年，中間因體例關係，自會涉及其他事件，相互交錯，對事件的後續發展與結果，常須前後翻閱，才能掌握，〔清〕高士奇（1645-1704）《左傳紀事本末》（楊伯峻點校，臺北市：里仁書局，1980年3月），分國敘述各事件的本末，參閱該書，較易進入事件的脈絡。

《左傳》的字辭艱深，人物繁多，又涉及沿革地理，掌握相關的

工具書，對讀者而言，也頗為必要。楊伯峻編有《春秋左傳辭典》（臺北市：漢京文化公司，出版項不詳）配合其《春秋左傳注》，舉凡字詞、人名、地名等，檢索即得。程發軔先生《春秋人譜》（臺北市：臺灣商務印書館，1990年12月），計分三卷：〈各國世族表〉、〈春秋名號歸一圖補正〉、〈春秋人名分析表〉，最後一表對初學者最為實用便捷。方朝暉《春秋左傳人物譜》（濟南市：齊魯書社，2001年8月），依年代先後，載記《左傳》出現的人物，書前有〈人物一覽表〉，末有〈人名總索引〉，查檢極便，且人物事跡全錄經傳原文，頗省翻閱之勞。程發軔先生《春秋左氏傳地名圖考》（臺北市：廣文書局，1967年11月），全書分為四篇：〈春秋地名考要〉、〈春秋地名今釋〉，分年考證古今地沿革，考證結果則具體呈現在〈春秋地名檢查表〉、〈春秋列國地圖〉。先按筆畫順序檢查《左傳》地名，即得今地名，再據以檢查地圖，即可得知方位所在。

　　上述語譯本、註解本、工具書，構成研究《左傳》的核心，由此熟悉原典，以作為研究的基礎。

三　理解經典的時代背景

　　研究春秋歷史，最重要的書籍就是《左傳》；然而研究《左傳》，卻也需要理解其時的時代背景。這就形成一個奇妙的循環，童書業（1908-1968）《春秋史》（臺北市：臺灣開明書店，1967年9月）正是這一佳作。該書最主要的文獻，即是《左傳》，據《左傳》講春秋史，本就是正途，但又給予讀者研究解《左傳》的歷史背景。閱讀該書最有益之處，就在可以學習如何取捨文獻，從龐大的文獻中，建構歷史敘述。是目前最精要的春秋史著作。顧德融《春秋史》（上海市：上海人民出版社，2001年6月），是前揭書的擴大，末附有春秋年表，頗便

參閱。

　　歷史無法切割，即使是斷代史，也須略述前代的歷史，童書業即已論及此點，所以第一章是〈西周史略〉。研究《左傳》，必會觸及各種禮制的內涵與變遷，楊寬《西周史》（臺北市：臺灣商務印書館，1999年4月），有八章探討禮制。楊寬另一部著作《戰國史》（臺北市：臺灣商務印書館，1997年10月），有三章探討春秋至戰國社會經濟的變遷。閱讀這兩部書，可以理解西周到戰國之間文化與經濟的演變。

　　以上述為基礎，又可進入以《左傳》為根據的另一重要著作，〔清〕顧棟高（1679-1759）《春秋大事表》（吳樹平、李解民點校，北京市：中華書局，1993年6月），該書考定天文、疆域、國都、官制、世系、禮制、盟會、戰爭、三傳異同等，均各表列出之，全面綜論《左傳》，卻又能分割論題，從不同論題進入《左傳》的歷史世界，這其實已給予我們研究《左傳》最佳的示例。

四　研究方法與方向

　　學術研究具體方法，大致有三個層次：一是研究程序，諸如題目訂定、材料搜集、安排大綱、寫作技巧等；二是研究技術，諸如演繹法、歸納法、比較法、統計法等；三是理論架構與分析途徑，以文學研究言，諸如新批評、結構主義、詮釋學等。然而在運用過程中，最重要的並不是選擇何種方法，而是須對方法有自覺的反省：我們如何思考研究對象、思考切入點為何、此一思考有何價值、是否正確無誤、有無其他思考路向等，這屬於方法意識的範疇。有此自覺之後，再以這些方法為對象，探討其知識的性質、功能、價值、限制等，形成一套方法學。是以「方法」這一概念，應涵蓋方法、方法意識、方

法學。

　　而從方法學的構成、方法意識的自覺逆推方法的定義，可以有廣狹兩種意義，狹義的定義是指理論架構與分析途徑，涉及具體研究對象、思考進路、此路向的反省等；亦即是一觀察、理解研究對象的通路，與研究者的價值信念、思想內容有密切關聯。廣義的定義是指研究程序、研究技術等，就研究者論，任何人均可採用；就對象論，可適用於普遍的對象，與研究者存在感受的關聯，不若前者之密切。

　　然而實際的研究過程，未必完全以方法為前導，操控整個研究；沈潛涵泳於研究對象，體會其意義、發現其價值，進而與研究主體的存在感受結合，往往才是新義勝出的主因。其次，所謂方法，也是從前人著作中爬梳整理而得，前人未必很清楚的告知我們其方法為何。

　　因此建議以「意義」為核心，研究《左傳》。「古代」其實並不可復，也不可能返回，古代表的是意義的認知與選擇。然而意義會與時變遷，經典在中國傳統，向來是作為意義的根源。我們研究經典，目的正在獲得新的意義，再參照經典原義，借以安頓我們激擾的生命。

　　意義存在於「文本」之中，文本不同於「作品」。作品指作者所創作的產品，所以作者是最高的解釋者，所有的解釋，都要置於這一標準下衡定，以判斷是非。文本則不然，對讀者開放解釋權，各種解釋，形成競爭關係。傳統的「作者─作品」結構，轉變為「文本─讀者」結構。以這一方式研究《左傳》，我們就會看到杜預、孔穎達在解釋傳文時，時有差異，這是因為杜、孔等人除了「注解」《左傳》外，還在借《左傳》「表達」自己的思想。這就是前述經典是意義之源的緣故。

　　我們可以進一步追問杜預為什麼如此解釋？採取什麼方法解釋？這種解釋有沒有理論或文獻上的限制？還有沒有其他解釋……等一連串的問題。這一提問，可以擴大到歷代《左傳》的注解。注解者的存

在感受，影響到他對經典的解釋；而經典的開放性，也給予注解者解釋的有效性。三傳所以解釋《春秋》，三傳釋經的比較，就是很重要的研究方向。縱向的延遞與橫向的對比，都累積了豐富的意義。由此，我們不僅進入《左傳》歷史的世界，更進入《左傳》意義的世界。

綜合上述，我們願意更進一言：經典所以能為人尊崇，不在於時間的久暫，而在於一片混沌中，提出問題，並試圖發掘答案。問題與答案，不僅僅針對時代，更能針對宇宙人生；不僅僅是知識問題，更是生命問題。研讀經典，正在解消我們的困境與疑惑，經典宛如真理之光，照耀黑暗的世界，指引我們前進，並進而省察我們的價值與意義，可以「生命的學問」稱之。

生命存在、天地山川、宇宙變化，均須透過經典理解，缺乏這些經典，我們根本不能理解自己及賴以生存的世界。下明人事，上究天道，經典成為向外探索世界，向內反省人生的根據。

輯三　六經皆文

美刺與正變：詩經比興的應用

提要

　　民國以降的《詩經》學研究主流，視《詩經》為歌謠，否定〈詩序〉所說的各項論點，並視之為政治附庸。這約略是顧頡剛所創的古史辨派形成的思潮。然而這一觀點頗有可檢討之處，以回復經典的意義。比興既有所諷諭寄託，〈小序〉則是直指這一諷諭寄託的含義與對象。而重解〈大序〉，可得知以禮制情是其理論核心，美刺與正變，均環繞這一核心發展。用於以女性意象與《秦風》諸詩，可得出〈詩序〉解詩，其實有文化建構與歷史想像的意義在內，承接舊局，並開創新統。顧頡剛視經典為史料，一方面截斷傳統，一方面也侷限經典的研究。

關鍵詞：詩經　比興　美刺　正變　顧頡剛　歌謠

一　緒論

　　美刺與正變，略是歷代解釋《詩經》的主要方向。「美」意思是頌美作品中所指涉的對象，所以頌美，或是治績，或是德教，或是容貌等；與之相反，「刺」自是諷刺作品中所指涉的對象，或是縱欲恣睢，或是聽信讒言，或是貪婪好色等。正變則繫聯時代，人民生活安和樂利，作品呈現與之相應的情調，是為「正」；人民生活哀怨痛苦，作品也呈現與之相應的氣氛，是為「變」。此一方向，自漢至清，其實並未有絕大的分歧，所爭論者，大柢是詩旨是否其義，對象是否其人，基本理念，沿而未變。

　　降及民國，這一傳統漸漸崩毀，動輒詆之為以政教解詩，文學為權力的婢僕，啟之者則為顧頡剛（1893-1980）及其所創立的古史辨派，並援引姚際恆（1647-?）、崔述（1740-1816）、方玉潤（1811-1883）等為其立論的根基。無論諸氏其實並未全如顧頡剛所言，摧破《詩經》解詩傳統；詳究其實，這一傳統，是比興觀念的應用，緣何有此解詩的方向，則與詩人的感受相關，亦即詩人外向感受家國型態，內向感受生命意義，政治良窳、生命浮動，均予詩人可感之機，感之抒之，詩人生命、作品與世界，遂復滾合為一；讀者尋繹，則能沿波探源，察知其時政教之盛衰，風化之得失，從而反省人存在於世的根本價值。這些均須重新理解〈大序〉的理論基礎──感受所觸發的比興，並以此基礎重建其架構──美刺與正變，最後導向《詩經》學史的文化意識──由歷史所導出的生命價值。

　　這一方法，自與影響現代《詩經》學最鉅的顧頡剛大異，本文就從顧頡剛的《詩經》學開始討論。

二 詩經文本的意義問題

　　顧頡剛研究《詩經》的目的，從消極層面言，是將：「戰國以來對《詩經》的亂說都肅清了。」[1]亦即無論漢儒、宋儒、清儒，均在摧毀之列。前此，顧頡剛痛斥漢儒；此時，顯然更進一步，從批判漢儒，已擴展至批判歷代儒者——古代知識階層核心。因為在其眼中，是儒者創建了中國傳統，尤其是漢代以降的傳統，而這正是中國衰落的原因。欲使中國由弱轉強，就要追尋未被儒者「扭曲」的傳統，這當然涉及許多問題，就《詩經》而言，顧頡剛是以「歌謠」回復其「真相」：「《詩經》若不經漢人附會，則周代之歌謠也。」[2]惟有藉著此一觀念，才能掌握《詩經》。此即顧頡剛《詩經》學的積極目的。[3]

　　然而「歌謠」的確切含義究竟為何？顧頡剛很簡捷的指出歌謠即能唱的詩：「古代智識階級做的是詩，非智識階級做的也是詩；非智識階級做的詩可以唱，智識階級做的詩也可以唱。」《詩經》即能唱的詩，以顧頡剛的語言形容：「三百多篇的《詩經》，就是入樂的詩的一部總集。」[4]以〈國風〉而言：「〈國風〉所以先〈邶〉、〈鄘〉、〈衛〉，次之以〈檜〉、〈鄭〉者，即以鄭、衛之樂在各國中最發達之故，正如今日編集各地樂曲，必以北京、上海列首耳。」[5]至於

1　〈詩經在春秋戰國間的地位〉，《古史辨》第3冊（臺北市：明倫出版社，1970年1月），頁310。

2　《景西雜記（五）‧詩經賴漢人傳會而傳》，顧潮編：《顧頡剛讀書筆記》（臺北市：聯經出版公司，1990年1月），第1卷，頁374。

3　從當代出土文獻觀察，顧頡剛批判漢儒對《詩經》的曲解，顯然不能成立，但這並不妨礙顧頡剛對傳統的批判，根據其理論，可以將中國衰弱的責任，上溯至戰國儒者乃至孔子，這並非推論，而是實際發生之事，從《古史辨》所收嘲諷孔子的論文即知。僅以出土文獻證明顧頡剛之誤，其實並不能解決其思路上的可討論之處。反傳統是中國近代思想史的重要課題，不能完全以文獻學方法處理。

4　〈詩經在春秋戰國間的地位〉，《古史辨》第3冊，頁312。

5　《滬樓日劄‧國風次序》，《顧頡剛讀書筆記》，第4卷，頁2406。

〈雅〉與〈頌〉：「詩之長短由於音樂。音樂簡單緩慢，則其篇幅短，其句字少；音樂複雜繁促，則其篇幅長，句字多。《詩經》中〈頌〉最短，〈頌〉之聲最緩也；〈雅〉最長，〈雅〉之聲較繁矣。」[6]顧頡剛的分析，引發若干問題：（一）《詩經》有沒有非智識階級的詩？（二）智識階級與非智識階級的詩如何區分？（三）歌謠與非歌謠如何區分？（四）如何理解這些詩篇？

顧頡剛將歌謠分為「徒歌」、「樂歌」二大類：徒歌只是單純口唱，沒有樂器伴奏；樂歌則有樂譜，且有樂器伴奏。徒歌占《詩經》的一半，「給人隨口唱出來的，樂工聽到了，替牠們各各製了譜，使得變成『樂歌』，可以複奏，才會傳到各處，成為風行一時的詩歌。」[7]如此看來，徒歌、樂歌之分，一在音樂形式，二在來源。徒歌源自民間，樂歌則經由樂工譜曲；源自民間，應是非智識階級，樂工自是智識階級。此是徒歌、樂歌的第一項論點。

詩的來源有兩種，一是平民，一是貴族。「平民唱出來只是要發洩自己的感情，不管牠的用處；貴族作出來，是為了各方面的應用。」平民唱出來者是民謠，「民謠的作者隨著心中要說的話說出，並不希望他的作品入樂；樂工替牠譜了樂，原意也只希望貴族聽了，得到一點民眾的味，並沒有專門的應用，但貴族聽得長久了，自然也會把牠使用了。」[8]這裡很確定的指出徒歌來自平民，樂工譜曲之後入樂，但貴族所作之詩，有無入樂，並未交代，只知道貴族「應用」平民之歌謠，此是徒歌、樂歌第二項論點。

顧頡剛又指出：「〈國風〉中固然有不少的歌謠，但非歌謠的部分也實在不少。」「〈大雅〉和〈頌〉可以說沒有歌謠」，「〈小雅〉的樂

6　《淞上讀書記（四）・頌、雅、騷與音樂》，《顧頡剛讀書筆記》，第2卷，頁676。
7　〈詩經在春秋戰國間的地位〉，《古史辨》第3冊，頁314。
8　〈詩經在春秋戰國間的地位〉，《古史辨》第3冊，頁320-321。

聲，可以奏非歌謠，也可以奏歌謠。」[9]至於歌謠與非歌謠的區別，在於這一首詩是否止於「應用」，凡是應用的詩，都不能列入歌謠。依顧頡剛分類，詩的應用有四大方向：典禮（祭祀、宴會），諷諫，賦詩（交換情意），言語（引用）[10]。至於歌謠本身，凡是《詩經》裡的歌謠，都是已經成為樂章的歌謠，不是歌謠本相，歌謠的本相即徒歌。[11]《詩經》中的歌謠都是樂歌。此是徒歌、樂歌的第三項論點。

綜合上述，歸納顧頡剛的論點：歌謠可分為徒歌與樂歌，徒歌的作者是平民，並不入樂，形式是直接敘述，內容是抒發感情。樂歌的作者是樂工加工，或貴族製作，可入樂，形式是迴環複沓，內容也是抒發感情。

顧頡剛又說：「我們讀《詩經》時，並不希望自己在這部古書上增進道德，而只是想在這部古書裡增進自己的歷史智識。」[12]雖然指出歷史智識有周代的文學史、風俗制度史、道德觀念史等，似乎涵蓋面甚廣，但仍侷限於「周代」，亦即研讀《詩經》最主要的目的，是了解周代文化與歷史，這一進路，仍是歷史，而非文學，遑論經學。

所以顧頡剛治《詩經》（或其他經典），立場其實非常明確一貫。固然開創了經典研究的新路向，也不免有所限制：文學的涵泳、生命的感悟、價值的體會、意義的追尋，胥不在研讀《詩經》範圍之內，有的只是客觀歷史知識。其實這與考證學並無二致，視經典為客觀存在的文獻，輕忽了經典給予我們心靈的提升。這與錢玄同（1887-1939）所說：「《詩經》只是一部最古的『總集』，與《文選》、《花間集》、《太平樂府》等書，性質全同，與什麼聖經是風馬牛不相及的

9　〈從詩經中整理出歌謠的意見〉，《古史辨》第3冊，頁589-590。
10　〈詩經在春秋戰國間的地位〉，《古史辨》第3冊，頁322-336。
11　〈從詩經中整理出歌謠的意見〉，《古史辨》第3冊，頁591。
12　〈重刻詩疑序〉，《古史辨》第3冊，頁411。

（「聖經」這樣的東西，壓根兒就是沒有的）。」[13]也若合符節。

　　經典在這一思考下是史料的意義，顧頡剛云：「蓋戰國秦漢之世，化古史料為經典，今日使命則復化經典為古史料耳。」[14]史料所以能成為經典，在於不斷的賦史事以各種意義，俾為我們的生命規範。顧頡剛並未分析古代史料何以能化為經典，而是直接將之回復原貌：「竊意董仲舒時代之治經，為開創經學，我輩生於今日，其任務則為結束經學。」[15]這一從經學到史學的過程，正可反映近代思想史的變動。

　　由於經學的正式成立，是從漢代開始，欲化經典為史料，甚而結束經學，對漢儒自會抱持負面評價：「現在所見到的古書，沒有一部不是經由漢人所整理；現在所知道的古事，沒有一件不是經由漢人所編排。」但經由漢人整理編排之後，情況竟是：「經學裡不知包含多少違背人性和事實的說話。」[16]顧頡剛立志專門研究戰國秦漢思想史與學術史，目的是：「要在這一時期的人們的思想和學術中，尋出他們的上古史觀念及其所造作的歷史來。」剝除漢人所造的古史，才能建立真正的古史，經學歷二千年所建立的價值體系，才能擊潰：「用文籍考定學的工具衝進聖道王功的秘密窟裡去。」[17]錢玄同亦云：「不把經中有許多偽史這個意思說明，則周代──及其以前──底的歷史

13　〈論詩經真相書〉，《古史辨》第1冊，頁46。

14　《滬樓日劄・經學之任務》，《顧頡剛讀書筆記》，第4卷，頁2411。

15　《法華讀書記・經學史》，《顧頡剛讀書筆記》，第5卷上，頁2788。

16　《古史辨・四・序》，頁10、21。

17　《古史辨・二・序》，頁6。美籍學者施耐德（Laurence A Schneider）指出顧頡剛希望以其學識矯正被扭曲的中國歷史，並糾正不當的思想方法，見氏撰、梅寅生譯：《顧頡剛與中國新史學》（臺北市：華世出版社，1984年1月），〈導言〉，頁3。可以很清楚的理解，被扭曲的中國歷史、不當的思想方法，均與經典有關。

永遠是講不好的。」[18]經學及其意義，幾難以立足於古史辨派。

所以如此，不完全是因為考辨古史，而嚴格檢查經典，在真偽的標準下，致使經典喪失傳統神聖地位；更在於古史辨諸人對傳統的激烈批判。顧頡剛說：「『六經皆周公之舊典』一句話，已經給『今文家』推翻；『六經皆孔子之作品』一個觀念，現在也可以駁倒了。」[19]這還只是討論經典作者，用字雖嫌激烈，但態度尚稱持平。錢玄同則不然：「我以為『經』之辨偽與『子』有同等重要——或且過之。因為『子』為前人所不看重，故治『子』者尚多懷疑之態度，而『經』則自來為學者所尊崇，無論講什麼，總要徵引他、信仰他，故『偽經辨證集說』之編纂尤不容緩也。」[20]背後的意識，何止於考定古史，而是要破解歷來儒者對經典的信仰，所以懷疑經典，不僅破壞經典所記載的歷史，更破壞歷代儒者借由解經所建立的價值系統。錢玄同直接說明：「我以為推倒『群經』比疑辨『諸子』尤為重要。」推倒群經之後，再推倒孔教：「我以為不把『六經』與『孔丘』分家，則孔教總不容易打倒的。」[21]從疑古辨偽漸漸走向推倒傳統。

本來疑古辨偽，是為尋求歷史真相，並不預設打倒傳統；但在研究過程中，不能贊同漢儒經典崇拜、解經方法，遂致對根據漢儒治經規模所形成的經學傳統亦大表反對，終至形成反傳統思潮。然而反傳統若只是推倒一切，並不能構成古史辨派所指稱的回復真相，所以更重要的是重建傳統，形成一新的解釋系統。《詩經》就在這一脈絡下，有一新的面貌。此後大致也根據這一新貌，詮釋《詩經》文本的意義。

18　〈論詩說及群經辨偽書〉，《古史辨》第1冊，頁52。

19　〈論孔子刪述六經說及戰國著作偽書書〉《古史辨》第1冊，頁42。

20　〈論編纂經部辨偽文字書〉，《古史辨》第1冊，頁41。

21　〈論詩說及群經辨偽書〉，《古史辨》第1冊，頁52。

三　詩經的比興

　　顧頡剛曾極盡嘲諷的替《唐詩三百首》作序，以指斥〈大序〉的無稽，將之分成兩類，一是既無題目，又不曉作者，只知唐朝人所作，就可依唐朝事實比附：「〈海上〉（海上生明月），楊妃思祿山也。祿山辭歸范陽，楊妃念之而作是詩也。」一是不知其時代，又不懂詩體變遷，更可廣泛的比附：「〈寒山〉（寒山轉蒼翠），美接輿也。安貧樂道不易其志焉。」這一方式，固然指出〈大序〉的侷限，但卻未探究〈大序〉的理論基礎。[22]

　　〈大序〉云：

> 詩者志之所之也，在心為志，發言為詩。情動於中而形於言，言之不足，故嗟歎之，嗟歎之不足，故永歌之，永歌之不足，不知手之舞之，足之蹈之也。治世之音安以樂，其政和。亂世之，怨以怒，其政乖。亡國之音，哀以思，其民困。[23]

　　「情動於中」才是〈大序〉的重點，亦即詩歌之作，是作者中有所感而成，其過程約略如下：「感受主體 —— 感受對象 —— 感受表出」。感受主體自是作者，或逕曰詩人；感受對象，於此所陳述者是人事現象，即政治的良窳；感受表出是作品，或直稱詩歌。詩人既有所感，而後有詩，所感之對象，自不應限於政教，但不能因所感者是政教，即推論為詩歌為政教附庸。至於感受之表出，在讀者實際所見則是：「感受表出 —— 感受對象 —— 感受主體」。進入作品的世界，理

---

22 〈論詩序附會史事的方法書〉《古史辨》第3冊，頁405。
23 《毛詩正義》（臺北市：藝文印書館影印嘉慶二十年南昌府學刊本，1985年12月），卷1之1，頁5。

解其意義，逆推作者心志。所以〈大序〉續云：

> 先王以是經夫婦，成孝敬，厚人倫，美教化，移風俗。[24]

執政者見到詩人所感，引為施政之戒，並從教化風俗入手，以為施政核心。所以才說：

> 故正得失，動天地，感鬼神，莫近於詩。[25]

因詩人的情志──作品所呈現的作者情志，而這一情志又能表現為詩，所以能感動天地鬼神。

綜合言之，詩人有所感而為詩，這一感受的對象或是自然世界、或是社會結構、或是生命體悟。〈大序〉較偏重政治社會現象，由於政治社會的良窳，觸動詩人內心感受，而詩人也可主動感知外在環境，於是發而為詩，詩歌風格的哀樂，直接與政治良窳有關，是以國君可借以察知國政興衰。整個理論的核心，不是政治，而是詩人與作品。詩人的生命與外界交融互攝，情感蓄積既久，勢必噴吐而出，最終產生作品。這一情感的發露，可以感動天地鬼神，國君也受此情感感動，而知所作為──所謂經夫婦、成孝敬等。亦即先有「詩」而後才能厚人倫、美教化，而不是以厚人倫、美教化論定是否是「詩」。所以教化論只是詩歌的連帶作用，而非詩歌的主要價值。

〈大序〉接著說明「六義」。六義眾說紛紜，尤其是賦、比、興。儘管如是，但各家所強調者，仍是「感受」或「感發」。徐復觀（1903-1982）分析：「興是一種『觸發』，即朱《傳》的所謂引起。

---

24 《毛詩正義》，卷1之1，頁9。
25 《毛詩正義》，卷1之1，頁8。

其所以能觸發的是因為先有了內在的潛伏感情；被它觸發的還是預先儲存著的內在的潛伏感情；觸發與被觸發之間，完全是感情的直接流注，而沒有滲入理智的照射。在感情的直接流注中，客觀的事物，乃隨著感情而轉動，其自身失掉了客觀的固定性。」[26]〈詩序〉解詩，正是客觀事物失掉了客觀固定性，而為人詬病，但其方向仍為歷代學者遵從。民國以後才全面翻轉此一原則。

以〈關雎〉為例：

1.〈小序〉：「是以〈關雎〉樂得淑女以配君子。愛在進賢，不淫其色。哀窈窕、思賢才，無傷善之心焉，是〈關雎〉之義也。」[27]

2. 孔穎達（574-648）則云：「后妃心之所樂，樂得此賢善之女，以配己之君子。」[28]

3. 朱子（1130-1200）的解釋是：「周之文王生有聖德，又得聖女姒氏以為之配。」[29]

4. 姚際恆云：「大抵善說《詩》者，有可以意會，不可以言傳。如可以意會，文王、太姒是也；不可以言傳，文王、太姒未有實證，則安知非大王大任、武王邑姜乎！如此方可謂善說《詩》矣。」[30]

〈大序〉的確明言〈關雎〉是后妃之德，〈小序〉與《孔疏》則將后妃解為樂得淑女的主詞，即后妃為國君招賢女。朱子從觀者的立場讚美文王姒氏之配。姚際恆認為從字面意義不能證明所指即是文王姒氏。

---

26 〈釋詩的比興──重新奠定中國詩的欣賞基礎〉，《中國文學論集》（臺北市：臺灣學生書局，1982年9月5版），頁91-117，引文見頁101-102。

27 《毛詩正義》（臺北市：藝文印書館影印十三經注疏本，1985年12月），卷1之1，頁18。

28 《毛詩正義》，卷1之1，頁19。

29 《詩集傳》，卷1，頁1。

30 《詩經通論》，顧頡剛點校本（臺北市：廣文書局，1993年10月3版），卷1，頁15。

　　綜觀上述構成一解釋史，而此一解釋史是經由增補、扭曲、重構所構成。〈大序〉只是說〈關雎〉呈現后妃之德，但並未指出作者是后妃，〈小序〉與孔穎達則指出作者就是后妃，這顯然是增補。朱子比附是美文王姒氏事，在未有確證之下，這顯然是扭曲。姚際恆則是反駁朱子之說，試圖重構〈關雎〉詩義：「此詩只是當時詩人美世子娶妃初昏之作，以見嘉耦之合初非偶然，為周家發祥之兆，自此可以正邦國、風天下，不必實指太姒、文王，非若〈大明〉、〈思齊〉等篇實有文王、太姒名也。」[31]姚際恆從「意會」與「言傳」兩個觀念分析朱子說的得失：從興發感受自可說是文王太姒；但從字面證據，則不可以指實而言，也可以是大王大任、武王邑姜。姚際恆雖反駁朱子之說，但仍然可以發現二人同以政教說解《詩》，只是一在比附具體人事，一在建立基本原則。

　　葉嘉瑩說明比興與人事現象、自然意象的結構：「要而言之，中國詩歌原是以抒寫情志為主的，情志之感動由來有二，一者由於自然界之感發，一者由於人事界之感發。至於表達此種感發之方式有三，一為直接敘寫（即物即心），二為借物為喻（心在物先），三為因物起興（物在心先），三者皆重形象之表達，皆以形象觸引讀者之感發，惟第一種多用人事界之事象，第三種多用自然界之物象，第二種則既可為人事界之事象，亦可為自然界之物象，更可能為假想之喻象。」[32]葉嘉瑩就《詩經》文本分析，如就〈大序〉立場，自然意象的背後其實是人事現象，人事現象與自然意象間有更複雜的關係。

　　蔡英俊綜合前人研究，指出比興一詞有兩種不同意義：「就諷諭寄

31　《詩經通論》，卷1，頁15。

32　〈中國古典詩歌中形象與情意之關係例說——從形象與情意之間看「賦、比、興」之說〉，《嘉陵談詩二集》（臺北市：東大圖書公司，1985年2月），頁115-148，引文見頁139。

託一層看,『比興』是從詩歌與政治、社會的關係來考慮詩人創作意圖與詩歌的效用;而就興會感發一層看,『比興』是就詩歌與情感表現、作者與讀者的美感經驗的關係來衡量詩歌的藝術效果與美學價值。」[33]從諷諭寄託而言,詩歌也不是直接陳述,仍是藉著比興表達,從而既有政教效用,也有美感效果。美刺說是將這一隱喻接點破。

四　比興的應用:美刺

〈大序〉續云:

> 上以風化下,下以風刺上,主文而譎諫,言之者無罪,聞之者足以戒,故曰風。至於王道衰,禮義廢,政教失,國異政,家殊俗,而變風變雅作矣。國史明乎得失之跡,傷人倫之廢,哀刑政之苛,吟詠情性,以風其上。達於事變而懷其舊俗者也。故變風發乎情,止乎禮義。發乎情,民之性也;止乎禮義,先王之澤也。[34]

如果詩歌是詩人情志的抒發,這一情志則是有鑒於文化的崩潰而中有所感,終乃見之於詩作。傳統的瓦解,自是指先王之道衰,具體言之,是禮壞樂崩,終而導致刑政苛虐,風俗澆薄,所以詩人抒情發憤,就是恢復這一禮樂傳統。其方法是借詩以喻志。然而爭論最多者,就是這一解經方向,究竟是讀者之志抑或作者之志?

如歐陽修(1007-1072)分《詩經》之義有四種:「詩人之意、太

---

33 《比興、物色與情景交融》(臺北市:大安出版社,1986年5月),第2章〈情景交融的理論基礎(上):「比」、「興」〉,頁109-165,引文見頁155。

34 《毛詩正義》,卷1之1,頁12-14。

師之職、聖人之志、經師之業。」[35]車行健詳析詩人之意是原始意義，經師之業是在經生詮解活動所形成的詩義，太師之職及聖人之志，是藉由保存、編排、刪定等過程及從事宗廟、朝庭、鄉人聚會的禮樂活動，甚至道德修勵等實際運用過程中，所植入的詩義。[36]魏源（1794-1856）則區分為六種：「有作詩者之心，而又有采詩者、編詩者之心焉；有說詩者之心，而又有賦詩者、引詩者之心焉。」[37]除作者之外，更將讀者區分為五種型態，其實已相當了解詩義是根據不同情境而產生。

其次，所謂「發乎情，民之性也」，豈不是承認情感是人的本性，這是以情為性的思考路向，從根本上肯定情的重要，也不太可能是壓制情感。但以情為性是一事，情不能放縱是另一事。是以情感必須有所節制，節制之道，就是先王所傳下的禮樂。整個思考結構，固然是「以情為性」，但情不能縱，於是「緣情制禮」，最終是「以禮制情」。如果只見到以禮制情，自會有情欲與禮教的衝突的結論，從而大加撻伐漢儒這一理論。[38]

以身分地位而言，先言后妃，再言夫人、大夫妻、媵妾等，皆能自盡其職，上下和好。以道德實踐而言，先指出后妃之德——完成本身之職分，其後再協助國君。以教化層面而言，后妃之化，先家後

---

35 見《詩本義‧本末論》，四部叢刊三編經部（臺北市：臺灣商務印書館，1971年），卷14，頁6。

36 見《詩本義析論——以歐陽修與龔橙詩義論述為中心》（臺北市：里仁書局：2002年2月），第2章〈歐陽修詩本義的詩義觀及其對詩本義的詮釋〉，頁43-82，引述見頁48、49。

37 見氏撰、何慎怡點校：《詩古微‧毛詩明義》（長沙市：岳麓書社，1989年），卷上，頁54。

38 漢儒主情的人性論，參考龔師鵬程：〈從呂氏春秋到文心雕龍——自然氣感與抒情自我〉，《文學批評的視野》（臺北市：大安出版社，1990年1月），頁47-84。

國,由近及遠,先蕃庶後教化。反是,則國亡政衰,刺詩之所以作也。至少在〈詩序〉的政教體系中,后妃或言女性,其實居於內外之間的關鍵位置。

五　美刺的根據:正變

至於何者是美詩,何者是刺詩,所根據的是時代,〈大序〉云:

> 至於王道衰,禮義廢,政教失,國異政,家殊俗,而變風、變雅作矣。[39]

鄭玄有具體的分類:文王、武王、成王制禮作樂,相應的詩篇是〈周南〉、〈召南〉屬正風,〈鹿鳴之什〉、〈文王之什〉等屬正雅;夷王、厲王失禮政衰,〈邶風〉以降十三國風,俱屬變風,《小雅·六月》、《大雅·民勞》以後則屬變雅;並云:

> 以為勤民恤功,昭事上帝,則受頌聲,弘福如彼;若違而弗用,則被劫殺,大禍如此。吉凶之所由,憂娛之萌漸,昭昭在斯,足為後王之鑒,於是止矣。[40]

由於人事現象的紛擾不一,作者有感而發,表現在作品中,讀者引以為戒,將受稱美,不以為鑑,則蒙惡聲,終而吉凶異途。所謂作者,其實是理想中的作者,所謂讀者,多指稱國君。以為戒鑑,則是

39　《毛詩正義》,卷1之1,頁12。

40　〈詩譜序〉,《毛詩正義》。

解詩者所處的情境。今以《秦風》為例，說明美刺的對象、原因等，
表列如下：

3-1 〈秦風美刺一覽表〉

篇名	美刺	對象	原因	意象
車鄰	美	秦仲	有車馬禮樂侍御之好。	
駟鐵	美	襄公	有田狩之事，園囿之樂。	
小戎	美	襄公	備其兵甲，以討西戎。	
蒹葭	刺	襄公	未能用周禮，將無以固其國焉。	蒹葭
終南	戒	襄公	能取周地，始為諸侯，受顯服，大夫美之，故作是詩號以勸之。	條梅
黃鳥	刺	穆公	穆公以人從死。	黃鳥
晨風	刺	康公	忘穆公之業，始棄其賢臣焉。	晨風
無衣	刺	秦君	秦人刺其君好戰，亟用兵，而不與民同欲焉。	無衣
渭陽		康公	康公念母也。	
權輿	刺	康公	忘先君之舊臣與賢者，有始無終也。	

　　從形式分析，除〈終南〉「戒」，〈渭陽〉無所美刺外，餘八首均
注明美刺；〈無衣〉泛刺秦君，餘均指明美刺的對象；〈蒹葭〉、〈黃
鳥〉、〈晨風〉、〈無衣〉以各種意象象徵詩意；美刺的對象，均指向國
君；同一國君，有美有刺。從內容分析，所以頌美，有禮樂之好，有
園囿之樂，有家國之安；所以怨刺，在無以用禮，以生人殉葬，棄賢
臣，好兵戰。這些或可指責〈小序〉所解非關本義，且附會史事，但
卻不能指責〈小序〉所指陳價值為非。〈車馬〉、〈駟鐵〉的序說，也
只能從以禮制情解釋。是的，如果不是以禮制情，國君肆情縱欲，將

至於胡底？其次，同屬變風，卻有美有刺，是以美刺的標準，不完全取決於時代，其時的政俗，是另一標準。

〔美〕赫施（E. D. Hirsch）指出文本意義有「含義」與「意義」二種，含義存在於作者用一系列符號系統所要表達的事物中；意義是指含義與某個人、某個系統、某個情境或與某個完全任意的事物之間的關係。含義是作者的原意，意義是從含義延伸而來。[41]

此涉及作者意圖的問題，作者意圖不可知是新批評派「文本中心主義」重要觀點，認為作者意圖體現在作品之中，不應在傳記文獻中尋求作者意圖，作者意圖更不應與作品評價混淆。根據這一脈絡，並不意謂作者沒有意圖，而是如何尋求作者意圖。至於中國文學傳統觀念，可稱為「作者中心主義」，亦即作品內容是作者人格的延伸，以文本中心主義衡量作者中心主義，兩者適相枘鑿[42]。

〈詩序〉解詩，即設想作者，並規仿作者所思，建構其理論。就整個《詩經》學史而言，或可稱《詩經》各篇的作者可為一作者，〈詩序〉為第二作者。但後代讀者，已不接受第二作者所言，逕尋第一作者之義，甚或否定有第一作者，逕直從作品中求得詩義。〈小序〉何以如此解詩？

---

41 見氏撰、王才勇譯：《解釋的有效性》（*Validity in Interpretation*）（北京市：讀書・生活・新知三聯書店，1991年12月），第1章〈保衛作者〉，頁9-33，引述見頁17。這一區分似是清晰異常，但問題並未結束，含義與意義的判準何在，才是問題的開始。既然含義存在於符號之中，符號本身即有多義性質，亦即能指有多種所指，不同所指，何者才是最初作者的本意？〔美〕霍伊（D. C. Hcy）就指出赫施僅在下定義，定義不能取代論證，一旦赫施進入論證程序，即陷入循環論證的困境：如何判斷含義是作者原意，回到文本檢證；文本的原意為何，必須尋出文本的含義。參考氏撰、陳玉蓉譯：《批評的循環》（*The Critical Circle*）（臺北市：南方出版社，1988年8月），第1章〈妥當性與作者意圖：對赫希詮釋學的批判〉，頁39-71，尤其是頁47。

42 相關問題可參考趙毅衡編選：《「新批評」文集》（天津市：百花文藝出版社，2001年9月），〈意圖謬見〉，頁232-254，並可參考趙毅衡的分析，見其為該書所作之《引言》，第4節〈文本中心式批評〉，頁57-81。

六 結論：文化建構與歷史想像

　　前述女性意象當然是理想，因為春秋時代的女性，即不如〈小序〉、毛《傳》、鄭《箋》所說，那麼「嚴謹」。〔清〕顧棟高（1679-1759）曾作一統計，將《左傳》出現的女性，分為上、中、下三等，依次是節行、明哲與縱恣不度。節行有十二人，明哲有十一人，縱恣不度則有三十二人，前兩者相加，仍不敵第三類。[43]在歌頌文王后妃之化之餘，回到現實，卻只能慨嘆「禮教陵夷」。這與《詩經》刺詩較多，其實正是相同的現象。漢代亦然，漢代婚娶，有以甥為妻、有外家之姑為妻；公主寡居，私通外人；至於外戚，從漢初至哀帝、平帝，二十餘家，保全者僅四家。[44]現實中的女性，何能同〈小序〉、毛《傳》、鄭《箋》所說，如此完美。正因不可能如此，所以男性才會要求女性必須如此。而在訴說理想時，表面上看，是從家到國的建構，實際上卻是以女性為政教核心的論述。女性意象及其含義，可能就是男性政治理想的投射。

　　至於《史記‧秦本紀》所述秦仲的事蹟：「秦仲立三年，周厲王無道，諸侯或叛之，西戎反王室，滅犬丘大駱之族。周宣王即位，乃以秦仲為大夫，誅西戎。西戎殺秦仲。秦仲立二十三年，死於戎。」[45]並無〈小序〉所說「有車馬禮樂侍御之好」，反而是裴駰《集解》引

43　見氏撰，吳樹平、李解民點校：《春秋大事表‧春秋列女表》（北京市：中華書局，1993年6月），頁2627-2630。

44　見〔清〕趙翼（1727-1814）撰、杜維運考證：《二十二史劄記》（臺北市：華世出版社，1977年9月），「婚娶不論行輩」、「漢公主不諱私夫」、「兩漢外戚之禍」諸條，卷3，頁60、61、67-68。呂思勉（1884-1957）指出「漢公主不諱私夫」條，是在寡居之後，或已有夫婿，仍通於外人，致使公主被殺，或上攀主家，因移愛見誅，見《讀史札記》（臺北市：木鐸出版社，1983年9月），「漢尚主之法」，頁561-562。

45　《史記》三家注本（臺北市：鼎文書局，1986年3月3版），卷5，頁178。

〈小序〉之言以為之證。《史記・秦本紀》述秦襄公事:「周幽王用褒
似廢太子,立褒似子為適,數欺諸侯,諸侯叛之。西戎犬戎與申侯伐
周,殺幽王驪山下。而秦襄公將兵救周,戰甚力,有功。周避犬戎
難,東徙雒邑,襄公以兵送周平王。平王封襄公為諸侯,賜之岐以西
之地。曰:『戎無道,侵奪我岐、豐之地,秦能攻逐戎,即有其
地。』與誓,封爵之。襄國於是始國,與諸侯通使聘享之禮,乃用
駒、黃牛、羝羊各三,祠上帝西畤。十二年伐戎而至岐,卒。」[46]也
無〈小序〉所指「田狩之事,園囿之樂」。所以如此,是從以秦仲為
大夫、封襄公為諸侯的想像。孔穎達就指出這是因為:「由國始大,
而得有此車馬禮樂。」秦襄公則是:「附庸未成諸侯,其禮則闕,故
今襄公始命為諸侯,乃得有此田狩之事。」這些事件,文獻並無記
載,也不能見到文本與歷史的平行結構,但就有此注解,這是從封大
夫、封國,推想當日的情境。而這些推想,並非歆羨權位,萬民臣
服,反而是有所節制的情欲之好。

　　所以就《詩經》文本而言,或者是古代歌謠;但就《詩經》學史
而言,文本卻是文化建構與歷史想像的根據。這些想像又非完全無所
本,仍立基於文化傳統,並開啟新的文化傳統。傳統的《詩經》學研
究,釋義紛然,但仍有共同的認知標準,即視《詩經》為經典,顧頡
剛則否,視《詩經》為史料,這才是顧頡剛與傳統《詩經》學最大的
差異,經學在此一理路下,完全瓦解,而不是彼此解釋之異。經典的
解釋,不但構成文化傳統,本身就是文化史的一部分,化經典為史
料,能延伸歷史的真相,抑或截斷歷史的真相?

---

46 《史記》三家注本,卷5,頁179。

《詩經》的自然意象與女性詮釋

摘要

　　《詩序》詮釋后妃之德，其實頗有秩序。以身分地位而言，先言后妃，再言夫人、大夫妻、媵妾等，皆能自盡其職，上下和好；以道德實踐而言，先指出后妃之德──完成本身之職分，其後再協助國君；以教化層面而言，后妃之化，先家後國，由近及遠，先蕃庶後教化。反是，則國亡政衰，刺詩之所以作也。至少在《詩序》的政教體系中，后妃或言女性，其實居於內外之間的關鍵位置。將王化之成，寄託於夫婦之情，此中有兩個問題：為什麼王化之成，始自夫婦？毛《傳》這一講法，是理想抑或現實？

關鍵詞：詩經　自然意象　女性詮釋　教化

一　自然世界與人文象徵

　　緣於道家的自然，是《老子‧二十五章》所云：「人法地，地法天，天法道，道法自然。」道是宇宙運行的最高法則，其內容就是「自然而然」，或逕曰「純任自然」。[1]老子提出的是對世界的整體觀照。《詩經》則否，較限於自然物，自然意謂人自身以外的世界，仰視有日月星辰，俯視有鳥獸蟲魚，平視則有山川草木，人一出生，就生活在這樣的世界之中。然而人與自然之間，並非僅有利用厚生的關係，此時自然與人文之間的連繫，是具體的生命如何在自然界生存。[2]自然，是理性的對象，也是感性的對象，是價值意識的根源，也是生命寄託的空間，此時自然與人文之間的連繫，則在於如何觀看自然。《詩經》的自然觀，就涵蓋這兩種意義。[3]

　　具體生命在自然界生存，其一是自然物只是客觀存在之物，〈式微〉：「式微式微，胡不歸？微君之故，胡為乎中露？式微式微，胡不歸？微君之躬，胡為乎泥中？」露與泥用以襯托行役在外的困境。其二是借自然物形容人物，如〈桃夭〉：「桃之夭夭，灼灼其華。之子於歸，宜其室家。桃之夭夭，有蕡其實。之子於歸，宜其家室。桃之夭夭，其葉蓁蓁。之子於歸，宜其家人。」桃夭用以形容女子年盛貌

1　參考陳鼓應：《老子註譯及評介》（北京市：中華書局，2001年8月第8次印刷），頁168。

2　如德國學者W‧顧彬就認為《詩經》中的自然觀有三：農民的勞動對象、主觀化的象徵、協調與一致的象徵，見氏撰、馬樹德譯：《中國文人的自然觀》（上海市：上海人民出版社，1990年1月），第1章〈自然當作標誌〉，頁15-62，《詩經》部分見頁19-32。

3　呂興昌指出中國自然意識可以超越時間、泯消造作、轉化經驗，見〈人與自然〉，收入蔡師英俊主編：《抒情的境界》，《中國文化新論‧文學篇一》（臺北市：聯經出版公司，1989年8月第6次印行），頁113-160。

美，君子應應機追求。[4]其三是借自然物表示時間的流逝，如〈摽有梅〉：「摽有梅，其實七兮。求我庶士，迨其吉兮。摽有梅，其實三兮。求我庶士，迨其今兮。摽有梅，頃筐塈之。求我庶士，迨其謂兮。」梅用以說明女子懼年華漸去，暗示婚姻應及時。至於〈七月〉：「七月流火，九月授衣。一之日觱發，二之日栗烈。無衣無褐，何以卒歲？三之日於耜，四之日舉趾，同我婦子，饁彼南畝。田畯至喜。」流火、觱發、栗烈等，用以指出一年四季的天象及氣候的變化，是較〈摽有梅〉有更廣的時間意識。

如果意象是作者主觀感受與客觀事物的結合，用以創造審美形象，代表作者情意的具體顯現，此一審美形象，可以有兩種方式表出：僅是純粹的美感呈現；除此之外，並具有象徵意涵。前述諸例，至少在《詩經》學史中，不具有象徵意涵。所謂在《詩經》學史中，不具有象徵意涵，意指其餘具有象徵意涵的意象，在經典文本中可能也僅是美感形象，只是透過解釋者的詮釋，這些意象具有象徵意義，供讀者含咀，進而形成一種生活規範。[5]〈詩序〉對《詩經》的解釋，大概就符合此一方向。是以經典文本與解釋傳統是不斷形塑的過程，在這一過程中，會對經典文本與解釋傳統，有進一步的轉化，構成讀者（解釋者）特殊的見解，最終也形成了經典的一部分。

比興既借著物象表出，名物探討，始終也是《詩經》學史研究方向之一，自古至今，從未間斷，開創「詩經博物學」體系。然而這一

---

4 與此詩類同者，尚有〈葛覃〉、〈何彼襛矣〉、〈月出〉。

5 劉勰（西元465？-522？年）《文心雕龍・明詩》云：「人稟七情，應物斯感，感物吟志，莫非自然。」物可以表志，人與物就存在特殊結構。《文心雕龍・神思》又云：「然後使玄解之宰，尋聲律而定墨；獨照之匠，窺意象而運斤。」也說明外在物象，經由作者觀照，形成獨特意義。觀／物形塑了物的價值，此一價值又反過來，規範觀者的行為模式。引文見周振甫：《文心雕龍注釋》（臺北市：里仁書局，1984年5月），頁83、515。

體系，易「見物不見詩」，但一如前述，考釋名物，推闡比興，往往是詮釋的結果。[6]此一推闡，基本上始自〈詩序〉：「〈周南〉、〈召南〉，正始之道，王化之基。」而〈關雎〉又是〈周南〉之首，〈詩序〉續云：「是以〈關雎〉樂得淑女以配君子，憂在進賢，不淫其色。哀窈窕，思賢才，而無傷善之心焉，是〈關雎〉之義也。」[7]據毛《傳》，這是詠后妃之德，於是正始之道，王化之基，始自后妃，如果擴大說，女性是政治教化之始，其故何在？其道又何由？

二　自然意象與女性詮釋

先置〈詩序〉的爭議不論，〈詩序〉其對女性詮釋其實有一定結構，試列之如下：

3-2　〈詩序與女性意象一覽表〉

篇名	序說	女性意象	備考
關雎	是以〈關雎〉樂得淑女以配君子，憂在進賢，不淫其色。哀窈窕，思賢才，而無傷善之心焉，是〈關雎〉之義也。	關雎	

6　《詩經》博物學的著作，較著者有〔吳〕陸璣（？-？）：《毛詩草木鳥獸蟲魚疏》、〔宋〕蔡卞（？-？）：《毛詩名物解》、〔元〕許謙（1199-1266）：《詩集傳名物鈔》、〔清〕王夫之（1619-1692）：《詩經稗疏》、〔清〕毛奇齡（1623-1716）：《續詩傳鳥名》、〔清〕姚炳（？-？）：《詩識名解》、〔清〕陳大章（？-？）：《詩傳名物集覽》等，可參考〔清〕永瑢（？-？）等撰：《四庫全書總目》（北京市：中華書局，1995年4月第6次印刷），卷15，頁120、121，卷16，頁126、131、133。揚之水：《詩經名物新證》（北京市：北京古籍出版社，2000年2月），〈詩：文學的，歷史的〉，頁1-41，詩經的名物研究概況見頁1-6，有更深入的評論。見物不見詩即揚氏語。

7　引文均見〔唐〕孔穎達（西元574-648年）：《毛詩正義》（臺北市：藝文印書館影印十三經注疏本，1985年12月），卷1之1。下引諸詩，均本此，不另注出，以省篇幅。

篇名	序說	女性意象	備考
葛覃	后妃之本也。后妃在父母家,則志在於女功之事,躬儉節用,服澣濯之衣,尊敬師傅,則可以歸安父母,化天下以婦道也。	葛	
樛木	后妃逮下也。言能逮下,而無嫉妒之心焉。	樛木	
螽斯	后妃子孫眾多也。言若螽斯不嫉妒,則子孫眾多也。	螽斯	
桃夭	后妃之所致也。不嫉妒,則男女以正,婚姻以時,國無鰥民也。	桃夭	
漢廣	德廣所及也。文王之道被於周南,美化行乎江漢之域,無思無犯,求而不可得也。	喬木	
鵲巢	夫人之德也。國君積行累功以致爵位,夫人起家而居有之,德如鳲鳩,乃可以配焉。	鳲鳩	
草蟲	大夫妻能以禮自防也。	阜螽	
摽有梅	男女及時也。召南之國,被文王之化,男女得以及時也。	梅	
小星	惠及下也。夫人無嫉妒之行,惠及賤妾,進御於君,知其命有貴賤,能盡其心矣。	星	
江有汜	美媵也。勤而無怨,嫡能悔過也。文王之時,江沱之間,有嫡不以其媵備數,媵遇勞而無怨,嫡亦自悔也。	江、汜、渚	
何彼襛矣	美王姬也。雖則王姬亦下嫁於諸侯,車服不繫其夫,猶執婦道,以成肅雍之德也。	唐隸	
綠衣	衛莊姜傷己也。妾上僭,夫人失位而作是詩也。	衣	
燕燕	衛莊姜送歸妾也。	燕	
日月	衛莊姜傷己也。遭州吁之難,傷己不見答於先君,以至困窮之詩也。	月	

篇名	序說	女性意象	備考
凱風	美孝子也。衛之淫風流行，雖有七子之母，猶不能安其室，故美七子能盡其孝道，以慰其母心，而成其志爾。	凱風	
泉水	衛女思歸也。嫁於諸侯，父母終，思歸寧而不得，故作是詩以自見也。	泉水	
柏舟	共姜自誓也。衛世子共伯蚤死，其妻守義父母欲奪而嫁之，誓而弗許，故作是詩以絕之。	舟	
鶉之奔奔	刺衛宣姜也。衛人以為宣姜鶉鵲之不若也。	鶉鵲	
竹竿	衛女思歸也。適異國而不見答，思而能以禮者也。	泉源	
敝笱	刺文姜也。齊人惡魯桓公微弱，不能防閑文姜，使至淫亂，為二國患焉。	魴鰥	
葛生	刺晉獻公也。好攻戰，則國人多喪矣。	葛蘝	
月出	刺好色也。在位不好德，而說美色焉。	月	
澤陂	刺時也。言靈公君臣淫於其國，男女相悅，憂思感傷焉。	荷	
鳲鳩	刺不壹也。在位無君子，用心之不壹也。	鳲鳩	

　　以身分地位而言，先言后妃，再言夫人、大夫妻、媵妾等，皆能自盡其職，上下和好。以道德實踐而言，先指出后妃之德——完成本身之職分，其後再協助國君。以教化層面而言，后妃之化，先家後國，由近及遠，先蕃庶後教化。反是，則國亡政衰，刺詩之所以作也。至少在《詩序》的政教體系中，后妃或言女性，其實居於內外之間的關鍵位置。

　　以自然意象分類，有天文、地理、植物（草本、木本）、動物

（禽、魚）、人為製作（衣、舟），用以喻女性。解釋物象之際，即是對女性的範圍，問題就在兩者如何繫連，是經典文本如此，抑或經由後人詮釋而來？

考察天文類意象：〈小星〉：「嘒彼小星，三五在東。肅肅宵征，夙夜在公。寔命不同。嘒彼小星，維參與昴。肅肅宵征，抱衾與裯。寔命不同。」無名小星喻妾，有名大星喻夫人。以天象的井然有秩，象徵夫人與眾妾的區分。這是鄭玄《毛詩箋》承〈詩序〉所開展的解釋。[8] 妻與妾身分差異顯然，不可逾越。星即以喻女性，但月並非是男性的隱喻，月仍然是女性的意象。〈日月〉：「日居月諸，照臨下土。乃如之人兮，逝不古處。胡能有定？寧不我顧。日居月諸，下土是冒。乃如之人兮，逝不相好。胡能有定？寧不我報。日居月諸，出自東方。乃如之人兮，德音無良。胡能有定？俾也可忘。日居月諸，東方自出。父兮母兮，畜我不卒。胡能有定？報我不述。」〈詩序〉指衛公子州吁驕奢，太子完即位為衛桓公，終被州吁弒，衛人殺州吁，立桓公弟晉，是為宣公；《魯詩》則說是衛宣公夫人宣姜，謀廢故夫人夷姜太子伋，立己子壽之事。[9] 說雖互異，但意象則同。日、月、星喻國君、夫人、妾媵，月與星差異較大，鄭玄（127-200）云：「日月喻國君夫人也，當同德齊意以治國者，常道也。」月與日則近乎平行地位。[10] 亦即以星象主從為參照對象，進而指出人事對應

8　《韓詩》：「任重道遠者，不擇地而息。家貧親老者，不擇官而仕。」《齊詩》：「旁多小星，三五在東。早夜晨行，勞苦無功。」二家雖差距有限，並與《毛詩》大異，見〔清〕王先謙（1842-1917）撰、吳格點校：《詩三家義集疏》（臺北市：明文書局，1988年10月），頁103。

9　王先謙撰、吳格點校：《詩三家義集疏》，頁142。

10　但孔穎達云：「國君視外治，夫人視內政，當亦同德齊意以治理國事者，如此是其常道。」夫人僅限於治宮內之事，不與於國政，國君與夫人的職分，較諸鄭玄，有清楚的內外之分。

關係。兩者之間,是推類形成,並無漢人習見的感通理論。[11]

其次是地理意象,〈江有汜〉:「江有汜,之子歸,不我以;不我以,其後也悔。江有渚,之子歸,不我與;不我與,其後也處。江有沱,之子歸,不我過;不我過,其嘯也歌。」江沱在〈詩序〉中,是具體的地理位置,毛《傳》則不然:「興也,決復入為汜。」鄭《箋》:「興者,喻江水大,汜水小,然而並流,似嫡媵宜俱行。」很清楚的說明江、汜以喻嫡、媵。〔清〕陳喬樅(1809-1861)引〔漢〕焦延壽(?-?)《易林》亦云:「沱為江之別者,故以喻媵也。」[12]至於渚,鄭《箋》:「江水流而渚留,是嫡與己異心,使己獨留不行。」渚以喻嫡、媵異心。這是用江、汜、渚的形狀,指涉嫡、媵歧路,期望合力同心。〈泉水〉:「毖彼泉水,亦流於淇。有懷於衛,靡日不思。孌彼諸姬,聊與之謀。出宿於沛,飲餞於禰。女子有行,遠父母兄弟。問我諸姑,遂及伯姊。」鄭《箋》:「泉水流而入淇,猶婦人出嫁於異國。」以水流喻女子出嫁,水流漸遠,女子思家之情愈甚。[13]在此,與天文意象不同,並無對應的男性意象。

而指涉女性最多的是動植物意象。〈關雎〉:「關關雎鳩,在河之洲。窈窕淑女,君子好逑。參差荇菜,左右流之。窈窕淑女,寤寐求之。求之不得,寤寐思服。悠哉悠哉,輾轉反側。參差荇菜,左右采之。窈窕淑女,琴瑟友之。參差荇菜,左右芼之。窈窕淑女,鐘鼓樂

---

11 感通論是指天地萬物均由陰陽二氣構成,就形質本身或有不同,但就氣而言,根本不異,所以可以借氣相互感通。詳細分析可參考徐復觀(1903-1982):〈呂氏春秋及其對漢代的影響〉、〈先秦儒家思想的轉折及天的哲學的完成〉,《兩漢思想史》(臺北市:臺灣學生書局,1979年9月再版),卷2,頁1-83,295-438;龔師鵬程:〈自然氣感的世界〉,《漢代思潮》(嘉義縣:南華大學,1999年8月),頁13-48。

12 見《齊詩遺說考》,重編本皇清經解續編(臺北市:漢京文化公司),卷1,頁22。

13 三家詩與《毛詩》同,見王先謙撰、吳格點校:《詩三家義集疏》,頁190。與此詩類同者有〈竹竿〉、〈蔦生〉。

之。」毛《傳》：「關雎，王雎也。鳥摯而有別。」鄭《箋》：「摯之言至也，謂王雎之鳥，雌雄情意至然而有別。」故雖為興，而比在其中。顯然此一要求，不專指女性，男女兩性有相對的責任。[14]〈螽斯〉：「螽斯羽，詵詵兮。宜爾子孫，振振兮。螽斯羽，薨薨兮。宜爾子孫，繩繩兮。螽斯羽，揖揖兮。宜爾子孫，蟄蟄兮。」鄭《箋》：「凡物有陰陽情欲者無不妒忌，維蚣蝑不耳，各得受氣而生子，故能詵詵然眾多。后妃之德能如是，則宜然。」與〈關雎〉不同，這是單向的要求女子不妒忌。[15]〈鵲巢〉：「維鵲有巢，維鳩居之。之子於歸，百兩御之。維鵲有巢，維鳩方之。之子於歸，百兩將之。維鵲有巢，維鳩盈之。之子於歸，百兩成之。」鄭《箋》：「鵲之作巢，冬至架之，至春乃成，猶國君積行累功，故以興焉。興者，鳲鳩因鵲成巢而居有之，而有均壹之德，猶國君夫人來嫁，居君子之室，德亦然。」此中透顯國君、夫人的相對關係，國君必須積行累功，才能娶得夫人，反之，夫人亦須有國君之德，才能安居於室，即獲得穩定的家庭地位。[16]〈草蟲〉：「喓喓草蟲，趯趯阜螽。未見君子，憂心忡忡；亦既見止，亦既覯止，我心則降。陟彼南山，言采其蕨。未見君子，憂心惙惙；亦既見止，亦既覯止，我心則說。陟彼南山，言采其薇。未見君子，我心傷悲；亦既見止，亦既覯止，我心則夷。」毛《傳》：「卿大夫之妻，待禮而行，隨從君子。」鄭《箋》：「草蟲鳴，阜螽躍而從之，異種同類，猶男女嘉時以禮相求呼。」這是以草蟲、阜螽雖異種但同類，相行相從，象徵夫妻亦應如此。[17]〈鶉之奔奔〉：

---

14 王先謙逕指：「此鳥德最純全，故詩人取以起興。」見王先謙撰、吳格點校：《詩三家義集疏》，頁9。

15 三家詩與《毛詩》同，見王先謙撰、吳格點校：《詩三家義集疏》，頁35。

16 三家詩與《毛詩》同，見王先謙撰、吳格點校：《詩三家義集疏》，頁65。

17 《魯詩》則以為君子直指國君，國君好善道，百姓自親之；草蟲、阜螽則以喻朋友之道。見王先謙撰、吳格點校：《詩三家義集疏》，頁74。

「鶉之奔奔，鵲之彊彊。人之無良，我以為兄。鵲之彊彊，鶉之奔奔。人之無良，我以為君。」鄭《箋》：「奔奔、彊彊，言其居有常匹，飛則相隨之貌。」這是以鶉鵲猶能相互貞定，反諷衛宣姜與公子頑淫亂。[18]〈敝笱〉：「敝笱在梁，其魚魴鰥。齊子歸止，其從如雲。敝笱在梁，其魚魴鱮。齊子歸止，其從如雨。敝笱在梁，其魚唯唯。齊子歸止，其從如水」。鄭《箋》：「魴也、鰥也，魚之易制者，然而敝敗之笱不能制。興者，喻魯桓微弱，不能防閑文姜，終其初時之婉順。」魴、鰥易制，以喻女性之婉順，因此魚未必是女性意象，而是魚的特質，才是所以取喻的對象。[19]

植物意象有〈樛木〉：「南有樛木，葛藟纍之。樂只君子，福履綏之。南有樛木，葛藟荒之。樂只君子，福履將之。南有樛木，葛藟縈之。樂只君子，福履成之。」鄭《箋》：「喻后妃能以意下逮眾妾，便得其次序，則眾妾上附事之，而禮義亦俱盛。」樛木下垂，喻后妃下逮眾妾；葛藟上繞，喻眾妾親附后妃。以具體的形狀，說明后妃與姬妾應有的關係。〈漢廣〉：「南有喬木，不可休息。漢有游女，不可求思。漢之廣矣，不可泳思，江之泳矣，不可方思。」鄭《箋》：「木以高其枝葉之故，故人不得就而止息也。興者，喻賢女雖出游流水之上，人無欲求犯禮者，亦由貞潔使之然。」木以象徵女子的貞潔，凜然不可侵犯。[20]〈澤陂〉：「彼澤之陂，有蒲與荷。有美一人，傷如之何。寤寐無為，涕泗滂沱。彼澤之陂，有蒲與蕳。有美一人，碩大且卷。寤寐無為，中心悁悁。彼澤之陂，有蒲菡萏。有美一人，碩大且儼。寤寐無為，輾轉伏枕。」鄭《箋》：「蒲以喻所說之男性，荷以喻所說女之容體也。正以陂中二物興者，喻淫風由同姓生。」陳靈公不

18 王先謙則以為是刺衛宣公，見王先謙撰、吳格點校：《詩三家義集疏》，頁233-234。

19 三家詩同《毛詩》，見王先謙撰、吳格點校：《詩三家義集疏》，頁389-390。

20 三家詩同《毛詩》，見王先謙撰、吳格點校：《詩三家義集疏》，頁51。

但淫於其國,且連及同姓,是以《序》、《箋》一致嚴譴。[21]

　　人為制作有〈綠衣〉:「綠兮衣兮,綠衣黃裡。心之憂矣,曷維其已?綠兮衣兮,綠衣黃裳。心之憂矣,曷維其亡?綠兮衣兮,女所治兮。我思古人,俾無訧兮。絺兮綌兮,淒其以風。我思古人,實獲我心。」鄭《箋》:「婦人之服,不殊衣裳,上下同色。今衣黑而裳黃,喻亂嫡妾之禮。」以服制象徵嫡妾的秩序。[22]

　　〈鄘風・柏舟〉:「汎彼柏舟,在彼中河。髧彼兩髦,實維我儀。之死矢靡它。母也天只,不諒人只。汎彼柏舟,在彼河側。髧彼兩髦,實維我特。之死矢靡慝。母也天只,不諒人只。」鄭《箋》:「舟在河中,猶婦人在夫家,是其常處。」以舟在河,象徵女性在夫家,舟與河不離,暗喻女性的最後歸宿。[23]

　　天文類意象以日、月、星象徵國君、后、妃或男女兩性的位置,居於不同的位置,則有不同的責任。地理類意象則以水流象徵嫡、媵,餘略同於天文類意象。兩性或女性,可以從天文地理的意象推類而得,因其有相似性之故。動物類意象則不然,女性與動物兩者無法立即推出類似性,必須借著更多詮解,方能理解其關係,且在詮解的過程中,導出規範女性的內容,但相對的也間接指出男性應盡的責任。植物類意象、人為制作與動物類意象略同,均須借著詮解,才能理解其象徵意義。

　　意象的形式即已隱含其內容,有待於讀者讀出。理解或有難易,借詮釋以明其義則同。正由於意義經詮釋而來,所以《詩經》文本、毛《傳》、鄭《箋》關係甚為複雜。以前舉諸詩為例,毛《傳》基本上側重文字的訓詁,〈詩序〉則側重詩義的解釋,鄭《箋》則擴大

21　三家詩同《毛詩》,見王先謙撰、吳格點校:《詩三家義集疏》,頁479。

22　三家詩同《毛詩》,見王先謙撰、吳格點校:《詩三家義集疏》,頁134。

23　三家詩同《毛詩》,見王先謙撰、吳格點校:《詩三家義集疏》,頁216。

〈詩序〉對詩義的解釋。三家詩又多與《毛詩》同。顯現對女性的要求或規範，四家詩約略一同，超越學派的分限。

三　女性風化與家國政教

毛《傳》：「后妃說樂君子之德，無不和諧，又不淫其色，慎固幽深，若關雎之有別焉，然後可以風化天下。夫婦有別則父子親，父子親則君臣敬，君臣敬則朝廷正，朝廷正則王化成。」將王化之成，寄託於夫婦之情，此中有兩個問題：為什麼王化之成，始自夫婦？毛《傳》這一講法，是理想抑或現實？

對女性的要求或規範，詳究其實，就是禮。其中有兩種思考方向：一是從家到國的建構，而以家為治國理政之本；一是風俗的探討，期以移風易俗開啟文化反省。《禮記‧昏義》即重在家國的建構：「敬慎重正，而後親之，禮之大體，而所以成男女之別，而立夫婦之義也。男女有別，而後夫婦有義；夫婦有義，而後父子有親；父子有親，而後君臣有正。故曰：『昏禮者，禮之本也。』」[24]很清楚的呈現家—國的思考結構，這一思考結構，一般而言，均認為國是家的延伸，但卻忽略了國以家為典範，一旦國以家為典範，男女、夫婦或兩性，確是治國理政思考的核心。《漢書‧匡衡傳》：「臣聞家室之道修，則天下之理得，故《詩》始國風。」也是這一思考的路向。

至於漢末應劭所說：「為政之要，辯風正俗，其最上也。」[25]則重

---

24 〔清〕孫希旦（1736-1784）撰、沈嘯寰、王星賢點校：《禮記集解》（北京市：中華書局，1989年2月），頁1418。

25 見《風俗通義‧序》，王利器：《風俗通義校注》本（臺北市：明文書局，1982年4月），頁8。法國哲學家伏爾泰（1694-1778）也注意到禮制與風俗的問題，指出禮節可以樹立整個民族克制和正直的品行，使民風莊重文雅，見氏撰、梁守鏘等譯：《風俗論》（北京市：商務印書館，1995年1月），頁217。

風俗的考量。辯風正俗，可能才是從家到國的延伸。這在〈詩序〉，不乏其例。如〈詩序·山有樞〉：「刺晉昭公也。不能修道以正其國，有財不能用，有鐘鼓不能以自樂，有朝廷不能灑掃，政荒民散，將以危亡。」所談的不是政治權力的來源、分配與制衡，而是財用、禮樂，其實就是風俗教化。[26]

毛《傳》綜合上述兩者而論，而以家政為核心。

家既是國的核心，家所呈現的價值，正是國的規範，此時父母固有崇高的地位，但是沒有夫婦的結合，何來子孫的崇功報德？《左傳·文公二年》：「襄仲如齊納幣，禮也。凡君即位，好舅甥，修昏姻，娶元妃以奉粢盛，孝也。孝，禮之始也。」[27]孝雖為禮之始，但具體內容卻是好舅甥、修昏姻、奉粢盛。是以《禮記·昏義》云：「昏禮者，禮之本也。」國家政教，其實就建立在家之上，而女性又是家的根本，於是整個政治文化以女性為中心，從而有繁複的女性規範。以人事而論，涵蓋女性與男性（國君、后妃）、女性與女性（后妃、媵妾）的種種關係，所以才有天文及地理意象的各種比喻。以女德而論，有各種應遵循的矩式，所以才有動植物意象的各種象徵。

這些當然是理想，因為春秋時代的女性，即不如〈詩序〉、毛《傳》、鄭《箋》所說，那麼「嚴謹」。〔清〕顧棟高（1679-1759）曾作一統計，將《左傳》出現的女性，分為上、中、下三等，依次是節行、明哲與縱恣不度。節行有十二人，明哲有十一人，縱恣不度則有三十二人，前兩者相加，仍不敵第三類。[28]在歌頌文王后妃之化之

---

26 參考龔師鵬程：《飲食男女生活美學》（臺北市：立緒文化公司，1998年9月），第3章〈風俗美的探討〉，頁68-92，尤其是頁73，91。

27 楊伯峻（1909-1992）：《春秋左傳注》（北京市：中華書局，2000年7月第6次印刷），頁526-527。

28 見氏撰、吳樹平、李解民點校：《春秋大事表·春秋列女表》（北京市：中華書局，1993年6月），頁2627-2630。

餘，回到現實，卻只能慨嘆「禮教陵夷」。這與《詩經》刺詩較多，其實正是相同的現象。漢代亦然，漢代婚娶，有以甥為妻、有外家之姑為妻；公主寡居，私通外人；至於外戚，從漢初至哀帝、平帝，二十餘家，保全者僅四家。[29]現實中的女性，何能同〈詩序〉、毛《傳》、鄭《箋》所說，如此完美。正因不可能如此，所以男性才會要求女性必須如此。而在訴說理想時，表面上看，是從家到國的建構，實際上卻是以女性為政教核心的論述。女性意象及其含義，可能就是男性政治理想的投射。

〈詩序・大車〉：「刺周大夫也。禮義陵遲，男女淫奔，故陳古以刺今大夫不能聽男女之訟焉。」政治衰敗，由於禮義陵遲，從現實層面觀察，不是男女淫奔，就是男女相棄，要不就是男女失時。[30]從兩性關係，判斷政治良窳。其中良窳的關鍵，其實是在國君，〈詩序・載驅〉：「齊人刺襄公也。無禮義故，盛其車服，疾驅於通道大都，與文姜淫播其惡於萬民焉。」淫亂責在襄公，而不在文姜，責任在男性，而不在女性；播惡萬民，正可說明辯風正俗的重要。[31]〈詩序・東門之枌〉更直指風化所及的影響：「疾亂也。幽公淫荒，風化之所行，男女棄其舊業，亟會於道路，歌舞於市井爾。」所以國風除〈周南〉、〈召南〉是美外，餘多為刺，且以國君的荒淫昏亂為刺的主要對象。

---

29 見〔清〕趙翼（1727-1814）撰、杜維運考證：《二十二史劄記》（臺北市：華世出版社，1977年9月），「婚娶不論行輩」、「漢公主不諱私夫」、「兩漢外戚之禍」諸條，卷3，頁60、61、67-68。呂思勉（1884-1957）指出「漢公主不諱私夫」條，是在寡居之後，或已有夫婿，仍通於外人，致使公主被殺，或上繫主家，因移愛見誅，見《讀史札記》（臺北市：木鐸出版社，1983年9月），「漢尚主之法」，頁561-562。

30 類似之詩有〈雄雉〉、〈谷風〉、〈桑中〉、〈氓〉、〈有狐〉、〈中谷有蓷〉、〈大車〉、〈東門之墠〉、〈出其東門〉、〈野有蔓草〉、〈溱洧〉、〈東方之日〉、〈綢繆〉、〈東門之楊〉。

31 類似之詩有〈匏有苦葉〉、〈碩人〉、〈南山〉、〈敝笱〉、〈猗嗟〉、〈宛丘〉、〈月出〉、〈株林〉、〈澤陂〉。

〈詩序・隰有萇楚〉：「疾恣也。國人疾其君之淫恣，而思無情欲者也。」期望國君無情欲，從而有清明的政治，情欲，是政治昏亂的主因。〈詩序〉所以強調禮義，又哀歎禮義陵遲，就是希望以禮義對治情欲，以禮節制國君的情欲，避免因無止境的情欲，使整個社會陷入上下交征利的困境。然而國君無情，幾不可能。於是有另一種思考方向，〈詩序・東門之池〉：「刺時也。疾其君之淫昏，而思賢女以配君子也。」這是〈關雎〉以降的解詩主流。[32]女性在此，與其說是壓迫的對象，不如說是崇拜的對象。鄭《箋》就說明瞭此一現象：「喻賢女能柔順君子，成其德教。」君子之德風，但成其風者，卻是女性。因為男性的意象是「終風且暴」、是「北風其涼」，有待女性變化其性質。女性──君子──德教，結構顯然。這是以女性為主的政教世界。這一世界的內容是用心專一、躬儉節用、勤而無怨、遵循法度，進而求賢審官、不好攻戰，終能長祀先祖。這些都是〈詩序〉對女性的要求，然而無一不可施用於男性，也都是國君應盡的責任。

四　結論：自然意象的位置與女性的價值

天文、地理類意象較直接象徵國君、后、妃或男女兩性的位置，居於不同的位置，則有不同的責任。兩性或女性，可以推類而得。動物、植物類意象必須藉著更多詮解，方能理解其關係。且在詮解的過程中，導出規範女性的內容，但相對的也間接指出男性的責任。

上述與其說是歷史事實，不如說是語言論述。語言有兩種性質：一是指涉作用，為萬物命名，對應真實世界；一是作為系統，意義來自符號系統，每一概念並不對應真實事物，而是系統差異，前者是本

---

32 類似之詩有〈有女同車〉、〈雞鳴〉。

質論，後者是建構論。[33]《詩經》自然意象的女性的詮釋，基本上即屬於建構論。男性的自然意象及其規範，是相對隱含在女性的自然意象及其規範之中。所以這不是單向的價值定訂，而是位置的價值定訂。男女兩性的意義取決於位置關係。一旦位置改變，責任也隨之改變。君君、臣臣、父父、子子，正是此一含義。

　　然而在整個近代思想脈絡，卻將符號系統誤認為指涉系統，以為這些就是歷史事實，於是女性備受桎梏，成為新的傳統，對中國女性的解釋，均不出於這一模式。但是這終究也是「詮釋」。

33　蔡師英俊課堂筆記，2002年7月10日元培科學技術學院教師研究方法課程。另可參考（瑞士）索緒爾（Ferdinand De Saussure, 1857-1913）撰、屠友祥譯：《第三次普通語言學教程》（上海市：上海人民出版社，2002年10月），第4章〈靜態語言學和歷史語言學、語言學的二元性〉，頁120-153，尤其是頁121-125。

晚明文學《孟子》學

摘要

　　本文以評點的方式，討論晚明託名蘇洵《評孟子》、李贄《孟子評》、金聖嘆《釋孟子》三部作品。所謂評點，評是評語，點是圈點，用以區分文章的篇章結構，說明文章的精華、緊要、微妙等各種特色。經由這樣的討論，可理解《孟子》文學化的過程，以及在此過程中，作法與作義、義理與文學之間的複雜結構。三書或注意字句的轉折，或分析篇章的結構，或探究人物的心理。共同之處則是以文章的方式解說義理，缺乏義理的深度。但是孟子其人及《孟子》其書，卻被視為文學作家與文章典範，並且可以借以指導讀者學習作文的方法。我們如果追問：何以在各種中國文學史、各種國文教科書，幾乎都會出現《孟子》的評論與選文？我們就不能忽略肇端於南宋，大盛於晚明，影響於晚清的文學《孟子》學的發展。

關鍵詞：評點　孟子　李贄　金聖嘆

一　緒論

　　《孟子》一書作為文學作品欣賞，其時代並非我們想像之早。韓愈（西元768-824年）〈原道〉云：「堯以是傳之舜，舜以是傳之禹，禹以是傳之湯，湯以是傳之文、武、周公，文、武、周公傳之孔子，孔子傳之孟軻。軻之死，不得其傳焉。」孟子在這一傳承中，被推重者是其道而非其文。韓愈並在〈進學解〉自述其寫作的規範是：「上規姚、姒，渾渾無涯，周《誥》、殷《盤》，詰屈聱牙，《春秋》謹嚴，《左氏》浮誇，《易》奇而法，《詩》正而葩，下逮《莊》、《騷》，太史所錄，子雲、相如，同工異曲。」《孟子》並未名列其中，這未必是輕忽《孟子》之文，可能是側重《孟子》的角度不同，亦即傳道與論文之異。

　　柳宗元（西元773-819年）則不然，〈答韋中立論師道書〉云：「本之《書》以求其質，本之《詩》以求其恆，本之《禮》以求其宜，本之《春秋》以求其斷，本之《易》以求其動，此吾所以取道之原也。參之《穀梁》以厲其氣，參之《孟》、《荀》以暢其支，參之《莊》、《老》以肆其端，參之《國語》以博其趣，參之《離騷》致其幽，參之《太史》以著其潔，此吾所以旁推交通而以為之文也。」一如韓愈，區分道與文為二，五經仍是大道之原，其餘傳記子史則是旁究博稽，以為為文之資。[1]前者是「本」，後者是「參」，顯然兩者不是平行關係，而是主從結構。道是文之本，文依附道存在。柳宗元較側重《孟子》的文，而非《孟子》的道。文學的《孟子》已然興起，

1　唐人分析經典中的文章技法，始於孔穎達（西元574-648年）《五經正義》，詳見宗廷虎、李金苓：《中國修辭學通史（隋唐五代宋金元卷）》（長春市：吉林教育出版社，1998年9月），頁39-60。但觀其大要，主要出之以解經，而非以為文則。

與韓愈相較，已漸顯其異。[2]

　　文學的《孟子》雖然興起，但在古文選本系統如南宋以降呂祖謙（1137-1181）的《古文關鍵》、樓昉（南宋光宗紹熙四年〔1193〕進士）《崇古文訣》、真德秀（1178-1235）《文章正宗》、謝枋得（1226-1289）《文章軌範》，一直到明代歸有光（1506-1571）的《文章指南》等，均無《孟子》選文。[3]這或與諸家尊聖的態度有關，致不敢選評聖人之書。真德秀即云：「聖人筆之為經，不當與後世文辭同錄，獨取《春秋》內外傳所載周天子諭告諸侯之辭，列國往來應對之辭，下至兩漢詔冊而止。」[4]五經雖是文之本原，但卻不能選評作為文原的經典，一旦選評，即列聖人與諸家無異。[5]

　　如果是單獨評論聖人之作，就可以接受。但時代也很晚，明代中

2　龔鵬程云古文運動以後，文家論文，歸準於六經。雖說「文以載道」，所重者在道不在文，但六經文辭之美，卻得以發現並獲闡揚。見〈細部批評導論〉，《文學批評的視野》（臺北市：大安出版社，1990年1月），頁401。張素卿云明清評點盛行，表徵文學意識的進展，整合小說、戲曲、詩、詞、古文諸文類，乃至經、史、子群書，以「文」的觀點讀之，「文」重新含攝經、史、子而形成一種普遍的文學意識。見〈「評點」的解釋類型——從儒者標抹讀經到經書評點的側面考察〉，鄭吉雄、張寶三合編：《東亞傳世漢籍文獻譯解方法初探》（臺北市：臺灣大學出版中心，2008年1月），頁114-115。文學《孟子》學的形成，另見龔鵬程〈經學如何變成文學？〉，《六經皆文——經學史／文學史》（臺北市：臺灣學生書局，2008年12月），頁7-8。

3　直至清代林雲銘（1628？-1697？）《古文析義》、姚鼐（1731-1815）《古文辭類纂》也無《孟子》選文，曾國藩（1811-1872）《經史百家雜鈔》才有《孟子》選文。

4　〔南宋〕真德秀：《文章正宗·綱目》（臺北市：臺灣商務印書館，1983-1986年影印《文淵閣四庫全書》第1355冊），頁2。

5　但在討論文章根本時，已列六經為文章學習典範，如〔南宋〕陳騤（1128-1203）《文則》專論六經。〔南宋〕李塗《文章精義》也列經典於其中，與後世文家並列。至其性質屬綜論，並非選文。二書有王利器（1912-1998）點校合刊本（北京市：人民文學出版社，1998年5月）。〔明〕歸有光《文章指南》〈禮集〉收錄〔明〕王褘〈四子論〉，明白尊奉《四書》，但也屬綜論，並無選文。以《四書》為文章之則，在理論上並無異見，差別在選文與否。

晚期有託名蘇洵（1009-1066）的《評孟子》二卷、李贄（1527-1602）的《四書評》中《孟子評》七卷、金聖嘆（1608-1661）的《釋孟子》四章、戴君恩（明萬曆四十一年〔1613〕進士）《繪孟》十四卷。

　　託名蘇洵的《評孟子》，四庫館臣云：「宋人讀書，於切要處率以筆抹。故《朱子語類》論讀書法云：『先以某色筆抹出，再以某色筆抹出。』呂祖謙《古文關鍵》、樓昉《迂齋評註古文》，亦皆用抹，其明例也。謝枋得《文章軌範》、方回《瀛奎律髓》、羅椅《放翁詩選》始稍稍具圈點，是盛於南宋末矣。此本有大圈，有小圈，有連圈，有重圈，有三角圈，已斷非北宋人筆。其評語全以時文之法行之，詞意庸淺，不但非洵之語，亦斷非宋人語也。」[6]以圈點大盛於南宋末年，斷定非北宋人作品；又以評語的內容，斷定非南宋人作品，並指出該書在明武宗正德年間（1506-1520）盛行。李贄《孟子評》即是承繼這一評點系統的作品。[7]《繪孟》筆者未見，倫明（1875-1944）云：「大旨仿蘇老泉批點《孟子》，於篇章字句，以提轉、承接、結合等法為之標明，但彼此不無小異。」[8]如此看來，也是評點系統之

6　見〔清〕永瑢（1743-1790）等著：《四庫全書總目》（臺北市：藝文印書館，1979年6月影印廣東刻本），卷37，頁1。吳承學指出四庫館臣對宋代評點作品較為寬容，對明代評點作品較為嚴屬；又云四庫館臣對評點的批評，大都只是態度與立場，缺乏學理分析；且紀昀也有評點《李義山詩集》等作品，從而認為評點學是大眾的流行文化，即使批評者也難拒絕其魅力。見〈四庫全書與評點之學〉，《文學評論》2007年第1期，頁5-12。所言固是，但評點是否大眾流行文化，有待商榷。評點最初在文士興起，何能說是大眾文化？日後村塾仿效，是從文士延伸至民間，而非文士向塾師學習。

7　李贄《四書評》真偽問題頗有爭論，但觀其行文用語，頗似李贄風格。大陸學者任冠文從該書對孔子、孟子及儒家的態度及內容分析，認為該書為真。見〈四書評辨析〉，《文獻季刊》1999年1月第1期，頁191-201。本文仍以該書為李贄所作。

8　據國家圖書館「中文古籍書目資料庫」，《繪孟》分別藏於北京中國國家圖書館、天津圖書館。倫明語見中國科學院圖書館整理：《續修四庫全書總目提要·經部》（北京市：中華書局，1993年7月），頁921。

作。金聖嘆《釋孟子》與上述作品稍有不同，篇幅甚小，又全以文字析評，沒有各種圈點符號。

　　所謂評點，簡言之，評是評語，點是圈點。評語的形式容易理解，圈點則甚為繁複，如單圈「○」、重圈「◎」、連點「、、、」、黑點「‧」等，並配以各種顏色，區分文章的篇章結構，說明文章的精華、緊要、微妙等各種特色。由於各家使用圈點的方式並不相同，所以有時會在書前以凡例說明各種圈點的用法。這些評點形式是緊貼作品為之，亦即直接在字句旁加上各種圈點，評語則或在字句之旁，或在書眉，或在篇章之後。至其內容，主要是具體指出某字精警、某句挺拔、某章完密等，次則是評點者提出對作者或作品一些較綜合的看法。而其行文，則以較淺近的文字為之，且篇幅亦屬短構，而非長篇。評點的對象則遍及經史子集四部，不限於某一門類。[9]評點諸家雖然有共同討論的重點（如字句章篇），但其限制是較為瑣碎，並沒有形成完整系統。[10]也因此在閱讀時必須與原作合讀，一旦離開原作，評點就根本不能存在。[11]

---

9 評點學的淵源、發展及重要作品，詳見龔鵬程：〈細部批評導論〉，《文學批評的視野》，頁387-438；孫琴安：《中國評點文學史》（上海市：上海社會科學院出版社，1999年6月）；張伯偉：《中國古代文學批評方法研究》（北京市：中華書局，2002年5月），頁543-591；林明昌：《古文細部批評研究》（臺北市：淡江大學中文系博士論文，2002年），頁21-48；黃筆基：《鑒奧與圓照——方苞、林紓的左傳評點》（臺北市：允晨文化公司，2008年10月），頁24-104。各種圈點符號的使用方法，林明昌所論尤詳，見其書第4章〈古文細部批評之圈點記號〉，頁49-73。專論經書評點，詳見張素卿：〈「評點」的解釋類型——從儒者標抹讀經到經書評點的側面考察〉，鄭吉雄、張寶三合編：《東亞傳世漢籍文獻譯解方法初探》，頁79-126。綜論明清士人對評點的態度，見侯美珍：〈明清士人對「評點」的批評〉，《中國文哲研究通訊》第14卷第3期（2004年9月），頁223-248。。

10 孫琴安就指出評點文學的特點與不足：一是重主觀直覺感受；二是短小精悍，生動活潑；三是較多的鑑賞性；四是太瑣碎。見《中國評點文學史》，頁9-10。

11 林明昌云古文細部批評所帶出的閱讀與寫作原則，散見評解的文字之中，並未整理

　　解讀者評點《孟子》，一方面示讀者以寫作的規矩，一方面明作者寫作的精義。這是一雙向發展：說明作者寫作精義，指示讀者寫作方法。作義與作法之間，其關係似甚微妙：作法可以彰顯作義，顯然義是主，法是從；但反過來說，作義既須由作法才能彰顯，義主法從的結構，顯然又難以理所當然的成立，甚至可說是法主義從。此時就會導向以法的學習為主，忽略了義的闡發，以為法在義即在，法明義即可明。[12]

　　《孟子》有深刻的義理內容，而這些評點《孟子》之作，卻凸顯了《孟子》的文學樣貌，這些樣貌即是本文所欲論述的標的。上述作品，既以評點的形式為之，本文即以諸作的評點為範圍，分析其評點內容。

　　經由這樣的討論，可理解《孟子》文學化的過程，以及在此過程中，作法與作義、義理與文學之間的複雜結構。《評孟子》、李贄《孟子評》雖大量使用各式圈點，但並未有凡例說明，無法確定這些圈點的意義，是以本文僅以評為探討對象，而不討論點。在行文之際，為符合通行稱謂，仍以評點當之。

　　條列，將文章法則整理成條例者，只有陳騤《文則》、歸有光《文章指南》。見《古文細部批研究》，頁15。龔鵬程云細部批評隱隱然有一些共同的法則，有個基本批評架構：都會注意一篇文章的命名，努力地去釋題；都會注意文章的段落區分，各段大旨；都要討論全篇的結構關係及每處字辭的使用等。見〈細部批評導論〉，《文學批評的視野》，頁409。不論是整理成條例，或有共同的批評架構，仍須緊依原作或原文。陳騤的《文則》雖有體系，但每則之下，仍附原文。歸有光《文章指南》條例在書前，其後即是各篇選文，且每篇選文仍有評點。

12 龔鵬程甚至認為古文運動雖以明道自期，但學文有得，遂自居為已明道，文在，被認為即是道在，故學者只須法文，不必則道。名為義法，實只是法，由法見義，因文明道。見〈細部批評導論〉，《文學批評的視野》，頁410-412。張素卿也指出，針對明代評點家以「法」論文的趨向，清代桐城派評點家方苞則以兼重「義」、「法」振救其弊。見〈「評點」的解釋類型——從儒者標抹讀經到經書評點的側面考察〉，鄭吉雄、張寶三合編：《東亞傳世漢籍文獻譯解方法初探》，頁115。

二　評點家筆下的孟子之志

　　不論是託名蘇洵的《評孟子》、李贄《孟子評》、金聖嘆《釋孟子》，都論及孟子之志。如《評孟子》的《孟子・公孫丑下》〈充虞路問曰〉章云：「平生自任如此。」[13]此所以一開始《孟子・梁惠王》〈孟子見梁惠王〉章即云：「此篇皆引君以當道，得進諫之體。」[14]引君當道，自是平治天下，而非稱霸諸侯。有此自負，出處自與常人不同。《孟子・公孫丑下》〈孟子將朝王〉章評云：「孟子乃不召之臣，齊王召之，所以不去，引三達尊所以見不可召意。」[15]並且以屈原為對照。《孟子・公孫丑下》〈尹士語人曰〉章評云：「懷形於辭意之表，整而不整，亂而不亂，纏綿懇惻，《離騷》似之。」[16]以屈原與楚懷王對比孟子與齊宣王，讀者即知孟子之意，仍冀望齊宣王納其言而行其道。

　　孟子所以去齊與屈原去楚有異，懷抱期望則同。這是選擇孟子與屈原可以類比的相同點對照，從屈原往復低迴，不忍離去的情感，喻指孟子去齊的情感。「整而不整，亂而不亂」就在形容此一複雜的心境。這一決定則從「辭意之表」見出，從作品體會孟子堅定中有不定，不定中又有堅定的行止。孟子是：「夫出晝而王不予追也，予然

13　《評孟子》，卷上，頁38，收入《孟子彙函》（臺北市：中國子學名著集成編印基金會，1978年）。此本影印明萬曆丁巳（四十五年，1617）吳興閔氏刊朱墨藍三色套印三經評註本，題名為《孟子批註》。又有《硃批孟子》二卷，收入《四庫存目叢書》經部第154冊（臺北市：莊嚴出版社，1997年2月），此本影印清康熙三十三年（1694）載詠樓刻本。由於是影印本，無法見出套色，兩本內容相同，即是《四庫全書總目》所稱《評孟子》，今以四庫館臣所稱定書名。又影印載詠樓刻本評點漫漶不清，無法分辨，吳興閔氏刊本甚為清晰，本文以該本為主。

14　《評孟子》，卷上，頁1。

15　《評孟子》，卷上，頁31。

16　《評孟子》，卷上，頁37。

後浩然有歸志。」屈原則是:「不忍以清白久居濁世,遂赴汨淵而死。」[17]其異遠過於其同,兩相比論,作用或是去除讀者對孟子的熟悉度,以喚起新的感覺,重新再認識孟子。[18]

李贄是另一種風格,出之以亦莊亦諧之語。《孟子·公孫丑下》〈孟子致為臣而歸〉章,李贄評云:「『不敢請耳,固所願也。』孟子宿畫之心已盡呈露,何王之不寤。」[19]《評孟子》注意孟子去齊的後半段,認為孟子的心態是往復不已,所以「纏綿懇惻」;李贄《孟子評》注意前半段,認為孟子心態是直接呈顯,所以「已盡呈露」。同一行為,側重面不同,其所揭示對齊宣王期待的心態,可以有不同的解讀。

至於孟子的志意,李贄在《孟子·公孫丑下》〈充虞路問曰〉章評云:「『如欲平治天下』四語,正說不豫之故。特其語勢反耳,有以為樂天之說者,直發一笑。」[20]指出孟子正因不能施展平治天下的抱負,是以不豫,「何為不豫」只是故作反語,並不以朱子(1130-1200)之說為然。朱子以為:「孟子雖若有不豫然者,而實未嘗不豫也。蓋聖賢憂世之志,樂天之誠,有並行而不悖者,於此見矣。」[21]事實上朱子還是承認孟子有不豫,只是聖人的不豫與樂天,可並行不悖。朱

17 〔東漢〕王逸:〈離騷經序〉,〔宋〕洪興祖(1090-1155):《楚辭補注》(臺北市:藝文印書館,1981年3月),卷1,頁2。

18 這可稱為「奇特化」的技巧,以破壞「自動性」,即一種固定且熟悉的認知,以創造對事物特殊的感覺。參見〔蘇〕鮑·艾亨鮑姆(1886-1959):〈形式方法的理論〉,〔法〕茨維坦·托多羅夫編:《俄蘇形式主義文選》(北京市:中國社會科學院,1989年8月),頁31。此一觀念原是〔蘇〕維克托·鮑里索維奇·什克洛夫斯基(1893-1984)在其名著《散文理論》所提出。「奇特化」,或譯「陌生化」、「反常化」。並參考氏著,劉宗次譯:〈作為手法的藝術〉,《散文理論》(南昌市:百花洲文藝出版社,1994年10月),頁1-23。

19 〔明〕李贄:《孟子評》,卷2,頁21。《四書評》(上海市:上海古籍出版社《續修四庫全書》第161冊,1995年影印明刻本)。

20 〔明〕李贄:《孟子評》,卷2,頁23。

21 〔南宋〕朱子:《四書章句集注》(臺北市:大安出版社,1994年11月),頁348。

子認為聖人是「人倫之極」[22]，又說：「樂天是聖人氣象，畏天是賢人氣象，孟子只是說大概聖賢氣象如此。」[23]都是根據孟子自道所作的解釋。李贄也承認孟子是聖人，但其聖人觀似較接近以常人的規範看待孟子，與朱子的聖人觀距離較遠。《孟子・公孫丑下》〈孟子將朝王〉章，李贄評孟仲子答齊宣王，云：「此等處都是孟子不可及處，若孟仲子真是不肖子弟之尤者矣，人家子弟如有這等周旋的，只合一棒打殺與狗子喫。」[24]文字不但平淺，甚且近於粗鄙。與朱子相較：「仲子權辭以對，又使人要孟子令勿歸而造朝。」[25]更顯出雅俗之異。朱子認為孟仲子是「權辭」，李贄卻認為孟仲子是「周旋」。[26]孟子之不豫，孟子有子弟不肖，在李贄的評點下，出現與朱子注解不同的面貌，原來聖人也有如此處境。在此前提下，讀者似也較易親近孟子。

孟子有平治天下之志，李贄在《孟子・滕文公上》〈滕定公薨〉章云：「於此可以得末世之人心焉。始之為梗者，未嘗不卒之心服也。有變世之志者，直前不顧，無有不成者也。」[27]有變世之志者固指滕定公世子（即滕文公），其實更是指孟子。然與滕文公相較，滕文公終可依禮治喪，孟子卻不能成平治之志。孟子之不豫，其實更接近人情之常。

至於抱持平治天下的胸懷，《孟子・離婁上》〈桀紂之失天下也〉章，李贄云：「說當時諸侯都是桀紂，都是痼疾，孟老直恁狠也，只

---

22 〔南宋〕朱子：《孟子集注・離婁上・規矩方圓之至章》，《四書章句集注》，頁388。
23 〔南宋〕黎靖德編，王星賢點校：《朱子語類・孟子一・梁惠王下・問交鄰國有道章》（臺北市：文津出版社，1986年12月），卷51，頁1226。
24 《孟子評》，卷2，頁15。
25 〔南宋〕朱子：《四書章句集注》，頁337。
26 《孟子・盡心下》〈堯舜性者也〉章：「動容周旋中禮者，盛德之至也。」周旋指動作，原未有負面意義。
27 〔明〕李贄：《孟子評》，卷3，頁3。

為此無知小民耳。看他是何等心腸。」[28]從「悷狠」逆推孟子之用
心，所以直指孟子的用心在民，故措辭嚴厲。在《孟子・公孫丑上》
〈人皆有不忍人之心〉章，又云：「此等文字真如慈父母之為子，大
有功於世教，孟子大聖也。」[29]在本章「皆有怵惕惻隱之心」書眉上
批：「好指點。」在「苟能充之」書眉上批：「『充』字有味。」或從
全章指出行文的特色，或從文句指出讀者應重視之處，或從用詞指出
讀者應體會的焦點。

儒者喜言經世，李贄在《孟子・盡心上》〈易其田疇〉章，評
云：「是理財大經濟。畢竟菽粟能如水火否，請儒者參之。」[30]此有暗
中諷刺的意味。明白指斥在《孟子・公孫丑上》〈夫子當路於齊〉
章，李贄云：「國勢民情，如視之掌，故敢卑言管、晏，豈如今之大
頭巾、假道學，漫然大言而已。」[31]具體的作為是《孟子・梁惠王下》
〈齊人伐燕，取之〉章，李贄云：「真是上策，孟老胸中的有甲兵，
非漫為大言者比也。」[32]但是有時也不免懷疑是否可行，《孟子・滕文
公下》〈宋，小國也〉章，李贄就認為：「說來似覺有理，不知當時事
勢如何耳。」[33]前者有具體的建議：「反其旄倪，止其重器，謀於燕

---

28 〔明〕李贄：《孟子評》，卷4，頁7。

29 〔明〕李贄：《孟子評》，卷2，頁10。日本學者佐藤錬太郎指出李贄尊敬又稱讚孔
　子，並未有反對儒教的意圖，與其稱為儒教的叛逆者，不如稱為朱子學的叛逆者。
　見氏著，楊菁譯：〈李贄李溫陵集和論語──王學左派的道學批判〉，收入〔日〕松
　川健二編，林慶彰等譯：《論語思想史》（臺北市：萬卷樓圖書公司，2006年2月），
　頁403-429。從《孟子評》來看，李贄也尊崇孟子。嵇文甫（1895-1963）稱李贄
　「竟敢說名教累人」，「反對儒生」，「愛好自由，衝決世網」，大概也需要修正。見
　《左派王學》（臺北市：國文天地，1990年4月），頁55-68。又李贄不但不反對禮
　教，甚且推崇禮教，出家後為僧團制定規儀，見龔鵬程：《晚明思潮》（宜蘭縣：佛
　光人文社會學院，2001年10月），頁1-20。

30 〔明〕李贄：《孟子評》，卷7，頁9。

31 〔明〕李贄：《孟子評》，卷2，頁3。

32 〔明〕李贄：《孟子評》，卷1，頁22。

33 〔明〕李贄：《孟子評》，卷3，頁17。

眾，置君而後去之，則猶可及止也。」後者則是理想的描繪：「苟行王政，……齊、楚雖大，何畏焉？」閱讀這些評語，可引領讀者再思考孟子所稱王政的問題。包含王政具體措施，在當時局勢下，又如何實踐，由誰實踐等。

《孟子·梁惠王上》〈齊宣王問曰〉章，李贄就指出：「孟子經濟只是教養二大端。在當時可以行之者，獨齊、魏二大國。然魏王根氣大是驕浮，故老孟每每攔截之；獨於齊王反覆接引，亦只為齊王老實耳。看他此處問答，何等老實，聖主聖主。」[34]本章與〈寡人之於國也〉章，反覆論教民養民之道，以此為王政之基。[35]並進而較論齊宣王與梁惠王，在本章：「王之所大欲，可得聞與？王笑而不言。」旁注「老實」；在「為肥甘不足於口與？……曰否，吾不為之。」旁注「老實」；在「以若所為，求若所欲，盡心力而為之，後必有災。曰：可得聞與？」旁注「老實」；在李贄看來，不作大言，似即可稱為老實。本章之始，齊宣王問：「德何如則可以王矣？」李贄於書眉批語：「說王便想到德，是何等根基。」老實而有根基，大概才是李贄稱其為聖主之因。《孟子·梁惠王上》〈梁惠王曰寡人願安承教〉章，李贄書眉上評云：「則從前之不願安可知矣。」[36]據此在《孟子·梁惠王上》〈叟不遠千里而來〉章，指出：「劈頭初見便攔截他，也只為其根氣劣耳。若在齊王便展轉接引矣。」[37]李贄在對答辭氣之間，

---

34 〔明〕李贄：《孟子評》，卷1，頁11。
35 程頤（1033-1107）也說：「孟子之論王道，不過如此，可謂實矣。」〔南宋〕朱子：《四書章句集注》引，頁284。
36 〔明〕李贄：《孟子評》，卷1，頁4。朱子云：「承上章言，願安意以承教。」見《四書章句集注》，頁284。依朱子之意推之，只論當下之安，不究以往之安與不安。
37 〔明〕李贄：《孟子評》，卷1，頁1。相同語氣又見《孟子·梁惠王下》〈人皆謂我毀明堂〉章，同書，卷1，頁18。

區別齊宣王與梁惠王之異。[38]

　　金聖嘆又是另一副口吻。《孟子・梁惠王上》〈叟不遠千里而來〉章，金聖嘆云：「不是梁王要見孟子，是孟子自見梁王，正是一肚皮仁義可以至於王道，連夜要發揮出來，全不顧他抱玉自薦之嫌。」[39]直指孟子的心理，生動刻畫孟子急於行王道之心，且代替孟子講出心中的渴望。

　　從《評孟子》、李贄《孟子評》到金聖嘆《釋孟子》，探究孟子的抱負，討論孟子王政的內涵，其時能行王政者惟魏、齊二國，而齊宣王又較梁惠王為優等。完全從作品中細析而得，不涉及作品以外的文獻。是在作品中探討作者的意圖，與孟子自己所說「知人論世」的方法，其實並不完全相同。但是又稱美孟子的胸懷，並希冀讀者有所感悟，從作品延伸到讀者，又不全然限制在作品之中。[40]

三　評點家筆下的孟子之志與孟子之文

　　雖然評點所欲探索的對象、達成的目的時而在作品之外，但其主

---

38 程頤云：「當是時，諸侯能行王道，則可以王矣。此孟子所以勸齊梁之君也。」見〔南宋〕朱子：《四書章句集注》引，頁284。

39 〔明〕金聖嘆：《釋孟子》第1章，曹方人、周錫山點校：《金聖嘆全集》（臺北市：長安出版社，1986年9月），第3冊，頁689。

40 英美新批評派（The New Criticism）認為意圖謬見是從寫詩的心理原因中推衍批評標準。感受謬見是從詩的心理效果推衍批評標準。見〔美〕威廉・K・維姆薩特（W.K Wimsart, 1907-1975）、〔美〕蒙羅・C・比爾茲利（M.C Beardsley, 1915-1985）著，羅少丹譯：〈意圖謬見〉，趙毅衡編選：《新批評文集》（天津市：百花文藝出版社，2001年9月），頁233。但龔鵬程指出評點與新批評不同之處有三：作品不是先驗的存在，而是經由讀者想像力重建的客體；讀者所以能經由想像力重建作品的意義，是建立在中國哲學肯定的心的普遍性；批評者也非追溯作者原意，而是在發明作意。參見〈細部批評導論〉，《文學批評的視野》，頁435-437的分析。

要形式仍依附作品存在，就作品的構成有一細緻的批評。而傳統作品的構成，就是文字的構成，是以評點大都論析篇章字句的作法，暨由此作法而形成的美感。[41]

請先論字法：

《評孟子》在《孟子·梁惠王上》〈齊桓晉文之事〉章：「今王發政施仁……。」除了在「今」字上畫一空心大圈，直接覆蓋其上，並評云：「此一轉方到保民處作大波瀾。」[42]《孟子·梁惠王上》〈交鄰國有道乎〉章：「今王一怒而安天下之民……。」圈點也如前，評云：「就轉一句結。」[43]《孟子·梁惠王上》〈齊宣王見孟子於雪宮〉章：「今也不然……。」圈點如前，評云：「一句轉。」[44]雖有時以句說明，實則是字法，轉指轉折，讀者由此可知文句轉折之處。《孟子·滕文公上》〈有為神農之言者許行〉章：「且許子何不為陶冶，舍皆取諸其宮中而用之？何為紛紛然與百工交易？何許子之不憚煩？」書眉評云：「三『何』字。」配合文章發展，書眉又評云：「此下若決江河。」[45]連續三問，整體文章氣勢，就如同江河，浩浩蕩蕩而去。

金聖嘆《釋孟子》篇幅雖小，評語卻極精。《孟子·梁惠王上》〈叟不遠千里而來〉章，金聖嘆云：「看梁王口中一個『亦』字，孟子口中連忙也一個『亦』字，真是眼明手疾。蓋梁王『利吾國』三字，全是連日耳中無數游談人說得火熱語。今日忽地多承這叟下顧，

---

41 張素卿指出評點是一種解釋的類型，宋、元儒者標點經書，本乎經術、主於義理而不離本文、不廢辭藻。明、清評點風氣大盛，經書評點轉趨注重篇、章、字、句之法。見〈「評點」的解釋類型——從儒者標抹讀經到經書評點的側面考察〉，鄭吉雄、張寶三合編：《東亞傳世漢籍文獻譯解方法初探》，頁82，114。

42 《評孟子》，卷上，頁8。

43 《評孟子》，卷上，頁12。

44 《評孟子》，卷上，頁13。

45 《評孟子》，卷上，頁43-44。

少不得也是這副說話，故不知不覺，口中便溜出這一字來。孟子聞之，卻是吃驚，奈何把我放到這一隊裡去。我得千里而來，若認我如此，我又那好說話？遂疾忙於仁義字上也下他一個『亦』字。只此一個字，早把自己直接在堯、舜、禹、湯、文、武、周公、孔子之後也。看他耳朵裡，箭鋒直射進去；舌尖上，箭鋒直射出來，是何等精靈，何等氣魄。後來經生，只解於『利』字、『仁義』字，赤頸力爭，卻全不覷見此二個字。」[46]一般討論此章，確如金聖嘆所說，焦點置於利義之辨，金聖嘆卻指出「亦」字的重要性。整個分析，是從當時的歷史情境與心理狀況著手。其時縱橫之士，絡繹於途，所說無非利，這是歷史情境。梁惠王以為孟子也是為此而來，這是心理狀況。孟子的反問，就在破除此一局面。至於分析的過程，彷彿小說中人物心理的描寫，彼來此往，互見機鋒。[47]《孟子‧梁惠王上》〈寡人願安承教〉章，金聖嘆云：「承教則承教也，又加一『安』字，此何說乎？」又云：「他說要安，我便要教他不安，因劈頭問過『殺人』二字。」[48]也是以心理的揣摩，指出兩人暗中較量。單獨說明梁惠王心理狀況如《孟子‧梁惠王上》〈王立於沼上〉章，「顧鴻雁麋鹿」，金聖嘆云：「前章孟子見王，王曰『叟』，只『叟』字，便是雙眼注面。此章孟子見王，……只『顧』字，便是禮貌大衰。」[49]從側面見出梁惠王的無禮。一系列的評點，與其說凸顯孟子的形象，不如說揭

---

46 〔明〕金聖嘆：《釋孟子》第1章，《金聖嘆全集》第3冊，頁689。

47 小說中的人物，只要作家願意，則完全可為讀者所了解，他們的內在和外在生活都可裸裎無遺。見〔英〕佛斯特（E. M. Forster, 1879-1970）著，李文彬譯：《小說面面觀》（*Aspects Of The Novel*）（臺北市：志文出版社，2002年1月），頁67。相對《孟子》而言，金聖嘆自非作者，但其評點卻借由想像「揭露」了作者的意向，就此而言，金聖嘆又是作者，依附《孟子》文本再創作的作者。由此也可略知評點的特色。

48 〔明〕金聖嘆：《釋孟子》第4章，《金聖嘆全集》第3冊，頁697。

49 〔明〕金聖嘆：《釋孟子》第2章，《金聖嘆全集》第3冊，頁692。

露梁惠王的真貌。然而處於此不利的情境下，孟子仍堅持理想，更反襯出孟子行道不悔的決心。

再論句法。

《孟子・滕文公下》〈外人皆稱夫子好辯〉章，「昔者禹抑洪水而天下平，周公兼夷狄、驅猛獸而百姓寧，孔子成《春秋》而亂臣賊子懼。」《評孟子》云：「三句總收，大有筆力。」[50]指斥時政之弊，此其一；說明自己理想所在，此其二；並解釋何以好辯之故，此其三。意涵豐富，所以是大有筆力。《孟子・滕文公下》〈陳仲子〉章，「辟兄離母」，書眉評云：「四字立案。」其後在「以母則不食，以妻則食之；以兄之室則弗居，以於陵則居之。」書眉評云：「四句斷仲子之罪。」[51]前一句與後四句前後照應，兩者結合，陳仲子可議之處很明顯的得以呈現。

《孟子・梁惠王上》〈寡人願安承教〉章，在兩句「無以異也」下，金聖嘆先云：「看他口氣，全不在意。」再云：「只是亦不驚，亦不怪。世上豈真有如此承教之體耶，活畫出『安』字來。」[52]仍承前述，著重梁惠王的心理狀況。經由其點出，梁惠王似是極為不堪。事實上金聖嘆就認為：「梁王一意只圖併吞鄰國之民，且又自揣別無長處……。」[53]金聖嘆並未參考或引用其他文獻，只在《孟子》文本中，以「亦」、「顧」、「無以異也」，推論梁惠王的性格。

再次論章法。

《孟子・公孫丑上》〈夫子加齊之卿相〉章，經《評孟子》分析竟有十三轉之多，[54]每一轉大都以疑問句為始，如「若是則夫子過孟

---

50 《評孟子》，卷上，頁55。

51 《評孟子》，卷上，頁56。

52 〔明〕金聖嘆：《釋孟子》第4章，《金聖嘆全集》第3冊，頁697。

53 〔明〕金聖嘆：《釋孟子》第3章，《金聖嘆全集》第3冊，頁693。

54 詳見《評孟子》，卷上，頁22-25。

賣遠矣。」旁注:「一轉。」「不動心有道乎?」旁注:「二轉。」
等。一轉看似判斷句,但細細體會,並閱讀其後的句子,其實是有一
些懷疑的意味,所以孟子續云:「是不難。」二轉就是疑問句。這些
轉折,固可作為分段的依據,但更重要的是推動之後的論題。《孟
子·梁惠王上》〈齊桓晉文之事〉章,「德何如則可以王矣?」旁注:
「將王字轉。」「若寡人者可以保民乎?」旁注:「就保民字又轉。」
「何由知吾可也?」旁注:「三轉後引論。」[55]都是以疑問句的形式,
開展其後的議論。至於字法之轉與章法之轉的異同,字法之轉,是在
前後句二之間;章法之轉,是就全章文句的轉折而論。

　　《孟子·梁惠王上》〈叟不遠千里而來〉章,金聖嘆在本章之末
就全章論斷:「前先接『何必曰利』,是劈面便搶;此倒找『何必曰
利』,是帶口輕拂。前徐稱『亦有仁義』,是特換新題,此緊承『亦有
仁義』是趁熱便趕。」[56]義利之辨,經孟子提出,論題並不特殊。金
聖嘆此評,是指出《孟子》表達此一題方式的特殊之處,以行文之間
前後輕重的變化,說明形式的美感。

　　末論篇法。所謂篇法,是指一些特殊的文章技法,貫穿於篇章句
字之中,將不同的文句組成,聯結為一整篇作品,由於是貫串全篇,
所以稱為篇法。

　　《孟子·梁惠王上》〈孟子見梁襄王〉章,「吾對曰:定於一。」
《評孟子》旁注:「二句開。」「天下莫不與也。」旁注:「一句合
上。」[57]開先提出一觀念,此例是指「定於一」,合指出此一觀念的具
體內涵,此例是指「不嗜殺人者能一之」。所以開的目的是導向合,

55 《評孟子》,卷上,頁5。
56 〔明〕金聖嘆:《釋孟子》第1章,《金聖嘆全集》第3冊,頁691。
57 《評孟子》,卷上,頁4。

沒有開就無法有導向合的發展，亦即沒有開就沒有合。[58]其後是「王知夫苗乎？」旁注：「頓挫。」[59]指論述在中間停頓，再轉至其他論述，最後回到主題，形成一圓形結構。[60]此例是指「天油然作雲，沛然下雨，則苗浡然興之矣。其如是，孰能禦之？」最後回到主題：「如有不嗜殺人者，則天下之民皆引領而望之矣。」

《孟子・離婁下》〈齊人有一妻一妾而處室者〉章，李贄評云：「客詳主略，行文妙法。」[61]主客法，又稱賓主法，賓主是平行對比，借賓以顯示主，賓是襯托，主才是最後所要表達的重點。[62]所以理論上應以主為主，賓（客）為次。本章在行文技巧卻反其道而行，敘妻妾詳，述良人略。但最後的目的，仍是譏刺良人。運用的技巧相同，具體操作的手法卻可以相反，效果仍相同。李贄敏銳的指出此一行文技巧與眾不同之處。

---

58 開合的說法不一，〔清〕王葆心（1867？-1944）認為有一篇之開合：正反、虛實；一段之開合：斷續、縱擒。見《古文辭通義》，卷9，王水照編：《歷代文話》（上海市：復旦大學出版社，2007年11月）第8冊，總頁7489。周振甫（1911-2000）云先務虛，不接觸到正題，就是開；務虛以後歸到正題，就是合。見《文章例話》（臺北市：蒲公英出版社，出版年不詳），頁143。後說較為清晰。

59 《評孟子》，卷上，頁4。

60 頓挫說法多家，〔清〕來裕恂（1873-1962）分為頓句與挫句，認為：「文至順流而下之時，宜用頓句。」又云：「挫者，折也。文章雖貴一氣呵成，勇往直達，然有縱橫飛動之態，乏綢繆纏綿之致，則將陷於徑直之弊。故文家往往於氣盛處，下一挫語，以摧殘其氣而收斂之，下文再用開闔之法。」見〈文法〉，《文章典》，卷1，《漢文典》，王水照編：《歷代文話》第9冊，總頁8540。又一說：「停頓轉折，有緩有急。」見鄭頤壽主編：《辭章學辭典》（西安：三秦出版社，2000年7月），頁113。張秋娥則云：「頓挫，是篇章結構方面的修辭方法，指在關鍵性的詞句後作小小停頓。它可使文勢跌宕，搖曳多姿，避免平板無味。」見〈謝枋得評點中的修辭思想〉，《國文學報》第33期（2003年6月），頁125-164，引文見頁154。

61 〔明〕李贄：《孟子評》，卷4，頁28。

62 〔清〕宋文蔚（1854-1936）云：「以題目為主，從題外引來作陪者為賓，然賓中意思，仍須從主中生出，或在主之反面，或在主之對面，方與題目有情。」見《評註文法津梁》（臺北市：蘭臺書局，1983年7月），上冊，頁16。

　　李贄析論《孟子》文章，不從字句著手，大都從全篇文字評點。
《孟子‧梁惠王上》〈寡人之於國也〉章，李贄云：「『不違農時』二
節，安放在中間，真有天馬行空手段。假若在俗筆，定倒在後。」[63]
本章孟子答梁惠王問：「鄰國之民不加少，寡人之民不加多，何
也？」孟子回答：「王好戰，請以戰喻。」戰爭之喻結束，突然插入
「不違農時」、「五畝之宅」二段，至文末才回到本題，暗喻梁惠王想
法與作法之非。李贄認為一般寫法，「不違農時」二段，會置於最後
作結，所以才有俗筆之譏。

　　《孟子‧萬章下》〈士之不託諸侯〉章，李贄至為稱美：「此篇與
後篇收起關應，都非思議所及，真生龍活虎文字也。孟子全部固文之
聖也。茲二篇者，其尤聖之聖乎。」[64]後一篇是〈敢問不見諸侯〉
章，評云：「有波瀾，有起伏，有翻騰，絕妙文字，熟讀之而不能文
者，吾不信也。起結都奇。」[65]所以如此稱讚，應是「周之則受，賜
之則不受」與「往役，義也；往見，不義也」的區別。兩者之間，頗
難劃分。[66]同舉子思為例，指出國君待士之道，不應以地位，而應以
賢德為主。但又舉招虞人為例，說明虞人不敢應召之故。進退之際，
或視身分，或視德行，必須視當時的情境而定。同是一人，不同情境
的不同作為，形成李贄所謂有波瀾，有起伏，有翻騰的文章美感。

63 〔明〕李贄：《孟子評》，卷1，頁4。

64 〔明〕李贄：《孟子評》，卷5，頁22。

65 〔明〕李贄：《孟子評》，卷5，頁23。

66 周賜之別，〔漢〕趙歧注：「周者，謂周急稟貧民之常科也。賜者，謂禮賜橫加
　　也。」〔清〕焦循（1703-1760）云：「周與賜義亦通，而並舉則各別也。」並舉《禮
　　記‧月令》鄭注：「周，謂給不足也。」又云橫加之意是：「不當賜而賜也。」俱見
　　氏著，沈文倬點校：《孟子正義》（北京市：中華書局，1996年2月），卷21，頁
　　712。往役往見之分，焦循云：「往役為庶人之分，往見則失士之節，故有義不義之
　　分。」見同書，卷21，頁720。

　　然而李贄不全然從正面評《孟子》文字，這是其最特殊之處。
《孟子・離婁下》〈禹稷當平世〉章，李贄云：「溺者由己，飢者由
己，顏子既亦如此矣。我知其決不以鄉鄰視天下也。故此篇文字末後
兩節，竟為蛇足，不若去之可也。」[67]認為顏回如處禹、稷之位，也
會同禹、稷般作為。正因為地位不同，所以才居於陋巷。既然顏回不
可能以鄉鄰視天下之人，閉戶不予聞問。最後一則比喻，在其看來，
就是多餘的文字。

　　李贄是一方面從經世的立場，認為孟子為聖人；但另一方面，卻
從文章的角度，指出孟子於此也是聖人。所以指點如何讀《孟子》，
並藉以論作文之法。孟子是文聖，但不必然每篇文字都無懈可擊。完
全從文章的結構，批評孟子其人及《孟子》之文。經由李贄的評點，
孟子本人作為文章家；《孟子》一書作為文章的範本，更為明顯。

　　將《評孟子》與李贄《孟子評》互勘，如不論圈點符號，專以評
語比較，《評孟子》較著重文章各個組成部分，李贄較從全篇整體結
構觀看文章。[68]

四　評點家筆下的孟子之文與孟子之義

　　《評孟子》完全集中在文章的分析，不討論《孟子》的義理。論
《孟子》義理較多者還是李贄。《孟子・梁惠王上》〈齊宣王問曰〉
章，「今王發政施仁，使天下仕者皆欲立於王之朝，耕者皆欲耕於王

67　〔明〕李贄：《孟子評》，卷4，頁25。

68　孫琴安指出李贄對〈萬章〉上下篇的文章特別欽佩，常從作文之法等角度加以批
　　判。又說李贄要求文章應生動活潑、波瀾起伏，能懂得這兩點，大致上可以悟得作
　　文之法。見《中國評點文學史》，頁98、99。然而如何能生動活潑、波瀾起伏，以
　　學習作文的立場看，仍須從篇章句字詳細分析。亦即李贄的批評方式，未必利於文
　　章學習。

之野，商賈皆欲藏於王之市，行旅皆欲出於王之塗，天下之欲疾其君者，皆欲赴愬於王。」李贄云：「合天下之欲，方是大欲。」[69]大欲顯然是與私欲對比，亦即李贄於此可說重視欲，卻非國君個人之私欲。《孟子・梁惠王下》〈滕小國也〉章，李贄云：「事齊事楚，只為得自家利害而已。說到效死而民弗去，方知為百姓耳。」[70]更清楚的說明欲所指涉的對象是人民。金聖嘆在論義利時，也有類似的見解：「《孟子》下節，也不曾把『利』字當作『富強』字。」利指利於國君，富強指利於國。所以接著說：「蓋為仁義之心地公，利字心地私。」[71]據此推衍，利是私，富強是公。又欲僅指涉本身時，就是私；如指涉眾人時，可能就是公。公私之別，有很清楚的區別。但富強能否指涉仁義？或云公利就不得稱為利，而是仁義？其次，私與仁義的判準既在心地，顯然私與仁義之別，是在心而不在私與仁義的內容，心又須發於外才能見之，於是可能會導向以外在的行為或事功為心之良窳的標的，心的本體不顯。李贄、金聖嘆於此均沒有更進一步的申說。

至若論及天人性命時，《孟子・告子上》〈仁人心也〉章，李贄云：「放其心即是舍其路，故下面只收放心。人以為文字之奇，我以為道理之透。我故曰：道理透，文字自會奇也。」[72]因為孟子道理通透，所以孟子文字能奇；但道理通透，是借由文字見出。於是再從孟子文字之奇，推論孟子道理通透。這自是不通之論。義理與文章各是兩道，前者不能決定後者，反之亦然。如果要證明文即道、道即文此論為真，必須有詳細的論證，但李贄並未從事於此。

---

69 〔明〕李贄：《孟子評》，卷1，頁10。

70 〔明〕李贄：《孟子評》，卷1，頁23。

71 引文俱見〔明〕金聖嘆：《釋孟子》第4章，《金聖嘆全集》第3冊，頁690。朱子即以「富國彊兵」解釋利。見《四書章句集注》，頁279。

72 〔明〕李贄：《孟子評》，卷6，頁10。

　　李贄在《孟子・盡心上》〈盡其心者〉章，云：「首節說心性天是
一箇，不是三箇，下面便教人下手，故有兩『所以』字。事天時天做
主，立命時我做主矣。存養到此，方謂知性，方謂修身。曰修身，見
皆實事，不但談玄說妙已也。」[73]心性天既然是一而非三，何以又有
三名？且如何分辨事天與立命之異？此說是承程頤所云：「心也，性
也，天也，一理也。自理而言謂之天，自稟受而言謂之性，自存諸人
而言謂之心。」[74]自根源而言稱為天，自稟賦而言稱為性，理在人身
則稱為心。相較之下，李贄缺乏更深入的義理剖析；仍是順著文義說
出結論，沒有理論過程中的演繹。

　　《孟子・盡心下》〈口之於味也〉章，李贄云：「這纔是盡性立命
的學問。」[75]程頤云：「五者之欲，性也。然有分，不能皆如其願，則
是命也。不可謂我性之所有，而求必得之也。」[76]稟賦之性，含有生
理的欲求，程頤承孟子之說，指出我們的欲求不一定能獲得滿足，所
以將欲求劃歸為命的界域。兩相對照，更可見出李贄解說義理的特
色，是順著文字說明其自身所體會的義理，而讓讀者也能領略其中況
味。而非分析文本所蘊含的義理，讓讀者理解其中意義，所以仍是文
章式的解說義理。

　　《孟子・公孫丑上》〈矢人豈不仁於函人哉〉章，李贄云：「如此
明白引誘，而猶不仁，人役不如矣。可憐可憐。」[77]孟子舉例「引
誘」，李贄則指出孟子文之佳妙處以「引誘」讀者。《孟子・告子下》
〈宋牼將之楚〉章，對「終去仁義」四字，李贄云：「夫仁義處加一
『終』字，有味。蓋仁義我所固有，不可令之去者也。即去，望其復

---

73 〔明〕李贄：《孟子評》，卷7，頁1。
74 〔南宋〕朱子：《四書章句集注》，頁489引。
75 〔明〕李贄：《孟子評》，卷7，頁24。
76 〔南宋〕朱子：《四書章句集注》，頁519引。
77 〔明〕李贄：《孟子評》，卷2，頁11。

來者也。曰終去,則絕望矣。何等斟酌。」[78]也可見出李贄是以文章所含蘊的情感,試圖感動並引領讀者,實踐人在道德層次上所應為的行動。[79]

《孟子·梁惠王上》〈寡人之於國也〉章,「不違農時」一節,李贄僅在書眉評云:「真經濟。」[80]金聖嘆則有長文批評:「王者自必欲盡心於民,而民則又實實不勞王者盡心。……便想得王者盡心,只盡心於民之心地,不盡心於民之衣食。夫民之心地,或有參差,是待經紀;若其衣食,本自富厚,何待憂勞耶?」但在「五畝之宅」一節,金聖嘆又云:「何謂『心地』?所謂孝弟之義是也。孝弟之義之在百姓之心,雖固其所自有,然而終必待其油然而生,而曾不可力得而致。……因是悉心悉計,為之制畝授宅……見雖不曾教他孝弟,然已不怕他不孝弟矣,何則?其家中已盡有孝弟之具矣。」[81]金聖嘆所

---

78 〔明〕李贄:《孟子評》,卷6,頁18。

79 盧永和認為李贄對《四書》文學化的解讀,弱化了經典的權威性。見〈論李贄四書評的文學化批評傾向〉,《肇慶學院學報》,第27卷第1期(2006年2月),頁1-4。以此觀之,殊不謂然。李贄另有《四書笑》一書,周家嵐指出借由語境的錯置、句讀的誤標、諧音等各種方式的戲擬,鬆動經典的權威性。見〈論李卓吾先生評點四書笑對四書經典性之鬆動——以書寫策略與題材為中心〉,《中國古典文學研究》第5期(2001年6月),頁105-132。但觀所舉之例,其實主要是在嘲諷當時的理學家,其次是一些半通不通的村塾夫子、官員、學子等,未必是有意鬆動經典;而將《四書》文句用於日常生活,也未必是表露大眾的趣味,與其說是以雅為俗,不如說是化俗為雅。經典不但未鬆動,反而更貼近生活。這些解釋,都是在李贄反對儒家的前提下導出。互詳本文註29。

80 〔明〕李贄:《孟子評》,卷1,頁3。

81 〔明〕金聖嘆:《釋孟子》第3章,《金聖嘆全集》,第3冊,頁694-695。金聖嘆指出:「『養生喪死』四字是四事,不是二字。蓋『養』是養父母,『生』是生子孫,『喪』是喪他人,『死』是死自己。……要知此是以字法為句法。」從文字上說明「養、生、喪、死」是四件事,而不是「養生、喪死」二件事。朱子即以「養生、送死」為解,見《四書章句集注》,頁283。金聖嘆的解釋,並不符合「養生」、「喪死」各為一詞組的語法慣例。

說，可分為二部分：一是民自富厚，不勞王者盡心。二是王者為民制畝授宅，以為孝弟之具。金評頗不可解，既然民自富厚，王者何以為之制畝授宅？制畝授宅之後，民果真可行孝弟？有孝弟之具不等於會行孝弟。推衍其意，金聖嘆想要突出「盡心於民之心地」這一意義，以見出《孟子》文章用意深刻處，但卻與《孟子》原文有若干差異。過分強調文字之奇，而傷害了文字之義。

　　未能深入發揮義理，固可說是評點體的形式使然，而不同於注疏體、論文體，但李贄在每段之後，仍有較長篇幅的評論，金聖嘆的評點更是一整段文章，所以全歸於評點體使然，可能不是主要原因，關鍵仍在以文章的角度看待《孟子》所形成的特色。

五　結論

　　《評孟子》、李贄《孟子評》、金聖嘆《釋孟子》，在解讀《孟子》時，所採取的方法，既不同於其前及其後的經典注解傳統，也不同於文士學者在其文集中以論文的形式討論問題，而是採取南宋以降的評點方式為之。在此方法下，開啟閱讀《孟子》的新傳統，就是以文學或更具體的說是以文章的角度看待《孟子》。這個新傳統，細析作品的文字，以探究孟子的抱負，討論王政的內涵等，不涉及作品以外的文獻。但是又稱美孟子的胸懷，並希冀讀者有所感悟。功能性的考量，延伸到讀者，又不全然限制在作品之中。

　　其次，以評點學篇章句字為分析模式，三家評點《孟子》的特色約略如下：《評孟子》在字法中注意一字在一句中的轉折。在句法中重視一句之中多層次的含義。在章法中細析全段的轉折。在篇法上以開合、頓挫等技巧，說明全篇的結構。李贄《孟子評》析論《孟子》文章，不從字句著手，大都從全篇文字評點。一方面稱美孟子為文

聖，但又不全然從正面評《孟子》文字，則是其最特殊之處。金聖嘆《釋孟子》在分析用字時，以小見大，試圖指出《孟子》中人物的心理狀況。句法亦然，以此法描繪梁惠王的性格。章法上以行文的前後變化，指出《孟子》重要觀念的表出方式。篇法上的技巧，可能是篇幅關係，較顯現不出。

第三，關於《孟子》的義理解釋，《評孟子》並未討論。李贄解說義理較多，其特色是順著文字說明其自身所體會的義理，讓讀者也能領略其中況味。而非分析文字本身所蘊含的義理，讓讀者理解其中的意義。所以仍是文章式的解說義理。金聖嘆部分的評點，涉及義理，但因過分強調文字之奇，反而傷害了文字之義。

以此三家為例，或可略窺文學《孟子》學在晚明的概況。即孟子其人及《孟子》其書，被視為文學作家與文章典範，並且可以借以指導讀者學習作文的方法。義理的解說，較不受到重視。即使嘗試解釋義理，也因文章評點的形式限制，走向以文章所具的情感，而非道德情感、生命情感，用以體會義理的格局。

我們如果追問：何以在各種中國文學史、各種國文教科書，幾乎都會出現《孟子》的評論與選文？我們就不能忽略肇端於南宋，大盛於晚明，影響於晚清的文學《孟子》學的發展。[82]

---

82 如清末民初即有姚永概（1866-1923）《孟子講義》、吳闓生（1877-1947）《孟子文法讀本》、何漱霜《孟子文法研究》等著作。

以文辭之義通聖人之心：
吳汝綸、吳闓生父子《尚書》學略論

摘要

　　吳汝綸認為自己已難以下筆為文，並指出說經不如為文，這是因為為文難而說經易，其經學著作，是以文字訓詁解經門徑。賀濤則指出吳汝綸的經學是經義寄於文，文從而後辭獲所安、吳闓生等也指出吳汝綸是以文衡鑒歷代作者。而與吳汝綸自述不甚相合。本文即以文法——文章的技法，分析為文與說經的問題，討論兩者的關係與異同。吳汝綸或從《史記》及漢代作家文例，分析「曰若稽古」為發語詞。或從君臣對話的情境，論證「四岳」為一人非四人。或從文章的完整性，說明流放「四凶」的時間非一時或分析《尚書》安章定句之法，有前後相承、分應各句的技巧。或指出篇章構造的特色，看似發端之詞，卻是補充之詞；看似承接之詞，卻是發端之詞。又有以讀者心態決定文字意義者。吳汝綸所指「說經」就是以訓詁方式解釋經典，尤其是乾嘉以降所發展的方法；「為文」則在於約六經之旨而成文，推崇歐陽修、韓愈，並以司馬遷為典範，就在諸家通貫六經，組織成文，從文章的內涵到形式，以經典歸依。這一路數才是桐城派的

方向，所以也會研究經學，講論義理，最後是以「文」的形式出之。

關鍵詞：桐城派　文法　尚書　吳汝綸　吳闓生

一 緒論

光緒二十年（1894）吳汝綸（1840-1903）在寫給黎庶昌（1837-1896）的一封信曾說：「近十年來，自揣不能為文，乃遁而說經，成《書》、《易》二種。」[1]吳氏為曾國藩（1811-1872）弟子，位列「曾門四子」之一，[2]清末桐城派大家，竟認為自己已難以下筆為文，並指出說經的難度不如為文。這些言論，出自古文作手，豈不令人驚訝。至光緒二十五年（1899）吳汝綸仍說：「吾說《書》、《易》二經，自信過於詩文，以說經易而文字難也。」[3]與前封書信合觀，可知其遁而說經的原因，在於為文難而說經易。其所說經學著作，是指《尚書故》、《易說》。其子吳闓生（1877-1947）另作《尚書大義》、《周易大義》。採擷其父之說頗多。[4]與汝綸又說：「說《書》，用近世漢學家體制，考求訓詁，一以《史記》為主。《史記》所無則郄書燕說，不肯蹈襲段、孫一言半文。……其說《易》，則用宋元人說經體，亦以訓詁文字為主，其私立異說尤多，蓋自漢至今，無所不採，亦無所不掃。」[5]顯然是以文字訓詁為解經的門徑，也符合其「為文」與說「說經」的二分法。

而賀濤（1849-1912）為吳汝綸《書》、《易》之作寫序則說：「是

---

1 〔清〕吳汝綸：〈答黎蒓齋〉，《尺牘》，卷1，施培毅、徐壽凱點校：《吳汝綸全集》（合肥市：黃山書社，2002年9月），第3冊，頁100-101。黎庶昌，字蒓齋。

2 曾門四子為張裕釗、黎庶昌、薛福成、吳汝綸。

3 〔清〕吳汝綸：〈與王子翔〉，《尺牘》，卷2，施培毅、徐壽凱點校：《吳汝綸全集》，第3冊，頁249，王光鸞字子翔，吳汝綸婿，生卒年不詳。

4 吳汝綸《易》學、《尚書》學的傳承與發揚，詳見蔣秋華：〈吳汝綸尚書故主史記說平議〉，國家圖書館等主編：《屈萬里先生百歲誕辰國際學術研討會論文集》（臺北市：行政院文化建設委員會，2006年12月），頁585-586。

5 〔清〕吳汝綸：〈答黎蒓齋〉，《尺牘》，卷1，施培毅、徐壽凱點校：《吳汝綸全集》第3冊，頁101。

故欲窮經者，必求通其意，而欲通其意，必先知其文；文從而後辭獲所安，俯仰無所戾。義與事比，出入不離宗求肖乎經而止。經之意之寄於文者，其法如是也。」[6]經義既然寄於文，在訓詁、義理之外另闢途徑。這與學問三分為義理、辭章、考據不同；而是經學研究，本身即可從義理、辭章、訓詁三個面向進入。文從而後辭獲所安，更指先文辭而後訓詁，與吳汝綸所說，側重點不同，生也說：「先君以為自古求道者，必有賴於文，而其效必有以利濟乎當世。不知文事不足以明前哲之意旨，而通變以為世用。自群經子史下逮百家之書，一以文之醇疵高下裁之，千秋作者莫逃其衡鑒。」[7]道既在文中，道與文是一而二、二而一，不可分離，且須掌握文事才能得知作者意旨，也才會說吳汝綸衡鑒歷代作者，以文為準的。

劉聲木（1878-1959）論吳汝綸，意同吳闓生：「治經由訓詁以求文辭，自群經子史及百家之書，皆章乙句絕，一以文法醇疵高下裁之。其尤美者，以丹黃識別而評騭之。並謂文者精神志趣寄焉，不得其精神志趣，則不能得其要領。其為文深邈古懿，使人往復不厭。」[8]以訓詁根本，與吳汝綸自述說經的方法相合；但是分章斷句，以文章的技法判斷作品高下，則與前述方法不同；文章既是作者精神志趣的呈顯，於是獲得作者精神志趣的方法，就在文章中尋求論吳汝綸之學至此，已不是從訓詁求文辭，而是以文辭為主，研治學問，所以最後以吳汝綸文章的風格特色作結。

為文與說經不同，說經以文字訓詁為主，這是吳汝綸研究

6　〔清〕賀濤：〈書說畧說序〉，《賀先生文集》（民國三年徐世昌刻本），卷3，頁337。吳闓生：〈先府君行述〉，《北江先生文集》（民國十三年文學杜藏本），卷2，頁6

7　吳闓生：〈先府君行述〉，《北江先生文集》（民國十三年文學杜藏本），卷2，頁6。

8　劉聲木：《桐城文學淵源考》，卷10，頁1，《桐城文學淵源考／撰述考》合刊本（臺北市：世界書局影印民國十八年《直介堂叢刻》本，1974年12月）。

《書》、《易》的基本論述，然而至少就研究《尚書故》與《易說》的方法論而言，吳汝綸父子師弟之間的言說就不甚一致；經義如在文中，為文與說經似也難以截然劃分。這些問題，須進一步分析，以理解吳汝綸等人所說的確實內涵，而理解此內涵，則有助於理解清末民初桐城派學者治經的特色，並重新思考經學研究的方向。文章既是吳汝綸、吳閩生解讀經典的方法，自須析述此一方法的內涵，並檢視吳汝綸、吳閩生如何據以解經。

二　文與文章：道的表現形式

吳汝綸認為：

> 古帝王之事與後世同，其所為傳載萬世，薄九閡、彌厚土而不敝壞者，非獨道勝，亦其文崇奧，有以久大之也。……聖人者，道與文故並至，下此則偏勝焉，少衰焉。……嗟呼！自古求道者必有賴於文，而文章與時升降。[9]

聖人是道文並至，古代帝王則是因其文以傳其道，後世則必須依文求道。依文求道，道與文就是本末結構，但吳汝綸並不如此說，道文不離是最高境界，道在文中，文中自有道。依文求道只是後世偏勝少衰不得已的狀況。吳閩生承吳汝綸之說：

> 欲盡窺中國隆古帝王之制作，與夫英雄豪傑閎偉非常之術業，

9　〔清〕吳汝綸，〈記寫本尚書後〉，《文集》，卷1，施培毅、徐壽凱點校：《吳汝綸全集》，第1冊，頁51-52。

則舍文章之外，其道無由。比之訓詁之學，不可同日而語。蓋深於文事，盡得前古聖哲之精意，而變通以濟時用則與歐洲近世富強之治，並貫同符。[10]

較之吳汝綸，其實更為激進：推崇文章至高，而貶抑訓詁甚低。文章成為理解聖人精意的惟一途徑。吳汝綸均未如此明白表出這些看法，文章既與時升降，道文又不離，文章的飛降，意謂道的升降，所以吳汝綸極為重視文章的學習。故云：

凡吾聖賢之教，上者道勝而文至，其次道稍卑矣，而文猶足以久；獨文之不足，斯其道不能以獨存。[11]

文猶足以傳稍卑之道，但文若不足，連此稍卑之道都難以傳後。道文如果不能並至，就寧可選擇文。於是文成為吳汝綸學問的核心：

中學則以文為主，文之不存，周孔之教息矣。[12]

道既借文以傳，如果無文，道自然也無所存，亦即周孔之教息。這是吳汝綸的文化憂慮。[13]論究經史，其實是為了維持周孔之教：「西學暢

---

10 吳闓生：〈與藤井義雄書〉，《北江先生文集》，卷1，頁36。

11 〔清〕吳汝綸：〈天演論序〉，《文集》，卷3，施培毅、徐壽凱點校：《吳汝綸全集》，第1冊，頁148。

12 〔清〕吳汝綸：〈答賀松坡〉，《尺牘》，卷3，施培毅、徐壽凱點校：《吳汝綸全集》，第1冊，頁353，賀濤，字松坡。

13 劉再華指出吳汝綸等人認為古文是中國傳統文化最精粹的部分，保存周公、孔子以來歷代聖賢有關治國天下的大道。保存古文就是保衛中國文化，見《近代經學與文學》（北京市：東方出版社，2004年11月），頁242。

行，誰復留心經史舊業，立見吾周孔遺教，與希臘、巴比倫文學等量
而歸澌滅，尤可痛矣。」[14]道即是周孔之教，而周孔之教留存於經史
之中，經史又是以文的形式呈顯。這在下述，最為明晰：

> 僕嘗以謂周禮之教，獨以文勝，周孔去我遠矣，吾能學其道，
> 則固即其所留之文而得之，故文深者道勝，文淺則道亦淺。[15]

文不再是道的載體，所以義理也不是「置放」在文字之中，文字只是
外在的「框架」。而是文字就是義理，義理就是文字，沒有文字，就
沒有義理，本此方可說文的深淺，就是道的深淺。這個觀念，吳汝綸
用「文字之精神」解釋：

> 如敝國之文字，不惟形骸具而已，要自有文字之精神焉。堯、
> 舜、三代以之治，當時孔孟以之教，後世馬、班、韓、歐以之
> 傳道明法，皆其精神所為也。[16]

文字自是在聖人之前即已存在，聖人既以此種具有精神內涵的文字教
化，聖人的思想與文字的精神在此處合一，[17]也就是說聖人「選擇」

---

14 〔清〕吳汝綸：〈答方倫叔〉，《尺牘》，卷3，施培毅、徐壽凱點校：《吳汝綸全集》，
第3冊，頁381，方守彝（1845-1924），字倫叔。

15 〔清〕吳汝綸：〈復齋藤木〉，《尺牘》，卷4，施培毅、徐壽凱點校：《吳汝綸全集》，
第3冊，頁4。

16 〔清〕吳汝綸：〈復齋藤木〉，《尺牘》，卷4，施培毅、徐壽凱點校：《吳汝綸全集》，
第3冊，頁416，柳春蕊認為吳汝綸此處所指的「文字」指「古文」，見《晚清古文
研究——以陳用光，梅曾亮、曾國藩，吳汝綸四大古文圈子為中心》（南昌市：百
花洲文藝出版社，2007年12月），頁383，但文一方面指文字（漢字），也兼指文
（古文）。

17 〔德〕恩斯特·卡西勒（Ernnst Cassirer）指出人不是活在單純的物理宇宙之中，而

了此文字系統中的成分，並「構造」篇章，聖人之教與文字構成遂不可。吳闓生也說：

> 孔孟之道於何見之？見之於其文爾。……然而聖哲精微之蘊，一寄之乎其文，文之不知，道於何有？是故體道之深淺，壹視所得於文以為斷，而文字以外，固無道之可言。[18]

道見於文，文之外無道，更具體指出道文合一的情形，即道即文，即文即道。吳汝綸對文字本身即具有義理的原因，略有理論分析；吳闓生只是點出這一見解，未有任何說明。孔孟之道見於文，如何論證，論據又何在，至少在吳氏父子文集中，並未有更深入詳細的申述，信念的意義超過觀念的意義。[19]

　　無論是信念或觀念，勢必須有學習文章的典範，逐層逆進，以維周孔之教。推重姚鼐（1731-1815）《古文辭類纂》、曾國藩《經史百家雜鈔》，正為此故。尤其是《古文辭類纂》：

是生活在符號宇宙之中，憑藉這些符號媒介，如語言、神話、藝術、宗教等，才能認識實在見氏著，甘陽譯，《人論──人類文化哲學導引》（*An Essay on Man: An Introduction to A Philosophy of Human Culture*），臺北市：桂冠圖書公司，1990年2月，頁37-39。〔法〕雅克·德里達（Jacques Derrida）引〔德〕萊布尼茲（Gottfried Wilhelm Leibniz）的分析，認為漢字具有哲學特點，是基於更多的理性考慮。見氏著，汪家堂譯：《論文字學》（*De La Grammatologie*）（上海市：上海譯文出版社，1999年12月），頁116，吳汝綸所論道不離文，即可從此處理解。

18 吳闓生：〈賀先生墓表〉，《北江先生文集》，卷5，頁32-33。賀先生係賀濤。

19 龔鵬程指出至遲在春秋時代，即開始以「文」概括一切人文藝術活動，具顯於禮樂，並擴充到自然美，於是天地有文，人文也有文，文即成為一切美的原理，甚至一切存在的原理，而這個文又扣住文章寫作而說，所以「文化」又落到文字書寫上，成為文章文學的文化，見《文化符號學》（臺北市：臺灣學生書局，1992年8月），頁70-71。

> 中國斯文未喪，必自此書，以自漢至今，名人傑作，盡在其
> 中，不惟好文者寶畜是編。雖始學之士，亦當治此業。後日西
> 學盛行，六經不必盡讀，此書決不能廢。[20]
> 因思《古文辭類纂》一書，二千年高文略具於此，以為六經後
> 之第一書。[21]

不惟初學者應學習，即成學之士也應學習，地位甚且不下於六經。吳闓生云：

> 惟文字者，古人精神所寄託，得其精神而後其餘乃可以條而理
> 也，是故文章實為問學之原……士生三代後，而欲求古人精微
> 之所寄，舍文章之學，其誰與歸？芒乎芴乎，上窮千古，後繼
> 萬年，必無以易姚氏此書者，此可斷而知也，[22]

仍承續精神寄於文字的觀念，推崇姚鼐此書。但是精神寄於文字的著作，不論是專集或選錄為數均多，何以獨崇此書？吳汝綸之說就高於吳闓生，以為士生今日難以盡讀六經，且是書選文高明，所以不必傳考慮其他著作。[23]

---

20 〔清〕吳汝綸：〈答姚慕庭〉，《尺牘》，卷2，施培毅、徐壽凱點校：《吳汝綸全集》，第3冊，頁186，姚濬昌（1833-1900），字孟成，號慕庭。

21 〔清〕吳汝綸：〈答嚴幾道〉《尺牘》，卷2，施培毅、徐壽凱點校：《吳汝綸全集》，第3冊，頁231，嚴復（1854-1921），字幾道。

22 吳闓生：〈古文辭類纂評點序〉，《北江先生文集），卷6，頁1-2。

23 劉再華指出吳汝綸預感中國知識分子已不可能再將全部精力投入中學的學習，於是將中學須掌握的內容壓縮在研讀姚鼐所編的《古文辭類纂》一書。見《近代經學與文學》，頁243。

三 文章與文法：寫作的技法

更重要的是吳汝綸從方法論的立場，指出姚鼐選文的價值：

> 中學門徑至多，以文理通達為最重。欲通中文，則姚氏此書，
> 固徹上徹下，而不可不急講者也。[24]

文既有如上述內涵，如何理解文，就成為一個問題。吳汝綸提出「文理通達」，從「文」延伸至「文理」，以文理為理解文的方法或途徑。吳汝綸更說：

> 中國之學，有益於世者絕少，就其精要者，仍以究心文詞為最切。古人文法微妙，不易測識，故必用功深者，乃望多有新得，其出而用世，亦必於大利害、大議論皆可得其深處，不徇流俗為毀譽也。然在今日，國國以新學致治，吾國士人，但自守其舊學，獨善其身則可矣，於國尚恐無分毫補益也，老朽蟄伏，不能不高歌青眼屬望故人矣。[25]

區分新學與舊學，對新學懷抱疑懼之心，對舊學也有不滿之意。一意趨新，會失卻中學，一意守舊，無補於國家。吳汝綸期望有一新的「文」以挽救世局。這一新的文，就存在於「傳統中——周孔之教。可以出而用世的文，與作為文藝吟詠的文，顯然有所不同；文

---

24 〔清〕吳汝綸，〈與李贊臣〉，《尺牘》，卷1，施培毅、徐壽凱點校：《吳汝綸全集》，第3冊，頁149，李贊臣名字生平不詳。

25 〔清〕吳汝綸：〈答閻鶴泉〉，《尺牘》。卷1，施培毅、徐壽凱點校：《吳汝綸全集》，第3冊，頁142，閻志廉（1858-？），字鶴泉，光緒十六年（1890）進士。

理、文法，則是理解文的方法，吳闓生也說：

> 文之不知，則前人之微意莫得而明，前人之微意不明，則才識
> 無自而開，而莫由變通以為世用。是故致用之學，必基於讀
> 書；讀書之效，必要於能文。世運雖萬變無窮，此不可以易者
> 也。[26]

　　這一連鎖論式，從知文開始，循環往復，又回到能文，「知文」
與「能文」是兩件事，知文者未必能文，能文者未必知文，但又有一
共同基礎，即掌握文章寫作方法。本此方法，或逆探作者之微意，或
以為創作的原則。然而此方法究竟為何？吳闓生秉賀濤之教；其詔學
者必以文字為入德之門，亦以此以要其歸，不唯喻其理而已。安章宅
句之法必深而詳討之，以為義法明而古人之精神乃可見，得其精神而
道術乃可深造也。[27]文法就是桐城相傳的義法，賀濤再將之具體化為
安章宅句之法，即字句篇章的選擇、安排、組織，而以此為旨歸，
「不唯喻其理」，也說明瞭桐城文士日益重視法，而較輕忽義，然而
作品的內容與形式，並非可以二分為之，文章的意義，是借著文章的
結構表現，內容在形式呈顯沒有形式，就沒有意義。也就是說沒有作
品，何意義之可言？所有的意義，都須經由作品而存在，作品就是字
句篇章的組成，所以要先掌握字句篇章的構成，即賀濤所指的安章宅
句。[28]以桐城派術語言之，義法是義在法中，法明而後義明，義法明

---

26 吳闓生：〈重印古文讀本序〉，《北江先生文集》，卷2，頁13。

27 吳闓生：〈賀先生墓表〉，《北江先生文集》，卷5，頁33-34。

28 〔俄〕鮑‧艾亨鮑姆（Boris Eikhenbaum）指出種種現象表明，藝術的特殊差異，
　　不是在構成作品的要素中表現出來的，而是人們具體利用這些要素時表現出來的。
　　見氏著：〈形式方法理論〉，〔法〕茨維坦‧托多羅夫（Tzvetan Todorov）編選，蔡鴻
　　賓譯：《俄蘇形式主義文選》（北京市：中國社會科學出版社，1989年3月），頁29，

而古人之精神乃可見。[29]

　　知文，表現在桐城文士的是經史百家的評點。吳闓生自是了解學者對評點的負面評價，而為評點學辯誣云：「或謂評點之體疑若近陋者，妄也，陋不陋在學識高下，不在外著之跡。學識至矣，點竄經傳，以示來茲，皆可法式。如其未也，即緘默不發，庸詎免於陋乎？」[30]吳汝綸評點的作品極多，遍及四部。[31]吳闓生則有《桐城吳氏古文法》、《古文範》，選擇名篇加以點評。

　　能文，表現在桐城文士的是文學創作。文學創作，以經學義理主，但不是經典的箋注訓詁，而是規仿韓愈（西元768-824年）等人「約六經之旨而成文」的模式，通貫六經的大義，以文章的形式表出。賀濤就說：「退之獨約群經子史之義法而之，其標類也不易其故，而辭體則由我造焉，而古文之名以稱。」[32]根本六經，講論大義，出之敗，大約是桐城文士論學論文的歸趣。然而深造道術，以為

　　龔鵬程指出在文學作品裡一切意義，都仰賴文字來呈現，文學作品的結構形式，會影響到意義內容的構成，見《文學散步》（臺北市：臺灣學生書局，2003年9月），頁69。或可說明桐城派所以日重文法的原因。

29 桐城派義法說，方苞首開其端，論者多家，互有得失，詳可參考張高評：〈方苞義法與春秋法〉，《春秋書法與左傳學史》（臺北市：五南圖書公司，2002年1月），頁256-257，張高評並以筆削見義、法隨義變，屬辭比事說明方苞的義法內涵，每項並各有具體指涉，最後指出方苞義法仍以義為主。詳見同書頁277-285，如與賀濤、吳闓生較論，桐城派至後期有越來越重視法的傾向，而與方苞說有輕重之別，

30 吳闓生：〈古文辭類纂評點序〉，《北江先生文集》，卷6，頁2。

31 詳見劉聲木：《桐城文學撰述考》，卷4，頁6-9，《桐城文學淵源考／撰述考》合刊本

32 〔清〕賀濤：〈書韓退之答劉秀才論史書後〉，《賀先生文集》，卷1，頁34，韓愈自稱其文是「約六輕之旨而成文」，見氏著：〈上宰相書〉，馬其昶校注，馬茂元整理：《韓昌黎文集校注》（上海市：上海古籍出版社，1986年12月），卷3，頁155。既是如此，自不會專事於經典的訓詁箋注。姚永樸也說：「退之之治經，所纂在識其大者。而不屑以不賢識小自命，其生平除《論語筆解》外，別無箋注之輕，蓋以此耳。」見〈答李逢先問退之何以不注經〉，《起鳳書院答問》（臺北市：廣文書局影印光緒二十八年刊本，1977年1月），卷4，頁6，晚清桐城派學風，於此約略可見。

世用，其道何由？吳汝綸嘗告訴唐文治（1865-1954）在曾國藩、李鴻章幕府的經歷：

> 吾壯時佐曾文正幕，四十以後佐李文忠幕，遭際亦幸矣。然佐曾公幕時，日有進益。而佐李公幕十餘年，則故我依然，何者？蓋曾公每辦一事，無適莫心，無人己見，但詳告事由，命諸同人各擬一稿以進，擇其最善者用之，且遍告曰：「某君文佳。」倘若不合始出己文。如有勝己者，則曰：「吾初意云云，今某君文勝吾、吾用之矣。」即將己稿棄去。於是人爭濯磨，事理愈細，文思亦愈精，李公則不然，每辦一事，必出己意，曰：「吾欲云云。」合其意者用之，不合者擯之。無討論、無切磋，於是人爭揣摩其意，無越範圍者，而文思乃日隘。[33]

　　不論是在曾國藩或李鴻章幕府，文章都絕非無故而作，作必有事。而在曾國藩的培養啟迪下事理愈細，文思愈精。吳汝綸等親炙其教，文事自有其功用，甚且功用就從文事中來。吳汝綸認為文章可以出而用世，其實是有其具體經歷，非憑空而談。吳闓生也才能說：

> 不知中國之衰，正由失學之故，非中國之舊學，有礙於近世之維新也，貴國之談漢學者希矣，或犅知文藝解吟詠而已，未有如執事之知經籍，淹博貫通者。苟由此致力於文章之事，由唐宋諸賢以上窺二馬、班，揚之著作，知古人所以自傳其精意者何在，反而求之訓詁已通之六經，必有廓然大悟者。然後縱覽

---

33 唐文治：〈桐城吳摯甫先生文評手跡跋〉，《茹經堂文集三編》，卷5，林慶彰主編：《民國文集叢刊》第1編（臺中市：文昕閣圖書公司影印民國二十四年刻本，2008年），第64冊。

四千年來之藝業，無不迎刃而解矣學問所為不朽之盛事。端在
於是。[34]

中國之衰，是舊學之衰，而舊學之衰，就表現在文章之衰上。文
章之事要逆溯宋、唐、漢，最後返回六經，再從六經順勢而下，即可
達成經國之盛事。這些如果是箋注訓詁，而不能出之以文，大概很難
達到。

四　文法與經典：經典的解釋方法

據吳汝綸自述，《尚書故》約在光緒十年（1884）至光緒二十年
（1894）成書，其時是在李鴻章幕府，是「人爭揣摩其意，無越範圍
者，而文思乃日隘」的時期，或受此影響，才說出「自揣不能為文，
乃遁而說經」。而在光緒二十三年（1893）寫給柯紹忞（1850-1933）
的信中說道：「拙著《尚書故》本旨專以《史記》為主，史公所無，
乃考辨他家，以此與孫淵如多異。」[35]次年答書更為任才使氣：「初為
此書時，乃深不滿於江、孫、段、王諸人，戲欲與之爭勝，並非志在
釋經，故即用諸公著述體裁，性苦不能廣記，區區私旨，但欲求通古
人文辭不敢拘執古訓，往往有私造訓詁處，雖見非於小學專家而不顧
也，」[36]綜合上述，吳汝綸的《尚書》學一是根本《史記》，二是與江
聲（1721-1799）、孫星衍（1753-1818）、段玉裁（1735-1818），王引

---

34 吳閩生：〈與藤井義雄書〉，《北江先生文集》，卷1，頁36-37。

35 〔清〕吳汝綸：〈答柯鳳蓀〉，《尺牘》，卷1，施培毅、徐壽凱點校：《吳汝綸全集》，
第3冊，頁1630，柯恕忞，字鳳蓀，為吳汝綸婿，孫星衍，字淵如。

36 〔清〕吳汝綸：〈答柯鳳蓀〉，《尺牘》，卷1，施培毅、徐壽凱點校：《吳汝綸全集》，
第3冊，頁198，江、孫、段、王的《尚書》學，詳見古國順：《清代尚書學》（臺北
市：文史哲出版社，1981年7月）。

之（1766-1834）爭勝。三是求通古人的文辭，而重點可能就在此吳汝綸云：自漢以來，經生家能通文章者，獨毛公一人，其說經獨多得言外之意。其釋〈采芑〉云：「陳其盛美斯劣矣。」此文家之微言也，他說經者不解此義矣。文事之精者，不欲以經生自處，所謂「《爾雅》注蟲魚，定非磊落人」也，[37] 在吳汝綸看來，解經須得其「言外之意」，[38] 並認為這是文家的「微言」。[39]《詩・小雅・采芑》：「服其命服，朱芾斯皇，有瑲蔥珩。」毛《傳》：「三命蔥珩，言周室之強，車服之美也。言其強美，斯劣矣。」孔《疏》：「詩人所以盛矜於強美者，斯為宣王承亂劣弱矣而言之也，」兩者就有所不同，毛《傳》是對照平行，周室之強，車服之美，只是外在的表象，實質的劣，並未改變。孔《疏》則是前後直承，宣王承厲王昏虐之政，而今終能復興、考察西周之衰，淵源有自，司馬遷（西元前145-前86年）指出：昭王之時，王道微缺；穆王之時，王道衰微；懿王之時，王室遂衰，詩人作刺。[40] 從「微缺」到「衰微」再到「遂衰」，可以見出西周國力在懿王時即已然不行，往後日趨嚴重。導致西周隕滅的遠因，在宣王不修親耕之禮，致王績於姜氏之戎，又料民（登記人口）於太

37　〔清〕吳汝綸：〈與王骨卿〉，《尺牘》輯佚，施培毅，徐壽凱點校：《吳汝綸全集》，第3冊，頁615，吳汝綸所引句出韓愈〈讀皇甫湜公安園池詩書其後二首之一〉，詳可參考錢仲聯：《韓昌黎詩繫年集釋》（上海市：上海古籍出版社，1984年8月），卷10，頁1081。

38　蔡英俊指出「意在言外是代表一種獨特的創作理念或創作模式，其所體現的即是「含蓄」，此一審美價值或審美理想。就含蓄而言，又可分別為「寄託」與「神韻」，兩種不同手法見《中國古典詩論中「語言」與「意義」的論題——「意在言外」的用言方式與「含蓄」的美典》（臺北市：臺灣學生書局，2001年4月），頁132。

39　蔣年豐指出「微言」屬修辭學範疇。「大義」近似實踐哲學領域，見〈從興的現象論春秋經傳的解釋學傳統〉，楊儒賓、黃俊傑編：《中國古代思維方式探索》（臺北市：正中書局，1996年11月），頁111-112。

40　〔漢〕司馬遷：《史記・周本紀》（臺北市：鼎文書局三家注點校本，1978年11月），卷4，頁134、140。

原，以補充所喪之師眾，至幽王終廢滅。[41]兩相對比。毛《傳》確有言外之意，孔《疏》則無。

吳汝綸云：

> 抑所貴乎中國文字者，非徒能習知其字形而已，綴字為文，而氣行乎其間，寄聲音文采於文外，雖古之聖賢豪傑去吾世甚邈遠矣，一涉其書，而其人精神意氣若儼立在吾目中，況其宣揚王廷號令治察之行於當世者哉。此殆非以語言為文字者所可一旦暮而共喻之者已。[42]

漢字本身即具有「精神」，連屬為篇章之後，透過作品的聲音文采，更可以見到作者的精神意氣。這就是桐城派學者何以強調神理、氣味、格律、聲色的原因，[43]作者的思想，不由文字訓詁得知，也可想見。讀者則受到作者精神意氣的感動：

> 惟〈盤庚〉諄諄開導，不以政令，而以話言，雖民之怨誹逆命，而略無怒戾之意形於語言之間，如是而民雖愚，亦未有不為之心動者，浮言安得不息，傲上從康之心安得而不化耶！[44]

---

41 〔漢〕司馬遷：《史記・周本紀》，卷4，頁144-145。〔吳〕韋昭：《國語注・周語上》（臺北市：九思出版社點校本，1978年11月），頁24。楊寬：《西周史》（臺北市：臺灣商務印書館，1999年4月），頁805-809。

42 〔清〕吳汝綸：〈高田忠周古籀篇序〉，《文集》，卷3，施培毅、徐壽凱點校：《吳汝綸全集》，第1冊，頁208，高田忠周（1863-1949）。

43 神理、氣味、格律、聲色的解說，詳可見姚永樸著，許結講評：《文學研究法》（南京市：鳳凰出版社，2009年12月），卷3，頁124-163。

44 〔清〕吳汝綸：〈讀盤庚〉，《文集》補遺，施培毅、徐壽凱點校：《吳汝綸全集》，第1冊，頁347。

　　文章經國，析理固需精，情感也需摯，眾人在義理上遵從，在情感上感動，於是能引導眾人。吳汝綸用「周情孔思」形容這一情況，並宣稱惟有文章家才能有見於此：

> 乾嘉以來，訓詁大明，至以之說經，則往往泥於最古之詁，而忘於此經文勢不能合也。然則訓詁雖通，於文章尚不能得，又況周情孔思矣。[45]

　　吳汝綸所說涉及解讀作品的二種方法：一是訓詁，二是文章，目的是解釋情思。以訓詁的方法，達到理解情思的目的，吳汝綸持懷疑的態度。指出「最古之詁」與「文勢」未必能相合，即使有古義為證，對文章的掌握，助益仍然有限。才會強調言外之意或微言，就是去尋求文字以外所含藏的意義。[46]此所以吳汝綸在字詁外，又提出文章，從字句章篇探討作品的情思。理論層次須到這一步，才能討論作品的言外之意。前述吳闓生所說「文之不知，則前人之微意莫得而明」，其實就承吳汝綸說而來。

　　至於與江、孫、段、王爭勝，可能也非吳汝綸的一時戲言，《尚書故》是「用諸公著述體裁」，私心則是「求通古人文辭」，意謂本身既通訓詁，又精文章，較上述諸家僅精於訓詁豈非高明？吳汝綸屢言

---

45 〔清〕吳汝綸：〈與王骭卿〉，《尺牘》輯佚。施培毅、徐壽凱點校：《吳汝綸全集》，第3冊，頁616。

46 吳汝綸此說預設的前提是作者未必以古義撰作，這是有意擴大文字原義與作者寫作之間的差異，以為前者不能規範後者，然而作者在寫作之時，不太可能運用時人所不理解的文字，反而是要應用通行的文字才能敘事，說理與抒情，以傳達給讀者。龔鵬程就指出作者的特殊用語與日常用語必不甚遠，且必特別聲明，俾免誤解。而古人之義理，就存於古書之中，故僅能就書中記述者循跡追尋，因跡明道，見〈語文意義的詮釋〉，《文化符號學論》（北京市：北京大學出版社，2005年6月），頁179。

《尚書故》本於《史記》，也可為此說證明：

> 鄙抄《尚書》，實以《史記》為主，史公所無，乃採後賢之
> 說。竊謂古經簡奧一由訓詁難通，一由文章難解。馬、鄭諸
> 儒，通訓詁不通文章，故往往迂僻可笑；若後之文士，不通訓
> 詁，則又望文生訓，則似韓子「郢書燕說」者，較是二者，其
> 失維鈞。[47]

《史記》引《尚書》的方式有五：迻錄原文，摘要剪裁，繙譯文
句，改寫原文，增插注釋。[48]除迻錄原文外，其餘除需文字訓詁的知
識，還需要文章寫作的技巧。而不論改寫、翻譯，也不能任意為之，
必須立足在訓詁之上。訓釋《尚書》以《史記》為主，就是《史記》
能兼顧這兩方面的要求。《尚書故》以之為據，也能兼顧這兩方面的
要求。[49]經義得失最後的判準，還是文章：

> 毛公說《詩》，往往通知作者微意，鄭氏非其倫也……毛氏獨
> 行，其是且非莫由參考……學者以其近古，震而驚之……其故

---

47 〔清〕吳汝綸：〈與王晉卿〉，《尺牘》輯佚。施培毅、徐壽凱點校：《吳汝綸全集》，
　　第3冊，頁615，王樹枬（1859-1936），字晉卿。

48 詳見程元敏：《尚書學史》（臺北市：五南圖書公司，2008年6月），頁689-090。程元
　　敏指出《尚書》之為經書也最是古奧難通，史公取經文作四代史料，若不改寫為當
　　時易曉文字，則卒難通讀，即傳事之功不效，職是，《史記》繙譯經句，改寫原
　　文，增飾釋文，厥以此也。但改字亦需有準的，令上不失古義、下又便求覽讀。程
　　元敏所說，俱可與吳汝綸說互參。

49 蔣秋華指出吳汝綸相信司馬遷文章寫得好，一定能夠讀懂古書，再加上從孔安國問
　　故，所以對《尚書》的今古文都能曉，對後人的理解有極大的助益。見《吳汝綸尚
　　書故主史記說平議》，國家圖書館等主編：《屈萬里先生歲誕辰國際學術研討會論文
　　集》，頁599。

> 源於經師但尋章句，不足究知古人之文章……獨歐陽公以文章
> 大師，平議《箋》、《傳》……一以古人屬辭之法為準……。[50]

解經在求得作者微意，而作者微意是由文章見出，文章則是屬辭之法，在吳汝綸看來，就是安章定句之法。然而吳汝綸、吳闓生所論，涉及「寄託」、「微言」、「屬辭」等，這些無不與經學的解釋有關，吳汝綸看似以文章解經典，但是經學解釋傳統，也影響吳汝綸的文學觀，[51]既以文章為極致，所以又說：

> 說道說經，皆不易成佳文道貴正而文者必以奇勝。經則經疏之
> 流暢，訓詁之繁瑣，考證之該博，皆與文體有妨。[52]

理學家的義理須出之以正，不能如文學家的創作出之以奇，如此就較難突出文章的美感。至於經疏、訓詁與考證，往往針對經文的疑難解釋，並非完整的文章，也影響文章的美感。對理學家的義理，吳汝綸又指出：

---

50 〔清〕吳汝綸：〈錄歐陽公詩本義跋〉，《文集》補遺，施培毅、徐壽凱點校：《吳汝綸全集》，第1冊，頁365。「屬辭比事」說法紛紜，張高評指出連屬前後之文辭，以比觀其相類或相反之事，以見筆削褒貶之微言大義。見〈史記筆法與春秋書法〉，收入《春秋書法與左傳學史》，頁83。張素卿指出「屬辭」是斟酌用語以命字設辭，「比事」是將事件排比編次使整合為一，藉此判斷是非，嚴明大義。見《敘事與解釋——左傳經解研究》（臺北市：書林出版公司，1998年4月），頁135。

51 龔鵬程指出以文學之眼看經典，發掘經典的文學性，是文學對經學的影響，但是文家在經典中看出文學性，轉為經典本身便具有高度的文學性，後世所有文學美均源於經典，必須對經典文法的點明，才能替文章寫作建立一套規範法則。見《六經皆文：經學史／文學史》（臺北市：臺灣學生書局，2008年12月），頁12-14。

52 〔清〕吳汝綸：〈與姚仲實〉，《尺牘》，卷1，施培毅、徐壽凱點校：《吳汝綸全集》，第3冊，頁52，姚永樸，字仲實。

> 通白與執事皆講宋儒之學，此吾縣前輩家法，我豈不敢心折氣
> 奪，但必欲以義理之說施之文章，則其事甚難，不善為之，但
> 墮理障。程朱之文，尚不能盡屬眾心，況餘人乎。方侍郎學行
> 程朱，文章韓歐，此兩事也，欲並入文章之一途，志雖高而力
> 不易赴，此不佞所親聞之達人者。[53]

　　這可以參照姚永樸所說文學家之異於性理家，在於：「性理家所
講求者，微之在性命身心，顯之在倫常日用，其學以德行為主，而不
甚措意於辭章。」[54]亦即其所批評的不是理學家的學問而是學問表出
的方式。姚永樸更認為只要理得辭順：「焉有文章必不可談理者。」[55]
更可見出談理不是問題，談理的方式，才是問題。談理的方式就是要
將「正道」以「奇文」出之，才能成為佳篇，吸引讀者，在此前提
下，轉變為以「文之奇」表現「道之正」，自然會日漸偏重文法。

五　方法學的實踐：尚書的詮解

　　據吳闓生所述，吳汝綸作《尚書故》三卷，另據蔡沈（1167-
1230）《書集傳》教授吳闓生吳間生據授讀內容抄錄整理為《尚書讀
本》二卷。兩者的異同，吳闓生指出訓詁源流俱在《尚書故》中，教

53　〔清〕吳汝綸：〈答姚叔節〉，《尺牘》，卷1，施培毅、徐壽凱點校：《吳汝綸全集》，
　　第3冊，頁139，姚永樸（1866-1923），字叔節。馬其昶（1855-1930），字通伯。所
　　謂達人指曾國藩，其〈覆吳南屏書〉云：「僕嘗謂古文之道，無施不可，但不宜說
　　理耳。」見《曾文正公書札》（光緒二年傳忠書局刻增修本），卷5，吳敏樹（1805-
　　1873），字本深，號南屏。

54　姚永樸：《文學研究法・範圍》，卷1，頁21。

55　姚永樸：《文學研究法・範圍》，卷1，頁22。

師可用以自習，《尚書讀本》則為生徒用本。[56][57]又《尚書讀本》時有吳闓生個人見解，而與吳汝綸不甚相同。如〈金縢〉：「王出郊，天乃雨、反風，禾則盡起，二公命邦人，凡大木所偃，盡起而築之，歲則大熟。」吳汝綸云：「此周史故為奇詭，以發揮周公之忠藎所謂精變天地，以寄當時不知之慨，豈真以天變因周公而見哉。」[58]指出這並非真實情況只是史官鋪張揚厲，借以襯托周公謀國之忠。但吳闓生卻說：「今世之匹夫匹婦，一念誠孝猶足以感格鬼神，顯有應驗，而況於周公之元聖乎！是故不可謂無此理也。」[59]認周公聖人此事不無可能。所以《尚書讀本》雖大致承吳汝綸之說，但也有吳闓生自己的看法，不能完全視為吳汝綸個人的作品吳闓生又說：

　　而獨由文詞之義，以推古聖之心。[60]

　　這個講法，顯與吳汝綸自述不合，也與吳闓生所說訓詁源流俱在《尚書故》中有異。然而「故」或與前人同，「文」則從我創發。這才是吳汝綸自負之處，吳闓生似也有見於此，所以指出其特旨如〈堯典〉：「曰若稽古」，吳汝綸就詞例說明這是發語詞：

　　段玉裁云：「『曰若稽古』四字為句。《周書・武穆篇》：『曰若稽古，曰：昭天之道。』」汝綸案：「曰若稽古」者，簡策發

---

56 參見吳闓生：《南書讀本》（光緒三十四年鉛印本）。〈序〉、〈例言〉。

57 〔清〕吳汝綸：《尚書故・金縢》，卷2，施培毅、徐壽凱點校：《吳汝綸全集》，第2冊，頁640。

58 吳闓生：《尚書讀本》，卷1，頁56。

59 吳闓生：《尚書讀本・序》。

60 〔清〕吳汝綸：《尚書故・堯典》，卷1，施培毅、徐壽凱點校：《吳汝綸全集》，第2冊，頁379。

端之辭，褚少孫說漢封齊王策云：「稽者，當也。」是稽古為
當古，當古，在昔也。夏史追記虞書，故曰在昔也。此經自漢
經師已失其讀，桓譚《新論》稱秦延君說此四字三萬餘言，然
文辭之士，能通其義。王延壽〈魯靈光殿賦〉云：「粵若稽
古，帝漢祖宗，睿哲欽明。」蔡邕〈東巡頌〉：「曰若稽古，在
漢迪哲。」皆法此經為文也。[61]

吳汝綸雖與段玉裁說同，但所引例證不同。段玉裁是引《逸周書》為
證，吳汝綸則指出「文辭之士，能通其義」，是以《史記》及漢代作
家文例，推論《尚書》的文義與斷句、「皆法此經為文」指的就是此
義。經典既是作家寫作文章的典則，後人就可以據前代作家的作品以
逆推經典之義。考定「四岳」是一人還是四人，從對話方式論證：

〈霍光傳〉：「九卿責光」是也。所言九卿，乃謂田延年一人
耳。[62]

認為九卿就是一人，所以四岳也是一人。類似的文法可見於《漢書・
霍光傳》。至於論四岳為四人最明確的證據，就是其後的「僉曰」，吳
汝綸則說：「不知『僉曰』自謂朝臣及岳。」[63]這也是設想其時君臣對
談的情況，不限於一人或四人，而是包含群臣，但無須一一道出。

---

61 〔清〕吳汝綸：《尚書故・堯典》，卷1，施培毅、徐壽凱點校：《吳汝綸全集》，第2
　　冊，頁433。

62 屈萬里就以「僉曰」為證，認為四岳為四人。見《尚書集釋》（臺北市：聯經出版
　　公司，1983年2月），頁14，同一「證據」，會有相反的論證結果，證據需要解釋，
　　於此可見。

63 〔清〕吳汝綸：《尚書故，堯典》，卷1，施培毅、徐壽凱點校：《吳汝綸全集》，第2
　　冊，頁418。

　　至於〈堯典〉：「流共工於幽洲，放驩兜於崇山，竄三苗於三危，殛鯀於羽山：四罪而天下咸服。」吳汝綸從敘述技巧指出這是總敘：

> 歸有光言：《史記‧堯紀》四罪在攝位後，〈舜紀〉以為「賓於四門」事，一據《孟子》，一據《左傳》，以備異說，非牴牾。愚謂堯、舜二〈紀〉，乃一篇之文，若兼備異說，即是前後牴牾矣。……四罪蓋非一時事，史總言之，若《史記‧孝文紀》總敘代來以後事。韓愈〈平淮西碑〉類記數年之事，皆此類也。[64]

　　四罪的記載，《左傳‧文公十八年》與《孟子‧萬章上》並不相同，但《孟子》說同於〈堯典〉。《史記‧五帝本紀》在〈堯紀〉採用〈堯典〉，〈舜紀〉則依據《左傳》。[65]吳汝綸從「堯舜二〈紀〉，乃一篇之文」推論四罪事不應有牴牾處。這一講法，是從《史記》〈堯紀〉、〈舜紀〉為一篇首尾完整的文章而來，於是就文章的完整性，判斷四罪的異說與流共工等四凶的時間，參證的依據，則是司馬遷、韓愈的作品。這是明敘事的技巧，將前後數事壓縮在同一敘述之中，而形成時間的省略，以免重複。吳闓生也說：

> 此四罪在攝位後，明非一事，說者以《左傳》四凶族為此四罪，誤也。[66]

---

64 詳細說明，可參考劉起釪：《尚書校釋譯論》（北京市：中華書局，2005年4月），第1冊，頁185-187。

65 吳闓生：《尚書讀本‧堯典》，卷1，頁9。「時間省略」的功能之一是避免重複。見胡亞敏：《敘事學》（武漢市：華中師範大學出版社，2004年12月），頁81-83。

66 〔清〕吳汝綸：《尚書故‧呂刑》，卷3，施培毅、徐壽凱點校：《吳汝綸全集》，第2冊，頁894，伍被故事見〔漢〕司馬遷：《史記‧淮南衡山列傳》，卷118，頁3093。

與此類似技巧是文字的省略，以省篇幅。〈呂刑〉：「皇帝清問下民，鰥寡有辭於苗。」吳汝綸云：

> 《史記·淮南王傳》先敘伍被與王謀反之詞，後云：「伍被自詣吏，因告與淮南王謀反，反蹤跡具如此。」與此經文法相同。[67]

苗之罪，在前已敘述，為了避免重複，用「有辭於苗」表達，這一文法與「反蹤跡具如此」相同。「有辭」、「跡具如此」，具體的指責、行為已省略。吳闓生說得更清楚：

> 有辭，聲苗之過也。此二句結上之詞。[68]

苗之過既已前見，所以是總結上述之詞，無需贅言。

或分析《尚書》安章定句之法，或是章與章之間前後相承，如〈大誥〉：「予不敢閉於天降威。」吳汝綸云：

> 此承上「矧知天命」為文，言我不敢自必於天所降之威明，乃用寶龜而卜也。[69]

---

67 吳闓生：《尚書讀本·呂刑》，卷2，頁52，〔瑞典〕高本漢（Klas Bernhard Johannes Karlgren）分析指出「有是控訴」之意，見氏著，陳舜政譯：《書經注釋·多士》（臺北市：國立編譯館中華叢書編審委員會，1970年9月），頁816。

68 〔清〕吳汝綸：《尚書故·大誥》，卷2，施培毅、徐壽凱點校：《吳汝綸全集》，第2冊，頁644。

69 〔清〕吳汝綸：《尚書故·皋陶謨》，卷1，施培毅、徐壽凱點校：《吳汝綸全集》，第2冊，頁444。吳汝綸此解本於《偽孔傳》：「言天所賞罰，惟善惡所在，不避貴賤，有土之君，不可不敬懼。」見〔唐〕孔穎達：《尚書正義·皋陶謨》（臺北市：藝文印書館影印嘉慶二十年南昌府學十三經注疏附校勘記本，1984年12月），卷4，頁23。〔宋〕蔡沈則解「上下」為上天下民，見氏著，錢宗武，錢忠弼整理：《書集傳·皋陶謨》（南京市：鳳凰出版社，2010年1月），卷1，頁31。

其前全句是「矧曰其能有格知天命。」如此分析、兩句才能意義連貫，文句有斷，但文義不斷。或是分應各句，如〈皋陶謨〉：「兢兢業業，一日二日萬幾。無曠庶官，天工人其代之。……達於上下，敬哉有土。」吳汝綸云：

「達於上下」自天子至於庶人也，「敬哉有土」，戒有邦之詞，承上「兢業萬幾」、「天工人代」分言之，[70]

指出與末二句相應之句，點出天子的責任及應繼承堯的功業。就所闡發的義理而言，或無甚出奇；但就其所析，已暗示《尚書》的文章，是有意為之。在吳闓生更是較乃父有明顯的發揮。如〈無逸〉：「周公曰：嗚呼！」吳汝綸云：

鄭云：「『嗚呼』者將戒成王，欲求以深感動之。」[71]

吳闓生則云：

是篇凡七更端，周公皆以嗚呼發之，深嗟永嘆，其意深遠矣。[72]

吳汝綸引鄭玄（127-200）之說，吳闓生則是自造己說：鄭玄說明白清楚，吳闓生說則含意不盡。又如《呂刑》：「惟齊非齊，有倫有

---

70 〔清〕吳汝綸：《尚書故・無逸》，卷3，施培毅、徐壽凱點校：《吳汝綸全集》，第2冊，頁770。

71 吳闓生：《尚書讀本・無逸》，卷2，頁26。

72 〔清〕吳汝綸：《尚書故・呂刑》，卷3，施培毅、徐壽凱點校：《吳汝綸全集》，第2冊，頁913。

要。」吳汝綸云：

> 上下有等，是齊也；輕重隨宜，非齊也。
> 有倫，有條理也；有要，有總會也。[73]

吳闓生則云：

> 此兩句總結上意。[74]

吳汝綸解釋文義，吳生分析篇法。其所代表的意義是經典的文學性格，日益彰顯。

時而指出篇章構造特色，是「後以成前」，非「後以承前」，如《洛誥》：「公曰：『已！汝惟沖子，惟終⋯⋯惟不役志於享。』」吳汝綸云：

> 此經「公曰」、「王曰」，往往辭義未終，以後文足成前簡，並非更端，乃史官記其叮嚀反覆之旨。他篇如〈微子〉、〈康誥〉、〈多士〉、〈無逸〉、〈君奭〉等皆此例。[75]

其意是指本章並非另發新意，所謂「並非更端」，而是補足前章尚未完成之意，所謂「辭義未終，以後文足成前簡」。果如此說，可

---

73 吳闓生：《尚書讀本・呂刑》，卷2，頁56。
74 〔清〕吳汝綸：《尚書故・洛誥》，卷2，施培毅、徐壽凱點校：《吳汝綸全集》，第2冊，頁739。吳闓生：《尚書大義・洛誥》，頁67。
75 〔清〕吳汝綸：《尚書故・洪範》，卷2，施培毅、徐壽凱點校：《吳汝綸全集》，第2冊，頁616，吳闓生承吳汝綸之意，見《尚書讀本》，卷1，頁52。

能是照應「孺子其朋，孺子其往」一句。吳汝綸只是指出如此結構，
並未明析前後關係，吳闓生於本章也僅是引述吳汝綸之語，未再詳
說。其他篇章也沒有相同或類似的話語，就此點而言，可能更需要讀
者反覆閱讀，才能掌握吳汝綸所說之意。與此相反者是以一字為更端
之詞，如〈洪範〉：「曰：天子作民父母，以天下王。」吳汝綸云：

> 「曰」者，更端之詞，上「王極」、「民極」並言，此又專言
> 「王」者。[76]

在說明此義時，「曰」是單獨成一段，特別點明其功用，以區別
「王極」、「民極」與「王者」不同的內涵。這一釋義形式，已不是文
字訓詁，而是篇章分析，並且從篇章分析，發明義理所指的對象。

在文詞之外，更有直指作者態者，如〈甘誓〉：「予則孥戮汝。」
吳汝綸指出：

> 《史記》作「帑僇」。鄭司農《周禮注》引作「奴僇」。鄭〈湯
> 誓注〉云：大罪不止其身，又帑僇其子孫。……方行軍誓眾，
> 但以奴辱之，何足儆眾邪？[77]

鄭眾說見鄭玄《周禮‧司厲注》引，解此句為「罪隸之奴」，鄭

---

76 〔清〕吳汝綸：《尚書故‧甘誓》，卷1，施培毅、徐壽凱點校：《吳汝綸全集》，第2
　　冊，頁539。

77 詳細說明，可參考劉起釪：《尚書校釋譯論》，第2冊、頁885-886。又本句劉起釪認
　　為是〈甘誓〉的抄錄才從〈湯誓〉中抄入，應刪去，所以解此句見於〈湯誓〉中，
　　說見同書頁863。並參見〔瑞典〕高本漢（Klas Bernhard Johannes Karlgren）著，陳
　　舜政譯：《書經注釋‧甘誓》，頁309-311的討論。高本漢解此句為：「那麼我就殺死
　　你，並連帶著你的妻子與孩子。」

玄說見孔穎達《尚書‧湯誓疏》引。爭論集中在本句解為「罪及子孫」，還是「奴辱本人」。吳汝綸雖然引《史記‧殷本紀》、《左傳‧文公三年》、《史記‧商君列傳》為證，認鄭玄所說「帑僇子孫」為是，但主要的論點是行軍誓眾，奴辱軍士，不足為法，[78]吳闓生承更云：

戰，危事也。不重其法，則無以整肅其眾而使赴功也。[79]

這是設想作者所處情境，當此戰陣危難之際，只能出之以重法，期以收效。此一方法，看似文字訓詁，但決定字詞之義者，其實是從讀者的心態去想像作者的心態，再選擇歷來解釋中自己所認可的意義。心態的背後，隱含價值判斷，讀者如此解讀，是因判斷相同。

六 結論

吳汝綸指出聖人是道文並至，道文不離是最高境界，道在文中，文中有道。道文如果不能並至，就寧可選擇文，文成為吳汝綸學問的核心。文既是文字也是文章，文字就是義理，義理就是文字，沒有文字就沒有義理，所以文的深淺，就是道的深淺。

如此勢須有學習文章的典範，逐層逆進，以維周孔之教。吳汝綸推重姚鼐《古文辭類纂》正為此故，並從方法學的立場，指出姚鼐選文的價值在文理通達，文理為理解文的方法或途徑。吳汝綸期望有一新的「文」以挽救世局，這一新的文，就存在於經典，經典須由文法或文理理解。文法就是桐城相傳的義法，即字句篇章的選擇、安排與組織。而以此為旨歸，也說明瞭桐城文士日益重視法，而較輕忽義。

---

78 吳闓生：《尚書讀本‧甘誓》，卷1，頁35。

79 吳闓生：《尚書讀本‧序》。

　　桐城文士的文學創作，以經學義理為主，但不是經典的箋注訓詁，而是規仿韓愈等人「約六經之旨而成文」的模式，通貫六經的大義，以文章的形式表出。

　　吳汝綸認為漢字本身即具有「精神」，連屬為篇章，透過作品的聲音文采，更可以見到作者的精神意氣，這就是桐城派學者何以強調神理、氣味，格律、聲色的原因。作者的思想，不由文字訓詁得知，也可想見。讀者則受到作者精神意氣的感動。

　　以訓詁的方法，達到理解情思的目的，吳汝綸持懷疑的態度。指出「最古之詁」與「文勢」未必能相合，即使有古義為證，對文章的掌握，助益仍然有限，解經在求得作者微意，而作者微意是由文章見出，文章則是屬辭之法，在吳汝綸看來，就是安章定句之法。

　　然而吳汝綸、吳闓生所論，涉及「寄託」、「微言」、「屬辭」等，這些無不與經學的解釋有關，吳汝綸看似以文章解經典，但是經學解釋傳統，也影響吳汝綸的文學觀吳汝綸或從《史記》及漢代作家文例，分析「曰若稽古」為發語詞。或從君臣對話的情境論證「四岳」為一人非四人。或從文章的完整性，說明流放「四凶」的時間非一時。或分析《尚書》安章定句之法，有前後相承，分應各句的技巧。或指出篇章構造的特色，看似發端之詞，卻是補充之詞；看似承接之詞，卻是發端之詞。又有以讀者心態決定文字意義者。

　　吳汝綸等雖論經典的文學性格，但其目的不是借由經典閱讀以建立一套文學法則，脫離經典獨立存在；而是在經典中看到這些法則，再從這些法則掌握聖人之義。法則與聖人之義，相互循環。以「義法」相高，殆為此故。

　　兩相對照，吳汝綸所指「說經」就是以訓詁方式解釋經典，尤其是乾嘉以降所發展的方法；「為文」則在於約六經之旨而成文，推崇歐陽修、韓愈，並以司馬遷為典範，就在諸家通貫六經，組織成文，

從文章的內涵到形式，都以經典為歸依。這一路數才是桐城派的方向，所以也會研究經學，講論義理，最後是以「文」的形式出之。吳闓生才會自負的說：「非學足以知聖人，其孰能與於此。」[80]

《尚書故》以訓詁為主，《尚書讀本》的訓詁就本於《尚書故》，但《尚書讀本》則以文章解讀《尚書》為主，不但在數量上多於《尚書故》，在文學性的解讀上也過於《尚書故》。其後吳闓生《定本尚書大義》的訓詁亦然，但重點就置於文章解經。

---

80 吳闓生：《尚書讀本・序》。

文：姚永樸經史之學的意涵

摘要

姚永樸認為研經以微言大義為歸，兼採考據、辭章。但是若不從文勢語脈治經，微言大義也難得見。進而從辭章之學，溝通義理訓詁之界域。從這裡約略見姚永樸的學術特色，辭章才是其學問的核心。在此脈絡下，就可觀察《文學研究法》、《史學研究法》其中的經學面向，及其所以論說之故，姚永樸認為文學家之異於性理家、考據家、政治家，都在文字的表出。至於姚永樸對小說家的惡評，是從其雅俗對立的觀點而來。史著的體例、寫作的方法，成為姚永樸討論史學的核心。又指出史文的重要，其目的是要廣讀者的見聞且新讀者的耳目，史而無文，就無法達到此一目的。讀者釋史則要先掌握文法、文勢語脈，方能知其宗旨，得其大要。姚永樸文論，建立一套文章寫作理論，越來越重視文章形式技巧，與經典距離日漸擴大，論及史文之時，又側重史著的寫作方法，批評諸史的文章得失。讀者讀史時，須從文法著手，或可名姚永樸之學為「以辭章為核心的經史學」。

關鍵詞：姚永樸　桐城　文法　文學研究法　史學研究法

一 緒論

　　姚永樸（1861-1939）於民國三年（1914）任教北京大學時，撰《文學研究法》四卷、《史學研究法》一卷以教授諸生。錢基博（1887-1957）曾選擇近代經史子集四部十三家作品，以為學者治學門徑。《文學研究法》即為其中之一，錢基博論此書云：「明文章之利鈍，搜錄古今作家論文之言，采擷極博，而出以組織，有剖析，有綜合，洞明得失，極有經緯。」[1]評價甚高，當代研究者也不乏其人。但《史學研究法》則論之者較少。

　　姚永樸為桐城後勁，以文學名家。但姚永樸經學著作甚多：如光緒二十七年（1901）年任廣東起鳳書院山長，著《尚書誼略》二十八卷：光緒三十年（1904）任教安徽高等學堂，成《群經考略》十六卷，又有《十三經述要》六卷；宣統元年（1909）應聘京師政法學堂，撰《蛻私軒讀經記》三卷：民國十三年（1924）任教安徽宏毅學舍，作《蛻私軒易說》二卷、《蛻私軒詩說》八卷等。[2]《文學研究

1　錢基博：《近代提要鈎玄之作者》，曹毓英選編《錢博學術論著選》（武昌市：華中師範大學出版社，1997年12月），頁156，但周中明認為此書是搜錄前人語錄，極有作者自己的主張，更無創見可言，見《桐城派研究》（瀋陽市：遼寧大學出版社，1999年7月），頁391，許結卻認為此書所以成為經典，在於不拘門戶之見，且所論述內容包文道、文言、文用、文體、文原、文法、文詞等，見〈姚永樸與文學研法〉《古典文學知識》2010年第1期，頁11-21。如果選文是文學批評的表現形式，此書則是以理論選輯作為文學理論的表現形式。

2　參見張仁壽：《姚永樸評傳》，楊懷志、江小角編：《桐城派名家評傳》（合肥市：安徽人民出版社，2001年11月），頁313-323。另可參考王學勤〈桐城姚仲實先生年譜〉，《桐城派研究》2002年第4輯，頁63-78。潘務正：〈晚清民國桐城文派年表簡編〉，《晚清民國桐城文派研究》（南京市：南京大學碩士論文，2003年5月），各家著作繫年不甚一致，主要原因是成書、刊刻時間不同，又同書屢經刊刻，也造成年代不一的情況。姚永樸著作收錄較完整者為闞華編：《安徽省館藏皖人書目（-1949）》（合肥市：黃山書社，2003年11月），頁227-230。宏毅學舍為清末兩江總督周馥（1837-1921）子周學熙（1866-1947）所創辦，在今安徽東至。

法》、《史學研究法》也推崇經學為文史之原。

但姚永樸治學初不如是，曾自述為學歷程云：「永樸少喜古文辭，日過上海，先生（案：指蕭穆）勸之用力經史，謂匪是無以為文章根本，……由是始知從事樸學。」[3]姚永樸至上海過蕭穆（1834-1904）之年是光緒十二年（1886）：「十又五，北行過上海，過蕭敬孚先生，諄諄然勖以經史之學。既抵都，復與遂安鄭東甫遊，於是銳意治經。東甫詔我皆微言大義，而永樸固囿於識小之域，字求其訓，句求其解，迄今三十餘年，心得殊寡。」[4]看來是年始治樸學，研究文字訓詁之學，不長於微言大義、與考據對諍的義理，姚永樸則作調和論：「守漢儒之訓詁名物而無取專己守殘，守宋儒之義理而力戒武斷。操斯術以往，其於聖人之意，雖不中或不遠與。」[5]其說並未深入討論漢宋之異，只就一般的認知指出漢宋學的特色，且應漢宋兼採。然而詳究其實，又不如是：「又必明乎古人之微言大義為急，而兼取考據、辭章兩家之所長輔之蓋不明乎微言大義，則無歸宿；不兼取兩家所長，則不能信而有徵。或昧於文勢語脈，而所謂微言大義者，固不可得而見。」[6]顯然研經是以微言大義為歸，兼採考據、辭章。但是若不從「文勢語脈」治經，微言大義也難得見。文勢語脈即辭章之學。進而從辭章之學，溝通義理訓詁之界域：「竊謂古今之學，義理而外，惟訓詁、辭章。辭章之學，其託業未必勝於二者，然而二者之學每相訾謷，惟辭章實足通二家之郵，而息其訟。何則？為辭章者欲氣之盛，則必從事於義理，以求慊其心。欲詞之古，則又必

3　姚永樸：〈蕭敬孚先生傳〉，《蛻私軒集》（乙丑秋浦錦記書局印），卷4，頁5。蕭穆，字敬孚，乙丑為民國十四年（1925）。

4　姚永樸：〈答胡敬庵書〉，《蛻私軒集》，卷3，頁13。胡敬庵，名字生平不詳。鄭杲，字東甫，卒年不光緒六年（1880）進士。

5　姚永樸：〈蛻私軒讀經記序〉，《蛻私軒集》，卷2，頁22。

6　姚永樸：〈答張孝生書〉，《蛻私軒集》，卷3，頁18，張孝生，名字生平不詳。

從事於周秦兩漢之書,以通其訓詁。」[7]「氣盛」與「詞古」,不等於「義理」與「訓」,前者偏重文章的美感,兩者的聯結,其實就是化義理與訓詁為辭章。從文學的角度,貫串義理與訓詁,並消融兩者的分立,再以詞章統攝義理與訓詁。這自與其前的漢宋兼採,大為不同。而與姚鼐(1731-1815)義理、辭章、考據三分,也有所不同。[8]

從這裡即可約略見出姚永樸甚或清末民初桐城派學者的學術特色,不論是漢學、宋學,抑或義理、訓詁,其實均非彼等治學重心,辭章,尤其是詩文,才是其學問的核心。在此脈絡下,就可觀察《文學研究法》、《史學研究法》其中的經學血相,及其所以論說之故。

二 文士的自覺與文章的技法

《文學研究法》分為四卷二十四篇,另書末附〈結論〉一篇。卷一是〈起原〉、〈根本〉、〈範圍〉、〈綱領〉、〈門類〉、〈功效〉,論文章的基本觀念。卷二:〈運會〉、〈派別〉、〈著述〉、〈告語〉、〈記載〉、〈詩歌〉。專論各類文體的寫作方法。卷三:〈性情〉、〈狀態〉、〈神理〉、〈氣味〉、〈格律〉、〈聲色〉,通論一般文章的寫作方法。卷四:〈剛柔〉、〈奇正〉、〈雅俗〉、〈繁簡〉、〈疵瑕〉、〈工夫〉,論文章的風格。

姚永樸門人張瑋(?-?)以為是書:「其發凡起例,仿之《文心

7　姚永樸:〈答方倫叔書〉,《蛻私軒集》,卷3,頁5。方守彝(1845-1924),字倫叔,方宗誠(1818-1888)之子。

8　義理、考證、辭章,見姚鼐:〈述庵文鈔序〉,以義理、考證,辭章為序。〈復秦小峴書〉則以義理、辭章、考證為序,分見氏著,劉季高(1911-2007)點校:《惜抱軒詩文集》(上海市:上海古籍出版社。1992年11月),卷4,頁61;卷6,頁104。王昶(1724-1806),字德甫,號蘭泉,又號述庵。秦瀛(1718-1821),字凌滄,一字小峴,號遽庵。

雕龍》。」[9]姚永樸引吳定（1744-1809）〈與友人論文書〉:「為文章者，若不於六經諸史根本是求，而惟末是務，乃欲無，言字見疵於人，自古及，蓋未之見也。」[10]所重視者，似非經典諸史的義理，而是文字的無疵。所以又自覺的區分文學家的特殊性質：一異於性理家，二異於考據家，三異於政治家，四異於小說家。

　　姚永樸認為文學家之異於性理家，在於：「性理家所講求者，微之在性命身心，顯之在倫常日用，其學以德行為主，而不甚措意於辭章。」[11]理學家如有不足，正在「不甚措意於於辭章」，與吳定之說，若合符節。亦即其所批評的不是理學家的學問，而是學問表出的方式。稱美周敦頤（1017-1073）《通書》、張載（1020-1078）《正蒙》等為「最善」，其次則是程頤（1033-1107）《四箴》、朱子（1130-1200）〈六先生畫像贊〉[12]，諸家義理固善，但觀其所說，重點是在文辭之善。理學家自談理，姚永樸引曾國藩（1811-1872）《致吳南屏書》:「僕嘗謂古文之道，無施不可，但不宜說理耳。」對此極不以為然，認為只要理得辭順：「焉有文章必不可談理者。」[13]更可見出談理不是問題，談理的方式，才是問題。

　　姚永樸以為：「大抵考據家宗旨，主於訓詁名物。」考據家又有二派：在經學者為注疏家，再分為注家與疏家。注家指：「漢魏儒

9　張瑋:〈原序〉。姚永樸:《文學研究法》（南京市：鳳凰出版社，2008年11月），案：本書與《史學研究法》合刊，俱為簡體橫排本。

10　姚永樸:《文學研究法・根本》，頁14，吳定原文出處不詳。

11　姚永樸:《文學研究法・範圍》，頁15。

12　說均見姚永樸:《文學研究法・範圍》，頁15-16。〈四箴〉、〈六先生畫像贊〉並收入曾國藩《經史百家雜鈔》（臺北市：世界書局，1972年7月），卷7，辭賦之屬下編二。

13　姚永樸:《文學研究法・範圍》，頁16。原信作《覆吳南屏書)，見《曾文正公書札》（光緒二年傳忠書局劃增修本），卷5。吳敏樹（1805-1873），字本深，號南屏。

者，解經繁碎」。疏家則是：「尤為冗蔓，且出主入奴」[14]是在史學者
為典制家。典制家「綜其大體，多採掇群書，加以論斷，與文學家實
分道揚鑣。」[15]文學家不再引用群書，據以論斷，而是鎔裁群書，自
鑄偉辭。兩家的具體區別，姚永樸引梁章鉅（1775-1849）語：「作者
之謂聖，辭章是也；述者之謂明，考據是也。」[16]典出《禮記樂記》：
「作者之謂聖，述者之謂明。」原意是通曉禮樂的本末才能稱為
「作」、訓說禮樂的義理則是「述」。[17]而與四庫館臣所說：「經稟聖
裁，垂型萬世，刪定之旨，如日中天。無所容其贊述，所論次者，詁
經之說而已。」[18]何啻天壤。館臣之意是經典為後人崇仰的對象，具
有神聖的地位；而述說經典義理的述者，雖不能如同作者明於天地，
但要能述說天地的義理，自身須有一定的理解及詮釋能力，也因而具
備神聖的地位。孔子大聖，也謙稱自己僅是：「述而不作。」[19]是以學
者只能詁經，不能贊述，更不能自居作者。再引吳汝綸（1840-
1903）語：「說道說經，皆不易成佳文。道貴正而文者必以奇勝。經
則經疏之流暢，訓詁之繁瑣，皆與文體有妨。」[20]理學家的義理須出
之以正，不能如文學家的創作出之以奇，如此就較難突出文章的美

---

14 引文俱見姚永樸：《文學研究法‧範圍》，頁16-17。

15 姚永樸：《文學研究法‧範圍》，頁17。

16 姚永樸：《文學研究法‧範圍），頁17，原文見〔清〕梁章鉅：《退庵隨筆》（道光十
六年刻本），卷19。

17 詳細說解可參考〔清〕孫希旦（1736-1781）著，沈嘯寰，王星賢點校：《禮記集解》
（北京市：中華書局，1989年2月），卷37，頁989-990。

18 〔清〕永瑢（1743-1790）等著：〈經部總敘〉，《四庫全書總目》（臺北市：藝文印書
館，影印同治七年廣東刻本，1989年1月），卷1，頁1。

19 詳細說解，可參考〔清〕劉寶楠（1791-1855）著，高流水點校《論語正義》（北京
市：中華書局，1989年2月），頁251-252。

20 姚永樸：《文學研究法‧範圍》，頁17。吳汝綸說見〈與姚仲實〉，施培毅、徐壽凱
校點：《尺牘》，卷1，頁51，《吳汝綸全集》（合肥市：黃山書社，2002年9月），第3
冊。

感。至於經疏流暢的程度、繁瑣的性質，均影響作文。反之，如能助於文學創作，無論理學、經疏，大概都不會反對。這從引姚鼐〈與陳碩士書〉：「以考證累其文，則是弊耳：以助文之境，正有佳處，夫何病哉。」[21]就可以得知。姚鼐提出義理、辭章、考據三分，以辭章為主之貌不甚顯，至姚永樸則很清楚的尊崇辭章。

　　姚永樸指出：「夫政治家宗旨，主於事功。」[22]但桐城家法，也重視事功。姚永樸自己就說文學的根本，一在明道，二在經世。[23]所以重事功也不是政治家的限制。事功以公文書表出：「惟唐虞三代之典、謨、誥、誓、命，春秋戰國士大夫之詞令，最為古雅；秦漢以迄魏晉，猶有遺意：南北朝乃傷綺靡，然不可謂之無文也；唐宋之際，燦然可觀者，已可屈指而數；……自是而後，名臣之奏議。循吏之公牘，與文學家判若兩途。」[24]姚永樸所說，其實不是事功的目的，就事功而言，不論文之雅俗。只要達到功效即可。引汪輝祖（1731-1807）言，告示須「意簡詞明，方可入目。」[25]正是此意。唐宋以後的奏議、書牘，已無古代的「古雅」，這才是兩家分途所在，所論者還是公牘之「文」。較困難的論點是與小說家的異同，姚永樸云：「其蔽也情鍾兒女，入於邪淫；事托鬼狐，鄰於誕妄。又其甚者，以恩怨愛憎之故，而以忠為奸，以佞為怪，諛之則頌功德，詆之則發陰私，

21　姚永樸：《文學研究法・範圍》，頁17，姚鼐說見〈與陳碩士〉，〔清〕陳用光（1768-1835）編：《惜抱軒尺牘》（北京市：中國書店影印宣統元年小萬柳堂據海源閣重刊本，出版年不詳），卷6，頁15，陳用光，字碩士。

22　姚永樸：《文學研究法・範圍》，頁17。

23　姚永樸：《文學研究法・根本》，頁11、12。

24　姚永樸：《文學研究法・範圍》，頁17。

25　姚永樸：《文學研究法・範圍》，頁17。原文見〔清〕汪輝祖：《學治臆說》（同治十年慎間堂刻汪龍莊先生遺書本），卷上，頁12。原文為：「要在詞簡意明，方可人人入目。」汪輝祖字煥曾，號龍莊。

傷風害俗,為害甚大。」[26]這些問題其實與小說無關,而與作者心術有關。詩歌、散文等文類,也會有此病,就敘事體裁而論,史家也敘事,兩者之異在於:「馬、班為史家宗祖,與小說家不同者,則以其意存言外,非第盡於言中也。」[27]意存言外,也不僅是史家著述,詩歌更強調言外之意。姚永樸對小說家的惡評,是從其雅俗對立的觀點而來:「大抵文之過於生者,為怪僻,為直率,為粗硬;過於熟者,為滑易,為輕靡,為纖弱。皆淫也,即皆俗也。[28]生指文字缺乏修飾,熟指文字應時常見,兩者都是俗。至於文章的義理,姚永樸引徐宗亮(1828-1904)語:「文之不潔,非但在字句也。陳義太盡。無含蓄之致;造句雖新,習多見之意,皆不潔也。」[29]非但文字要不同於時俗。義理也要含蓄少見,才能避免不潔,亦即去俗。如果小說能擺脫文字與意義的俗,姚永樸大約會有另外的評價。[30]

其後姚永樸認為古今著作,不外經、史、子、集四類:「約而言之,其體裁惟子與史二者而已。蓋諸子中……皆說理者也;屈、宋則

---

26 姚永樸:《文學研究法·範圍》,頁18。

27 姚永樸:《文學研究法·範圍》,頁18。

28 蔡英俊指出言外之意的表現方法是寄託,寄託是指作品的創作或解讀時,尋求與作品平行並列的具體指涉,比較明確具有特定政治倫理上的指涉意義這一創作模式,承載較多作者個人隱而未顯的創作動機與目的,見《中國古典詩論中「語言」與「意義」的論題——「意在言外」的用言方式與「含蓄」的美典》(臺北市:臺灣學生書局,2001年4月),頁232,顏崑陽曾分析寄託的構成因素:「……用來作為『託喻』的事物,必是一與自己所意圖託喻之『實存情境』具有類似性之另一『情境』。此另一『情境』即是作品語言所描述具現之情境,我們可以稱它為『作品情境』,將兩個類似之情境連接在。起。我們可稱它為『情境連類』。」見〈論詩歌文化中的「託喻」觀念——以文心雕龍比興篇為討論起點〉,《魏晉南北朝文學與思想學術論集》第3輯(臺北市:文津出版社,1997年9月),頁222。實存情境與作品情境聯結後,不僅是詩人有託喻,史家也有託喻。

29 姚永樸:《文學研究法·雅俗》。頁109。

30 姚永樸:《文學研究法·雅俗》,頁112,徐宗亮,字晦甫,原文出處不詳。

述情者也；《左》、《國》、馬、班以下諸史，則敘事者也。」[31]四部是著作的類別，至其性質則分為說理、述情、敘事三種。子部包含理與述情，史部以敘事為主而後筆勢一轉，指出：「經於理、情、事三者無不備焉，蓋子、史之源也。如子之說理者本於《易》，述情者本於《詩》，史之敘事者本於《尚書》、《春秋》、三禮。集於理、情、事三者亦無不備焉，則子、史之委也。」[32]由是就重新解釋四部的概念，經為本源，為說理、述情、敘事之本；其次是子與史，子部有說理、有述情，史部有敘事：集部雖三者皆備，卻是子、史之流衍變經、史、子、集四部為經、子、史、集，經部為雖為根源，卻是以其文學性格而然，或更具體的說，是以其述寫的形式，而為四部之首。尊經與傳統無別，尊經之故則已變化。集部雖為四部之末，如能：「質而不俚，詳而不蕪，深而不誨，瑣而不襲，庶幾盡子史之長，而為六經之羽翼。」[33]在《四庫全書總目・集部總敘》中，完全無此講法。集部既能羽翼六經，其地位無形中也已提高。四庫館臣指出總集的編輯原則：「文籍日興，散無統紀，於是總集作焉。則網羅放佚，使零章殘什並有所歸；則刪汰繁蕪，使莠稗咸除，菁華畢出。是固文章之衡鑒，著作之淵藪矣。」[34]一是蒐羅歷代的文獻，一是評斷各篇的價值。姚永樸所重者為第二點，並進一步說：「若夫欲從數百千萬卷中，撮其英華，去其糠秕，非知所抉擇不可；欲知所抉擇，非有真識不可；欲有真識，非有師承不可。蓋有師承而後有家法，有家法而後不致如游騎之無歸。」[35]於是以姚鼐《古文辭類纂》、曾國藩《經史百

---

31 汪春泓也指出姚永樸堅守文學古雅特徵，不致滑向小說家等俚俗文學，見〈論劉師培、黃侃與姚永樸之文選派與桐城派的紛爭〉，《文學遺產》2002年第4期，頁14-28。

32 姚永樸：《文學研究法・範圍》，頁19。

33 姚永樸：《文學研究法・範圍》，頁19。

34 〔清〕永瑢等著：〈總集類敘〉，《四庫全書總目》，卷186，頁1。

35 姚永樸：《文學研究法，起原》，頁8，張伯偉即指出總集編輯的目的是在保存文學

家雜鈔》、李兆洛（1769-1841）《駢體文鈔》、王士禎（1634-1711）
《古詩選》、《唐人萬首絕句選》、姚鼐《五七言今體詩鈔》、曾國藩
《十八家詩鈔》為範，勸喻學者從此入手，而心目所及，仍在《古文
辭類纂》。《經史百家雜鈔》，並比擬為經學史上漢代的師法、家法。[36]

　　於是再據姚鼐《古文辭類纂》十三類古文辭，依仿劉勰（465？-
520？）《文心雕龍》上篇的體例，上溯每一類的起源，俱可追本於
經。姚鼐所說，若未能上溯於經，姚永樸則為之追記。如贈序類，姚
鼐並未說明源於何經，姚永樸引鄭杲之言，以為《詩‧崧嵩》即為贈
序之權輿。傳狀類，姚鼐以為源於史氏，姚永樸則引曾國藩之說，補
以《尚書》〈堯典〉、〈舜典〉，與《史記》並列。[37]

　　溯其源外，還須選其篇，以為各類文章寫作的規範。此時採用曾
國藩《經史百家雜鈔》歸併增益姚鼐《古文辭類纂》十三類（論辨
類、序跋類、奏議類、書說類、贈序類、詔令類、傳狀類、碑誌類、
雜記類、箴銘類、頌贊類、辭賦類、哀祭類），為三門十一類之說
（著述門：論著類、詞賦類、序跋類；告語門：詔令類、奏議類、書
牘類，哀祭類；記載門：傳誌類、敘記類、典志類），就各類文章，
選擇作者、篇章，指引學者。然而姚鼐《古文辭類纂》與曾國藩《經

菁華，但中國的選本又是一種非常重要的批評方式，見《中國古代文學批評方法研
究》（北京市：中華書局，2002年5月），頁278。

36 姚永樸：《文學研究法‧起源》，頁8。師法、家法之別，〔清〕皮錫瑞（1850-1908）
云：「前漢重師法，後漢重家法，而後能成一家之言，師法者溯其源，家法者衍其流
也。」見氏著，周予同（1898-1981）注：《經學歷史：經學極盛時代》（北京市：中
華書局，2008年8月），頁136。馬宗霍（1897-1976）卻說：「師家法，名可互施。」
見《中國經學史》（臺北市：臺灣商務印書館，1979年9月），頁38。葉純芳據此認
為每個傳授經學的學者，同時兼有師法、家法，兩者名異實同，見〈鄭玄周禮注從
違馬融周官傳考〉，《中國文哲研究通訊》第19卷第1期（2009年3月），頁157-192。

37 俱見姚永樸：《文學研究法‧門類》，頁26、27，並見〔清〕姚鼐：〈古文辭類纂序
目〉，《古文辭類纂》（臺北市：世界書局，1965年6月）。〔清〕曾國藩：〈經史百家
雜鈔序例〉，《經史百家雜鈔》。

史百家雜鈔》最大的差異，不是在門類的增省，而是選文的立場。
《古文辭類纂》各類大都上溯經典，但入選之作，絕無經典之文。
《經史百家雜鈔》除傳誌類上及《史記》以外，餘均先以經典之文，
再選歷代佳作，[38]從其入選作品分析，桐城派從劉大櫆（1698-1780）
至姚鼐，口漸以文為主，宗經依舊，但經典是以文學的源頭呈現，也
止於此。[39]

　　姚永樸形式上承曾國藩，實質是上承姚鼐，強調各類文章的技
法，這屬於專論。除此之外，尚須通論一般寫作方法，論神理、氣
味、格律、聲色，即清楚的規仿姚鼐，輔以剛柔、奇正、雅俗、疵瑕
文章風格論，形成姚永樸的文章寫作理論，類似《文心雕龍》下篇的
結構。[40]又引李翱（772-841）〈答朱載言書〉：「故義雖深，理雖當，
詞不工者不成文，宜不能傳也。」[41]文章傳世與否，除義理之外，文

---

38 周作人（1885-1967）認為：「姚鼐不以經書作文學看，所以《古文辭類纂》沒有經
　　書上的文字，曾國藩則將經書文字選入《經史百家雜鈔》之內，他已將經書當作文
　　學看了。」見《中國新文學的源流》（上海市：華東師範大學出版社，1995年），頁
　　48。姚鼐不以經書作文學看的判斷，可能太重，否則各類文體，不會上溯經典。將
　　經書當作文學看，也不始於曾國藩。

39 龔鵬程指出姚鼐這一特色，是從劉大櫆轉來，而與方苞不同。方苞上承歸有光
　　（1506-1571），認為古文皆約六經之旨以成文，劉大櫆則以文章寫作技巧為主，姚
　　鼐承之詳見《六經皆文──經學史／文學史》（臺北市：臺灣學生書局，2008年12
　　月），頁164-167。〔日〕佐藤一郎認為方苞的敘述文遠學歐陽修，近學歸有光。歸有
　　光的文章重日常瑣事，稍許拘謹的風格，為方苞所承襲。見氏著，趙善嘉譯：《中
　　國文章論》（中国文章論）（上海市：上海古籍出社，1996年6月），頁111-112。

40 吳孟復（1919-1995）即已指出《文學研究法》是「文章學」專書。見《桐城文派述
　　論》（合肥市：安徽教育出版社，1992年5月），頁180。楊福生更具體的說明「文學
　　研究法」，其實應是「文章學概論」，重點強調文章寫作而非「文學研究的方法
　　論」，見《姚永樸文學研究法述論》，《北京大學學報（哲學社會科學版）》1998年第
　　5期，頁85-87。

41 姚永樸：《文學研究法·雅俗》，頁112。原文見（唐）李翱：《李文公集》（臺北
　　市：臺灣商務印書館《四部叢刊》影印明成化刊本1975年），卷6。

辭居於關鍵的地位。重視文辭之意，溢於言表。

　　研讀文章，自不能止於閱覽選本，尚須看專集，姚永樸末云：「然不閱專集。終不能窺全豹。」閱讀專集之法有三：一是分段落，二是觀古人評點，三觀古人注釋，注釋有益讀者一在知年月，二在知典故，三在知命意。[42]越來越與南宋以降的評點學合流。然如此評論，或未盡公允。

　　以治《左傳》為例，姚永樸云：「鄙意處今日時勢，訓詁固不可廢，然所尤急者，則在考當日山川疆域，以知各國形勢，而求用兵修好之所以然，庶幾有裨實用。」[43]《春秋左傳通論》四卷，分解《左傳》全書為三十目，先引原文，後述大義。卷一：〈釋名〉、〈釋派〉、釋旨〈釋例〉、〈疆域〉，析論《左傳》的基本知識。卷二：〈職官〉、〈禮樂〉、〈軍旅〉、〈刑法〉、〈食貨〉、〈學術〉，研討《左傳》的典章制度。卷三：〈原君〉、〈原臣〉、〈原民〉、〈輿論〉、〈尊王〉、〈愛國〉、〈合群〉、〈自強〉、〈尚武〉〈外交〉，發揮《左傳》的思想，尤重政治思想。卷四：〈內政〉、〈用人〉、〈教育〉、〈女教〉、〈哲學〉、〈博物〉、〈遊歷〉、〈衛生〉、〈序意〉，旁涉《左傳》所涉及的各種知識。這確非傳統的箋注之學，如果溯其源，較似顧棟高（1679-1759）的《春秋大事表》，考定天文、疆域、國都、官制、世系、禮制、盟會、戰爭、三傳異同等，均各表列出之，全面綜論《左傳》，卻又能分割論題，從不同論題進入《左傳》的歷史世界。[44]姚永樸或從其所處時代，指出傳統的重要，如：「六經之道同歸，而禮樂之用為急，周情

---

42 姚永樸：《文學研究法・工夫》，頁128-129。

43 姚永樸：《起鳳書院答問・李逢先問近儒頗有為左傳補注者其書得失如何》（臺北市：廣文書局影印光緒二十八年刊本，1977年1月），卷1，頁11。

44 〔清〕顧棟高著，吳樹平、李解民點校：《春秋大事表》（北京市：中華書局，1993年6月）。

孔思莫乎是，世有博而篤之君子，蒿日時艱，能無懷舊之蓄念，發思古之幽情也歟？」[45]抉發新的問題，加以闡述，如：「是故當今之世，為吾國計，不必昌言排外也，但能修其內政，保存國粹，而益之以西國之文明，數年之後，列強之視吾國也，必大異於前日矣。」[46]歷史與現實，經義與文章，在此綰合不分，姚永樸所謂經世明道，要從此處見出。

三　史書之體與史書之法

姚永樸《史學研究法》一卷計七篇：〈史原〉、〈史義〉、〈史法〉、〈史文〉、〈史料〉、〈史評〉、〈史翼〉，一如《文學研究法》，《史學研究法》也做明體溯源的工作，引劉知幾（西元661-721年）之說，認為史學源於《尚書》、《春秋》、《左傳》、《國語》、《史記》、《漢書》，並指出《國語》或附列於經部，所以史學出於經學計四種。然而對章學誠（1738-1801）六經皆史之說，卻持反對的態度。引其弟姚永概（1866-1923）之說：「《易》主明道，實開子部之先；《詩》主歌詠性情，實開集部之先，若以其中偶及古事，遂以為史所自出，則後人詩文集，亦多詳故實。豈可便以為史。」[47]從而將《易》、《詩》排除在

45　姚永樸：《春秋左傳通論・禮樂第七》（光緒年間安徽高等學堂排印本），卷2。

46　姚永樸：《春秋左傳通論・內政第二十二》，卷4。

47　姚永樸：《史學研究法・史原》，頁137，並見〔唐〕劉知幾〈六家〉，〔清〕浦起龍（1679-1762）釋：《史通通釋》（臺北市：里仁書局，1980年9月），卷1，姚永概原文出處不詳。章學誠從道器結構討論六經意義，認為六經僅是器，不能直指六經就是道，原因是六經皆史，歷史記載前言往行。但時間不斷變換，豈可執持過往，遂以之為道。道與時俱在，後世的文化形態，自可視為道之表現。章學誠固然推崇經典，但根據其理論推導，卻可能否定經典價值，參考葉瑛：《文史通義校注》（臺北市：仰哲出版社，未標出版年月）〈經解〉、〈原道〉諸篇。〔美〕倪德衛（David Nivison）指出章學誠的道似是人類本性中傾向於一種有秩序的、文明的生活的基本

六經皆史的範圍之外，其實這是個更為嚴謹的辨體論，以確定各種史體的淵源。

姚永樸指出：「今溯史體於經，《尚書》、《春秋》外，惟《禮》垂典章，《論語》、《孟子》雜記聖賢言行，《國語》、《國策》分地以紀事，各開一體」[48]增加《論語》、《孟子》、《國策》以為史原。最為特殊者，是以《尚書》為正史之權輿。〈堯典〉等是本紀，〈禹貢〉等是志，〈大禹謨〉等是列傳。《尚書》並為各種史體的發端，〈逸周書〉是別史之祖，〈大禹謨〉等是詔令奏議，〈伍子之歌〉等是雜史傳記，〈費誓〉等是載記，〈堯典〉命羲和是時令，〈禹供〉則是地理，〈周官〉是職官，〈武成〉是政書，〈書序〉是目錄之祖，〈大傳〉是史評之祖。[49]在各種史體，有獨尊正史的傾向：「正史類者，統乎其全者也……。以書而統乎各體則惟正史為然。」[50]第二，《論語》、《孟子》，記嘉言懿行，類似史部傳記類：第三，《國語》、《國策》、《四庫全書

潛能，這一潛能在歷史中逐漸將自己寫出，在那些人們必將認為是正確和真實的東西中實現自身。而六經只是孔子能夠保存下來的本來由官員保存的文獻，見氏著，楊立草譯：《章學誠的生平及其思想》（*The Life and the Thought of Chang Hsuch-cheng,* 1738-1801）（南京市：江蘇人民出版社，2007年10月），頁104、110。〔日〕山口久和也指出章學誠認為孔子祖述六經是因為自己無法實踐王道採取的萬不得已的辦法，因而六經不可能是真理的完全體現，見氏著，王標譯：〈章學誠的知識論——以考證學批判為中心〉（章學誠の知識論——考證學批判を中心として）（上海市：上海古籍出版社，2006年12月），頁155。

48 姚永樸：《史學研究法·史原》，頁137。

49 姚永樸：《史學研究法·史原》，頁138。

50 姚永樸：《史學研究法·史法》，頁147，上述分類，姚永樸自云是以《四庫全書總目》為準，而四庫館臣認為：正史是大綱，編年、紀事本末、別史、雜史、詔令奏議、傳記、史鈔、載記，皆參考紀傳，時令地理職官、政書、目錄，皆參考諸志，史評則參考論。是以正史為核心的「史著觀」，各類史著皆由史體例延伸而來，見〔清〕永瑢等著：〈史部總序〉，《四庫全書總目》，卷45，頁2，另參司馬朝軍：《四庫全書總目研究》（北京市：社會科學文獻出版社，2004年12月），頁154-155。

總目》雖列為雜史，大抵為諸侯國事蹟，也可為載記類所自出，[51]這些與其說是重在史學，不如說是重在史著，辨析各種史體的淵源，甚為深細。淵源確定之後，史著的體例、寫作的方法，成為姚永樸討論史學的核心。姚永樸所稱「史法」，大抵討論上述問題：「史之為法，大端有二：一曰體，二曰例。必明乎體，乃能辨類；必明乎例，乃能屬辭。」[52]核則在例，先綜論史著之例，「辨題目」，辨明不同的史體的內涵；「審斷限」，劃分史著年代的上限；「謹編次」，區隔人物的社會等級及分合之故；「定稱謂」，帝王在不同時空的不同稱謂，由於這是史著的整體結構問題，史家所宜共遵，個人價值判斷不甚顯著。再討論史著寫作方式，有「據事直書之例」，即不待褒貶，直書其事以見作者之意，[53]「褒貶之例」，以具有價值判斷的文字，加諸歷史人物，以見其罪惡；「微辭見意之例」，用反諷的言辭，以見出作者的深意，[54]這不完全是史著的通則，則可以選取其中之一敘述，一則在運用之

---

51 姚永樸：《史學研究法·史原》，頁140。

52 姚永樸：《史學研究法·史法》，頁147。

53 張高評以為據事直書之書法，注重直筆表述，據實呈罪，筆不旋繞，而美惡自見，取決於史料的安排措注、文獻的剪裁筆削、歷史編纂的結構設計等。而有以敘為議、屬辭比事，藉言作斷，側筆烘托等技法，見〈左傳據事直書與以史傳經〉，《成大中文學報》第9期，2001年8月，頁175-190，後收入《春秋書法與左傳學史》（臺北市：五南圖書出版，2002年1月），頁15-36。

54 以上係根據姚永樸《史學研究法史法》，頁149-150，所舉各例分析微言大義，〔清〕皮錫瑞（1850-1908）云：「所謂大義者，誅討亂賊以戒後世是也。所謂微言者，改立法制以致太平也。」見《論春秋大義在誅討亂賊微言在改立法制孟子之言與公羊合朱子之注深得孟子之旨》，《春秋通論》，《經學通論》（臺北市：臺灣商務印書館，1989年10月），卷4，頁1，大義可指《春秋》作者對歷史人物事件的價值判斷，微言則指〈春秋〉作者借歷史人物事件寄託的政治理想，蔣年豐（1955-1996）有異於傳統的新解，指出微言屬修辭學範疇，大義近似實踐哲學領域，見〈從興的現象論春秋經傳的解釋學傳統〉，楊儒賓，黃俊傑編：《中國古代思維方式探索》（臺北市：正中書局，1996年11月），頁111-112。

際，人各有異。這較偏重作者的歷史批評，與前者層次顯然。接著再專論史著各體的例：「人抵表、紀皆宜簡，……但表與紀不同，紀惟主於年月，表則雖亦以年月為主，而用旁行斜上之體，即年國事二者而經緯之，意在以類辨物，使人一目了然……。志、傳則宜詳，蓋志所以詳其事之原委者也，傳所以詳其人之原委者也。」[55]從此即可知姚永樸何以論史學先辨體例，史著有共通的編寫原則；而不同史體，又有不同的寫作要求：史家則各自有其寫作技法。凡此都形成所謂的例，有史著的通例，有各史體的專例。也有史家自己的例。[56]

這些體例，還是要透過文字表述，如是也可理解何以有《史文》之作，姚永樸云：「況史也者，尤為經國之大業，不朽之盛事，使無文以張之，何以廣見聞而新耳目乎？」[57]既易「文章」為「史」，所以其後必須說「使無文以張之」，強調文的重要，其目的是要廣讀者的見聞且新讀者的耳目，史而無文，就無法達到此一目的。而史文、文史，並非史學與文學，特指歷史是由文字記載而成，史家在寫作時，即須考慮字句篇章的組織，適當且精確的傳達予讀者。姚永樸比較文字的今古：「古語之乖於今事者，自不必效之：若與今事未乖者，則與其用俚語，何如從雅言。」從語言與事件的合離，選擇適合的用語，而以雅言為要。衡量文字的奇偶，雖云不能偏廢，本於自然，但卻說：「夫用奇多者則疏宕，疏宕則文易奇；用偶多者則繁縟，繁縟則氣難振。」奇句的風格，還是高於偶句。考慮文字的繁簡：「字句複沓誠為文章之病，然減省已甚，則於事必將鬱而不明，即或能明，

---

55 姚永樸：《史學研究法・史法》，頁150。

56 董根明指出姚永樸所論及的史原，兼有史書體裁與史之源頭之意，其所言史法，則是指史書的章法。又云體是史書結構模式總體設計。例是則體材料的組織、斷限與編次等問題。見〈關於姚永樸史學研究法的認識〉，《史學史研究》2006年第1期，頁52-56。

57 姚永樸：《史學研究法・史文》，頁153。

亦必不能曲傳其神致。」一是文字的多寡，文字過少，非但敘事難明，且文章也缺乏美感。二是載事的輕重，則須從義法掌握：「使明乎史之有義，則知其所重者，惟欲考興衰，審沿革，勸善懲惡，以昭法戒，若夫庸常之人，猥瑣之事，何肯犯其筆端……。使明乎史之有法，則凡他書已詳者，自不必更詳於此書。」義是思考文化的遷變，法是事件的配置。史家所關注者，不是各個單獨的事件，而是要聯綴眾多事件，見出歷史的意義。至於何事應記載，如何記載，就是法的問題。[58]斟酌文字的直曲：「史之為義主乎直，而其為文則有二種，有直以致之者，……有曲以將之者，此其別又有二：為親者諱，為尊者諱，為賢者諱……。有因直敘其事，轉難暸如，乃款曲言之」直，一是指史家之直，不畏權勢，一是指文字之直，據事直書。但直書有其限制，為親者諱等是其一委曲言之，或襯托、或側寫，反可以深入理解史家對史人物及事件的評斷，是其二，[59]姚永樸重視史文，正因歷史的意義、史家的見識，就在歷史書寫中展開與呈現。[60]姚永樸討論諸史，《史記》、《漢書》、《後漢書》、《三國志》、《南史》、《北史》、《新五代史記》，即根據上述的《史原》、《史法》、《史文》，重在評論史著的體例與文章。而文章的優劣得失，尤為姚永樸關注重心。如

---

58 姚永樸引《史記・十二諸侯年表》解釋義法：義是「王道備、人事浹」，法是「約其文辭，治其繁重」，見《文學研究法・綱領》，頁19。以恰當的文辭，組構繁多的事件，以見出聖人的理想，文學的義法與史學的義法，於此合流。

59 以上分析據姚永樸：《史學研究法・史文》，頁153-156。其所稱直曲，以直包曲，各有所美。與劉知幾不同。劉知幾《直書》，較偏重作者不避強禦，無所阿容。〈曲筆〉則指飾非文過，曲筆誣書，見浦起龍：《史通通釋》，卷7。

60 〔日〕內藤湖南（1866-1934）指出章學誠的《文史通義》是有關文史原則的研究，而所謂文史，大體涉及了所有的著述，見氏著，馬彪譯：〈章學誠的史學〉，《中國史學史》（上海市：上海古籍出版社，2008年6月），頁371。龔鵬程也說中國史學的重心，是在「歷史如何記載」，包含為何要記載，是否應記載，見《文化符號學》（臺北市：臺灣學生書局，1992年8月），頁272-273。

《史記》好奇，《漢書》謹飾，《後漢書》綺靡，《三國志》簡明，《北史》敘事詳密，《南史》意存簡要。《新五代史記》載筆極精。[61]這些不同的風格，或源自史家性格，或源自其時文風，或源自史體所需，史家、史文與史著，三者合一，而文尤可逆推史家的見識。與夫史著的價值。又仿《周易》之《十翼》，而作〈史翼〉，略有四端：釋義、糾謬、補闕、辨其中釋義指解釋歷史的方法，所論最多，有文字、語言、地理、典制、事實，文字居於第一。姚永樸認為釋史要先掌握「文法」、「文勢語脈，方能知其宗旨，得其大要」。而在辨異則云：「考異同於字句可以知文法，考事實則可以知義法。」然而事實是：「史資之以為文也。」又是在文勢語脈下才能呈顯事實之後的意義，兩者並列，似仍以文法為主，[62]教學者讀史之法也有四端：點讀、撮鈔、分求、參校，也以點讀為首。[63]至於評點家玩文辭，一如校讐家正脫誤，均有助研究諸史。[64]

　　如與梁啟超（1873-1929）民國十一年（1922）成書的《中國歷史研究法》互勘，更可見出姚永樸《史學研究法》的特色。以論史料為例，姚永樸指出史料有四：實錄、郡志邑乘、雜家傳記、金石，也注意到實物，但又說：「史之為義有三：一曰理，所資以為論斷者，此猶麗於虛也：一曰事，則較實矣，一曰物，則尤實矣。物之屬於金者，……物之屬於石者，……凡古之制度，徵於此乃益可信，且覽其字，又能辨古文籀篆分隸變遷之形與其字，斯故博物君子所當拳拳注

---

61 姚永樸：《史學研究法‧史評》，頁161-165。

62 姚永樸：《史學研究法‧史翼》，頁166-170。

63 姚永樸：《史學研究法‧結論》，頁171。姚永概也篤信點讀，以為其益有三：可見先輩屬思所在，可見全篇重點，可以得其精要。見〈吳摯甫先生平點漢魏百三家集序〉，《慎宜軒文集》（民國二十年刻本。卷13。吳汝綸，字摯甫。

64 姚永樸：《史學研究法‧史翼》，頁170。

意者也。」[65]而其所論範圍較狹，金石以外的史料，並未述及，是以金石佐證傳世史料；且仍注意文字的變化。梁啟超則分史料為「在文字記錄以外者」、「在文字記錄者」。且以文字記錄以外者列在先，所論及的範圍，超出姚永樸甚多。[66]稱道《左傳》的文章，主要是說明《左傳》五大戰事，「皆一目而畢」，「語其實質，僅得比今閩粵人兩村之械鬥」，所以號稱五人戰事，是因《左傳》文章優美，敘述鋪張。[67]這並不是說梁啟超不注重文章，曾指出史蹟複雜，要使眉目清晰，「視作者頭腦明晰之程度如何，與其文章技術運用如何也。」[68]於民國十五年（1926）成書的《中國歷史研究法補編》就指出文章技術的內容，梁啟超分兩大端說明：組織，注意剪裁與排列：文采，注意簡潔與飛動，[69]本書更注重人物、事、文物、地方、斷代諸專門史的「研究方法」，與姚永樸書重視史著文章的「寫作方法」，宗旨不同。

四 結論

姚永樸研認為經是以微言大義為歸，兼採考據、辭章。但是若不從文勢語脈治經，微言大義也難以得見。並從文學的角度，貫串義理與訓詁，並消融兩者的分立，再以詞章統攝義理與訓詁。姚永樸認為文學家之異於性理家，其所批評的不是理學家的學問，而是學問表出的方式。文學家又異於考據家，經疏流暢的程度、繁瑣的性質，均影響作文。政治家重事功，也與文學家不同，事功需以公文書表出，差

---

65 姚永樸：《史學研究法史料》，頁159-160。引文見頁160。

66 梁啟超：《中國歷史研究法》（臺北市：臺灣商務印書館，1978年3月），頁57-68。

67 梁啟超：《中國歷史研究法》，頁110。

68 梁啟超：《中國歷史研究法》，頁159。

69 梁啟超：《中國歷史研究法補編》（臺北市：臺灣商務印書館。1980年6月），頁33-39。

異仍在於書牘的呈現。至於姚永樸對小說家的惡評，是從其雅俗對立的觀點而來，如果小說能擺脫文字與意義的俗弊，姚永樸大約會有另外的評價。姚永樸論四部，經部是以其述寫的形式，而為四部之首。又指出集部能羽翼六經，其地位無形中也已提高。勸喻學者從《古文辭類纂》、《經史百家雜鈔》，入手。據姚鼐《古文辭類纂》十三類古文辭，依仿劉勰《文心雕龍》上篇的體例，上溯每一類的起源。選定篇章，以為各類文章寫作的規範。最後再通論般寫作方法，形成姚永樸的文章寫作理論，類似《文心雕龍》下篇的結構。姚永樸論史學，最為特殊者，是以《尚書》為正史之權輿，其次，是《論語》、《孟子》可視為傳記類，第三是《國語》、《國策》可為載記類所自出。這些與其說是重在史學，不如說是重在史著。史著的體例、寫作的方法，成為姚永樸討論史學的核心。論史學先辨體例，史著有共通的編寫原則；而不同史體，又有不同的寫作要求；史家則各自有其寫作技法。

姚永樸指出史文的重要，其目的是要廣讀者的見聞且新讀者的耳目，史而無文，就無法達到此一目的。釋史則要先掌握文法、文勢語脈，方能知其宗旨，得其大要。教學者讀史之法也有四端，而以點讀為首。

姚永樸論文論史，均推崇經典，以為經典是文史之源。「六經之旨」與「六經之詞」，應是文史的典範。文章的義理固本之於經，文章的技法也源之於經。這才是宗經，文法與經義融合在一起，難以區分，也不必區分。但是除了辨體而溯及經典之外，其實已尟談經旨，專論經文。發展到最後，變成不論經只論文。建立一套文章寫作理論，越來越重視文章形式技巧，與經典距離日漸擴大。

史家撰述，自不可能獨尊儒術，須兼載百家，這是史著理應如此。但在價值判斷，還是可以儒學或經典為依歸，姚永樸則是很清楚

的指出。史著的寫作體例，也從經典中變化而來，似與經典較為貼近。在論及史文之時，又側重史著的寫作方法，批評諸史的文章得失，讀者讀史時，須從文法著手。整體而論，姚永樸所重視者，還是在史學的文學性格。

經是文史的本原，逐漸變化為文是經史的本質，經史之學，成為「經文之學」與「史文之學」，更進一步，就是「文學的經學」與「文學的史學」，姚永樸非不講經史，或可名其學為「以辭章為核心的經史學」。

清末民初桐城派《孟子》文法論：以姚永概《孟子講義》、吳闓生《孟子文法讀本》為核心

摘要

　　姚永概、吳闓生均指出以文法解《孟子》的重要，亦即惟有藉由文章技法的分析，方能理解《孟子》精義。並認為歷代解經雖眾，卻難能得到真義，正是不講文法之故。姚永概的案語還是以文法為主，極少針對義理直接發明。吳闓生的評點，完全是文法分析。這些文法的分析，與其說是作者藉由評點發明義理，不如說是指點讀者體會義理。本文即以姚永概、吳闓生解《孟子》的作品為對象，分析其共同的文法論。姚永概、吳闓生的《孟子》評點，僅從文章論析，但如此要臻至以文法明義理之微，可能還有若干差距。姚永概、吳闓生的工作，整體而言，是藉由指陳文章技法，讓讀者體會義理。在這一方面著墨漸多的結果，經典的文學性格，超過了經學性格。經學義理的闡發，反而不能彰顯。然而從文法論出發，《孟子》作為經典的地位既未動搖，現在在義理之外，又加上文章，於是《孟子》既有義理之精，也有文采之美。一端是心性、治國之源，另一端是文學、創作之本。

擴展《孟子》學的內涵，有思想史上的孟子，也有文學史上的孟子。

關鍵詞：桐城派　孟子　文法　姚永概　吳闓生

一　緒論

宣統二年（1910）姚永樸（1861-1939）任京師大學堂經文科教員。民國元年（1912），京師大學堂改為國立北京大學，嚴復（1854-1921）任校長兼文科學長，因事務繁重，於是聘姚永概（1866-1923）為文科教務長，吳闓生為北京大學預科教務長。民國二年（1913）姚永樸短暫離開北京大學，是年十一月即返校任教，但姚永概則於同月離開北京大學。民國四年（1915）徐樹錚（1880-1925）在北京創辦正志中學，姚永概應聘至正志中學任教務長。延至民國六年（1917）十一月，姚永樸也辭出北京大學，至正志中學任教。[1]

姚永概《孟子講義》即任教正志中學時所編著教材。約略與此同時，吳闓生（1877-1947）所作之《孟子文法讀本》，於民國二年（1913）經高步瀛（1873-1940）箋注刊行，並於民國十年（1921）重校再刊。

姚永樸曾於光緒十二年（1886）奉書吳汝綸（1840-1903），自承相師之意。姚永概則於光緒十八年（1892）至河北保定蓮池書院謁吳

1　詳見潘務正：〈晚清民國桐城文派年表簡編〉，《晚清民國桐城文派研究》（南京市：南京大學碩士論文，2003年），頁62-82。另參考張仁壽：〈姚永樸評傳〉、〈姚永概評傳〉，收入楊懷志、江小角：《桐城派名家評傳》（合肥市：安徽人民出版社，2001年11月），頁313-323、324-342。王學勤：〈桐城姚仲實先生年譜〉，《桐城派研究》2002年第4輯，頁63-78。楊懷志：〈姚永樸、姚永概傳略〉，收入楊懷志、潘忠榮編：《清代文壇盟主桐城派》（合肥市：安徽人民出版社，2002年8月），頁140-144。各家說法年代或有參差，潘務正是以表注明原始文獻，故年代以潘表為主。姚永樸、姚永概兄弟離開北京大學，當與劉師培（1884-1919）、黃侃（1886-1935）、陳獨秀（1879-1942）、胡適（1891-1962）等人文學理念不合有關。正志中學為徐樹錚與梁士詒（1869-1933）合辦，徐樹錚為首任校長，王樹枏（1852？-1936）為首任董事長。

汝綸，從其治學，並奉吳汝綸之命，教其子吳闓生。[2]吳汝綸、姚永
概、吳闓生輾轉相師，同有解《孟子》之作，而其解經方法，又有若
合符節之處。

　　吳汝綸云：

> 竊謂古經簡奧，一由故訓難通，一由文章難解。馬、鄭諸儒，
> 通訓詁不通文章，故往往迂僻可笑；若後之文士，不通訓詁，
> 則又望文生訓，有似韓子所譏郢書燕說者。較是二者，其失維
> 鈞。[3]

吳汝綸已指出解經之法有二：一是訓詁解經，一是文章解經。不通訓
詁，則望文生訓；不通文章，則迂僻可笑。至少在此處，兩者無分
軒輊。

　　姚永概評《孟子‧滕文公上》〈滕定公薨〉章云：

> 此章文字，以「固所自盡」四字為主，故開口先將主意標明；

2　見潘務正：〈晚清民國桐城文派年表簡編〉，《晚清民國桐城文派研究》，頁70-72。另
　　參王學勤：〈桐城姚仲實先生年譜〉，《桐城派研究》2002年第4輯，頁64；張仁壽：
　　〈姚永概評傳〉，收入楊懷志、江小角編：《桐城派名家評傳》，頁327。吳汝綸自光
　　緒十五年（1889）起至光緒二十七年（1901）止，任蓮池書院山長。見郭立志：
　　〈桐城吳先生年譜〉，《桐城吳先生全書》（臺北市：藝文印書館，1964年，《清末自
　　著叢書初編》影印《雍睦堂叢書》本），卷2。賀濤（？-1912）、王樹枏、傅增湘
　　（1872-1950）、高步瀛等，均為蓮池書院學生。光緒二十八年（1903）改為校士
　　館，吳闓生於次年擔任館長。光緒三十一年（1905）廢除科舉，次年袁世凱（1859-
　　1916）再改為文學館，賀濤任館長。見河北保定蓮池書院管理處編：《蓮池書院》
　　（北京市：方志出版社，1998年）。蓮池書院在晚清時期，與桐城派關係密切，可
　　說是桐城派在北方的重鎮。
3　〔清〕吳汝綸著，施培毅、徐壽凱點校：〈與王晉卿〉，《尺牘》（輯佚），收入《吳
　　汝綸全集》第3冊（合肥市：黃山書社，2002年9月），頁615。王樹枏，字晉卿，號
　　陶廬。

> 其後「不可以他求者也」，「是在世子」，皆一意到底，至文公
> 深悟而曰「是成在我」，遂實行「自盡」之道。於是向之不悅
> 者，至是「可謂曰知」矣；及四方來觀者亦皆大悅，皆是「自
> 盡」之明效大驗。文章以此為線索，道理亦以此為根本。[4]

推衍其意，要了解義理，必須先了解文章技法。文章技法是了解義理
的前提條件，義理不完全是藉讀者思考而來，也可藉分析文章技法
而來。

吳闓生云：

> 六經皆文也。《詩》、《書》文雖崇奧，要亦古哲所精心結譔之
> 文字，故必以文家之義法求之，而後意緒乃能大明，而精神旨
> 趣因以畢見，千古註疏訓詁所以罕得其真諦者，由於文法之不
> 講故也。[5]

經典義理之表出，出之以文字；既出之以文字，顯然須從文字出發，
才能獲得經典所蘊含的義理。所謂文字，並不是文字學上的文字，而
是文章學上的文字，文章的構造，吳闓生以「文法」名之，指作文之
法，而非語言學上的文法。[6]並認為歷代解經雖眾，卻難能得到真
義，正是不講文法之故。桐城派從姚鼐（1731-1815）以降的傳統是
義理、辭章、考證學問三分，各有優為；[7]現在是詞章統攝義理與訓

---

4 姚永概著，陳春秀點校：《孟子講義》（合肥市：黃山書社，1999年），卷5，頁81。

5 吳闓生：〈尚書大義序〉，《尚書大義》（臺北市：臺灣中華書局，1970年）。

6 文法一詞，始自〔宋〕謝枋得：《文章軌範》（臺北市：臺灣商務印書館，1981年
《四庫全書珍本》，第11輯第199冊），尤其在卷2韓愈〈爭臣論〉多次出現。

7 〔清〕姚鼐著，劉季高點校：〈述庵文鈔序〉，《惜抱軒詩文集》（上海市：上海古籍
出版社，1983年），卷4，頁61。以義理、考證、文章為序。姚鼐著，劉季高點校：

詁，詞章又歸結到文法；欲明經義，就須講求文法。

其弟子曾克耑（1900-1975）亦云：

> 以其先人之說《易》、《書》高遠，不便初學，乃依其說為《周
> 易大義》、《尚書大義》，鉤弋文句，溝通故訓，往往有三數言
> 訓釋，犖然有當於人心，遠過經生千百言解說而人仍不能通其
> 義者，此說經之不能不以文通之之微旨也。[8]

指出以文通經優於經生解經，其一在於文字簡明，觀吳闓生之解《孟
子》，確有如此特色，以三數句點出文章精彩所在，頗利於讀者體會
經義。這就轉到第二點特色，即有當於人心，藉由文章之美，進入經
典，體會義理之深。

姚永概《孟子講義》的體例，大致就依循上述觀念安排。首先是
《孟子》原文；其次是《孟子》詞義的訓詁、典制的說明、人事的介
紹、義理的引述——尤以趙岐（？-201）《孟子章句》、朱子（1130-
1200）《孟子集注》為多，時略出己見；最後則是文法的分析。吳闓
生《孟子文法讀本》原典有高步瀛以雙行小注的形式為簡要的集解，
吳闓生的評點置於書眉，類似眉批。至於內容，較之姚永概，更為純
粹討論文章技法。

從吳汝綸到吳闓生，文章漸凌駕義理之上，解經以分析文法為要
務，這顯然是一日益激進的講法。本文即以姚永概、吳闓生解《孟

〈復秦小峴書〉，《惜抱軒詩文集》卷6，頁104。則以義理、文章、考證為序。王昶
（1724-1806），字德甫，號蘭泉，又號述庵；秦瀛（1748-1821），字凌滄，一字小
峴，號遑庵。

8 曾克耑：〈桐城吳氏國學秘笈序〉，《孟子文法讀本》（臺北市：臺灣中華書局，1970
年）。

子》的作品為對象，分析其共同的文法論，討論姚永概、吳闓生的理
念能否成立，其限制又何在。

二　文法的分析與文章的美感

這一文法表出的形式，其實就是傳統的「評點」。評即評論，點
即標點。文本之有標點，起源甚早，用以區隔文句。[9]再細析之，標
是各種符號，用以標出文本重點，點類如句讀，斷開文句。評則是立
基於這些符號，說明文本精彩處。其後標號與圈點合流，形成各種符
號，以提示讀者文本精彩處。評點依附作品實際批評，評語就在文句
之間。或指出某字精警，或指出某句挺拔，或指出某章完密等。整個
討論核心，是圍繞文章章法而成。所謂文章章法，也不僅指散文，涵
蓋駢文、詩歌、小說、戲曲等不同文類。而其目的，主要在文章鑑
賞。至其對象，不限文學作品，只要將文本視為文學作品，就可依此
法討論。所以經史子集等，概在評點範圍。亦即只要視文本視為文學
作品，自會有一文學閱讀的方法。[10]標點雖淵源有自，但以評點鑑賞
文章，卻大盛於南宋，歷經明、清而不墜。吳汝綸等人討論文章的方
法，就可上溯南宋以降講求文章寫作的傳統。[11]

9　參見張舜徽：《中國古代史籍校讀法》（臺北市：里仁書局，2000年9月），頁21-24。

10　龔鵬程云古文運動以後，文家論文，歸準於六經。雖說「文以載道」，所重者在道
　　不在文，但六經文辭之美，卻得以發現並獲闡揚。見龔鵬程：〈細部批評導論〉，
　　《文學批評的視野》（臺北市：大安出版社，1990年），頁401。張素卿云明清評點
　　盛行，表徵文學意識的進展，整合小說、戲曲、詩、詞、古文諸文類，乃至經、
　　史、子群書，以「文」的觀點讀之，「文」重新含攝經、史、子而形成一種普遍的
　　文學意識。見張素卿：〈「評點」的解釋類型──從儒者標抹讀經到經書評點的側面
　　考察〉，收入鄭吉雄、張寶三合編：《東亞傳世漢籍文獻譯解方法初探》（臺北市：
　　臺灣大學出版中心，2008年），頁114-115。

11　評點學的淵源、發展及重要作品，詳見龔鵬程：〈細部批評導論〉，《文學批評的視

　　既討論文章章法,則先須析分文章構成,再檢視所以如此構成的原因,從而探究如此構成的原因與義理的關係何在。劉勰(西元465-522年)云:「夫人之立言,因字而生句,積句而成章,積章而成篇。」[12]字句章篇為構成作品的基本因素。評點學即討論這些基本因素如何組成,成為一優秀的作品。所以本文仍以傳統方式,討論前述問題。[13]

(一)字法

　　在討論字法之時,姚永概關注四個層面。一是字詞在作品中的關鍵意義。如《孟子・公孫丑下》〈陳臻問曰〉章,姚永概云:

　　　「處」字、「貨」字,是鍊字法。[14]

　　「處」即安居無事,「貨」即無故受財。安居無事而無故受財,

野》,頁387-438;孫琴安:《中國評點文學史》(上海市:上海社會科學院出版社,1999年);張伯偉:《中國古代文學批評方法研究》(北京市:中華書局,2002年5月),頁543-591;林明昌:《古文細部批評研究》(臺北市:淡江大學中國文學系博士論文,2002年),頁21-48;黃肇基:《鑒奧與圓照——方苞、林紓的左傳評點》(臺北市:允晨文化公司,2008年10月),頁24-104。各種圈點符號的使用方法,林明昌所論尤詳,見林明昌《古文細部批評研究》,頁49-73。專論經書評點,詳見張素卿:〈「評點」的解釋類型——從儒者標抹讀經到經書評點的側面考察〉,收入鄭吉雄、張寶三合編:《東亞傳世漢籍文獻譯解方法初探》,頁79-126。綜論明清士人對評點的態度,見侯美珍:〈明清士人對「評點」的批評〉,《中國文哲研究通訊》第14卷第3期(2004年9月),頁223-248。

12 〔梁〕劉勰著,周振甫注:〈章句〉,《文心雕龍注釋》(臺北市:里仁書局,1984年),頁647。

13 仇小屏不依篇章字句形式,而是將各種文章學術語,依其功能,置於秩序律、變化律、聯絡律、統一律之下,見仇小屏:《文章章法論》(臺北市:萬卷樓圖書公司,1998年12月)。

14 姚永概著,陳春秀點校:《孟子講義》,卷4,頁64。

無異於接受賄賂，所以孟子拒之。取與之際，就在此二字見出。孟子所重視者，在不應接受餽贈的分際，而非可以接受的狀況，所以姚永概云這是鍊字法。

又如《孟子・滕文公上》〈有為神農之言者許行〉章，姚永概云：

> 「變」字、「倍」字，是眼目處。[15]

所謂眼目處，是指讀者從此可見到文章的重點。「變夷」與「變於夷」所指正好相反：一指變化蠻夷之人，一指反為蠻夷之人所化。夷夏之分，是孟子的文化選擇，變或為所變，則在是否選擇周公、孔子之道。陳良選擇周、孔，其弟子陳相於陳良去世之後，卻師事許行，背棄其師。這一背反的對象，不止指許行，更是許行所尊崇的周、孔之道。變於夷就是這一背棄的結果。

其次是字詞所涉及的義理。如《孟子・告子上》〈富歲子弟多賴〉章，姚永概引劉大櫆（1698-1779）云：

> 劉海峰曰：「篇中『同』字十四見，是一篇之主。從物引到人身，從足引到口，從耳、目引到心，如抽蕉剝繭。」[16]

本章孟子論證人心皆悅理義，確如劉大櫆所云，先從外在之物，經由感官，再逐漸內向至心，以生理之所有，論證心理之所有。而以一「同」字，貫串全章，形成連帶的效果，令讀者一氣讀下來，不覺為孟子所說服。

---

15 姚永概著，陳春秀點校：《孟子講義》，卷5，頁91。
16 姚永概著，陳春秀點校：《孟子講義》，卷11，頁197。

又如《孟子‧梁惠王下》〈齊人伐燕勝之〉章，姚永概云：

> 「亦運而已矣」，句法妙絕，妙在一「運」字。此古人所謂鍊
> 字也。[17]

趙岐注：「如其所患益甚，則亦運行奔走而去矣。」[18]朱子注：
「運，轉也。言齊若更為暴虐，則民轉而望救於他人矣。」[19]前者指
奔走逃亡，後者指轉向他人求救。兩者自是不同的情況，但在一字中
可兼而有之。主事者自會有不同的體會，也會有不同的想像，行止之
際，其實有所參酌。

第三是字詞與人物形象的描寫。如《孟子‧梁惠王下》〈魯平公
將出〉章，姚永概云：

> 「魯平公將出」一「將」字，「公曰諾」一「諾」字，寫出昏
> 庸之君，其見賢也，難而又難，毫無絕斷；其信讒也，易而又
> 易，曾不猜疑。[20]

魯平公往見孟子，一無事前的準備，有司也不知所往，彷彿駕車
隨意出遊，完全沒有拜見賢者的心態。「將」字是即將出行之意，出
行而無目的，用以說明魯平公漫不經心的行為，從而得知其後漫不經
心的態度。臧倉的言論，其實可以討論，但魯平公一句「諾」就採納

---

17 姚永概著，陳春秀點校：《孟子講義》，卷2，頁32。
18 〔漢〕趙岐注，〔宋〕孫奭疏：《孟子注疏》（臺北市：藝文印書館，1982年，收入
　　影印阮元校刻《十三經注疏附校勘記》），卷2下，頁6。
19 〔宋〕朱熹：《四書章句集注》（臺北市：大安出版社，1994年），頁307。
20 姚永概著，陳春秀點校：《孟子講義》，卷2，頁37。

其建議，曾無疑義，確實輕易。這些都是從外在的現象，探知其內心的世界。

又如《孟子・公孫丑上》〈伯夷非其君不事〉章，姚永概云：

> 此章論斷止有四句，其實只有「隘」、「不恭」三字而已。然所以隘，所以不恭，已於敘述二人之內，摹寫十分酣足，到末一點，令人首肯。得此訣者，可以作傳狀、誌銘大手筆也。[21]

「隘」與「不恭」，僅是一形容詞，其功能如同姚永概所說，是最後的斷語。這一斷語，是根據先前敘述伯夷與柳下惠的性格而來。斷語是否精確，就在能否與性格相配。

不論是魯平公、伯夷或柳下惠，姚永概的評語，其實已近於小說作品中對人物的描繪，或經由言語、動作等動態描寫，或經由性格描寫，呈現人物的形象。對《孟子》的分析，不但是文章美感的分析，更接近小說人物的分析。經典閱讀，已略有小說化的傾向。[22]所以姚永概才會說掌握此技，可以作傳狀、誌銘。

雖然姚永樸嘗云文學家之別出於諸家有四，其一即小說家：「……然及其蔽也，情鍾兒女，入於邪淫；事託鬼狐，鄰於誕妄。又其甚者，以恩怨愛憎之故，而以忠為奸，以佞為聖。諛之則頌功德，詆之則發陰私。傷風敗俗，為害甚大。」[23]但在實際批評中，仍不免

---

21 姚永概著，陳春秀點校：《孟子講義》，卷3，頁58。

22 本節所涉及小說人物的描寫，可參考方祖燊：《小說結構》（臺北市：東大圖書公司，1995年1月），頁345、頁397-398。姚永概所論，近於小說中「扁平人物」，即依循單純理念或性質而被創造出來的人物。見〔英〕佛斯特（E. M. Forster）著，李文彬譯：《小說面面觀》（*Aspects Of The Novel*）（臺北市：志文出版社，2002年），頁92。

23 姚永樸：《文學研究法》（臺北市：廣文書局，影印民國三年刊本，1979年），卷1，頁17。

與所持理論互異。根本原因，可能即與評點本身有關。評點既貼附作品分析，示讀者以規矩，揭出作品難為人知的佳妙處，於是不嫌繁瑣，逐一指點，豈能輕易放過人物的描寫，遂類同小說創作技法。

第四是用字新奇，如《孟子·盡心上》〈食而弗愛〉章，姚永概云：

> 此等當玩其造句之妙，下字之奇。「豕交」、「獸畜」、「無實」、「虛拘」，皆下字新奇而又的確。[24]

這種不嫌細微，從小處以見文章之妙，在具體操作時，日益求精、求細，也注意用字之新，這些新奇的字詞，可以增加文章的美感。

吳闓生論用字之處較少，而對用字新奇，則同姚永概。如《孟子·公孫丑上》〈仁則榮〉章云：

> 「求禍」二字尤奇，而「不仁辱」之旨盡矣。[25]

本章首句云：「仁則榮，不仁則辱。」[26]孟子此意有二：不仁處就在「般樂怠敖」，辱則是自我侮辱，而非他人辱己。一般人均祈福，此則以求禍當之，所以吳闓生才說二字尤奇。

（二）句法

姚永概論究文句，分別從作品的精妙、讀者的感受分析文句特殊處。以作品精妙論，如《孟子·公孫丑下》〈孟子之平陸〉章，姚永

---

24 姚永概著，陳春秀點校：《孟子講義》，卷13，頁241。
25 吳闓生：《孟子文法讀本》，卷2，頁8。
26 吳闓生：《孟子文法讀本》，卷2，頁8。

概云：

> 「此非距心之所得為也」、「此則距心之罪也」、「此則寡人之罪
> 也」三句乃文中筋節，不可忽過。[27]

前二句是孟子步步進逼，平陸大夫距心不得不承認自己的錯誤；最後導致齊王也不得不承認自己的錯誤。距心主事，人民流離失所，卻無所作為。而會導致距心最初不承認錯誤，則在人民所以流離失所，其實就是齊王主政下的現象。齊王一則失政，二則失察。失政之罪，可能較失察更甚。

再如《孟子‧告子下》：〈丹之治水也愈於禹〉章，姚永概云：

> 「是故」二句，奇警之至，禹功丹罪，斷得分明。凡論之文，必不可無精語，否則令人昏昏欲睡也。[28]

所稱「奇警」之句，就是「以四海為壑，以鄰國為壑」[29]二句。不但本此斷定是非，更本此斷定文章高下。就姚永概評語而論，文章優劣，可能高於是非判斷。這在下例，更是明顯。

如《孟子‧盡心上》〈天下有道〉章，姚永概云：

> 三句，句句錘鍊，自造偉辭。[30]

---

27 姚永概著，陳春秀點校：《孟子講義》，卷13，頁241。
28 姚永概著，陳春秀點校：《孟子講義》，卷12，頁221。
29 姚永概著，陳春秀點校：《孟子講義》，卷12，頁221。
30 姚永概著，陳春秀點校：《孟子講義》，卷12，頁221。

「自造偉辭」出自《文心雕龍‧辨騷》:「觀其骨鯁所樹,肌膚所附,雖取鎔經旨,亦自鑄偉辭。」[31] 就劉勰所指,「自鑄偉辭」重於「取鎔經旨」。姚永概引此,並加上「句句錘鍊」,其意顯然可見。

以讀者感受論,如《孟子‧離婁上》〈不仁者〉章,姚永概云:

> 此章要旨在「自取之也」一句,下文連點三「自」字,引〈太甲〉曰,亦重在「自作孽」句。[32]

「自取之也」是結論,以下三「自」字,才是發生的原因。一氣讀下,似是理所當然,而不會考慮其他原因。「自」是自己所引發,讀者在閱讀時,這一自字更能與讀者結合,變成「我」字,於是「自取之也」成為「我取之也」,而予讀者自我警惕。警惕讀者,是姚永概評點時注意所在。

如《孟子‧離婁上》〈規矩方員之至也〉章,姚永概云:

> 此章「名之曰『幽』、『厲』」二句,是就君子之名譽言,皆危迫悚切之辭。而惡名一加,萬古不改,所以警人君者尤深至。[33]

從「名譽」以「教戒」後世,所著重者,是文字的社會功能。一生的行為,以文字彰顯,一生的功過,亦以文字判斷,這即是諡號的

---

31 劉勰著,周振甫注:〈辨騷〉,《文心雕龍注釋》,頁64。范文瀾引黃侃云:「二說最諦。異於經典者,固由自鑄其詞;同於風雅者,亦再經鎔鍊,非徒貌取而已。」見范文瀾:《文心雕龍注》(臺北市:臺灣開明書店,1981年),卷1,頁34。黃侃所說,也在於文詞的創造。

32 姚永概著,陳春秀點校:《孟子講義》,卷7,頁118。

33 姚永概著,陳春秀點校:《孟子講義》,卷7,頁114。

功能。[34]其異在謚號固以文字為之，姚永概此論則擴及到文章。相同之處，都在藉文字以理解一個人「行為的世界」[35]，而有一最終的判定。

再如《孟子・盡心下》〈吾今而後知殺人親之重也〉章，姚永概云：

> 起筆故作怳然大悟之情，收筆乃為深刻入骨之語，方令聞者驚心動目。[36]

當文章評點從作品的分析轉換至讀者的感受時，即已隱約甚或明示代為作者說明，至其說明的內容，則非指作品內涵，而是指作品技法。論「起筆」、「收筆」，就是指出文章如何表達。並期望這一說明，能影響讀者的認知與行為。令「聞者驚心動目」，則是這一期待。[37]此時文章約略有經世的意義，借由閱讀行為，重新認知世界，甚或能改變世界。

---

34 汪受寬云謚號是根據人一生的行為，參考謚法規定而決定。這是對死者的重新排隊。見汪受寬：《謚法研究》（上海市：上海古籍出版社，1995年），頁264。一個人的最終判斷，是在身後而非生前。

35 此採徐復觀用語。徐復觀區別西方邏輯與中國名學之異，指出邏輯抽掉經驗的具體事實，以發現純思惟的推理形式。名學則是扣緊經驗的具體事實，或扣緊意指的價值要求，以求人的言行一致。邏輯所追求的是思維的世界，名學所追求的是行為的世界。詳見徐復觀：《公孫龍子講疏》（臺北市：臺灣學生書局，1976年），頁7。龔鵬程更進一步指出，所謂的名，就是指字。詳見龔鵬程：〈深察名號：哲學文字學〉，《文化符號學》（臺北市：臺灣學生書局，1992年），頁135-137的分析。

36 姚永概著，陳春秀點校：《孟子講義》，卷14，頁249。

37 龔鵬程指出評點與新批評不同之處有三：作品不是先驗的存在，而是經由讀者想像力重建的客體；讀者所以能經由想像力重建作品的意義，是建立在中國哲學肯定的心的普遍性；批評者也非追溯作者原意，而是在發明作意。參見龔鵬程：〈細部批評導論〉，《文學批評的視野》，頁435-437的分析。

與姚永概不同，吳闓生仍將焦點注意在文本上。如《孟子·告子下》〈魯欲使慎子為將軍〉章，姚永概引吳闓生評語：

> 「一戰」三句，每句四字，止十二字耳，而奇肆駿傑，理得事順，足見筆力之強。「子以為」三句，治平之略，偶然一露。「徒取」二句，拗折一筆，意乃深至。[38]

吳闓生並未指出「治平之略」的具體內容，僅僅是「說出」從此處可見出治平之略。其後的「拗折」是指未直接回答「魯在所損乎？在所益乎？」[39]這一問題，反而轉到取齊之地以益魯國之非，從而導出不應與齊戰之意。吳闓生雖說「意乃深至」，其實是讓讀者「體會」這一深意，其本人並未對此深意多所著墨，用力處在此深意的表達方式。

《孟子·萬章下》〈士之不託諸侯〉章，姚永概引吳闓生評語：

> 注意在「舉加上位」一句，與上「悅賢不能舉」相應，此麟爪之一露也，他皆雲煙耳。[40]

「後舉而加諸上位」與「悅賢不能舉」前後相呼應，意指悅賢不但能舉，且須加諸上位，這才是悅賢之道。但是一意思，吳闓生並未明說，僅說與上相應，再加重語氣說其他（文字）皆雲煙。

---

38 姚永概著，陳春秀點校：《孟子講義》，頁217。並見吳闓生：《孟子文法讀本》，卷6，頁19。

39 姚永概著，陳春秀點校：《孟子講義》，卷12，頁217。

40 姚永概著，陳春秀點校：《孟子講義》，卷10，頁183。並見吳闓生：《孟子文法讀本》，卷5，頁20。

（三）章法

析論章法，姚永概注意文章的層次，即各段文句的組成。如《孟子・告子下》〈古之君子〉章，姚永概云：

> 先以兩句總括下文，即以三段分承之，章法與〈五霸〉章相同。[41]

章法與〈五霸〉同，是指：「先總攝後意論斷以冠全章，而後逐段分疏，便不必再加收束，又是一種章法。」[42]亦即預先將答案說出，然後再說明理由。這在文章寫作，是較為常用的技法。

再如《孟子・公孫丑上》〈夫子加齊之卿相〉章，姚永概云：

> 後半文字，孔子乃一正面大主人，卻又請出子夏、子游、子張、冉牛、閔子、顏淵以及伯夷、伊尹許多人來作陪客，於文字乃有興會，然亦是孔子難以形容，非借他人來作襯，無以描擬得出故耳。[43]

這是以客襯主，在文章寫作中，也是較常用的技法。但姚永概指出本章用此技法的原因，是孔子難以形容，非借他人比較，才能見出孔子之偉大，頗具慧見。

最為精彩的是對文章層次的分析，如《孟子・公孫丑下》〈孟子

---

41 姚永概著，陳春秀點校：《孟子講義》，卷12，頁222-223。

42 姚永概著，陳春秀點校：《孟子講義》，卷12，頁216。所謂〈五霸〉章是指《孟子・告子下》：「孟子曰：『五霸者，三王之罪人也。今之諸侯，五霸之罪人也。今之大夫，今之諸侯之罪人也。』」

43 姚永概著，陳春秀點校：《孟子講義》，卷3，頁49。

將朝王〉章，姚永概云：

> 前段是敘事，情節甚繁，而能曲折如意，所以為難。「王使人
> 來曰」，及孟仲子對答，詞意均妙。古人立言，委婉如此。中
> 段因景子言敬，孟子答以敬王之道。「齊人無以仁義與王者
> 言」以下，突兀離奇，筆筆跳脫，此等心思，能寫出極不易。
> 人人胸胸中所有，卻是人人筆下所無，須玩味之。後段因景子
> 言禮，而告以不召之臣。「天下有達尊三」以下，生氣勃勃，
> 噴薄而出。凡五層轉折，忽起忽落，蔚為奇觀。[44]

　　本章三段五層，第一段是敘述齊王召見孟子，第二段是景子與孟
子討論敬王之道，第三段是景子與孟子討論禮。所說五層轉折，是指
王使人來曰、孟仲子對曰、齊人無以仁義與王者言、天下有達尊三，
四句之間，有五層變化。而這些轉折，目的就是針對「敬王之道」的
答案。一般作法，可能僅對問題回答，但在本篇，經過層層轉折，最
後導出「以仁義與王者言」才是真正的敬王之道。姚永概確能指出這
些轉折點，讀者從而能欣賞文章的層次變化。

　　吳闓生集中在文章的轉折。如《孟子・公孫丑下》〈沈同以其私
問曰〉章，吳闓生云：

> 通篇「以燕伐燕」一句為主，蓄而不露，至末始行頓出。全章
> 之文全為此句作勢而已，可悟作文之法，前文未盡之意於此折
> 出。不曰天子可以伐之，其固已無天子也。[45]

44　姚永概著，陳春秀點校：《孟子講義》，卷4，頁62-63。

45　吳闓生：《孟子文法讀本》，卷2，頁17。

本章重點是「以燕伐燕」，而以「頓出」、「折出」說明。頓是頓住，文字於此停頓，折是轉折，文意於此帶出。但本篇文字之停頓，並不在前章，而在此章，所以吳氏云至末始行頓出。以燕伐燕雖云頓住，其意卻不頓住，反而是追溯回答前章的問題，此之謂折出。[46]吳氏所云，重在全篇所欲指出的重點，及表出此重點的方法。

（四）篇法

文章雖云由字句章篇所構成，但在實際寫作時，可能正是從篇章句字倒而為之。所以呂祖謙（1137-1181）云看文字第一看大概主張，第二看文勢規模，第三看綱目關鍵，第四看警策句法。[47]其後歸有光（1506-1571）完全承此見解。[48]宋文蔚也以造意、謀篇、布局、分段、運調、音節、運典、脩辭、鍊句、鍊字十項為序，以指陳作文之法。[49]於是會有一些文章技法，貫穿於篇章句字之中，將不同的文句組成，聯結為一整體。

如《孟子・離婁上》〈天下大悅而將歸己〉章，姚永概云：

> 第一句憑空突兀，說一「天下之大悅而將歸己」；第二句乃說
> 「視猶草芥」，猶未知何人也；第三句乃說出舜，猶不知何以
> 視天下歸悅，猶草芥之故也；以下四句乃說出，「不順乎親」

---

46 宋文蔚討論「頓折」云：「其用法宜先從題之各面生情，用筆頓住，然後再用折筆折到本題。則筆愈曲調愈調矣。」見〔清〕宋文蔚：《評註文法津梁》（臺北市：蘭臺書局，1983年），中冊，頁57-59。

47 〔宋〕呂祖謙：《古文關鍵》（臺北市：鴻學出版公司，影印清江蘇書局刻本，1989年），卷上，頁1。

48 〔明〕歸有光：〈歸震川先生總論看文字法〉，《文章指南》（臺北市：廣文書局，1972年），頁1。

49 宋文蔚：〈編輯大意〉，《評註文法津梁》，頁1。

云云，所謂全用逆筆。[50]

　　所稱「逆筆」，是指從後往前，先道出整篇文章的結論，再節節進逼，從此結論往前不斷追溯，最後才讓讀者理解何以如此。吳闓生則云：

起句突然而來，奇橫無比，再用逆接，以如此雄駿之勢，一句撇卻，尤為振古奇觀。[51]

　　起句奇橫雄駿指「視天下悅而歸己，猶草芥也」，「不得乎親，不可以為人；不順乎親，不可以為子」[52]則是逆接，在說明何以如草芥的原因。姚永概之逆筆，就是吳闓生之逆接。再如《孟子・梁惠王下》〈文王之囿〉章：吳闓生云：

「臣始至於境」句逆接。[53]

　　逆接或逆筆，都是先提出令人訝異的問題，而後再逐步說明問題背後隱含的價值判斷，讓讀者恍然大悟，進而拍案稱奇。這一技法，關鍵並不在形式，而在句子本身能否驚人耳目，如能驚人耳目，配合這一技法，就會有極佳的效果。
　　相同的例證如《孟子・盡心上》〈易其田疇〉章，姚永概云：

---

50 姚永概著，陳春秀點校：《孟子講義》，卷7，頁131。本句原書標點為：「第三句乃說出舜猶不知何以視天下歸悅猶草芥之故也；以下四句乃說出『不順乎親』云云……。」似有誤，改標點如上引文。
51 吳闓生：《孟子文法讀本》，卷4，頁10。
52 吳闓生：《孟子文法讀本》，卷4，頁10。
53 吳闓生：《孟子文法讀本》，卷1，頁13。

「民非水火」以下，筆筆逆入，句句提起，與「天下大悅而歸
於己」數句，正復一律。[54]

　　都是先指出現象，再逐步說明有此現象的原因。雖是「筆筆逆
入」，卻是「句句提起」，逆入是由後往前進入，提起是借著由後往前
的筆法，說出理由所在。以水火喻菽粟，以最常見的日常事物，比喻
日常生活必需品，這即是前述所云造句要出奇，否則儘管有此技法，
文章也難以動人。

　　吳闓生也極重視這一技法，其程度較之姚永概有過之而無不及。
其常用術語除上析逆接外，尚有「逆勢」、「逆筆」、「逆勢轉接」、「逆
攝硬轉」、「逆振」、「逆提」等。

　　吳闓生對「逆」的解釋見《孟子・離婁上》〈自暴者〉章，吳闓
生云：

　　　　起用逆勢。末言自暴自棄之由，直從自暴句起，然後再申釋
　　　　之，便是逆。[55]

　　這一說法，與姚永概全同，可說是兩人的共同認知。文章技法的
名稱，形成一專門術語，而由於有共同認知，所以也無須對該術語做
一定義式的說明，而逕以各該術語直接分析文章。由此可以推斷，這
些文章技法，是其時桐城學者在解析文章時的共感共知。重視逆的寫
作，從而發展以逆為思考對象的各種技法。

　　如《孟子・公孫丑上》〈尊賢使能〉章，吳闓生云：

---

54 姚永概著，陳春秀點校：《孟子講義》，卷13，頁234。
55 吳闓生：《孟子文法讀本》，卷4，頁5。

⋯⋯然後倒入「無敵於天下」，從「無敵於天下」倒入「天
吏」，從「天吏」倒入王道，全取逆勢。[56]

「倒入」是指一句與另一句的逆向聯接而言，「逆勢」指全章均
採這一技法。即倒入是部分的句子構成，逆勢則是全篇文句均如此構
成。以倒入說明逆勢，更可理解逆接的筆法。

再如《孟子‧梁惠王下》〈所謂故國者〉章，吳闓生云：

此下三段皆突然而起，峭折勁絕。凡用筆突然而起，皆善於作
逆勢者。[57]

突然而起能說明何謂逆勢，主要的因素均是乍讀之下，文句令人
震懾，不知其所以。隨著閱讀時間延長，了解令人震懾之因，其震懾
之心於是漸次平復。

又如《孟子‧滕文公下》〈景春曰〉章，吳闓生云：

「子未學禮乎」，接得不測，用逆筆之妙也。[58]

與上述同，「逆筆」在在以令讀者意想不到的文句，直中問題的
核心，再逐步說明答案，用以說服讀者。

逆筆又有另一用法，如《孟子‧滕文公下》〈匡章曰〉章，吳闓
生云：

---

56 吳闓生：《孟子文法讀本》，卷2，頁33。
57 吳闓生：《孟子文法讀本》，卷1，頁18。
58 吳闓生：《孟子文法讀本》，卷3，頁15。

「蚓而後可」，奇語突接，令人不解所謂，至後半始敘明之。
章法前虛後實，亦用逆筆之妙也。[59]

凡「突然而起」、「接得不測」、「奇語突接」，均在指出逆筆所造
成的驚異效果。「前虛後實」則似擬喻，以一故事為始──而非一觀
念或議論，帶出其後所欲點出的主題。

至如《孟子・離婁上》〈不仁者〉章，吳闓生云：

主意在「夫人必自侮」數句。先逆提一段議論，倒置篇首，使
人不知何而來，但覺浩氣橫空，無可踪跡。[60]

所釋「逆提」甚為清晰：預設一前提，這一前提或是行為規範，
或是價值標準。並將這些內容，先置於文章之首，初未有任何說明。
待文章逐漸展開，這些規範或標準也才逐漸建立。亦即文章開展與
義理成立，是互為因果的過程。在開展的過程中，讀者可理解義理的
內涵。

又如《孟子・離婁下》〈君子所以異於人者〉章，吳闓生云：

「是故君子有終身之憂」兩句逆提，「乃若所憂則有之」再用
逆筆。
「非仁無為也」二句逆接。[61]

根據前析，「逆提」是置於篇首，而有引領全篇的作用。應用在

---

59 吳闓生：《孟子文法讀本》，卷3，頁23。
60 吳闓生：《孟子文法讀本》，卷4，頁4。
61 吳闓生：《孟子文法讀本》，卷4，頁17-18。

此處「逆提」是指先提出價值標準，繼而提出這一價值標準所隱含的最高原則。「逆筆」則指出這一最高原則的具體內容或對象。「逆接」說明所以接受最高原則的具體內容或對象的原因。

逆又可與轉聯結，如《孟子・公孫丑上》〈夫子當路於齊〉章，吳闓生云：

> 數語承上啟下，逆攝硬轉，為一篇之關鍵。後半便可放筆為之。[62]

攝是含攝，含攝其前的分析，並先提出答案，是謂「逆攝」。轉是兩相比較，選擇其中之一，以為行為的準據。待選的各選項，並無優劣正誤之分，只是在當下的情境，所能為最佳的選擇，所以謂之硬轉。由於是含攝其前，並轉接其後，是以吳闓生以承上啟下當之。

再如《孟子・梁惠王上》〈叟不遠千里而來〉章，吳闓生云：

> 此章通體皆用逆勢轉接……。「王曰何以利吾國」、「萬乘之國，弒其君者」、「未有仁而遺其親者也」三段，皆無所因，平地特起……。「未有」二句逆提，雋敏簡淨，收異常斬截。[63]

逆勢一如前析，非到最後，不提出預設的答案，以收說服之效。轉接是指從國君到大夫再到士庶人，都在問相同的問題，從國君轉到他人。逆提則是在一句之中，以雙重否定語，達到肯定的結論。

姚永概針對逆的技巧云：

---

62 吳闓生：《孟子文法讀本》，卷2，頁26。逆攝另見《孟子文法讀本》，卷3，頁8。

63 吳闓生：《孟子文法讀本》，卷2，頁10。

> 凡文字順筆最平，逆筆最奇。順筆最易為，而難於出色；逆筆
> 最難下，而易驚人。作人最宜順，萬不可逆；而作文卻不宜
> 順，以逆為貴。[64]

　　作人與作文分科，順、逆一方面是人倫標準，另一面卻是藝術標準。就人倫標準而言，可順不可逆；就藝術標準而言，宜逆不宜順。已指出人倫之道與文藝之術，各有規範，不可相混。

　　吳闓生則完全不考慮人與文章之異同，《孟子・公孫丑上》〈矢人豈不仁於函人哉〉章，吳闓生云：

> 起句飄忽而入，令人不知所謂。用逆之妙，一至於此。復引巫
> 匠證之，以厚集其勢，然後落到慎術，禀姚雋偉可喜。[65]

　　以「用逆之妙」形容文章之美，亦即在順逆問題上，雖未必反對甚且贊成姚永概所提的人倫標準，但在討論文章時，確只論及藝術標準。較姚永概更注意文章的美感，或者說在藝術問題上，較姚永概更為激進。[66]

　　《孟子・盡心上》〈舜之居深山之中〉章，姚永概云：

> 一抑一揚，遂將聖人精神寫得栩栩欲活，由其學識之高，亦由

64　姚永概著，陳春秀點校：《孟子講義》，卷3，頁53。

65　吳闓生：《孟子文法讀本》，卷2，頁10。用逆之妙另見吳闓生：《孟子文法讀本》，
　　卷5，頁21。

66　宋文蔚云：「作文謀篇，首貴取勢，其法莫妙於用逆。」又云：「用逆之法，或先探
　　下意作翻，逆折而入；或從題之反面逆翻，再用順承撥轉，則氣勢倍增，篇法自然
　　不平。」見宋文蔚：《評註文法津梁》，上冊，頁60。

筆力之妙。[67]

抑是貶抑，揚是頌揚。兩者交互為用，可增文章之姿。舜與野人
並列，從其生活環境論較，舜與野人無異，這是抑。但對善的嚮往，
則大異於野人，這是揚。在抑揚的對比中，見出所欲討論對象的特殊
之處。這僅是簡單的抑揚兩相對比。

複雜者如如《孟子・萬章下》〈敢問不見諸侯何義也〉章，姚永
概引劉大櫆云：

> 以「德」、「位」二字作主。德字是正，位字借作波瀾，而起伏
> 抑揚，全取位字為妙用。庶人不傳質，一抑；往役，二抑；何
> 敢與君友，三抑；虞人不敢受大夫之招，庶人不敢受士之招，
> 四抑；君命召不俟駕，五抑。得此五抑，遂使行文詭譎變化。[68]

此處之抑揚與上述略有不同。上例有具體的對象，且對其行為評
論；此例是泛論，並不在評論具體對象。上例較重在評論者加諸在被
評論者之上；此例則較著重評論者自身的出處。上例之抑，只有貶
義；此例之抑，則依行為者身分而定。在劉大櫆的分析，德是揚，是
正；位是抑，是借。但在作品中，正好相反，只見連續五抑，在說明
依身分的差別，而有不同的禮儀。但就德而言，則完全無關於身分之
異，超越位而有更高的價值。抑的次數越多，隱藏在字裡行間的德，
其地位就越益崇高。

《孟子・滕文公上》〈有為神農之言者許行〉章，吳闓生云：

---

67 姚永概著，陳春秀點校：《孟子講義》，卷13，頁231。

68 姚永概著，陳春秀點校：《孟子講義》，卷10，頁185。

「彼所謂豪傑之士也」句一揚，下三句乃痛抑之。揚之者所以
為抑落作勢也。[69]

此例亦有具體的對象，但卻是同一人，據其前後的理念與行為，
而有優劣的判斷。吳闓生並有理論分析：揚之者所以為抑作勢。其實
也可反過來說：抑之者所以為揚作勢。所以抑揚不僅是兩相對比，從
而有優劣之分，更在於從抑導出揚，或從揚導出抑。這一技法，可令
文章從靜態的對比，轉向動態的呈現。

《孟子‧萬章下》〈齊宣王問卿〉章，吳闓生云：

特言卿有兩等耳。而筆勢抑揚，遂覺意味不盡。[70]

這與上例有類同之意，前者是對象同一，但前後行為有差異，據
此而有抑揚；後者是職務同一，但血緣身分有不同，據此而有抑揚。

抑揚主要是針對人物，或是其行為，或是其身分。人物可以兩相
對比，也可集中在一人。[71]

《孟子‧梁惠王下》〈齊宣王見孟子於雪宮〉章，姚永概云：

---

69 吳闓生：《孟子文法讀本》，卷3，頁11。

70 吳闓生：《孟子文法讀本》，卷5，頁22。

71 歸有光〈文章體則〉「抑揚則」針對人事立論：「人非聖人，孰能無過。苟非全惡，
未必非無一長可取。故論人者，雖不可恕人之惡，亦不可沒人之善。抑而須揚，揚
而須抑，方為公論。」接著並指出抑揚之法有五：先抑後揚、先揚後抑、抑揚並
用、揚中之抑、抑中之揚。歸有光：《文章指南》，頁9。宋文蔚則以為人與事俱可
有抑揚：「凡論人之美惡，與事之成敗，其是非得失，必與其人其事相稱，否則非
失之太過，即失之不及。作文遇此種題，當知用筆抑揚之法。」見宋文蔚：《評註
文法津梁》，中冊，頁52。魏怡則以為欲揚先抑廣泛運用於散文創作。見魏怡：《散
文鑑賞入門》（臺北市：國文天地，1989年），頁145。仇小屏從理論與實例，歷論
古今對抑揚的分析，詳見仇小屏：《文章章法論》，頁291-306。

行文當明開合之訣。「不得而非其上者，非也」此句是開；「為民上而不與民同樂者，亦非也」此句是合。開是賓而合是主。先開而後合，合處乃有力，乃有神，義理乃更圓足。[72]

姚永概以賓主釋開合，似是賓主即開合。但姚永概另有論賓主處：《孟子·萬章下》〈仕非為貧也〉章，姚永概云：

文章必有賓主，何也？譬如一人飲酒，毫無樂趣，有多少話，說不出來，必得二三佳客，乃可暢所欲言，此文之所以須賓也。此章本以「為貧而仕」為賓，卻以「娶妻」伴說，是仕為主，而娶妻為賓。結處「道不行」句為主，卻又以「位卑言高」墊說，更加一賓。試將「娶妻」及「位卑言高」數句刪去，頓覺文氣索然，不成文矣。仙凡之界，即判於此。[73]

依姚永概說，本章「為貧而仕」是賓，「道不行」是主；但在行文之際，以「娶妻」為賓，「為貧而仕」是主；「位卑而言高」是賓，「道不行」是主，形成雙主賓的結構。「為貧而仕」襯托「道不行」的主旨。[74]

賓主是平行對比，借賓以顯示主，賓是襯托，主才是最後所要表

---

72 姚永概著，陳春秀點校：《孟子講義》，卷2，頁24。

73 姚永概著，陳春秀點校：《孟子講義》，卷10，頁182。

74 宋文蔚云：「以題目為主，從題外引來作陪者為賓，然賓中意思，仍須從主中生出，或在主之反面，或在主之對面，方與題目有情。」見宋文蔚：《評註文法津梁》，上冊，頁16。周振甫的賓主說，也著重在人物的區分上。見周振甫：《文章例話》（臺北市：蒲公英出版社，出版年不詳），頁155。與姚永概相較，姚永概跳脫人物的賓主說，事物、觀念也可運用此此法。仇小屏歷論古今對賓主的分析，詳見仇小屏：《文章章法論》，頁203-222。

達的重點。開合不是平行對比，開也不是襯托合，開的目的是導向合，沒有開就無法有導向合的發展，亦即沒有開就沒有合。開合必須共同存在，賓主則不須共同存在。有主無賓，只是缺乏文章美感，「文氣索然，不成文矣」；有合無開，文章主旨可能會削弱。先開後合，「義理乃更圓足」。[75]

《孟子・梁惠王上》〈齊桓晉文之事〉章，吳闓生指出本段是開，合應是：「今恩足以及禽獸，而功不至於百姓者，獨何與？」[76]其後「（孟子）曰：『挾太山以超北海，語人曰：「我不能」，是誠不能也。為長者折枝，語人曰：「我不能」，是不為也，非不能也。』」[77]吳闓生指出本段也是開，其合應是：「故王之不王，非挾太山以超北海之類也；王之不王，是折枝之類也。」[78]這一例證更可清楚表出，如沒有開，在文章接續上，幾乎無法導出後面的合。

《孟子・滕文公上》〈墨者夷之〉章，姚永概云：

> ……後半形容入妙而善用頓挫之體。如「夫泚也」三句，「掩之誠是也」句，皆是頓挫焉。[79]

---

75 開合的疑義頗多，王葆心即認為有一篇之開合：正反、虛實；一段之開合：斷續、縱擒。見〔清〕王葆心：《古文辭通義》，見王水照編：《歷代文話》第9冊（上海市：復旦大學出版社，2007年11月），卷9，總頁7489。周振甫云先務虛，不接觸到正題，就是開；務虛以後歸到正題，就是合。見周振甫：《文章例話》，頁143。仇小屏則指出開合有四種說法：開合兼抑揚、或反正；開合是律詩特有的章法；縱收是造成開合的因素之一；開合即縱收。從而認為避免使用開合這一術語。見仇小屏：《文章章法論》，頁372-375。

76 吳闓生：《孟子文法讀本》，卷1，頁8。

77 吳闓生：《孟子文法讀本》，卷1，頁8。

78 吳闓生：《孟子文法讀本》，卷1，頁8。

79 姚永概著，陳春秀點校：《孟子講義》，卷5，頁94。

　　「其顙有泚，睨而不視」[80]是看見遺體外露於野後的情感與行為，接續其後並非改變處理遺體的方式，而是「夫泚也，非為人泚，中心達於面目」[81]，轉到不葬其親者所以會有如此情感與行為的原因。其後再一轉至「蓋歸反虆梩而掩之，掩之誠是也」，才是處理遺體的方式。整個論述過程，中間停頓，轉移至其他論點，最後才回到結論。這一寫作技巧，即是頓挫。

　　吳闓生則有多處論頓挫，如《孟子·公孫丑下》〈孟子將朝王〉章，吳闓生云：

> 以下就大處發揮，氣象軒昂磊落，筆筆頓挫，最見英偉雄厚之氣。[82]

　　「故將大有為之君」[83]與「必有所不召之臣」[84]先形成君臣各有其特色的對比，轉至「（君）欲有謀焉則就之（臣）」[85]，其後不是謀而就之的結果，而是謀而就之方能稱為尊德樂道。最後才是謀而就之的結果，而且是以具體的歷史人物與事件為例證，以此說服國君，如能實踐此一行為，非稱王即稱霸。

　　再如《孟子·萬章上》〈舜往於田〉章，吳闓生云：

> 「自天下之士悅之」至「貴為天子，而不足以解憂」皆極力頓

80　姚永概著，陳春秀點校：《孟子講義》，卷5，頁94。

81　姚永概著，陳春秀點校：《孟子講義》，卷5，頁94。

82　吳闓生：《孟子文法讀本》，卷2，頁14。

83　吳闓生：《孟子文法讀本》，卷2，頁14。

84　吳闓生：《孟子文法讀本》，卷2，頁14。

85　吳闓生：《孟子文法讀本》，卷2，頁14。

挫。「人悅之」四句，復總挈以重頓之……。[86]

連續四句「不足以解憂」，每一句似都要提出何者才「足以解憂」，但卻均未提出。直到四句結束後，應可以提出而仍未提出，再重複不足以解憂的情況，最後才說出：「惟順於父母，可以解憂。」[87] 四次停頓後，再一次總結停頓，至文末才指出個中關鍵。停頓──轉折──回復，即是頓挫的基本結構。

再如《孟子・萬章下》〈一鄉之善士〉章，吳闓生云：

> 此見聖賢學力器量，起得無端而來，以「友天下之善士為未足」頓挫。[88]

「友天下之善士」應是這一系列問題的極致，然而筆鋒一轉，再提高一層，進至「尚論古人」，這才是最高的境界。文章所以頓挫，是原本以為如此，卻還有令人意想不到的層次，形成文章的美感。

再如《孟子・離婁上》〈仁之實〉章，吳闓生云：

> 頓挫抑揚全在掉用虛字得法。[89]

此處的抑揚指聲調高低，是指文章因用「之」字所形成音韻流動的美感。

姚永概所稱的頓挫，略指論述在中間停頓，再轉至其他論點，最

---

86 吳闓生：《孟子文法讀本》，卷5，頁1。
87 吳闓生：《孟子文法讀本》，卷5，頁1。
88 吳闓生：《孟子文法讀本》，卷5，頁21。
89 吳闓生：《孟子文法讀本》，卷4，頁9。

後回到主題。吳闓生所稱的頓挫也有轉折——回復的結構；除此之外，還有轉折——提升的結構、音韻流動的美感等。[90]

三 文章的美感與義理的體會

這些字句章篇的分析，其指向皆在文章如何形構而成，更著重於文章形構的美感。姚永概、吳闓生均指出以文法解《孟子》的重要及必要，亦即惟有藉由文章技法的分析，方能理解《孟子》精義。

如《孟子·盡心下》〈養心莫善於寡欲〉章，姚永概云：

> 存、不存指心言，緊承上文養心言之。趙注乃謂為身家之存亡，各引一古事當之，迂矣。[91]

這一說解是承朱子而來：「欲如口耳鼻目四支之欲，雖人之所不能無，然多而不節，未有不失其本心者，學者所當深戒也。」[92]趙岐

---

90 頓挫說法多家，〔清〕來裕恂分為頓句與挫句，認為：「文至順流而下之時，宜用頓句。」又云：「挫者，折也。文章雖貴一氣呵成，勇往直達，然有縱橫飛動之態，乏綢繆纏綿之致，則將陷於徑直之弊。故文家往往於氣盛處，下一挫語，以摧殘其氣而收斂之，下文再用開闔之法。」來裕恂：〈文法〉，《文章典》，《漢文典》，收入王水照編：《歷代文話》第9冊，卷1，總頁8540。有與沈鬱頓挫連言，重在詩歌美學：「既指詩之內容反映了深廣的時代精神，寄託深遠，感興幽微，又指詩之章法富於曲折變化，音律上抑揚有致。」見趙則誠等主編：《中國古代文學理論辭典》（長春市：吉林文史出版社，1985年7月），頁476。又有以文章為主，而認為是：「停頓轉折，有緩有急。」見鄭頤壽主編：《辭章學辭典》（西安市：三秦出版社，2000年7月），頁113。張秋娥則云：「頓挫，是篇章結構方面的修辭方法，指在關鍵性的詞句後作小小停頓。它可使文勢跌宕，搖曳多姿，避免平板無味。」見張秋娥：〈謝枋得評點中的修辭思想〉，《國文學報》第33期（2003年6月），頁125-164，引文見頁154。

91 姚永概著，陳春秀點校：《孟子講義》，卷14，頁262。

92 朱熹：《四書章句集注》，頁525。

將存、不存解為身家存不存，與養心之旨為二橛，朱子直就義理注解，姚永概則就文法說明朱子注解較趙注得當。就義理本身而言，姚永概並無發揮之處，但就證明義理而言，姚永概能以文句的承接說明朱注之得當。

再如《孟子·告子上》〈拱把之桐梓〉章，姚永概云：

> 以文法論，頗似《國策》中小文，然彼以說時事，設喻也易；此以論義理，設譬也難。況彼多沾沾自喜之氣，此如見惓惓救世之情，不可同日語也。[93]

本章義理易解，是以朱子於此注，僅是文字的訓詁。[94]姚永概也無義理的發揮，但讓讀者了解論理之文設譬喻較論事之文為難。這一論點其實頗可考慮，孟子議論宏辯，往往設譬以喻之，此又不只孟子一家，先秦諸子頗多如是。所以姚永概又云：

> 凡性理之文，最難得者是一趣字。……次則難在一捷字，……。[95]

這是指出《孟子·告子上》孟子譬喻多方，以說明心性的內涵。然而重點不在孟子大量運用譬喻，而是在這些譬喻有「趣」，其次是文章轉折明快絕倫，即所謂「捷」。孟子與告子心性的對諍，是思想史上的重要論題，姚永概廣引趙岐、朱子、戴震（1723-1777）、焦循

---

93 姚永概著，陳春秀點校：《孟子講義》，卷11，頁202。
94 朱子注：「拱，兩手所圍也。把，一手所握也。桐梓，二木名。」見朱熹：《四書章句集注》，頁468。
95 姚永概著，陳春秀點校：《孟子講義》，卷11，頁194。

（1763-1820）等諸說，可以推論其接受諸家說解，只有文章部分抒發己見，以趣、捷當之。由此可窺知其心目所在。姚永樸曾云：「文學家之別出於諸家者有四焉。一異於性理家。何以言之？性理家所講求者，微之在性命身心，顯之在倫常日用。其學以德行為主，而不甚措意於詞章。」[96]有別於性命身心、倫常日用之學者，就在有趣——文章有興味。[97]姚永樸此語，區別文學家與性理家的不同；姚永概的分析，則區別孟子與性理家的不同。兩人均以文學興味看待《孟子》。

而吳闓生呢？在「揠苗助長」的譬喻中，吳闓生云：

> 談理之文，易於晦昧，加入此等妙解曲喻，實能屈達難顯之情，使人易於領解，且妙語解頤，尤足引起種種情趣。此亦古人不傳之秘也。[98]

較姚永概更重視文章的趣味，且以情趣形容文章之妙。姚、吳二人，均認為論理之文難作，一在於作者重學問過於詞章，一在於作品本身即缺乏引人閱讀的興味，所以指出《孟子》文章的佳妙處，文章佳妙處可論者甚多，卻強調能讓讀者解頤。在「攘鄰之雞」的譬喻中再複述一次：「設喻奇詭可喜，讀之使人解頤。」[99]設喻未必是《孟

---

96 姚永樸：《文學研究法》，卷1，頁14。其餘三家是考據家：「考據家宗旨，主於訓詁。……在經學者為注疏家。……在史學者為典制家。」政治家：「政治家宗旨，主於事功。」小說家：「……街談巷語、道聽塗說者之所造。」見姚永樸：《文學研究法》，卷1，頁14-19。

97 姚永概在《孟子·梁惠王上》，〈寡人願安承教章〉更明白指出：「譬喻，亦是文章一大法門。……總以風趣為主耳。」見姚永概著，陳春秀點校：《孟子講義》，卷1，頁8。

98 吳闓生：《孟子文法讀本》，卷2，頁5。

99 吳闓生：《孟子文法讀本》，卷3，頁20。除「情趣」外，吳氏或稱「趣味」，見吳闓生：《孟子文法讀本》，卷4，頁7；或稱「詼詭有趣」，見吳闓生：《孟子文法讀本》，卷5，頁10。

子》文章的特色，但設喻有趣、奇詭，反倒能突顯《孟子》文章特色。吳闓生雖云：「（《孟子》）句調色澤之美，……忘其為經籍之文」，[100]但《孟子》畢竟是經典，不僅欣賞其文章佳妙處，仍須探求其義理佳妙處。

《孟子‧離婁上》〈君子之不教子〉章，姚永概云：

> 此章文法，多用複句、複字。因所論精微，非如平常道理易說故也。如「以正」、「繼之以怒」、「父子相夷」、「責善」、「離」等字句皆是。[101]

姚永概所稱複句、複字，其實是修辭格中的「頂真」。[102]所以採取這一修辭方式，是因論理精微之故。亦即字法句法，與義理深淺有關，這是從作者寫作立場出發；至於讀者是否能從作品的字法句法更深刻的體會義理，姚永概雖未明說，但解《孟子‧公孫丑上》〈夫子加齊之卿相〉章「我知言」曾云：「人之有言，皆出於心，即其言之病，而知其人之失。」[103]可以逆推應有如是的想法。

吳闓生在《孟子‧滕文公上》〈有為神農之言者許行章〉評論孟子與陳相辯論許行之學說得失，也是以文章學的角度析之：

> 自篇首至「惡得賢」，乃是設案，先將原委敘明，以下便可任

---

100 吳闓生：《孟子文法讀本》，卷1，頁12。

101 姚永概著，陳春秀點校：《孟子講義》，卷7，頁126。

102 頂真，陳望道認為是積極修辭方式之一，有每句蟬聯，或稱為聯珠格；有章和章中間一句蟬聯，或稱為連環體。見陳望道：《修辭學發凡》（臺北市：文史哲出版社，1989年），頁212-214。黃慶萱則認為是優美形式的設計之一，見黃慶萱：《修辭學》（臺北市：三民書局，1979年），頁499-514。

103 姚永概著，陳春秀點校：《孟子講義》，卷3，頁46。

情排擊，無所瞻徇。自「孟子曰」至「不可耕且為也」，詰難陳相，如飄風急雨之驟至，其勢至迅急，卻是儘力盤旋。「然則治天下獨可耕且為歟」一句，始將主意逼出，精神畢見。「故曰或勞心」一段，仍用連字綴句以束其氣，乃與上文相稱。「當堯之時」以下，連接數大段，皆難並耕之說，氣勢如重山複嶺，排疊壓下，又如江潮海浪，複沓并至，不可抵禦，而雲雷鱗介珍怪之屬，咸起沒乎其中。「雖欲耕得乎」、「聖人之憂民如此，而暇耕乎」、「堯舜之治天下，亦不用於耕耳」等句，皆有千鈞之力，始得束住。……[104]

敘明原委，任情排擊，這是整篇篇法。其後分成若干章，各有章法：詰難陳相，如飄風急雨；勞心勞力，是連字綴句；堯舉舜治水，如重山複嶺，又似江潮海浪。聖人無暇而耕等三句句法有千鈞之力。這是綜合篇章句字以說明本篇文法。

姚永概雖云廣徵各家之說，但主要是義理的選擇，其案語還是以文法為主，極少針對義理直接發明。吳闓生的評點，完全是文法分析，義理與訓詁還是高步瀛集解而成。這些文法的分析，與其說是作者（姚、吳二氏）藉由評點發明義理，不如說是指點讀者體會義理。而其作法，也不是理論式的建構，論證文法分析較易於進入義理的世界，而是以實際的評點示讀者以門徑。體會的深淺，則繫於讀者本身的功力。

---

104 吳闓生：《孟子文法讀本》，卷3，頁7。

四　以文解經的方法論反省

　　吳汝綸以為解經須綜合訓詁與文章，才能精確的掌握經義。轉至姚永概，其《孟子講義》的編輯形式，還能顧及吳汝綸的論點，但其案語已朝向文章解經。至於吳闓生《孟子文法讀本》，就完全以文章為核心。解經的重點，已逐漸變化，最終以文章為主，從篇章句字的組織與構成，說明《孟子》文章的美感特色。

　　以文章解經，首先面對的問題即是文章美感與義理發明，是否如同吳、姚諸氏所說，不明白文章構成，即難以理解《孟子》義理。從前析字句章篇的結構而論，字法重在詞義問題。句法重在讀者的感受，以及句子的美感。章法集中於各章層次的分析。篇法因聯絡全篇，所以大都是技巧的點出。整體而言，做到理解文章的構成，但更進一步的經由字句章篇細緻的分析，以理解義理，顯然較為欠缺。而其所謂明義理，並非撰作一篇文章，細析義理；也異於經學箋注之學，在注解中發明義理。而是借由指陳文章技法，讓讀者體會義理。

　　評點不但依附文本，事實上也是「義理先行」。如在討論伯夷、柳下惠時，僅注意其隘與不恭的性格，而宣稱得此技法，可以是寫作傳狀的大手筆。但在《孟子‧萬章下》〈伯夷目不視惡色〉章，孟子稱伯夷是「聖之清者」，柳下惠是「聖之和者」，姚、吳沒有繼續申說兩人何以是聖人，聖人又何以有此偏弊。僅從人物描寫看待孟子對二聖的評論。說其偏弊，有賴於前人的解釋。朱子即云：「所以偏者，由其蔽於始，是以缺於終。所以全者，由其知之至，是以行之盡。」[105]這或可推論，義理的部分，前人究之已深，所以姚、吳僅從文章論析。但如此要臻至以文法明義理之微，可能還有若干差距。

105　朱熹：《四書章句集注》，頁441。

再以《孟子·告子上》〈富歲子弟多賴〉章為例，從口、耳、目論心之所同然，可是前者是感官，後者是心性。以感官之同，論證心性之同，於是感官會等同於心性，這一理論是否可以成立？從文章的角度與從義理的角度分析，會有不同的結果。程頤即云：「理義之悅我心，猶芻豢之悅我口，此語親切有味。須實體察得理義之悅心，真猶芻豢之悅口，始得。」[106]顯然是視口、耳、目為比喻，接著指出須從道德實踐的立場以獲致此一感受，才不會視芻豢悅口等同理義悅心這一生理層面。可以見出以文章技法體會義理與以道德實踐體義理差異所在。

最重要的是姚、吳諸氏，對義理之文的態度。吳汝綸曾與姚永樸書：「說道說經，不易成佳文。道貴正面，而文者必以奇勝。經則經疏之流暢，訓詁之繁瑣，皆於文體有妨。」[107]訓詁繁瑣妨礙文體姑且不論，經疏流暢程度亦然，就不是義理問題，完全從文章美感考慮。兼以談理之文，要趣、要捷、要有妙解等，日益重視經典的文學樣貌。

至於分析文章技法即能讓讀者體會義理，吳、姚二人也都未有理論的說明或是建構，但以實例示範。於是分析文章技法成為整個解經過程的操作核心。這一操作方式，是貼緊經典本文為之，這是因為其技法僅從內涵說明，其實並不難理解，困難在於如何運用在實際寫作。所以從不同的文章，分析類同的技巧，告知讀者技法運用之妙。在這一方面著墨漸多的結果，經典的文學性格，超過了經學性格。經學義理的闡發，反而不能彰顯。

這看似降低了《孟子》的經學地位，卻又不然。《孟子》的義理既是給定的——尤其經過朱子注釋後，文士學者無不研讀《孟子》，

---

106 朱熹：〈引〉，《四書章句集注》，頁462。
107 姚永樸：《文學研究法》，卷1，頁16。

儘管不同時代、地域與學派，會有不同解讀，尊孟的態度大略則同，作為經典的地位並未動搖。現在在義理之外，又加上文章，於是《孟子》既有義理之精，也有文采之美。一端是心性、治國之源，另一端是文學、創作之本。擴大了《孟子》學的內涵，有思想史上的孟子，也有文學史上的孟子。

以明、清為例，託名蘇洵（1009-1066）的《評孟子》之後，[108]有各種以評點方式討論《孟子》文章的作品。如戴君恩（明萬曆四十一年〔1613〕進士）《繪孟》十四卷，倫明（1875-1944）云：「大旨仿蘇老泉批點《孟子》，於篇章字句，以提轉、承接、結合等法為之標明，但彼此不無小異。」[109]王訓（順治十六年〔1659〕進士）《七篇指略》七卷：「大旨仍仿蘇氏評《孟子》，惟多用符號以作指點。」[110]王又樸（1681-1760）《讀孟》十五卷：「經文之旁，著圈點，著評語。扼要處，則圈圍其字以別之。經文之後，自以所見，標其義法，又為之順說，以暢其旨。」[111]周人麒（1705-1784）《孟子讀法附記》十四卷：「所謂讀法，仍用單點、單圈、密圈等作標識，行間書眉偶作評語。……其附記則參引諸家之說，並參己見，於文法、章旨反覆

---

108 四庫館臣認為是書標號，承南宋以來評點的傳統，但又較南宋複雜，非南宋作品，在明正德年間已盛行。見〔清〕永瑢等著：《四庫全書總目》（臺北市：藝文印書館，1979年影印廣東刊本），卷37，頁1。吳承學指出四庫館臣對宋代評點作品較為寬容，對明代評點作品較為嚴屬；又云四庫館臣對評點的批評，大都只是態度與立場，缺乏學理分析；且紀昀也有評點《李義山詩集》等作品，從而認為評點學是大眾的流行文化，即使批評者也難拒絕其魅力。見吳承學：〈四庫全書與評點之學〉，《文學評論》2007年第1期，頁5-12。所言甚是，但評點是否為大眾流行文化，有待商榷，評點最初在文士興起，何能說是大眾文化？日後村塾仿效，是從文士延伸至民間，而非文士向塾師學習。

109 中國科學院圖書館整理：《續修四庫全書總目提要·經部》下冊（北京市：中華書局，1993年），頁921。

110 中國科學院圖書館整理：《續修四庫全書總目提要·經部》下冊，頁922。

111 中國科學院圖書館整理：《續修四庫全書總目提要·經部》下冊，頁922。

推闡。」[112]牛運震（1706-1758）《孟子論文》七卷：「是書以尋常論文之法論《孟子》。」[113]汪有光《標孟》七卷：「行間有評，每節後又有總評，頗能發揮妙蘊。……是其意又欲學者因孟子之文，進而求孟子之道。」[114]孫肇興《刪補孟子說約》二卷：「是書似仿蘇氏《評孟子》而略不同，彼專以文法求《孟子》，不外起伏照應等等作用。此則於《孟子》一字一句，務得其著落。……作者縱未必然，而讀者不可不然也。」[115]范爾梅《孟子札記》一卷：「書中評文處多，解義處少。」[116]康濬《孟子文說》七卷：「（康濬）又言孟子是作成文字，問答或亦有因，但每篇主意結構，總是用意安排就的。」[117]翁方綱（1733-1818）《孟子附記》二卷：「所斷斷者，多在語脈文勢間。」[118]諸家略以南宋以降的評點方式，析論《孟子》的文章。

此一脈絡，特點如下：一是評文者多，解義者少。二是因文以求道，析文的目的，是利於求道，不僅是玩賞辭意。文與道的關係，是工具與目的的結構，抑或文即道、道即文，兩者不可分，須有進一步的分疏。三是從讀者角度，想像作者如何寫作，甚至代作者發言，指出作者如何寫作，形成「作者縱未必然，而讀者不可不然」，讀者的地位，日漸重要，衍生出過往的作者與現存的讀者，孰重孰輕的爭論。[119]四是《孟子》一書，初不作為文學或文章典範，視之為文學作

---

112 中國科學院圖書館整理：《續修四庫全書總目提要・經部》下冊，頁923。

113 中國科學院圖書館整理：《續修四庫全書總目提要・經部》下冊，頁923。

114 中國科學院圖書館整理：《續修四庫全書總目提要・經部》下冊，頁922。

115 中國科學院圖書館整理：《續修四庫全書總目提要・經部》下冊，頁922-923。

116 中國科學院圖書館整理：《續修四庫全書總目提要・經部》下冊，頁923。

117 中國科學院圖書館整理：《續修四庫全書總目提要・經部》下冊，頁924。

118 中國科學院圖書館整理：《續修四庫全書總目提要・經部》下冊，頁924。

119 侯美珍列舉明清士人反對評點，計有十一項之多，其中即有評點者未能得作者之意；評點者使作者無限之書，拘於評者有限之心手；評點者流於率意、主觀；評點者自居高明，蔑視作者四項。見侯美珍：〈明清士人對「評點」的批評〉，《中國

品，至中唐才形成，[120]既視《孟子》為文學作品，於是就進一步認定孟子有意寫作成文，無視《孟子》一書本為對答體，而以創作視之，孟子從思想家擴大或變為文學家。

姚永概、吳闓生解讀《孟子》，其實就是這一脈絡的發展。[121]

五　結論

姚永概與吳闓生都以南宋以降的評點文本的方法——或稱文法——解讀《孟子》。文法可以篇章句字的形式區分。姚永概注意字法中字詞的關鍵意義，字詞中所涉及的義理、字詞與人物形象，用字新奇。吳闓生僅注意用字新奇。姚永概論究文句，注意文句構造的精妙、讀者對文句的感受。吳闓生仍注意文句在文本上的技巧。無論是姚永概抑或吳闓生，都注意章法組成的層次，層次之間轉折的技巧。

文哲研究通訊》第14卷第3期（2004年9月），頁223-248。這些評批，集中在讀者是否應評點作品，是否有資格評點作品。

120 最顯著的例證即是柳宗元：「本之《書》以求其質，本之《詩》以求其恆，本之《禮》以求其宜，本之《春秋》以求其斷，本之《易》以求其動，此吾所以取道之原也。參之《穀梁》以屬其氣，參之《孟》、《荀》以暢其支，參之《莊》、《老》以肆其端，參之《國語》以博其趣，參之《離騷》致其幽，參之《太史》以著其潔，此吾所以旁推交通而以為之文也。」見〔唐〕柳宗元：〈答韋中立論師道書〉，《柳宗元集》（北京市：中華書局，2006年），卷34，頁873。《孟子》列為文章學習的對象之一。

121 龔鵬程指出孟子在漢魏南北朝經學注疏中，均不以文章之美見重。唐代韓愈推尊孟子仍是以道不以文。唯柳宗元才算是由文章上採擷孟子。宋代蘇洵批點《孟子》，固是依託，但蘇氏父子確是為文效法孟子較為具體的人物。詳參龔鵬程：〈經學如何變成文學？〉，《六經皆文——經學史／文學史》（臺北市：臺灣學生書局，2008年），頁1-25。劉瑾輝析清代《孟子》學為義理與考據兩部分，就忽略了文學史上的《孟子》學。劉瑾輝：《清代孟子學研究》（北京市：社會科學文獻出版社，2007年9月）。

篇法貫串全文,姚永概與吳闓極力於此。指出的共同術語有逆筆、抑揚、開合、頓挫等,以之分析文章全篇的構成。

姚永概、吳闓生均指出以文法解《孟子》的重要,亦即惟有藉由文章技法的分析,方能理解《孟子》精義。姚永概的案語還是以文法為主,極少針對義理直接發明。吳闓生的評點,完全是文法分析。這些文法的分析,與其說是作者藉由評點發明義理,不如說是指點讀者體會義理。

姚永概、吳闓生的《孟子》評點,固然依附文本,同時也是義理先行,所以姚、吳僅從文章論析,但如此要臻至以文法明義理之微,可能還有若干差距。而以文章技法體會義理與以道德實踐體義理,也有差異。又要求談理之文,要趣、要捷、要有妙解等,日益重視經典的文學樣貌。

姚永概、吳闓生的工作,整體而言,做到了理解文章構成,但更進一步的理解義理,顯然較為欠缺。而其所謂理解義理,並非撰作一篇文章,細析義理;也異於經學箋注之學,在注解中發明義理。而是借由指陳文章技法,讓讀者體會義理。在這一方面著墨漸多的結果,經典的文學性格,超過了經學性格。經學義理的闡發,反而不能彰顯。

但《孟子》作為經典的地位並未動搖,義理之外,又加上文章,於是《孟子》既有義理之精,也有文采之美。有思想史上的孟子,也有文學史上的孟子。

晚明以降對《孟子》的文學解釋,作品其實頗多,這些作品,大都乏人問津。是以除了「義理《孟子》學」外,「文學《孟子》學」也是極可發展的研究方向。

輯四　生命型態與存在感受

袁中道的情欲世界

摘要

　　本文旨在論述袁中道（小修），既能禪修靜坐、親近老莊，又能召妓冶遊，三者形成生活的樣態，也是生命的矛盾，何以如此呢？首論畏怖生死的心境，揭示小修對人生的不確定感，引發對生命意義的關懷與對應外在世界的思考；二論生命曲折，凡經掃去凡聖、山水冶遊、學習禪法三種歷程，由不拘格套轉成重視律法，由輕視學問到學習古人，由空疏轉為厚重，如此曲折生命自然有所轉變，也彰顯了存在的意義，最後結攝袁氏三兄弟皆探討生死、揉合儒釋道來面對生死問題，由妓樂冶遊到靜息熏修的轉變，是擺脫情欲糾纏，突顯存在的意義。

關鍵詞：袁中道　三袁　公安派

一　緒論

　　袁中道（小修，明隆慶4年-天啟3年，1570-1623），與其兄袁宗道（伯修，嘉靖39年-萬曆28年，1560-1600）、袁宏道（中郎，隆慶2年-萬曆38年，1568-1610）並稱為公安三袁，為晚明公安派重要人物。惟對公安派的研究，歷來均集中在袁宏道，這自與中郎文學理論的標舉、文學作品的成就有關。[1]但若與伯修、小修的文集合觀，則可更深入且完整的見到公安派文論的發展；而從小修的文集，也可較全面的見到袁氏兄弟日常生活，這些日常生活，則關係到袁氏兄弟的生命形態。本文即從後者論述小修的生活與生命。

　　小修文集名為《珂雪齋集》[2]，曾寫信給錢謙益，自述其齋名的意義：

> 蓋弟有齋名「珂雪」，取《觀經》「觀如來白毫相如珂雪」意也。（〈答錢受之〉，《珂雪齋集》，卷25，頁1073）

「珂雪」意為潔白之玉，且典出佛經，若從「文如其人」的觀點來看，小修人格，可以想見，即或不然，差距亦應不致太遠。然而事實絕非如此。小修自述其理想：

1　錢謙益就指出伯修「才或不逮二仲，而公安一派實自伯修發之」，見《列朝詩集小傳・袁庶子宗道》（臺北市：世界書局，1985年2月），丁集中，頁566。公安三袁實以中郎才學最高，作品亦最佳，研究公安以中郎為主，良有以也。

2　小修著作在世時即已刊刻流傳，後匯刻為《珂雪齋集》，今有四種刻本：《珂雪齋近集》10卷、《珂雪齋前集》24卷、《珂雪齋集選》24卷、《珂雪齋外集遊居柿錄》13卷，詳見錢伯城《珂雪齋集・珂雪齋集版本及點校說明》。本文所使用即錢氏匯合上述四種版本點校之《珂雪齋集》（上海市：古籍出版社，1989年1月）。

> 山村松樹裡，欲建三層樓。上層以靜息，焚香學薰修。中層貯
> 書籍，松風鳴颼颼。右手持淨名，左手持莊周。下層貯妓樂，
> 寘酒召冶遊。……。（〈感懷詩五十八首之十〉，《珂雪齋集》，
> 卷5，頁192）

禪修靜坐、親近老莊、召妓冶遊，三者混合在一起，小修不以為怪，
反引為生平嚮往。以今日視之，誠屬不可思議。然而這就是小修的生
活，同時從其三層的劃分，又可見出有層層上遞的現象，這又代表小
修自知不能停留在最下一層。混合三者，是其生活；層層上遞，是其
生命。而生活與生命之間，出現如此矛盾，正是我們觀察的重點所在。

二　畏怖生死

三袁均師承萬瑩（時徹），而萬瑩的學問，據小修形容：

> 時徹貧而教授，讀書極博，亦能詩。旁通天文、地理、卜筮、
> 五行之學。予父兄及弟姪皆從之學。（《遊居柿錄》，卷8；《珂
> 雪齋集》，頁1277）

在小修為其所作傳記中，其學問則是：

> 於書無所不讀，歷代史自首至尾，皆能成誦。授書時，五經中
> 有闕三四葉者，一寫無遺，中所音釋，不誤一字。旁及陰陽、
> 堪輿、農圃、醫術、命祿，無不曉了。卜筮尤精，通數學。
> （〈萬瑩傳〉，《珂雪齋集》，卷16，頁700）

如此文字，容或有溢美之處，而且萬螢只是袁氏兄弟的啟蒙老師，也不能誇大萬螢在三袁成學時的地位，但是三袁的知識內容，確也呈現相當博雜的性質。

以伯修為例，甚重儒學，但其儒學，是糅合禪學，目的則是「借禪詮儒」，是以儒學仍是其歸向：「所謂學禪而後知儒，非虛語也。」（〈說書〉，《白蘇齋類集》，卷17，頁237）綜觀其文集「說書類」極力為儒學辯護，雖不免以禪釋儒，但其宗旨已可概見。若回到現實世界，則與傳統儒家思想，無大差距：

> 噫嘻！士貴通達世務，曉暢經濟，況業以經術起家，肩鴻負鉅，而或不閑於古昔典故之詳，沿革始末之異，以徵今代之所廢所興，以蒞官而考政，於國家何賴焉。（〈刻玉海序〉，《白蘇齋類集》，頁104）

至於中郎，情況類似，對聖人有與以往不同的理解：

> 夫聽所言，觀所行，譽所試，是聖人未嘗不名家也；春秋之斧鉞，雖隱必誅，是聖人未嘗不法家也；吾蔬食而偷快，其樂我，席不溫，轍不解，其愛兼，是聖人未嘗廢楊墨也；寢有經，食有戒，是聖人未嘗廢養攝也；幾研於未發，道竟於無聲臭，是聖人未嘗廢虛無也。（〈公安縣儒學梁公生祠記〉，《袁中郎文鈔》，頁38；《袁中郎全集》）

比較伯修與中郎的異同，在於伯修較能掌握儒學的本來面貌，中郎則擴大了儒家聖人的內涵；伯修雖借禪詮儒，但不以為儒者須向外尋求其他的學問，中郎更進一步，以為聖人即已涵蓋了各種不同的意義。

從伯修到中郎，可以見出公安派的學術特色：一是專以「獨抒性靈，不拘格套」視三袁，從而以為其不學，實未能掌握三袁的學問，伯修、中郎甚早登第，豈是偶然？三袁的學問，實有一定的程度。二是其學問性質，不同於傳統，而有一博雜形態，這一形態，又多以文章的形式出現，而非以學術專著的形式呈顯，所以從各人文集觀察，很難獲致其學術面貌，易予人膚淺的印象。三是學問的路向，均欲重新解釋儒家聖人的含義，伯修會合禪、儒，中郎則是除禪之外，還包括諸子百家。如果宋、明儒者是暗合佛學，三袁則是明白描繪與傳統大異的儒者形貌。[3]

小修的學問，即從此而來，無論是內容抑或形式，均承繼萬瑩、伯修、中郎。伯修會合禪儒；中郎除了佛學精湛外，也鑽研道家學說，著有《廣莊》；小修亦然，會通佛儒，著有《導莊》。所學不限於一家一派，正好相反，是欲融合諸家，發揮本身思想，一如中郎所說：「導者導其流，似疏非疏也；廣者推廣其意，自為一莊。」（〈答李元善〉，《袁中郎尺牘》，頁44；《袁中郎全集》）所以三袁的學問，隱有思想家的性格，成就實不限於文學。

而伯修的問題意識尤予中郎、小修重大影響，伯修先得林兆恩（懋勛，1517-1598）養生之法，以求長生；繼而問學焦竑（弱侯，1540-1620）、瞿汝稷（元立，？-？）以求頓悟；又與李贄（卓吾，1527-1602）弟子深有（無念，1544-1627）交往，教以參禪之法；從此專求性命，不復求長生。萬曆十七年（1589），伯修從京返里，中郎、小修從之問學：

---

3 錢伯城以為伯修受禪學影響，因而對儒學不滿，甚而背叛，這是誇大了禪學對伯修的影響。說見《白蘇齋類集‧前言》（上海市：古籍出版社，1989年6月），頁4。

是年，先生以冊封歸里。仲兄與予皆知向學，先生語以心性之
說，亦各有省，互相商證。（〈石浦先生傳〉，《珂雪齋集》，卷
17，頁709）

伯修的問題，即在人事的流轉：由於外界的不定，遂導致生命的不
安。其遊記就呈現此一問題：

嗟夫！知今日之陵，必他日之谷。即知今日之身，即他日之塵
與土也。世之忙忙為千歲之憂者，見此遷換之城郭，與夫代謝
之流水，憂得無少瘳與？（〈江上遊記〉，《白蘇齋類集》，卷
14，頁197）

自然與人相較，空間廣大、時間久遠，但仍變遷不已，山水所給予伯
修者，並非眼前美景，而是人生的終將消失，高陵為谷，流水代謝，
正指這種生命的無常。伯修即在此一情境中以求悟道，借著山水，以
引起疑惑，從而感受宇宙人生的本質，所以明言：「余本問法而來，
初非有意山水。」（〈龍湖〉，《白蘇齋類集》，卷14，頁196）此一問
題，發展至中郎更是具體：「究竟儒佛之奧，商略生死之旨。」（〈管
東溟〉，《袁中郎尺牘》，頁21；《袁中郎全集》）所以要探究此一問
題，正是：「日見人死，何以不怕死。」（〈與李子髯〉，《袁中郎尺
牘》，頁43；《袁中郎全集》）小修就在這一師友兄弟環境下，思索生
死問題。

　　人從何而來，終歸何處，可能是亙古的哲學問題；死亡又是人所
必須面對的問題，無所逃於天地間。伯修從道教轉向佛教；中郎更是

出入三教，並在佛教的領域內，由禪宗轉向淨土[4]；小修則是因恐懼而有深切的體會：

> 前途黯黯，不知何處。黑水洋洋，無筏可去。上不見天，下不見地。……。(〈紀夢〉，《珂雪齋集》，卷1，頁38）

死亡是一無法理解的狀況，所以小修以一片黑暗形容，而且是飄浮在虛空大海，絕無可依靠的憑藉，每思及之，會有莫可名狀的顫慄，所以是「冉冉兮迷其處所，魂之歸兮汗如雨」（同上）。中郎也曾以「哀生失路」說明小修的性格（〈敘小修詩〉，《袁中郎文鈔》，頁6；《袁中郎全集》）。以夢形容死亡，夢醒之後，即魂兮歸來之時，回思這一段歷程，自會對外在的世界別有一番體會：

> ……不獨起悲哀，時復懷恐懼。人生一時間，忽如草頭露。何故不由新，何新不由故。悲哉好景光，寂寞無佳趣。（〈悶坐〉，《珂雪齋集》，卷2，頁50）

伯修是由外在世界的變化，引發內心的不確定，小修則相反，是由人生的不確定，引發外在世界的不確定，在這種情境下，生命有何意義，可能是小修所關懷的焦點。從此點出發，人如何面對自己的生命，又如何面對外在的世界，也是所必須思考的問題。

---

4 中郎佛學，先是參禪，以大慧宗杲看話禪為主；後來轉向淨土，以華嚴十門為架構，著《西方合論》10卷，企圖調和禪淨。詳見邱敏捷《參禪與念佛──晚明袁宏道的佛教思想》（臺北市：商鼎文化出版社，1993年3月），第3章、第4章。

三 生命曲折

（一）掃去凡聖

在這一思考下，小修的進路，應是求助宗教，或是轉向哲學，以其學習過程而言，也是理所當然。日後小修確是走向宗教，尤其是佛教。但在此之前，小修飲酒好色，使氣任俠，鄙視當世之人，這固與小修不得志有關，伯修即嘗言：

> 弟日來常攜酒人數十輩，大醉江上，所到市肆鼎沸。以弟之才，久不得意，其磊塊不平之氣，固宜有此。（〈寄三弟〉，《白蘇齋類集》，頁232）

這是何等景況，以今日視之，也未免無賴行徑，而小修屢屢為之，不以為意。然而表現不得志的方式甚多，這未必是惟一的方式，因此中郎從其性格分析所以如此之故：

> 蓋弟方不得志於時，多感慨；又性喜豪華，不安貧窶；愛念光景，不受寂寞；百金到手，頃刻都盡，故嘗貧；而沉湎嬉戲，不知撙節，故嘗病；貧復不任貧，病復不任病，故多愁。愁極則吟，故嘗以貧病無聊之苦，發之於詩，每每若哭若罵，不勝其哀生失路之感。（〈敘小修詩〉，《袁中郎文鈔》，頁6；《袁中郎全集》）

久不得意，只是外在條件；哀生失路，才是內在的原因；性喜豪奢、愛念光景、若哭若罵，則是其外顯姿態。正因哀生失路，不知生死的

意義、存在的方向，而又不甘於現狀，所以表現才如此激情，將內在情感，毫不保留的傾洩而出，「獨抒性靈，不拘格套」，就在這裡表現。不僅是文字不拘格套，行事也超越格套。伯修、中郎所以能理解小修心境，非但是手足之情，共同的感受，更是彼此心靈相契的根本。與之對應的生命形態是：

> 所謂慧業文人，我不敢讓；本色道人，我不敢任。更須仁兄為我掃去凡聖二種情識，為得自在也。（〈答謝青蓮〉，《珂雪齋集》，卷25，頁1101）

既不願自居凡人，又不敢自任道人（案：即學佛之人）；前者是凡，後者是聖；既鄙視前者，又崇敬後者；狂歌當哭，是對凡人的輕蔑，參禪念佛，是對後者的禮拜；於是掃除二者，以文人自居，且當仁不讓，可見出其對本身文字的自信。事實上，小修即欲以文字功力，建立其豪傑事業。嘗謂世上有三等人：一是聖賢，一是豪傑，一是庸人。聖人不易得，退而為豪傑，卻被滿天下的庸人所排擠。庸人所以能排擠豪傑，在於竊聖人之行，以欺世盜名，進而指摘豪傑的微病小瑕（〈報伯修兄〉，《珂雪齋集》，卷23，頁970），這雖不免夫子自道，然而小修所同情的就是豪傑：

> 宇宙之內，自一染於理障之後，然後人皆拘攣庸腐，了無格外之見。其論甚狹，而其眼甚隘，其所取之人全是小廉小謹之輩，不然則揹襲回互，毫無疵議之夫。而至於世之英雄豪傑，出於常調，超於形跡者，乃射影索瘢，極其苛刻。（〈論史〉，《珂雪齋集》，卷20，頁843）

小修的索隱行怪，即因不願為聖，卻也不屑為凡，因而自居豪傑，蔑視人間禮法，回到文學創作，自不以格套為然。他人視回君為不顧家的蕩子，小修卻以為與之飲酒，能助人歡暢，較之終日焦勞的人，遠為有趣（〈回君傳〉，《珂雪齋集》，卷17，頁706）。又極力譏諷偽君子，外託理學，實為羶薌（〈徐中丞未焚草序〉，《珂雪齋集》，卷11，頁517）。最後直截了當的說學道之人，專一說謊，不如田野父老近情（〈答李夢白布政〉，《珂雪齋集》，卷25，頁1059）。[5]可是這種英雄之氣，卻轉化為沉溺酒色，完全與其初意不符。

（二）山水冶遊

豪傑與酒色如何能夠結合？小修有清楚的說明：

> 予謂世間自有一種名流，欲隱不能隱者。非獨謂有挾欲伸，不肯高舉也。大都其骨剛，而其情多膩。骨剛則恆欲逃世，而情膩則又不能無求於世。膩情為剛骨所持，故恆與世相左，其官必不達。而剛骨又為膩情所牽，故復與世相逐，其隱必不成。（〈東遊記十〉，《珂雪齋集》，卷13，頁573）

事實上膩情為剛骨所持的情形甚少，反倒是剛骨大都為膩情所牽，有剛骨不足為奇，能制膩情，才是真正的英雄豪傑。不能制膩情，反為膩情所制，即是情欲的沉溺，小修就是此種情況：絲竹、粉黛、肥

---

5 所以強調民間之真者，前提均是厭惡士大夫的虛矯，因此真詩在民間，其實是有激而然，不能視為真實的現象。如果士大夫不虛矯，這些文士是否仍會推崇民間文學，頗令人存疑。周作人論新文學的源流，上溯公安、竟陵、桐城，根本就是知識分子的文學，與強調民間文學者不類。參考《中國新文學的源流》（上海市：華東師範大學出版社，1994年9月），頁17-51。

甘、安逸、光榮，無一不具備。性喜奢華、愛好美色、沉湎山水、追求功名，構成了小修的日常生活。小修很清楚的知道要「保其剛骨，制其膩情」，但仍不敵情欲的牽引：

> 吾平生固無援琴之挑，桑中之恥，然游冶之場，偶家桃李之蹊，或未得免緣。……又以遠游常離家室，情慾未斷，間一為之。迄今漸斷，自後當全已矣。……若夫分桃斷袖，極難排豁。自恨與沈約同癖，皆由遠游，偶染此習。（〈心律〉，《珂雪齋集》，卷22，頁954-955）

愛好女色，絕非間一為之，李贄問其志向，小修即曾云：「我從來只愛齊人，家有一妻一妾，又終日覓得有酒肉。」（〈柞林紀譚〉，《珂雪齋集》附，頁1481）愛好男色，也非偶染此習，嘗形容李贄「不入季女之室，不登冶童之床」，自己則是「不斷情慾，未絕嬖寵」（〈李溫陵傳〉，《珂雪齋集》，卷17，頁725）。縱欲過度，每有大病，但病癒之後，縱情肆意，輒復如故，這些都不是小修輕描淡寫所能遮掩。

　　小修並非不知這些行為的誤謬荒唐，一方面將其行為合理化：以為終身奔波，享世間之光榮，造物者不忌，是因苦多樂少，世外清淨之樂，才是真樂，所以造物者不予（《遊居柿錄》，卷12；《珂雪齋集》，頁1393）。世俗的生活，在此解釋之下，具有神聖的性格，正因世俗是苦，我們才要歷練，是以所追求的是苦而非樂。果真如此，誰要追求「樂」？因此這純粹是藉口。然而藉口只能防他人的譏評，卻不能讓自己心安，所以另一方面借著山水逃避世間情欲的糾纏：

> 一者，名山勝水，可以滌浣俗腸。二者，吳越間多精舍，可以安坐讀書。三者，學問雖入信解，而悟力不深，見境生情，蟻

　　　途成滯處尚多，或遇名師勝友，借其霧露之潤，胎骨所帶習
　　　氣，易於融化，比之降服禁制，其功百倍。（《遊居柿錄》，卷
　　　1；《珂雪齋集》，頁1105）

見境生情的「境」，其實就是人間俗世，為了避開此境，所以才沉湎
山水，山水在小修，成為一工具。伯修是借著山水悟道，中郎則視山
水為粉黛[6]，小修除視山水為粉黛外，更則借山水逃避世情。山水對
三袁而言，都不是最後的歸宿，只是其達到目的的過程。人與山水之
間，很難合而為一，這就是小修山水遊記多議論的緣故。小修雖自稱
有冶遊癖，但真正的內涵是「東西遊覽，亦非耽情山水，借此永斷情
欲」（〈寄雲浦〉，《珂雪齋集》，卷24，頁1012），好居舟中，也是「飲
食由己，應酬絕少」，可免「既醉之後，淫念隨作」（〈飲酒說〉，《珂
雪齋集》，卷11，頁906）。山水之所以可與冶遊並列，就在二者經常
是一體兩面：

　　　兄書中道及嘲胡仲修語，將謂世間人遊山水者，乃不得粉黛而
　　　逃之耳，非真本色道人也。此真覷破世人伎倆也。弟則謂不得
　　　繁華粉黛，而能逃於山水以自適者，亦是世間有力健兒。（〈答
　　　錢受之〉，《珂雪齋集》，卷24，頁1026）

粉黛與山水，根本可以相互代換，不得於此，可得於彼，都是人間至
樂。在此狀況下，山水與粉黛都是欲，想借著山水斷欲，無異於以欲
斷欲，幾乎可以斷言，不可能達到。「目解玩山色，然又未能忘粉黛

6　周師質平即認為袁宏道的山水遊記，山水、女色、美酒並沒有太大分別，它們都只
　　是一種快樂的源泉。見《公安派的文學批評及其發展》（臺北市：臺灣商務印書
　　館，1986年5月），頁87。

也；耳解聽碧流，而然又未能忘絲竹也。」(〈西山十記之十〉，《珂雪齋集》，卷12，頁542)在此則想彼，在彼則想此，原因就在二者可以相通。小修最後斷欲，並不是流連山水，而是年紀漸長，不得不然。非人能斷，實天使之，所以之故，在力不能也(〈寄戴巴縣忠甫〉，《珂雪齋集》，卷25，頁1083)。此時的山水，才轉化成「無情有致」的對象，而能真正融入其中。

(三)學習禪法

哀生失路，自居豪傑，不僅僅是小修的生命形態，也是其創作形態。小修對此，頗有所期望：有所編纂，以垂後世(〈寄汪大司馬靜峰〉，《珂雪齋集》，卷25，頁1090)。與此同時，卻也對文學創作有所懷疑：

> 初，慎軒、中郎與予共修蓮社之業，遂欲棄去筆研。故予庚子以後，詩文俱不存稿。慎軒亦然。惟中郎曰：「慧業文人學道，豈可盡廢文字？即有之，亦係秀媚精進。」(《遊居柿錄》，卷11；《珂雪齋集》，頁1369-1370)

小修所懷疑的是文學與學道無關，甚至有礙學道，所以要毀去文稿。中郎則以為文學仍有助學道，且可協助精進。[7]然而今日所存小修作品卻甚多：《珂雪齋集》有25卷，《遊居柿錄》13卷，《祚林紀譚》1卷。錢謙益也認為其遊記若能刪除泰半，便能追配古人(《列朝詩集小傳‧袁制儀中道》，丁集中，頁569)。錢氏所指摘甚確，《遊居柿

7　中郎其實也有類似問題，對其文學作品，頗為自得，但又以為「一切文字，皆戲筆耳」，惟有「性命之學，則真覺此念真切」。見《袁中郎尺牘》，頁31，《袁中郎全集》，臺北市：世界書局，1980年11月。

錄》與其單篇遊記，確有許多重複之處，甚至與若干傳記也有重疊。
這種現象與小修所說完全不符，錢謙益曾有分析：

> 小修嘗自敘《珂雪齋集》，謂其詩文不及古人者有五，欲付之
> 一炬，而名根未忘，不忍棄擲。又謂出世則以超悟讓人，退而
> 修香光之業；用世則以經濟讓人，退而居仕隱之間；修詞則以
> 經國垂世讓人，姑存其緒言，以當過雁之一唳。（《列朝詩集小
> 傳・袁制儀中道》，丁集中，頁569）

從此可見出小修的整個生命，其實是充滿了矛盾衝突：想要焚毀文
稿，卻又割捨不下；想要出世修道，卻又惟恐悟力不足；想要經世濟
民，卻又擔心能力不足；想要以文章傳世，卻又認為不及古人。出世
與入世、仕與隱、文稿的存與焚、山水與冶遊，在在構成一選擇的
情境。

　　這種情境，不僅僅表現在生活，更表現在生命價值；不僅僅是小
修，也是伯修、中郎的問題。前者是在儒、釋、道之間的徬徨，後者
可從〈石浦先生傳〉、〈中郎先生行狀〉見出。亦即這是公安派的基本
問題，最後並形成一大轉折。伯修最先是學道教長生之術，後來才轉
向佛教，這一變化，予以中郎、小修極大影響，三袁好友黃平倩也說：

> 自官於京師，得聞性命之學，然終旁皇於長生無生之間，而未
> 有定也。丁酉入都，得遇君家兄弟，力為我拔去貪著濁命之
> 根，始以清泰之樂引我。既又得聞向上大事，從知解稠林中
> 出，如掃葉，如撥筍，今始坦然知歸。（〈自柞林至西陵記〉，
> 《珂雪齋集》，卷12，頁543）

在宗教信仰上，三袁也徘徊在道教、佛教，長生、無生之間。小修即說「邇來喜讀竺西書」，又說「我老最愛陶弘景」（〈贈張白瑜〉，《珂雪齋集》，卷6，頁255）。其實與黃平倩的問題相同。由長生轉向無生，意謂由道教轉向佛教，亦即由追求形軀的永存，轉向超越此世，由生死流轉，轉向諸法無實體，因而無生無滅。然而在此世之時，小修就已沉溺酒色，難以自拔，又何能超越？這與小修最初學佛有關。

小修學佛，最初從禪宗入手，禪宗可分公案禪、看話禪。前者是將禪宗祖師悟道的故事，編成語錄，稱為公案，教導禪者證道。公案本是法庭案牘，用以判斷案情，語錄稱為公案，借以判斷禪者是迷是悟。至南宋大慧宗杲（1089-1163）以為公案禪流於知解，失去意義，於是倡導看話禪，專門參究「無」字話頭，較之公案禪更簡捷有力。中郎、小修即是修看話禪：

> 以明居士來，因相與論學。予曰：「數日來，覺前此愧悔處極多，不是小失，庶幾追之將來。」以明曰：「畢竟如何做工夫？」予曰：「除參話頭無工夫。」以明領之去。（《遊居柿錄》，卷9；《珂雪齋集》，頁1307）

參禪所以見性，然而悟道見性之後，仍須不斷修持，以滌蕩積習。可是小修只教人參話頭，參話頭即工夫，因而失去了真正修持的工夫，最後演變成狂禪。只重義理，不重戒律。縱情肆欲，即在這種情況下產生。小修其實是有深刻自覺，所以曾說：「愚兄弟少與聞禪家悟性之旨，而不留心養生之術。」（〈寄吳揚州〉，《珂雪齋集》，卷25，頁1096）不留心養生之術，其實就是只重禪悟，不重修持，其結果是中郎早逝，小修身體日差，推究原因，與縱情聲色有關，而理所當然的

縱情聲色，則與其狂禪有密切的關聯。[8]小修在這一封信還有所保留，但在敘述另一件事時，對狂禪之弊有深入分析：

> 族兄繼洲，名秩宗，業儒，不得志於場屋。中年學道家言，飲食起居，極其謹慎。後又學禪，有盲禪語之曰：「禪惟悟性而已，一切情欲，當恣為快樂，於此原無妨礙。」繼洲欣然從之，飲啖任情，且多不戒衽席。久之遂病，嘆曰：「使我常學養生言，病不至此！盲禪啟我以事事無礙之旨，未免恣意任習，本為放下，卻為放逸。知拘檢為非，不知流遁尤錯。而今而後，知古人戰戰兢兢，臨深履薄，是吾人保命符。已矣！已矣！盲師誤我也！」（〈書族兄事〉，《珂雪齋集》，卷21，頁907）

其族兄可說是典型的晚明知識分子：致力科舉，卻履試不售；於是轉而學道，以求長生；又轉而學禪，卻在狂禪影響下，走向恣意妄為之路，放蕩、嗜酒、好色。然又以為此即是道，於是更加狂蕩放縱。放下轉為放逸，反對拘檢，轉為流遁，更道出了與本意背反的過程。這何止是其族兄，根本就是中郎、小修的寫照，不僅生活如此，生命亦然，文學理論的發展也略同。[9]再加上小修認為修行即在塵世之間，

8　明末禪學，失於浮誇，不重戒律，已失去僧人所以為僧人的形象。見聖嚴《明末佛教研究》（臺北市：東初出版社，1987年9月），頁37；其時僧侶對禪學的批評，另見其《明末中國佛教之研究》（臺北市：臺灣學生書局，1988年11月），頁75。

9　邱敏捷即指出中郎的「獨抒性靈」，目的在表現「我」，而其源頭在「心」，我是由心中發出，此心即如來藏真常心，包含萬法，且能生萬法。見《參禪與念佛——晚明袁宏道的佛教思想》，頁97-100。龔師鵬程也分析禪宗破執，是連禪本身也不能執著，這種破執任性的態度，當然使他不滿於任何格套成法，亟欲脫黏解縛。見〈死生情切——袁中郎的佛教與文學〉，收入《晚明思潮》（臺北市：里仁書局，1994年11月），頁147-150。

不必他求，於是以歷盡塵緣的方式學禪，終不免沉淪塵世。所以小修說：「放逸與放下不同，放逸正為物轉，放下始能轉物。」（〈張雲影〉，《珂雪齋集》，卷23，頁990）最後終於理解工夫的重要：

> 比來誤認本體現成者，專言樂而不言惕，放逸自恣，任情縱欲，即在凡民不可，而況有志證聖成佛者乎？（〈寄王章甫〉，《珂雪齋集》，卷23，頁1008）

就從這裡，小修的生命有一轉變。對往昔的狂禪，有所反省，頓悟之外，也講究漸修，指出李贄一筆抹殺修持，是其大病痛處（《遊居柿錄》，卷8；《珂雪齋集》，頁1302）。不再崇拜李贄，意謂中郎、小修已發現自己的缺點，而這些缺點，多少與李贄的狂放有關。對「酒肉不礙菩提，淫嗔無妨波若」的態度，也深惡痛絕（〈與段幻然〉，《珂雪齋集》，卷25，頁1062），但這些行為，小修無一不曾為之，且只有過而無不及，如今卻有如此相反的認知，正代表小修對以往行為的深自悔抑。

三袁之學，均經過這一轉變的階段，小修也極力說明伯修、中郎的生命風格。伯修先學道教，又學禪學，最後讀孔孟書，才知至寶原在自家，而對其時禪學，伯修也有嚴厲批判：

> 當是時，海內談妙悟之學者甚眾，多不修行。先生深惡圓頓之學為無忌憚之所託，……。（〈石浦先生傳〉，《珂雪齋集》，卷17，頁709）

伯修見到禪悟之弊與修行的重要，小修寫下這一往事，就在為公安的狂放辯白，公安派絕不像時人所評，蔑視禮法，狂縱自肆。這在為中

郎辯護時，表現得更為明顯。文學歷經三變：最初是師心不師古，即
著名的「獨抒性靈，不拘格套」；其次是居柳浪六年，「入真入俗，綽
有餘力」；最後是主試秦中，「渾厚蘊藉，一唱三嘆」。整個過程，由
不拘格套，轉為重視律法；由輕視學問，轉為學習古人；也就是由空
疏漸轉為厚重。生命的轉變亦然：

> 天生妙姿，不鏤而工，不飾而文，……。踰年，先生之學復稍
> 稍變，覺龍湖等所見，稍欠穩實。以為悟修猶兩轂也，向者所
> 見，偏重悟理，而盡廢修持，遺棄倫物，俪背繩墨，縱放習
> 氣，亦是膏肓之病。……先生宦況漸冷，有意棲遲，遂定臥遊
> 之計。其學亦日趨平淡，……。（〈中郎先生行狀〉，《珂雪齋
> 集》，卷18，頁758，762）

中郎最初逞其天縱才情，顯現其原始美感；然而這種原始美感，若未
斂才就範，極易沉湎於世情，所以漸悟修持的重要，其實也就是規範
的重要；狂放的性情經過淘練，洗刷俗世的色彩，最後歸向於平淡。
三袁所以引人欣賞，就在三人雖然縱欲任情，只求自適，不問毀譽，
但其實深知不能僅止於此，所以不斷的在情欲的沉淪與超拔中掙扎，
最後均能擺脫情欲的糾纏。而小修的三層人生境界，即借著對伯修、
中郎的描述，說明人不應只停留在情欲，因而彰顯了人存在的意義。

四　結論

　　伯修、中郎、小修為學，有一共特色，即探討生死，且均糅合
儒、釋、道處理此一問題。伯修回到儒家，中郎轉向淨土，小修不屑
為凡，也不敢為聖，只願為一文字豪傑悟道。所以生活蔑視禮法，文

學不拘格套。這一豪傑生命，卻為膩情所制，於是喜好奢華、沉湎美色、追求功名，成為其日常生活。小修自知荒唐，只能以山水逃避情欲的糾纏，山水在小修只是工具，最後是因年紀漸大，才擺脫情欲，真正欣賞山水。然而這欲以文字悟道的豪傑，仍對文學有所懷疑，原因在其禪學，最初只求頓悟，全不理會悟以外的事，走上狂禪之路。隨著時間的消逝，小修逐漸反省到缺乏修持的缺失，開始強調工夫。其〈石浦先生傳〉、〈中郎先生行狀〉，也記載了兄弟之間這種的轉變。這種轉變即意謂從「下層貯妓樂，賓酒召冶遊」上升至「上層以靜息，焚香學薰修」，擺脫情欲糾纏，突顯人存在的意義。

孫奇逢的生命風格

摘要

　　本文旨在論述清初學者孫奇逢一生特殊的生命風格。首論其思想重在實踐，次論其生平志向之變化，三論其論學在於存在意義之反省，四論形軀生死無憾之超然，最後歸結能破除名利之心，關鍵仍在學者主體自覺。

關鍵詞：孫奇逢　清代經學　天理

　　孫奇逢，字啟泰，號鍾元，河北容城人，生於明萬曆十二年（1584），卒於清康熙十四年（1675），享年九十二歲。明亡後歸隱容城講學，後因莊園被圈入旗，移居河北新安，未幾又南遷河南輝縣蘇門山，晚年居蘇門山附近之夏峰村，四方學者歸之，所居成聚，居夏峰凡二十五年，清廷屢徵不起，學者稱夏峰先生。

一　思想：實踐的路向

　　孫奇逢學術淵源，據其自述：

> 某幼而讀書，謹守程朱之訓，然於陸王亦甚喜之。（《夏峰先生集・寄張蓬軒》，卷2，頁50）

因此孫氏甚不喜學術門戶，欲從理論上消融程朱陸王之異：

> 萬物無所不稟則謂之曰命；萬物無所不本則謂之曰性；萬物無所不主則謂之曰天；萬物無所不生則謂之曰心；其實一也。古之聖人，盡性立命知天，皆本於心，故但盡其心而已矣。（《語錄》，頁74）

心與性的異同，正是程朱陸王的大爭執處，且因為本源的不同，工夫也互異。可是孫氏在此處，全無分別，認為其中內涵完全相同。這並不是單文孤證，在其《語錄》中，經常有此議論。然而並不表示孫氏不能掌握程朱陸王兩系的不同，如此說法，有其深意，想去除理論上的對諍，將之轉化為實踐工夫，「盡其心而已矣」就已暗示了此一路向：

> 我輩今日要真實為紫陽、為陽明，非求之紫陽、陽明也，各從
> 自心自性上，打起全付精神，隨各人之時勢身分，做得滿足無
> 遺憾，方無愧於紫陽、陽明。無愧二子，又何慚於天地，何慚
> 於孔孟乎？（《夏峰先生集・與魏蓮陸》，卷2，頁56）

讀書的目的，是要上尋孔孟，尋求之道，不在爭朱陸異同，而是從各
人心性做起，至於進路，則是隨每一人的性分而定。如是觀念，看似
未提出具體方法，詳究其實，這正是最能配合本身的工夫。每一個人
都是獨立的個體，如何能以抽離具體情境的系統理論，加於其上？系
統化的前提是每一人都適合此一理論。然而衡諸實際，可能是犧牲若
干個人性情，以就此一理論。惟有在本身具體情境中，發展一己的理
想，才能創造適合自己的方向。程朱陸王，是一選擇的問題，選擇適
合自己性情，而不是爭論誰是誰非。孫氏以此消解朱陸之爭，消解
的方式，並不是從理論上處理，而是從實踐上履行，可以稱為實踐的
路向：

> 只求當下無欠缺、無愧怍，便是深造自得之學。（《語錄》，頁
> 13）

如果學習程朱能無欠缺、無愧怍，即師法程朱；學習陸王能無欠缺、
無愧怍，即師法陸王。沒有固定不變的方法能達到目標，方法須選
擇、創造，但因目標是無欠缺、無愧怍，也保證了方法的合理，而不
致流於虛偽。然而這畢竟是內證，外人無由得知虛實。所以整個過程，
必須不斷反省、不斷實踐，此時當下的掌握，就成為重要的歷程：

> 人生最繫戀者過去，最冀望者未來，最悠忽者見在。夫過去已

　　成逝水，無容繫也；未來茫如捕風，無可冀也；獨此見在之
　　頃，或窮或通，時行時止，自有當然之道，應盡之心。乃悠悠
　　忽忽，姑待之異日，諉責於他人，歲月虛擲，壯懷空老，良可
　　浩歎。（《語錄》，頁152）

當下即現在，不斷的在現在實踐，即說明德性的永無止境。孫氏雖然
在理論上切斷過去、現在、未來的連續性，但在不斷實踐中，其實已
將三者連結。現在的實踐，是由累積過去而來，不斷的當下實踐，也
相當程度的保證未來的發展。孫氏所以不論過去與未來，就是所能掌
握者惟有現在，沒有現在，過去與未來也不存在。人就在此不斷實踐
之中，發展自我、完成自我。觀察孫氏生平，也可見到相同現象。

二　生平：志向的變化

　　孫奇逢嘗自述所仰慕之人：

　　天啟乙丑、丙寅，郭林宗、陳太丘其選也；崇禎癸未、甲申，
　　又屬之管幼安、田子春；迄今耄矣，其惟魏武公乎！（《語
　　錄》，頁5）

天啟乙丑、丙寅為天啟五、六年（1625、1626），孫氏時年四十二、
四十三歲，這兩年明朝在內政上，是宦官與士大夫衝突最激烈的年
代。魏忠賢（1568-1627）誣楊漣（文孺，1572-1625）、左光斗（遺
直，1575-1625）、魏大中（孔時，1575-1625）受熊廷弼（飛白，
1569-1625）賄，逮捕下獄，並毀東林書院。左、魏等與孫交好，孫
氏與友人力救，但仍不果。士大夫與宦官衝突，往往如此。回顧歷

史，或可稍有所變。郭泰（林宗，127-169）東漢末名士，「雖善人
倫，而不為危言覈論，故宦官擅政而不能傷也。及黨事起，知名之士
多被其害，惟林宗及汝南袁閎得免焉。」（《後漢書》，卷68，頁
2226）郭泰以品評人物知名，但其品評，頗為平和，所以不為宦官所
傷。這與孫氏觀念，有符同之處：

> 問：「非禮義之人而以禮義來，當何以應之？」曰：「以禮義心
> 應之而已矣。……處人之道，心厚而氣和，不獨待君子，即待
> 小人亦然。」（《語錄》，頁4）

意氣相爭，確是東漢末與晚明名士、宦官水火不容的原因之一，不完
全是君子小人之異。孫氏不僅以為須以禮待之，更須化小人為君子：

> 大臣當國，須有一段沉深博大之氣，不止容君子，並能容小
> 人；不止容小人，並能化小人為君子，纔是聖賢心腸、豪傑作
> 用。輕分門戶，先橫己見，奪小人應得之物，予小人難堪之
> 名，無惑乎彼之無復顧忌，而恣其反噬之毒也。仁人君子，有
> 教養之責者，俱宜念茲。（《語錄》，頁111）

其時名士，也確如孫氏所云，先分門戶，不僅君子與小人相爭，而且
君子與君子相爭。前者是宦官，後者是學派。美其名是爭是非，而不
免流於意氣，一旦流於意氣，是非也隨之而盡。孫氏性情如此，是以
在明末政爭中，能全身而退。且進一步效法陳寔（仲弓，104-187）：
「寔在鄉間，平心率物，其有爭訟，輒求判正，曉譬曲直，退無怨
者。至乃歎曰：『寧為刑罰所加，不為陳君所短。』」（《後漢書》，卷
62，頁2066）與其取禍於朝廷，不如教化於鄉間，所以四方來學之

士，絡繹不絕。建立文化價值，較之對抗政權，效果遠為深遠宏大。

　　然而時代的巨變，仍予孫氏極大的刺激。崇禎癸未、甲申為崇禎十六、十七年（1643、1644），孫氏時年六十、六十一歲，明代即亡於甲申。早在崇禎十一年（1638），即因地方盜匪為亂，孫氏與族人避居容城附近之雙峰村、百樓村，修明武備、講習禮樂，直至明亡。但國亡後，心境又一變，欲與三國時管寧、田疇比肩。管寧（幼安，西元158-241年），朝廷雖屢屢徵之，但不為所動，「志行所欲必全，不為守高」（《三國志》，卷11，頁358）。清廷也屢徵孫氏，以管寧比，也有全其節操、非為求名之意。但其志又不止此，田疇（子泰〔一作子春〕，西元169-214年），董卓專政，率眾避山中，「約束相殺傷、犯盜、諍訟之法」，「制為婚姻嫁娶之禮，興學校講授之業」）《三國志》，卷11，頁341）。孫氏隱居容城，實欲取法田疇，制法律、興禮樂、立學校，揆其心意，應是傳文化於不墜，而非割地自立，對抗清廷。這或可從其著作年代見出：順治三年（1646，63歲），才有門人纂輯其語錄，次年編輯《理學宗傳》，順治七年（1650，67歲）始撰《讀易大旨》，順治十六年（1659，76歲）《四書近旨》成，康熙元年（1662，79歲）《書經近旨》成，康熙五年（1666，83歲）始刊刻《理學宗傳》，康熙八年（1669，86歲）重定《讀易大旨》。這些著作，均始於孫氏六十一歲明亡之後，重整學術傳統的心跡，可以想見。其目的也可從下述得見：

> 善人君子，能位置一方，轉移一隅；堯舜周孔，則能位置千萬世，轉移千萬世者也。（《語錄》，頁70）

講學不輟，著作等身，無非欲轉移一世乃至千萬世。順治三年（1646，63歲），容城田園為清廷圈占供為采地，於是移居河北新

安，順治八年（1651，68歲），再南遷至河南輝縣蘇門山，次年馬光裕（玉筍，1611-1671）以蘇門附近夏峰村田地相贈，此後至逝世，除八十一、八十二歲間曾返容城外，均住在夏峰。在夏峰二十五年，著述講學之餘，尤注意人文化成：

> 天下無不可為君子之人，而有不可為君子之勢。習與眾君子居，則難乎其為小人也，非甚庸愚，即不欲為君子不可得也。習與眾小人居，則難乎其為君子也，非甚明睿，即欲不為小人，不可得也。（《語錄》，頁122）

孫氏即致力經營此「勢」，順治十四年（1657，74歲）作《中州人物考》，次年成《畿輔人物考》，在使學者有就近取法的對象；順治十七年（1660，77歲）成《孝友堂家規》，康熙六年（1667，84歲）成《家禮酌》，則在教學者從身家做起，建立規範與禮制，以期求得聖人之心。

此時心態，與韓琦（稚圭，1008-1075）接近，「琦天資樸忠，折節下士，無貴賤，禮之如一。尤以獎拔人才為急，儻公論所與，雖意所不悅，亦收用之，故得人為多。」（《宋史》，卷312，頁10229）孫氏居夏峰，弟子亦相從，且有來拜師者，其中以湯斌（孔伯，1627-1687）最著。

考其生平志向雖有變化，但貫穿其中而不變者，厥為文化傳統，融合朱陸、以禮義待小人、以學問轉移人心、訂定家禮，都是在這一傳統下為之。若欲再詳探其深意，則須論究孫氏對「學」的認知。

三　論學：存在的反省

孫奇逢以為學問的目的在成為聖人：

> 或問：「學何為也哉？」曰：「學為聖人而已。」（《夏峰先生集‧四書近旨序》，卷4，頁107）

此時的生命，呈現立體性質，一如牟宗三先生所云，是「境界形態」的學問模式，治學的目的，不再是研究客觀知識，而是心靈的提升，層層上遞，永無止盡。亦即這是「生命的學問」，讀書是為了刮除生命的雜質，使之回復原本的純美。在此一前提下，天下何處非學問？是以天理無所不在，而均能有助於吾人成聖：

> 學以聖人為歸，無論在上在下，一衷於理而已矣。理者乾之元也，天之命也，人之性也。得志則放之家國天下者，而理未嘗有所增，不得志則欽諸身心意知者，而理未嘗有所損。（《夏峰先生集‧理學宗傳序》，卷4，頁111）

理既然無所不在，體認天理，即成為入手工夫：

> 學問之事，在躬不在口，隨時隨處體認天理，此外更無他說。（《孫夏峰先生年譜‧康熙14年乙卯92歲條》，卷下，頁85）

天理隨處可體認，仍然過於抽象，天理的具體內容為何，又如何體認，整個實踐過程，有待進一步說明。對學者困難的問題，孫氏卻簡捷的回答：

> 日用飲食之間，可以證聖，世人莫之信也。（《孫夏峰先生年
> 譜‧順治17年庚子77歲條》，卷下，頁51）
> 日用飲食之間，可以證聖，行庸德謹庸言，不以饑渴之害為心
> 害，聖人之能事畢矣。（《語錄》，頁69）
> 學問之事，要得趣於日用飲食，而有裨於綱常名教。（《語
> 錄》，頁43）

日用飲食之間，可以證聖，只是普遍原則，如何能臻此，並未指出；
在日常生活庸德庸言，才是實踐的方向，更進一步不為困窘所限；果
能如此，自有裨於綱常名教。整個過程，是以吾人有限的生命，面對
外在的環境，並以本身的行為，建立價值體系。人與環境之間，最易
引發人心流動者，首推物質的貧乏，不以此為心害，其實就是克己復
禮的路向。原來成聖之路，不假外求，就在吾人本心之中。

　　學既是以聖人為標的，對不知學的人，有嚴厲的批評：

> 從來不知學之人，以無人管束，恣意縱情為快。（《語錄》，頁
> 21）

學即是管制自己的情意，讓追逐外物、日漸流蕩的情意，回到禮的架
構中。以孫氏的用語即是「性其情」而非「情其性」（《語錄》，頁
155）。前者是以性規範情，性又是理，即是以理、性、禮，作為限制
情的發展。反之則是以情為性，將情視為宇宙間最高的原理。以情為
性，即以食色為性，將人類的原始本能與需求，視為理所當然，縱情
肆欲，自是必然的結果。晚明雖講究理學，但卻人欲橫流，或即淵源
於以情為性。孫氏亦云：

食色為性，今古沉迷，悅而甘之，不問愚知，非道學自修之
士，鮮能不以為心害者，認以為性，流弊無窮。……從古帝王
聖賢，經世立教，只是令此食色二字，一歸於禮而已矣。(《語
錄》，頁55)

其流弊即在於原始本能與需求既是天理，人人均有此本能與需求，人
人即具有天理。此時天命的嚮往、存在的反省、終極的關懷等，俱淹
沒在情意之中。無論賢愚不肖，均可在此前提下，獲得普遍的平等：

獨悠悠忽忽，到處視為無罪過之人，破先聖格律，以自適其猖
狂恣睢之意，吾不知之矣。(《語錄》，頁57)

晚明的破除格律，不僅文學為然，思想也如此。應該是說，破除格律
成為普遍的信念，貫穿到文化的各個部門：行為模式、文學創作、思
想方法、歷史解釋，都充斥著類似的觀念。然而無罪過之人，畢竟只
是立基於破除先聖格律，只有破而未有立，只是不受名教的簡束，這
一發展，略有兩種方向：一是繼續不斷的批判名教，日益激烈；一是
反省此一觀念，回到名教約束。晚明發展，大致可說是第二種方向。
孫氏則是極力拉回逐物之心，除了悟本心之外，更重視修持，亦即除
「了悟良知」，尚須「致此良知」(《語錄》，頁1)，悟與致，即體會與
實踐。其方法在觀心識吾：

吾有身，天人參焉者也，仰焉而無愧於天者何在，俯焉而無怍
於人者何在。不能令此身之不愧不怍也，而謂識吾乎？(《夏
峰先生集·識吾說》，卷8，頁248)

這是體會，實踐則在於：

> 真正豪傑從戰兢惕勵中來，能戒慎恐懼，纔能破懼，到得能破
> 懼時，則喜怒哀樂亦無甚不中節處。（《語錄》，頁24）

其實這正是孫氏一再強調的隨處體認天理。《禮記・曲禮》曾云：「鸚
鵡能言，不離飛鳥；猩猩能言，不離禽獸；今人而無禮，雖能言，不
亦禽獸之心乎？」孫氏論學，就在發掘人的本心，提升人的境界，使
人脫離禽獸的世界。

四　形軀：生死的無憾

　　脫離獸籍，復轉為人，並進而希求為聖人，這是孫氏自教教人的
最高目標，但即使是臻至聖人，也不是完美無缺。具體生命的有時而
盡，即是每一人須面對的現實。然而大部分的人並未能面對此一人生
最大的限制與困境，不是避而不談，即是企求長生：

> 長生之說，久中於貪生者迷妄之心，結成誕幻之夢，不知人無
> 百年不滅之形，而有千年不朽之心。（《語錄》，頁83）

形體長存是一迷妄，可恃者惟心，亦即惟有一己之身所留下的精神，
可供後人範式，才能永遠存在，所謂堯舜周孔，能轉移人心者在是。
欲完成此一目標，進路仍在生命進境與道德修養：

> 昔人謂天地之性即我之性，豈有死而遽亡之理，此說亦未為
> 非。但不知天與我以性，我果能盡，則形雖亡而此一段精氣神

理，當自常存於宇宙間；若不能盡，則當生時而神理已亡矣。朝聞夕可，謂不聞則罔生耳，與腐草何異？（《語錄》，頁103）

天地之性即我之性，意思是具體生命可借著「性」與天地相通，此時性究竟何所指，並不能了解。但這一講法，略有形滅魂存之意，所以孫氏未加許可。盡性知天，則是生命與天理合一，純粹人格，留存世間。先聖先賢所開創的典範，就在我之中；我所承繼的典範，也將留於後世。生死的無憾，是以義理形式存之，主體融入客體之中，精氣神理與文化歷史合流，只要文化歷史長存，此一精氣神理即長存，人以此特殊形式長留世間，初無與於鬼神：

> 人莫不艷稱長生，夫子獨曰朝聞夕可，蓋聞道即長生也，不聞道是謂夭死。（《語錄》，頁141）

能否與聖賢契合的關鍵，即在於能聞能悟，才能感知聖賢世界，反之，徒具人形，距禽獸不遠矣：

> 學問喫緊，當先透生死之關，此關一透，功名富貴，自可不消費力，人人能念念不忘死候，日夕戒懼，臨深履薄，自不敢恣情縱欲，作越理犯分之事。（《語錄》，頁31）

透生死之關，是可以破除名利之心，但一思及人生必死，未必會戒慎恐懼：既然人生必死，何須戒慎恐懼？所以另一可能的發展正是恣情縱欲。有人略無忌憚，因成小人，其原因可能在此。所以還須更進一步的自我反省，使不成為小人。最後的關鍵，仍有賴於學者的主體自

覺。這一回歸主體自覺的終極趣向，其實未必能有效規範客觀世界，理論仍有缺口，但正如孫氏所說：

> 問：「世界多缺陷，人情多苦趣，不知如何方是圓滿？」曰：「若求無缺陷之時，天地有所不能。」（《語錄》，頁81）

求無缺陷，天地不能，就讓缺陷還諸天地。

天遊：康有為的生命型態

摘要

　　本文說明不斷的詮釋傳統，固然可以彰顯傳統的價值；而傳統又是不斷的透過自我解釋，因而也肯定自己存在的價值。萬方固然多難，腐儒絕非空憂，意氣縱橫，躍入苦海，志士苦辛，表現在與民同憂。來此世，自為眾生而來。以公羊三世變法維新，就在回復三代盛世。人生有時而盡，外在環境無論如何美好，我們終究須面對生命的苦痛，無關於外在環境，所以這是生命的本質困境。眾生固然悲苦，但康有為本身生命並不是充滿悲苦，時云遊戲人間、或曰歷劫俗世，金身偶現、誤入塵網等，這是為救眾生，我生不得不如此，是以超越我觀實存我，所呈現的情境。

關鍵詞：康有為　天遊　公羊學　三世說

一　緒論

　　清末民初是一文化變遷劇烈的時代，此一變遷既源自傳統內部，也源自傳統外部。道光二十年（1840）中英鴉片戰爭，是近代中國與西方接觸之始，也是中國連串屈辱之始。但在這一時期，仍有許多學者專注於傳統學術研究，對西學不甚措意。例如陳喬樅（1809-1869）《三家詩遺說考》作於道光十八年（1838）至道光二十二年（1842）；包世臣（1775-1855）《安吳四種》作於道光二十四年（1844）；咸豐四年（1854）陳澧（1810-1882）作《漢儒通義》，其時太平軍已定都江寧；咸豐九年（1859）鍾文烝（1818-1877）《穀梁補注》初步完稿，次年英法聯軍攻入北京；王先謙（1842-1917）刊刻《皇清經解續編》在光緒十四年（1888）；孫詒讓（1848-1908）《周禮正義》成於光緒二十五年（1899），前一年戊戌變法失敗。

　　然而魏源（1794-1856）早在道光二十二年（1842）就開始撰《海國圖志》，系統介紹西方知識，王韜（1828-1897）約於光緒元年（1875）主張變法自強；薛福成（1838-1894）於光緒五年（1879）作《籌洋芻議》提出變法；鄭觀應（1842-1922）於光緒六年（1880）至光緒十六年（1890）年間，相繼完成《盛世危言》、《盛世危言後編》等，提倡重商思想；陳熾（1855-1900）於光緒十九年（1893）作《庸書》倡言學習西方以求自強。

　　兩種現象，宛如處在不同世界，偏偏發生在同一時空，說明文化變遷的複雜，外力的衝擊固然造成變遷，傳統的重詁也造成變遷。[1]

1　張灝於1970年說使中國文化內部的發展演變成思想變動，主因即是西方武力擴張與文化刺激，見〔美〕費正清（John K. Fairbank）、劉廣京編：《劍橋中國史·晚清篇1800-1911（下）》（臺北市：南天書局，張玉法主譯，1987年9月），第5章〈思想的轉變和改革運動〉，頁301-375，引述見頁301。但後來又修正這一見解，並舉例說

從傳統內部而論，無論傳統多豐富，仍不能窮盡所有問題，即使最偉大的天才，也無法照射後代所面臨的新情境。因此在大部分傳統尚能令人滿意的前提下，須重新闡述，即使是細微的修正，也能補足傳統的缺失，維持傳統的權威。從傳統外部而論，原有傳統面臨其他傳統時，尤其是外來傳統挾其政治、經濟、軍事優勢時，原有傳統更易變遷。這些外來傳統所以會為人接受，造成原有傳統變遷，是因其明顯的優越性質。[2]晚清文化的變遷，無疑的受到內部與外部同時衝擊，傳統遭遇內外兩重批判，其中激擾震盪，可想而知。此時知識分子，必須重建新的思考方向，以穿越生命的迷津，走向自己所選擇的道路，掌握本身的生命。完全依照舊有傳統，無法穿越迷津；但完全捨棄舊有傳統，又無所依憑。傳統，就在這一情境下被重新解釋，[3]生

明，江南製造局自同治4年（1865）至光緒21年（1895）譯印西書，僅售出1萬3千本，晚清大儒朱次琦（1807-1881）、陳澧、俞樾（1821-1906）、黃以周（1828-1899）的著作，見不到西學蹤影，甲午以後，情況改觀，由於學堂、學會、報紙紛紛設立，西學逐步在士大夫間傳布，影響力漸增，見〈晚清思想發展試論──幾個基本論點的提出與檢討〉，《近代中國思想人物論──晚清思想》（臺北市：時報出版公司，1980年6月），頁19-33，引述見頁26-31。前後論點不同，即可見出近代文化變遷的複雜。又從梁啟超（1873-1929）：《中國近三百年學術史》、《清代學術概論》（臺北市：里仁書局合刊本，1995年2月）、錢穆（1895-1990）：《中國近三百年學術史》（臺北市：臺灣商務印書館，1980年1月臺7版）所討論問題，也未見西方衝擊的模式，但從郭廷以（1904-1975）：《近代中國史綱》（香港：中文大學出版社，1989年第3版4刷）、《近代中國的變局》（臺北市：聯經出版公司，1987年6月）、王爾敏：《晚清政治思想史論》（臺北市：華世出版社，1969年9月）、《中國近代思想史論》（臺北市：華世出版社，1977年4月）則處處可見西力衝擊對中國影響。取材的範圍自有影響──梁、錢以清代為主，郭、王以晚清為主──但不同的觀點，也會有不同的論述。

2　參考〔美〕愛德華・希爾斯（Edward Shils）撰，傅鏗、呂樂譯：《論傳統》（臺北市：桂冠圖書公司，1992年5月），第5章〈傳統為什麼會變遷：內部因素〉，頁263-295，引述見頁263-267，第6章〈傳統為什麼會變遷：外部因素〉，頁297-322，引述見頁297-299。

3　此涉及文化與個人的關係，參考〔美〕基辛（R. Keesing）撰，於嘉雲、張恭啟

命情調也呈顯與之前不同的風貌。[4]本文即採取這一進路,說明不斷的詮釋傳統,固然可以彰顯傳統的價值;而傳統又是不斷的透過自我解釋,因而也肯定自己存在的價值。[5]

二 憂世:萬方多難竟無休

魏源曾分析清代由盛而衰的原因:「黃河無事,歲修數百萬,有

譯:《當代文化人類學》(臺北市:巨流圖書公司,1981年3月),第11章〈文化與個人〉,引述見頁285;莊錫昌、孫志民:《文化人類學的理論架構》(臺北市:淑馨出版社,1998年11月3刷),第15章〈文化與心理人類學〉,頁225-239,尤其是頁233所引休(Hsu)所提出應研究人的欲求對維持或改變社會文化體系所發揮的作用。另參考龔師鵬程:〈俠骨與柔情——論近代知識分子的生命型態〉,《近代思想史散論》(臺北市:東大圖書公司,1991年11月),頁101-135,特別是頁131從文化人類學討論生命型態問題。在實際研究方面,陳少明、單世聯、張永義:《被解釋的傳統——近代思想史新論》(廣州市:中山大學出版社,1995年5月),即從經學、佛學、西學分析,說明傳統如何被重解。

4 如漢代天人哲學,魏晉以後即不居主導地位,而乾嘉漢學,顯然不包括漢人此一哲學。更確切的說,董仲舒「人副天數」的思想,清代《公羊》學者也未大力引申。凡此均可說明傳統並非一成不變,而是在時空流布中呈現、選擇、發展、轉化。

5 文學作品經由文學傳統形塑,文字整理編排,不完全等於作者傳記,亦即真實的作者與作品中的作者,不完全相同,讀者所理解的作者是作品中的作者,無從得知真實作者的心靈,參考〔美〕Rene & Wellek:《文學理論》(臺北市:大林出版社,梁伯傑譯,未標出版年月),第7章〈文學與傳記〉,頁94-102。但這並不意謂文學可遺世而獨立,〔美〕艾布拉姆斯(M. H. Abrams)以作品、藝術家、世界、欣賞者繪製三角形,說明其間複雜關係,世界即是作品所呈現客觀狀態,由人物與行動,思想與情感,物質與事件所構成,見《鏡與燈——浪漫主義文論及批評傳統》(北京市:北京大學出版社,酈稚牛、張照進、童慶生譯,1989年12月),第1章〈導論:批評理論的總趨向〉,頁1-40,引述見頁5。劉若愚稍加改變,以宇宙、作家、作品、讀者構成循環往復的圖形,作家對宇宙有所感受,展示在作品,傳達予讀者,見《中國文學理論》(臺北市:聯經出版公司,杜國清譯,1985年8月2刷),第1章〈導論〉,頁1-25,引述見頁13-14。本文重在呈現康有為生命型態,即從作品中窺知作者對存在的感受,描述此一感受外現的姿態,並非傳記研究。

事塞決千百萬，無一歲不虞河患，無一歲籌河費，此前代所無也。夷煙蔓宇內，貨幣漏海外，漕鹾以此日蔽，官民以此日困，此前代所無也。士之窮而在下者，自科舉則以聲音訓詁相高，達而在上者，翰林則以書藝工敏，部曹則以胥史案例為才，舉天下人才盡出於無用一途，此前代所無也。其他宗祿之繁，養兵之費，亦與前世相出入。」[6]北方困於黃河之患，每年耗無數經費，河道仍屢屢崩決，無救本之方；南方官鹽價高，導致私鹽盛行，官方取締，則官民相仇，坐視不問，則虧蝕累累；漕運運河淤積，從南到北，關卡重重，層層勒索；兼以鴉片入而白銀出，年年入超，國礎已危。[7]而士大夫非沈湎於聲音訓詁即遊賞於書法工藝，所以魏源倡導經世之學。清季危懼如此，康有為（1858-1927）在其詩作，也呈現盛衰交替的意象：

> 秦時廆堞漢家營，匹馬高秋撫舊城。鞭石千峰上雲漢，連天萬里壓幽并。東窮碧海群山立，西帶黃河落日明。且勿卻胡論功績，英雄造事令人驚。[8]

連天萬里，碧海群山，意象雄偉，立馬其間，自會有英雄造事之感，然而撫今追昔，盛世不再，秦漢只存在歷史之中，只是歷史記憶，而非真實情境，從歷史滑落到現實，又是另一番景況：

6　《魏源集·明代食兵二政錄敘》（臺北市：鼎文書局，1978年11月），頁163。

7　清朝治河、鹽政、漕運之弊，詳可見蕭一山（1902-1978）：《清代通史》（臺北市：臺灣商務印書館，1985年4月臺6版），第19章〈道光時代之內政與變亂〉，第95節〈道光之內政〉，頁880-885；孟森（1868-1938）：《清代史》（臺北市：正中書局，1984年11月臺8版），第4章〈嘉道守文〉，第6節〈道光朝士習之轉移〉，頁322-340。

8　〈登萬里長城〉，《汗漫舫詩集》，《康南海先生詩集》，卷2，頁18-19，影印民國26年崔斯哲手寫本，收入蔣貴麟編：《康南海先生遺著彙刊》（臺北市：宏業書局，1987年6月）。

　　潤道飛陰雪，群山亂夕陽。關城生白草，亭堠雜垂楊。立馬千
　　峰紫，盤鷹大漠黃。時平關路治，百里月蒼涼。[9]

由情生景，景總是以衰敗居多，斜陽、衰草、冷月，構成康有為北遊
大漠的基本情調，如「沙河荒城帶落日」，[10]「莫色落疲驢」，[11]北方
壯麗山河，在康有為筆下，似乎失去傳統昂揚之氣，充滿哀生失路
之感：

　　世味由來薄似霜，何堪燕市送年光。經過人事成流水，無限江
　　山付夕陽。四海舊交半墟墓，百年此夜幾壺觴。六街喧爆看鐙
　　去，又作京華夢一場。[12]

江山夕陽，百年堪傷，正道出民生多憂患的根本原因，生命必須處於
外在環境，外在環境的良窳，自會影響生命的情緒、欲望：「壯士覽
山河，長風動人愁。」[13]這一愁慘之心，一方面化為激勵萬民意志，
作〈愛國歌〉、〈愛國短歌行〉、〈干城學校歌〉等，自勵勵人，高唱：
「中華大地比全歐，全國同文宰亞洲。」[14]或是：「今為萬國競爭時，
惟我廣土眾民霸國資。」[15]宰制、稱霸代替落日、秋草，壯氣與哀
感，呈現鮮明對比。而我奮我武，不能改變日蹙國勢，於是另一方面
仍陷溺在生民苦痛之中。

9　〈由居庸關登長城還〉，《汗漫舫詩集》，《康南海先生詩集》，卷2，頁19-20。

10　〈夜宿沙河〉，《汗漫舫詩集》，《康南海先生詩集》，卷2，頁13。

11　〈秋尋碧雲寺失道夜宿田家〉，《汗漫舫詩集》，《康南海先生詩集》，卷2，頁21。

12　〈除夕與鎮南對酌〉，《汗漫舫詩集》，《康南海先生詩集》，卷2，頁34。

13　〈九秋登塔高吟〉，《汗漫舫詩集》，《康南海先生詩集》，卷2，頁24。

14　〈愛國歌之九〉，《延香老屋詩集》，《康南海先生詩集》，卷1，頁10。

15　〈愛國短歌行之三〉，《延香老詩集》，《康南海先生詩集》，卷1，頁15。

時而低吟：「江山搖落空憂國，湖海飄零獨臥床。」[16]時而自問：「腐儒心事呼天問，大地河山跨海來。臨眺飛雲橫八表，豈無倚劍嘆雄才。」[17]身世家國，混而為一：

身世可堪逢百憂，萬方多難竟無休，死生契闊嗟吾輩，煙雨迷茫話小樓。[18]

萬方固然多難，腐儒絕非空憂，意氣縱橫，躍入苦海：「民生多憂患，志士多苦辛。」[19]志士苦辛，表現在與民同憂：「眾生有病我遂病。」[20]與民同病，不若與民治病：「眾生有病我仍來。」[21]來此世，自為眾生而來：「發願來人間，欲將亂世撥。」[22]晚清確是亂世，欲撥亂世，必須有具體完整方法：

16　〈訓陳逸山農部見贈〉，《延香老屋詩集》，《康南海先生詩集》，卷1，頁55。

17　〈秋登越王臺〉，《延香老屋詩集》，《康南海先生詩集》，卷1，頁31。

18　〈贈鄭大鶴同年之三〉，《納東海亭詩集》，《康南海先生詩集》，卷13，頁14。

19　〈為徐計甫編修寫扇兼呈高理臣給諫變曾王右遲侍御鵬運〉，《汗漫舫詩集》，《康南海先生詩集》，卷2，頁90。

20　〈偕若海公裕品茗不忍池中無著亭看月已而病若海以二詩來答之〉，《納東海亭詩集》，《康南海先生詩集》，卷13，頁9。

21　〈丁巳十月廿二日夕美使派文武吏士專車護送出京鐵寶臣尚書顧亞蓬侍郎商雲汀侍講即來慰問道謝並呈之三〉，《美森院詩集》，《康南海先生詩集》，卷14，頁26。丁巳為民國6年（1917），張勳（1854-1923）於徐州謀復辟，入京之前，問策於康有為，康有為為之草定復辟諸詔，重要事項有除苛稅、改新律、召國會、尊孔教、定官制等，事見吳天任：《康有為先生年譜‧民國六年條》（臺北市：藝文印書館，1994年11月），冊下，頁635-650；諸詔書見《丁巳要件手稿》，蔣貴麟編：《康南海先生遺著匯刊》第13冊。康有為哀憐生民，絕不止於情感抒發，而是有具體方法，應付世事，與傳統文人異。

22　〈辛酉七月祝徐君勉五十壽〉，《游存廬詩集》，《康南海先生詩集》，卷15，頁2。

夜夜登樓望大星，紫微帝座故熒熒。山河兩戒誰能考，廟社千
秋尚有靈。道喪官私惟帖括，政蕪兵食盡虛名。虞淵墜日難挽
救，漆室幽人泣六經。[23]

帝星雖熒熒，觀望仍夜夜，山河已有割裂之危，但盼列祖列宗佑護，
焦灼翻增，孤忠耿耿，憂世憂民，情盡乎辭；而士大夫帖括相高，沈
迷舉業，兵食大政，盡皆荒廢，見解一如魏源；挽清朝於墜落，捨六
經而何由？

聖統已為劉秀篡，政家並受李斯殃。大同道隱禮經在，未濟占
成易說亡。良史莫如兩司馬，傳經只有一公羊。群龍無首誰知
吉，自有乾元大統長。[24]

經雖有六，傳經卻僅《公羊》學：「撥亂春秋志，辛勤梁父吟。」[25]
《春秋》可以撥亂，撥亂的目的是導向太平，這在悼念譚嗣同
（1865-1898）、林旭（1875-1898）詩作極為明顯：「問吾談春秋，三
世志太平，其道終於仁，乃服孔教精。」[26]「商榷三世義，講求維新
理。」[27]孔子之教在《春秋》，《春秋》重在三世，變法維新，所據正
是三世說。這一系列講法，自是《公羊》學，而世人不知，感泣六
經，正為此故。重振斯學，舍我其誰？「擬經制禮吾何敢，蠟屐持籌

23 〈蘇村臥病寫懷〉，《延香老屋詩集》，《康南海先生詩集》，卷1，頁40。

24 〈門人陳千秋曹泰梁啟超韓文舉徐勤梁朝杰陳和澤林奎王覺任麥孟華初來草堂問學
   示諸子〉，《萬木草堂詩集》，《康南海先生詩集》，卷3，頁5-6。

25 〈丙辰二月五日送君勉回粵赴義兵討洪憲篡僭寫近詩付善伯歸示君勉〉，《納東海亭
   詩集》，《康南海先生詩集》，卷13，頁12-13。

26 〈六哀詩‧譚嗣同〉，《大庇閣詩集》，《康南海先生集》，卷5，頁89。

27 〈六哀詩‧林旭〉，《大庇閣詩集》，《康南海先生詩集》，卷5，頁92。

事未分。」[28]正欲回復這一套聖人之學。

三 憂生：人生憂患本來俱

生命固須面對外在環境，因而有種種艱險，但是外在環境仍可改變，借變法以易世，就是最佳例證：「慘淡風雲經幾變，轉移天地愧無能。」[29]以轉移天地形容變法，變法涉及根本改變，可以想見。變法失敗，欲於海外尋新地以存種族。這些想法，或有不易實踐處，然而進一步思考，變法成功，造境樂土，生命真能無憂？這就觸及生命本質，人生有時而盡，外在環境無論如何美好，我們終究須面對生命的結束，生死難安，正是生命最大的苦痛，無關於外在環境，所以這是生命的本質困境：

> 戊戌當年逮捕挐，天乎姊妹幸生逃。覆巢破卵原同難，持節環球聊自娛。世亂帝王亦難免，人生憂患本來俱。婆伽婆為破煩惱，長記天遊作天徒。[30]

戊戌政變，有幸生逃，與生而來的憂患，卻無所逃於天地間，從外在世界逐步進逼內在生命，指出世變固造成生命苦痛，人生憂患本來俱，則與世變無必然關係。婆伽婆意為世尊，諸佛之一，最主要功能

---

28 〈蘇村臥病寫懷〉，《延香老屋詩集》，卷1，頁39。

29 〈二月花朝紅海看月出風翻昔有一家骨肉三洲地之句久佚此詩補作之今余亦一家分住亞美非也〉，《南蘭堂詩集》，《康南海先生詩集》，卷11，頁35。

30 〈薇璧二女久別以母張氏夫人逝世來滬奔喪送喪於茅山事訖分散以七月十八日同行會少離多又有家國存亡之感老夫雖有天遊之學亦復悽黯不可為懷同遊半淞園拓影得詩四章送之之四〉，《游存廬詩集》，《康南海先生詩集》，卷15，頁9-10）

就是破除煩惱。本詩作於康有為晚年，康有為早年曾求助於道教[31]：

> 僊館清參讀道書，黃庭寫罷證真如。放生記輅周顒饌，池上雲
> 泉看巨魚。[32]

《黃庭經》是道教五大經典之一，為道教各派共同尊奉；真如則是佛教術語，意謂一切事物並無真實性，即一切法皆因緣生，一切存在皆受決定條件（因）與輔助條件（緣）決定，無獨立實在性，此即空性。周顒是南齊人，兼擅《老子》、《周易》，並精通佛理。引周顒自喻，其意甚明。詩後有自注：「吾居雲泉仙館曬書臺下之室數月，讀佛道書，館前引泉為放生池，中念眾生皆有血氣知覺，同苦痛刻，乃放魚而戒殺焉，齋一月而復，今方當人道競爭，以待太平世乃行也。」[33]由此詩可知，康有為雖以《公羊》應世，但面對生命困境時，則出入釋道，尤以佛教影響極大；而其大同思想，起源亦甚早。以戒殺為太平世方可行之，兩者有一定程度結合。這一結合，自不止於戒殺，而是對生命的根本認識：

---

31 康有為讀書西樵山在光緒5年（1879）至光緒8年（1882），時年22歲至25歲；元配張夫人妙華去逝，在民國11年（1922），時年65歲。見吳天任：《康有為先生年譜》，光緒5、6、7、8年，民國11年諸條，冊上，頁20-28，冊下，頁706-708。

32 〈讀書西樵山白雲洞之三〉，《延香老屋詩集》，《康南海先生詩集》，卷1，頁26。

33 康有為逝世後，其女康同璧（1883-1969）搜集遺詩，並於民國25年（1936）由弟子崔斯哲手寫，編成《康南海先生詩集》，民國65年（1976）經弟子蔣貴麟編入《康南海先生遺著匯刊》第20、21冊；1987年上海市文物保管委員會文獻研究部重編康有為詩集，根據手稿及抄本而成，名為《萬木草堂詩集》，與崔斯哲手寫本略異，本詩自注，即為崔斯哲手寫本所無。參考崔斯哲：〈康南海先生詩集跋〉，《康南海先生詩集》；《萬木草堂詩集》（上海市：上海人民出版社，1996年7月），「編者說明」，本詩自注見頁12。

> 家國牽連溺愛河，有身可患奈之何？預知歷劫懼喜受，最痛生
> 民憂難多。誓拯眾生甘地獄，備纏諸苦陷天羅。瞿曇巧慧先紆
> 避，宣聖兢持僅得過。[34]

家國，仍只是外在環境，最大的憂患來自有身。根據佛教教義，身由
五陰組成，色是一切色法的類聚，受是苦、樂、捨、眼等諸感受，想
是眼觸等所生諸想，行是意志，識是眼識等諸識類聚。亦即形軀、感
受、想像、意志、綜合認知感受外在世界能力，構成我們的身心。然
而形軀有生老病死，感受、想像、意志等有怨憎會、愛別離、求不得
等諸苦，生命就處於此一苦境。

四 天遊：且作諸天汗漫遊

　　康有為對憂生憂世的論述進一步揭示：其一是現實世界，即使再
美好，一如形軀，終有毀滅的一日，佛教講成住壞空，就在說明世界
的形成、持續、毀壞，再形成另一世界。康有為亦云：「天地大逆
旅，家國長傳舍。」[35]甚而直接指出：「世界本來有成壞，化城無礙現
華嚴。」[36]世界既然終將毀壞，勢須另尋不變的世界。既有不變的世
界，人就應生於此處，康有為建構天遊之學，並說：「大同之後，始
為仙學，後為佛學。下智為仙學，上智為佛學。仙佛之後，則為天遊
之學矣。吾別有書。」[37]其二則是斷盡煩惱，證成涅槃，絕非一般人

---

34 〈己酉除夕前二日酬梁任公弟寄詩並電問疾六章之二〉，《南蘭堂詩集》，《康南海先
　生詩集》，卷11，頁112。

35 〈登箱根頂浴蘆之湯〉，《明夷閣詩集》，《康南海先生詩集》，卷4，頁14。

36 〈遊印度舍衛城訪佛跡之八〉，《須彌雪亭詩集》，《康南海先生詩集》，卷6，頁10。

37 《大同書‧癸部‧去苦界而至極樂》，頁453。

所能致，極樂之境，本為全體人類而造，但發展至此，僅有少數菁英臻此境，豈非逆轉？能學仙者已甚少，但屬於下智，至於屬上智的學佛，更高層次的天遊之學，可想而知。

現身救世，自居教主，在我生與眾生之間，康有為其實是以君臨之姿俯視下界：「獨立嵯峨積金頂，俛看人世遍塵埃。」[38]正因人世遍塵埃，所以：「華嚴國土時時現，大地光明無語言，只是眾生同一氣，要將悲憫塞乾坤。」[39]這些都是哀憐眾生，而不是觀看我生。觀我生是：

> 山林小築觀天性，鵝鴨比鄰近物情。魚躍鳶飛參道妙，菊芳蘭秀識時行。山邊射虎看人猛，湖上騎驢觀我生。拄杖雲中日成趣，盪舟煙外月微明。[40]

眾生固然悲苦，但康有為本身生命並不是充滿悲苦，時云遊戲人間、或曰歷劫俗世，金身偶現、誤入塵網等，這是為救眾生，我生不得不如此，是以超越我觀實存我，所呈現的情境。至於超越我則是觀看世界，逍遙自得，頗類莊子性情。要能欣賞人間，首須斷離情感，否則時歌時哭，或悲或喜，不能壯遊人世：

> 壬戌之秋，七月十七日，餞同薇、同璧二女，酒後步月，薇、璧問《易》義，並及人天之故。明日行，無人間悲感之情，庶幾遊於人間，而不為人世所圍，則超然自在矣。[41]

38　〈雨夜宿白雲觀竟夕聞泉聲〉，《游存廬詩集》，《康南海先生詩集》，卷15，頁40。

39　〈示任甫之二〉，《汗漫舫詩集》，《康南海先生詩集》，卷2，頁85。

40　〈松雲徑至飲漾亭之二〉，《游存廬詩集》，《康南海先生詩集》，卷15，頁25。

41　《游存廬詩集》，《康南海先生詩集》，卷15，頁10。其詩為：「行時問易說經詮，不

此序作於民國十一年（1922），時年六十五歲，固是晚年定論；讀書
延香老屋時作：「縱橫宇宙一微塵，偶到人間閱廿春。」[42]此詩作於光
緒六年（1880），時年僅二十三歲，四十年間，情調不改，未可以晚
有進境當之。無情方能遊世，無情並非心如草木金石，而是無人間悲
感之情。佛教新譯眾生即作有情，即迷染於世情，為五陰緣合而成，
所以為煩惱所纏，不得解脫。觀眾生有情，觀我生無情。以有情觀眾
生，但又無力救世，只能寄諸遺憾於諸天：「孤臣無地可埋憂，且作
諸天汗漫遊。」[43]更進一步則是逍遙於諸天：

> 龐公能以目代耳，居德淳和物不攖。翠竹青桐階下立，瑤環瑜
> 珥眼前明。不憂不懼樂天性，全受全歸觀我生。安樂空中入非
> 想，天遊光裡聽天聲。[44]

佛教諸天，是欲界六天，色界十八天，無色界四天；欲界是有淫、
情、色、食四欲的世界，色界是無淫、食二欲卻有色身的世界，無色
界是心識居於深妙的禪定的世界。這是生命層級的劃分，未必有此世
界。康有為諸天，則運用近代天文、物理、地質等知識，說明宇宙的

似凡人傷別筵。記取天遊臺上月，伏生有女出人天。」康有為詩題有時甚長，類似
一篇小文，實可以序當之，另定詩題。伏生為漢初傳經諸儒中，年壽資歷最深者，
據《漢書·儒林傳》顏師古注引衛宏《定古文尚書序》：「伏生老，不能正言，言不
可曉也，使其女傳言教錯。」伏生所傳《尚書》是伏生口授，其女傳讀，朝錯記
錄，是最早的《尚書》傳本。康有為自喻伏生，其女喻伏生之女，以經學傳家應
世，固甚瞭然。又專論伏生作品，可參看程元敏：〈漢代第一位經學大師伏生〉，
《國文天地》，第7卷，第8期，1992年1月。

42 〈蘇村臥病寫懷之三〉，《延香老屋詩集》，《康南海先生詩集》，卷1，頁40。
43 〈壬戌十月十三日恭逢大婚慶典微臣蒙賞給御書天遊堂匾額又書福壽字各一方感
　　恩賦詩恭紀〉，《游存廬詩集》，《康南海先生詩集》，卷15，頁32-33。
44 〈贈朗夫之二〉，《游存廬詩集》，《康南海先生詩集》，卷15，頁56。

構成、地球的性質，所以指出佛所說諸天皆是虛想，[45]佛所說諸天確是虛想，必須從教理理解，不能指實。但其後康有為卻又建立其特有的形上天，從「欲天」至「元元天」，總計有二百四十二天，[46]「元元天」之上，又有「銀河天」、「渦雲天」，構成諸天，諸天各有教主，其智慧高於地球教主至不可思議之境，[47]又力主上帝必然存在，[48]致使《諸天講》一書，前後判若雲泥，難以索解。

諸天各有教主，顯然實指諸天存在，康有為只是說明諸天名義，並未從理論上證明諸天存在；地球教主何身分曖昧；地球教主與上帝關係不明。都是《諸天講》理論缺陷。[49]可以確知者是康有為自構一諸天學說，將自身投射於此形上世界中：「去去人間，寄想諸天。」[50]心遊諸天，俯視下界，以信念解消生命所遇的困境。聖人與教主，觀眾生與觀我生，交織夾纏，構成康有為渡人自渡的生命型態。

五　結論

晚清的激擾震盪，其時知識分子必須重新思考，尋求生命的出

---

45 《諸天講·佛之神通大智然不知日月諸星諸天所言諸天皆虛想篇第十二》，卷12，頁1，影印民國18年刊本，收入蔣貴麟編：《康南海先生遺著匯刊》。

46 《諸天講·諸天二百四十二天第十》，卷10，頁11。

47 《諸天講·佛之神通大智然不知日月諸星諸天所言諸天皆虛想篇第十二》，卷12，頁11。

48 《諸天講·上帝篇第十一》，卷11，頁3-4。

49 所以美籍學者柯文（Paul A. Cohen）諷刺這是「偽科學的形而上學的探討」，見《在中國發現歷史——中國中心觀在美國的興起》（臺北市：稻香出版社，林同奇譯，1991年8月），第4章〈走向以中國為中心的中國史〉，頁193-259，引文見頁201。譚嗣同亦然，見《仁學·仁界界說》，蔡尚思、方行編：《譚嗣同全集》增訂本（北京市：中華書局，1998年3月），頁291-293。

50 《南蘭堂詩集》，《康南海先生詩集》，卷11，頁1。

路。生命所活動的外在世界，其現象或是萬方多難，或可以《公羊》學理論為根柢，變法維新，以回復三代盛世，三世說就在這一背景下提出。康有為以願來人間，形容自我的生命型態。

生命的內在本質則不然，即使外在世界再美好，人終須面對生命的各種限制，種種限制構成了與生俱來的憂患，無所逃於天地間，康有為以心遊諸天消解這一困境。這是以超越我觀實存我所呈現的情境，從而無眾生悲感之情，只有我生之超然自在。

就對象而言，願來人間是觀眾生，心遊諸天是觀我生；就主體而言，我遊於人間與諸天；就表現形式而言，是歷劫俗世，遊戲人間。康有為以教主自命，這一遊的心態，或者更可以見出其風格。

康有為在日本的思考：物質與
文化的救國論

摘要

　　本文旨在論析康有為戊戌變法後東渡日本，對物質與文化救國之論述。首論康有為生命型態是一種自渡渡人的特質，次論戊戌變法即是其渡人志業的展現，三論其對救國之道的轉變，從物質到文化的體悟，揭示物質確為中國所缺，應向西方學習，然而道德則中土勝於西方，應尊孔讀經才能立足於世界，最後揭示康有為在日本的思考，不僅不同於時潮，甚至與戊戌變法時期有所不同，認為救國強民，不僅是政治制度改變，更應關注整體生活方式的反省。

關鍵詞：康有為　戊戌變法　救國論

一　緒論

康有為一名祖詒，字廣廈，號長素，一號更生，丁巳復辟失敗，改號更甡，晚年自號天遊化人。廣東省南海縣人。清咸豐八年（1858）生，民國十六年（1927）卒。綜觀康有為一生，可分為青年時期、長興講學、戊戌前後、海外流亡、民國成立五個階段。

康有為青年時期大約在三十歲（光緒十三年，1887）之前。少年時代泰半隨其祖父讀書，以舉業為重。十九歲至二十二歲從朱次琦（嘉慶十二年-光緒七年，1807-1881）受學，朱次琦予其巨大影響，康有為曾說師事九江先生（案：朱氏弟子稱其為九江先生）後，才知聖賢大道之傳。並與張鼎華（字延秋）交遊，得知京朝風氣、各種新書、道咸同三朝掌故等新知。二十二歲至三十歲，潛心學問，並應科舉考試，同時也遊歷香港、上海。科考履次不第，苦學卻有所成。其中也有若干曲折，二十二歲時潛心道佛之書，旋即中斷，二十三歲著《何氏糾謬》，二十九歲撰《康子內外篇》、《教學通議》等書，從《何氏糾謬》、《教學通議》等書，可知其經學仍為古文經立場，並未強分今古。香港、上海之行，則拓展其視野，從此不以夷狄視洋人，並開始閱讀西書。

長興講學時期約在三十一歲至三十七歲（光緒十四年，1888；光緒二十年，1894）。三十一歲北上赴京鄉試不售，遊京師各地。第一次向光緒帝上書，惟未能達於內宮。三十二歲康有為南返，與廖平在廣州會面，自是之後，康有為由經古文學轉向經今文學，並懷疑古文經真偽，曾著《毛詩偽證》、《周禮偽證》、《爾雅偽證》、《說文偽證》等書，三十四歲講學廣州長興里，先後著《長興學記》、《新學偽經考》，指出劉歆偽造古文經，今文經才是經學真傳，今文經又以《春秋公羊傳》為主，孔學大義重在變法改制，此一理念康有為一生未

變。梁啟超（同治十二年-民國十八年，1873-1929）也於此時從學康有為。並開始作《孔子改制考》。三十六歲中鄉試，次年入京會試，到京後因受傷南歸。康說過於激烈，清廷查禁其書，《新學偽經考》遭毀版，三十七歲避謗桂林，著《桂學答問》，目的是導引桂省弟子治學門徑，而其內容，一如長興講學。康有為一生經學思想，大抵奠定於此時，日後也以此為本，發揮其說。

戊戌前後時期約在三十八歲至四十一歲（光緒二十一年，1895；光緒二十四年，1898）。三十八歲再度赴京會試。此時甲午戰敗，中日議和，割遼東、臺灣，人心激憤，康有為聯合各省在京舉人聯名上書（即公車上書），但也未達光緒帝前。中進士，授工部主事，但不願到職。第三次上書，終於為光緒所見，命軍機處抄存。旋第四次上書，未達光緒前。在京建立強學會，並至上海立分會，集結士大夫，開啟風氣，介紹新知。一時精英雲集，但不為清廷所容，終被封禁。康有為出京。

三十九歲命梁啟超在上海辦時務報，繼續強學會未竟志業。返萬木草堂講學。作《日本書目志》，透過日本譯著，介紹西方新知，續撰《孔子改制考》、並作《春秋董氏學》賡續長興講學經學思想。四十歲北上入京，第五次上書，奉旨交總理衙門審議。梁啟超則入湖南長沙時務學堂講學，遵行康有為思想，推動湖南新政。

四十一歲康有為接連上書（第六次、第七次），並在京成立保國會。光緒召見康有為，未幾下詔變法，開始百日維新。然而梁啟超在湖南新政，已為湖南士紳葉德輝（同治三年-民國十六年，1864-1927）、王先謙（道光二十二年-民國六年，1842-1917）等攻擊，湖廣總督張之洞（道光十七年-宣統元年，1837-1909）也改變支持態度，新政諸措施在政變前即已近停頓，是為政變先兆。康有為此時作《俄彼得變政記》、《日本變政考》，以作為中國變法參考。《孔子改制

考》正式刊行。政變發生，六君子殉難，康有為獲英人協助，逃往香港，轉赴日本，梁啟超則得日人之助，東渡日本。

康有為至香港後，從此流亡海外十六年，是為海外流亡時期，四十一歲至五十六歲（光緒二十四年，1898；民國二年，1913）。四十二歲至加拿大成立保皇會。四十三歲抵新加坡接受英人保護，長住檳榔嶼。四十四歲遊印度，作《春秋筆削大義微言考》、《中庸注》，次年作《論語注》、《孟子微》、《大學注》，長興講學時期，康有為經學重在五經，此時以之前思想，注解四書。發表〈答南北美洲諸華僑論中國只可行立憲不可行革命書〉，顯現其反對革命立場，直至民國成立未變。四十七歲始遊歐洲，撰寫各國遊記，觀察各國政治文化。此後三度遊歐洲（49歲、51歲、52歲），體認中國不如歐洲，是在物質不在道德。四十八歲作《物質救國論》、五十一歲作《金主幣救國論》，均是此一觀點，指出中國應發展物質建設，改革貨幣制度，更反對以革命為救中國的方法。民國元年五十五歲，作《中華救國論》、《理財救國論》，以物質與道德為中國未來之路，並抨擊民國政治。指責革命並未帶來美好社會，反而加深國家災難。

民國二年康有為五十六歲，回歸故國，定居上海，政體已變，人事全非。康有為創辦《不忍》雜誌，組織孔教會，期以孔教救國，並繼續批評民國。對革命的憂懼、民國的不滿，終於導致民國六年（1917）的復辟，然時移世異，其弟子梁啟超也不能贊同其師政治態度，復辟豈能成功？而康有為此時已六十歲矣。往後十年，康有為也關心國是，但在政治上已無力量，六十九歲辦天遊學院於上海，講論天人哲學，逍遙俗世之上，最後學術著作《諸天講》即於此時完成。次年逝於青島。

二 康有為的生命型態：渡人與自渡

康有為嘗言：「我生好古多幽癖，書畫鼎彝更瓦石。」（〈門人狄楚卿以所印帖數十本遠贈卻寄〉，《避島詩集》，《康南海先生詩集》，卷9，頁63）好古之古何所指？論詩學云：「意境幾於無李杜，目中何處著元明。」（〈與菽園論詩兼寄任公孺博曼宣之三〉，《南蘭堂詩集》，《康南海先生詩集》，卷11，頁89）書法則鼎彝瓦石，詩藝則元明唐宋，論散文：「惟師三代法秦漢，然後氣格濃厚。」論駢文：「惟師秦漢法魏晉，然後體氣高古。」（《廣藝舟雙楫·導源》，卷4，頁9）上溯秦漢，幾成為康有為書藝文學的共同歷程，但是上溯秦漢又不僅只是復古，氣格濃厚、體氣高古，是風格判斷，所以秦漢既是時代之古，更是價值與審美的核心。所以又感嘆：「方今大變人好新，古物棄同沙礫擲。」（〈門人狄楚卿以所印帖數十本遠贈卻寄〉，《避島詩集》，《康南海先生詩集》，卷9，頁64）這豈不與變法維新之新矛盾？

> 大瀛海水忽橫流，小九州通大九州。別有文明開世界，竟由新法破鴻溝。素王道統張三世，黃帝神靈嗣萬秋。我作大同書已竟，待看一統合寰球。（〈己酉六月自歐歸過蘇彝士河感懷兩戒俛念萬年吾亦四度過此倦遊息轍將述作矣〉，《南蘭堂詩集》，《康南海先生詩集》，卷11，頁78）

借新法所破之鴻溝，應是新舊古今之爭，然而無論是借新破古抑或借新破舊，仍有新舊及今古畛域，何能合其溝而通其異？原來新法非從天外而來，仍本於舊，亦即仍本於傳統、本於歷史。講論《公羊》，高揚三世，探究天人，通變古今，都根據自身文化。倡導維新，即是

復古，反過來說，高唱復古，所以開新。

關鍵在對古的態度，或重新解釋，或懷疑批判，就在解釋與批判之時，重塑了傳統，或者說重構了古代。古，呈現不同以往的面貌，變成理想的化身。此時的古，即可以新當之，新，其實本古而來。所以康有為致力維新，卻又嘆息時人好新。其中委曲，正因維新本於傳統，循新則揚棄傳統，名同而實已異。維新既是本於傳統，深入傳統，以開新局，勢所必須：「固知下無學，不足振國群。」（〈日本內務大臣品川子爵以吉田松陰先生幽室文稿及先生墨跡見贈題之〉，《明夷閣詩集》，《康南海先生詩集》，卷4，頁24）即處於這一思想脈絡。[1]

變法失敗，康有為仍念念不忘：「欲鑄新中國，遙思邁大秦。」（〈生民二章之二〉，《逍遙遊齋詩集》，《康南海先生詩集》，卷7，頁3）[2]甚至欲殖民巴西，開創新世界：「我將殖民巴西地，樓船航渡歲億千。樹我種族開我學，存我文明拓我田。移民迅速殖千萬，立新中國光眶天。」（〈巡覽全美國畢將遊巴西登落機山頂放歌七十韻〉，《寥天室詩集》，《康南海先生詩集》，卷8，頁54）這仍基於《公羊》三世說，立太平世界，所以說開我學以鑄新國，或者是存我文明，立新中國。以《公羊》救世，貫穿康有為整個思想，也是其生命情調。

---

1 民國六年（1917），康有為參與復辟，倡導讀經；民國二十四年（1935），章太炎以為救國之道，捨讀經莫由。康有為、章太炎論學殊異，對讀經態度則同，考其因由，即在二氏深入傳統相同，深入之道則異，亦即二氏雖敬服傳統，但對傳統有不同認知，賦予傳統不同面貌。雖以讀經為要，但對經典的解釋，卻存在二種系統。然而一朝廢經，都不能見容於二氏。復古與開新，其複雜折續，於此可見。分見《丁巳要件甲手稿・讀經》，頁10；〈論讀經有利而無弊〉，湯志鈞編：《章太炎政論選集》（北京市：中華書局，1977年11月），冊下，頁862-868。

2 從此詩可知，新中國之說，其源甚早，康有為時或稱新中華，梁啟超有《新中國未來記》，顧頡剛則懷疑中國民族業已衰老。今日大陸恆言新中國，其實與康有為、梁啟超、顧頡剛相同，都是對既有文化系統質疑，從而冀望重建新的世界。康有為、梁啟超等援引《公羊》學三世說，顧頡剛批判漢代君主專制與儒教壟斷，中共援引馬克斯主義五階段論。

　　康有為屢以地獄形容[3]：「吾來窺獄門，森聳尚氣索。從來大聖哲，多蒙誅縲絏。濁世類地獄，專為救苦入。」（〈登厄岌坡利士岡俛瞰雅典感喟累欷〉，《漪漣詩集》，《康南海先生詩集》，卷10，頁19-20）眾生在此地獄，康有為則誓欲拯救，立志如此，不免以教主自居，以君臨萬方的姿態，俛看世人，少年白頭，未曾易志：「本是餐霞人，偶為世網誤。……未忘生民疾，聊向人間住。」（〈餐霞吟〉，《延香老屋詩集》，卷1，頁28-29）延香老屋是康氏祖傳宅第，康有為青年讀書處，此詩約作於光緒六年（1880），時年二十三歲。考康有為志向，絕非偶然為之，應是本欲為之，以偶抒懷，貌似謙虛，實則睥睨。時逾三十年，狂放不稍殺：「我本摩詰所化身，眾香國裡吾久薰，偶來濁世任斯文，預人家國亦艱辛。」（〈題梁任甫所藏唐人寫維摩詰經〉，《憩園詩集》，《康南海先生詩集》，卷12，頁23-24）此詩作於宣統三年（1911），時年五十四歲。《維摩經》是維摩居士與佛陀弟子文殊師利菩薩講論佛法的經典，不但自比維摩，且自認是維摩化身，從佛國降臨濁世，救人家國。較之青年時代，有進而無退。「而今游戲在人間，民生同患何忍去。」（〈一天園詩十章‧人天廬〉，《游存廬詩集》，《康南海先生詩集》，卷15，頁21）此詩作於民國十年（1921），時年六十四歲。不忍生民，一如以往，但遊戲人間，非教主而何？

　　於是又屢言暫遊世界，終有離開塵世之日[4]：「世界偶然留色相，

3　另見〈耶路薩冷國……〉，〈九月避地再遊印度絕無僧寺傷念大劫感懷身世〉，〈己酉除夕前二日酬梁任公弟寄詩並電問疾六章〉，《南蘭堂詩集》，《康南海先生詩集》，蔣貴麟編：《康南海先生遺著匯刊》，第21冊，卷11，頁49、96、112。

4　類似詩作甚多，另見〈蘇村臥病寫懷〉，〈珠江艇子題畫〉，《延香老屋詩集》；〈舊慰余瑣尾〉，〈故山東道監察御史聞喜楊公深秀〉，《大庇閣詩集》；〈哀何易一〉，《避島詩集》；〈耶路薩冷國……〉，〈舊作詩篇遷流多失任甫請搜印刻老珍敝帚檢於絕國凡得千餘首緝成題之〉，《南蘭堂詩集》；〈善伯與我共難月餘君勉與我共患難廿年善伯

生涯畢竟託清波。」（〈題荷花畫幀〉，《延香老屋詩集》，《康南海先生詩集》，卷1，頁55）這是以荷花自喻，色身雖留濁世，實相卻是清淨，可以見出康有為對現實世界的態度：「既現救國身，未肯脫垢衣，不忍心難絕，且復隨慈悲。」（〈陳登萊及門人陳繼儼募修白沙先生嘉會樓楚雲臺求題二額追思與簡竹居舊游寫寄二子〉，《寥天室詩集》，《康南海先生詩集》，卷8，頁23）身是偶然因緣和合而成，現在人世，就如同著垢衣，沒有脫除，是因不忍生民悲苦。佛教是另尋彼岸新世界，不墮入此岸輪迴，康有為是在此岸建立華嚴世界：

> 鳳靡鸞吪歷幾時，茫茫大地欲何之。華嚴國土吾能現，獨睨神州有所思。（〈將去日本示從亡諸子梁任甫韓樹國徐君勉羅孝高羅伯雅梁元理〉，《明夷閣詩集》，《康南海先生詩集》，卷4，頁31）

華嚴在佛教原義是佛法圓備之義，康有為詩作常有華嚴意象，一指美麗、莊嚴，如：「旌旗飛揚壓翠微，客舍華嚴百億扉。」（〈瑞士國在阿爾頻山中湖山之勝游客之盛為天下第一吾兩過之〉，《逍遙遊齋詩集》，《康南海先生詩集》，卷7，頁45）一指華嚴法界，如：「地獄天宮皆淨土，華嚴流轉現剎那。」（〈久不見菽園以詩代書〉，《大庇閣詩集》，卷5，頁27）[5] 華嚴宗有四法界之說，事法界是現象界差別事

持歸示君勉吾輩既為救國而來萬千若難原是故入假使鐵輪頂上旋定慧圓明終不失〉，《美森院詩集》；〈哭寞叟四兄尚書哀詞〉，《游存廬詩集》；並見《康南海先生詩集》，《康南海先生遺著匯刊》，第20、21冊，卷1，頁40、73；卷5，頁4、87；卷9，頁60；卷11，頁48、115；卷14，頁9；卷15，頁42。

5　前者之義見〈攜同璧女再遊舊京波士淡之訶鼇湖離宮相望風景甚佳〉，〈登巴黎鐵塔頂與羅文仲周國賢飲酒於下層酒樓高三百尺處憑闌四顧巴黎放歌〉，〈遊法國方點部螺宮觀拿帝及其后奧公主奄廚金宮畫柱文石床几繡為之感〉，〈請於丹墨國相顛沙告

相。理法界是差別事相所依據之理，此處之理，並非經驗之理，亦非知識法則，而是實相或真相，此實相可稱為真如或真如心。理事無礙法界，現象由實相而生，實相在現象顯現。事事無礙法界，現象與實相不離，一一現象彼此之間，皆同一真如所生，現象雖有差別，但能彼此融攝；就各現象而言，也能顯現真如本身，亦即一事理可通至其他事理，一境界可通至其他境界。[6]正因事事無礙，境界可以互通，各種境界的呈現，在於主體的修行，所以才說地獄天宮皆淨土；意謂經由變法，國家可以莊嚴美麗，以變法自強達到華嚴國土的目標。政治變革與佛教義理，有一定程度結合。康有為對變法的強烈自信，現身救世的自我期許，華嚴四法界之說，應予其甚深支持。變法失敗，康有為想另尋地點以實踐理想：「別造清涼新世界，遙傷破碎舊山河。」（〈題邱菽園風月琴尊圖〉，《大庇閣詩集》，《康南海先生詩集》，卷5，頁6）：

> 平生悲憫天人志，開闢臻荒宙合圖。流落天涯誰或使，縱橫瀛海氣遍粗。手扶舊國開雲霧，足踏新洲遍海隅。慣歷諸天經萬

獄吏而觀丹墨國獄莊嚴整潔當為歐美之冠〉，〈稍士巴頓湖島雜詠〉，《逍遙遊齋詩集》；〈謁墨總統爹亞士於前墨主避暑行宮〉，《寥天室詩集》；〈重九登金山塔今新修矣寺前沙州又新生者丹徒今童君觀瀛置酒寺中僧出紙請題二詩付與〉，《納東海亭詩集》；後者之義見〈辛丑二月偶披棋局見與鐵君舊聯句再題一詩〉，《大庇閣詩集》；〈龍井〉，《納東海亭詩集》；《康南海先生詩集》，《康南海先生遺著匯刊》，第20冊，卷7，頁58、61、76、77、93，第21冊，卷8，頁69，卷13，頁27；第20冊，卷5，頁50，第21冊，卷13，頁39。

6　本節論述佛教義理，參考勞思光：《中國哲學史》（坊間本），第2卷，第3章〈中國佛教哲學〉，頁187-368，原始教義見頁190-204，華嚴宗教理見頁326-344；楊惠南：《佛教思想發展史論》（臺北市：東大圖書公司，1993年6月），第2章〈印度佛教的分期〉，頁39-113，根本佛教教理見頁52-80，第5章〈中國佛教的傳入與宗派〉，頁243-383，華嚴宗教理見頁 337-347。

劫，教宗國土此區區。(〈遍遊北美將往南美巴西闢新地〉,《寥天室詩集》,《康南海先生詩集》,卷8,頁58-59)

但這似是外在性質的改造，亦即生命與外在環境的變革，而非內在性質的反省，亦即生命本身困境的超越，然而清涼之喻，就是以菩薩的悲智，照攝萬物，無復煩惱。所以外在環境的變革與內在困境的超越，最終結合在一起，層層遞進，推向完美世界。這如何可能？「他日大同之世，佛教必興復於大地也。」(《南蘭堂詩集》,《康南海先生詩集》,卷11,頁101)挽救國族，以三世思想；拯救眾生，以大同思想。以三世思想，處理生命所從出的外在環境；以大同思想，處理生命本身的問題。而三世說的究極，也是大同理想。康有為論《公羊》而撰《大同書》，是論理發展的結果。

觀《大同書》結構，即可知思想脈絡。《大同書》分十部：甲部是〈入世界觀眾苦〉，從生命本身、生命所處的自然環境、生命與其他生命的關係、生命所處的社會環境、生命所具有的情欲，說明人生本質是苦。這與佛教教義，苦是生命的真相，若合符節。綜合論之，生命之苦，根源在九界，國界所以分疆土部落，級界所以分貴賤清濁，種界所以分黃白棕黑，形界所分男女，家界私父子夫婦兄弟之親，業界私農工商之產，亂界有不平之法，類界有人與鳥獸之別，苦界是以苦生苦，傳種無窮。(《大同書‧甲部‧入世界觀眾苦‧第六章‧人所尊尚之苦》,頁78)救苦之道，在破除九界，乙部是〈去國界合大地〉，丙部是〈去級界平民族〉，丁部是〈去種界合人類〉，戊部是〈去形界保獨立〉，己部是〈去家界為天民〉，庚部是〈去產界公生業〉，辛部是〈去亂界治太平〉，壬部是〈去類界愛眾生〉，癸部是〈去苦界至極樂〉。乙部至壬部針對苦因，提出對治之方。癸部較特殊，既是對治之方，更是究極之境。其中有仙、佛二學，仙學求形軀

長生，但無論如何長生，形軀終有毀壞的一天；所以又有佛學，以不生不滅，達到涅槃之境。所以《大同書》雖分十部，嚴格而言，有三大結構，甲部是第一部分，乙部至壬部是第二部分，癸部是第三部分。康有為弟子錢定安（？-？）序《大同書》開宗明義即云：「《大同書》者，先師康南海先生本不忍之心，究天人之際，原《春秋》三世之說，演《禮運》天下為公之義，為眾生除苦惱，為萬世開太平致極樂之作也。」（〈大同書序〉）清楚的掌握三世與大同之間理論關聯。由三世而大同，徹底解脫生命所處內外交困之境。

三　戊戌變法：渡人志業的展現

康有為強調中國若不變法，終將導致亡國；變是天道，順天者興，逆天者亡，天不是愛憎某一姓致使其興亡，完全以是否順天道而行為準（《俄彼得變政記・序》），形上原理規定了社會的法則，社會的變遷也改變了對形上原理的認知。天在康有為經學中是最高本源，在其變法理論中仍是最高權威。「《易》言通變，專在宜民，無泥守之理。」（《日本變政考》，頁19）「《春秋》則言三世，以待世變之窮。」（《日本書目志・序》）經學傳統即有變的意義，康有為據此展開其變法措施。[7]他批評自強運動只是變器（購船置械）、變事（設郵

7　許冠三指出康有為變法思想來源主要是《易經》窮變會通說、《春秋公羊傳》三世說與《禮運》大同小康說，西方進化學說並不居主導地位，見〈康南海的三世進化史觀〉，《近代中國思想人物論——晚清思想》（臺北市：時報文化出版公司，1980年6月），頁535-575，引述見頁538。黃俊傑仍認為西方進化論是康有為思想根源之一，見〈從孟子微看康有為對中西思想的調融〉，《近世中國經世思想研討會論文集》（臺北市：中央研究院，1984年），頁577-609，引述見頁581，羅久蓉亦然，見〈康有為的歷史觀及其對時局與傳統的看法〉，《近代史研究所集刊》第14期（臺北市：中央研究院近代史研究所，1985年6月），頁163-190，引述見頁167。比論康有為整體思想進程，許冠三所說較確。

局、開礦務）、變政（改官制、變選舉），都不是變法。真正的變法，
是如日本的「改定國憲」，這才是「變法之全體」（《日本變政考》，頁
187）。康有為所稱的憲法，其實是泛指典章制度，想藉由典章制度的
設計，將大小庶政安排成一有秩序的整體，所以他才譏諷自強運動東
拼西湊，不是真正的變法。變法要從全局著眼：

> 變法之道，必有總綱、有次弟，不能掇拾補綴而成，不能凌獵
> 等級而至。（《日本變政考》，頁234）

總綱即是典章制度的設計：

> 其本為何？開制度局、重修會典、大改律例而已。（《日本變政
> 考》，頁66）變政全在典章憲法，參採中外而斟酌其宜，草定
> 章程，然後推行天下。（《日本變政考》，頁235）

典章制度就是文化的呈現，規定了人與人、人與社會、人與國家、人
與自然的關係，關係不同，典章制度即隨之而改，反之亦然。康有
為云：

> 吾土之學，始於盡倫，而終於盡制。所謂制者，亦以飾其倫而
> 已。（《日本書目志》，頁80）

以往是從盡倫推向盡制，即從個人推向社會，現在正好逆轉，是社會
制度推向人倫關係。清代經學的發展，已有此一傾向，康有為不過具
體表現。

至於典章制度的內容，除了向西方學習，還要向傳統學習：

今之時局，前朝所有也，則宜仍之；若知為前朝所無也，則宜
立新法以治之。(《七次上書匯編‧上清帝第一書》，頁7)

所以康有為欲變更中國官制作《官制議》，探討中國古代官制（漢代
與宋代），再參考各國官制以定訂中國新官制；欲改革中國財政作
《金主幣救國論》，必詳究歷代貨幣、紙鈔，以採行金本位制。這些
絕非個別現象，一如其建立新經學，必會上溯歷代經學。下述尤可與
清代經學史相表裡：

今但變六朝唐宋元明之弊政，而採周漢之法意，即深得列聖之
治術者也。(《七次上書匯編‧上清帝第一書》，頁7)

經學欲恢復周漢之舊，治術也以周漢為法，周漢之學、治，豈真足以
應晚清之變？貌似復古，實則開新，重新理解傳統以應新變。由於對
傳統有新的理解，所以在學習西方時，是一選擇型態，而非照鈔方
式，能顧及本身歷史演變與社會結構，康有為堅持三世進化，不可躐
等，實有其歷史背景之故。

變法失敗，流亡海外，對晚清的變革，又有一番新的見解，指出
同光之初，朝野以為西方之強在軍兵砲艦，所以大購船械以應敵；甲
午大敗，又以為西方之強在民智，所以大開學校以啟民智；戊戌之
後，則以為西方之強在哲學、革命與自由，於是大倡革命，康有為以
為上述皆非：

中國之病弱非有他也，在不知講物質之學而已。中國數千年之
文明實冠絕大地，然偏重於道德、哲學，而於物質最缺。(《物
質救國論‧序》)

其實早在戊戌之前，康有為作《日本書目志》，大力介紹西方農工商學時，就已強調經濟民生的重要，此時不過加強其態度。康有為所稱的物質，包含各種實業（農、工、商、礦）、財政（金融、銀行、貨幣），《物質救國論》、《理財救國論》、《金主幣救國論》都是討論上述問題。更進一步指出變法者之誤，一在誤於空名之學校，只學西方語言文字，不學西方的實用學，一在誤於西方革命自由之說，實則中國學術、言論、宗教、商業、居住都很自由，西方封建時代才缺乏這些自由，所以極力爭取，中國本不缺乏，所缺乏者是物質之學（《物質救國論》，頁21-22）。[8]物質學的理論基礎，是建立在人生的需求及人性的欲望上，康有為云：

> 蓋人道之始，惟需衣食，聖人因道而為治也，乃以勸衣食為第一要務。（《物質救國論》，頁65）

康有為對性的解釋，甚重滿足人的需求及欲望，和宋儒不同，如與戴震所說：「體民之情，遂民之欲。」（《戴震集‧孟子字義疏證‧理》，頁275）相較，也可見出清代經學的轉向及其與政治社會關係。民國成立以後，鑑於政局之紛亂與財政之困窘，康有為一方面承繼物質說，另一方面又增加道德說：

> 共和之國，非關其政治之善，而在道德與物質之良。（《共和評議》，頁93）

8　王樹槐所論極是：「康有為的貨幣思想，是他經世思想的一部，與其整個政治改革思想一致，總而言之，與其宇宙觀、人生哲學等亦相符合。」見〈康有為改革貨幣的思想〉，收入《近世中國經世思想研討會論文集》，頁611-643，引文見頁641，不止是貨幣思想，整個物質救國理論都是如此，而其宇宙觀與人生哲學，又從經學中來。

物質學已如上述，道德說是泛指整體文化，其中又以孔教說為核心：

> 中國奉孔子之教，固以德禮為治者也。……吾國無識之徒，不
> 深知治化之本，而徒媚歐美一時之富強也。（《共和評議》，頁
> 85）

富強之術與治化之本，此時已有分離的態勢，亦即兩者並不相等，而
且富強是一時之計，治化才是未來的希望。治化之本是孔教，康有為
欲以孔教維繫中國傳統文化，對辛亥革命，他深痛惡絕：

> 今非徒種族革命，非徒政治革命，乃至禮俗革命。（《中華救國
> 論》，頁27）

禮俗革命，其實就是文化革命，政治革命只是革除政權頂峰的擁有
者，種族革命也不過是回復漢人政權，惟有禮俗革命，破壞一切價值
規範，秩序因而瓦解，社會也因而崩潰。價值失落的結果，民眾既無
規範，社會也無希望，只能用一片黑暗形容。康有為亟欲建立孔教，
倡導讀經，雖與革命潮流相反，似也別無他法。

　　康有為的變法理論，不論是制度論、物質論、文化論，都與其經
學思想密切相關，相對應其社會關懷、人欲肯定、以孔為教，而其總
樞機是《公羊》三世說：三世說的政治制度在建立共和（由君憲到民
憲），社會結構在開展工商社會，文化精神在施行孔教，所以三世說不
僅是政治理論，確切的說，是整體文化理想。康有為可貴之處，不在
於他提出何種救國主張，而是在隨時反省他所提出的意見是否適宜：

> 深識之士，當反覆其利害，比較其得失，斟酌而維持之，變則

當變，新則當新，保全國粹，扶翼大教，養育公德。豈如淺
夫，一得自矜，一切不顧，惟新是求，惟異是尚哉！（《共和
評議》，頁194）

康有為雖然亟欲求變，但絕不為求變而求變，避免變法成為形式。變
的確是康有為重要觀念，但能隨時反省，不執一以為真理，以變應
變，因時制宜。相較於習慣以某一標準衡量一切，合乎其尺度即為進
步，反之即為退步的人，康有為確是高明。

然而康有為變法，但所涉及的層面，涵蓋政治、經濟、社會，名
為變法，實有「準革命」的態勢。以此而論，招致反對，並不令人意
外。政變是這一反對狀況的激化。變法與革命、反變法與政變，兩者
都只在一線之間。

光緒二十四年（1898）八月二日，康有為奉詔出京，抵達天津；
八月六日，政變發生，八月九日抵上海，八月十四日至香港，獲日人
宮崎寅藏之助再從香港至日本。九月五日抵日本後，受到日本總理大
臣大隈重信保護，寓居東京，並名寓所為「明夷閣」。居日期間，日
本政界、學界均與康有為交往。在日本並編定《自編年譜》、《明夷閣
詩集》。並欲求助日本政府協助光緒重掌政權，但日本政府殊無此
意。光緒二十五年（1898）二月，康有為至加拿大，從此展開長達十
六年的海外生涯。

四　救國之道的轉變：物質與文化

光緒二十六年（1900），康有為長居檳榔嶼，並開始環遊世界，
且三度遊歐洲，期間撰寫《歐洲十一國遊記》、《物質救國論》、《金主
幣救國論》等作品，重新思考中國的前途。宣統三年五月（1911），

康有為再至日本，次年作《中華救國論》、《理財救國論》、《孔教會序》等作品，確定中國的前途在物質與文化。民國二年二月（1913）自日本返國，並在上海創辦《不忍》雜誌，持此論至終未變。在日本所發表的作品，其實是遊歐以來理論的總結：

物質指經濟、財政，康有為在經濟上倡導發展農工商業，財政上主張設立銀行，採金本位制，發行鈔票。又說人生而有身，有身則有飲食衣服器用居室之欲，可是一人之力不足完成所有人身之欲，因此需要分業，分業之後，各種產品勢須交換，才能相互補足。（《金主幣救國論》，卷上，頁9）財經的基礎是肯定人欲的人性論，而且此種欲望是每一個人的基本權利，國家的目的，就在保障並完成此種權利。並曾上疏說變法之道，富國為先（《七次上書匯編・上清帝第二書》，頁21），批評後世儒者：

> 高談理氣，溢為考據，而宮室飲食衣服疾病之故，所以保身體、致中和、養神明，以為鄙事，置而不講。（《日本書目志》，頁11）

所以養生之道廢。康有為所提養生之道有二：一是富國之法（鈔法、鐵路、機器、輪舟、開礦、鑄銀、郵政），一是養民之法（務農、勸工、惠商、恤窮）。（《七次上書匯編・上清帝第二書》，頁21、24）戊戌之後，流亡海外，比較中西，康有為以為若以物質論文明，歐美誠勝於中國，若以道德論文明，則中國勝於西方。康有為並不是以道德／中國、物質／西方比較中西文化，而是康在遊歐之前，想像歐洲建築都是玉堂瓊樓，人物都是神仙豪傑，政治都是公明正直；遊歐之

後，大失所望，各種貪詐淫盜與中國無異[9]，驚訝之餘，認為中國敗
於歐洲，只是在近百年間，而最大的失敗，就在西方的工藝、兵砲，
歐人能拓展勢力，完全在於其物質之力。(《物質救國論》，頁15-19，
29)

　　康有為又考察歐洲歷史，指出威尼斯、佛羅倫斯設立銀行、鑄造
貨幣，商業大盛，促使歐洲日後富強。(《金主幣救國論》，頁21，《共
和評議》，頁136)威尼斯是西方資本主義的遠源，以製鹽獲利，其後
取得販鹽專利，繼則擴展到糧食交易，趁糧價波動牟利，其政府始終
是商人的發言人和武力後盾，所以有人稱威市是「商人共和國」。[10]

　　從中西文化比較及歐洲歷史探索，康有為更肯定了物質的重要。
物質發展可使知識、道德、風俗、國政變動，對於孔教也開始懷疑，
認為有教主而無物質，仍無法救國。(《物質救國論》，頁51、57)物
質可決定中國未來：

　　　　道德之文明可教化而至也，文物之文明不可以空論教化至也。
　　　　物質之學為新世界政俗之本源，為新世界人事之宗祀，不從物
　　　　質著手，則徒用中國舊學固不能與之競，即用歐美民權、自

9　錢穆亦曾注意此一問題，指出康有為遊歐洲之後，知歐洲各地高下不同，未必盡勝
　　中國，歐洲治平康樂是近百年之事，而康有為所撰《歐洲十一國遊記》，用心所在
　　是對歐洲文化史的闡述與批評，見〈讀康南海歐洲十一國遊記〉，《中國學術思想史
　　論叢(八)》(臺北市：東大圖書公司，1980年3月)，頁329-341，引述見頁331、
　　333。梁啟超於民國八年(1919)遊歷歐洲，也有類似狀況，見丁文江：《梁任公先
　　生年譜長編初稿》(臺北市：世界書局，1959年)，民國八年部分。對歐洲興起的歷
　　史背景，我們可能必須再深入理解。

10　見黃仁宇：《資本主義與二十一世紀》(臺北市：聯經出版公司，1991年11月)，第2
　　章〈威尼斯〉，頁37-86。所以有學者稱康有為是資本主義和地主階級的代言人，見
　　蕭公權：《康有為思想研究》(臺北市：聯經出版公司，汪榮祖譯，1988年5月)
　　引，第8章〈經濟改革〉，頁281-351，引文見頁297。

由、立憲、公議之新說及一切之法律、章程，亦不能成彼之政
俗也。（《物質救國論》，頁62）

將物質理論推至極致。物質學既不可空論，必須設學校、立科目以教
之，其要如下：數學、博物學（通貫之學），機器工程學、土木學
（實物之學），電學、化學（精新之學），鐵道、郵政學、電信學（運
輸之學），畫學、著色學、樂學（文美之學）。（《物質救國論》，頁
50）當時新學，大略包含無遺，且指出基礎學科的重要。

　　經濟、學術而外，另一重點是理財。康有為說財政猶如人身血
脈，不重財政，國家將會滅亡。（《金主幣救國論》，頁2）理財必先改
革貨幣，針對當時貨幣混亂，康有為主張用金本位制，與各國同步，
避免金貴銀賤，致黃金外流，歐美可用較賤之銀，購買大量中國貨
物，使中國物價上騰，人民生計日艱。（《金主幣救國論》，頁57，
63）中國欲與歐美平等，非在財用物價上平等不可：

物價財用，苟一日不與歐美平等，即國政與人民地位，不能與
歐美平等。（《金主幣救國論》，頁68）

否則不僅不能平等，歐美可借「商業奴斃中國」。（《金主幣救國論》，
頁62）除了改革貨幣，還要設立銀行：設國民銀行，發行公債，籌集
中央銀行資本；設中央銀行，發行紙幣，流通資金；設組合銀行，各
地方銀行組成銀行團，監督金融行情，貸款予各銀行及人民；設特權
銀行，立於蒙、藏、東北、西南，以富裕邊地；設勸業銀行，讓民眾
抵押土地，籌集資金；設股票交易所，銷售股票，增加資金。（《理財
救國論》）康有為認為「數者並舉，中國猶患貧，未之有也。」（《理
財救國論》，頁75）經由此路，財用物價可與歐美平等，進而國家人

民也可與歐美平等。

　　就康有為物質理論而言，確是資本主義倡導者，以此批判康有為，並不公平，康有為曾說，聖人之道甚多，須衡量時地輕重[11]，資本主義果能救國，自然可學習，問題不在什麼主義，而在能否實踐、如何實踐。康有為肯定前者，所以重如何實踐。今日要反省的是在當時條件下是否可能。同時並舉，確有困難；資本主義有其歷史背景及各種外緣條件，也不是立即可以成功。[12]晚清雖有改變，但一時之間，也甚難達成。康有為高明之處是指出這一發展方向。

　　戊戌之前，康有為即明言，西方之強盛，由於其人民具有才智，欲使人民具有才智，一在普設學校，二在廣立學會，三在獎勵出版（《日本變政考》，頁19、98、128），四在設立報館（《日本書目志》，頁418），並說日本能驟強，全由興學之故，同時也建議改禮部為教部，設孔教會，定期集會信徒，以發明孔子之道，講說君臣父子之義。（《日本變政考》，頁96、128）不論是開民智、立孔教，其性質均有實用傾向，且與政治有關。關於前者，康有為指責時人治學，無益於時，應變更學術，俾能開濟民生，例如論禮，就說《儀禮》可以實行，不像後世禮學只為考據之資，所以倡導實用之禮。（《日本書目志》，頁399）關於後者，康有為則說立國以議院為本，議院又以學校

---

11 從物質救國論而論，康有為接近資本主義，從三世說而論，又接近社會主義，所以楊向奎批評康有為分不清何謂資本主義，何謂社會主義，見〈康有為與今文經學〉，《繹史室學術文集》（濟南市：齊魯書社，1989年7月），頁1-15，引述見頁13。此一論斷，頗可商榷，三世說進程是由資本主義到社會主義，思路清晰異常，未若楊向奎所評混亂。

12 黃仁宇指出資本主義體制，必須做到資金廣泛流通，人才不分畛域聘用，技術（交通、通訊、保險、律師聘用等）全盤活用；中國重農抑商，重生產而不重分配，自給自足，中央集權，科舉取士，根本無意產生資本主義，見《資本主義與二十一世紀》，第5章〈資本主義思想體系之形成〉，頁187-263，引述見頁187，第1章〈問題的重心〉，頁1-35，引述見頁27。

為本，民權建立於民智的基礎上，沒有民智，遽興民權，只會亂國（《日本變政考》，頁160、306）。文化與國家，形成工具與目的關係，文化在此理論下，只是富強國家的工具，並不是對文化真有何嚮往。介紹西方學術，也只是將中國傳統學問做一比附，如天地之大德曰生，本是天的形上意義，卻將之比附生物學；知人之身，本是道德意義，卻比附為解剖學；陰陽家比附為氣象學；心學比附為心理學。（《日本書目志》，頁54、63、64、78）

　　在上述前提下，康有為強調普及教育的重要，將學術分為「經史學」與「逮下學」，經史學指傳統中國學問，逮下學指女學、幼學、農學、工學、商學及一切能啟迪民智，俾益民生之學。（《日本書目志》，頁585）由於啟迪民智、富國強兵的要求，康有為對傳統文化也有強烈批判，指以往歷史著作，只知有國君，不知有人民：

> 吾中國談史裁最尊，而號稱正史編年史者，皆為一君之史，一國之史，而千萬民風化俗，尚不詳焉。而談風俗者，則鄙之與小說等，豈知譜寫民俗，惟纖瑣乃能詳盡，而後知其教化之盛衰，且令天下述而觀鑑焉。史乎！史乎！豈為一人及一人所私之一國計哉？（《日本書目志》，頁205-206）

可以見出其文化觀，是一社會大眾型態，而非社會菁英型態，亦即康有為所欲建立的文化，是一公共文化領域，倡導普設學校、設立報館、獎勵出版、建圖書館、博物館等，都不是為了某一特定階層或個人，在政治權利外，康有為提出的是民眾文化權利。既然教化可觀一國盛衰，風俗居於其中關鍵，康有為說戲曲、小說可移風易俗，並指責宋儒棄樂黜歌，士人無雅樂可寄託，以抒發感情，於是淫聲凶聲大行，不但未能匡正人心，反而蕩佚風俗。（《日本書目志》，頁500）

又說：

> 以經教愚民，不如小說之易入也，以小說入人心，不如演劇之
> 易動也。(《日本書目志》，頁627)

戲曲之能移風易俗，完全建立在情感抒發上，是情感需要，而非理智
選擇，從這裡也可看出康有為人性論立場。至於小說價值，康有為云：

> 僅識字之人，有不讀經，無有不讀小說者，故六經不能教，當
> 以小說入之，語錄不能諭，當以小說諭之，律例不能治，當以
> 小說治之。(《日本書目志》，頁734)

歷史、文學、藝術，都成為治國理政的工具，看似提高文學價值，實
際卻將之工具化。目標達成，工具即可拋棄，目標無法完成，即斥之
為無用，如此果真能提高其價值？[13]
　　從上述可知，康有為論戲曲小說，最後仍在發揮經學：「政治之
學，最美者莫如吾六經也。」(《日本書目志》，頁181)六經具有教
民、養民、保民、通民氣、同民樂的內容，制度論、物質論、文化論
均可在六經中尋獲根源，所以康有為云：

> 《春秋》經世，先王之志，凡六經皆經濟書也。(《日本書目
> 志》，頁214)

---

13 梁啟超曾作〈新史學〉、〈論小說與群治之關係〉，都從康有為論點出發，流風餘韻
　影響至今。

救國——戲曲小說——經學，成一層級結構，救國是最後目標，戲曲
小說是工具，核心是經學。戊戌變法，本此理論提出改革主張，指出
西方之強在窮理勸學（《七次上書匯編·上清帝第二書》，頁30），惟
有發明經學微言大義，才能通經致用，對學子荒棄群經，僅讀四書，
深表不滿，未來學習方向應是：

> 內講中國文學，以研經義國聞掌故名物，則為有用之才；外求
> 各國科學，以研工藝物理政教法律，則為通方之學。（《戊戌奏
> 稿·請廢八股試帖楷法試士改用策論摺》，頁10）

又說不講先聖經義，不能通才任政，科舉考試，不能偏廢五經（《代
草奏議·祈酌定各項考試策論文體摺》，頁35，〔代徐致靖〕），尊崇五
經，則須尊崇孔子，推尊孔子，康有為以為在立孔教會、立孔廟，令
人人學習祭祀：

> 六經皆為有用之書，孔子為經世之學，鮮有負荷宣揚，於是外
> 夷邪教，得起煽惑吾民（《七次上書匯編·上清帝第二書》，頁
> 32）

> 臣竊考孔子實為中國之教主，而非謂學行高深之聖者也。（《戊
> 戌奏稿·請尊孔聖為國教立教部教會以孔子紀年而廢淫祀摺》，
> 頁30）

> 蓋孔子立天下義，立宗族義，而今則純為國民義。（《戊戌奏
> 稿·請尊孔聖為國教立教部教會以孔子紀年而廢淫祀摺》，頁
> 31）

以孔子為教主，以孔教對抗基督教，孔教的「國民義」，在理論上已凸顯人民的文化權利。文化權自不限於孔教，康有為所以強調孔教，第一來自其對孔子的體認，孔子之道即為人之道：

> 蓋人有食味別聲安處之身，而孔子設為五味五聲宮室之道以處之。人有生我我生同我並生並遊並事諧老之身，孔子設為父子夫婦兄弟朋友君臣之道以處之。內有身有家，外有國有天下，孔子設為家國天下之道以處之。明有天地山川禽獸草木，幽有鬼神，孔子設為天地山川草木鬼神之道以處之。人有靈氣魂知死生運命，孔子於明德養氣窮理盡性以至於命，無不有道焉。（《康南海文集・以孔教為國教配天議》，頁65）

人身需求、人倫關係、人與國家社會、人與自然世界、人的存在根源，孔子莫不有道處之。從人出發，觀看我們所處的世界，看的方式，又從傳統獲得，如此才能與西方相激相盪，消融不同文化，康有為就是以此發展其經學思想。民國成立後：「非革滿洲之命也，實革中國數千年周公孔子之命云爾。」（《康南海文集・覆教育部書》，頁73）自非康有為所能容忍。第二即是保存中國傳統：

> 朕惟一國自立之道，各有其歷史所傳之風俗性情，以為其國民之根本，為第二之天性焉。（《丁巳要件手稿・尊孔教》，頁7）

沒有文化傳統，即使國家強盛，人民富足，但「不知為何國之民」（《丁巳要件手稿・讀經》，頁10），又有何意義？[14]。第三則是時代的

---

14 陸寶千稱康有為孔教運動為「文化的民族主義」，實為確論，見〈民國初年康有為之孔教運動〉，《近代史研究所集刊》第12期，頁81-94，引述見頁93。

反省，民國之亂，即在不重道德，中國道德超過西方，只是物質不如西方，但物質強盛，不代表道德優良：

> 然則所謂富強者則誠富強矣，若所謂道德教化乎，則吾未之知也。是其所謂文明者，人觀其外之物質而文明之耳。若以道德風俗言之，則忠信已澆，德性已漓，何文明之云？（《物質救國論》，頁18）

文明指國家物質建設，文化指國民道德風俗，文明富強，不表示文化精深，文化澆薄，文明也沒有價值。共和成立，物質建設未成，風俗已先大壞，結果是國家陷於危亂。康有為並舉人人歆羨的美國為例，美國強大，與其清教徒有密切關聯，除此而外，還有其歷史、地理、科技、商業諸因素：清教徒具有公德，不只是爭權奪利；瀕臨太平洋與大西洋，沒有強鄰進逼之患；鐵路輪船連結美國土地，成立大農業公司，滿足人民需求。不能只注意其政體。（《共和評議》，頁183，172）

所以康有為最後歸結中國未來之路，一在物質，一在道德。物質確為中國所缺，應向西方學習，道德則中土勝於西方，應尊孔讀經，從經典中獲得立足於世界的根據，並本之指導物質發展。康有為關心的問題，不只是國家富強，還有富強之後，我們應有何種生活方式。

五　結論

物質救國，主要是發展實業、設立銀行、採金本位制；文化救國，主要是普及文化教育，以尊孔讀經為根本，這是康有為三次遊歐洲的認知。在再度前往日本之前，已完成《歐洲十一國遊記》、《物質

救國論》、《金主幣救國論》，至日本後再完成《中華救國論》、〈孔教
會序〉等，構成康有為的物質救國與文化救國的理論基礎，直至其逝
世均未改變。相較於民國初年強調民主政治的主流思潮，康有為提出
不同於時潮甚至戊戌變法時期的思想，關注到整體生活方式的反省，
而非只是政治制度的改變。

4-1 〈康有為大事年表〉

紀事 紀年	康有為紀事	文化紀事	時事紀要
咸豐八年 1858	二月五日生於廣東南海縣西樵山銀塘鄉 一歲	伍廷芳創刊中外新報 漢儒通義刊行 朱駿聲卒	英法聯軍成立廣州外人委員會 英法聯軍陷大沽
咸豐九年 1859	二歲	鍾文烝穀梁補注成 洪仁玕作資政新篇 梁鼎芬生 劉光第生 孫鼎臣卒 達爾文《物種原始》出版	洪仁玕至天京 石達開入廣西 曾國藩進軍安慶 袁世凱生
咸豐十年 1860	三歲	何秋濤進呈北徼匯編，後賜名為朔方備乘 汪康年生 江標生 宋翔鳳卒	太平軍初占杭州 江南大營再陷 太平軍占蘇州 曾國藩任兩江總督 英法聯軍陷大沽、天津、北京 太平軍西征 曾國藩祁門被困
咸豐十一年 1861	四歲	馮桂芬校邠廬抗議成 洪仁玕英傑歸真刊行 唐鑑卒	設立總理各國事務衙門及通商大臣 太平軍援安慶

紀事 / 紀年	康有為紀事	文化紀事	時事紀要
		邵懿辰卒	曾國荃克安慶 英法聯軍交還廣州 兩宮太后垂簾，恭親王執政 太平軍占寧波、杭州 胡林翼卒
同治元年 1862	五歲	總理衙門設同文館 陳喬樅今文尚書經說成 俞樾群經平義成 黃式三卒 何秋濤卒	太平軍攻上海 左宗棠任浙江巡撫 石達開入川 滇回馬如龍降 李鴻章募淮軍 上海英法聯軍敗太平軍 李鴻章援上海，任江蘇巡撫 陳玉成敗死 曾國荃進軍金陵 陝西回亂起 太平軍再攻上海 甘肅馬化龍亂
同治二年 1863	六歲 從簡鳳儀讀大學、中庸、論語	李鴻章於上海、廣州設外國語言文字館 大清中外一統輿圖三十一卷刊行 陳奐卒 錢泰吉卒	滇回占省城 西寧回亂 左宗棠任閩浙總督 石達開被擒 上海公共租界成立 赫德任總稅務司 李鴻章克蘇州
同治三年 1864	七歲 從簡鳳儀學	丁韙良譯萬國公法刊行	左宗棠克杭州 李鴻章常州

紀年＼紀事	康有為紀事	文化紀事	時事紀要
		曾國潘在南京設金陵書局 葉德輝生 鄭珍卒	洪秀全自盡 曾國荃克金陵，李秀成被擒 捻亂擴大 幼主洪天貴福被俘 伊犂回亂
同治四年 1865	八歲 從祖父康贊修授經	設江南製造局於上海，附設廣方言館翻譯西書 譚嗣同生	塔城回亂 僧格林沁敗歿，曾國藩剿捻
同治五年 1866	九歲 從康贊修在南海縣	左宗棠設設船政局於福州 於同文館增設天文算學館	回民陷伊犂、塔城 左宗棠任陝甘總督 捻分東西 李鴻章剿捻 孫中山生
同治六年 1867	十歲 康贊修補連州訓導，返銀塘鄉	崇厚創機器製造局於天津 咸豐朝籌辦夷務始末成書 唐才常生 劉毓崧卒	阿古柏併和闐、阿克蘇、庫車 捻敗淮軍於伊隆河
同治七年 1868	十一歲 父康達初逝 從康贊修於連州官舍學，讀綱鑑、大清會典、明史、三國志	林樂知主辦中國教會新報於上海創刊，後改名為萬國公報 章太炎生 日本明治維新開始	東、西捻先後平 滇回圍攻省城 左宗棠西征
同治八年 1869	十二歲 從康贊修於連州	曾國藩刊布勸學篇示直隸士子	滇回再攻省城 中法教案交涉

紀年＼紀事	康有為紀事	文化紀事	時事紀要
		王闓運始治公羊 戴望顏李學記成 陳立卒 陳喬樅卒	
同治九年 1870	十三歲 從康贊修於連州	曹泰偉生 陳千秋生	天津教案 李鴻章任直隸總督 阿古柏併烏魯木齊 設北洋、南洋通商 　大臣
同治十年 1871	十四歲 返銀塘鄉 從祖康國器築園林， 　藏書澹如樓，讀書 　其中	曾國藩、李鴻章奏派 　陳蘭彬、容閎率留 　學生出國 倭仁卒 莫友芝卒 夏炘卒	馬化龍降，金積堡 　回亂平 俄占伊犁
同治十一年 1872	十五歲 在銀塘鄉從楊仁山學	第一批幼童赴美 英人美查創刊申報於 　上海 王闓運今古文尚書箋 　成 徐勤生 曾國藩卒	貴州苗亂平
同治十二年 1873	十六歲 至靈州象臺鄉，復還 　鄉 康贊修任羊城書院監 　學 始得毛西河集讀之	第二批幼童赴美 張之洞任四川學政 劉熙載藝概刊行 梁啟超生 戴望卒 徐繼畲卒	大理回亂平 輪船招商局成立 雲南回亂平 甘肅回亂平 法軍陷河內

紀事 紀年	康有為紀事	文化紀事	時事紀要
		何紹基卒 劉蓉卒	
同治十三年 1874	十七歲 在銀塘鄉 始見瀛寰志略、地球圖	第三批幼童赴美 四川士紳設立尊經書院於成都 馮桂芬卒	左宗棠出關西征 日本侵犯臺灣 籌議海防
光緒元年 1875	十八歲 侍康贊修於廣州	第四批幼童赴美 尊經書院成 張之洞書目答問、輶軒語成 鄭觀應易言成 林旭生 丁晏卒	慈安、慈禧再度垂簾 籌辦南北洋海防 郭嵩燾使英國 始置出使美國大臣
光緒二年 1876	十九歲 應鄉試不售,從朱次琦學 讀錢大昕全集、趙翼二十二史劄記、顧炎武日知錄、王應麟困學記聞,浩然通關,議論宏起	中西見聞錄易名為格致匯編由傅蘭雅於上海刊行 張之洞學政任滿,調文淵閣校理 張之洞作尊經書院記 王闓運始作公羊春秋箋 王國維生	左宗棠克烏魯木齊 淞滬鐵路通車 始置出使日本大臣
光緒三年 1877	二十歲 在南海縣九江鄉禮山草堂從朱次琦學書法 康贊修逝世	清廷派遣馬建忠、嚴復等三十人赴英法學習海軍 鍾文烝卒	左宗棠進軍南疆 始置出使德國大臣 淞滬鐵路拆除
光緒四年 1878	二十一歲 在九江禮山草堂從朱	王闓運主講尊經書院	左宗棠平定新疆 始置出使法國大臣

紀年＼紀事	康有為紀事	文化紀事	時事紀要
	次琦學 冬辭朱次琦，歸而靜坐養心		崇厚出使俄國 曾紀澤出使英、法
光緒五年 1879	二十二歲 入銀塘鄉西樵山白雲洞，專講佛道之書 嘗注老子，後大惡，去之 與張延秋交 棄考據帖括之學，念民生艱難，以經營天下為志，時取讀周禮、王制、太平經國書、文獻通考、經世文編、天下郡國利病書、讀史方輿紀要 遊香港，知西人治國有法度，復閱《海國圖志》，購地球圖，漸收西學之書	開尊經書局 陳澧自定讀書記 黃遵憲日本雜事詩刊行 王闓運歸湘潭	日本取球球 崇厚與俄訂返還伊犁條約 沈葆楨卒
光緒六年 1880	二十三歲 在銀塘鄉 從事皇清經解，頗多筆記，而有述作 治經及公羊學，著何氏糾謬，既而自悟其非焚去之	李鴻章奏請在天津設立北洋水師學堂，以嚴復為總教習 楊守敬編古逸叢書、日本訪書志 張之洞授翰林院侍講旋轉侍讀 王闓運復來四川 柳興恩卒	曾紀澤使俄 李鴻章奏設南北洋電線 劉銘傳奏請試辦鐵路

紀年＼紀事	康有為紀事	文化紀事	時事紀要
光緒七年 1881	二十四歲 讀宋儒之書，如正誼堂記、朱子全集尤多	撤回留美學生 張之洞擢侍講學士、擢內閣學士，授山西巡撫 王闓運返湘潭 魯迅生 劉熙載卒	曾紀澤改訂中俄伊犁條約及通商章程
光緒八年 1882	二十五歲 應順天鄉試，罷還，經天津、上海，自是大講西學，盡釋故見，購江南製造局及教會所譯書盡讀之	王先謙續古文辭類纂成 朱次琦卒 劉壽曾卒 陳澧卒 李善蘭卒 達爾文卒	法國派兵入安南
光緒九年 1883	二十六歲 在銀塘鄉 讀東華錄、十朝聖訓，購萬國公報大攻西學 創不裹足會於鄉	王韜弢園文錄外編於香港刊行 萬國公報停刊 王闓運三次入川 方玉潤卒 成蓉鏡卒 馬克斯卒	中法戰爭
光緒十年 1884	二十七歲 在銀塘鄉澹如樓讀書冬，成禮運注，發明大同之義	吳大澂說文古籀補刊行 花之安自西徂東在香港刊行 張之洞任兩廣總督 劉師培生	中法福州海戰 法軍攻臺灣 新疆置省
光緒十一年 1885	二十八歲 在銀塘鄉	設北洋武備學堂於天津	中法停戰 設海軍事務衙門

紀年 ＼ 紀事	康有為紀事	文化紀事	時事紀要
	定大同之制，作人類公理 作諸天書	張文虎卒	臺灣設省 鄒容生 左宗棠卒
光緒十二年 1886	二十九歲 在銀塘鄉 作康子內外篇 作教學通義成	春，王闓運歸湘潭，不再至蜀 桂文燦卒	英併緬甸 丁寶楨卒
光緒十三年 1887	三十歲 在銀塘鄉 續編人類公理	張之洞設廣雅書院於廣州 英國教士韋廉臣創同文書會於上海 黃遵憲日本國志成書 錢玄同生	
光緒十四年 1888	三十一歲 五月應鄉試 八月謁明陵，出居庸關，登萬里長城 九月遊西山 十一月第一次上書請變法	王先謙皇清經解續編刻成 申報館鉛印古今圖書集成告成 孫詒讓古籀拾遺刊行	北洋海軍成
光緒十五年 1889	三十二歲 在京師南海會館汗漫舫 續包世臣作廣藝舟雙楫 復事經說，發古文經之偽，明今文學之正 九月出都	萬國公報復刊，同文書會發行 張之洞任湖廣總廣督 朱一新任教廣雅書院	

紀年＼紀事	康有為紀事	文化紀事	時事紀要
	十二月還鄉，作廣藝舟雙楫成		
光緒十六年 1890	三十三歲 春，居廣州徽州會館 六月陳千秋來學 八月梁啟超來學 九月徐勤來見 作婆羅門教考、王制義證、毛詩偽證、周禮偽證、說文偽證、爾雅偽證	江南水師學堂於南京成立 湘省紳商於長沙設曾文正祠，郭嵩燾於祠旁設思賢講舍，王先謙並設思賢書局 郭嵩燾大學章句質疑、中庸章句質疑成 湯震危言成	張之洞創辦漢陽煉鐵廠、槍砲廠
光緒十七年 1891	三十四歲 於廣州長興里講學，作長興學記以為學規 韓文舉、梁朝杰、曹泰、王覺任、麥孟華來學 朱一新任教廣雅書院，來訪，與辨難頗多 七月新學偽經考刻成	王先謙荀子集解成 胡適生 郭嵩燾卒	
光緒十八年 1892	三十五歲 移講堂於廣州衛邊街鄺氏祠 作孔子改制考	同文書會改名為廣學會 朱一新無邪堂答問成 陳熾庸書成	湖南、江西哥老會起事
光緒十九年 1893	三十六歲 應鄉試中舉	李鴻章設天津總醫院醫學堂	

紀年　　紀事	康有為紀事	文化紀事	時事紀要
	冬，遷講堂於府學宮仰高祠，名為萬木草堂 作孟子為公羊學考、論語為公羊學考	孫詒讓墨子閒詁成 鄭觀應修改增訂易言為盛世危言 顧頡剛生	
光緒二十年 1894	三十七歲 入京會試 新學偽經毀版 11月遊桂林，作桂學答問 作春秋董氏學	何啟、胡禮垣作新政真詮 李慈銘卒 薛福成卒 朱一新卒 曹泰偉卒	朝鮮東學黨亂起 中日出兵朝鮮 中日宣戰 興中會成立於檀香山
光緒二十一年 1895	三十八歲 還廣州 入都會試 四月公車上書 四月中進士，授工部主事 閏五月第三次上書 閏五月第四次上書 創辦中外公報 說翁同龢變科舉 三月開強學會於京師，刊印中外紀聞 十月開強學會於上海，發刊強學報 十一月京師強學會被封禁 十二月調徐勤、何樹齡來上海辦強學報，適京師強學會	譚嗣同、唐才常成立算學社於湖南瀏陽 孫詒讓發起興儒會於浙江瑞安 陳千秋卒	裁徹海軍事務衙門 中日馬關和約成 張之洞在南京練自強新軍 袁世凱在天津小站練新建陸軍 孫中山廣州革命失敗 陳寶箴任湖南巡撫

紀年＼紀事	康有為紀事	文化紀事	時事紀要
	被封禁，強學報亦停止		
光緒二十二年 1896	三十九歲 講學於萬木草堂 一○月至澳門，與徐勤、何穗田辦廣時務報（次年改名知新報） 作日本書目志	梁啟超、麥孺博等創時務報於上海 康有為、梁啟超、譚嗣同、夏曾祐、黃遵憲等倡詩界革命 羅振玉創學農社於上海 梁啟超撰變法通義、西學書目表、讀西學書法 嚴復譯天演論成 譚嗣同仁學成 郭慶藩卒	
光緒二十三年 1897	四十歲 一月遊桂林，創聖學會 編春秋考義、春秋考文成 日本書目志成 六月返廣州講學 十二月第五次上書 十二月開粵學會 孔子改制考出版	譚嗣同等設時務學堂於長沙 設湘學新報，後改名為湘學報，並組南學會 梁啟超入湖南主講時務學堂 嚴復、夏曾佑創辦國聞報於天津 宋育仁兼任尊經書院山長，設蜀學會於書院內，並發刊蜀學報 江標沅湘通藝錄成	德國占膠州灣

紀事＼紀年	康有為紀事	文化紀事	時事紀要
		小方壺地輿地叢鈔編成 上海商務印書館成立 洪良品卒 王韜卒 黎庶昌卒	
光緒二十四年 1898	四十一歲 一月三日王大臣召見於總理衙門 一月七日第六次上書統籌全局 二月第七次上書 三月二十二日開保國會 四月二十八日召見於仁壽殿 五月五日進呈日本變政考、六日進呈波蘭分滅記、七日進呈法國變政考 五月二十日文悌奏劾 五月二十九日孫家鼐攻孔子改制考 六月一日奏令各省開商務局 六月有請尊孔聖為國教立教部教會以孔子紀年而廢淫祀摺、請定立憲開國會摺	設京師大學堂 清廷令各省開辦學堂 梁啟超奉旨辦譯書局 譚嗣同、唐才常等辦湘報於長沙 羅振玉辦東文學社於上海 蜀學會、蜀學報被禁 清議報創刊於日本東京 查禁南學會 查封國聞報 張之洞勸學篇成 嚴復譯赫胥黎天演論刊行 蘇輿翼教叢編成 馬建忠馬氏文通刊行	設經濟特科 法占廣州灣 義和團起事 下詔定國是 翁同龢驅逐回籍 慈禧太后臨朝訓政 德宗被幽禁 黃遵憲任湖南按察使，江標、徐仁鑄先後任湖南學政 恭親王薨

紀事 紀年	康有為紀事	文化紀事	時事紀要
	七月有請開制度局議 　行新政摺、斷髮易 　服改元遷都摺 八月二日奉詔出京 八月六日政變發生 八月九日抵上海 八月十四日抵香港 九月五日東渡日本		
光緒二十五年 1899	四十二歲 在日本東京命居所名 　為明夷閣 二月遊加拿大 四月抵倫敦 五月重回加拿大 六月十三日創保皇會 　於加拿大域多利 在加拿大文島居所命 　名為寥天室 九月復返日本，因母 　病，返香港	梁啟超提出文界革 　命，倡導新文體 清議報連載譚嗣同仁 　學 王懿榮發現甲骨文 王圓籙發現敦煌莫高 　窟藏經 孫詒讓周禮正義成 章太炎訄書於蘇州刊 　行 梁啟超戊戌政變記成 林紓翻譯小仲馬茶花 　女遺事 黃以周卒 江標卒	美國採對華門戶開 　放政策 山東義和拳滋事 袁世凱任山東巡撫 李鴻章任兩廣總督
光緒二十六年 1900	四十三歲 至新加坡 從此以教育、經濟著 　手以為變法之基	嚴復創名學會於上海 王先謙漢書補注成 馬建忠卒 袁昶卒 王懿榮卒 唐才常卒	義和拳入北京 義和團圍攻北京各 　國使館 清廷下詔宣戰 南省與各國立保護 　商教章程

紀年 ＼ 紀事	康有為紀事	文化紀事	時事紀要
			李鴻章再任直隸總督 八國聯軍陷天津 自立軍舉事失敗 八國聯軍入北京 慈禧太后與德宗出奔 孫中山惠州起義失敗 陳寶箴卒
光緒二十七年 1901	四十四歲 二月居檳榔嶼英總督署明夷閣、大庇閣 中庸注成 補成春秋筆削大義微言考 孟子微成	清議報停刊 羅振玉創辦教育世界，王國維任主編 杭州白話報創刊 葉德輝覺迷要錄成 林紓譯黑奴籲天錄刊行 譚獻卒	下詔變法 改總理各國事務衙門為外務部 辛丑和約成 袁世凱任直隸總督 李鴻章卒
光緒二十六年 1902	四十五歲 遊印度 補成論語注 補成大學注 作大同書 覆美洲華僑論中國只可行君主立憲不可行革命書	京師大學堂開學 梁啟超新民叢報創刊於日本橫濱 梁啟超創辦新小說月刊於橫濱 孫詒讓作周禮政要 嚴復譯亞當・斯密原富刊行 吳大澂卒	袁世凱創練北洋常備軍、警察 劉坤一卒
光緒二十九年 1903	四十六歲 居印度大吉嶺	李寶嘉官場現形記刊於繁華報	設立商部 設練兵處

紀年＼紀事	康有為紀事	文化紀事	時事紀要
	經緬甸，遊爪哇。 九月至香港 官制議成	李寶嘉編繡像小說創刊 鄒容革命軍刊行 劉師培攘書刊行 劉鶚鐵雲藏龜刊行 嚴復譯斯賓塞群學肄言、穆勒群己權界論刊行 張繼編譯無政府主義於上海刊行 馬君武始譯達爾文物種原始 吳汝綸卒	華興會成立
光緒三十年 1904	四十七歲 二月過安南 三月適暹羅、錫蘭 五月至義大利 遊瑞士、奧地利、匈牙利、丹麥、瑞典、比利時、德意志、法蘭西、英吉利 十一月至加拿大 作歐洲十一國遊記	商務印書館東方雜誌創刊 王先謙尚書孔傳參正成 嚴復譯甄克思社會通詮刊行 孫詒讓契文舉例成 王國維紅樓夢評論成 翁同龢卒 文廷式卒 王鵬運卒	日俄開戰
光緒三十一年 1905	四十八歲 一月，自溫哥華赴美 五月遊華盛頓 六月往波士頓 七月至紐約	清廷下詔停止科舉考試 國學保存會成立於上海，發刊國粹學報 孫詒讓名原成	中國革命同盟會成立於日本東京 日俄朴資茅斯和約 出洋考察大臣遇刺 設巡警部

紀年 ＼ 紀事	康有為紀事	文化紀事	時事紀要
	七月遊法蘭西 十一月至墨西哥 作物質救國論 作法蘭西遊記	民報發刊於東京 嚴復譯穆勒名學刊行 黃遵憲卒	設學部
光緒三十二年 1906	四十九歲 一月遊墨西哥 六月赴歐洲 七月在意大利 八月赴瑞典 九月改保皇會為國民 憲政會 十一月遊德國 十二月至比利時、西 班牙	命各省興辦圖書館、 博物院、動物園、 公園 李叔同成立春柳社於 日本東京 章太炎諸子學略說刊 行 林紓譯伊索寓言 法人伯希和在新疆、 敦煌盜買古物 姚振宗卒 李寶嘉卒	清廷宣示預備立憲
光緒三十三年 1907	五十歲 一月至葡萄牙 二月赴紐約 五月遊墨西哥 十月遊巴黎、德國 十一月遊瑞士 補德國遊記	張之洞奏設湖北存古 學堂 國學保存會創刊國粹 叢編 曾樸創刊小說林於上 海 劉師培、何震創刊天 義報於東京 劉師培等成立社會主 義講習會於東京 英人斯坦因盜買敦煌 古物 俞樾卒	孫中山黃岡起義失 敗 孫中山七女湖起義 失敗 孫中山欽州起義失 敗 梁啟超組織政聞社 於東京 孫中山鎮南關起義 失敗

紀年＼紀事	康有為紀事	文化紀事	時事紀要
光緒三十四年 1908	五十一歲 二月遊埃及 三月至阿拉伯 四月遊德國 五月遊北歐 六月遊東歐 七月遊突厥、希臘 八月抵檳榔嶼 十月發布請討袁賊檄、討袁檄文、上攝政王書 十一月復上攝政王書 作金主幣救國論 作突厥遊記	王國維曲錄、人間詞話成 民報被封 新民叢報停刊 孫詒讓卒	孫中山二次欽州起義失敗 孫中山河口起義失敗 各省代表請開國會 預備立憲定期九年 德宗與慈禧后逝崩，宣統繼位，載灃攝政監國
宣統元年 1909	五十二歲 居檳榔嶼南蘭堂 二月再遊埃及 三月至巴勒斯坦 四月至英國 五月至加拿大 七月返檳榔嶼 九月再遊印度	設京師圖書館 小說時報創刊 柳亞子、陳去病、高天梅創南社於蘇州 羅振玉刊行敦煌石室遺書、石室秘笈、鳴沙石室逸書、鳴沙石室古籍叢殘 嚴復譯孟德斯鳩法意於本年全部刊行 容閎西學東漸記於紐約刊行 四川總督趙爾豐、提學使趙啟霖奏設四川存古學堂於成都	

紀年 ＼ 紀事	康有為紀事	文化紀事	時事紀要
		張之洞卒 孫家鼐卒 劉鶚卒	
宣統二年 1910	五十三歲 八月至香港 十二月還新加坡	劉錦藻皇朝續文獻通考成 章太炎國故論衡於日本刊行 羅振玉殷商貞卜文字刊行 崔適史記探源成	各省代表國會請願運動 孫中山廣州新軍起義失敗 汪兆銘謀刺攝政王事敗被捕 日本併朝鮮 縮短預備之憲期限 拿辦各省請願代表
宣統三年 1911	五十四歲 居新加坡 五月至日本 作救亡論、共和政體論、漢族宜憂外分內爭論	南社創辦南社雜誌 申報創刊自由談副刊 楊守敬歷代興地圖全部刊行 沈曾植、梁鼎芬、樊增祥結超社、逸社於上海 楊文會卒 汪康年卒	孫中山廣州起義失敗 清廷宣示鐵路國有政策 四川、湖南、廣東反對鐵路國有政策 四川保路同志會成立 四川總督趙爾豐拘禁請願代表 武昌起義，黎元洪為都督 黃興任革命軍總司令 袁世凱組閣 攝政王載灃退位

紀年＼紀事	康有為紀事	文化紀事	時事紀要
			上海和議 孫中山當選臨時大總統
民國元年 1912	五十五歲 居日本 作中華救國論、理財救國論、孔教會序、大借債駁議、廢省議	京師大學堂改稱北京大學 章太炎、馬裕藻組織國學會於杭州 歐陽予倩成立新劇同志會於上海，並設春柳據場 中國佛教會於上海成立 陳煥章、沈曾植成立孔教會於上海 王國維在日本撰成宋元戲曲考 羅振玉在日本刊行殷墟書契前編 容閎卒	宣統退位 袁世凱就任臨時大總統 國民黨成立
民國二年 1913	五十六歲 居日本 十月歸國 二月創不忍雜誌，九月停刊 作中國學報會題詞、孤憤語、論效法歐美之道、中國顛危誤在全法歐美而盡	教育部召開全國讀音統一會於北京 孔教會雜誌創刊於上海 孔社成立於北京 袁世凱發布尊孔祀孔令 嚴復等發起孔教公會 沈維禮等成立環球尊	善後大借款 二次革命 袁世凱任正式大總統

紀年 ＼ 紀事	康有為紀事	文化紀事	時事紀要
	棄國粹說、保存中國名跡古器說、問吾四萬萬國民得民權平等自由乎	孔總教會於上海遊戲雜誌、香艷小品創刊沈家本卒	
民國三年 1914	五十七歲四月遊江蘇六月至上海，自是定居作曲阜大成節舉行典禮序	北洋政府設清史館、國史館章士釗創甲寅雜誌於東京小說月報、禮拜六創刊章太炎訄書改名檢論崔適春秋復始成何啟卒王仁俊卒	袁世凱公布民國約法孫中山改組國民黨為中華革命黨歐戰爆發，中國宣布中立
民國四年 1915	五十八歲重遊西湖運動抗袁	教育部設立通俗教育研究會葉德輝成立經學會於長沙陳獨秀創刊新青年雜誌於上海商務印書館辭源出版楊守敬卒	日本向我提二十一條楊度、劉師培、孫毓筠在北京發起籌安會袁世凱以明年為洪憲元年蔡鍔自雲南起兵討伐
民國五年 1916	五十九歲六月遊杭州八月登泰山助徐勤討袁致書各地，運動討袁作中國善後議	陳煥章請定孔教為國教馬相伯等反對定孔教為國教郭沫若、胡適始作白話詩	袁世凱取消帝制袁世凱卒黎元洪任大總統

紀年 ＼ 紀事	康有為紀事	文化紀事	時事紀要
	作為國家籌安定策，意主復辟	小說畫報出刊 丁福保清詩話刊行 王闓運卒 胡禮垣卒	
民國六年 1917	六十歲 七月一日宣告復辟 任弼德院副院長 代草詔書 七月十三日復辟失敗，避入美國使館美森院 十月出京歸上海 作共和平議 重刊新學偽經考 七月刊布春秋筆削大義微言考 輯不幸而言中不聽則國亡	胡適文學改良芻議發表 公民尊孔會成立於上海 孔教會創刊經世報於北京 王先謙卒 葉昌熾卒	張勳復辟馮國璋代理大總統 廣州軍政府成立 南北戰爭起
民國七年 1918	六十一歲 常居上海，來往杭州	北京大學成立歌謠徵集處 魯迅狂人日記發表 辜鴻銘刊布春秋大義，倡導尊王尊孔 李大釗在北京大學成立馬克斯學說研究會 鄭文焯卒 蘇曼殊卒	馮國璋卒徐世昌任大總統 歐戰結束

紀年 \ 紀事	康有為紀事	文化紀事	時事紀要
民國八年 1919	六十二歲 在上海 重印物質救國論 大同書出版甲乙二部	少年中國學會於北京成立 陳獨秀倡導西化 劉師培組織國故社，創刊國故月刊於北京 傅斯年、羅倫主編新潮雜誌創刊於北京 胡適中國哲學史大綱上卷出版 新青年六卷五號出馬克斯主義研究專輯 商務印書館刊行四部叢刊 劉師培卒 繆荃孫卒	軍政府改為護法政府 巴黎和會討論山東問題 五四運動 中國國民黨成立
民國九年 1920	六十三歲 在上海 刊布尊孔諸文章	上海共產主義小組成立，起草中國共產黨宣言 北京大學歌謠研究會成立 柯邵忞新元史刊行	直皖戰爭 陳獨秀等籌組中國共產黨
民國十年 1921	六十四歲 在西湖所營一天園落成	沈雁冰等組織文學研究會於北京 郭沫若等組織創造社於東京 梁啟超清代學術概論出版	外蒙宣布獨立 廣州國會選孫中山為大總統

紀年＼紀事	康有為紀事	文化紀事	時事紀要
		丁福保佛學大辭典出版 嚴復卒 勞乃宣卒	
民國十一年 1922	六十五歲 致電趙恆惕駁聯省自治 致電曹錕論中國善後	歐陽竟無創支那內學院於南京 胡先繡、梅光迪、吳宓創學衡雙月刊於上海 努力週報創刊於北京 北京大學歌謠研究會創刊歌謠週刊 梁漱溟東西文化及其哲學出版 梁啟超歐遊心影錄刊布 商務印書館四部叢刊印成 鄭觀應卒 沈曾植卒	直奉戰爭徐世昌辭職，黎元洪復職 湖南省趙恆惕通電主張聯省自治
民國十二年 1923	六十六歲 五月在青島、濟南成立孔教會 八月遊陝西 十二月遊湖北、湖南	張君勱、丁文江科學與玄學論戰 晏陽初發起中華平民教育促進會於北京 胡適主編國學季刊創刊於北京 章太炎主持華國月刊創刊於上海	曹錕賄選為大總統 中國青年黨成立

紀事　　紀年	康有為紀事	文化紀事	時事紀要
		徐志摩等成立新月社於北京 顧頡剛於努力週報讀書雜誌發表層累地造成的古史觀 俞平伯紅樓夢辨出版 夏曾佑卒	
民國十三年 1924	六十七歲 電當道論移宮事	魯迅等語絲社成立於北京 胡適等現代評論週刊創刊於北京 林紓卒 崔適卒	二次直奉戰爭 曹錕去職段琪瑞任臨時執政 孫中山北上
民國十四年 1925	六十八歲 二月至天津觀宣統 三月遊青島 四月在杭州 六月至青島 九月返上海 發表告國人書	顧頡剛等至妙峰山廟會考察 上海文學周報連載豐子愷漫畫 魯迅主編莽原週刊創刊於北京 魯迅等組織未名社 國立故宮博物院成立	孫中山逝世 上海五卅事件 廣州國民政府成立
民國十五年 1926	六十九歲 三月在上海辦天遊學院 八月重遊京師 九月返上海	北京政府下令禁止反基督教運動 世界佛教居士林在上海開幕 狂飆社成立於上海 張謇卒	國民革命軍由兩廣北伐
民國十六年 1927	七十歲 二月抵青島	戈公振中國報學史印行	國民政府定都南京 共產黨南昌暴動

紀事 紀年	康有為紀事	文化紀事	時事紀要
	二月二十八日卒	趙爾巽等編撰清史稿 由清史館印行 葉德輝卒 王國維卒	

從桐城到臺灣：姚瑩與臺灣的淵源

摘要

　　本文旨在論述姚瑩與臺灣的淵源。首論姚氏是桐城學術傳統，兼善古文、宋詩及經學；二論姚瑩著作之中與臺灣文獻之關涉；三論姚瑩經世之學與邊疆地理學之成就；四論姚瑩與臺灣之關涉，包括任臺灣縣知縣、任臺灣府知府幕僚、任臺灣兵備道等職官之事功；五論其最後歲月飄泊西南，最後歸結姚瑩在臺灣近十二年，平生事業盡在於斯，既適任主官，亦適任幕僚；既長於理民，亦長於治兵，對治理臺灣貢獻甚鉅。

關鍵詞：姚瑩　桐城派　臺灣文獻　經世之學

一　緒論

　　姚瑩（乾隆五十一年-咸豐二年，1785-1852），字石甫，號明叔，晚號展和，安徽桐城人，被稱為姚門（姚鼐）四大弟子之一。但有關其事功、文學，少被注意，而其在臺灣任知縣、兵備道的成就，更少為人知。研究本題，可知清代中末葉學者兼中級官員所承受的學術傳統與其思想的關係；中級官員所需面對的政府問題；在其所處時代開始漸漸發生變化之時，有無察覺此一局勢。本文即大致順此架構敘述分析。歷史是重建過去，但在重建過去時，也重新理解過去，沒有重新理解，根本無法重建，在此一過程中，主體與客體交融互攝，藉著歷史建構本身的價值意識。因此本文在敘述事件時，會著重事件的意義，亦即嘗試發現事件背後的思想，進而探索其中得失。[1]這，不就是閱讀歷史的價值！本文既以姚瑩在臺灣為一主題，所以析敘的範圍也以此為限，其餘部分略微交代，並採傳記體方式敘述。前人研究姚瑩成果，以筆者所知有：

　　姚瑩與桐城派　黃霖　江淮論壇　一九八二年五月

　　姚瑩交游述略　龔書鐸　北京師範大學學報　一九八二年五月

　　姚瑩與《康輶紀行》　陳進忠　四川師範大學學報1期　一九八六年

　　均為大陸學者撰述。姚瑩詩、文集，有不少詩文評論；姚瑩固以散文知名，也有大量詩作；桐城派學術不只散文，重經學、尚宋學，姚瑩自受影響，平生即嚮往賈誼（漢高祖七年-漢文帝十二年，西元前200-前168年）、王陽明（明憲宗成化八年-明世宗嘉靖七年，1472-1528）；在臺灣鴉片戰爭期間以抗英著名；又是著名的邊疆地理學

1　參考〔英〕柯靈烏（R. G. Collingwood, 1898-1943）：《歷史的理念》（陳明福譯，臺北市：桂冠出版社，1987年10月4版），頁285-288。

者；但這些範圍，均乏專題研究。所以類似姚瑩文學理論、姚瑩文學
成就、姚瑩學術思想、姚瑩與清代地理學、姚瑩與鴉片戰爭、姚瑩在
臺灣史的地位等題目，研究成果甚少。可知姚瑩在文學、思想、歷史
各層面，均有待廣泛且深入的了解，本文之作，或可稍補姚瑩研究領
域的不足。

二　古文、宋詩與經學：桐城姚氏學術傳統

以文章為桐城專擅，始於程晉芳（康熙五十七年-乾隆四十九
年，1718-1784）、周永年（雍正八年-乾隆五十六年，1730-1791），二
人嘗語姚鼐：桐城從前有方苞，現在又有劉大櫆，天下的文章，大概
在桐城！（姚鼐：〈劉海峰先生八十壽序〉，《惜抱軒全集‧文集》，卷
8，頁87）方苞（康熙七年-乾隆十四年，1668-1749）、劉大櫆（康熙
三十七年-乾隆四十四年，1698-1779）、姚鼐（康熙十年-嘉慶二十
年，1732-1815）確被推為桐城三祖。其後曾國藩（嘉慶十六年-同治
十一年，1811-1872）更以派名桐城，曾說：姚鼐效法方苞，並親承
劉大櫆、姚範之學，文章為世所重，遂有桐城派之稱。（〈歐陽生文集
序〉，《曾文正公全集》，卷1，頁14）[2]姚範（康熙四十一年-乾隆三十
六年，1702-1771）為姚鼐伯父，姚鼐為姚瑩叔祖，姚範為姚瑩曾
祖。桐城姚氏，不僅有親族關係，更有師承關係。[3]桐城以方苞開其
端，姚氏衍其緒，蔚為近代著名文派。

2　曾國藩〈歐陽生文集序〉為考察晚清桐城派於安徽、江西、廣西、湖南流衍的重要
　　文獻，嚴格而言，「桐城派」之稱，始於曾國藩。
3　清代「地方學術宗族」，尚有蘇州惠周惕、惠士奇、惠棟；揚州王念孫、王引之；
　　劉文淇、劉毓崧、劉師培；常州莊存與、莊述祖等。此一專題研究，可參考〔美〕
　　艾爾曼（Benjamin A. Elman）：《經學、政治和宗教——中華帝國晚期常州今文學派
　　研究》（趙剛譯，南京市：江蘇人民出版社，1998年3月），頁1-9。

　　然而細考桐城諸人議論，文章又不僅是單獨孤立的存在，作為純粹審美的對象。方苞就說：古文原本於經術，依據事理而來，無法作偽。（〈答申謙居書〉，《方望溪全集》，卷6，頁81）這一論斷，自是有其問題，原於經術、依據事理與作偽與否，沒有任何關聯，亦即作者本經義為文，即使辨析毫芒，仍有可能作偽。議論雖有瑕疵，但可見出方氏欲將文章與人格結合的用意，以使文不虛作，不是為文而文。所以劉大櫆用大力氣分析文章作法與美感，姚鼐卻分學問為義理、考證、文章（〈述菴文鈔序〉、〈復秦小峴書〉，《惜抱軒全集‧文集》，卷4、7，頁46、80），根據人的才性作選擇，並無高下之別。這在漢學大盛的時代，自可提高義理與文章的地位，但也說明文章只是學問一途，而不是全部。議論通達，無怪學問三分為後人所取法。姚瑩在這一傳統下，又加入新的見解，認為學問有四端：義理、經濟、文章、多聞（〈與吳岳卿書〉，《東溟文外集》，卷2），較姚鼐多出經濟，將考證易為多聞。姚瑩更明確的說：古人文章，為世所重，就在明道與言事（〈重刻山木居士集序〉，《東溟文後集》，卷9），明道與言事，是指文章的內容，以此為文章最高標準，他皆不與；且所明之道、所議之事，目的是要傳達予讀者，讓讀者理解道與事。這一理論側重文章功能。桐城派發展到姚瑩，幾以文章功能論來指涉文章本身，忽略文章即使沒有議論事件、說明義理，也未必降低其價值，更何況是取消其價值。亦即文章或文學存在與否，並不取決於其功能，正好相反，是取決於是否合乎文章或文學的規範。這就涉及對文學功能的認知：何謂功能？在何種功能定義下，文學才有其價值？甚至我們必須要質疑，功能論或實用論是否足以衡定一切事物？與桐城三祖時代差近的袁枚（康熙五十五年-嘉慶二年，1716-1797）就認為：文章的優劣，並不繫於有用與否，否則逐條記事、逐日記帳，其用處百倍於古文，但文人卻不屑為之。（〈答友人論文第二書〉，《小倉山房詩文集‧文

集》，卷19，頁1548）但姚瑩並不從此討論，反而一再強調事功：人生在世，第一等事是君臣父子、天地萬物，其次才是文章，最後是詩歌（〈黃香石詩序〉，《東溟文外集》，卷1），本欲推尊文章地位，竟至貶抑文學如此。

其實桐城派甚重詩歌，且學有本源，方苞雖不以詩名，但劉大櫆則詩名甚盛，姚鼐且稱其文與詩可以並行（〈劉海峰先生傳〉，《惜抱軒全集・文集》，卷5，頁237），只是劉大櫆並未標舉門派。姚範則稱美黃庭堅詩作：風格高傲雄奇，讀黃詩久，不欲讀其餘詩作（《援鶉堂筆記》，卷40，頁22），開啟推崇宋詩的風氣。至姚鼐又不限囿於門戶，李白（武則天大足元年-唐肅宗寶應元年，西元701-762年）、杜甫（唐睿宗太極元年-唐代宗大曆五年，西元712-770年）、韓愈（唐代宗大曆三年-唐穆宗長慶四年，西元768-824年）、蘇軾（宋仁宗景祐四年-宋徽宗建中靖國元年，1037-1101）、黃庭堅（宋仁宗慶曆五年-宋徽宗崇寧四年，1045-1105），俱為姚鼐所重。（〈荷塘詩集序〉，《惜抱軒文集・文集》，卷4，頁37）姚瑩則有〈論詩絕句六十首〉（收入《後湘詩集》，卷9），也承姚鼐重視蘇、黃。從姚範到姚瑩，雖不會貶抑唐詩，但確實強調宋詩，宋詩隱隱然復興，其流裔影響及於晚清詩學。至於唐詩、宋詩之異，龔師鵬程指出：唐詩以情感為主線，重視意象，宋詩主意志，以文合道；唐詩以音節色相取勝，宋詩用意尋理；唐詩表出自然物象，宋詩藉詩詮道。（〈知性的反省——宋詩的基本風貌〉，《文學與美學》，頁153-203）姚鼐正是如此，詩文是藝，唯有藝與道合，才是詩文的極境。（〈敦拙堂詩集序〉，《惜抱軒全集・文集》，卷4，頁36）我們可以發現，桐城派文論、詩論實與宋詩相通，強調作者的人格特質，作品必須載道言事；知識道德，經世濟民則為作品主軸；至於作品本身，則有義法；整體目的，則是外向探索世界，內向反省人生。宇宙人生，一如文學作品，秩序於其間流布。

安排詩文秩序，呈現詩文美感，突顯詩文功能，可以藉著義法或文法討論；而貞定社會人生，則須另尋根源，桐城派諸家選擇經學以為根據，並且以道名之，道的具體內容就在經學，借由經典，尋求重定社會秩序的理論根據。是以桐城派又長於經學。我們可以從治經對象與解經方法，說明桐城經學特色。方苞經學著作甚多，劉聲木稱其治經每於字裡行間尋得古人微言大義，且曾刪節《通志堂經解》（《桐城文學淵源考／撰述考》，頁103），所以張舜徽也稱讚其浸淫宋元經說，每多自得之言（《清人文集別錄》，頁106），治經長於《禮》、《春秋》。禮，規範個人情志，亦即情志表出是否得當，須有一形式規定，一方面限制情志噴薄而出，無徑可從，一方面引出情志，不使澆薄；其功能又不止此，國家制度也在規範之內，讓國家與人民、人民與人民之間，不僅只有權利義務的關係，更有禮樂情義的連結。《春秋》則依據禮法，褒貶國家興亡、政府政策、國君與士大夫的行為等，以為後世之戒。儒家經世濟民的理想，其實就在《禮》與《春秋》，方苞究心於此，良有以也。嘗言：禮重人道之大防，後人卻計較服物采色，是捨本逐末（〈讀儀禮〉，《方望溪全集》，卷1，頁12），可以見出方苞治經，與後來乾嘉考證學有異。姚範治學，致力校勘，頗近於乾嘉學風，但其考校，精簡有理，絕無冗雜拖沓，且考定範圍，遍及四部，學問精博，《援鶉堂筆記》即姚瑩從其群籍批語中輯出刊刻，張舜徽甚至稱美《援鶉堂筆記》在清人筆記中為最精。（《清人文集別錄》，頁158）姚鼐則有《九經說》，治經不分門戶（《續修四庫全書總目提要・經部・群經總義》，頁1345），以闡明大義為主，與乾嘉經師異趣（《清人文集別錄》，頁206）。姚鼐指責其時學者：專求古人名物制度訓詁書數，盡捨程朱之學，是得其枝而棄其根（〈贈錢獻之序〉，《惜抱軒全集・文集》，卷7，頁85），並推尊鄭玄總集漢代經說，通貫群經（〈儀鄭堂記〉，《惜抱軒全集・文集》，卷14，頁

165），姚鼐撰《九經說》，而不以一經自限，實欲步武鄭玄，綜理群經。[4]

姚鼐門下四傑：梅曾亮（乾隆五十一年-咸豐六年，1786-1856）、管同（乾隆四十五年-道光十一年，1780-1831）、方東樹（乾隆三十七年-咸豐元年，1772-1851）、姚瑩（乾隆五十一年-咸豐二年，1785-1852）。[5]姚瑩學術路向，即承姚氏先賢而來，敘述姚範家學：缺乏考證，固然不能稱多聞，捨棄身心，也不能稱為學問（〈與張阮林論家學書〉，《東溟文集》，卷3），姚瑩即以此為準的。方東樹指出姚瑩平日慕賈誼、王陽明為人（《中復堂全集序》），賈誼長於文章，其策論言不空發，不僅針對時弊，且目光遠大，超越時代，《新書》更有構建治國理想的雄心；王陽明的文治武功，則一掃理學家空談心性之譏。心儀賈、王，即可見出姚瑩心力所在。又講究經濟，重視事功，因而也重視史學，欲作《南北史注》未成，而有《噶瑪蘭廳志》八卷、《英俄構兵記》一卷、《島夷圖志》一卷、《海運紀略後編》二卷、《俄羅斯方域》一卷等（《桐城文學淵源考／撰述考》，頁434），都是其遊歷廣東，任職福建、臺灣、江蘇親身聞見或相關職掌，文章確是不虛作，而與一般文士異途。

4　此即方東樹作《漢學商兌》，嚴厲抨擊乾嘉漢學重訓詁、小學、名物、制度為棄本貴末，名為治經，實足亂經之故，方苞、姚鼐的見解，實為桐城派學術淵源所在，見《漢學商兌・序例》（臺北市：廣文書局，1977年7月）。又桐城派著作，劉聲木訪察最全，見其《桐城文學淵源考／撰述考》合刊本（徐天祥點校，合肥市：黃山書社，1989年12月）。

5　一說姚門四傑是去姚瑩而入劉開（乾隆49年-道光3年，1784-1824），無論如何去取，姚瑩在姚門仍有相當地位。

三 姚瑩著作中的臺灣文獻

姚瑩雖一生仕宦，足跡遍臺灣、江蘇、四川、青藏、湖南，但著述不輟，全部著作經其子姚濬昌於清同治六年（1867）編輯為《中復堂全集》，卷首列有總目：（一）《東溟文集》六卷、《外集》四卷，（二）《東溟文後集》十四卷、《外集》二卷，（三）《後湘詩集》九卷，（四）《後湘二集》五卷，（五）《後湘續集》七卷，（六）《東溟奏稿》四卷，（七）《識小錄》八卷，（八）《東槎紀略》五卷，（九）《寸陰叢錄》四卷，（十）《康輶紀行》十六卷，（十一）《姚氏先德傳》六卷，（十二）《中復堂遺稿》五卷，（十三）《中復堂遺稿續編》三卷，（十四）附錄：傳、墓志銘、墓表、年譜。原藏臺灣大學圖書館，沈雲龍主編《近代中國史料叢刊續編》第六輯將之影印出版。其中《康輶紀行》、《東槎紀略》、《寸陰叢錄》、《識小錄》復經大陸學者施培毅、徐壽凱、黃季耕點校出版。

姚瑩曾任職臺灣，部分作品涉及臺灣史事，周憲文已整理出相關文獻，以為研究臺灣歷史參考，計有《東槎紀略》五卷，收入《臺灣文獻叢刊》第七種，《東溟奏稿》四卷，收入《臺灣文獻叢刊》第四十九種；曹永和復輯出《中復堂全集》與臺灣有關文獻，並以傳、墓志銘、墓表、年譜作為附錄，定名為《中復堂選集》，收入《臺灣文獻叢刊》第八十三種。至此姚氏著作大抵完備，無論研究姚瑩抑或研究姚瑩與臺灣關係，基礎文獻已無缺乏，所缺者是進一步整理點校。

四 經世之學與邊疆地理

而在姚瑩作品中，完全以臺灣為記載對象者，是其名著《東槎紀略》五卷。嘉慶二十四年（1819）至道光一年（1821），姚瑩任臺灣

知縣，因得罪上官，刑部議革職，次年內渡。不久，舊識方傳穟（？-？）調任臺灣知府，邀姚瑩到臺灣協助幕僚事務。遂於道光三年（1823）再到臺灣，公餘之暇，寫作該書，約作於道光四年（1824）前後，時年姚瑩四十歲。該書內容大要是：平定道光三年（1823）許尚、楊良斌亂事經過；臺灣營防制度；噶瑪蘭（宜蘭）開發史；臺灣關隘、道里；治理臺灣意見；平定乾隆六十年（1795）陳周全亂事經過。姚瑩另一邊防名著《康輶紀行》十六卷，則是任職四川，道光二十四、二十五年（1844、1845）兩次入使西藏所寫日記，於道光二十六年（1866）成書，時年姚瑩六十二歲。內容大要是：出使乍雅（西藏乍丫）始末；喇嘛教源流；西藏山川風土；入藏道路遠近；泛論古今學術；沿途感觸。(《康輶紀行‧自敘》)一論東南，一論西南，是姚瑩邊疆地理學雙璧。而道光十三年（1833）成書的《識小錄》，其中卷四多論蒙古事，較完整的構成了姚瑩的邊疆地理學。

　　清代地理學有兩種傳統，一是清初胡渭（明思宗崇禎六年-清康熙五十三年，1633-1714)《禹貢錐指》、閻若璩（明思宗崇禎九年-清康熙四十三年，1636-1704)《四書釋地》以降的歷史地理學，與時局無關。另一是官員貶謫流寓而記載邊事，或是因職務所需而親身經歷，與朝政有關。[6]姚瑩兩部邊疆地理作品，顯係後者，迥異於清初地理學。前者可稱為地理學考古傳統，後者則可稱為地理學經世傳統。吳德旋（乾隆三十二年-道光二十年，1767-1840）序《東槎紀略》即指出姚瑩夙重經世之學，姚瑩〈自序〉也自負的說《東槎紀略》明切事情，洞中機要。如果不從經世傳統分析，就很難得知吳、姚二氏如此評價《東槎紀略》的原因。而《康輶紀行》的序文，姚瑩更清楚的說

6　梁啟超：《中國近三百年學術史‧清代學者整理舊學之總成績（三）》，頁448、《清代學術概論‧十五》，頁49，《中國近三百年學術史／清代學術概論》合刊本（臺北市：里仁書局，1995年2月）。

明地理學今古有異,當代地理學應隨時察訪,以求駕馭之道,並不只是增廣見聞。

道光中葉,經世地理學大盛,固然導源於祁韻士(乾隆16年-嘉慶20年,1751-1815)《蒙古王公表》(書成於乾隆末年)、徐松(乾隆46年-道光28年,1781-1848)《新疆事略》(書成於嘉慶中後期)等,而姚瑩在道光初年完成的《東槎紀略》也功不可沒。

桐城派經世文論,散文、詩歌、經學而外,地理學也感染此風。或者說桐城派是以經世文論為核心,向外擴散至各個學術部門。

五 姚瑩與臺灣

(一)任臺灣縣知縣

嘉慶二十三年(1817),姚瑩由福建省龍溪縣知縣調臺灣縣知縣,縣民紛紛上書懇請留任,上官也建議留任,直至嘉慶二十四年(1818)春季,才到臺灣任,並兼理海防同知。(姚濬昌:《姚瑩年譜・嘉慶23年、24年條》,《中復堂選集》,頁240)其時臺灣建置,臺灣府(康熙二十三年〔1684〕設置)下轄臺灣縣(康熙二十三年〔1684〕設置)、鳳山縣(康熙二十三年〔1684〕設置)、嘉義縣(康熙二十三年〔1684〕設置諸羅縣,乾隆五十二年〔1787〕改稱嘉義縣)、彰化縣(雍正元年〔1723〕分諸羅縣地設置)、淡水廳(雍正元年〔1723〕設置)、澎湖廳(雍正五年〔1727〕設置)、噶瑪蘭廳(嘉慶十六年〔1811〕設置)(《福建通志臺灣府・沿革》,頁45),計一府四縣三廳。臺灣縣為臺灣府首縣,府縣同城(臺南),海防同知衙門也在縣治內。

在臺灣縣任內,勤於任事,值得稱述之事有三:一是建立軍紀。嘉慶二十五年(1819)姚瑩出巡,臺灣府郡兵群聚賭博,姚瑩出言指

責，郡兵不聽，反與縣役爭執，當時郡兵數十人持械圍困縣官，姚瑩不為所懼，親自訊問鬧事士兵，並嚴戒其餘士兵不得抗拒，否則以軍法處置，押解相關人等至總兵官署，依法懲處。（《姚瑩年譜‧嘉慶25年條》，《中復堂選集》，頁240）在此之前，縣令幾無法管束士兵，姚瑩舉措，有效樹立官威與軍紀，這一經驗，使姚瑩深信馭兵之道，惟有簡單、嚴格，確實執行法律，才不會反為士兵脅迫，日後寫《東槎紀略》時，還提及此一往事（〈覆笛樓師言臺灣兵事書〉，《東槎紀略》，卷4，頁105）。二是教化民眾。臺灣舊有五妖信仰，重病不癒，則須以盛大祭禮祭祀，否則禍延全家，致令百姓舉債行祭禮，人即使不亡，家卻已破。姚瑩令民眾抬五妖神像至官署，先鞭打，後焚毀，並作〈焚五祅神像判〉，以為人死生有命，不是鬼魅所能決定，今代天子守土，豈能容魍魎為禍百姓，五妖如不服，可降災縣令，縣令將報聞上帝以求曲直。（事見《姚瑩年譜‧慶嘉25年條》，《中復堂選集》，頁241，原文在《東溟外集》卷4，今見《中復堂選集》，頁29）行文語氣結構，頗類韓愈〈祭鱷魚文〉，效果亦同，其得民心亦同。道光一年（1821）兼噶瑪蘭（宜蘭）通判，噶瑪蘭連年受颱風之苦，民眾以為鬼神不悅，將行禳祭，去災求福，姚瑩以為不可，令人民崇尚節儉、修講和睦、力戒佚遊、嚴防盜賊，即可長治久安（〈噶瑪蘭颱異記〉，原文在《東溟文集》，卷5，今見《中復堂選集》，頁23），析理淺明，民眾也頗樂從。又噶瑪蘭於嘉慶十六年（1811）始入版圖，姚瑩兼噶瑪蘭通判在道光一年（1821），相距不過十年，漢人與原住民有極大隔閡，姚瑩為設神位祭祀開闢噶瑪蘭以來漢人、原住民死難者，並以漢文化倫常關係教導原住民，稍撫平兩族人民距離。（〈噶瑪蘭原始〉，《東槎紀略》，卷3，頁87）三是平撫亂事。同年有淡水人朱蔚，自稱明後，準備作亂，事為姚瑩查獲，力主嚴辦，即使有人關說，指稱朱氏有狂疾，姚瑩亦不為所動。幸賴姚瑩之父姚駿，

不希望姚瑩多殺人民，於是姚瑩焚毀證物，以狂疾抵罪，大案消弭於無形。[7]（《姚瑩年譜・道光元年條》，《中復堂選集》，頁241）從姚瑩作為分析，執法森嚴，不稍寬貸，頗有法家氣象[8]；但教化人民，不問鬼神，則是儒門遺風。

　　勤於任事之外，也勇於建言：清廷得到臺灣後，臺灣兵制，例由福建省各營駐防士兵派出，三年一換，稱為「班兵」，意即輪班更換。[9]到雍正年間，福建各營以素質不佳的士兵輪派臺灣，暮氣沈沈，紀律甚差，且因鄉里不同（漳州、泉州），分散各處，甚有械鬥情事，一如臺灣人民。乾隆五十一年（1786）彰化林爽文起事，是福康安（？～嘉慶元年，？-1796）以大將軍名義，率湖南、四川、廣東、貴州士兵，戰鬥數月才平定，乾隆六十年（1795）彰化陳周全起事，則是藉著義勇方能抵抗。班兵無用之說甚囂塵上，到嘉慶年間，終於有撤除班兵，就地徵募臺籍士兵之議，當時臺灣道葉世倬（乾隆十七年-道光三年，1752-1823）也贊成此議。（連橫：《臺灣通史・軍備志》，卷13，頁293-296）[10]但姚瑩堅持異議，指出正因士兵由福建

7　這一事件及姚駿性格的描述，又見《臺灣通志・列傳・文學・姚駿》（臺北市：臺灣銀行經濟研究室，1962年5月，臺灣省文獻委員會1993年6月重刊），頁508。

8　姚瑩後任臺灣道，禁止人民吸食鴉片不遺餘力，初次查獲者處刑，再次查獲者處死，見連橫：《臺灣通史・經營紀・道光十九年條》（臺北市：臺灣銀行經濟研究室，1962年2月），卷3，頁81。

9　清代兵制有八旗，軍事之外，兼有行政、生產功能，最初僅有滿州八旗，後又有蒙古、漢軍八旗，合計二十四旗，見《清朝文獻通考・兵一》（杭州市：浙江古籍出版社，1988年11月），卷179，頁6391-6395。次則是綠營，是各省漢兵，所用旗幟是綠色，故稱綠營，受總督、巡撫、提督、總兵及各省駐防將軍指揮，見《清史稿・兵志二》（臺北市：鼎文書局，1981年9月），頁3913。派駐臺灣士兵，屬福建綠營。

10　清代臺灣兵制，以《同治福建通志臺灣府・兵制》（臺北市：臺灣銀行經濟研究室，1960年8月，臺灣省文獻委員會1993年9月重刊）、《臺灣通史・軍備志》最詳，《清史稿》甚略，見《清史稿臺灣資料集輯・兵制》（臺北市：臺灣銀行經濟研究室，1968年3月）。

輪調，父母妻子均在內地，所以不敢有異心；如果改為召募，不再更換，習於安閑，有兵等於無兵；臺灣四面環海，更調之中，可熟習海事，一有危急，不致茫無頭緒。（〈臺灣班兵議〉，《東槎紀略》，卷4，頁93-95；《臺灣通史・軍備志》，卷13，頁296-298）姚瑩所論，其實頗值商榷，軍隊時時操練，這是基本準則，與士兵來源無關；三年一調，或可認識波濤之苦，但要習於水戰，則言之尚早；所以能振動人心者是第一點，就地召募士兵，家人均在臺灣，恐無可制。這與姚瑩所說以嚴格、簡單軍令治軍，則軍紀可立，似又不合。姚瑩別有考慮，著眼於臺灣歷年亂事不斷，均藉軍隊平亂，有亂民而無亂兵，如果在臺召募，民與兵合，這才真正難以處理。積極作法是平時收藏器械、定期點驗裝備、勤加操練。（〈臺灣班兵議〉，《東槎紀略》，卷4，頁98；《臺灣通史・軍備志》，卷13，頁301）此議一上，臺灣鎮總兵音登額（？-？）亦以為然，形成鎮道不和。[11]這一爭議，至同治八年（1869）裁汰士兵，漸用鄉勇，才告結束。（《臺灣通史・軍備志》，卷13，頁307）其次是討論商運臺穀事，臺灣盛產米穀，而福建部分地區軍糧不足，於是在臺灣徵收錢糧內，撥出部分米穀，以船隻大小，分配運量，給予運費，運抵福建，以充軍糧，稱為「臺運」。（《臺灣通史・糧運志》，卷20，頁539）但從乾隆末年以來，臺灣本島屢遭風災（《臺灣通史・經營紀》，卷3，頁72-74），海上又有海盜蔡牽從嘉慶八年（1803）為患，至十四年（1809）始平（《臺灣通史・海寇列傳》，卷32，頁841-847），前者影響生產，後者影響運輸，但軍糧不得遲運，官員借倉儲以充軍糧，倉庫固然為之一空，而

---

11 臺灣道雖為文官，但向例臺灣鎮權位在道之上，與清代中葉後文官在武官之上不同，葉世倬即欲爭權，而與音登額不和，見《識小錄・音都統》（《識小錄／寸陰叢錄》合刊，黃季耕點校，合肥市：黃山書社，1991年10月），卷7，又見《中復堂選集》（臺北市：臺灣銀行經濟研究室，1960年9月），頁215。

軍糧又乏船隻運輸，以致積滯。此時有人建議造官船以運軍糧，臺灣
道葉世倬亦以為可。姚瑩又持異議，詳細計算經費，以為建造官船所
費不貲，請停此議。(《臺灣通史‧糧運志》，卷20，頁539-540；〈籌
議商運臺穀〉，《東槎紀略》，卷1，頁23-24) 其實官穀民運的癥結在
於運費過低，官民較力也在於此。只是官方不肯增加運費，民間自欲
取消官穀民運。至道光七年 (1827)，將所撥米穀折算銀兩，由士兵
自行購糧，才解決官商爭議。(《臺灣通史‧糧運志》，卷20，頁546)
只是以此兩事 (均見《姚瑩年譜‧道光元年條》，《中復堂選集》，頁
242)，葉世倬遷怒姚瑩，調其兼任噶瑪蘭通判，遠離臺灣縣。

　　姚瑩受困，又不止此。先前在福建省龍溪縣知縣，長於治事，為
閩浙總督董教增 (乾隆十五年-道光二年，1750-1822) 稱許為閩省縣吏
第一，為人所忌，藉口其在任內處理民眾爭產事，以盜為民，這一罪
名頗重，姚瑩又不肯行賄刑部胥吏，竟至革職。(《姚瑩年譜‧道光元
年條》，《中復堂選集》，頁242) 道光二年 (1822)，姚瑩準備內渡，
其父不幸於此時病逝鹿耳門，次年抵達福州，鄉試座師趙慎畛 (乾隆
27年-道光6年，1762-1826) 適於此時任閩浙總督，邀請姚瑩協助幕
僚工作，於是由其兄姚朔 (?-?) 扶櫬歸桐城，姚瑩留福州。

(二) 任臺灣府知府幕僚

　　在福州期間，趙慎畛信任有加，以此再遭人忌，此時在龍溪縣知
縣任內舊識兼同鄉方傳穟由漳州府調臺灣府知府，邀其同往臺灣擔任
幕僚工作，於是在睽違臺灣十個月之後，姚瑩於道光三年 (1823) 10
月再度回到臺灣。前此是任臺灣縣縣令，於今則任臺灣府幕僚。

　　由於身分改變，姚瑩整理任縣令期間的意見、書信，寫下噶瑪蘭
的沿革，記載乾隆六十年 (1795) 陳周全之亂、道光三年 (1823) 許
尚、楊良斌之亂的平定經過，將之結集成書，此即《東槎紀略》，於

道光九年（1829）出版。該書有關兵制、糧運的問題，已於前節敘述，值得注意者，是其對臺灣兵事、民事的看法，可以得知清代地方官對治臺的建議。

姚瑩說設置軍隊目的是治理民眾，而治理民眾必須了解情勢，情勢了解後才能制定策略（《東槎紀略·自序》），所以《東槎紀略》置於卷首的作品是平定許尚、楊良斌之亂，卷末文章是平定陳周全之亂，全書主要架構是先兵事而後民事。在姚瑩心目中，軍隊目的是保境守土，而與近代軍隊純粹是防衛國家的觀念不同。保境守土，意謂內部叛亂也由軍隊負責剿平；防衛國家，則是面對國家外部的敵人。這自不能責怪姚瑩，臺灣亂事不斷，雖未必全為叛亂，但除藉軍隊剿平外，又有何恃？姚瑩在中英鴉片戰爭中也指揮軍隊防衛臺灣。而日後太平天國、捻、回諸亂，無不藉由軍隊平定，差別只是在正規軍抑或團練，而團練也是變相的正規軍。或者可說，姚瑩以為軍隊肩負防衛與治安的責任，是以如此重視軍隊。

姚瑩也深知治兵與治民異，所以不至於以治兵之法治民，但也絕不能以治民之法治兵。姚瑩以為兵者凶器，將領大多出身微賤，不知細行；士兵大率粗魯橫暴，強悍勇敢，所以才能克敵致勝。不能要求其一如文人學士，溫文雅馴，如此反而斫喪軍隊的精銳之氣，一旦馴化，何能面對敵人？（〈覆笛樓師言臺灣兵事第二書〉，《東槎紀略》，卷4，頁107）雖然如此，又不能坐視軍紀廢弛，不予聞問，所以又須講求駕馭之道。駕馭之道，惟有簡與嚴，簡是執持大端，嚴是賞罰必信。小事是指宿娼、聚賭、載運禁運貨物、欺虐平民；大事是指械鬥致人傷亡、不服長官管束、不服官府審判，後者不能原諒，前者則可視情況從輕處理。而軍事官員懦弱無能，兼以文武不合，才會軍令不行。將不畏兵，文武協合，分別輕重，軍紀自不廢弛，進而聽從指揮，保境安民。（〈覆笛樓師言臺灣兵事書〉，《東槎紀略》，卷4，頁

103-104）軍隊的確不能一如民間，武人也不能類同文人，武官效法文官，就是軍隊弱化的開始，證諸中英鴉片戰爭後期，奕經（？-？）到浙江杭州指揮清軍對抗英軍，居然在前線品茶賦詩，預擬勝利檄文，品評優劣的事跡（《劍橋中國史‧晚清篇》，第4章，〈廣州貿易與鴉片戰爭〉，頁245），姚瑩所論，確實道中清代軍隊少為人知的弊端。臺灣的軍制，又與他省不同，均由福建派出，有漳、泉之異，因而一如民間，分類械鬥甚為普遍[12]，上官每難處理，姚瑩卻能因地制宜，指出正因彰、泉不能相容，彼此顧忌，長官才易於統御；且父母妻兒在內地，士卒更不會叛亂潰散，以免禍延家族。（〈覆笛樓師言臺灣兵事書〉，《東槎紀略》，卷4，頁104）也因為姚瑩有如此見解，所以支持班兵輪調制度，堅決反對更易舊章。所論雖不免權謀，但治悍勇士卒，焉能全以儒道為之。吳德旋說姚瑩論兵事諸篇文章，皆切實可行（《東槎紀略‧序》），嚴格而言，應是理論上可行，但還要視為將之人如何。

　　姚瑩很敏銳的指出，臺灣人民結構，不同於內地，有漢人（泉州、漳州、潮州、廣東）、原住民之別；軍隊也有府籍之異；形成漢人與漢人不能相容：泉州人、漳州人、廣東人自成一黨，而潮州人偏向漳州人；軍隊亦如之；軍與民也不能協和；漢人與原住民又不能和睦相處。治臺首要困難即在調和各方。臺灣港汊紛歧，在在可以偷渡，內地罪犯、無賴，渡海來臺，又不能提供充分就業機會，於是群聚為盜。治臺第二項困難即是追緝群盜。臺灣歷年亂事不斷，官吏既需有治民的能力，又需有平亂的本事，這是治臺的第三項困難。解決困難之道，姚瑩提出與民同好惡這一觀念，具體內容是民眾厭惡盜

---

12 所謂分類械鬥，是指臺灣人民，以省籍為分（福建、廣東），群聚械鬥，或以府籍為分（漳州、泉州），群聚械鬥。分類即指分省籍或分府籍。此風由民間而延至軍隊，軍隊鎮壓時，不論如何處理，均會被指為袒護另一方。

賊，官吏則嚴加緝捕，民眾厭惡判案不公，官吏則切勿株連無辜，民眾安居樂業，官吏則不騷擾民間，民眾重視身分，官吏待之以禮。（〈答李信齋論臺灣治事書〉，《東槎紀略》，卷4，頁110-112）姚瑩所提出的方法，介乎抽象與具體之間，重點可能不是他提出何種策略，而是他看到問題所在，亦即不是提出答案，而是指出問題。姚瑩此封書信，約作於道光四年（1824），上距康熙二十二年（1683）清廷得臺有一百四十年，已很清楚的看到臺灣特殊的社會結構，問題看得真確，答案才有意義，否則不知問題所在，盡有各種答案，也未見真切。利之所在，各種衝突在所難免，何況臺灣是一移民社會，大傳統容或相同，小傳統必然有異，現實利益夾雜價值觀念，衝突更加嚴重。姚瑩能在一七五年前指出社會衝突根源，確實是目光銳利。

任職幕僚年餘，完成《東槎紀略》，作為任臺灣縣令的回顧與治理臺灣的參考。姚瑩於道光五年（1825）四十一歲時，再度離開臺灣。返回內地，歷經皇帝召見、降級調用、母親逝世、貧病難支、周遊四方、應邀入幕，於道光十二年（1832）至十六年（1836）四十八歲至五十二歲時，任江蘇省武進縣知縣、元和縣知縣、淮南同知，在道光十七年（1837）五十三歲，升臺灣道，道光十八年（1838）三度抵達臺灣。

（三）任臺灣兵備道

「道」轄州府，並兼兵備銜——即整頓兵備——以文官協調軍事。[13] 所以臺灣兵備道是臺灣最高長官，只有臺灣鎮總兵地位與之相

---

13 明代每一省設布政使掌行政，按察使掌司法，由於幅員廣大，布政使下設左右參政、參議，派駐一定地區，稱分守道，主管徵收錢糧；按察使下設副使、僉事，巡察某一地區，稱分巡道，主管司法審判；另有專業道，如水利道管水利、鹽茶道管鹽茶貿易等。清代沿襲明代。乾隆18年（1753）正式設官，由任務編組成為編制職

當。[14]在臺灣未設行省前,臺灣兵備道肩負治理臺灣的全部責任。其上則是福建按察使、福建布政使、福建巡撫、閩浙總督。在臺灣道任內(道光十八年-道光二十三年,1838-1843),姚瑩內要平定亂事,外要防備英國入侵,甚為艱苦。

甫抵臺灣,姚瑩鑑於臺灣游民眾多,平日滋事不斷,一有亂事則與匪徒勾結,所以實施「聯莊養民」之法,即游民除曾為盜首、大盜、殺人正凶外,依年籍造冊,由各莊出資,僱其巡守田園,逐捕盜賊,一年之內,人數由八千增至四萬,並以兵法部勒,在平定內亂時,有相當貢獻。(〈籌剿三路匪徒奏〉,《東溟奏稿》,卷1,頁1;《姚瑩年譜‧道光十八年條》,《中復堂選集》,頁249)以此方法,變相增加就業機會,隔絕匪徒與游民聯繫的管道,彌補軍力不足的困境。

聯莊養民的方法,雖然有成效,但並未能遏止臺灣連續不絕的亂事。道光十八年(1838)臺灣北(彰化、嘉義)、中(臺灣)、南(鳳山)三路[15],均有匪徒起事,歷經半年才告平定。至道光二十一年(1841)北路嘉義、南路鳳山再度有匪徒生事,這一次亂事,不同以往,是亂民趁英軍窺臺之際,乘機起事,所以姚瑩以漢奸稱之。(〈出剿嘉義逆匪部署郡城奏〉、〈南路匪徒響應遣員擊破奏〉,《東溟奏稿》,卷2,頁43-49)最後竟至與英軍連合,窺探軍情,騷擾海岸(〈擊破通夷匪船拏獲奸民逆夷大幫潛遁奏〉、〈擊捕草烏匪船多起

官,多加兵備銜,協管軍事,見《明史‧職官志四》(臺北市:鼎文書局,1981年9月),卷75,頁1838-1842、《清史稿‧職官志三》,卷116,頁3353-3355。

14 明代總兵官是遇征伐時差遣,至明代末年,成為正式職官。清沿明制,總兵是各省綠營高級武官,上有提督、巡撫、總督。總兵所轄軍事組織稱為鎮,又稱總鎮,地位與道員相當,合稱鎮道,見《明史‧職官志五》,卷76,頁1866、《清史稿‧職官志四》,卷117,頁3389。

15 清康熙時期,臺灣建置諸羅縣稱北路,轄今嘉義以北、宜蘭、花蓮;臺灣縣稱中路,轄今臺南;鳳山縣稱南路,轄今高雄、屏東、臺東。

奏〉、〈剿平彰化縣逆匪奏〉，《東溟奏稿》，卷3、4，頁103-107、149-
152、158-159）。姚瑩會同臺灣鎮總兵達洪阿（？-咸豐四年，？-
1854），屢有斬獲，臺灣成為中英鴉片戰爭期間惟一有捷報的地區。

十八世紀中葉起，英國遠洋商船在世界各地經營商業，致使英國
商人累積大量資本；擁有領地的貴族，將消費作物，轉為資本農業，
農產品可向全國各地市場銷售，貴族也累積大量資本。商人與貴族的
利益一致。新技術不斷發明，改變紡織、鋼鐵生產方式，提高產量，
並帶動交通運輸、動力機器的變化。資本累積，產生銀行制度，並以
集股的方式組織資金；技術更新，其背後是科學知識的發展。科學、
技術、產業三者結合，整個產業形成與傳統完全不同的面貌，這就是
後來所稱的「產業革命」。[16]十九世紀初期，產業革命在歐陸擴展，最
後形成歐洲向全世界的擴張。所累積的資本，所增加的產品，均須有
市場容納，一旦某一地區的市場封閉，極易形成貿易衝突。

乾隆二十五年（1760）至道光十四年（1834）在廣州的中國與歐
洲貿易制度是清廷官員—中國商人—歐洲商人（主要是英國商人），
官員透過中國商人組成的公行，間接與英商接觸，傳達清政府的各種
命令，英商也須透過中國商人銷售貨物，並繳納一定的貨物稅。這一
結構本來相安無事，但官員須將一定額度稅收送往中央政府，如果額
度不足，則責成行商補足，成為變相索賄，行商則將此成本轉嫁予英
商，而官員也普遍貪污，變成一雙重剝削的情況。英商利潤降低、英
國無法輸出中國會大量消費的產品、產業革命所增加的資本與產品又

---

16 產業革命一詞頗有爭議，反對者以為經濟過程中並不存在突然發生鉅變的現象，贊
　成者以為以機械代替人工或獸力，就是傳統經濟的突破，不論如何，正反雙方均承
　認18、19世紀是歐洲經濟改變的關鍵時代，有關討論，見鄧元忠：《西洋近代文化
　史》（臺北市：五南圖書公司，1990年7月），第16章〈化學革命與產業革命〉，頁
　335-338。本節所論產業革命也參考該書。

急需市場,於是自由且直接的貿易呼聲,在英國國內日益高漲。不幸的是鴉片消費在偶然的機會大量增加,中國終於有一種大量消費的產品。鴉片貿易的爭論是商業抑或道德。就貿易行為而言,屬於商業無庸置疑;但就貿易的對象而言,顯然有道德上的強烈爭議。最後是商業論獲勝。清廷派林則徐查收鴉片,在中國自是執行道德律令,對英國則是挑戰其貿易制度。鴉片戰爭就在此一大背景下發生。[17]

　　道光二十年(1840)姚瑩即奉清廷命令,嚴加防衛臺灣,清廷所定的戰略是英軍船堅砲利,不宜決戰海上,應嚴守港口,防止內奸。姚瑩奉行這一命令,尤其加強後者的戒備,認為攘外必先靖內。(〈會商臺灣夷務奏〉,《東溟奏稿》,卷2,頁30)道光二十一年(1841)八月初,據各處稟報,雞籠(基隆)、中港(苗栗後龍)、小琉球均有英艦游弋,八月十六日,雞籠英艦攻擊港口,守軍即予回擊,此役計擊沈英船一艘、舢板二艘、生擒英軍一三三人、斬首三十二人,道光帝聞奏,以「喜悅之至」說明其心情。(〈雞籠破獲夷舟奏〉,《東溟奏稿》,卷2,頁32-33)九月十三日,英艦再度侵犯雞籠,攻破守軍砲臺,燒毀營房兩處,隨即退出。(〈夷船再犯雞籠官兵擊退奏〉,《東溟奏稿》,卷2,頁41-42)此役不能稱為勝利,但姚瑩仍以擊退來犯敵人入奏。道光二十二年(1842)三月初,英艦三犯臺灣,姚瑩令守軍不與海上爭鋒,以計誘敵,至三十日守軍果計誘英艦入大安港(苗栗苑裡)擱淺,雙方交戰,生擒英軍四十九人、漢奸五人。道光帝以「大快人心」嘉許臺灣鎮道。(〈逆夷復犯大安破舟擒俘奏〉,《東溟奏稿》,卷2,頁77)姚瑩從俘虜口中,首次得知西方情勢,但從姚瑩的

17 鴉片戰爭過程的詳細敘述與分析,見《劍橋中國史‧晚清篇1800-1911(上)》(臺北市:南天書局,1987年9月),第4章〈廣州貿易與鴉片戰爭〉。至於鴉片戰爭與臺灣的關係,目前僅有郭廷以:《臺灣史事概說》(臺北市:正中書局,1954年3月),第6章〈列強侵擾與臺灣之危機〉,第1節〈鴉片戰爭〉,頁138-143有一精簡敘述。

奏摺看，以為英國係以鴉片為稅收、不知檳榔嶼在何處等，姚瑩對西方、東南亞等地均異常陌生（〈遵旨嚴訊夷供覆奏〉，《東溟奏稿》，卷2，頁65-66），相較於英軍熟悉中國地理，連克要地，可以察知中國中級官員對世界視野的限囿。其後姚瑩又奉命作更嚴格的審訊，且附上圖說，上奏清廷。可以推測，此次經驗，足以開啟姚瑩新的視野。（〈覆訊夷供分別斬決留禁繪呈圖說奏〉，《東溟奏稿》，卷3，頁123）

而在大陸沿海地區，則可用勢如破竹形容英軍攻勢：道光二十年（1840）六月英軍陷浙江定海，七月進逼天津大沽口，十二月陷廣東虎門，欽差大臣琦善與英軍定「穿鼻草約」；道光二十一年（1841）四月英軍攻占廣州，七月陷廈門，全臺震動，八月再陷定海、寧波，十一月陷餘姚；道光二十二年（1842）四月陷乍浦（上海附近），五月陷吳淞，六月陷鎮江，至江寧（南京），七月中英江寧條約簽字。戰爭期間，長江流域下游均在英軍控制之下。中英交戰模式，大致是「準備作戰─戰事失利─談判議和─和約無效─戰事再起─戰敗議和」，第二次議和的條件，必然比第一次嚴苛。和戰不定，在臺灣的姚瑩也說大局一誤再誤，只能盡力守土，不敢言及他事。（〈復梅伯言書〉，原文在《東溟文後集》，卷7，今見《中復堂選集》，頁132）觀察江寧條約的主要內容：五口通商、廢除公行、割讓香港，顯現出英方志在通商，所以臺灣戰事的勝利，並不能改變大局。

戰爭結束後，英方要求釋還在臺被俘英軍，但姚瑩於道光二十一年、二十二年兩次入奏建議就地正法（〈雞籠破獲夷舟奏〉、〈遵旨嚴訊夷供覆奏〉，《東溟奏稿》，卷2，頁35、66），並經道光帝核准在案，且以「均著即行正法，以紓積忿」指示臺灣鎮道（〈逆夷復犯大安破舟擒俘奏〉，《東溟奏稿》，卷2，頁81），除軍官九人外，於道光二十二年五月處決。（〈夷船兩次來臺釋還遭風夷人奏〉，《東溟奏稿》，卷4，頁166）姚瑩認為雙方交戰，斬殺敵人，理所當然，（〈奉

逮入都別劉中丞〉，原文見《東溟文後集》，卷7，今見《中復堂選集》，頁147）[18]完全沒有敵人與俘虜有異的觀念，這或許可以中西戰爭觀念不同解釋，但英軍指揮官樸鼎查極度不滿。雙方交涉之際，適於道光二十二年九月中旬，有英國商船遭遇颱風，在金包里（臺北金山）海面遇難，由臺灣官兵救起，並呈奏清廷解交福州（〈夷船兩次來臺釋還遭風夷人奏〉，《東溟奏稿》，卷4，頁165），樸鼎查即以此為藉口，指稱臺灣兩次戰勝（指第一次雞籠之役、大安港之役）均係英艦遭颱風吹襲，不戰而敗，臺灣鎮道冒為己功，有欺騙朝廷之嫌，要求清廷將姚瑩、達洪阿革職正法，並將財產全數充公，以其中一部分補償被殺戰俘家屬。（〈夷酋強貼偽示請旨查辦奏〉，《東溟奏稿》，卷4，頁179）樸鼎查所控罪名極重，所擬處分亦極重。但殺俘是經清廷核准在案，清帝也有硃批（以紅筆在奏摺上表示意見），何能深究，又戰敗之餘，也無力維護部屬，遂派閩浙總督怡良（？-？）查辦，道光二十三年（1843）一月到臺後，竟即革職拿問姚、達二人。姚瑩不作辯解，於同年三月內渡，五月從福州北上，八月十三日入刑部獄，二十五日隨即獲道光帝親令釋放。（《姚瑩年譜·道光二十三年條》，《中復堂選集》，頁253-254）並以同知的官銜，分發四川任職。

姚瑩不作任何辯解的表面理由是天朝大臣不應與「夷人」對質，且在爭論戰功時，也會傷害勇敢作戰的官兵。歷經此一戰事，姚瑩未必一如迂腐朝士，以上國自居，第二項理由較可信。但在姚瑩寫給友朋的書信中，則可見到更真實的情境。奉派查案的閩浙總督怡良，因為姚瑩俘獲英俘時，未聽怡良之命，解送戰俘至福州，用來交換失陷的廈門，所以懷恨在心（〈奉逮入都別劉中丞〉，原文見《東溟文後

---

18 該封書信作於道光23年（1843），透露第1次雞籠、大安勝利，前者是英艦觸礁、後者是英艦擱淺。由此可以推論，兩次戰勝，雖云官軍奮戰，其實有若干運氣在內，加上第2次雞籠之役，英軍小勝主動退兵，郭廷以以「三戰三捷」形容，稍嫌誇大。

集》，卷7，今見《中復堂選集》，頁149）；加以妒嫉姚瑩等戰功，訊問相關證人，百般恐嚇，致使定案。（〈再與方植之書〉，原文見《東溟文後集》，卷8，今見《中復堂選集》，頁151-152）更深一層看法，則如前述，殺俘既經核准，皇帝豈能免責，姚瑩是以身抵皇帝之罪。所以罷官之後，英方即未再追究。

六　飄泊西南：最後的歲月

姚瑩以作戰有功，卻無端受罰，從道員降官為同知[19]，不升反降，但姚瑩卻未心懷怨懟，仍以國事為重，這是姚瑩的性格使然，也是桐城派經世思想自我要求。以六十歲之齡，遠赴四川，無異於貶謫。道光二十四年（1844）三月十五日從桐城出發，六月抵達成都，十月一日即奉派至乍雅（西藏乍丫）處理當地轉世活佛爭權事，十一月十三日至乍雅，未有結果，十二月二十二日返抵成都；復於次年二月二十五日出使察木多（西藏昌都）以解決紛爭，六月三日抵達，於道光二十六年（1846）三月二十六日返成都。姚瑩將這兩次出使的經歷，以日記體形式，編成《康輶紀行》，為西南地理的名作，與《東槎紀略》可稱姚瑩東南、西南地理學雙璧。

道光二十八年（1848）辭官歸里，時年六十四歲。至咸豐一年（1851）太平天國起事，奉派前往廣西協助軍事，這自是看中姚瑩在臺灣屢平亂事的成效，五月抵桂林，授廣西按察使（主管一省司法工作），這是姚瑩一生最高官職，此時姚瑩已六十七歲。但欽差大臣賽尚阿（？-？）、提督向榮（嘉慶四年-咸豐六年，1799-1856）意見不

---

19 同知為知府下屬，並無特定職務與員額，全視知府指派任務，此所以姚瑩在此職時，奉派出使西藏。

合，拒不採納姚瑩策略，且官兵意存觀望，致使被圍在廣西永安（蒙山）的太平軍突圍，進入湖南、湖北。咸豐二年姚瑩（1852）轉入湖南剿太平軍，水土不服，於十二月十六日在湖南永州（零陵）病逝，享年六十八歲。姚瑩的事業，始於東南，終於西南，與其兩部地理名著相終始，可謂巧合。

七　結論

姚瑩在臺灣前後總計約十二年，半生事業，盡在於斯，並不誇張。從其力主維持班兵原制、商運軍糧二事，可以說是原有制度下的支持者；從其創始「聯莊養民」，又可知是制度的修正者，而非墨守成規者比。但並非制度的革新者。用法嚴厲，不稍寬貸；教化人民，講究倫常，則是儒家與法家的混合型人物。以桐城弟子，居然擅長軍事，經世致用，在姚瑩身上，確非虛語。而在百餘年前，即已看出臺灣社會的特殊結構，也令人佩服其眼光。長於平亂，卻少分析亂事的根源，是其短處。至於昧於世局，其時皆然；而以漢人文化教化「蕃民」，至今猶如此，不足為姚瑩病。評價姚瑩在臺灣的事業，既適合擔任主官，也適合擔任幕僚；既長於理民，也長於治兵。

附錄　姚瑩簡表

乾隆五十年（1785）
　生於桐城。

嘉慶十一年（1806），二十二歲
　從姚鼐讀書，與方東樹、劉開等交遊，並以文章知名。

嘉慶十三年（1808），二十四歲
　中進士。

嘉慶十四年（1809），二十五歲
　至廣東，任兩廣總督百齡幕僚。其時廣東海盜為患，姚瑩由此熟知
　海事。

嘉慶十七年（1812），二十八歲
　編輯姚鼐《援鶉堂筆記》，本年六月刊行。

嘉慶十九年（1814），三十歲
　作〈與張阮林論家學書〉，敘述桐城姚氏學術傳統。

嘉慶二十年（1815），三十一歲
　姚鼐逝世，姚瑩痛哭，為之作行狀。

嘉慶二十一年（1816），三十二歲
　任福建平和縣知縣。平和人民喜好爭鬥訴訟，姚瑩接事後，逮捕悍

民，安撫百姓，平和縣風俗為之一變。

嘉慶二十二年（1817），三十三歲

調福建龍溪縣知縣。龍溪民風強悍，械鬥仇殺，盜賊四出，姚瑩以重典治亂民，又招徠壯丁，編為鄉勇，擊捕盜賊，且興辦文教，獎勵農業。漳州知府方傳穟也向其請教治理縣政之法。閩浙總督董教增稱為福建省第一縣官。

嘉慶二十三年（1818），三十四歲

調臺灣知縣。

嘉慶二十四年（1819），三十五歲

本年春季，到臺灣，兼任海防同知。

嘉慶二十五年（1820）三十六歲

在臺灣任。

道光一年（1821），三十七歲

因臺灣道葉世倬欲召募臺籍士兵，代替內地更調制，又欲改民船運官穀為官船運官穀，姚瑩均以為不可，與葉世倬意見不合，於是葉世倬調姚瑩兼任噶瑪蘭通判，到噶瑪蘭不久，即捕獲海盜林牛等十餘人。但因在福建龍溪縣處理縣民爭產事件，為人毀謗，以革職論罪。因在臺捕獲海盜有功，特旨送部引見。

道光二年（1822），三十八歲

在臺灣。臺灣人聞說姚瑩罷職，一起至道府衙門要求留任姚瑩。姚

瑩準備內渡時，父姚騤在鹿耳門逝世。

道光三年（1823），三十九歲
　　本年春季到達福州。方傳穟調臺灣知府，邀姚瑩一同前往，十月再到臺灣。

道光四年（1824），四十歲
　　在臺灣，任方傳穟幕僚。《東槎紀略》五卷約作於本年前後，道光九年刊行。

道光五年（1825），四十一歲
　　辭方傳穟內渡。四月到福州，七月抵達桐城。次年一月到京城。

道光十二年（1832），四十八歲
　　任江蘇省武進縣知縣。臺灣有張丙亂事。

道光十三年（1833），四十九歲
　　重刊《東溟文集》、《後湘詩集》。調江蘇省元和縣知縣。重編姚範《援鶉堂筆記》，並請方東樹校勘。

道光十七年（1837），五十三歲
　　升署臺灣道。

道光十八年（1838），五十四歲
　　本年閏四月至臺灣道任。道光十二年張丙之亂雖平，但徒眾散在各地，隨時可以為亂，姚瑩施行聯莊養民之法，編練無業游民，使巡

守田園、逐捕盜賊，所需經費，由各莊出資，散在各地的亂黨餘
眾，為官方收編。彰化、嘉義、臺灣、鳳山諸縣亂事紛起，但無人
接應，姚瑩會同總兵達洪阿圍剿，於道光十九年一月全臺大定。

道光十九年（1839），五十五歲

在臺灣道任。中英鴉片戰爭發生。

道光二十年（1840），五十六歲

在臺灣道任。英國軍艦進軍廣東、浙江。分赴各處海口，令官兵士
紳防備英人。

道光二十一年（1841），五十七歲

七月英軍攻占廈門，全臺震動。八月、九月英軍兩犯雞籠，均為臺
灣官軍擊退，並俘獲英軍百餘名。嘉義匪徒江見作亂，鳳山匪徒聞
風響應，姚瑩會同總兵達洪阿剿平。

道光二十二年（1842），五十八歲

在臺灣道任。三月英人進攻大安港（苗栗苑裡），為地方文武用計
破敵，俘獲英軍近五十名。連同去年俘獲英軍計一百六十餘名，除
九人外，建議在臺正法，奉旨准如所請。匪船會同英軍窺臺，守軍
擊沉匪船多隻。彰化匪徒陳勇、黃馬聚眾作亂，姚瑩率軍攻破賊
巢。七月中英議和，英方要求釋還被俘英軍。九月一英船在滬尾
（臺北淡水）遇風襲，經地方官救回二十五人，英人請准領回，姚
瑩均答應英人請求。

道光二十三年（1843），五十九歲

在臺灣道任。英人毀謗姚瑩，以為英艦係遭颱風吹襲觸礁，方為姚瑩所敗，姚瑩有冒功之嫌。朝命閩浙總督怡良查辦，一月怡良到臺灣，即傳旨革職拿問。三月內渡，五月自福州北上就逮，八月入獄，二十五日奉旨出獄。以同知分發四川任用。

道光二十四年（1844），六十歲
處理西藏僧人爭權事，第一次入藏，十月從成都出發，十一月到乍雅（西藏乍丫），十二月返回成都。

道光二十五年（1845），六十一歲
再次出使西藏，二月從成都出發，六月抵達察木多（西藏昌都），十二月東返。

道光二十六年（1846），六十二歲
三月到成都。《康輶紀行》十六卷於本年完成，道光二十九年刊行。任四川省順慶府蓬州（蓬安）知州。

道光二十七年（1847），六十三歲
在蓬州任。成《寸陰叢錄》四卷。

道光二十八年（1848），六十四歲
辭官歸里。

道光二十九年（1849），六十五歲
到金陵，兩江總督陸建瀛延請姚瑩編《海運紀略後編》，成二卷。刊行《中復堂全集》。

道光三十年（1850），六十六歲

　　授湖北鹽法道。

咸豐一年（1851），六十七歲

　　太平天國事起，奉旨前往廣西，會辦軍務，任廣西按察使。

咸豐二年（1852），六十八歲

　　任湖南按察使，逝於湖南永州（零陵）。

同治一年（1862）

　　靈櫬始返回桐城。

同治六年（1867）

　　子姚濬昌重刻《中復堂全集》計九十八卷。

附錄一

近五十年（1949-1999）臺灣地區 《春秋》經傳研究概況

摘要

　　探討《春秋》經傳學研究作品，可分為解題式、目錄式與專著式三大類。解題式作品有阮芝生〈六十年來之公羊學〉，王熙元〈六十年來之穀梁學〉，劉正浩〈六十年來之左氏學〉（俱收入程發軔主編：《六十年來之國學》，第1冊，臺北市　正中書局，1972年5月），劉正浩〈左傳導讀〉（周何、田博元編：《國學導讀叢編》，第1冊，臺北市：康橋出版事業公司，1979年4月），王更生〈歷代左傳學〉（《中國學術年刊》，4期，1982年6月，頁17-31），張高評《左傳導讀》（臺北市：文史哲出版社，1982年10月），廖吉郎〈南北朝之春秋左氏學〉（國文學報，13期，1984年6月，頁1-11）。目錄式作品有林慶彰先生主編《經學研究論著目錄（1912-1987）》（臺北市：漢學研究中心，1989年12月），《經學研究論著目錄（1988-1992）》（臺北市：漢學研究中心，1995年6月），其中《春秋》及三傳條目。專著式作品有沈玉成、劉寧《春秋左傳學史稿》（南京市：江蘇古籍出版社，1992年6月），范姜星釗《兩漢春秋經學的傳授源流》（輔仁大學中文系碩士論文，1979年），宋鼎宗《春秋宋學發微》（臺北市：文史哲出版社，

1986年9月），簡福興《元代春秋學研究》（高雄師範大學國文系博士論文，1997年1月），程南洲《東漢時代之春秋左氏學》（政治大學中文系博士論文，1978年），陳其泰《清代公羊學》（北京市：東方出版社，1997年4月），吳連堂《清代穀梁學》（高雄市：復文書局，1998年）。藉著解題、目錄、專著，可對《春秋》及三傳研究有一縱橫了解，橫的了解是指《春秋》及三傳相關專題研究概況，如《春秋》作者、《左傳》義例、《公羊》三世說、《穀梁》大義等問題；縱的了解是指《春秋》及三傳研究史概況，如董仲舒《公羊》學、杜預《左傳》學、范寧《穀梁》學等。有助於我們理解前人研究文獻、研究方法、研究成果，進而發掘新的研究文獻、方法，並開創未來研究方向。本文針對近五十年臺灣地區《春秋》三傳學研究，作一簡要回顧。本文以經學為選擇範圍，著重經典作者、性質、流傳、意義、各朝代發展等研究，亦即以經典本身研究為選擇標準。經典所記載的歷史事件研究，較偏重歷史，並不在選擇範圍內；經典所旁涉的天文、地理、宗教信仰等，涉及相關專門知識，也不在選擇範圍內。採取狹義經學標準，廣包博覽，非本篇所能盡及。本文結構分為《春秋》經傳研究，以專題作一區分；《春秋》經傳學史，以時代作一區分；末附圖表，以綜觀研究概況，展望未來研究方向。

關鍵詞：春秋學　三傳　臺灣經學

一　春秋經傳研究

（一）春秋

1. 張以仁　〈孔子與春秋的關係〉

　　　　《春秋史論集》　臺北市　聯經出版公司　1990年1月
　　　　頁1-59

張以仁博引文獻，反駁楊伯峻見解，認為孔子與《春秋》關係密切，甚而就是撰述《春秋》者，舉例詳盡，論證細密，是研究孔子與《春秋》最深入的論文。

2. 程發軔　《春秋要領》

　　　　臺北市　東大圖書公司　1989年4月　頁196

3. 程發軔　《春秋人譜》

　　　　臺北市　臺灣商務印書館　1990年12月　頁326

程發軔《春秋要領》針對《春秋》及三傳條例、大義、傳授、比較等基本問題，列出三十七題，作一精要說明，末附《左傳》地名圖表、春秋地名檢查表、春秋列國地圖，足堪初學者研讀。《春秋人譜》分各國氏族表、春秋名號歸一圖補正、春秋人名分析表，為檢查《春秋》人名重要工具書。

4. 陳新雄　《春秋異文考》

　　　　臺灣師範大學國文系碩士論文　1962年　程發軔指導
　　　　臺北市　嘉新水泥公司文化基金會　1964年11月　頁264

陳新雄列出三傳異文，逐條考證，是繼清‧趙坦《春秋異文箋》後，研究《春秋》異文最重要作品。

5. 戴君仁　《春秋辨例》

　　　　國立編譯館中華叢書編審委員會　1964年10月　頁152

6. 張永伯 《春秋書卒研究》
　　　　　臺灣師範大學國文系碩士論文　1985年　劉正浩指導
7. 陳傳芳 《春秋有關戰伐書例研究》
　　　　　臺灣師範大學國文系碩士論文　1994年　沈秋雄指導
戴君仁以為《春秋》直書其事，善惡自然可見，全書辨析三傳時月日例，結論是《春秋》有義無例。《春秋》有無義例，爭議頗多，張永伯以大夫、夫人、諸侯等為主要對象，分析書卒的褒貶意義。陳傳芳以戰爭所書辭例，分析各辭例的特色。《春秋》義例，仍有待全面研究。

（二）春秋三傳

1. 洪安全 〈孔子春秋與春秋三傳〉
　　　　　《史原》　10期　1980年10月　頁1-57
2. 陳忠源 《從春秋的傳衍論先秦時期經學的發展》
　　　　　中正大學中文系碩士論文　1998年　莊雅州指導
洪安全詳徵史料，說明孔子作《春秋》是借筆削以寄託其理想，而不是保存魯國古史；《左傳》從先秦至漢代，流傳不絕；《公羊傳》是孔門齊國系統第三代弟子，就口耳相傳，記錄整理而來；《穀梁傳》成書更在戰國中期以後，受法家影響。本文資料豐富，是討論《春秋》三傳在先秦兩漢傳承的重要作品。陳忠源從《春秋》大義的衍化、三傳的特色，分析孔門經學派別，尤其注意人文地理的分派，並以此為據，綜論先秦經學發展。

3. 謝秀文 《春秋三傳考異》
　　　　　臺北市　文史哲出版社　1984年8月　頁211
4. 李崇遠 《春秋三傳傳禮異同考要》
　　　　　政治大學中文系碩士論文　1967年　盧元駿指導
　　　　　臺北市　嘉新文泥公司文化基金會　1969年　頁200

謝秀文是從君氏與尹氏、惠公仲子正名、杞與紀、《春秋》異文等問題，比較三傳異同，至其隱公立而奉之、《左傳》記時差異、《左傳》鄭曼伯與檀伯釋疑，則較偏重《左傳》。李崇遠從吉禮、凶禮、軍禮、賓禮、嘉禮，比較三傳禮制異同，是研究三傳禮制重要著作。

5. 陳銘煌　春秋三傳性質之研究及其義例方法之商榷

　　　　　臺灣大學中文系碩士論文　1991年6月　張以仁指導

陳銘煌指出孔子修《春秋》在竊取其義，三傳均為解讀《春秋》的詮釋系統，但三傳的義例是封閉系統，後儒發展新例，誤將封閉系統視為開放系統，遂致混亂。本文以新穎理論探討三傳義例，是論究三傳義例完整深入著作。

6. 蔣年豐　從「興」的精神現象論春秋經傳的解釋學基礎

　　　　　清華學報　22卷1期　1992年3月　頁27-63

蔣年豐指出興類似現代的想像或象徵，興在《春秋》是在經文與傳文之間表出，從經文轉移到傳文，在精神上即引發揚善懲惡的活動，在語言上是從簡鍊語言引發複雜的人生道理。本文試圖從解釋學基礎建立《春秋》學乃至於經學得以成立的學術基礎，觀念新穎，目標明確，是欲究經學何以能獨立於其他學科必讀作品。

（三）左傳

1. 方炫琛　《春秋左傳劉歆竄亂辨疑》

　　　　　政治大學中文系碩士論文　1979年6月　周何指導

2. 李　平　《論春秋左氏傳的形成——從左丘明到劉歆》

　　　　　政治大學歷史系碩士論文　1987年　蘇雲峰、陸寶千指導

自〔清〕劉逢祿指劉歆偽撰《左傳》，逮及康有為、崔適、顧頡剛皆以為然，方炫琛首先從先秦典籍引用《左傳》以證明原為附經編年，

再從諸書稱引證明《左傳》原為解經而作，再次從先秦、西漢學者引用，證明《左傳》在劉歆前即已流傳，最後逐條辨析劉歆偽作之不可信。李平分析《春秋》重微言大義，左丘明就本事撰成《左氏春秋》，劉歆創通大義以解經。二家說雖不同，但劉歆未偽撰《左傳》，從文獻分析，確無可疑。

3. 楊美玲　《左傳倫理思想研究》　高雄師範大學國文系碩士論文
　　　　　1983年　左松超指導

4. 張端穗　《左傳思想探微》　臺北市　學海出版社　1987年1月
　　　　　頁282　國科會研究獎助論文

5. 王聰明　《左傳人文思想研究》　臺灣師範大學國文系碩士論文
　　　　　1987年　李鍌指導

楊美玲敘述《左傳》政治、宗教、倫理等思想的內容及呈現。張端穗分析《左傳》對超自然、人殉、君臣、禮刑、戰爭的看法。王聰明析論《左傳》宗教人文化思想、道德思想、政治思想、人文史觀。上述諸書可對《左傳》一般思想，有一基礎認識。

6. 宋鼎宗　《左傳賓禮嘉禮考》　臺灣師範大學國文系碩士論文
　　　　　1971年　程發軔指導

7. 李啟原　《左傳載語之禮義精神研究》　高雄師範大學國文系碩
　　　　　士論文　1980年　周何指導

8. 小林茂　《春秋左氏議禮考述》　臺灣師範大學國文系碩士論文
　　　　　1981年　周何指導

9. 劉瑞箏　《左傳禮意研究》　臺灣師範大學國文系博士論文
　　　　　1986年　劉正浩指導

上列四書，或論述《左傳》賓禮、嘉禮，或分析《左傳》禮義精神，或以儀禮為據，臚列各種禮儀，可與張其淦《左傳禮說》（寓園叢書本，1930年）並研，以為《左傳》禮學基礎。

10. 夏鐵生　《左傳國語引經說經之研究》

　　　　臺灣大學中文系碩士論文　1967年　戴君仁指導

11. 白中道　《左傳引詩研究》

　　　　臺灣大學中文系碩士論文　1968年　屈萬里指導

12. 楊向時　《左傳引詩賦詩考》

　　　　臺北市　國立編譯館中華叢書編審委員會　122頁　1972
　　　　年5月

13. 奚敏芳　《左傳賦詩引詩之研究》

　　　　臺灣師範大學國文系碩士論文　1982年　劉正浩指導

14. 張素卿　《左傳稱詩研究》

　　　　臺灣大學中文系碩士論文　1990年　張以仁指導

《左傳》引《詩》研究，上列諸書，已得其大概，惟引經研究，尚可
進一步研究。

15. 盧心懋　《左傳「君子曰」研究》

　　　　政治大學中文系碩士論文　1986年　簡宗梧指導

16. 龔慧治　《左傳「君子曰」問題研究》

　　　　臺灣大學中文系碩士論文　1987年　裴溥言、張以仁指
　　　　導

17. 葉文信　《左傳君子曰考述》

　　　　臺灣師範大學國文系碩士論文　1996年　劉正浩指導

盧心懋分析君子曰有直接引述、間接引述二類，功能有解經、預言、
為政之道、交鄰之道等，與《左傳》所論並無不同。龔慧治著重探討
君子曰作者，以為是《左傳》作者，或是時人，但不可能是孔子。葉文
信也證明君子非孔子，大抵在經義危疑難安、易致誤解處出之。

18. 張素卿　《敘事與解釋——左傳經解研究》

　　　　臺灣大學中文系博士論文　1996年　張以仁指導

本書主在說明《左傳》以敘事方式解釋經典，義即在事中，所以敘事為解經的基礎，是全面分析《左傳》解經方式的作品。

（四）公羊傳

1. 阮芝生　《從公羊學論春秋的性質》
臺灣大學歷史系碩士論文　1968年　許倬雲指導

2. 李新霖　《春秋公羊傳要義》
臺灣師範大學國文系博士論文　1984年　周何指導
臺北市　文津出版社　1989年5月　頁246

阮芝生認為《公羊》始傳《春秋》，《左傳》不傳《春秋》，所以須從《公羊》探究《春秋》性質，從《春秋》之志、義、例、法分析，確認《春秋》是孔子晚年所作，寄託其政治理想，以明立國體制與精神，人群進化之階段與公理。李新霖以正統論、華夷觀、內外議、復讎論、經權說為《公羊傳》要義，至於張三世、通三統等，但立文字，並無說解，所以略而不論。以上二書，是通論《公羊》思想佳作。

3. 簡松興　《公羊傳的政治思想》
臺灣師範大學國文系碩士論文　1979年　王熙元指導

4. 胡元輝　《孔子政治思想論原——以公羊學為基點之研究》
政治大學政治系碩士論文　1984年　楊樹藩指導

5. 陳素華　《公羊學的一統論》
輔仁大學中文系碩士論文　1992年　王金凌指導

6. 陳登祥　《公羊傳的正名思想》
輔仁大學中文系碩士論文　1992年　王金凌指導

7. 傅鏡暉　《中國歷代正統論研究——依據春秋公羊傳精神的正統論著分析》
政治大學政治系碩士論文　1993年　蔡明田指導

簡松興分「公羊家」與「公羊學」不同：前者探討《春秋》及先師口說，後者旁及諸經，取證董、何；前者處於封建崩潰之際，欲重建理想中的周初社會，後者處於中央集權一統社會，關心《公羊傳》中與當時有關的問題。本書所論述是前者，從一統觀念、禮制分析《公羊傳》的政治思想。胡元輝以《公羊傳》、《論語》為據，說明孔子政治思想，尤以進化說為孔子政治思想宏綱。陳素華指出一統是獲得全體認同的合法政權，傳統社會是以禮作為此一基礎，禮壞樂崩，於是以法維繫，《春秋》即以經法姿態出現，導社會於祥和。陳登祥分析《公羊傳》正名思想三原則：對權力結構而言，曰尊尊原則，對改過明嫌而言，曰返經原則，對社會規範而言，曰合禮原則。傅鏡暉主在析述《公羊傳》正統論產生、演變、內容。

  8. 成　玲　《春秋公羊傳稱謂釋例》

     臺灣師範大學國文系碩士論文　1990年　周何指導

  9. 林倫安　《春秋公羊傳會盟析例》

     臺灣師範大學國文系碩士論文　1994年　周何指導

 10. 張淑惠　《公羊傳稱謂七等研究》

     臺灣師範大學國文系碩士論文　1996年　周何指導

成玲分析《公羊傳》中諸侯、女子、君室公族及大夫稱謂，以例明義，因義釋經。林倫安分會例有六大類，盟例有十二大類，歸納會盟之例，其義有尊王、攘夷、信桓、行權、內魯、諱恥六端。張淑惠分析「州不若國，國不若氏，氏不若人」是記載詳略差異，「人不若名，名不若字，字不若子」是個人稱謂等第差異，借此可觀察褒貶判準，夷狄進程完整呈現。

（五）穀梁傳

1. 陳　槃　〈春秋穀梁傳論〉
《孔學論集》　臺北市　中華文化出版事業委員會
1957年7月　頁461-495

2. 吳智雄　《穀梁傳思想研究》
中山大學中文系碩士論文　1997年6月　王金凌指導
吳智雄認為《穀梁傳》思想在建立社會政治秩序，據此分析《穀梁傳》思想內涵，禮、倫理思想、政治思想等，是少數通論《穀梁傳》著作。

3. 賴炎元　〈春秋穀梁傳義例〉
國科會研究獎助論文
《慶祝瑞安林景伊先生六秩誕辰論文集》　臺北市　政治大學中文系　1969年12月　頁185-358

4. 高秋鳳　〈穀梁時月日例之盟例試探〉
《國文學報》　第17期　1988年6月　頁43-70

5. 周　何　穀梁會盟釋例
《高仲華先生八秩榮慶論文集》　高雄師範大學國文系
1988年　頁155-165

6. 周　何　〈穀梁朝聘例釋〉
《中國學術年刊》第10期　1989年2月　頁181-191

7. 周　何　〈穀梁諱例釋義〉
《教學與研究》第11期　1989年6月　頁43-53

8. 李紹陽　《春秋穀梁傳時月日例研究》
臺灣師範大學國文系碩士論文　1995年　周何指導

上述諸作，或全盤論述《穀梁傳》義例，或就各例分別探討，可與《公羊》義例諸作並參，以會通三傳義例之學。

二　春秋經傳學史研究

（一）春秋

1　先秦

（1）錢　穆　〈春秋〉

《中國史學名著（一）》　臺北市　三民書局　1973年2月　頁13-25

（2）熊公哲　〈孔子志在春秋行在孝經〉

《孔子發微》　卷上　臺北市　正中書局　1985年1月　頁237-254

（3）吳吉助　《孟子春秋說研究》

臺灣師範大學國文系碩士論文　1987年　張學波指導

錢穆指出史官分布，是周一代制度，孔子作《春秋》，則是私家著述，由政治轉向學術，開中國史學傳統，是當時一部世界史，融自然與人文作一歷史批判。熊公哲指出孔子作《春秋》的動機在於達王事、《春秋》是經而非史、《春秋》微言是改立法制，大義是誅討亂賊，並廣引《莊子》、《荀子》、《史記》、周程諸子、顧炎武、皮錫瑞等諸家見解以證成之，可作為孔子與《春秋》簡要的導讀。吳吉助認為存於《孟子》之《春秋》說稍嫌零碎，故就〈滕文公下〉、〈離婁下〉、〈盡心下〉論及《春秋》言論，以春秋無義戰為例，就涵義、史實分析孟子思想，並從尊王、攘夷論孟子思想源於春秋，從意義、影響證明孟子詔述孔子。本書是目前完整的孟子《春秋》學研究。

2　兩漢

（1）范姜星釧　《兩漢春秋經學的傳授源流》

輔仁大學中文系碩士論文　1979年　王靜芝指導

（2）劉漢德　《從後漢書五行志看春秋對西漢政治的影響》

臺北市　華正書局　188頁　1979年7月

（3）洪安全　〈孔子之春秋與司馬遷之史記〉

《孔孟學報》34期　1981年1月　頁31-44

《春秋三傳研究論集》　臺北市　黎明文化公司

1981年1月　頁63-82

（4）張添丁　《司馬遷春秋學》

政治大學中文系博士論文　1985年　周何指導

（5）宋鼎宗　〈漢宋春秋學〉

《慶祝無錫施之勉先生九秩晉五誕辰論文集》　臺北
市　文史哲出版社　1986年3月　頁215-239

范姜星釧主在探討《春秋》三傳在漢代傳授源流，分別探討三傳的來
源、作者、內容、價值等問題，列舉漢代研究《春秋》特殊成就學
者，如董仲舒、劉歆、何休等，紹其生平，述其學術，說明兩漢春秋
主流為通經致用、天下為公。可為研究漢代《春秋》學入門著作。洪
安全敘述司馬遷作《史記》，上紹周公、孔子，與家世、遭遇密切相
關，本文即在說明此一歷史過程。張添丁分析司馬遷《春秋》學來
源，敘述《史記》採擇二傳的史料與義理。是司馬遷《春秋》學此一
專題最完整作品。宋鼎宗指出漢《春秋》學之異在漢學重傳，宋儒重
經；漢學詳名物，宋儒闡治道；漢儒援俗說入經，宋儒以性理立義；
漢儒以《春秋》斷案，宋儒擬《春秋》筆法；漢儒主劉氏，宋儒尚趙
家；漢儒信古而宋儒疑經。本文是分別漢宋《春秋》學異同最具條理
之作。

3 宋代

（1）牟潤孫　〈兩宋春秋學之主流〉

　　　　　　《大陸雜誌》5卷4、5期　1952年8、9月　計7頁

　　　　　　《注史齋叢稿》　臺北市　臺灣商務印書館　1990年6

　　　　　　月　頁140-161

（2）宋鼎宗　《春秋宋學發微》

　　　　　　臺北市　文史哲出版社　1986年9月　頁340

（3）宋鼎宗　〈胡安國春秋砭宋說〉

　　　　　　《成功大學學報》13卷　1978年5月　頁135-154

（4）宋鼎宗　《春秋胡氏學》

　　　　　　臺南市　友寧出版公司　1978年6月　1979年3月增訂

　　　　　　再版　頁196

（5）宋鼎宗　〈宋儒春秋尊王說〉

　　　　　　《成功大學學報（人文篇）》19卷　1984年3月　頁1-

　　　　　　36

（6）汪惠敏　〈四庫全書提要對宋儒春秋學評騭之態度〉

　　　　　　《書目季刊》22卷3期　1988年12月　頁71-77

（7）林建勳　《呂東萊的春秋學》

　　　　　　中央大學中文系碩士論文　1990年　曾昭旭指導

（8）倪天蕙　《宋儒春秋尊王思想研究》

　　　　　　政治大學中文系碩士論文　1982年　周何指導

（9）簡福興　〈宋代春秋學特色形成之探討〉

　　　　　　《高雄工商專校學報》22期　1990年12月

（10）簡福興　《胡氏春秋學研究》

　　　　　　臺南市　欣禾圖書公司　1982年　頁355

（11）曹在松　　《孫復春秋尊王發微與北宋經史二學思想之演變》
　　　　　　　　臺灣大學歷史系碩士論文　1983年　王德毅指導
（12）錢　穆　〈朱子之春秋學〉
　　　　　　　　《朱子新學案》　臺北市　三民書局　1982年4月
　　　　　　　　頁95-111

牟潤孫精要的指出，宋代《春秋》學主流，一是以孫復尊王思想，二
是以胡安國的攘夷思想，前者影響北宋《春秋》學，後者影響南宋
《春秋》學，又別開說經新徑，成就又不止於《春秋》學或經學。宋
鼎宗致力於宋代《春秋》學研究，相關撰述豐富，《春秋宋學發微》
可為代表，該書以為《春秋》宋學遠源漢魏兩晉諸儒，近祖唐末啖
助、趙匡、陸淳，遍述宋代《春秋》學者，探討宋儒《春秋》尊王
說、攘夷說，說明宋儒破斥漢儒《春秋》說，並建立宋儒特殊理論，
指出宋儒《春秋》學有尊胡、宗朱之別，比較漢、宋《春秋》學異
同：漢學重傳，宋儒尊經，漢學詳名物，宋儒闡治道，漢儒援俗說入
經，宋儒以性理立義，漢儒以《春秋》斷案，宋儒擬《春秋》筆法，
漢學信古，宋儒疑經。該書是研究宋代《春秋》學最詳細且重要著
作。汪惠敏引顧頡剛〈春秋時代的孔子和漢代的孔子〉：「各時代有各
時代的孔子，即使一個時代中也有種種不同的孔子。」以之為中心觀
念，說明宋儒《春秋》學寓託諷諫，實乃時世使然，《四庫全書總
目》詆訶孫復、胡安國，揚宋而抑漢，並不能得知宋儒《春秋》真
貌。簡福興指出宋代《春秋》學特色是尊經棄傳、經世致用，於是探
討形成此一特色的原因，遠因是漢儒墨守三傳之失，近因是晚唐綜論
原經之啟。倪天蕙以為宋儒《春秋》學導源唐代啖助、趙匡、陸淳，
指出理學興起與藩鎮割據是宋代尊王思想的背景，敘述北宋孫復、王
皙、孫覺、蕭楚四家，推闡《春秋》始於尊王終於行道之旨，南宋胡
安國、陳傅良、高閌、趙鵬飛四家，推闡《春秋》始於尊王終於攘夷

之旨。宋鼎宗〈宋儒春秋尊王說〉也指出宋儒特重尊王，有時代牽繫，源於藩鎮荼毒、務彊主勢、臣節不立、權姦柄國，至於尊王內涵則是明三綱、懲彊侯、獎忠貞。〈胡安國春秋砭宋說〉，敘述胡安國進講經義，以復仇、自強、親賢、去讒、守土、逐寇，諷諭宋高宗。錢穆指出朱子早年對《春秋》態度和緩，晚年則評諸家說《春秋》不盡可信，並云朱子治《春秋》，認為褒貶應立基於史實，不在書法，全文言簡意賅，可了解朱子《春秋》思想。林建勳析述呂祖謙《春秋》學義理問題，探討呂祖謙天理、心、性觀念，及由之而來的世界觀、人物品評，並反省其歷史方法與應用的限制。

4 元代

（1）簡福興　《元代春秋學研究》

　　　　　高雄師範大學國文系博士論文　1987年　蔡崇名指導
簡福興以為元儒《春秋》學源於漢、晉、唐、宋，敘述吳澄、黃澤、陳深、俞皋、齊履謙、程端學、鄭玉、王元杰、李廉、汪克寬、趙汸《春秋》學，說明元儒《春秋》經世、尊王、攘夷思想，探究解經方法，指出元儒《春秋》學居於宋、明轉變之機。重在探討元儒《春秋》學，說明元儒《春秋》思想，分析元儒《春秋》學解經方法。是目前研究元代《春秋》學最廣泛深入的著作。

5 清代

（1）宋鼎宗　〈四庫全書總目經部春秋類校讀記〉
　　　　　《中國國學》12期　1984年10月　頁67-73
（2）孫劍秋　〈亭林之春秋學〉
　　　　　《顧炎武經學之研究》　臺北市　東吳大學中國學術
　　　　　著作獎助委員會　1992年7月　頁169-190

（3）曾昭旭　〈船山之春秋學〉

　　　　　　《中國文化月刊》14期　1980年12月　頁23-44

（4）陳逢源　《毛西河及其春秋學之研究》

　　　　　　政治大學中文系碩士論文　1991年　董金裕指導

（5）司仲敖　〈錢大昕之春秋學〉

　　　　　　《木鐸》10期　1984年6月　頁261-280

（6）張高評　〈方苞義法與春秋書法〉

　　　　　　《清代經學國際研討會論文》　臺北市　中央研究院
　　　　　　中國文哲所籌備處主辦　1992年12月22-23日

（7）吳哲夫　〈四庫全書經部春秋類圖書著錄之評議〉

　　　　　　《故宮學術季刊》9卷3期　1992年春　頁1-18

　　　　　　《第二屆國際華學研究會議論文集》　臺北市　中國
　　　　　　文化大學文學院　1992年

（8）周啟榮　〈史學經世──試論章學誠「文史通義」獨缺「春秋
　　　　　　　教」的問題〉

　　　　　　《歷史學報（臺灣師範大學）》18期　1990年6月　頁
　　　　　　169-182

宋鼎宗指出《四庫全書總目・經部・春秋》類之誤計十六條，有引
文、傳授、卷數、子目、評價等誤。吳哲夫析論更深，先歸納著錄的
原因，次歸納見棄的原因，並指責四庫館臣刪削、改易《春秋》類著
作，指出著錄與存目未盡妥適、重宋元而輕明清、刪易文字，不夠徹
底、詳為校刊，能補其餘版本不足。宋、吳二文，是研究《四庫全書
總目・春秋》類必讀之作。孫劍秋析顧炎武《春秋》學大要有二：一
在通論《春秋》諸問題，如《春秋》不始於隱公、《春秋》為闕疑之
書、《春秋》用周正，《左氏》用夏正、《春秋》無貶爵，二在考證，
考證地名、辨明文義、補杜注之失，最後並評論顧炎武《春秋》學得

失。曾昭旭介紹王夫之《春秋》學著作，並分析王夫之《春秋》義理
在以心制義，且本之以論斷春秋時事。陳逢源指出毛奇齡《春秋》學
目的是批駁胡安國《春秋傳》，以回復《春秋》本經地位，其《春
秋》學在提出簡策分書、屬辭比事、立二十二門部統攝條貫、立四例
以闡明本旨。張高評指出方苞義法本於《春秋》，而《春秋》之義在
於筆削，筆削即書法所在，方苞即以此為義法，義為之主，謀篇修辭
為之輔，形成桐城義法學。周啟榮討論章學誠《文史通義》何以獨缺
《春秋》教，認為並非余英時所指是因章學誠權威主義傾向，致不許
孔子無位而作《春秋》，而是乾嘉以降重經輕史，且史學所以經世、
明道，是以以《春秋》為史學之源，〈浙東學術〉已有詳述，故不須
另寫〈春秋教〉。

（二）左傳學史

1 先秦

（1）劉正浩　《周秦諸子述左傳考》
　　　　　　臺北市　臺灣商務印書館　1966年11月　頁238
（2）朱冠華　《風詩序與左傳史實關係研究》
　　　　　　臺北市　文史哲出版社　1992年7月　頁135
劉正浩全書引《論語》、《老子》、《曾子》、《子思子》、《墨子》、《孟
子》、《商子》、《莊子》、《荀子》、《晏子春秋》、《呂氏春秋》、《韓非
子》述《左傳》文獻，分為三類：述事立意本於《左傳》、可援引以
解釋傳文、與《左傳》所述一事但內容違異，按年登載，並附按語。
本書不僅可考周秦諸子引述《左傳》，更是《左傳》在周秦流傳重要
研究成果，足以破劉歆偽造《左傳》之說。朱冠華就〈詩序〉與《左
傳》史實相合者，廣引經傳子史以說明。

2 兩漢

（1）方炫琛　〈左傳在史記前已是附經編年證〉

　　　　　　　《中華學苑》23期　1979年9月　頁182-212

（2）王更生　〈賈誼春秋左氏傳承考〉

　　　　　　　《孔孟學報》35期　1978年4月　頁135-148

　　　　　　　《春秋三傳研究論集》　臺北市　黎明文化事業公司

　　　　　　　1981年1月　頁165-183

（3）梁榮茂　《史記引述左傳考》

　　　　　　　國科會研究獎助論文　1965年

（4）程南洲　《賈逵之春秋左傳學及其對杜預注之影響》

　　　　　　　臺北市　文津出版社　1981年6月　頁131

（5）程南洲　《春秋左傳賈逵注與杜預注之比較研究》

　　　　　　　臺北市　文津出版社　1982年6月　頁108

（6）程南洲　《東漢時代之春秋左氏學》

　　　　　　　政治大學中文系博士論文　1978年　高明指導

（7）葉政欣　〈賈逵與春秋左傳〉

　　　　　　　《成功大學學報》（人文篇）14卷　1979年5月　頁1-
　　　　　　　21

（8）葉政欣　《賈逵春秋左氏說探究》

　　　　　　　臺南市　興業圖書公司　2冊　1980年4月

（9）葉政欣　《漢儒賈逵之春秋左氏學》

　　　　　　　臺南市　興業圖書公司　1983年1月　頁633

（10）葉政欣　《服虔春秋左傳遺說探究》

　　　　　　　國科會研究獎助論文　1979年

（11）劉正浩　《兩漢諸子述左傳考》

　　　　　　　臺北市　臺灣商務印書館　1969年9月　頁193

（12）劉正浩　《太史公左氏春秋義述》
　　　　　　臺灣師範大學國文系碩士論文　1962年　程發軔指導
（13）顧立三　《司馬遷撰寫史記採用左傳的研究》
　　　　　　臺北市　正中書局　1981年1月　頁126

劉正浩引《新語》、《淮南子》、《新序》、《說苑》、《列女傳》、《論衡》、《白虎通》、《潛夫論》、《風俗通》、《獨斷》、《申鑒》、《中論》述《左傳》事，體例、價值一如《周秦諸子述左傳考》。王更生據章太炎《春秋左氏疑義問答》，參以劉向《別錄》、班固《儒林傳》、陸德明《經典釋文》，考定賈誼之前《左傳》傳承，復據《史記》、《漢書》記載，考定賈誼以後《左傳》傳承，脈絡分明，可窺知《左傳》在漢代傳授清形。顧立三分析司馬遷《史記》採取《左傳》有義理、文詞、史事，或增減，或改寫。方炫琛從《師春篇》、《管子》、《呂氏春秋》證明《左傳》在先秦已是依經編年，《史記》則採《左傳》以述春秋時代史事。程南洲致力於東漢《左傳》學，《東漢時代之春秋左氏學》是其代表作，敘述鄭眾、賈逵、馬融、許慎、鄭玄、服虔、穎容《春秋左氏》學。敘述各家傳略，分析各家對《左傳》見解，說明鄭眾、服虔解經方法，探究鄭眾對馬融、服虔、杜預影響，賈逵對馬融、服虔、穎容、杜預影響，服虔對杜預影響，評述各家得失。是此一專題最詳明著作。其後比較賈逵、杜預，承此而來，更加詳密，從經傳義蘊、禮制、義例、字義、人名、地名，論較二人異同。葉政欣則致力於賈逵《左傳》學研究，《漢儒賈逵之春秋左氏學》是其代表作，分析賈逵對《春秋》義例、《左傳》義例及文旨之闡釋，《左傳》名物、古史、禮制之解說，《春秋經》國名、地名之解說，《左傳》人名之解說，經傳字義之訓詁，並附有賈逵年譜。是研究賈逵最深入作品，亦為研究賈逵者所必讀。至其〈賈逵與春秋左傳〉就賈逵先世生平、師承淵源、著述概況、遺說輯佚、學術得失、影響後學，作一較簡要介紹。

3 六朝

（1）沈秋雄　《三國兩晉南北朝春秋左傳學佚書考》
　　　　　　臺灣師範大學國文系博士論文　1981年　高明、周何
　　　　　　指導

（2）廖吉郎　〈南北朝之春秋左氏學〉
　　　　　　《國文學報》13期　1984年6月　頁1-11

（3）葉政欣　杜預與春秋經傳集解
　　　　　　《書和人》110期　1969年5月17日　頁1-8
　　　　　　《中國經學史論文選集》（上）　臺北市　文史哲出版
　　　　　　社　1992年10月　頁530-545

（5）葉政欣　《杜預及其春秋左氏學》
　　　　　　臺南市　興業圖書公司　1984年2月　頁295
　　　　　　國科會研究獎助論文　1984年

（6）葉政欣　《春秋左氏傳杜注釋例》
　　　　　　臺灣師範大學國文系碩士論文　1964年　林尹指導
　　　　　　臺北市　嘉新水泥公司文化基金會　2冊　1966年

（7）葉政欣　〈春秋左傳學世家杜氏三世年譜 —— 杜畿、子恕、
　　　　　　寬、孫預〉
　　　　　　《慶祝無錫施之勉先生九秩晉五誕辰論文集》　臺北
　　　　　　市　文史哲出版社　1986年3月　頁241-271

（4）王初慶　〈春秋左傳杜氏義述要〉
　　　　　　《人文學報》（輔仁大學）4期　1975年5月　頁355-
　　　　　　418

（8）程元敏　《春秋左氏經傳集解序疏證》
　　　　　　臺北市　臺灣學生書局　1991年8月國科會研究獎助
　　　　　　論文　1991年　頁112

廖吉郎略分南朝《左傳》有義疏之學，如沈文阿《春秋左氏經傳義略》、王元規《續春秋左氏經傳義略》、劉炫《春秋左氏傳述義》、蘇寬《春秋左傳義疏》；有駁杜之學，如賈思同《春秋傳駁》、衛冀隆《難杜氏春秋六十三事》、劉炫《春秋攻昧》、《春秋規過》，各就作者生平、作品內容評述。可窺知南北朝《左傳》學概況。葉政欣《杜預及其春秋左氏學》是其系列研究杜預代表作，評論杜預《左傳》學得失，詳明《春秋經傳集解》體制、內容、承繼、價值，並就《春秋釋例》諸例作一詳評，附有杜預大事表。〈杜預與春秋經傳集解〉則就此一專題作一簡要介紹，可為研究杜預《左傳》學入門之作。〈春秋左傳學世家杜氏三世年譜——杜畿、子恕、寬、孫預〉是〈杜預之先世及生平〉擴大之作。諸篇均為研究杜預必讀作品。王初慶全文甚長，可作為《春秋》與《左傳》導讀。程元敏以為欲通《左傳》，捨杜序莫由，但孔穎達《左傳正義》雖首釋杜序，其失有六：刪取舊疏、偶有疏誤、理據欠實、文字稍繁、舉證未周、考鏡尚少，民國以降，楊伯峻《春秋左傳注》不及杜序，李宗侗《春秋左傳今注今譯》末附杜序，未能章明杜旨、詮證孔疏，葉政欣《春秋左氏傳杜注釋例》，亦未遑釋疏杜序，於是疏證杜序，依唐石經本分為十二段，三十四注，每注一節。本文疏釋杜序，有引證有論斷，是研讀杜序必讀之作。

4 隋唐

（1）簡博賢　〈孔穎達春秋左傳正義平議〉
　　　　　　　《孔孟學報》20期　1970年9月　頁50-53
　　　　　　　《春秋三傳研究論集》　臺北市　黎明文化事業公司
　　　　　　　1981年1月　頁203-224
簡博賢指出孔穎達《左傳正義》宗主杜預，間能正杜預之誤，且疏釋

禮制詳明，但多迴護曲從，有失經義，駁劉炫、難服虔，均不得其
當。本文舉例詳核，是研究孔穎達《左傳正義》重要論文。

5 清代

（1）蕭淑惠　　《清儒規正杜預春秋經傳集解研究》
　　　　　　　　成功大學中文系碩士論文　1997年6月　頁190　宋鼎
　　　　　　　　宗指導
（2）蔡孝懌　　《惠棟春秋左傳補注之研究》
　　　　　　　　高雄師範大學國文系碩士論文　1998年5月　周虎林
　　　　　　　　指導
（3）林耀曾　　《春秋古經洪詁補正》
　　　　　　　　臺灣師範大學國文系碩士論文　1964年　程發軔指導
　　　　　　　　臺北市　嘉新水泥公司文化基金會　頁312　1966年8
　　　　　　　　月
（4）張惠貞　　《劉文淇春秋左氏傳舊注疏證體例之研究》
　　　　　　　　逢甲大學中文系碩士論文　1991年6月　黃錦鋐指導

蕭淑惠敘述清儒規杜發展與名家代表，並分析清儒規杜特色有訓詁、
義例、禮制、地理、掠先儒之美五項特色，最後並駁正清儒規杜。本
文已有杜預研究史規模，並可發展類似研究。蔡孝懌指出惠棟回復孔
子《春秋》大義、駁斥杜預誤謬，因而撰作《補注》，說明惠棟解經
方式略有引據群書、引據讖緯、引據五行、推論經傳文意等，統計
《補注》全書，分為六類：考訂文字、詞義訓詁、解說義法、解說禮
制、解說人名、解說地名，說明《補注》特色是引據詳博、考辨杜注
源流、訓詁精確、考證古史等，缺失是過於尊古、引證資料未細核原
文等，影響王引之、楊伯峻校字通經，洪亮吉、劉文淇追溯杜注本
源。

6 民國

（1）宋惠如　《劉師培春秋左傳學研究》
　　　　　　中央大學中文系碩士論文　1995年　岑溢成指導
（2）陳慶煌　〈論左盦對於春秋左氏學之貢獻〉
　　　　　　《孔孟學報》53期　1987年4月　頁247-271
（3）張廣慶　〈劉申叔春秋左氏學申漢難杜說〉
　　　　　　《中國書目季刊》22卷2期　1988年9月　頁47-60

宋惠如重在分析比較今古文解經方法異同，今文家在借事明理，事與理是否完全配合，則為次要；古文家在事中寓理，強調經世之理與當代史事二者須切合，從而將經學回歸經學，政治歸於現實，保障經學的典範地位。見解頗有創獲，甚值參考。陳慶煌以為劉師培《左傳》學成就在闢前人誹詆《左傳》、闡明《左傳》精義、開研治《左傳》新徑。張廣慶說明劉師培《左傳》學申漢難杜，一在推闡家學，二在證成《左傳》以義傳經，三在駁斥《左傳》不傳《春秋》之謬。

（三）公羊傳學史

1 兩漢

（1）劉漢德　〈春秋公羊傳對西漢政治的影響〉
　　　　　　《書目季刊》11卷1期　1977年6月　頁31-57
（2）何照清　《兩漢公羊學及其對當時政治的影響》
　　　　　　輔仁大學中文系碩士論文　1986年　賴炎元指導
（3）洪碧穗　《董仲舒春秋學述》
　　　　　　輔仁大學中文系碩士論文　1995年5月　王初慶指導
（4）韋政通　《董仲舒的春秋學》
　　　　　　董仲舒　臺北市　東大圖書公司　1986年7月　頁33-64

（5）劉正浩　〈試揭春秋神秘的面紗——對董生論春秋的闡釋與商
　　　　　　権〉
　　　　　　《教學與研究》11期　1989年6月　頁27-41
（6）孫長祥　〈董仲舒春秋學方法論試探——春秋繁露中的哲學問
　　　　　　題與知識方法的辨析〉
　　　　　　《華岡文科學報》17期　1989年12月　頁1-19
　　　　　　國科會研究獎助論文　1990年
（7）趙雅博　〈董仲舒對春秋微言大義的詮釋〉
　　　　　　《大陸雜誌》85卷3期　1992年9月　頁1-6
（8）張廣慶　《何休春秋公羊解詁研究》
　　　　　　臺灣師範大學國文系碩士論文　1989年　沈秋雄指導
　　　　　　國科會研究獎助論文　1990年

劉漢德指出《公羊》學影響西漢政治有四點：守經持常，使儒家之道
得以發揮；達變中權，使儒家之道得以調適；進化革命，可以使天子
有所戒懼；改正朔、易服色、三統、三正，步上科學求真坦途。何照
清指出兩漢《公羊》學影響其時政治有六：受命改制、王位繼承與皇
后廢立、禘祫說與順逆祀、刑獄判案、災異祥瑞、征伐匈奴。洪碧穗
證明〈天人三策〉為《春秋繁露》濃縮本，分析董仲舒《春秋》學係
以《公羊傳》為藍本，以陰陽五行說為骨幹，歸納董氏所說學習《春
秋》的方法，分析〈天人三策〉的方法。韋政通指出董仲舒《春秋》
學的共同原則是奉天法古，以作為改制的依據；至其方法是借《春
秋》以創新說；以語意、目的、本質理解《春秋》。孫長祥分析董仲
舒哲學問題有三：歷史與現實、天道與自然、信念與理想；整合此三
問題方法是察身知天，即經由人的內省後，掌握人自身認知能力，進
而開展知識問題；思想界與實在界的交互關涉以名號為中介，《春
秋》辭例則是名號判斷、命題、結論，但辭例所判斷的真實對象並非
靜態孤立，於是須探索深微幽隱的《春秋》意指，歸結到個人價值建

構，從名、號、辭、指、義，析述董仲舒方法論；最後指出董仲舒理論之弊在以人事比附自然。本文從原典中建立方法論，不援引西方理論，甚值參考。趙雅博從《春秋繁露》各種辭例，諸如微辭、溫辭、婉辭、誣辭、正辭、詭辭、常辭、通辭、《春秋》無達辭、誅意不誅辭，說明董仲舒對微言大義的解說，並以為董氏方法概念豐富，但流弊更多，隱蔽真實歷史。張廣慶指出公羊解詁旨要以存三統、張三世、異內外為主，敘述《公羊解詁》博採經傳子史、漢制、讖緯，詳析各種災異，說明《公羊解詁》之時月日例。

2 隋唐

（1）潘重規　〈春秋公羊疏作者考〉
　　　　　　《學術季刊》4卷1期　1955年9月　頁11-18
（2）簡博賢　〈徐疏公羊述稿〉
　　　　　　《興大中文學報》3期　1990年1月　頁109-122

潘重規指出《公羊疏》引書止於晉宋，多非唐以後人所能見；其中作音與《經典釋文》體例大異；校列三家經文，有陸德明所未見；引證舊本多於《釋文》；引舊說豐富；引群經為北朝風尚；從而認為《公羊疏》作者是北朝儒者。簡博賢仍定徐彥為唐人，但生平已不可知，並指出徐疏體例初為問答，稍異於他經，疏義以何休三科九旨為宗，但能兼存他說，亦有駁議，至其疏失則有引證圖讖，不通古篆，不達注意，比附古義，舉事過泥，未明禮制，末附徐疏刊行版本。潘、簡二文是研究徐彥最詳明且必須參考著作。

3 清代

（1）陸寶千　〈清代公羊學之演變〉
　　　　　　《清代思想史》　臺北市　廣文書局　1983年9月3版
　　　　　　頁221-275

（2）金榮奇　《莊存與春秋公羊學研究》

政治大學中文系碩士論文　1990年　李威熊指導

（3）王財貴　〈孔廣森春秋公羊通義敘錄〉

《鵝湖》16卷2期（總182期）　1990年8月　頁6-21

（4）鍾彩鈞　〈劉逢祿公羊學概述〉

《清代思想與文學研討會論文》　高雄市　中山大學

中文系主辦　1989年11月11-12日

（5）徐敏玲　《劉逢祿公羊學思想之研究》

中興大學中文系碩士論文　1996年　江乾益指導

（6）吳龍川　《劉逢祿公羊學研究》

中央大學中文系碩士論文　1997年　岑溢成指導

（7）鄭卜五　《凌曙公羊禮學研究》

高雄師範大學國文系博士論文　1996年　周虎林指導

（8）黃公偉　〈公羊學派與龔自珍思想——中國現代學術思想史譚
薈 之一〉

《人文學報》（輔仁大學）3期　1973年12月　頁255-
262

（9）張壽安　〈龔定菴與常州公羊學〉

《書目季刊》13卷2期　1979年9月　頁3-21

（10）孫春在　《清末的公羊思想》

臺灣大學歷史系碩士論文　1984年　李永熾指導

臺北市　臺灣商務印書館　1985年10月　頁296

（11）何信全　《晚清公羊派的政治思想》

臺北市　經世書局　1984年5月　頁155

（12）王家儉　〈晚清公羊學的演變與政治改革運動〉

《中央研究院第二屆國際漢學會議論文集》　明清與

近代史組　下冊　臺北市　中央研究院　1989年6月
頁705-728

（13）王妙如　《康有為公羊思想研究》

淡江大學中文系碩士論文　1995年　周志文指導

陸寶千詳細分析清代《公羊》學演變，指出就義理而言首棄孔子為漢代制法之說，而稱孔子為萬世制法者為莊存與，首重《春秋》當新王之說者為劉逢祿、宋翔鳳，首重張三世之說而擴充者為龔自珍，特重《公羊》禮制者為劉逢祿、凌曙；就研究範圍而言，莊述祖已擴及《夏小正》，劉逢祿、戴望擴及《論語》，凌曙擴及《春秋繁露》，魏源擴及《詩》、《書》；就研究對象而言，龔自珍以前，限於典籍，龔自珍、魏源本經術以論政，逮及康有為盛言變法。本文見解獨到，徵引詳贍，可為研究清代《公羊》學之基。金榮奇分析莊存與公羊學體用論、災異論、微言大義論，比較分析莊存與取捨二傳的原因，以莊述祖、劉逢祿、宋翔鳳為核心，說明莊存與對三氏的影響。王財貴說明孔廣森作《公羊通義》精神在由傳以通經，由經以契聖；分析《公羊通義》與何休《公羊解詁》的關係，一在補何休之不足，一在正何休之訛謬；探討《公羊通義》與二傳的關係，或取於二傳，或辨二傳之非；評論《公羊通義》在訓詁未善、取材不慎、輕改經傳等，末附阮元、皮錫瑞、梁啟超、錢穆、呂思勉等人評價。徐敏玲以經、權思想探討劉逢祿處世論，討論劉逢祿災異觀，分析劉逢祿原本經學的政治思想。吳龍川指出劉逢祿以為三科九旨才是孔子真傳，並以之判定今古文，由是而獨尊《公羊》，說明劉逢祿以為《春秋》制即封建制，分封諸國，權勢不致擴張，禮儀易於措置，分析董仲舒改制說有受命改制與實質改制二種，前者是形式意義，後者則進行實際改革，劉逢祿只有受命改制，只具形式意義，且朝向恢復封建制度，指出禮制要求與誅絕義例，劉逢祿較何休嚴苛，指出劉逢祿以為維護封建須

借禮與刑，諸侯違禮，須以重刑治之。本文頗多創見，異於前人研究，甚值參考。鄭卜五從吉、凶、軍、賓、嘉五禮析論凌曙公羊禮學，是研究《公羊》禮學首出之作，為《公羊》學研究另闢新途。黃公偉簡介龔自珍著述、《公羊》三世說、融會儒佛、政治思想，並指出龔自珍尊陸、王，而啟後世今文學者崇《孟子》、《大學》、《中庸》之風，晚清王學復興，或可從此一思想脈絡繼續探究。張壽安比較龔自珍與劉逢祿、魏源《公羊》學異同，龔自珍以為《左傳》是史，並與《公羊》、《穀梁》同傳《春秋》，劉逢祿則以為《左傳》是史，不傳《春秋》；劉逢祿獨尊何休，魏源上溯董仲舒，龔自珍援經議政，不主一家；龔自珍並以為五經皆含終始治道，與《公羊》三世說配合。孫春在全書著重探討問題是清末《公羊》學三世說的各種模式，主要論述對象有王闓運、廖平、康有為、梁啟超、譚嗣同等，分析深入，是了解清末《公羊》三世說最佳著作。何信全重在析述康有為孔子改制思想、三世漸進理論、大同理想，並說明維新派基本主張是在君權支持下，建立制度局以為決策核心，下設十二專局實際推行新政，比較康梁異同，康有為在戊戌之前主張立憲法開國會，戊戌之後則主張物質救國，構思中國工業化；梁啟超則強調國家觀念、國民觀念、權利思想、自由自治等。王妙如分析康有為《公羊》思想主要內涵託古改制與歷史進化，及其所觸及的困境。

（四）穀梁傳學史

1 秦漢

（1）李曰剛　〈穀梁傳之著於竹帛及傳授源流考〉
　　　　　　《師大學報》6期　961年6月　頁237-244
（2）王熙元　〈穀梁傳傳授源流考〉
　　　　　　《孔孟學報》28期　1974年9月　頁219-236

> 春秋三傳研究論集　臺北市　黎明文化事業公司　1981
> 年1月　頁259-281

李曰剛指出《穀梁傳》年代先於《公羊傳》，至其成書則屬浮丘伯，
傳授系統是子夏、曾申、穀梁俶、穀梁赤、穀梁寘、穀梁嘉、荀卿、
浮丘伯、申公、江公，江公以後，流布於漢儒。王熙元仿柳興恩《穀
梁大義述・述經師》之例，自子夏始，凡傳授、講論、通曉、著述
《穀梁》者，均網羅無遺，至范寧父子兄弟止，並附先秦兩漢《穀
梁》傳授表，自子夏以迄侯霸。李、王二文徵引文獻豐富，可了解先
秦至魏晉《穀梁》學傳授概況，並作為《穀梁》學史的基礎。

2 六朝

（1）王熙元　〈穀梁古佚注考〉
　　　　　　《慶祝瑞安林景伊先生六秩誕辰論文集》　臺北市
　　　　　　政治大學中文系　1969年12月　頁359-385
（2）王熙元　《穀梁范注發微》
　　　　　　臺灣師範大學國文系博士論文　1970年　高明指導
　　　　　　臺北市　嘉新水泥公司文化基金會　1972年8月　頁
　　　　　　861
（3）王熙元　〈范寧及其穀梁集解〉
　　　　　　《國文學報》3期　1974年6月　頁1-9
　　　　　　中國經學史論文選集（上）　臺北市　文史哲出版社
　　　　　　1992年10月　頁572-585
（4）王熙元　〈范寧年譜初稿〉
　　　　　　《國文學報》10期　1981年6月　頁53-80

王熙元致力於《穀梁傳》研究，《穀梁范注發微》是其代表作，敘述
《穀梁傳》作者、傳授源流、范寧生平，說明范注博取群書、旁徵諸

儒、兼採《公羊》，分析范注對字義、詞句、事理的解釋，證成范注
發明《穀梁》書法、特義、事類諸例，敘述范注質疑《穀梁傳》處，
指出范注有校勘、訓詁、徵引、義例、事理之失，本書是研究范寧
《穀梁傳集解》最詳細深入的著作，亦為此一專題必須參考的專著，
而其體例也影響吳連堂《春秋穀梁經傳補注研究》、陳秀玲《楊士勛
春秋穀傳注疏之研究》。〈范寧及其穀梁集解〉則是對此一論題作較簡
要介紹，可為讀《穀梁范注發微》入門作品。〈范寧年譜初稿〉是目
前最完整的范寧年譜，可補《穀梁范注發微·導論·范寧生平述略》
之不足。

3 唐代

（1）陳秀玲　《楊士勛春秋穀梁傳注疏之研究》
　　　　　　　中興大學中文系碩士論文　1995年　江乾益指導
陳秀玲敘述《穀梁傳》版本，分析楊士勛注疏方法，析述楊士勛疏解
范注文字、名物、典制、風俗、天文、地理、草木，申釋范注史實、
書法，匡正范注謬誤，分析楊士勛疏發明，如義理、義例、文字、訓
詁、校勘等，指出楊士勛駁疑《穀梁傳》，比較《公羊》、《左傳》注
疏，評其是非，指出楊士勛疏之失有五，體制、義理、義例、訓詁、
考據。

4 清代

（1）田宗堯　〈春秋穀梁傳阮氏校勘記補正〉
　　　　　　《孔孟學報》8期　1964年9月　頁169-181
　　　　　　《春秋三傳研究論集》　臺北市　黎明文化事公司
　　　　　　1981年1月　頁243-257
（2）吳連堂　《春秋穀梁經傳補注研究》

        高雄師範大學國文系碩士論文　1987年5月　王熙元
        指導

（3）吳連堂　《清代穀梁學》

        高雄市　復文書局　733頁　1998年

田宗堯鑑於阮元校勘記間有疏失，取四部叢刊景宋建安余氏刊本、羅振玉輯鳴沙石室佚書、神田喜一郎輯敦煌秘籍留真新編唐寫本殘卷等，以成此文。吳連堂分析鍾文烝對范注文詞、禮制、史實、地名、書法的證補，釋范注疑義，糾范注誤謬，鍾文烝在補注之外，仍有所創發，如義理、義例、訓詁、解經方法、文章、版本校勘等，說明鍾文烝對三傳異文的見解，分析補注之疏失。吳連堂另一著作《清代穀梁學》全書分注疏之屬、論說之屬、考證之屬、校勘之屬、輯佚之屬、評選之屬，以目錄學體例，網羅清代《穀梁傳》作品，並分別作評述，文獻詳備，是第一部全面研究清代《穀梁》學專書，也是研究相關主題所須參考作品。

三　回顧與展望

　　回顧近五十年《春秋》經傳學史，研究成果固然豐富，但也存在若干領域仍待我們繼續探討，現將本文所收論著，依專題研究、朝代研究、專家研究分製三表，俾便展望未來。

4-2 〈《春秋》經傳專題研究統計表〉

經傳 專題	春秋	春秋三傳	左傳	公羊傳	穀梁傳
作者	1	1	2		
通論	2			2	1
思想		1	3	5	1
異文	1				
義例	3	1		3	6
三傳比較		2			
禮制			3		
引經			5		
君子曰			3		

　　以經傳研究分析，《左傳》研究數量最多，次則是《公羊傳》，可以見出《公羊》學研究逐漸興起，《穀梁傳》則較缺乏專著與學位論文，三傳綜合研究，其事不易，研究者少，也是有待拓展領域。以專題分析，義例、思想論文甚多，文字、訓詁極少，可見出研究方向與以往不同。大致而論，三傳綜論、《穀梁傳》、三傳比較，仍可繼續廣泛深入探討。

4-3 〈《春秋》經傳學史朝代研究統計表〉

經傳＼朝代	春秋	左傳	公羊傳	穀梁傳
先秦	1	2		2
兩漢	3	3	2	
魏晉六朝		2		1
隋唐				
宋	6			
元	1			
明				
清	2	1	4	
民國				

就朝代研究而論，先秦最多，次是兩漢，再次是清代。就經傳研究而論，《春秋》三傳最多，《春秋》次之，《左傳》、《公羊》、《穀梁》再依序排列。至於朝代分布，《春秋》集中在宋代，《春秋》三傳均在先秦，《公羊》以清代較多，《穀梁》各方面均最少。宋、元、明、民國《春秋》經傳研究，可供開拓處正多。綜合言之，專經通史，如《左傳》學史、《公羊》學史、《穀梁》學史等，最為缺乏；專經斷代史，目前僅有范姜星釧《兩漢春秋經學的傳授源流》、宋鼎宗《春秋宋學發微》、簡福興《元代春秋學研究》、程南洲《東漢時代之春秋左氏學》、吳連堂《清代穀梁學》最具規模；綜論一時代問題意識有劉漢德《從後漢書五行志看春秋對西漢政治的影響》、倪天蕙《宋儒春秋尊王思想研究》、宋鼎宗〈宋儒春秋尊王說〉、蕭淑惠《清儒規正杜預春秋經傳集解研究》、劉漢德〈春秋公羊傳對西漢政治的影響〉、何照清《兩漢公羊學及其對當時政治的影響》、孫春在《清末的公羊思

想》、何信全《晚清公羊派的政治思想》等。是以專經通史、專經斷代史、時代問題意識史等研究範圍，均有待開展。

4-4 〈《春秋》經傳學史專家研究統計表〉

專家 ＼ 經傳	春秋	左傳	公羊傳	穀梁傳
孔　子	2			
孟　子	1			
賈　誼		1		
董仲舒			5	
司馬遷	2	3		
賈　逵		6		
何　休			1	
服　虔		1		
杜　預		8		
范　寧				3
徐　彥				
楊士勛				1
孔穎達		1		
孫　復	1			
胡安國	3			
朱　熹	1			
呂祖謙	1	1		
顧炎武	1			
王夫之	1			
毛奇齡	1			

經傳 專家	春秋	左傳	公羊傳	穀梁傳
方　苞	1			
惠　棟		1		
錢大昕	1			
章學誠	1			
莊存與			1	
洪亮吉		1		
孔廣森			1	
阮　元				1
凌　曙			1	
劉逢祿			2	
劉文淇		1		
龔自珍			1	
鍾文烝				1
康有為			1	
劉師培		3		

綜合專家研究而論，《左傳》最多，《公羊》次之，《春秋》再次之，《穀梁》最少，《春秋》三傳乏人問津。就專家分布而論，杜預有八篇，賈逵有六篇，董仲舒有五篇，司馬遷有五篇，孔子有三篇，范寧有三篇，胡安國有三篇，劉師培有三篇，徐彥有二篇，呂祖謙有二篇，劉逢祿有二篇。然而我們從《四庫全書總目》、《續修四庫全書總目》、《通志堂經解》、《皇清經解》、《續皇清經解》等收錄《春秋》類著作，可發現有待研究重要《春秋》經傳學者甚多。專家研究範圍的擴大，也有待我們開展。

《左傳》夢的故事

摘要

全文旨在探論《左傳》攸關夢的相關內容，大抵分作三項進行釐析，一、從夢的形式觀之，可分為虛／實、託夢／受夢、解夢人／解夢方法諸項；二、從夢的內容觀之，可分為復仇、報恩、戰爭、奪權、祭祀、立後、生育諸項；三、從夢的功能觀之，有警示、預言二項。歸結而言，夢是整體文化情境的示現，包括了個人生命的關懷、社會風俗、宗教信仰、歷史觀念、醫學知識、自然法則等，內容豐盛，富含意義，值得我們深入探究。

關鍵詞：左傳　夢　解夢

一 緒論

我們從小聽母親講故事。從此故事和我們結了不解之緣。成年之後，輪到我們講故事給下一代聽，即使不能確定小寶貝能否聽懂。如果反省聽故事這一行為，就會察覺我們的成長其實與故事密不可分。若干道德教訓，就從事中得來；某些人生經驗，未必有親身體驗，也是從故事中得來。例如誠實的準則、愛戀的滋味、未知的世界等，得自於故事可能超過個人經驗。

我們或在外觀賞故事，或內置於故事中，尋求自我的價值。所以我們會隨著故事的情節，或悲或欣；會隨著故事的節奏，或起或伏；會隨著故事的人物，或怨或愛。進而言之，藉由故事，在現實世界尋求的自我的位置，所以講（聽）故事更重要的目的，是建立一個有充滿意義且有秩序的世界。每一民族都有他們的故事，不同之處在於講（聽）的故事的形式及內容，講（聽）故事，是一普遍的文化現象。

故事的性質、類別、功能等，當然很多。夢的故事不僅涉及故事，又涉及到夢。根據弗洛依德的見解，夢是無意識願望象徵性的滿足，既具象徵性，顯然是以各種比喻：明喻、隱喻、轉喻等方式表達。《左傳》中各類型的夢，就略具上述各項特色。所以必須穿透夢的故事的各種表達方式，以見出隱藏在背後的意義。

閱讀經典，有很多方法，而直接進入原典，就是閱讀經典的最佳方式。

二 《左傳》夢的類型

4-5 〈《左傳》述夢總表〉

	時間	託夢者	受（作）夢者	解夢者	相關人物	備考
1	僖四年		晉獻公	驪姬	驪姬 申生	
2	僖十年	上帝	申生			
3	僖二十八年		晉文公		楚成公	
4	僖二十八年	河神	子玉			
5	僖三十一年	康叔	衛成公		寧武子	
6	宣三年	天使	燕姞		鄭文公 鄭穆公	
7	宣十五年	魏武子妾父	魏顆		魏武子	
8	成二年	韓厥父	韓厥			
9	成五年	天使	趙嬰	士貞伯		
10	成十年	大厲	晉景公	桑田巫		
11	成十年	疾	晉景公	醫緩		
12	成十年		晉小臣			
13	成十六年		呂錡	占夢	楚共王	
14	成十七年		趙嬰	占夢		
15	襄十八年		荀偃	巫皋		
16	昭元年	帝	周武王			
17	昭四年	天	叔孫豹			
18	昭七年	魯襄公	魯昭公		梓慎 子服惠伯	

	時間	託夢者	受（作）夢者	解夢者	相關人物	備考
19	昭七年		晉平公	子產	韓宣子	
20	昭七年		鄭人		子產 子大叔 公孫洩 良止	
21	昭七年	衛康叔	孔成子 史朝	孔成子		
22	昭十一年		泉丘人之女			
23	昭十七年		趙宣子		晉頃公	
24	昭二十五年		宋元公		宋平公	
25	昭三十一年		趙簡子	史墨		
26	哀七年		曹人			
27	哀十六年		衛莊公	卜人	大叔遺	
28	哀十七年		衛莊公	衛莊公 胥彌赦		
29	哀二十六年		宋昭公	宋昭公	宋景公 啟	

（一）夢的形式

1 虛構之夢與真實之夢

　　夢境雖不是真實情境，但仍有真實的夢與虛構的夢之別，後者可稱為虛中之虛。僖公四年（西元前656年），晉獻公（西元前676～前651年在位）夫人驪姬對太子申生說：「國君夢見你母親齊姜，要去祭祀。」申生到曲沃祭祀，將祭祀的酒肉帶回呈給獻公，獻公在外射獵，驪姬將酒肉放在宮中六天，獻公返回，驪姬在酒肉下毒再呈獻，

獻公以酒祭地，土地突起像墳堆，拿酒給狗吃，吃後即死，驪姬哭著
說：「這是太子的陰謀。」獻公於是殺申生師傅杜原款，申生則出奔
新城（即曲沃）。這一事件，引發日後晉國一連串奪權的爭鬥。

2 託夢者與受夢者

　　夢又有託夢者與受夢者之別。《左傳》中託夢者的身分有天帝、
河神、厲鬼、祖先等。受夢者的身分有國君、大臣、將領、平民等。
僖公十年（西元前650年），晉國大臣狐突到曲沃，申生告訴：「我已
請求天帝將晉國送予秦國，秦國將會祭祀我。」狐突則說：「神靈不
接受他族的祭品，百姓也不祭祀他族，你的祭祀將會斷絕。」申生回
答：「那麼就重新請求。經過七天，新城西邊將有巫人表達我的意
見。」狐突去見巫人，告訴他說：「上帝允許我懲罰有罪的人，晉國
將在韓地大敗。」後來晉、秦之戰，晉國果然在韓（陝西韓城）大
敗。從此夢可以得知：天帝可以託夢；人可以受天帝之託而作夢；夢
的內容可隨人的意志修正；夢已具有預示功能。

3 解夢人與解夢方法

　　夢與解夢關係緊密，解夢人職司這一工作，至於解夢人的身分，
有專業解夢人與普通解夢人。前者專門負責解夢，後者雖也解夢，但
更重要的是作為受夢者參考諮詢的顧問。成公十六年（西元前575
年），晉、楚鄢陵之戰，晉國將領呂錡夢見射中月亮，自己卻退進泥
裡。請占夢人解釋，以為姬姓是太陽，異姓是月亮，必定是楚共王
（西元前590-前560年在位），射中楚共王，但退到到泥裡，一定會戰
死。後果如所釋。專業占夢人會對夢境出現的意象解說其意義，且預
言未來的發展，普通解夢人不完全如此。

　　成公五年（西元前586年），晉國趙嬰夢見天使：「祭祀我，就降

福給你。」士貞伯知道後大不以為然，而說：「神靈降福給仁愛的人，降禍給淫亂的人，淫亂而沒有受到懲罰，就已經是福了，祭祀了恐怕會遭到放逐吧。」事後趙嬰果然被放逐。士貞伯並不解說夢境的意象──天使、祭祀，而是就人的行為對比夢的內容，斷言趙嬰有非份之想。

由此可知解夢人解夢的理論與方法，有從圖騰象徵──星辰、動物、植物解夢，進入夢的世界，預言夢以外的世界；另一進路是純從人文意涵解夢，並不進入夢的世界，而是在夢以外的世界，斷言人的行為。

昭公七年（西元前535年），鄭國子產到晉國，晉平公（西元前557-前532年在位）有病，韓宣子對子產說：「國君臥病，已經三個月了，祭祀了境內山川，病情卻日益加重，現在又夢見黃熊進入寢門，這是什麼惡鬼？」子產說：「從前堯在羽山殺死鯀，鯀的精靈變成黃熊，鑽進羽淵，三代都祭祀他，晉國身為盟主，大概沒有祭祀他吧。」韓宣子祀鯀，晉平公病情逐漸好轉。鯀化身為黃熊，亦即人可化身為動物；但這一變化，須在死後才形成，表示生命是以不同的形式存在；此一變化的生命，須經由後人祭祀，方不致為禍人間。

鄭文公（西元前644-前628年在位）有妾叫燕姞，夢見天使給她一支蘭花，並說：「我是你的祖先，蘭花是你的兒子。」不久以後，文公見到燕姞，送她一支蘭花，讓她侍寢，燕姞告訴文公：「賤妾地位低賤，僥倖懷了孩子，如果別人不信，請用蘭花徵信。」生下穆公（西元前627-前606年在位），取名為蘭。穆公生病，說：「蘭花死了，我恐怕也要死了，我是靠它出生的。」割掉了蘭花，穆公不久即去世。花謝，象徵生命消逝；可以推論，花開，象徵生命初始。在這一故事，人與植物的關係，不僅僅是象徵，更是指實：花一旦凋零，人隨之而亡。

　　無論是星辰、動物、植物，都象徵著人類生命，且可以相互轉化，借著祭祀，又可以祈福去禍。人與自然界之間，經由這一形式，隱隱然相互融合，彼此有對應的關係，不是分裂為兩個異己的空間，在這一前提之下，解夢才有其意義：或可從此以預測彼的未來發展，或可從此以警示彼的行為模式。

（二）夢的內容

1 復仇

　　成公十年（西元前581年），晉景公（西元前599-前581年在位）夢見厲鬼對他說：

　　「你殺了我的子孫，這是不義，上帝已允許我的請求。」厲鬼毀掉宮門進來，晉侯逃進內室，厲鬼又毀掉內室的門進入。夢醒後，召見桑田巫，桑田巫所說和夢境相同，並說晉侯嚐不到新麥。晉侯病重，到秦國請醫生，秦桓公（西元前603～前577年在位）派醫緩治病。晉侯又夢見病症變成兩個小孩，其中一個說：「他是良醫，我們怎麼辦？」另一個說：「我們逃到肓的上面，膏的下面，看他能如何？」醫緩到達後，就說：「病不能治了，在肓的上面，膏的下面，砭石不能用，針刺搆不著，藥物也無效。」晉侯賜給他豐厚的禮物。新麥收成，晉侯想嚐新，派人烹煮，並召見桑田巫，將煮好的新麥拿給他看，然後殺了他。將要進食，肚子發脹，上廁所時，跌到廁所死去。有一個宦官，早晨夢見背負晉侯登天，到了中午，背著晉侯進廁所，於是將他作為殉葬。

2 報恩

　　宣公十五年（西元前594年），秦國伐晉，魏顆在輔氏（今陝西省

大荔縣）擊敗秦軍，並俘獲秦國大力士杜回。原來魏武子有一愛妾，沒有兒子，魏武子生病，交代魏顆：「我死後一定要嫁了她。」病危時又說：「一定要讓她殉葬。」魏武子死後，魏顆將她改嫁，並說：「病重時昏亂，我聽從他清醒時的話。」輔氏之役，魏顆看到一個老人將草打成結，絆倒杜回，所以俘虜了他。夜裡夢見老人：「我是你所嫁女人的父親，我以此作為報答。」

3 戰爭

僖公二十八年（西元前632年）晉、楚城濮（今山東省范縣）之戰，晉文公（西元前636-前628年在位）夢見楚成王（西元前671～前626年在位）伏在自己身上咀嚼腦袋，子犯說：「吉利。我得到上天（案：晉侯仰身面天），楚國伏罪（案：楚王伏身面地）。」晉國果在此戰役中大勝。

4 奪權

哀公六年（西元前479年），衛莊公（西元前480-前478年在位）因為做夢占卜，他的寵臣向大叔僖子要酒，沒有得到，就和卜人勾結，告訴衛侯：「你有大臣在西南角，不去掉他，怕有危險。」衛侯就驅逐大叔僖子，大叔僖子逃亡到晉國。

5 祭祀

僖公三十一年（西元前629年），衛成公（西元前634-西元600年在位）夢見康叔說：「相奪去了我的祭品。」衛侯命令祭祀相，寧武子說：「鬼神如果不是他的同族，就不能享用祭品。杞、鄫為什麼不祭祀？相在衛國沒有受到祭祀已經很久了，這不是衛國的罪過。不能違犯成王、周公所規定的祭祀，請你改變祭祀相的命令。」

6 立後

昭公七年（西元前535年），衛襄公（西元前543-前635年在位）夫人姜氏沒有兒子，寵姬婤姶生下孟縶。孔成子夢見康叔說：「立元為國君，我讓羈（案：孔成子烝鉏之子）的孫子圉和史苟（案：史朝之子）輔佐他。」史朝也夢見康叔說：「我命令你的兒子苟和孔烝鉏的曾孫圉輔佐元。」史朝進見孔成子，告訴他夢見的情況，兩夢相合。後來婤姶又生了兒子，取名為元。孔成子用周易占卜，祝告時說想立元為國君，也想立縶為國君。將卦象給史朝看，史朝說：「卦象贊成立元為國君，和夢境相合，為什麼不聽從？腳有毛病只能待在家裡。國君主持國家，親臨祭祀，奉養百姓，事奉鬼神，參加會見朝覲，又那能待著？」所孔成子立元為國君（即衛靈公，西元前534-前493年在位）。

7 生育

昭公十一年（西元前531年），泉丘人（今山東省寧陽縣、泗水縣之間）有一女兒，夢見用她的帷幕覆蓋孟氏的祖廟，就私奔到孟僖子那裡，在清丘（在泉丘附近）的土地神廟裡盟誓：「有了兒子，不要拋棄我。」孟僖子讓她住在蓮氏。後來生了懿子和南宮敬叔。

夢的內容雖然很多，但大都涉及權力，或是君權，或是政權，或是個人地位，或是私人恩情。這和《左傳》的性質及記載內容有關，記載對象多是當時貴族階層，記載事件又多是當時各國內政、外交、軍事等，不論人或事，都與權力密邇相關，因此夢境的指涉，大概也都朝此方向。

三　夢的功能

（一）警示

　　警示，是指借著對夢境的理解，警告相關人物，採取若干步驟，以避免災難降臨己身。哀公七年（西元前488年），曹國人有人夢見一群人在國社牆外，商量滅亡曹國，曹叔振鐸請求等待公孫彊，大家答應了。曹人早晨起來尋找，沒有這個人，警告兒子說：「我死以後，你聽到公孫彊執政，一定要離開曹國。」等到曹伯陽（西元前501-前487年在位）即位，很喜歡打獵射鳥，曹國邊境的人公孫彊喜歡射鳥，得到一隻白鴈，獻給曹伯陽，而且還講述打獵射鳥的技藝，曹伯陽很喜歡他，向他詢問國家大事，由於應對得體，曹伯陽更加喜歡他，讓他做司城（即司空）執政。曹人的兒子這時離開曹國。

（二）預言

　　預言，則是經由夢境的解釋，預言未來將會發生的事件。哀公十七年（西元前478年），衛莊公夢見一人登上昆吾之觀（案：在衛侯寢宮之南），披頭散髮向北叫喊：「我是渾良夫，向上天訴說無辜。（案：衛侯曲殺渾良夫）衛侯親自占卜，胥彌赦說：「沒有妨礙。」給他封邑，不接受而逃到宋國。衛侯又占卜，繇辭說：「靠近大國，興兵來犯，將要滅亡。」晉國攻打衛國，衛國人趕走衛侯，最後為戎人所殺。

四　結論

　　夢與整體文化情境有關，以上述諸夢為例，涵蓋宗教信仰的形式

與內容，生命本身的理解，生命與自然界的關係，社會風俗，歷史觀念，甚至還有醫藥知識等。不但內容多樣，更重要的是充滿各種意義，藉由夢的故事，可讓我們重新認識我們所從出並在其中生活的世界，這是一個有待我們的繼續探討的領域。

附錄二

臺灣地區近二十年研究
顧頡剛資料索引

一　經典研究

江永川撰　《顧頡剛詩經學初探》　中正大學中國文學研究所碩士論
文　1994年1月

胡幸玫撰　《顧頡剛詮釋《詩經》的淵源及其意義》　暨南國際大學
中國語文學系碩士論文　1999年

趙制陽撰　〈顧頡剛詩經論文評介〉　《東海中文學報》第2期
1981年4月

丁亞傑撰　〈顧頡剛詩經研究方法論〉　《元培學報》第4期　1997
年12月

洪國樑撰　〈「重章互足」與「詩」義詮釋——兼評顧頡剛「重章複
沓為樂師申述」說〉　《清華學報》第28卷第2期　1998年6
月

林慶彰撰　〈顧頡剛論「詩序」〉　《應用語文學報》第3期　2001年
6月

郜積意撰　〈「古史辨」「詩經」學的理論問題〉　《孔孟月刊》第40
卷第1期　2001年9月

丁亞傑撰 〈顧頡剛經學研究——易學〉 《孔孟學報》第73期 1997年3月

丁亞傑撰 〈顧頡剛春秋學初探〉 《國立中央大學人文學報》第23 期 2001年6月

二 神話與傳說研究

葉憶如撰 《顧頡剛古史神話觀研究》 高雄師範大學國文研究所碩 士論文 1993年5月

龔鵬程撰 〈傳奇與傳說之間：顧頡剛和顧頡剛的筆記〉 《國文天 地》第2卷第5期 1986年10月

葉煬彬撰 〈顧頡剛與吳鳳神話〉 《菁莪季刊》第5卷第1期 1993 年3月

三 史學研究

余英時撰 〈顧頡剛的史學與思想補論——兼談唐文標先生的「文字 障」〉 《聯合月刊》第2期 1981年9月

施耐德撰 梅寅生譯 《顧頡剛與中國新史學》 臺北市 華世出版 社 1984年1月

陳志明撰 《顧頡剛的疑古史學及其在中國現代思想史上的意義》 臺北市 商鼎文化出版社 1993年1月

張中雲撰 《整理國故運動之研究：以章太炎、胡適、顧頡剛為例》 東吳大學中國文學研究所博士論文 1996年7月

陳志明撰 《顧頡剛與中國現代史學（一九二一～一九四九）》 國 立清華大學歷史研究所碩士論文 1990年

王仲孚撰　〈顧頡剛的古史研究與著述〉　《師大歷史學報》第15期
　　　1987年6月

劉起釪撰　〈中國現代史學奠基者顧頡剛先生〉　《國文天地》第10
　　　卷第10期　1992年3月

彭明輝撰　〈頡剛與中國史學現代化的萌芽——以史料為中心的探
　　　討〉　《國史館館刊》第12期　1992年6月

杜正勝撰　〈從疑古到重建——傅斯年的史學革命及其與胡適、顧頡
　　　剛的關係〉　當代第116期　1995年12月

陳勇撰　〈錢穆、顧頡剛古史理論異同論〉　錢穆紀念館館刊　第4
　　　期　1996年9月

王晴佳撰　〈錢穆與科學史學之離合關係1926-1950〉　《臺大歷史
　　　學報》第26期　2000年12月

四　其他

劉紹堂主編　〈民國人物小傳（78）顧頡剛〉　《傳記文學》第38卷
　　　第2期　1981年3月

唐文標撰　〈文字障——試談余英時與顧頡剛的一個公案〉　《聯合
　　　月刊》第2期　1981年9月

王仲孚撰　〈顧頡剛著述編年（上）〉　《世界華學季刊》第4卷第2
　　　期　1983年6月

王仲孚撰　〈顧頡剛著述編年（下）〉　《世界華學季刊》第4卷第4
　　　期　1983年9月

崔　昇撰　〈顧頡剛年表：一個中國近代知識份子生命的展現〉
　　　《宇宙》第14卷第4期　1984年4月

鄭良樹撰　〈論顧頡剛的學術歷程和貢獻〉　《幼獅學誌》第18卷第
　　　3期　1985年5月

鄭良樹撰　〈論顧頡剛的性格、思想與其治學方向的關係〉　《文史論文集》　臺北市　臺灣商務印書館　1985年6月

沈曼雯譯　〈顧頡剛晚年工作規劃〉　《國文天地》第2卷第3期　1986年8月

高大威撰　〈論顧頡剛的學術路向問題〉　《國文天地》第2卷第4期　1686年9月

路新生撰　〈崔述與顧頡剛〉　《孔孟學報》第64期　1992年9月

顧　洪撰　〈行雲流水一任天機──父親顧頡剛的治學方法〉　《中外雜誌》第45卷第5期　1999年5月

邱麗娟撰　〈崔述與顧頡剛疑古歷程的比較研究〉　《臺南師院學報》第32期　1999年6月

林慶彰撰　〈姚際恆與顧頡剛〉　《中國文哲研究集刊》第15期　1999年9月

顧　潮撰　〈仇恨六十年──魯迅和顧頡剛的一樁公案〉　《中外雜誌》第46卷第3期　1999年9月

魯　毅、張志雲撰　〈疑古辨偽考信求真──紀念顧頡剛先生逝世二十周年〉　《中國文化月刊》第236期　1999年11月

顧　洪著　〈顧頡剛的讀書與治學〉　《歷史月刊》第24期　2000年1月

顧　潮、顧湲恭校　〈顧頡剛自傳〉（1）　顧頡剛遺著　《中外雜誌》第47卷第1期　2000年1月

顧　潮、顧湲恭校　〈顧頡剛自傳〉（2）　顧頡剛遺著　《中外雜誌》第47卷第2期　2000年2月

顧　潮、顧湲恭校　〈顧頡剛自傳〉（3完）　顧頡剛遺著　《中外雜誌》第47卷第3期　2000年3月

林慶彰撰　〈顧頡剛與錢玄同〉　《中國文哲研究集刊》第17期　2000年9月

李東華撰　〈記抗戰時期顧頡剛先生致方杰人師的兩封信〉　《中國
　　歷史學會史學集刊》第33期　2001年7月

丁亞傑著作一覽表

林淑貞　編

一　期刊論文

丁亞傑　〈春秋寓於史：《四庫全書總目》的春秋學觀〉　《儒學研究論叢》第3輯　2010年12月　頁185-208

丁亞傑　〈清末民初桐城派《孟子》文法論——以姚永概《孟子講義》、吳闓生《孟子文法讀本》為核心〉　《當代儒學研究》第9期　2010年12月　頁33-75

丁亞傑　〈方苞禮學中的女性角色與地位：以冠、婚、喪、祭為核心〉《中央大學人文學報》第44期　2010年10月　頁79-122

丁亞傑　〈張自超《春秋宗朱辨義》的解經方法〉　《儒學研究論叢》第2輯　臺北市立教育大學人文藝術學院儒學中心發行　2009年12月　頁203-232

丁亞傑　〈晚明文學《孟子》學〉　《當代儒學研究》第6期　2009年7月　頁205-229

丁亞傑　〈朱子春秋學的衍異：方苞春秋學的創作意圖與意義解釋〉《中央大學人文學報》第35期　2008年7月　頁37-82

丁亞傑　〈制度與秩序：論廖平春秋左氏古經說疏證〉　《經學研究集刊》第3期　2007年10月　頁53-86

丁亞傑　〈方法論下的春秋觀：朱子的春秋學〉　《鵝湖學誌》第38期　2007年6月　頁47-90

丁亞傑　〈方苞述朱之學：詩經的歷史想與文化建構〉　《當代儒學研究》第1期　2007年1月　頁51-110

丁亞傑　〈方苞學問的形成與轉折〉　《東華漢學》第4期　2006年9月　頁1-36

丁亞傑　〈左傳夢的故事〉　《歷史月刊》第214期2005年11月　頁112-116

丁亞傑　〈研讀左傳的方法〉　《國文天地》第21卷第1期　2005年6月　頁31-35

丁亞傑　〈顧頡剛的疑古思想：漢儒、孔子與經典〉　《元培學報》第11期　2004年12月　頁41-64

丁亞傑　〈乾嘉漢學的前緣——方苞《春秋通論》經義形式研究〉《孔孟學報》第82期　2004年9月　頁195-214

丁亞傑　〈翼教叢編的經典觀〉　《湖南大學學報》（社會科學版）第18卷第4期　2004年7月　頁31-40

丁亞傑　〈士大夫生命的自我投射——方苞朱子詩義補正的女性認知〉　《東華漢學》第2期　2004年5月　頁201-226

丁亞傑　〈臺灣地區研究蘇輿的概況〉　《中國文哲研究通訊》　第14卷第1期　2004年3月　頁133-136

丁亞傑　〈孫奇逢的生命風格〉　《孔孟月刊》第40卷第4期　2001年12月　頁40-45

丁亞傑　〈從桐城到臺灣：姚瑩與臺灣的淵源〉　《元培學報》第8期　2001年6月　頁83-103

丁亞傑　〈顧頡剛春秋學初探〉　《中央大學人文學報》第23期2001年6月　頁69-96

丁亞傑　〈皮錫瑞、廖平、康有為公羊學解經方法〉　《元培學報》第6期（國科會八十九學年度一般研究乙種獎助）　1999年12月　頁135-167

丁亞傑　〈袁中道的情欲世界〉　《元培學報》第5期　1998年12月
　　　　頁123-134

丁亞傑　〈伏生《尚書大傳》之解經方法與思想內容〉　《孔孟學
　　　　報》第75期　1998年3月　頁27-44

丁亞傑　〈顧頡剛《詩經》研究方法論〉　《元培學報》第4期
　　　　1997年12月　頁117-131

丁亞傑　〈顧頡剛經學研究──《易》學〉　《孔孟學報》第73期
　　　　1997年3月　頁33-50

丁亞傑　〈生命的安頓與調適──試析白居易諷諭詩、閑適詩與感傷
　　　　詩之結構〉　《元培學報》第3期　1996年12月　頁157-172

丁亞傑　〈皮錫瑞《經學通論》與陳澧《東塾讀書記》論《易》之異
　　　　同〉　《孔孟月刊》第35卷第2期　1996年10月　頁28-33

丁亞傑　〈齊己《風騷旨格》詩論探析〉　《中央大學中文所集刊》
　　　　第3期　1996年8月　頁61-73

丁亞傑　〈悲劇與超越：王國維《紅樓夢評論》〉　《元培學報》第3
　　　　期　1995年12月　頁113-120

丁亞傑　〈文人與國家符驗──王充文論重詁〉　《中央大學中文所
　　　　集刊》第2期　1995年6月　頁47-97

丁亞傑　〈復古更化：董仲舒春秋公羊學探義〉　《元培學報》第1
　　　　期　1994年9月　頁119-132

二　專書論文

丁亞傑　〈方苞周禮學的女官系統與女教思想〉　黃忠慎主編　《文
　　　　化、經典與閱讀：李威熊教授七秩華誕祝壽論文集》　臺北
　　　　市　秀威資訊　ISBN：9789862213889　2010年1月　頁93-
　　　　129

丁亞傑　〈孔廣森《公羊通義》的學術系譜與解經方法〉　《晚清常州地區的經學》　臺北市　臺灣學生書局　ISBN：9789571513942　2009年5月　頁259-280

丁亞傑　〈廖平研究論著知見目錄〉　林慶彰主編　《經學研究論叢》第16輯　臺北市　臺灣學生書局　ISBN：9789571514680　2009年5月　頁231-244

丁亞傑　〈李兆洛與常州學風〉　《晚清常州地區的經學》　臺北市　臺灣學生書局　ISBN：9789571513942　2009年5月　頁403-429

丁亞傑　〈晚清四川經學家的春秋研究〉　舒大剛主編　《儒藏論壇（第二輯）》　成都市　四川大學出版社　ISBN：9789862213889　2007年12月　頁171-189

丁亞傑　〈美刺與正變：詩經比興的應用〉　陳器文主編　《通俗文學與雅正文學——文學與經學第六屆學術研討會論文集》　臺北市　新文豐出版公司　ISBN：9789860064988、9860064989　2006年9月　頁605-627

丁亞傑　〈　〉詩經的自然意象與女性詮釋自然的書寫　《自然的書寫：第三屆主題文學學術研討會論文集》　臺北市　萬卷樓圖書公司　ISBN：9577395082　2005年3月　頁165-186

丁亞傑　〈存在感受與歷史解釋——論顧頡剛《古史辨自序》生命的書寫〉　《生命的書寫：第二屆主題文學學術研討會論文集》　臺北市　萬卷樓圖書公司　ISBN：9577394507　2003年8月　頁295-328

丁亞傑　〈康有為在日本的思考——物質與文化救國論〉　林慶彰主編　《近代中國知識分子在日本》　臺北市　萬卷樓圖書公司　2003年7月　頁269-319

丁亞傑　〈春秋經傳研究〉　林慶彰主編　《五十年來的經學研究》
　　　　臺北市　臺灣學生書局　ISBN：9571511714、9571511722
　　　　2003年5月　頁189-223

丁亞傑　〈姚瑩與臺灣的淵源〉　林慶彰、陳仕華主編　《近代中國
　　　　知識分子在臺灣》　臺北市　萬卷樓圖書公司　ISBN：
　　　　9577394092　2002年10月　頁1-38

丁亞傑　〈美刺、垂戒與虛實分指——方苞的詩用觀〉　《主題文學
　　　　學術研討會論文集》　臺北市　萬卷樓圖書公司　ISBN：
　　　　9577394000　2002年8月　頁239-257

丁亞傑　〈蘇輿《翼教叢編》與晚清經學今古文之爭〉　《第四屆近
　　　　代中國學術研討會論文集》　桃園市　中央大學中文系所出
　　　　版　ISBN：9570211008　1998年3月　頁43-62

丁亞傑　〈推經立義——廖平公羊學解經方法〉　《第五屆近代中國
　　　　學術研討會論文集》　桃園市　中央大學中文系所出版
　　　　ISBN：9570234261　1999年3月　頁1-22

三　專書

林慶彰總主編　蔡長林、丁亞傑主編　《晚清常州地區的經學》
　　　　814面　臺北市　臺灣學生書局　ISBN：9789571513935、
　　　　9789571513942　2009年5月

丁亞傑　《清末民初公羊學研究：皮錫瑞、廖平、康有為》　450面
　　　　臺北市　萬卷樓圖書公司　ISBN：9577393853　2002年3月

丁亞傑　《康有為經學述評》　179面　臺北縣　花木蘭文化　ISBN：
　　　　9789866528002　2008年9月

丁亞傑　《晚清經學史論集》　220面　臺北市　文津出版社　ISBN：
　　　　9789576688690　2008年8月

丁亞傑 《生活世界與經典解釋：方苞經學研究》 432面 臺北市 學生書局 ISBN：9789571515069 2010年11月

四 學位論文

丁亞傑 《清末民初公羊學研究——皮錫瑞、廖平、康有為》 東吳 大學中文系博士論文 2001年1月

丁亞傑 《康有為經學述評》 中央大學中文系碩士論文 1992年6月

五 研討會論文

丁亞傑 〈先王之史與孔子之經：張爾田《遯堪文集》的公羊思想 學〉 東亞儒學的當代詮釋國際學術研討會 桃園市 中央 大學文學院儒學研究中心主辦 2011年8月

丁亞傑 〈以文辭之義通聖人之心：吳汝綸、吳闓生父子尚書學略 論〉 第七屆中國經學國際學術研討會 臺北市 國立政治 大學中國文學系、中國經學研究會主辦 2011年4月

丁亞傑 〈以文治經：清末民初桐城派的「文法論」——以吳闓生定 本《尚書大義》為討論核心〉 第四屆中國經學國際學術研 討會 臺北市 臺灣大學文學院主辦，中央研究院中國文哲 研究所、北京清華大學經學研究中心合辦 2011年3月

丁亞傑 〈文：姚永樸經史之學的意涵〉 經學國際學術研討會 南 京市 中央研究院中國文哲研究所、南京師範大學文獻系合 辦 2010年11月

丁亞傑 〈四庫全書總目的春秋學觀：方法的反省〉 嶺南文化、傳 統儒學與社會發展學術研討會 廣州市 中央大學文學院儒

　　　　　學研究中心、《學術研究》雜誌社、廣東中山大學文化研究
　　　　　所、廣東儒學研究會聯合主辦　2010年8月

丁亞傑　〈生命禮儀中的兩性位置：方苞禮學中的女性〉　中、日、
　　　　　韓經學國際學術研討會　香港　香港浸會大學中國語言文學
　　　　　系、中央研究院中國文哲研究所合辦　2010年5月

丁亞傑　〈清末民初桐城派《孟子》文法論——以姚永概《孟子講
　　　　　義》、吳闓生《孟子文法讀本》為核心〉　經學研究國際學
　　　　　術研討會　香港　香港嶺南大學中文系、中央研究院中國文
　　　　　哲研究所合辦　2009年5月

丁亞傑　〈晚明文學孟子學〉　宋明理學學術研討會　桃園市　中央
　　　　　大學儒學研究中心主辦　2009年4月

丁亞傑　〈方苞述朱之學：春秋的聖人崇拜與意義解釋〉　典範移
　　　　　轉——第二屆　兩岸三地人文社會科學論壇　桃園市　中央
　　　　　大學主辦　2007年11月

丁亞傑　〈據事直書：張自超春秋宗朱辨義的解經方法〉　宋明理學
　　　　　學術研討會　桃園市　中央大學儒學研究中心主辦　2007年
　　　　　10月

丁亞傑　〈周禮食官考〉　第五屆主題文學學術研討會　新竹市　元
　　　　　培科技大學通識教育中心主辦　2007年5月

丁亞傑　〈春秋時代的形成與秩序：論廖平《春秋左氏古經說》〉
　　　　　四川學者的經學研究第二次學術研討會　臺北市　中央研究
　　　　　院中國文哲研究所主辦　2006年11月

丁亞傑　〈方法論下的春秋觀：朱子的春秋學〉　中國文學與文化的
　　　　　傳統及變革學術研討會　南京市　南京大學中文系主辦
　　　　　2006年10月

丁亞傑　〈方苞述朱之學：《詩經》的歷史想像與文化建構〉　宋明理

學學術研討會　桃園市　中央大學儒學研究中心主辦　2006
年5月

丁亞傑　〈美刺與正變：《詩經》比興的應用〉　第六屆通俗與雅正
文學學術研討會　臺中市　中興大學中文系主辦　2006年3月

丁亞傑　〈天遊：康有為的生命型態〉　第四屆主題文學學術研討會
新竹市　元培科學技術學院國文組主辦　2005年11月

丁亞傑　〈康有為《春秋董氏學》與蘇輿《春秋繁露義證》比較〉
廣東學者的經學研究第二次學術研討會　臺北市　中央研究
院中國文哲研究所主辦　2004年11月

丁亞傑　〈《詩經》的自然意象與女性詮釋〉　第三屆主題文學學術研
討會　新竹市　元培科學技術學院國文組主辦　2004年7月

丁亞傑　〈《翼教叢編》的經典觀〉　湖湘學者的經學研究第一次學
術研討會　臺北市　中央研究院中國文哲研究所主辦　2003
年8月

丁亞傑　〈存在感受與歷史解釋——論顧頡剛《古史辨自序》〉　第
二屆主題文學學術研討會　新竹市　元培科學技術學院國文
組主辦　2003年5月

丁亞傑　〈孔廣森《公羊通義》的學術系譜與解經方法〉　常州學者
的經學研究第二次學術研討會　臺北市　中央研究院中國文
哲研究所主辦　2002年12月

丁亞傑　〈李兆洛與常州學風〉　常州學者的經學研究第一次學術研
討會　臺北市　中央研究院中國文哲研究所主辦　2002年7月

丁亞傑　〈美刺、垂戒與虛實分指——方苞的詩用觀〉　第一屆主題
文學學術研討會　新竹市　元培科學技術學院國文組主辦
2002年5月

丁亞傑　〈乾嘉漢學的前緣——方苞《春秋通論》經義形式研究〉

乾嘉學者治經的貢獻第二次學術研討會　臺北市　中央研究院中國文哲研究所主辦　2001年11月

丁亞傑　〈想像與現實——方苞《朱子詩義補正》女性認知的糾葛〉第五屆詩經國際學術研討會　張家界市　中國詩經學會主辦　2001年8月

丁亞傑　〈方苞《詩經》學解經方法〉　第一屆通識教育學術研討會　新竹市　元培科學技術學院主辦　2001年5月

丁亞傑　〈推經立義——廖平公羊學解經方法〉　第五屆近代中國學術研討會　桃園市　中央大學中文系主辦　1999年3月　頁1-22

丁亞傑　〈蘇輿《翼教叢編》與晚清經學今古文之爭〉　第四屆近代中國學術研討會　桃園市　中央大學中文系主辦　1998年3月　頁43-62

丁亞傑　〈顧頡剛《詩經》研究方法論〉　第三屆詩經國際學術研討會　桂林市　中國詩經學會主辦　1997年8月

六　其他

丁亞傑　經典意義的變遷與學科的開展：民國公羊學研究　國科會計畫：NSC 99-2410-H-008-053　2010年8月

丁亞傑　明清時期的東亞儒學III（總計畫）：晚清至民國公羊學的變遷（子計畫）　中央大學發展國際一流大學及頂尖研究中心計畫　2010年1月

丁亞傑　明清時期的東亞儒學II（總計畫）：朱子春秋學解經方法的衍異（子計畫）　中央大學發展國際一流大學及頂尖研究中心計畫　2009年1月

丁亞傑　六經皆文：清末民初桐城派研究（II）——以吳汝綸、吳闓
　　　　生、姚永樸、姚永概、馬其昶為範圍　國科會計畫：NSC
　　　　97-2410-H-008-044-MY2　2008年8月

丁亞傑　明清時期的東亞儒學（總計畫）：朱子春秋學解經方法的衍
　　　　異（子計畫）　中央大學發展國際一流大學及頂尖研究中心
　　　　計畫　2008年1月

丁亞傑　明代朱子學與陽明學（總計畫）：明末清初春秋宗朱之學
　　　　（二）（子計畫）　中央大學發展國際一流大學及頂尖研究
　　　　中心計畫　2007年12月

丁亞傑　六經皆文：清末民初桐城派研究　國科會計畫：NSC96-
　　　　2411-H-008-009　2007年8月

丁亞傑　四庫全書總目四年研讀計畫（三）：史部　教育部顧問室人
　　　　文社會學科學術強化創新計畫　2007年8月

丁亞傑　四庫全書總目四年研讀計畫（二）：子部　教育部顧問室人
　　　　文社會科學史料典籍研讀計畫　2007年3月

丁亞傑　明代朱子學與陽明學（總計畫）：明末清初春秋宗朱之學
　　　　（一）（子計畫）　中央大學發展國際一流大學及頂尖研究
　　　　中心計畫　2006年12月

丁亞傑　義理與考證之間：姚鼐及其弟子之經說　教育部教師獎勵暨
　　　　補：94學年新進教師學術研究補助　2006年1月

丁亞傑　四庫全書總目四年研讀計畫（一）：集部　教育部顧問室人
　　　　文社會科學史料典籍研讀計畫：94-文史-15　2005年1月

丁亞傑　朱子語類三年研讀計畫（三）：朱子語類經典詮釋學　教育
　　　　部顧問室人文社會科學史料典籍研讀計畫：93-文史-06
　　　　2004年1月

丁亞傑　方苞經學研究（三）：三禮學——禮儀、行政與國制　國科
　　　　會計畫：NSC93-2411-H-008-017　2004年8月

丁亞傑　方苞經學研究（二）：經解與應用——方苞的詩經學　國科
　　　　會計畫：NSC92-2411-H-264-003　2003年8月

丁亞傑　朱子語類三年研讀計畫（二）：朱子語類基本觀念通釋　教
　　　　育部顧問室人文社會科學史料典籍研讀計畫：92-文史-04
　　　　2003年1月

丁亞傑　方苞經學研究（一）：春秋學　國科會計畫：NSC91-2411-
　　　　H264-002　　2002年8月

丁亞傑　朱子語類三年研讀計畫（一）　教育部顧問室人文社會科學
　　　　史料典籍研讀計畫：91-文史-07　2002年1月

丁亞傑出版書目

林淑貞　編

一　桐城

丁亞傑　〈清末民初桐城派《孟子》文法論——以姚永概《孟子講義》、吳闓生《孟子文法讀本》為核心〉　《當代儒學研究》第9期　2010年12月　頁33-75

丁亞傑　〈從桐城到臺灣：姚瑩與臺灣的淵源〉　《元培學報》第8期　頁83-103　2001年6月　（另輯入〈姚瑩與臺灣的淵源〉林慶彰、陳仕華主編《近代中國知識分子在臺灣》　臺北市　萬卷樓圖書公司　ISBN：9577394092　2002年10月　頁1-38

丁亞傑　〈以文辭之義通聖人之心：吳汝綸、吳闓生父子尚書學略論〉　第七屆中國經學國際學術研討會　臺北市　政治大學中國文學系、中國經學研究會主辦　2011年4月

丁亞傑　〈以文治經：清末民初桐城派的「文法論」——以吳闓生定本《尚書大義》為討論核心〉　第四屆中國經學國際學術研討會　臺北市　臺灣大學文學院主辦，中央研究院中國文哲研究所、北京清華大學經學研究中心合辦　2011年3月

丁亞傑　〈文：姚永樸經史之學的意涵〉　經學國際學術研討會　南京市　中央研究院中國文哲研究所、南京師範大學文獻系合辦　2010年11月

丁亞傑　〈清末民初桐城派《孟子》文法論——以姚永概《孟子講
　　　　義》、吳闓生《孟子文法讀本》為核心〉　經學研究國際學
　　　　術研討會　香港　香港嶺南大學中文系、中央研究院中國文
　　　　哲研究所合辦　2009年5月

二　顧頡剛

丁亞傑　〈顧頡剛的疑古思想：漢儒、孔子與經典〉　《元培學報》
　　　　第11期　2004年12月　頁41-64
丁亞傑　〈顧頡剛春秋學初探〉　《中央大學人文學報》第23期
　　　　2001年6月　頁69-96
丁亞傑　〈顧頡剛《詩經》研究方法論〉　《元培學報》第4期
　　　　1997年12月　頁117-131
丁亞傑　〈顧頡剛經學研究——《易》學〉　《孔孟學報》第73期
　　　　1997年3月　頁33-50
丁亞傑　〈存在感受與歷史解釋——論顧頡剛《古史辨自序》生命的
　　　　書寫〉　《生命的書寫：第二屆主題文學學術研討會論文
　　　　集》　臺北市　萬卷樓圖書公司　ISBN：9577394507
　　　　2003年8月　頁295-328

三　公羊學

丁亞傑　〈復古更化：董仲舒春秋公羊學探義〉　《元培學報》第1
　　　　期　1994年9月　頁119-132
丁亞傑　〈孔廣森《公羊通義》的學術系譜與解經方法〉　常州學者
　　　　的經學研究第二次學術研討會　臺北市　中央研究院中國文
　　　　哲研究所主辦　2002年12月

丁亞傑　〈先王之史與孔子之經：張爾田《遯堪文集》的公羊思想
　　　　學〉　東亞儒學的當代詮釋國際學術研討會〉　桃園市　中
　　　　央大學文學院儒學研究中心主辦　2011年8月

四　詩經學

丁亞傑　〈想像與現實──方苞《朱子詩義補正》女性認知的糾葛〉
　　　　第五屆詩經國際學術研討會　張家界市　中國詩經學會主辦
　　　　2001年8月

丁亞傑　〈方苞《詩經》學解經方法〉　第一屆通識教育學術研討會
　　　　新竹市　元培科學技術學院主辦　2001年5月

丁亞傑　〈美刺與正變：詩經比興的應用〉　陳器文主編　《通俗文
　　　　學與雅正文學──文學與經學第六屆學術研討會論文集》
　　　　臺北市　新文豐出版公司　ISBN：9789860064988、
　　　　9860064989　2006年9月　頁605-627

丁亞傑　〈詩經的自然意象與女性詮釋自然的書寫〉　《自然的書
　　　　寫：第三屆主題文學學術研討會論文集》　臺北市　萬卷樓
　　　　圖書公司　ISBN：9577395082　2005年3月　頁165-186

丁亞傑　〈美刺、垂戒與虛實分指──方苞的詩用觀〉　《主題文學
　　　　學術研討會論文集》　臺北市　萬卷樓圖書公司　ISBN：
　　　　9577394000　2002年8月　頁239-257

五　春秋學

丁亞傑　〈春秋寓於史：《四庫全書總目》的春秋學觀〉　《儒學研
　　　　究論叢》第3輯　2010年12月　頁185-208

丁亞傑　〈晚清四川經學家的春秋研究〉　舒大剛主編《儒藏論壇
　　　　（第二輯）》　成都市　四川大學出版社　ISBN：
　　　　9789862213889　2007年12月　頁171-189

丁亞傑　〈方法論下的春秋觀：朱子的春秋學〉　中國文學與文化的
　　　　傳統及變革學術研討會　南京市　南京大學中文系主辦
　　　　2006年10月

丁亞傑　〈春秋經傳研究〉　林慶彰主編《五十年來的經學研究》
　　　　臺北市　臺灣學生書局　ISBN：9571511714、9571511722
　　　　2003年5月　頁189-223

丁亞傑　〈方苞述朱之學：春秋的聖人崇拜與意義解釋〉　典範移
　　　　轉——第二屆兩岸三地人文社會科學論壇　桃園市　國立中
　　　　央大學主辦　2007年11月

六　其他

丁亞傑　〈晚明文學《孟子》學〉　《當代儒學研究》第6期　2009
　　　　年7月　頁205-229

丁亞傑　〈左傳夢的故事〉　《歷史月刊》第214期　2005年11月
　　　　頁112-116

丁亞傑　〈研讀左傳的方法〉　《國文天地》第21卷第1期　2005年6
　　　　月　頁31-35

丁亞傑　〈臺灣地區研究蘇輿的概況〉　《中國文哲研究通訊》第14
　　　　卷第1期　2004年3月　頁133-136

丁亞傑　〈孫奇逢的生命風格〉　《孔孟月刊》第40卷第4期　2001
　　　　年12月　頁40-45

丁亞傑　〈袁中道的情欲世界〉　《元培學報》第5期　1998年12月
　　　　頁123-134

丁亞傑　〈伏生《尚書大傳》之解經方法與思想內容〉　《孔孟學
　　　　報》第75期　1998年3月　頁27-44

丁亞傑　〈生命的安頓與調適──試析白居易諷諭詩、閑適詩與感傷
　　　　詩之結構〉　《元培學報》第3期　1996年12月　頁157-172

丁亞傑　〈皮錫瑞《經學通論》與陳澧《東塾讀書記》論《易》之異
　　　　同〉　《孔孟月刊》第35卷第2期　1996年10月　頁28-33

丁亞傑　〈齊己《風騷旨格》詩論探析〉　《中央大學中文所集刊》
　　　　第3期　1996年8月　頁61-73

丁亞傑　〈悲劇與超越：王國維《紅樓夢評論》〉　《元培學報》第3
　　　　期　1995年12月　頁113-120

丁亞傑　〈文人與國家符驗──王充文論重詁〉　《中央大學中文所
　　　　集刊》第2期　1995年6月　頁47-97

丁亞傑　〈廖平研究論著知見目錄〉　林慶彰主編《經學研究論叢》
　　　　第16輯　臺北市　臺灣學生書局　ISBN：9789571514680
　　　　2009年5月　頁231-244

丁亞傑　〈康有為在日本的思考──物質與文化救國論〉　林慶彰主
　　　　編《近代中國知識分子在日本》　臺北市　萬卷樓圖書公司
　　　　2003年7月　頁269-319

丁亞傑　〈晚明文學孟子學〉　宋明理學學術研討會　桃園市　國立
　　　　中央大學儒學研究中心主辦　2009年4月

丁亞傑　〈周禮食官考〉　第五屆主題文學學術研討會　新竹市　元
　　　　培科技大學通識教育中心主辦　2007年5月

丁亞傑　〈天遊：康有為的生命型態〉　第四屆主題文學學術研討會
　　　　新竹市　元培科學技術學院國文組主辦　2005年11月

丁亞傑指導碩士論文一覽表

許惠玲　《章學誠女性史觀研究》　中國文學系碩士在職專班　2008
年6月

張佩瑜　《梁啟超遊臺詩文與臺灣民族運動》　中國文學系碩士在職
專班　2008年7月

簡瀅灔　《命與德：論《左傳》中的吉凶禍福》　中國文學研究所
2009年1月

張玉慧　《《閱微草堂筆記》之文士生活研究》　中國文學系碩士在
職專班　2009年1月

黃凱淋　《以《明夷待訪錄・學校》為例——兼論知識與權力間的關
係》　中國文學系碩士在職專班　2009年6月

郝蔚倫　《姚鼐墓誌銘作品研究》　中國文學系碩士在職專班　2010
年1月

卓淑惠　《姚永樸《文學研究法》文章寫作論研究》　中國文學系碩
士在職專班　2010年6月

參考文獻

古籍（依時代先後為序）

先秦

屈萬里　《尚書集釋》　臺北市　聯經出版公司　1983年2月

劉起釪　《尚書校釋譯論》　北京市　中華書局　2005年4月

李鼎祚　《周易集解》　臺北市　臺灣學生書局　1976年

高　亨　《周易古經今注》　臺北市　樂天出版社　1972年

高　亨　《周易古經通說》　臺北市　樂天出版社　1972年

陳鼓應　《老子註譯》　北京市　中華書局　2001年8月　8刷

楊伯峻　《春秋左傳注》　臺北市　源流出版社　1982年

楊伯峻　《春秋左傳》　北京市　中華書局　2000年7月　6刷

韋　昭　《國語注》　臺北市　九思出版社點校本　1978年11月

漢

應劭撰　王利器校注　《風俗通義校注》　臺北市　明文書局　1982年4月

趙岐注　孫奭疏　《孟子注疏》　收入《十三經注疏附校勘記》　臺北市　藝文印書館　1982年

司馬遷　《史記》　臺北市　鼎文書局三家注點校本　1978年11月

南朝梁

劉勰著　周振甫注釋　《文心雕龍注釋》　臺北市　里仁書局　1984年

劉勰著　范文瀾注　《文心雕龍注》　臺北市　臺灣開明書店　1981年

唐

孔穎達著　龔抗雲整理　《禮記正義》　北京市　北京大學出版社　2000年12月

孔穎達　《周易正義》　臺北市　藝文印書館　1982年

孔穎達　《左傳正義》　臺北市　藝文印書館　1982年

孔穎達　《尚書正義》　臺北市　藝文印書館影印嘉慶二十年南昌府學十三經注疏附校勘記本　1984年12月

孔穎達　《毛詩正義》　臺北市　藝文印書館影印十三經注疏本　1985年12月

孔穎達　《禮記正義》　臺北市　藝文印書館影印十三經注疏本　1985年12月

徐彥著　浦衛忠整理　《公羊義疏》　北京市　北京大學出版社　2000年

劉知幾著　浦起龍釋　《史通通釋》　臺北市　里仁書局　1980年9月

韓　愈著　馬其昶校注　馬茂元整理　《韓昌黎文集校注》　上海市　上海古籍出版社　1986年12月

柳宗元　《柳宗元集》　北京市　中華書局　2006年

錢仲聯　《韓昌黎詩繫年集釋》　上海市　上海古籍出版社　1984年8月

宋

朱　熹撰　汪中斠補　《詩集傳》　臺北市　蘭臺書局　1979年1月

蔡　沈著　錢宗武、錢忠弼整理　《書集傳》　南京市　鳳凰出版社
　　2010年1月

劉　敞　《春秋權衡》　影印文淵閣四庫全書　「經部」第147冊
　　臺北市　臺灣商務印書館　1983年

王　晳　《春秋皇綱論》　影印文淵閣四庫全書　「經部」第147冊
　　臺北市　臺灣商務印書館　1983年

張大亨　《春秋五禮例宗》　影印文淵閣四庫全書　「經部」第148
　　冊　臺北市　臺灣商務印書館　1983年

真德秀　《文章正宗‧綱目》　影印文淵閣四庫全書「集部」第1355
　　冊　臺北市　臺灣商務印書館　1983年

謝枋得　《文章軌範》　收入《四庫全書珍本》第11輯第199冊　臺
　　北市　臺灣商務印書館　1981年

程　頤　《易傳》　臺北市　世界書局　1979年

朱　熹　《周易本義》　臺北市　世界書局　1979年

朱　熹　《四書章句集注》　臺北市　大安出版社　1994年

呂祖謙　《古文關鍵》　影印清江蘇書局刻本　臺北市　鴻學出版公
　　司　1989年

元

陳則通　《春秋提綱》　影印文淵閣四庫全書　「經部」第159冊
　　臺北市　臺灣商務印書館　1983年

趙　汸　《春秋集傳》　影印文淵閣四庫全書「經部」第164冊　臺
　　北市　臺灣商務印書館　1983年

明

宋　濂　《元史》　北京市　中華書局　1976年4月

湛若水　《春秋正傳・自序》　影印文淵閣四庫全書　「經部」第
　　　　167冊　臺北市　臺灣商務印書館　1983年

袁中道　珂雪齋集　上海市　古籍出版社　1989年1月

袁宏道　《袁中郎全集》　臺北市　世界書局　1990年11月

袁宗道　《白蘇齋類集》　上海市　古籍出版社　1989年　6月

歸有光　《文章指南》　臺北市　廣文書局　1972年

清

張廷玉等著　《明史》　臺北市　鼎文書局　1981年9月

張廷玉等著　《明史》　北京市　中華書局　1974年4月

清高宗史敕撰　《清朝文獻通考》　杭州市　浙江古籍出版社　1988
　　　　年11月

毛奇齡　《春秋屬辭比事》　影印文淵閣四庫全書　「經部」第176
　　　　冊　臺北市　臺灣商務印書館　1983年

紀　昀著　孫致中校點　《紀曉嵐文集》　石家莊市　河北教育出版
　　　　社　1991年7月

焦　循著　沈文倬點校　《孟子正義》　北京市　中華書局　1987年
　　　　10月

孫希旦著　沈嘯寰、王星賢點校　《禮記集解》　北京市　中華書局
　　　　1989年

永瑢等著　《四庫全書總目》　臺北市　藝文印書館影印同治七年廣
　　　　東刻本　1989年

永瑢等撰　《四庫全書總目》　北京市　中華書局　1995年4月　6刷

劉寶楠著　高流水點校　《論語正義》　北京市　中華書局　1990年
　　3月

錢謙益　《列朝詩集小傳》　臺北市　世界書局　1985年2月

吳汝綸著　施培毅、徐壽凱點校　《吳汝綸全集》　合肥市　黃山書
　　社　2002年9月

賀　濤　《賀先生文集》　民國三年徐世昌刻本

陳喬樅　《魯詩遺說考》　重編本皇清經解續編　臺北市　漢京文化
　　公司

陳喬樅　《齊詩遺說考》　重編本皇清經解續編　臺北市　漢京文化
　　公司

陳喬樅　《韓詩遺說考》　重編本皇清經解續編　臺北市　漢京文化
　　公司

王先謙撰　吳格點校　《詩三家義集疏》　臺北市　明文書局　1988
　　年10月

孫希旦撰　沈嘯寰、王星賢點校　《禮記集解》　北京市　中華書局
　　1989年2月

顧棟高輯　吳樹平、李解民點校　《春秋大事表》　北京市　中華書
　　局　1993年6月

孫奇逢　《孫夏峰先生集》　《叢書集成簡編》　臺北市　臺灣商務
　　印書館　1965年12月

孫奇逢　《孫夏峰先生語錄》　臺北市　廣文書局　1970年10月

趙　翼撰　杜維運考證　《二十二史劄記》　臺北市　華世出版社
　　1977年9月

方　苞　《方望溪全集》　臺北市　世界書局　1965年3月

姚　範　《援鶉堂筆記》　臺北市　廣文書局　1971年8月

姚　鼐　《惜抱軒全集》　臺北市　世界書局　1984年7月

袁　枚　《小倉山房詩文集》　上海市　上海古籍出版社　1988年3月

方東樹　《漢學商兌》　臺北市　廣文書局影印浙江書局刊本　1977年

姚　瑩　《中復堂全集》　近代中國史料叢刊續編第6輯　臺北市　文海出版社影印同治6年刊本　1981年9月

姚　瑩　《東槎紀略》　臺灣文獻叢刊第7種　臺北市　臺灣銀行經濟研究室編　1957年11月

姚　瑩　《東溟奏稿》　臺灣文獻叢刊第49種　臺北市　臺灣銀行經濟研究室編　1959年6月

姚　瑩著　曹永和輯　《中復堂選集》　臺灣文獻叢刊第83種　臺北市　臺灣銀行經濟研究室編　1960年9月

姚　瑩著　施培毅、徐壽凱點校　《康輏紀行／東槎紀略合刊本》　合肥市　黃山書社　1990年1月

姚　瑩著　黃季耕點校　《識小錄／寸陰叢錄合刊本》　合肥市　黃山書社　1991年10月

曾國藩　《曾文正公全集》　臺北市　世界書局　1985年5月

康有為　蔣貴麟編　《康南海先生遺著匯刊》　臺北市　宏業書局　1987年6月　再版

　　第一集：新學偽經考　影印民國六年排印本

　　第二集：孔子改制考（上）　影印民國九年重刊萬木草堂叢書本

　　第三集：孔子改制考（下）

　　第四集：春秋董氏學　影印光緒二十三年萬木草堂叢書本

　　第五集：中庸注、孟子微　影印光緒二十七年演孔叢書本、影印光緒二七年萬木草堂叢書本

　　第六集：論語注　影印民國六年重刊萬木草堂叢書本

第七集：春秋筆削大義微言考（上）　影印民國六年重刊萬
　　　　木草堂叢書本

第八集：春秋筆削大義微言考（下）

第九集：禮運注、長興學記、桂學答問、書鏡　影印民國二
　　　　年演孔叢書本　排印本、排印本、排印本

第十集：俄彼得變政記、日本變政考　排印本、排印本

第十一集：日本書目志　影印光緒二十二年刊本

第十二集：七次上書匯編、戊戌奏稿、代草奏議　排印本、
　　　　　排印本、排印本

第十三集：光緒聖德記、丁巳要件手稿、共和平議　影印光
　　　　　緒二十五年手稿本、影印國六年手稿本、排印本

第十四集：官制議　排印本

第十五集：中華救國論、物質救國論、理財救國論、金主幣
　　　　　救國論　影印民國元年康南海文鈔本、排印本、
　　　　　排印本、影印光緒二年排印本

第十六集：不幸而言中不聽則國亡　影印民國八年排印本

第十七集：康南海墨蹟、哀烈錄、長安演講集、遺墨　影印
　　　　　民國二十年影印本、排印本、影印民國十二年教
　　　　　育圖書社印本、影印本

第十八集：諸天講　影印民國十八年刊本

第十九集：康南海文集　排印本

第二十集：康南海詩集（上）　影印民國二十六年崔斯哲手
　　　　　寫本

第二十一集：康南海詩集（下）

第二十二集：自編年譜、康文珮編年譜續編、梁啟超撰康南
　　　　　　海傳　排印本

《新學偽經考》 影印光緒十七年康氏萬木草堂刻本 續修四庫全書
　　經部群經總義類第179冊 上海市 上海古籍出版社 1995
　　年3月

《戊戌奏稿》 影印辛亥五月刻本 沈雲龍主編近代中國史料叢刊初
　　編第33輯第326冊 臺北市 文海出版社 1969年

《康南海文集》 影印民國三年排印本 沈雲龍主編近代中國史料叢
　　刊初編第80輯第795冊 臺北市 文海出版社 1973年

《康南海詩集》 影印民國二十六年崔斯哲手寫本 沈雲龍主編近代
　　中國史料叢刊續編第4輯第35、36冊 臺北市 文海出版社
　　1974年

《官制議》 影印民國二十九年排印本 沈雲龍主編近代中國史料叢
　　刊續編第4輯第37冊 臺北市 文海出版社 1974年

趙爾巽等著 《清史稿》 臺北市 鼎文書局 1981月9月

《續修四庫全書總目提要‧經部》 中國科學院圖書館整理 北京市
　　中華書局 1993年

不著撰人 《同治福建通志臺灣府》 臺灣文獻叢刊第84種 臺北市
　　臺灣銀行經濟研究室編 1960年8月

不著撰人 《臺灣通志》 臺灣文獻叢刊第130種 臺北市 臺灣銀
　　行經濟研究室編 1962年5月

連　橫 《臺灣通史》 臺灣文獻叢刊第128種 臺北市 臺灣銀行
　　經濟研究室編 1962年2月

不著撰人 《清史稿臺灣資料集輯》 臺灣文獻叢刊第243種 臺北
　　市 臺灣銀行經濟研究室編 1968年3月

吳闓生 《尚書讀本》 光緒三十四年鉛印本

吳闓生 《北江先生文集》 民國十三年文學社藏本

吳闓生 《尚書大義》 臺北市 臺灣中華書局 1970年

吳汝綸著　施培毅、徐壽凱點校　《吳汝綸全集》　合肥市　黃山書
　　社　2002年9月

姚永樸　《起鳳書院答問》　臺北市　廣文書局影印光緒二十八年刊
　　本　1977年1月

姚永樸著　許結講評　《文學研究法》　南京市　鳳凰出版社　2009
　　年12月

姚永概著　陳春秀點校　《孟子講義》　合肥市　黃山書社　1999年

姚永樸　《文學研究法》　影印民國三年刊本　臺北市　廣文書局
　　1979年

姚　鼐著　劉季高點校　《惜抱軒詩文集》　上海市　上海古籍出版
　　社　1983年

宋文蔚評註　《文法津梁》　臺北市　蘭臺書局　1983年

顧頡剛　《古史辨》　臺北市　明倫出版社　1970年1月　重印

顧頡剛　《我是怎樣編寫古史辨的》　楊揚、陳引馳、傅傑編選
　　《大師自述》　香港　三聯書店　2000年7月

顧頡剛　《古史辨》　臺北市　明倫出版社　1970年

顧　洪　《顧頡剛讀書筆記》　臺北市　聯經出版公司　1990年

顧　潮　《顧頡剛年譜》　北京市　中國社會科學出版社　1993年

劉聲木　《桐城文學淵源考／撰述考合刊本》　臺北市　世界書局影
　　印民國十八年直介堂叢刻本　1974年12月

康有為學術著作選　樓宇烈整理

《論語注》　北京市　中華書局　1984年1月

《孟子微、禮運注、中庸注》　北京市　中華書局　1987年9月

《康子內外篇》（附實理公法全書、民功篇、弟子職集解、辯論類、

南海先生與朱一新論學書牘、函札四通）　北京市　中華書局　1988年8月

《長興學記、桂學答問、萬木草堂口說》　北京市　中華書局　1988年3月

《春秋董氏學》　北京市　中華書局　1990年7月

《諸天講》　北京市　中華書局　1990年7月

姜義華、吳根樑編校　《康有為全集》第一集　上海市　上海古籍出版社　1987年

姜義華、吳根樑編校　《康有為全集》第二集　上海市　上海古籍出版社　1990年4月

姜義華編校　《康有為全集》第三集　上海市　上海古籍出版社　1992年12月

《新學偽經考》　點校本　北京市　中華書局　1988年3月　3刷

朱維錚、廖梅編校　《新學偽經考》　北京市　讀書‧生活‧新知三聯書店　1998年6月

《孔子改制考》　點校本　北京市　中華書局　1988年3月　2刷

《大同書》　臺北市　帕米爾書店　1989年10月

朱維錚編校　《康有為大同論二種》　北京市　讀書‧生活‧新知三聯書店　1998年6月

蔣貴麟編　《萬木草堂遺稿、遺稿外編》（上、下）　臺北市　成文出版社　1978年4月

蔣貴麟編　《康南海先生遊記匯編》　臺北市　文史哲出版社　1979年1月

蔣貴麟編　《康南海先生未刊遺稿》（詩經說義、大戴禮記補注）　臺北市　文史哲出版社　1979年10月

《萬木草堂詩集》　上海市　上海人民出版社　1996年7月

《康有為政論集》 湯志鈞編 北京市 中華書局 1998年6月

今人論著（依姓氏筆畫為序）

丁亞傑 《清末民初公羊學研究——皮錫瑞、廖平、康有為》 臺北市 萬卷樓圖書公司 2002年3月

方祖燊 《小說結構》 臺北市 東大圖書公司 1995年

王葆心 古文辭通義 收入王水照編 《歷代文話》第8冊 上海市 復旦大學出版社 2007年11月

王鎮遠 《桐城派》 臺北市 群玉堂出版公司（國文天地） 1991年12月

王學勤 〈桐城姚仲實先生年譜〉 《桐城派研究》 2002年第4輯 頁63-78

仇小屏 《文章章法論》 臺北市 萬卷樓圖書公司 1998年

古國順 《清代尚書學》 臺北市 文史哲出版社 1981年7月

司馬朝軍 《四庫全書總目研究》 北京市 社會科學文獻出版社 2004年12月

李健章 《袁宏道集箋校志疑》（外二種） 武漢市 湖北人民出版社 1994年4月

李致忠 〈四庫全書總目·凡例箋注〉 《文獻季刊》 2002年1月 第1期 頁97-109

呂興昌 〈人與自然〉 收入《抒情的境界》 《中國文化新論·文學篇一》 臺北市 聯經出版公司 1989年8月 6刷

吳哲夫 〈四庫全書經部春秋類圖書著錄之評議〉 故宮學術季刊 第9卷第3期 1992年春 頁1-18

周作人 《中國新文學的源流》 上海市 華東師範大學出版社 1994年9月

周質平　《公安派的文學批評及其發展》　臺北市　臺灣商務印書館　1986年5月

周積明　《文化視野下的四庫全書總目》　北京市　中國青年出版社　2001年10月

金春峰　《漢代思想史》　北京市　中國社會科學出版社　1997年12月　修訂第2版

來裕恂　《漢文典》　收入王水照編　《歷代文話》第9冊　上海市　復旦大學出版社　2007年11月

林明昌　《古文細部批評研究》　臺北市　淡江大學中國文學系博士論文　2002年

邱敏捷　《參禪與念佛──晚明袁宏道的佛教思想》　臺北市　商鼎出版社　1993年3月

柳春蕊　晚清古文研究──以陳用光、梅曾亮、曾國藩、吳汝綸四大古文圈子為中心　南昌市　百花洲文藝出版社　2007年12月

屈萬里　《先秦漢魏易例述評》　臺北市　臺灣學生書局　1985年

胡亞敏　敘事學　武漢市　華中師範大學出版社　2004年12月

胡　適　《胡適文存》　臺北市　遠流出版公司　1988年9月

河北保定蓮池書院管理處編　《蓮池書院》　北京市　方志出版社　1998年

侯美珍　〈明清士人對「評點」的批評〉　《中國文哲研究通訊》第14卷第3期　2004年9月　頁223-248

高　亨　《周易雜論》　濟南市　齊魯書社　1988年

唐文治　《茹經堂文集三編》　林慶彰主編《民國文集叢刊》第1編　臺中市　文听閣圖書公司影印民國二十四年刻本　2008年

徐復觀　《兩漢思想史》　臺北市　臺灣學生書局　1979年

徐復觀　〈文心雕龍淺論之一──自然與文學的根源問題〉　收入《中國文學論集》　臺北市　臺灣學生書局　1982年9月

徐復觀　《公孫龍子講疏》　臺北市　臺灣學生書局　1976年

揚之水　《詩經名物新證》　北京市　北京古籍出版社　2000年2月

湯斌等編　《孫夏峰先生年譜》　《叢書集成簡編》　臺北市　臺灣
　　　商務印書館　1966年6月

段熙仲　《春秋公羊學講疏》　南京市　南京師範大學出版社　2002
　　　年11月

黃肇基　《鑒奧與圓照——方苞、林紓的左傳評點》　臺北市　允晨
　　　文化公司　2008年10月

黃慶萱　《修辭學》　臺北市　三民書局　1979年

黃瑞祺　《批判理論與現代社會》　臺北市　巨流圖書公司　1986年
　　　11月　增訂一版

黃愛平　〈四庫全書總目的經學觀與清中葉的學術思想走向〉　《中
　　　國文化研究》　1999年春之卷　頁85-91

陳平原　《中國現代學術之建立——以章太炎、胡適之為中心》　北
　　　京市　北京大學出版社　1998年2月

陳在正、孔立、鄧孔昭等著　《清代臺灣史研究》　廈門市　廈門大
　　　學出版社　1986年4月

陳望道　《修辭學發凡》　臺北市　文史哲出版社　1989年

陳曉華　《四庫總目學史研究》　北京市　商務印書館　2008年12月

陳曉華　《四庫全書與十八世紀的中國知識分子》　北京市　社會科
　　　學文獻出版社　2009年11月

郭登峰　《歷代自敘傳文鈔》　臺北市　文星書店　1965年1月

郭立志　〈桐城吳先生年譜〉　收入《桐城吳先生全書》　《清末自
　　　著叢書初編》影印《雍睦堂叢書》本　臺北市　藝文印書館
　　　1964年

郭廷以　《臺灣史事概說》　臺北市　正中書局　1954年3月

張汝倫　《意義的探究——當代西方釋義學》　臺北市　谷風出版社　1988年5月

張素卿　《敘事與解釋——左傳經解研究》　臺北市　書林出版公司　1998年4月

張素卿　〈「評點」的解釋類型——從儒者標抹讀經到經書評點的側面考察〉　收入鄭吉雄、張寶三合編　《東亞傳世漢籍文獻譯解方法初探》　臺北市　臺灣大學出版中心　2008年

張舜徽　《四庫提要敘講疏》　臺北市　臺灣學生書局　2002年3月

張舜徽　《中國古代史籍校讀法》　臺北市　里仁書局　2000年

張高評　《春秋書法與左傳學史》　臺北市　五南圖書出版公司　2002年1月

張傳峰　《四庫全書總目學術思想研究》　上海市　學林出版社　2007年6月

張仁壽　〈姚永概評傳〉　收入楊懷志、江小角編《桐城派名家評傳》　合肥市　安徽人民出版社　2001年11月

張伯偉　《中國古代文學批評方法研究》　北京市　中華書局　2002年5月

張秋娥　〈謝枋得評點中的修辭思想〉　《國文學報》第33期　2003年6月　頁125-164

梁啟超著　徐少知、李鳳珠、黃昱凌、鄭慧卿點校　《中國近三百年學術史／清代學術概論合刊本》　臺北市　里仁書局　1995年2月

楊　寬　《西周史》　臺北市　臺灣商務印書館　1999年4月

楊　寬　《中國上古史導論》　古史辨・第七冊

楊懷志　〈姚永樸、姚永概傳略〉　收入楊懷志、潘忠榮編　《清代文壇盟主桐城派》　合肥市　安徽人民出版社　2002年8月

楊晉龍　〈「四庫學」研究的反思〉　《中國文哲研究集刊》第4期　1994年3月　頁349-394

程元敏　《尚書學史》　臺北市　五南圖書公司　2008年6月

程克雅　〈乾嘉禮學學者解經方法「文例」之建立與應用〉　蔣秋華編　《乾嘉學者的治經方法》　臺北市　中央研究院中國文哲研究所　2004年　頁461-507

（釋）聖嚴　《明末中國佛教之研究》　臺北市　臺灣學生書局　1988年11月

（釋）聖嚴　《明末佛教研究》　臺北市　東初出版社　1987年9月

漆永祥　〈論中國傳統經學研究方法——古書通例歸納法〉　蔣秋華編　《乾嘉學者的治經方法》　臺北市　中央研究院中國文哲研究所　2004年　頁71-108

漆永祥　《乾嘉考據學研究》　北京市　中國社會科出版社　1999年12月

鄧元忠　《西洋近代文化史》　臺北市　五南圖書公司　1990年1月

鄧孔昭　《臺灣通史辨誤》　臺北市　自立晚報出版部　1991年7月

潘務正　《晚清民國桐城文派研究》　南京市　南京大學碩士論文　2003年

趙毅衡編選　《新批評文集》　天津市　百花文藝出版社　2001年9月

謝國楨　《孫夏峰李二曲學譜》　《萬有文庫薈要》　臺北市　臺灣商務印書館　1965年11月

劉再華　《近代經學與文學》　北京市　東方出版社　2004年11月

劉瑾輝　《清代孟子學研究》　北京市　社會科學文獻出版社　2007年9月

劉聲木　徐天祥點校　《桐城文學淵源考》／撰述考　合肥市　黃山書社　1989年12月

蔡英俊　《中國古典詩論中「語言」與「意義」的論題──「意在言外」的用言方式與「含蓄」的美典》　臺北市　臺灣學生書局　2001年4月

鄭吉雄　〈乾嘉學者治經方法與體系舉例試釋　蔣秋華編〉　《乾嘉學者的治經方法》　臺北市　中央研究院中國文哲研究所2004年　頁109-139

蔣年豐　〈從興的現象論春秋經傳的解釋學傳統〉　楊儒賓、黃俊傑編　《中國古代思維方式探索》臺北市　正中書局　1996年11月

蔣秋華　〈吳汝綸尚書故主史記說平議〉　國家圖書館等主編　《屈萬里先生百歲誕辰國際學術研討會論文集》　臺北市　行政院文化建設委員會　2006年12月

錢　穆　《中國近三百年學術史》　臺北市　臺灣商務印書館　1996年7月

魏　怡　《散文鑑賞入門》　臺北市　國文天地　1989年

韓　震、孟鳴岐　《歷史、理解、意義──歷史詮釋學》　上海市　上海譯文出版社　2002年3月

顧　潮　《顧頡剛年譜》　北京市　中國社會科學出版社　1993年3月

龔鵬程　《文學與美學》　臺北市　業強出版社　1986年4月

龔鵬程　《文學批評的視野》　臺北市　大安出版社　1990年

龔鵬程　《文化符號學》　臺北市　臺灣學生書局　1992年8月

龔鵬程　〈四季、物色、感情〉　收入《春夏秋冬》　臺北市　月房子出版社　1994年11月2刷

龔鵬程　《晚明思潮》　臺北市　里仁書局　1994年11月

龔鵬程　〈自然氣感的世界〉　收入《漢代思潮》　嘉義縣　南華大學　1999年8月

龔鵬程 《文學散步》 臺北市 臺灣學生書局 2003年9月

龔鵬程 《六經皆文：經學史／文學史》 臺北市 臺灣學生書局 2008年12月

譯著

〔日〕川合康三撰 蔡毅譯 《中國的自傳文學》 北京市 中央編譯出版社 1999年4月

〔英〕艾瑞克・霍布斯邦（Eric J. Hobsbawn）撰 黃煜文譯 《論歷史》（*On History*）臺北市 麥田出版社 2002年8月

〔英〕Frank Lentricchia &〔英〕 Thomas McLaughlin編 張京媛等譯 《文學批評術語》（*Critical Terms for Literary Study*） 香港 牛津大學出版社 1994年7月

〔英〕史蒂文・科恩（Steven Cohan）、〔英〕 琳達・夏爾斯（Linda M. Shires）撰 張方譯 《講故事──對敘事虛構作品的理論分析》（*Telling Stories A Theoretical Analysis ofNarrative Fiction*） 臺北市 駱駝出版社 1997年9月

〔英〕柯靈烏（R. G. Collingwood）撰 陳明福譯 《柯靈烏自傳》 臺北市 故鄉出版社 1985年3月

〔英〕柯靈烏（R. G. Collingwood）著 陳明福譯 《歷史的理念》 臺北市 桂冠圖書公司 1987年10月

〔英〕佛斯特（E. M Forster）著 李文彬譯 《小說面面觀》（*Aspects Of The Novel*） 臺北市 志文出版社 2002年

〔美〕丹尼爾・貝爾（Daniel Bell）撰 趙一凡等譯 《資本主義的文化矛盾》（*The Cultural Contradictions of Capitalism*） 臺北市 桂冠圖書公司 1991年4月

〔美〕艾爾曼（B. A. Elman）著　趙剛譯　《經學、政治和宗教—中華帝國晚期常州今文學派研究》　南京市　江蘇人民出版　1998年3月

〔美〕費正清（John K. Fairbank）編　張玉法主譯　《劍橋中國史‧晚清篇（1800-1911）》　臺北市　南天書局　1987年9月

〔美〕林‧亨特（Lynn Hunt）編　江政寬譯　《新文化史》（*The New Cultural History*）　臺北市　麥田出版社　2002年4月

〔法〕米歇‧傅柯（Michel Foucault）撰　王德威譯　《知識的考掘》　臺北市　麥田出版社　2001年1月

〔法〕伏爾泰撰、梁守鏘等譯　《風俗論》　北京市　商務印書館　1995年1月

〔法〕菲力浦‧勒熱訥（Philippe Lejeune）撰　楊國政譯　《自傳契約》　北京市　生活‧讀書‧新知三聯書店　2001年10月

〔法〕雅克‧德里達（Jacques Derrida）著　汪家堂譯　《論文字學》　（*De La Grammatologie*）上海市　上海譯文出版社　1999年12月

〔德〕舒　茲（Alfred Schutz, 1899-1959）撰　盧嵐蘭譯　《舒茲論文集第一冊》（*Collected Papers Vol.1: The Problem of Social Reality*）　臺北市　桂冠圖書公司　2002年6月

〔德〕W‧顧彬撰、馬樹德譯　《中國文人的自然觀》　上海市　上海人民出版社　1990年1月

〔德〕恩斯特‧卡西勒（Ernnst Cassirer）著　甘陽譯　《人論——人類文化哲學導引》（*An Essayon Man: An Introductionto A Philosophy of Human Culture*）　臺北市　桂冠圖書公司　1990年2月

〔俄〕鮑‧艾亨鮑姆（Boris Eikhenbaum）　〈形式方法理論〉

〔法〕茨維坦・托多羅夫（Tzvetan Todorov）編選　蔡鴻賓譯　《俄蘇形式主義文選》　北京市　中國社會科學出版社1989年3月

〔瑞典〕高本漢（Klas Bernhard Johannes Karlgren）著　陳舜政譯書經注釋　臺北市　國立編中華叢書編審委員會　1970年9月

後記一

　　丁亞傑教授離開人世已數年。五十二年的生命，留下了四本專著、七十餘篇論文，更在師友、學生心目中留下難以磨滅的「經師、人師」形象。

　　二〇一三年初夏，蒙上海師範大學石立善教授厚愛，來函為主編的「古典學研究叢書」約稿；我才學尚淺，不敢貿然應命，但動念想為亞傑教授編輯遺文。立善教授與亞傑教授雖只有兩面之緣，但聞言立即覆信，謂「弟也是性情之人，又都是經學同道，其遺文整理出版，弟願出一份微薄之力，自會向出版社力薦」。古道熱腸，令人感佩。

　　亞傑教授畢生以經學教學、研究與發揚為職志，生前已出版的專著有《清末民初公羊學研究》、《康有為經學述評》、《晚清經學史論集》、《生活世界與經典解釋：方苞經學研究》四種，未及刊布、結集的論文尚有二十餘篇。經與亞傑教授夫人林淑貞教授商議，選出其中十六篇，結集為本書；書末又附亞傑教授所編〈近五十年（1949-1999）臺灣地區《春秋》經傳研究概況〉一篇。未輯入本書的遺文，或為求學時期的少作，或為未及完成的殘稿；詳目可見本書所附淑貞教授整理的〈丁亞傑著作一覽表〉及〈丁亞傑出版書目〉。依十六篇論文的性質，我私擬了三個標題：《春秋》學、近代經學與經學家、六經皆文。這三項標題固然是亞傑教授多年學術研究的主要面向，更是他追仰林慶彰教授、龔鵬程教授兩位恩師的印記。兩位先生皆為本

書賜序，薪火相傳，情意綿長。

　　遺文之蒐羅，固然得現任中興大學中文系系主任林淑貞教授支持；其間，又承政治大學車行健教授、臺北市立大學張曉生教授、中央大學劉德明教授等師友協助。部分資料，並勞中央大學研究生陳貞如小姐、蔡溶廷先生繕打、初校。在此一併致謝。

　　與亞傑教授相交二十年，於山東尼山猝逝當日，又能為他整衣梳髮；檢校遺文之事，豈敢推辭。本書付梓，雖或可使遺文不致有散落之憾，然心中仍有未安：刊布的遺文中，有數篇僅曾在研討會上宣讀，未及修訂；我等將此未定之稿付梓，亞傑教授地下有知，恐怕未必首肯。讀者若有意知悉亞傑教授學術全貌，懇請再取前述專著四種一併觀覽為幸。

　　　　　　　　　　　　　孫致文謹記於中央大學中文系
　　　　　　　　　　　　　二○一四年十二月二十六日

後記二　有情人間

人生有情淚沾臆，
江水江花豈終極？

　　花開花落是大自然的季候變化；死生無常是人間的定律。然而人，不會只有生與死，還有情與愛、事與業、功與名、道與德。情之所鍾，正在我輩。人之有情，不同於草木江水，雖然身形銷亡，姿影永存，而留下來的事、業、功、名、道、德，則典範可型，這就是人間有情，情在人間。

　　亞傑早年受學於龔鵬程先生，開發作學問的視野，又從學顏崑陽、李正治、王邦雄、曾昭旭、康來新、李威熊等師，奠定為學基礎，其後知遇林慶彰先生，確立治學方向。個性質樸，喜歡就某一課題深入鑽研，且以性情所近為學，不作天外飛想，亦不躐等前進，循規蹈矩，孜孜矻矻，勤勉力學。

　　本書輯錄亞傑二十二篇文稿，可管窺其一生治學方向，以經學為基石，開發《春秋》學，而尤喜研究晚清、近代經學，並逆溯明代解經之視域，統而言之，《春秋》學是延續康有為之研究。何以研究康有為呢？蓋亂世之中以維新救國，可見初心。而專攻晚清以迄民國經學，擬站在歷史後設點往前溯源，意在重新梳理經學之脈絡。而治學之過程，往往以存在感受去體契經學家及學者之用心與意圖，以對治當下世局紛紜之情狀。

　　亞傑治學格局與教學歷程相摩相蕩，曾任教元培醫事技術學院，在學院轉型成科技大學的過程，陪伴國文組同仁一同走過風雨飄搖的歲月。任教期間，擔任召集人暨中文閱讀與寫作計畫案分項主持人，曾舉辦多屆研討會：包括主題論文、自然書寫、旅遊文學等，提供教師同仁發表場域，以符合學校研究量化規定；也和同仁編輯專屬國文之教科書，包括醫事文學、旅遊文學、飲食文學等等。亞傑勇於任事，接辦事務，必定親力親為，勇往直前；治學嚴謹，令人敬佩，一旦確定研究方向，即深入課題鑽研，是一位有想法、有作法的學者，而且皆能在既定期程內完成階段性的教學工作與研究。

　　後來轉任中央大學，與元培同事及學界朋友仍然持續舉辦讀書會，帶領同好走出研究框限。任教期間，負責認真，急公好義，凡事戮力親為，並積極指導碩士生，假日總要犧牲時間和學生會談論文。與此同時，積極參與發展國際一流大學及頂尖研究計畫〈明代朱子學與陽明學〉，也努力參與楊祖漢先生儒學研究中心之讀書會及研討會等學術活動，推動兩岸四地研討會，深獲贊賞。

　　曾主持讀書會十年，前有《朱子語類》三年、後有《四庫全書》四年，繼以《文史通義》、符號學、詮釋學共十年，帶領一群志同道合的學者們論學，形成學術對話，積蘊研究潛力，激發研究實力，成果頗豐。

　　亞傑積極參與林慶彰先生主持之研究計畫案，包括晚清經學研究計畫案，有常州、湖湘、四川、廣東經學學者等研究；又參與「近代中國知識分子在臺灣」、「近代中國知識分子在日本」、「民國以來之經學研究：遷臺時期之經學研究」、「民國以來之經學研究：新中國時期之經學研究」等研究，成果豐碩。從晚清經學、近代經學、民國經學，以迄臺灣經學研究，無一不積極參與，認真嚴謹，頗獲師長及同儕敬重與好評。

　　亞傑治學大抵有二個面向，其一，專家研究有：方苞、姚瑩、李兆洛、康有為、梁啟超、廖平、皮錫瑞、姚永僕、姚永概、吳汝綸、吳闓生、顧頡剛、張爾田等人。以清代、晚清、近代、民國為範圍，旨在以「存在的感受」體契經學家們孜孜矻矻治學的意態及對治時局的社會關懷，兼及傳記情境之表述。其二，研究範疇主要有春秋學、詩經學、左傳、公羊學、桐城派、晚清經學、民國經學等項。基本上，環繞著生命做學問，探求經學家對治時代所關懷的事項，去契會他們的理想與目的。

　　本書共輯錄亞傑生平未刊印成書之單篇論文凡二十二篇，大抵可以區分為四大部分：經史辯證、儒家經典與研究方法、六經皆文、生命型態與存在感受。

　　第一部分經史辯證，凡六篇。主要環繞「經」與「史」作一理解與辯證，研究對象分從《四庫全書》、張爾田、顧頡剛等如何思索並詮解經史之辯證關係。〈春秋寓於史：四庫全書總目的春秋學觀〉一文是《四庫全書》讀書會之成果，揭示四庫館臣以「春秋寓於史」為春秋學的核心，提出必須了解史事才能理解褒貶所在，然而春秋有事、有文，欲探作者之志則在禮中，從「事」與「文」求禮，才能探求大義。然而「春秋寓於史」卻輕忽「其文則史」的意義，缺乏對文與史之關係探討。〈先王之史與孔子之經：張爾田《遯堪文集》的《公羊》學思想〉一文則提出張爾田公羊思想回歸傳統孔子與六經的解經方式，樹立儒家宗教化、孔子為教主之新思維，以對應於時代問題，據此而可以讓儒者據經發明大義，使經義萬古常新。顧頡剛四篇研究文章，嘗試解決顧氏為何疑古，如何疑古，目的在確立個人的存在感受與歷史解釋作一鉤連。顧頡剛研究，凡四篇，論顧頡剛易學思想、春秋學、古史辨、疑古思想等內容。揭示顧氏易學乃否定周易之義理結構而認定為卜筮之書，亦以故事解易，否定聖人創作，取消易

經的神聖性，目的在回歸原典，重新理解中國文化。〈顧頡剛的疑古思想：漢儒、孔子與經典〉一文意在闡明顧氏否定經學思想之發展、形成、轉變的動態過程，堅持回復經典「本義」，其缺失處，乃在使經典內蘊的價值消失，將經典轉化成客觀研究對象，忽視了經典在不同時代的具體應用，及其所生發的的精神價值與意義。〈從經學到史學：顧頡剛《春秋》學初探〉一文，則揭示顧氏以春秋為魯史官所傳，只有史法無微言大義，以消解傳統解經的價值與地位。釐析顧頡剛〈自序〉一文則用來揭示顧氏重解孔子、質疑經典、批判漢儒，意圖重新解釋中國傳統文化，開發新的文化方向。

此六文意在闡明不同作者如何解讀經與史之關涉，形成個別、特殊的詮解，以彰顯回應時代之意義。

第二部分儒家經典與研究方法，凡五篇，又可以區分為二個段落。其一是儒家經典，〈周禮食官考〉如何闡述食禮，〈儒家經世致用理念的困境：以《四庫全書總目子部》為例〉嘗試拈出儒家經世致用之困境，〈四庫全書總目集部清代編例〉；其二是經學之研究方法，〈從《清朝續文獻通考·經籍考》論晚清經學史研究方法〉、〈左傳的研究方法〉二文分別探討探討晚清經學及左傳之研究方法。

第三部分六經皆文，凡五篇，意在闡發「經與文」之關涉。旨在從文學視域討論《詩經》、《孟子》，並將桐城後學的文法論導出。又可以分作二個段落，其一，以文學解讀《詩經》之研究，〈美刺與正變：詩經比興的應用〉旨在揭示〈詩序〉解經有文化建構與歷史想像之意義內蘊其中，而顧頡剛視經典為史料，則截斷傳統與侷限經典研究。〈《詩經》的自然意象與女性詮釋〉旨在揭示〈詩序〉詮釋后妃之德有身分地位、道德實踐、教化等層面之秩序性。其二，以文解經之研究有《孟子》、尚書等研究。〈晚明文學《孟子》學〉一文以託名蘇洵《評孟子》、李贄《孟子評》、金聖嘆《釋孟子》三書，進行文法論

《孟子》之學，開顯以文解孟，始自南宋，大盛於晚明，而影響晚清《孟子》學之發展。〈以文辭之義通聖人之心：吳汝綸、吳闓生父子尚書學略論〉則從吳氏父子論《尚書》學以求解其意欲以文辭之義通聖人之心的初心。復次，〈姚永樸經史之學的意涵〉揭示姚氏建立一套文論，重視文章寫作技巧，與經典日遠，可名為「以辭章為核心的經史學」。再次，〈清末民初桐城派孟子文法論〉一文揭示姚永概、吳闓生以文法解孟，開發《孟子》既有義理之精，亦有文采之美，可為心性治國之源，亦可為文學創作之本，提高《孟子》地位兼具思想及文學二面向。

第四部分生命型態與存在感受，凡五篇，旨在論述經學家如何會通經典以與時代作一因應，並昭揭個人存在的感受。〈袁中道的情欲世界〉、〈孫奇逢的生命風格〉二文旨在爬梳袁中道、孫奇逢之生命特質，以回叩時代給予的存在感受的命題。康有為二篇研究：〈天遊：康有為的生命型態〉、〈康有為在日本的思考：物質與文化的救國論〉。其中，〈天遊〉一文揭示生命的本質是困境，然非不可以超越，若以遊戲人間或歷劫俗世，則可解救眾生，此所以康有為並不以悲苦視其生命之故。〈物質與文化的救國論〉一文揭示文化救國，須以普及教育、尊孔讀經為主；物質救國，則須發展實業、設立銀行、採金本位制為主；此乃康有為關注生活方式而非僅倡議政治制度之改變。〈從桐城到臺灣：姚瑩與臺灣的淵源〉闡發姚瑩、康有為對時代的關懷及晚清經學史的研究方法論。姚瑩一文，揭示姚氏在臺事業，長於平亂，拙於分析亂事根源，教化臺人以漢統蕃，是長於理民與治兵。

至於附錄〈近五十年（1949-1999）臺灣地區《春秋》經傳研究概況〉一文，則從經典作者、性質、流傳、意義、歷代發展等研究將近五十年《春秋》三傳之研究成果作一覽顧，以見臺灣研究成果。〈《左傳》夢的故事〉則以淺白方式闡述《左傳》夢故事的詮釋與作用。

　　本書收錄二十二篇論文，圍繞經、史、文學之辯證，從《春秋》學、晚明迄近代經學諸文，布示從經學到文學轉變脈絡之探究。從這些篇目可管窺其治學方向與視野，更想見其人對治世局、關心生命所開發出來之課題。

　　感謝這一路相扶助的師友們，在此一併致上最誠摯的謝忱。

　　高山流水，斯人往矣，書影留香，萬古芳馨。

　　　　　　　　　　　　　　　　林淑貞記於二〇一七冬至

經學研究叢書·戰後臺灣經學叢刊　0504001

經典詮釋與生命會通

著　　　者	丁亞傑
編　　　者	林淑貞
責任編輯	廖宜家
特約校稿	林秋芬

發 行 人	陳滿銘
總 經 理	梁錦興
總 編 輯	陳滿銘
副總編輯	張晏瑞
編 輯 所	萬卷樓圖書股份有限公司
排　　版	林曉敏
印　　刷	森藍印刷事業有限公司
封面設計	菩薩蠻數位文化有限公司

發　　行　萬卷樓圖書股份有限公司

臺北市羅斯福路二段 41 號 6 樓之 3

電話　(02)23216565

傳真　(02)23218698

電郵　SERVICE@WANJUAN.COM.TW

香港經銷　香港聯合書刊物流有限公司

電話　(852)21502100

傳真　(852)23560735

ISBN 978-986-478-156-0

2018 年 8 月初版一刷

定價：新臺幣 920 元

如何購買本書：

1. 劃撥購書，請透過以下郵政劃撥帳號：

帳號：15624015

戶名：萬卷樓圖書股份有限公司

2. 轉帳購書，請透過以下帳戶

合作金庫銀行　古亭分行

戶名：萬卷樓圖書股份有限公司

帳號：0877717092596

3. 網路購書，請透過萬卷樓網站

網址　WWW.WANJUAN.COM.TW

大量購書，請直接聯繫我們，將有專人為

您服務。客服：(02)23216565　分機 610

如有缺頁、破損或裝訂錯誤，請寄回更換

國家圖書館出版品預行編目資料

經典詮釋與生命會通 / 丁亞傑著；林淑貞

編.-- 初版.-- 臺北市：萬卷樓, 2018.08

面；　　公分.--(經學研究叢書；

0504001)

ISBN 978-986-478-156-0(平裝)

1.經學　2.研究考訂　3.臺灣

090　　　　　　　　　　　　　107009996